Janina Wildfeuer, John A. Bateman und Tuomo Hiippala

Multimodalität

De Gruyter Studium

Janina Wildfeuer, John A. Bateman und Tuomo Hiippala

Multimodalität

Grundlagen, Forschung und Analyse – Eine problemorientierte Einführung

DE GRUYTER

ISBN 978-3-11-049591-1
e-ISBN (PDF) 978-3-11-049593-5
e-ISBN (EPUB) 978-3-11-049341-2

Bibliografische Information der Deutschen Nationalbibliothek
Die Deutsche Nationalbibliothek verzeichnet diese Publikation in der Deutschen Nationalbibliografie; detaillierte bibliografische Daten sind im Internet über http://dnb.dnb.de abrufbar.

Druck und Bindung: CPI books GmbH, Leck

MIX
Papier aus verantwortungsvollen Quellen
FSC® C083411
FSC
www.fsc.org

www.degruyter.com

Inhalt

Wie dieses Buch zu nutzen ist — 1

Teil I: Multimodalität: Ein Überblick

1 **Einleitung — 7**
1.1 Erste Schritte: ein multimodaler Turn? — **10**
1.2 Der Weg vor uns — **17**
1.3 Worum es in diesem Kapitel ging — **23**

2 **Spotlight Multimodalität: Ursprünge und Entwicklungen — 25**
2.1 Der ‚Problemraum' Multimodalität an sich — **27**
2.2 Materialität und Sinne: Töne, Klänge, Geräusche — **30**
2.3 Materialität und Sinne: Sehen und Visualität — **35**
2.4 Sprache — **45**
2.5 Bedeutende Systeme: Semiotik — **63**
2.6 Gesellschaft, Kultur und Medien — **78**
2.7 Worum es in diesem Kapitel ging — **85**

3 **Kommunikative Situationen und ihre Medien — 88**
3.1 Wege aus dem Terminologie-Dschungel — **88**
3.2 Kommunikative Situationen — **92**
3.3 Medium (und Medien) — **122**
3.4 Worum es in diesem Kapitel ging — **132**

4 **Was ist Multimodalität denn nun? Zentrale Begriffe — 134**
4.1 Zeichenmodalitäten — **135**
4.2 Zeichenmodalitäten und Medien — **151**
4.3 Genre, Text, Diskurs und Multimodalität — **158**
4.4 Worum es in diesem Kapitel ging — **166**

Teil II: Methoden und Analysen

5 **Empirische Methoden zur multimodalen Analyse — 171**
5.1 Was sind Methoden? Und welche Methoden gibt es? — **171**
5.2 Wie gelangen wir an Daten? — **174**
5.3 Korpusbasierte Methoden für multimodale Analysen — **188**
5.4 Eyetracking-Methoden — **196**

5.5 Computergestützte Methoden in der Multimodalitätsforschung — 200
5.6 Zusammenfassung: Wie wähle ich das richtige Werkzeug? — 205
5.7 Ein Wort zu guter wissenschaftlicher Praxis: Multimodale Artefakte richtig zitieren — 207

6 **Statistik — 208**
6.1 Warum eigentlich Statistik? – Wie funktioniert sie? — 210
6.2 Was ist normal? — 215
6.3 Die Berechnung von Unterschieden — 219
6.4 Die Berechnung von Gemeinsamkeiten — 226
6.5 Wie viel ist genug? — 230
6.6 Feinheiten und Einschränkungen — 233
6.7 Interrater-Reliabilität — 241
6.8 Was beeinflusst was? Auf der Suche nach Abhängigkeiten — 247
6.9 Zusammenfassung: Viele verschiedene Tests und Möglichkeiten — 253

7 **Der Navigator: Wie plane ich meine multimodale Analyse? — 255**
7.1 Wie beginnen wir mit der Analyse? — 255
7.2 Multimodale Phänomene multimodal untersuchen — 272
7.3 Die grundlegenden Schritte multimodaler Analyse — 275
7.4 Zusammenfassende Lektionen für effektive multimodale Forschung — 277

Teil III: **Fallstudien**

***Fallstudien 1: zeitlich ungeskriptete Situationen* — 288**

8 **Face-to-Face-Interaktionen und Gesten — 289**
8.1 Forschungsüberblick — 291
8.2 Beispiele multimodaler Interaktionsanalyse — 296
8.3 Zusammenfassung: Interaktion und Gesten — 302

***Fallstudien 2: zeitlich geskriptete Situationen* — 306**

9 **Performances, Darbietungen und darstellende Kunst — 307**
9.1 Performances und geskriptetes Verhalten — 308
9.2 Forschungsüberblick — 310
9.3 Beispielanalyse: Das Theater und seine Canvases — 313
9.4 Zusammenfassung — 318

***Fallstudien 3: räumlich statische Situationen* — 320**

10 **Layout — 321**
10.1 Forschungsüberlick: Graphikdesign — **322**
10.2 Beispielanalyse: Layout in einem Biologie-Lehrbuch — **325**
10.3 Zusammenfassung — **331**

Fallstudien 4: räumlich dynamische Situationen — 334

11 **Film und bewegte (audiovisuelle) Bilder — 335**
11.1 Der Canvas des Mediums ‚Film' — **337**
11.2 Die technischen Details des virtuellen Canvas filmischer Artefakte — **339**
11.3 Filmanalyseherausforderungen und Diskurssemantik — **345**
11.4 Filmanalyse, multimodal: ein Beispiel — **349**
11.5 Filme und andere Medien: Adaptation und Transmedialität — **358**
11.6 Zusammenfassung und Ausblick — **361**

Fallstudien 5: räumlich-zeitlich interaktive Situationen — 364

12 **Computer- und Videospiele — 365**
12.1 Forschungsüberblick — **365**
12.2 Beispielanalyse — **369**
12.3 Zusammenfassung — **373**

13 **Schlusswort — 375**
13.1 Welche Erkenntnisse haben wir gewonnen? — **375**
13.2 Welche Ziele haben wir verfolgt? — **378**
13.3 Wie geht es weiter? — **380**

Literatur — 381

Stichwortverzeichnis — 412

Wie dieses Buch zu nutzen ist

Dieses Studienbuch basiert in weiten Teilen auf der zunächst auf Englisch erschienenen Publikation *Multimodality. Foundations, Research, Analysis. A Problem-Oriented Introduction* aus dem Jahre 2017 (vgl. Bateman, Wildfeuer & Hiippala 2017). Alle Teile des Buchs haben Änderungen, Anpassungen und Erweiterungen erfahren, die nicht nur neueste Arbeiten und Erkenntnisse beinhalten, die nach der Veröffentlichung des englischen Buchs erschienen sind, sondern vor allem auch eine spezifische Kontextualisierung des von uns unterbreiteten Ansatzes in das deutschsprachige Feld multimodaler Forschung vornehmen.

Für den gesamten internationalen Kontext multimodaler Forschung gilt, dass es inzwischen eine ganze Menge verschiedener Arten von Einführungen und Handbüchern zu diesem Themenkomplex gibt. Einige versprechen, so genannte ‚Toolkits' bzw. ‚Werkzeugkästen' für die multimodale Analyse bereitzustellen, die Sets von vorgefertigen Kategorien beinhalten, die auf Bilder, Filme, Werbung, usw. angewendet werden können. Dabei wird vielleicht auf spezifische Konzepte wie das der ‚visuellen Grammatik' zurückgegriffen; andere arbeiten mit verschiedenen theoretischen Orientierungen, die auf unterschiedliche Bereiche von Multimodalität angewendet werden. In beiden Fällen sollen die Leser*innen lernen, die entprechenden Instrumentarien auf spezifische Beispiele zu übertragen.

Das Problem dieser Ansätze ist die (oftmals auch mangelnde) Orientierung, die diese Ansätze anbieten und die sich möglicherweise gar nicht auf spezifische Forschungsfragen oder Untersuchungsobjekte übertragen lässt. Häufig sind die vorgefertigten Kategorien, die vielleicht für zunächst relativ einfache Beispiele definiert wurden, nicht auf andere, möglicherweise viel komplexere Fälle von Multimodalität anzuwenden. Die Bandbreite und die Kombinationen von ‚Zeichenmodalitäten' in unserem Alltag sind dermaßen vielfältig und zudem höchst flexibel bzw. dynamisch, dass wir mit immer neuen Kombinationen in unterschiedlichsten Medien oder Kommunikationsformen konfrontiert werden. Der Umgang mit dieser Art von Dynamik und Flexibilität stellt uns und die bestehenden Werkzeugkästen vor enorme Herausforderungen und erfordert eine ganz spezifische Kompetenz im Umgang mit diesen Werkzeugen, die uns zu Werkzeug*macher*innen* und nicht nur Anwender*innen werden lässt.

Um dieser Herausforderung gerecht zu werden, werden wir in diesem Buch einen Weg gehen, der sich von den bisherigen deutlich unterscheidet: Wir beginnen auf einer sehr grundlegenden Ebene, uns dem Thema ‚Multimodalität' und Beispielen ‚multimodaler Bedeutung' – ganz gleich welcher Komplexität – zu nähern und diese zu erklären. Dafür legen wir theoretische Unterschiede und methodische Schritte fest, die es uns ermöglichen, jede Art von Komplexität auseinander zu nehmen und für produktive Analysen nutzbar zu machen. Das bedeutet, dass wir gerade keinen vorgefertigten Werkzeugkasten anbieten, sondern eher eine Möglichkeit, die spezifischen Werkzeuge, die für multimodale Situationen und spezifische Arten multimodaler Kommunikati-

DOI: https://doi.org/10.1515/9783110495935-202

on benötigt werden, zu konstruieren und zu spezifizieren. Wir werden sehen, dass dies eine entscheidende Grundkompetenz zur Durchführung effektiver multimodaler Analysen ist.

Als weitere Grundlage dafür müssen wir auch einige Annahmen und Vorurteile, die häufig in Bezug auf Multimodalität zu finden sind, kritisch betrachten und neu konfigurieren. Dies erfordert zugleich eine flexiblere Offenheit gegenüber den Eigenschaften der zu analysieren Objekte und Situationen, in denen Multimodalität auftritt und verwendet wird. Wir werden darlegen, wie diese Offenheit und die notwendigen theoretischen Konstrukte anzunehmen sind und bieten dann eine Reihe von Fallstudien an, die Ihnen den Umgang mit sehr unterschiedlichen Materialien näher bringen sollen.

Notations- und Layoutkonventionen in diesem Buch

Rand-notizen

Wir verwenden in diesem Buch unterschiedliche Formen der Informationsdarstellung, die in der Regel durch unterschiedliche Layoutumgebungen gekennzeichnet sind, so dass Sie diese leicht erkennen können. Zum Beispiel verwenden wir Randnotizen, damit Sie die Stellen, an denen ein bestimmtes Thema vorgestellt oder diskutiert wird, leicht identifizieren und wiederfinden können. Thematische Querverweise werden wie folgt angegeben: Multimodalität **(→ §4.1.1 [S. 142])** gehört heute zur alltäglichen Kommunikation.

Zitate, die direkt in der Diskussion eine Rolle spielen, werden entweder im Text oder wie üblich als optisch abgesetzte Blöcke dargestellt. Darüber hinaus führen wir an einigen Stellen weitere Hintergrundinformationen an, die Verbindungen zum eigentlichen Text oder andere Formulierungen bestimmter relevanter Punkte beinhalten, oft auch in der Originalsprache der zitierten Literatur, für die wir dann aber in einer Fußnote eine Übersetzung anbieten. Die Hintergrundinformationen werden wir in entsprechenden Zitatboxen darstellen, die durch horizontale Linien vom Haupttext abgegrenzt und durch ein großes Anführungszeichen am Rand gekennzeichnet sind.

“

> ...communication depends on some ‘interpretative community’ having decided that some aspect of the world has been articulated in order to be interpreted.
>
> — *Kress & van Leeuwen (2001: 8)*[1]

Außerdem verwenden wir eine Reihe von zusätzlichen Informationsfeldern, ebenfalls mit entsprechenden Symbolen am Rand. **i** nutzen wir für zusätzliche Informationen; **ϟ** soll Sie warnen oder auf besondere Vorsicht hinweisen; **!** stellt eine Zusammen-

1 „Kommunikation hängt davon ab, dass eine ‚interpretative Gemeinschaft‘ entschieden hat, dass ein Teil der Welt artikuliert wurde, um interpretiert zu werden“ (Kress & van Leeuwen 2001: 8; eigene Übersetzung).

fassung dar; und ? steht für weiterführende Fragen, mit denen noch etwas tiefer auf bestimmte Diskussionspunkte eingegangen werden kann.

Danksagungen

Für spezifische Kommentare und Feedback zum deutschen Manuskript danken wir: Jana Pflaeging (Salzburg), Tamara Drummond, Claudia Lehmann, Renate Henschel (alle Bremen), Maija Hirvonen (Tampere); alle Fehler bleiben unsere eigenen.

Außerdem danken wir den folgenden Kolleg*innen für die Bereitstellung von Analyse- und Darstellungsmaterialien:

- Oliver Kutz für das Photo in Abbildung 1.1
- Austin Adams, Theo Boersema und Meijer Mijksenaar für Abbildung 4.2
- Mehul Bhatt für die Heatmap in Abbildung 5.2
- Elisabeth Zima für die Freigabe des Transkripts in Abbildung 8.2
- Tracy Ducasse für die Freigabe von Abbildung 9.1 mit einer CC BY 2.0-Lizenz
- Alexander Lampl, relink Bremen für Abbildung 9.2.

Wir danken auch für die Möglichkeit der Nutzung der folgenden urheberrechtlich geschützten Werke:

- Thinkstock bzw. iStock für Abbildung 7.1 (Objekt-Nr.: 78253847).

Alle anderen Bilder nutzen wir für die wissenschaftliche Diskussion im Sinne des Zitatsrechts, wenn sie nicht öffentlich zugänglich sind oder uns selbst gehören. Wir entschuldigen uns, falls wir unwissentlich die Rechte weiterer Urheberrechtsinhaber verletzt haben und bitten um einen entsprechenden Hinweis.

Teil I: **Multimodalität: Ein Überblick**

In diesem Teil des Buchs lernen wir grundsätzliche Begriffe rund um das Thema ‚Multimodalität' kennen und erfahren, was Multimodalität eigentlich ist, wo sie zu finden ist und welche Disziplinen und Bereiche sich bisher damit beschäftigt haben. Zugleich bilden wir eine solide Grundlage, um uns Multimodalität in den darauf folgenden Kapiteln als einem grundlegenden Phänomen kommunikativer Praxis zu nähern.

1 Einleitung

Orientierung
Zu Beginn des Buchs werden wir gleich drei wichtige Anliegen und zentrale Fragen diskutieren: 1. *Was* ist eigentlich Multimodalität? 2. *Wer* gehört zu der Zielgruppe, die dieses Buch ansprechen möchte? 3. *Warum* ist es vorteilhaft (und wichtig!), etwas über Multimodalität zu lernen? Wir werden dann einige typische Vorkommen von Multimodalität besprechen, mit denen sich die bisherige Forschungsliteratur auseinandergesetzt hat und die uns die Herausforderungen, die an Theorie und Praxis multimodaler Analyse gestellt werden, deutlich machen werden.

Wenn wir uns eine Nachrichtensendung im Fernsehen anschauen, in der ein*e Moderator*in über neueste Ereignisse spricht und diese zusätzlich durch Texteinblendungen und Smartphone-Aufnahmen illustriert werden, interagieren wir mit einem multimodalen Medium. Wenn wir ein Buch lesen, das neben dem verbalen Text auch Diagramme, Photos und andere Graphiken aufweist, interagieren wir ebenfalls mit einem multimodalen Medium. Auch wenn wir in einem Café in ein Gespräch involviert sind, in dem wir nicht nur verbale Äußerungen, sondern auch entsprechende Gesten austauschen, befinden wir uns in einer multimodalen Kommunikationssituation. Ähnlich verhält es sich mit einer Unterhaltung über WhatsApp, Snapchat oder Twitch, in der wir nicht nur mit geschriebener Sprache auf eine Nachricht antworten, sondern auch ein Bild oder Emoji senden oder mit einem Video reagieren können – auch hier kommunizieren wir multimodal. Und wenn wir ein Computerspiel spielen (vielleicht in gänzlich virtueller Umgebung) und die Handlungen unseres Avatars kontrollieren, haben wir es ebenfalls mit Multimodalität zu tun.

Tatsächlich ist es fast schon schwierig, in unserem Alltag Fälle von Kommunikation zu finden, in denen Multimodalität *keine* Rolle spielt. Was also ist es, das diesen Bereich auszeichnet, einen so prominent und viel genutzten Namen zu tragen? Ist Multimodalität nicht ein ganz normaler Zustand, der der Natur unserer Alltagsereignisse und -erfahrungen sowieso inhärent ist? Warum gibt es Bücher, die sich allein mit diesem Thema beschäftigen? Und wieso spielt Multimodalität plötzlich innerhalb vieler Disziplinen in den Geisteswissenschaften – und auch darüber hinaus – eine so zentrale Rolle?

!

Multimodalität ist die Eigenschaft kommunikativer Situationen (zunächst ganz allgemein betrachtet), als Kombinationen unterschiedlichster Formen von Kommunikation wirkungsvoll zu sein und Bedeutung zu konstruieren: Ein Fernsehprogramm nutzt die semiotischen Ressourcen gesprochene Sprache, Bilder und Texteinblendungen, um seine Inhalte zu vermitteln; Bücher arbeiten mit geschriebener Sprache, Bildern, Diagrammen, dem Seitenlayout, etc., um einen Sachverhalt darzustellen oder eine Geschichte zu erzählen; Café-Gespräche bestehen aus gesprochener Sprache sowie Körperbewegungen und -haltungen; und ein Computerspiel kann all diese Dinge in virtueller Umgebung repräsentieren und dazu noch Bewegungen und Handlungen miteinbeziehen.

DOI: https://doi.org/10.1515/9783110495935-001

Trotz der Tatsache, dass sich solche kommunikativen und multimodalen Situationen nahezu überall in unserem Alltag finden lassen, mag es überraschend sein, festzustellen, dass wir tatsächlich noch relativ wenig darüber wissen, wie diese grundlegenden menschlichen Fähigkeiten zur Kommunikation eigentlich funktionieren. Wir können zwar beobachten, wie es uns (oft, aber nicht immer!) gelingt, diese Situationen nachzuvollziehen und zu verstehen, d.h. Bedeutung aus und durch sie zu konstruieren. Aber wie genau die vielfältigen und unterschiedlichen Formen der Kommunikation miteinander verknüpft sind und produktiv Sinn ergeben, bleibt oft ungeklärt und bringt viele weitere anspruchsvolle Fragen mit sich.

Interessanterweise haben sich viele traditionelle Disziplinen, die sich mit Kommunikation auseinandersetzen, in eine Richtung entwickelt, die dieser Tatsache nicht gerecht wird und sogar oft ganz gegensätzlich arbeitet: Anstatt sich mit der Komplexität kommunikativer Praktiken als Ganzes zu beschäftigen, zerlegen und unterteilen sie diese Praktiken lieber in ihre einzelnen Bestandteile und verlieren oft den Blick für Zusammenhänge und Wechselwirkungen. So beschäftigt sich die Linguistik traditionell zunächst allein mit Sprache, die Kunstgeschichte mit Malerei oder Gemälden, das Graphikdesign mit dem Aufbau und der Zusammensetzung von Seiten und Abbildungen, die Architektur mit Gebäuden, die Filmwissenschaft mit Film, die Theaterwissenschaft mit Theater, etc. Auch wenn Interdisziplinarität heute eine große Rolle spielt, stehen die jeweiligen Einzelbereiche meistens im Vordergrund der disziplinären Entwicklung und ermöglichen ja auch vielerorts, ein tieferes Verständnis über individuelle Kommunikationsformen zu erlangen. Nichtsdestotrotz geht mit diesen Entwicklungen innerhalb der Einzeldisziplinen ein Nachteil einher, der für die Multimodalitätsforschung gar zu einem Problem werden kann, wie Jewitt, Bezemer & O'Halloran (2016) in einer anderen Einführung zum Thema (auf Englisch) treffend festhalten:

> "These (sub)disciplines focus on the means of meaning making that fall within their ‚remit'; they do not systematically investigate synergies between the modes that fall inside and outside that remit." (Jewitt, Bezemer & O'Halloran 2016: 2)[1]

Eine systematische Untersuchung der innerhalb und außerhalb des Aufgabenbereichs der Disziplinen liegenden Synergien zwischen den Zeichenmodalitäten (die wir im Folgenden noch genauer definieren werden) fehlt somit und stellt die wachsende Zahl von Studierenden, Lehrenden und Forschenden in diesem Bereich oft vor viele Herausforderungen. Wie wir in Kapitel 2 weiter ausführen werden, gibt es in der Folge tatsächlich fast keine Disziplin in der heutigen Wissenschaftslandschaft mehr, die sich mit kommunikativen Situationen auseinandersetzt und nicht den Wunsch hegt,

---

1 „Diese (Teil-)Disziplinen konzentrieren sich auf diejenigen Mittel der Bedeutungskonstruktion, die in ihren Aufgabenbereich fallen; sie untersuchen nicht systematisch Synergien zwischen den Zeichenmodalitäten, die innerhalb und außerhalb dieses Aufgabenbereichs liegen." (Jewitt, Bezemer & O'Halloran 2016: 2; eigene Übersetzung)

ihre Fühler über die Grenzen ihres eigentlichen Fokus (auf Einzelphänomene) hinaus auszustrecken.

So zieht die Linguistik schon lange konversations- und interaktionsanalytische Parameter wie Intonation in ihre Analysen mit ein und hinterfragt seit einiger Zeit auch den komplementären Gebrauch von Gesten oder Mimik (vgl. z.B. Martinec 2004, Norris 2004, Fricke 2007, Sowa & Wachsmuth 2009, Müller & Cienki 2009). Die Kunstgeschichte betrachtet digitalisierte Kunstobjekte, deren Materialität plötzlich eine völlig andere ist, das Graphikdesign zieht Parameter des Webdesign hinzu, um digitale Webseiten und Dokumente analysieren zu können, und Film- und Theaterwissenschaft setzen sich immer mehr mit oft so bezeichneten ‚hybriden' Formen auseinander, die die Grenzen des traditionellen Films oder Theaterstücks längst überschritten haben. Film wird dabei grundsätzlich als audiovisuelles und multimodales und damit unterschiedliche Ressourcen vereinendes Artefakt gesehen. Das Bewusstsein darüber, *dass es nicht mehr ausreicht, sich auf individuelle ‚Ausdrucksformen' innerhalb einer kommunikativen Situation zu konzentrieren*, steigt zunehmend und ebnet den Weg zu der grundlegenden Annahme, dass alle Repräsentationsformen stets von anderen solchen Formen begleitet werden, sie also in ihrem ‚natürlichen Lebensraum' stets mit und durch andere Repräsentationsformen kontextualisiert sind. Allerdings bleiben auch in und für diese Disziplinen die tatsächlichen Mechanismen der Kombination unterschiedlicher Ausdrucksformen oft unklar. Individuellen Methoden und Zugängen zur Bedeutungskonstruktion fehlt die notwendige Flexibilität, aus ihren eigenen Untersuchungsbereichen hinauszutreten, ohne dabei gleich ihre analytische Präzision zu verlieren.

Anstelle lediglich oberflächlich zu betrachten, dass ‚etwas' in einer Weise mit ‚etwas anderem' zusammenwirkt, müssen wir auf einer grundlegenderen Ebene fragen, was es bedeutet, wenn Ausdrucksformen *miteinander kombiniert* werden. Starke theoretische Grundannahmen sind hier wichtig, um nicht Gefahr zu laufen, die Komplexität multimodaler Bedeutungskonstruktion nicht vollständig und umfassend begreifen zu können. Hierfür werden wir in diesem Buch Schnittstellen herausarbeiten, die uns sowohl die Funktionsweisen der Kombination von Ausdrucksressourcen als auch Methoden für ihre Analyse näher bringen. Kurz gesagt: Wir streben ein besseres Verständnis darüber an, worauf sich das Präfix ‚Multi-' in ‚Multimodalität' eigentlich bezieht und *was* genau kombiniert wird, wenn wir von Kombinationen diverser Kommuniaktionsformen sprechen. Wir denken, dass es genau dieser zentrale Bereich der Multimodalitätsforschung ist, für den ein spezifischer und – wie wir es nennen – ‚grundlegenderer' Zugang zu Multimodalität notwendig ist.

‚Multimodalität' als Schlagwort und Titel dieses Buchs beschäftigt sich genau mit diesem Anliegen. Es ist damit eine selbstständige Forschungsorientierung, die die Kombination von Kommunikationsformen im Sinne ihrer Bedeutungskonstruktion – ganz gleich wie und wo diese stattfindet – zu beschreiben sucht. Die mit einer solchen Ausrichtung einhergehende Grundannahme ist dann die folgende: Überall dort, wo solche Kombinationen von kommunikativen Formen auftauchen, muss es möglich sein,

Gemeinsamkeiten und Parallelen der sie begleitenden Mechanismen und Prozesse zu finden. Als Ergänzung zu den individuellen Orientierungen der einzelnen Disziplinen strebt die Forschungsrichtung Multimodalität also nach einem grundlegenderen Verständnis dessen, was passiert, wenn andere, komplexere Kommunikationsformen (als die von den Disziplinen sonst beobachteten Einzelformen) betrachtet werden. Unser Ziel ist es nicht, existierende disziplinäre Orientierungen zu ersetzen, sondern stattdessen *neue Wege des Umgangs mit den jeweiligen Herausforderungen und Fragen, die durch die Kombination unterschiedlichster Formen der Bedeutungskonstruktion entstehen, einzuschlagen.*

Und schließlich hilft uns diese Zielsetzung auch, die Zielgruppe des Buchs genauer zu bestimmen: Wenn Sie als Leser*innen dieses Buch zur Hand genommen haben, möchten Sie sich vermutlich näher mit Artefakten und Darbietungen auseinandersetzen, die aus einer Vielzahl von Ausdrucksressourcen bestehen und die Sie in Ihrem (Wissenschafts-)Alltag kennen gelernt haben. Vielleicht ist Ihr Hintergrund auch bereits klarer theoretischer oder praktischer Natur oder Sie haben Erfahrungen im Umgang mit Kontexten, in denen Multimodalität eine Rolle spielt oder in denen andere Zugänge bereits Fragen und Herausforderungen zum Thema formuliert haben, und Sie wollen nun weitere Schritte und detailliertere Untersuchungen vornehmen. Um Ihnen dies zu ermöglichen, werden wir in den folgenden Kapiteln ein Instrumentarium entwickeln, das Sie genau dabei begleitet – und zwar systematischer und fundierter als bisher in den einzelnen Disziplinen möglich. Kurz gesagt: Wir werden in diesem Buch einen stabilen Rahmen für Ihre Forschung bauen, der ‚Multimodalität' in den Kern seiner Betrachtung stellt und in dem Sie sich entsprechend Ihrer ganz eigenen Interessen bewegen können.

1.1 Erste Schritte: ein multimodaler Turn?

Alle multimodalen Artefakte und Darbietungen stellen für uns maßgebliche Herausforderungen dar, wenn es darum geht, sie systematisch zu beschreiben und zu untersuchen. Dabei ist keineswegs offensichtlich, welche Methoden, Disziplinen und Instrumentarien dafür jeweils sinnvoll und hilfreich sind. Auch das Spektrum an Kontexten, in denen Multimodalität momentan Thema ist oder neu thematisiert wird, wächst rasant und macht es immer schwieriger, das jeweils spezifische Wissen aus einem Einzelbereich oder aus einer Disziplin für diese Untersuchungen zu nutzen. Für unseren Weg im Folgenden bedeutet dies, dass dieser sich vor allem als sehr interdisziplinäres Unternehmen herausstellen wird, auch wenn das Phänomen Multimodalität in allen Bereichen richtungsweisend sein wird.

Multimodalität im Alltag

In den meisten multimodalen Situationen nimmt die grundlegende Frage danach, welche Ausdrucksformen von Bedeutung sind, eine zentrale Rolle ein. Kombinationen von unterschiedlichsten Formen können und müssen in fast allen Medien, mit denen wir uns tagtäglich beschäftigen, inzwischen als Norm angesehen werden. Zum Teil folgt dies der sich ständig wandelnden Medienlandschaft, die sowohl unseren Alltag als auch unser professionelles Umfeld begleitet und in der wir oft mit der Notwendigkeit konfrontiert sind, über unterschiedliche Kanäle und mithilfe verschiedener Medien zu kommunizieren. Genauso ist dies aber eine Folge der zunehmenden Zahl von Produkten, die in und aus dieser stets wachsenden Medienlandschaft entstehen und unsere Gewohnheiten, diese zu nutzen, signifikant verändern. Besonders problematisch für das traditionelle disziplinäre Vorgehen, das sein analytisches Interesse je nach Medium oder Ausdrucksform bündelt, ist dann die Tatsache, dass es oft einfach nicht möglich ist, die jeweiligen Ausdrucksformen vor der Analyse zu bestimmen und herauszufiltern. Die enorme Diversität der gegenwärtigen Mediensituation verlangt deswegen nach verlässlichen, systematischen, aber ebenso flexibel erweiterbaren Techniken und Theorien, um diese Kombinationen zu untersuchen.

Schauen wir uns zur Veranschaulichung dieses Problems Abbildung 1.1 an, in der eine Situation gezeigt wird, die Ihnen als Leser dieses Buchs ohne Zweifel bekannt sein wird. Die Photos wurden ohne weitere Planungen oder Eingriffe in die gezeigte Situation in einem Restaurant aufgenommen und sind deswegen auch sehr spontan entstanden. Sie zeigen, wie einige Restaurantbesucher*innen zwei Gruppen von Interaktionspartner*innen gebildet haben, die in dem Moment der Aufnahme jeweils ihren eigenen Interessen nachgehen. Tatsächlich passiert sehr viel in diesen Bildern, für dessen systematische Beschreibung wir normalerweise ein wenig Orientierung bräuchten, worauf genau wir uns in unserer Analyse und entsprechend unserer Absichten konzentrieren sollten. Ohne diese genauere Orientierung sehen wir zunächst vor allem vier Personen an einem Tisch sitzen, wobei jede Person in eine typische Face-to-Face-Interaktion eingebunden ist, die alle üblichen Ausdrucksmöglichkeiten mit sich bringt: gesprochene Sprache, Gestik, Mimik, Körperhaltung, etc.

Abb. 1.1. Alltagssituation und -interaktion in einem Restaurant (Photo: Oliver Kutz; Verwendung mit freundlicher Genehmigung)

Solche Face-to-Face-Interaktionen genauer zu beschreiben ist Aufgabe und Thema unterschiedlichster Disziplinen und einige dieser Disziplinen beschreiben diese Situationen oft mit dem Kriterium der Vielschichtigkeit, um für eine theoretische und empirische Betrachtung alle konstitutiven Faktoren solcher Situationen miteinbeziehen zu können (vgl. z.B. Stukenbrock 2015). Wir werden sehr ähnlich vorgehen, wenn wir uns in späteren Kapiteln mit konkreten Methoden zur Beschreibung dieser Phänomene auseinandersetzen. Im Falle unseres Beispiels ist es dann auch interessant zu sehen, dass die Personen sich nicht nur am allgemeinen Gespräch beteiligen, sondern außerdem Informationen austauschen, die auf unterschiedlichen elektronischen Geräten gezeigt werden: auf zwei Smartphones in dem Gespräch im Vordergrund, auf einem Smartphone und einem Tablet in dem Gespräch im Hintergrund. Um auch diese Details der Interaktion genauer verstehen zu können, müssen wir das Konzept der Vielschichtigkeit dieser Situation noch weiterführen und sollten uns nicht nur mit der gesprochen Sprache in der Face-to-Face-Interaktion auseinandersetzen, sondern auch die unterschiedlichen Informationsangebote und Interaktionsmöglichkeiten auf den elektronischen Geräten (die genauso multimodal sind!) *und* die jeweiligen Wege der Kommunikation der Teilnehmenden *über* und *mit* den dargestellten Inhalten in Betracht ziehen.

Wir können sogar noch weiter gehen und einzelne Aspekte dieser Situation variieren und jeder Variation neue Disziplinen und Expertisen zuweisen, die schlussendlich jedoch immer wieder dieselben Fragen stellen werden. Wenn wir unser Interesse zum Beispiel aus dem Restaurant heraus in einen Studierraum oder eine Cafeteria verlegen, können wir vielleicht Interaktionen einer Gruppe von Studierenden betrachten, die um einen Tisch herum mit einer Reihe von technischen Geräten ihre Studienleistungen für ein bestimmtes Seminar besprechen und dafür unterschiedliche Diagramme und Abbildungen diskutieren.

Wie also analysieren wir die Interaktion innerhalb dieser Gruppe, um ihr kollektives Handeln und die daraus entstehende Bedeutungskonstruktion umfassend zu beschreiben? Die Disziplinen der Kommunikationsforschung (einschließlich der Gesprächsanalyse, Ethnomethodologie, Konversationsanalyse u.ä.) würden sich hierfür zum Beispiel die gesprochene Sprache in der Interaktion im Zusammenspiel mit Gesten und Blickbewegungen anschauen (vgl. Gülich & Mondada 2008, Deppermann 2018) und, wie wir in späteren Kapiteln näher ausführen werden, die Situation aufgrund eben dieser Aspekte als multimodal bezeichnen. Eine andere Gruppe von Wissenschaftler*innen würde sich das Wesen der Diagramme und Abbildungen, ihre Abstraktionsgrade und Zusammensetzungen sowie auch die Argumentation mithilfe dieser Diagramme anschauen.

Interessanterweise gibt es in beiden Wissensorientierungen, die jeweils wesentlich für das Verständnis der sich entfaltenden Situation sind, bis heute nahezu keine Überschneidungen in den jeweiligen Methoden und Analysen; stattdessen stehen beide im Wissenschaftskontext relativ eigenständig nebeneinander. Eine weitere, dritte Gruppe aus der Pädagogik oder dem Bildungssektor dagegen kann sich durchaus schon mit der Frage beschäftigt haben, wie Menschen mit Diagrammen kommunizieren und Bedeutung aus und mit ihnen konstruieren, ohne dabei jemals die Bandbreite der Ansätze in der Interaktions- oder Diagrammforschung in Betracht gezogen zu haben. Und eine vierte Gruppe, die eher bei der Interaktionsanalyse zu verorten ist, würde gerade die Räumlichkeit der ganzen Situation in den Vordergrund stellen wollen (vgl. Hausendorf, Schmitt & Kesselheim 2016).

Gehen wir noch einen Schritt weiter: Vielleicht diskutieren die Studierenden in der Cafeteria den Umgang mit einer kontroversen Frage in einer Sammlung von Zeitungen und Zeitschriften (was ein Wissen über Sprache, Layout, Typographie und den Gebrauch von Photos in Zeitungen und Zeitschriften verlangt). Vielleicht diskutieren die Studierenden auch ein Kunstwerk (wofür Wissen über Kunstgeschichte, graphische Formen und Techniken, etc. hilfreich ist) oder vielleicht sitzen gar nicht alle Studierende dieser Gruppe am selben Tisch, sondern es interagieren auch einige per Videochat mit den Anwesenden (hier wird Wissen über die Folgen computervermittelter Kommunikation notwendig) und so weiter. All diese Situationen bauen auf unterschiedliche disziplinäre Hintergründe und greifen jeweils einzelne Aspekte heraus, die eigentlich als Einheit, als ein komplexes multimodales Handeln gesehen werden müssen. Das Verständnis darüber, wie solche Situationen zu einer Einheit werden, sehen wir als eine der größten Herausforderungen für den korrekten und erfolgreichen Umgang mit einem geeigneten Konzept von Multimodalität. In den folgenden Kapiteln werden wir deswegen sowohl eine Einführung in grundlegende Zugänge zu diesem Konzept anbieten, die über kognitive und pragmatische bzw. handlungsbasierte bis hin zu semiotischen Ansätzen reichen, als auch Wege der Integration dieses Konzeptes in die aktuelle Wissenschaftslandschaft vorschlagen.

Wir können die Kombinationen von ‚Zeichenmodalitäten', mit denen wir konfrontiert werden, nicht vorhersagen. Deswegen brauchen wir Methoden und Werkzeuge, die uns in der Beschreibung und Analyse unterstützen, ganz gleich in welche Richtung diese gehen und welches Ausmaß sie annehmen. **!**

Unser täglicher Umgang mit Webseiten, Blogs oder YouTube-Videos sowie gedruckten Materialien wie Zeitschriften, Flyern, Broschüren oder Postern stellt unsere traditionellen Sichtweisen und Interpretationen der Welt in Frage. Wir nutzen Smartphones, Tablets und Computer ebenso häufig oder noch viel häufiger als Stift und Papier und produzieren digitale Texte, Photos, Videos oder Sprachnachrichten in noch nie dagewesenen Mengen. Diese Kombinationen von Ausdrucksformen können nicht länger als Ausnahme- oder Sonderfälle gesehen werden, dessen systematische Behandlung so lange hintenangestellt wird, bis wir ein besseres Verständnis darüber erlangt haben. Tatsächlich sollten Probleme mit diesen Kombinationen nicht auf ihre Einzelbestandteile hin reduziert werden; oft ist es genau die Kontextualisierung der Formen, die den Schlüssel zu einem erfolgreichen und wirkungsvollen Gebrauch liefert.

Schauen wir uns zum Beispiel ein Gespräch zweier Personen über die letzten Fußballergebnisse in der Warteschlange einer Cafeteria an: Zu einem gewissen Zeitpunkt werden sich ihre Wortbeiträge über die Ergebnisse mit denen ihrer Bestellung an der Theke vermischen. Es handelt sich hierbei allerdings um zwei unterschiedliche Handlungen, die sinnvollerweise jeweils auch unabhängig voneinander analysiert werden. Es ist ebenso wahrscheinlich, dass die mit der gesprochenen Sprache einhergehenden Gesten jeweils auch unterschiedliche Interpretationen mit sich bringen, je nachdem ob sie dem Sprechen über Fußball oder der Bestellung eines Getränks zugeschrieben werden können. Ähnlich verhält es sich in einem Klassenraum, in dem die Lehrerin in einem Moment etwas beschreibt, was zuvor an die Tafel geschrieben wurde, in einem anderen Moment dagegen einige Schüler*innen um Aufmerksamkeit bittet: Auch hier liegen zwei sehr unterschiedliche Handlungen vor, deren Zusammenfassung unter der vermeintlichen Modalität ‚gesprochene Sprache' irreführend sein und die Analyse unnötig erschweren kann.

multimodaler Turn

Dabei sind das allgemeine Bewusstsein und die Kenntnis über die Rolle von Multimodalität in unseren alltäglichen kommunikativen Praktiken und innerhalb der breiteren Medienlandschaft nicht auf wissenschaftliche Diskussionen begrenzt. Während die so genannte „Multimodalisierung" (Bucher 2010: 42) neben dem ‚medial turn' (vgl. Sachs-Hombach & Schirra 2009) ganz selbstverständlich auch zu einem ‚multimodal turn' oder einer ‚multimodalen Wende' und einer „Ausweitung des Gegenstandsbereichs" (Bucher 2010: 44) führen muss, ist man sich vor allem im Bereich der Pädagogik und Medienkompetenzforschung einig, dass Multimodalität auch in unserem alltäglichen Denken und Handeln eine zentrale Rolle spielt und deswegen ein stärkeres Bewusstsein darüber sowohl in der Schule als auch in der Ausbildung geschaffen werden muss (vgl. Goodling 2014). So werden Begriffe rund um das Konzept ‚Multimodalität' in den Medien heute vielfach diskutiert, zum einen und vor allem im deutschsprachigen Kontext als noch relativ neues, ‚modisches' Schlagwort – mit tatsächlich unterschiedlichen Verwendungsweisen, siehe unten – , zum anderen auch unter dem englischen Schlüsselwort ‚multimodality', wie zum Beispiel im gleichnamigen Hashtag in den sozialen Medien, der nicht nur, aber häufig Situationen kontextualisiert, die grundsätzlich und explizit multimodal sind.

Der deutsche Begriff ‚Multimodalität' erlebt momentan auch in einem ganz anderen Bereich einen Aufschwung, deckt allerdings in diesem speziellen Verständnis die in unserem Buch in Rede stehenden Interessen nicht ab: Multimodalität im Kontext von Mobilität und Mobilitätsmanagement bzw. Verkehr und den Möglichkeiten des öffentlichen Nahverkehrs bezeichnet ein multimodales Mobilitätsverhalten, in dem die jeweiligen Wege nicht nur mit einem Verkehrsmittel zurückgelegt werden, sondern man auf unterschiedlichste Angebote zurückgreifen kann, z. B. das des ÖPNV, aber auch auf das eigene Fahrrad oder Angebote des Car- oder Bikesharings. Auch hier geht es um Kombinatonen von Modalitäten, die zusammen oder im Wechsel eingesetzt und für das Zurücklegen einer Strecke genutzt werden können.

Es ist daher wenig überraschend, dass sich in den letzten Jahren unterschiedlichste Interessengruppen und ebenso vielfältige disziplinäre Methoden um das Konzept Multimodalität herum entwickelt haben. Dies hat zur Folge, dass wir uns dieser Aufmerksamkeit nicht nur aus den unterschiedlichsten Perspektiven heraus, sondern auch auf unterschiedlichen Ebenen widmen sollten. Auf der breitesten Ebene haben wir zum einen die wachsende Orientierung an Multimodalität als kulturellem Phänomen. Es gibt zum Beispiel flächendeckend ein zumindest passives Bewusstsein darüber, dass in allen Arten zeitgenössischer Medien Ausdrucksressourcen aktiv in die Produktion dieser Medien eingebunden sind, vielfältig miteinander kombiniert werden und nicht mehr unbedingt nur in einzelnen dieser Medien vorkommen.

Medienkonvergenz

Das Hervortreten von so genannten ‚Super-Medien', die in der Lage sind, andere Medien zu simulieren oder zu kopieren – zum Beispiel wenn ein Tablet einen Film oder eine Zeitung darstellt oder eine Webseite Musik abspielt –, und für die wir im Folgenden noch genauere Terminologien zur Beschreibung bereitstellen werden, werden seit geraumer Zeit unter dem Begriff der *Medienkonvergenz* diskutiert (vgl. Bolter & Grusin 2000, Theunert 2002, Jenkins 2008, Grant & Wilkinson 2009, Hassler-Forest & Nicklas 2015). Die grundlegende Idee hierbei ist, dass wir es nicht länger nur mit separaten Medien zu tun haben, sondern dass alle Medien heute grundsätzlich in der Lage sind, die Arbeit anderer Medien zu übernehmen. Als neue Form unseres täglichen Umgangs mit Informationen breitet sich Medienkonvergenz vor allem aus, weil digitale Technologien es heute mühelos möglich machen, unterschiedlichste Ausdrucksformen miteinander zu kombinieren. Es entwickeln sich dann auch neue Kommunikationsformen und ‚neue Medien', die wiederum genau auf solche Kombinationen angewiesen sind, um einen Standpunkt zu vertreten, eine emotionale Wirkung zu entfalten oder allgemein Interesse zu wecken. Jede Webseite, die Musikvideos einbettet und mit Lauftext oder Diagrammen kombiniert, ist bereits ein Beispiel für solch eine neue Kommunikationsform.

Multimedialität

Im Alltag werden diese neuen und auch ältere Kommunikationsformen häufig mit dem Begriff ‚Multimedia' verbunden, sobald unterschiedliche Kommunikationskanäle involviert sind. Und auch im Wissenschaftskontext spielt der Terminus ‚Multimedialität' immer wieder eine Rolle und wird teilweise gleichermaßen für Artefakte und Darbietungen angewendet, die wir in diesem Buch grundsätzlich als multimodal bezeichnen (vgl. z.B. Holsanova & Nord 2010, Bucher, Krieg & Niemann 2010, Fricke 2012, Kapuścińska 2017, Deppermann 2018). Eine Auseinandersetzung aus Perspektive der Übersetzungswissenschaft findet sich bei Kadrić & Kaindl (2016). Wir werden uns allerdings mit dem Begriff ‚Multimedialität' nicht weiter beschäftigen und in Kapitel 4 dann eine genauere Differenzierung der Begriffe und Konzepte ‚Medien' und ‚Zeichenmodalitäten' vornehmen, die deutlich machen wird, warum der Begriff für uns nicht anwendbar ist.

Curricula

Wann immer aber die Rede von Multimedialität ist, sind auch und insbesondere Fragen der multimodalen Analyse von Interesse und machen uns der wachsenden Notwendigkeit bewusst, einen produktiven und kritischen Umgang mit Kombinationen unterschiedlichster Ausdrucksformen zu erlernen und zu pflegen. In der Folge stehen Curricula, die diese Fähigkeiten und Kenntnisse als notwendig erachten, auf allen Ebenen unter Beobachtung und Diskussion und haben längst auch Eingang in unser Schulwesen gefunden. Viele Lehr- und Bildungspläne in Deutschland beinhalten zum Beispiel ganz selbstverständlich heute die Anforderung, dass Kombinationen aus Bild- und Textmaterialien, Filmen und anderen Kommunikationsformen im Unterricht diskutiert werden, ohne jedoch genauere Details über Methoden und Herangehensweisen zu unterbreiten. Schauen wir uns als ein kurzes Beispiel den Bildungsplan für den Sekundarbereich I, Gymnasium, Fach Deutsch, im Land Bremen an:

> **Bildungsplan Deutsch – Gymnasium 5-10; Freie Hansestadt Bremen (vgl. Senator für Bildung und Wissenschaft 2007: 7)**
>
> **Lesen – mit Texten und Medien umgehen**
> „Die moderne Medienwelt ist von Bildern und Texten bestimmt, deren Verstehen eine grundlegende Herausforderung des kulturellen Sozialisationsprozesses ist. Für den unterrichtlichen Zusammenhang ist von einem erweiterten Lese- und Textbegriff auszugehen, der insgesamt die Rezeption verschiedener Konkretionen von Zeichen meint und unterschiedliche, auch mediale Text- und Dialogsorten umfasst. [...] Eine zunehmend breitere Kenntnis von Gattungen, Formen, Stoffen und Motiven unterstützt das Verstehen und ein in Ansätzen zu vermittelndes medienhistorisches Orientierungswissen führt zur Einsicht in geschichtlich-kulturelle Zusammenhänge von Texten."

Ein gesonderter Bildungsplan für ‚Medien' als stufenübergreifendes Curriculum liegt in Bremen im Entwurf von Juni 2012 sowohl für die Grundschule als auch für die Sekundarstufen I und II vor und benennt zum Beispiel die folgenden Kompetenzfelder als notwendige Dimensionen der Medienbildung:

> **Bildungsplan Medienbildung, stufenübergreifend; Freie Hansestadt Bremen (vgl. Landesinstitut für Schule Bremen 2012: 9–12)**
> **Kompetenzbereiche**
> Wirkungen von Farbe (Bereich Kunst)
> Kurze Ton- und Filmsequenzen verstehen (Bereich Englisch)
> Das Internet zur Informationsbeschaffung und Kommunikation mit fremdsprachigen Partnern nutzen (Bereich Französisch)
> Visuelle Kommunikation zwischen individuellen und gesellschaftlichen Interessen (Bereich Kunst)
> Verschiedene Informationsquellen wie Text, Graphik, Statistik bearbeiten, prüfen und kritisch bewerten (Bereich Soziologie)
> Diagramme erstellen und bewerten (Bereich Naturwissenschaften)

Die genannten Kernpunkte fassen die Notwendigkeit der Entwicklung von Medienkompetenz für den Umgang mit unterschiedlichen Medientechniken, -genres oder -textsorten nur grob zusammen. Alle genannten Bereiche schließen aber typische Artefakte und Kontexte, in denen das Zusammenspiel unterschiedlicher Materialien und Ressourcen relevant ist, in ihre Auseinandersetzungen mit ein: Dies sind zum Beispiel die Bereiche Kunst, Design, Architektur sowie allgemeiner die visuelle Kommunikation in Texten oder Bildern. Um diese Texte – und hier ist ein erweiterter Textbegriff gemeint, der auch Bilder und Filme miteinbezieht (vgl. Kap. 4.3.2) – verstehen, beurteilen und kritisch hinterfragen zu können, ist Wissen sowohl über die einzelnen Ressourcen als auch über ihr multimodales Zusammenspiel unverzichtbar, auch wenn die Bildungspläne ‚Multimodalität' selbst als Begriff oder Konzept tatsächlich in keiner Weise erwähnen.

Die Bereitschaft und der erkennbare Bedarf, Kombinationen von Ausdrucksressourcen explizit und systematisch zu untersuchen, der in den Curricula-Auszügen deutlich wird, macht es möglich, von einem ‚multimodalen Turn' zu sprechen. Auch die immer offensichtlicher werdende Auseinandersetzung mit dem Thema in fast allen Disziplinen und Forschungsbereichen unseres Wissenschaftsalltags zeugt von einer entsprechenden Bereitschaft dazu. Wie wir weiter oben bereits dargelegt haben, ist diese in einigen Bereichen, wie dem Graphikdesign, der Gesprochene-Sprache-Forschung oder der Filmwissenschaft, längst etabliert, wenn auch allgemeine Methoden zur Analyse immer noch fehlen. In anderen Bereichen, wie der Argumentationstheorie oder Soziologie, gilt ein Umgang mit Multimodalität noch als innovativ und mag sogar manchmal Misstrauen und Zweifel hervorrufen. Einige aktuelle Einführungen vor allem in letzteren Bereichen vermitteln allerdings inzwischen oft den Tenor, dass auch andere Ausdrucksformen als die disziplineigenen relevant sind und in die Betrachtung miteinbezogen werden müssen, jedoch fehlt es oft an einer klaren Anleitung dafür, wie dies geschehen kann.

Eine solche Anleitung zu geben, ist ein weiteres zentrales Ziel dieses Buchs. Dabei ist es ganz gleich, welche Disziplin oder welcher theoretische Hintergrund als Ausgangspunkt für Sie als Leser*innen zugrunde liegt; die in der Betrachtung multipler, synergetisch kooperierender Ausdrucksformen entstehenden Fragen und Anforderungen sind sich aus vielen Perspektiven heraus und auf unterschiedlichsten Dimensionen oft ähnlich.

1.2 Der Weg vor uns

Das vorangegangene Kapitel hat uns erste Einblicke gewährt in die Diversität der Bereiche, in denen Multimodalität und Fragen über ihre Funktionsweise eine Rolle spielen. Die geschilderten Möglichkeiten und Herausforderungen gehen allerdings gleichermaßen mit Problemen einher, die vor allem die Frage betreffen, wie dieser Bereich erforscht und untersucht werden kann. Diese Probleme zu lösen ist eines der Hauptziele dieses Buchs. Um dies zu erreichen, werden wir von einigen bereits existierenden Methoden und Vorschlägen zum Umgang mit Multimodalität abweichen müssen.

Multimodalität als Norm

Denn auch wenn das Vorkommen von Kombinationen unterschiedlichster Ausdrucksformen oft im Kontext der so genannten ‚neuen Medien' diskutiert wird, ist es doch keinesweges ein neues Phänomen, sondern muss stattdessen als *eine schon immer geltende Norm* gesehen werden. Das historisch bedingte Auseinanderdriften und die sich dadurch ergebene Gegenüberstellung unterschiedlichster Disziplinen hat zunächst zu einer Aufteilung der Theorien und Methoden zur Beschreibung verschiedener Ausdrucksformen geführt, was, wie wir oben ausgeführt haben, durchaus hilfreich war, um unser Verständnis über bestimmte Ausdrucksformen zu prägen. Jetzt aber ist es notwendig, unseren Fokus auf Prozesse der kollektiven und kombinierten Bedeutungskonstruktion zu legen und einen vereinheitlichten Blick auf alle Kommunikationsformen zu werfen.

‚multiplying meanings'

Eine häufig genutzte Metapher in diesem Kontext ist die der Bedeutungs*multiplikation*, die von dem Semiotiker und Pädagogen Jay Lemke in dem Ausdruck ‚multiplying meanings' (Lemke 1998) geprägt wurde. Die Metapher wird vor allem genutzt, um zu betonen, dass Multimodalität mehr ist als zwei oder mehr Zeichenmodalitäten ‚nebeneinander' zu stellen und eine additive Verbindung miteinander einzugehen. Tatsächlich scheint doch *mehr* aus einer solchen Kombination hervorzugehen als die einfache Summe der einzelnen Teile, so dass dieses ‚Mehr' oft im Zentrum multimodaler Forschung und Analyse steht.

In den Beispielen, die wir oben erwähnt haben, sind solche Multiplikationen bereits deutlich geworden, wenn wir an einigen Stellen zum Beispiel Aspekte gesprochener Sprache oder solche des Designs von Smartphone- oder Tabletanwendungen hätten ansprechen und das Zusammenspiel zwischen Gesprächsteilnehmenden und diesen Geräten thematisieren können. Alle diese Einzelelemente sind in interessanter Weise miteinander verwoben und stehen nicht einfach ‚nebeneinander'. Wenn wir uns zum Beispiel noch einmal das Interaktionspaar in Abbildung 1.1 anschauen, erkennen wir im linken Bild, dass eine Handgeste auf etwas auf dem Smartphone-Bildschirm zeigt, sich aber auch die Blicke der beiden Gesprächspartner treffen und wohl auch verbal etwas geäußert wird. Diese Anhäufung von Ausdrücken sowohl im Bereich der Gestik und Blickbewegung als auch auf verbaler Ebene ist es, was als Bedeutungs‚multiplikation' bezeichnet werden kann.

Zeichenmodalitäten

Die Multiplikationsmetapher hat bisher sehr sinnvoll dazu angeregt, Konzeptualisierungen solcher multimodalen Situationen weiter voranzutreiben, allerdings bringt sie auch ein paar Nachteile mit sich: Wie so oft der Fall bei Metaphern sind nicht alle Eigenschaften zutreffend, die aus dem Ursprungsbereich (der so genannten *source domain*) in den Zielbereich (die *target domain*) übertragen werden. Am problematischsten ist im vorliegenden Fall wohl die Art von methodologischem Zugriff zu multimodalen Phänomenen, auf die die Metapher hindeutet. Denn für solche Multiplikationen brauchen wir auch entsprechende Objekte, die sich multiplizieren lassen bzw. sich vermehren. Dies wiederum hat viele Forscher in bisherigen Arbeiten dazu veranlasst, in einem ersten Analyseschritt gleich diese ‚Multiplikatoren' und ‚Multiplikanden' als Zeichenmodalitäten zu bestimmen, was in der Konsequenz dazu geführt hat, dass die große Mehrheit bereits existierender Diskussionen heute lediglich Beispiele für Zeichenmodalitäten auflistet und dann schnell zu einem nächsten Schritt in der Analyse übergeht. Alle Formen von geschriebenem Text, gesprochenener Sprache, Gesten, Mimik, Bildern, Zeichnungen, Diagrammen, Musik, bewegten Bildern, Comics, Tanz, Typographie, Seitenlayout, Intonation, Stimmqualität, etc. werden so als Ausdrucks*modalitäten* bezeichnet und Kombinationen von Elementen aus dieser Liste führen automatisch dazu, eine grundsätzlich ‚multimodale' Natur der Dinge anzunehmen.

Für eine systematische Untersuchung bringt dies aber keinen Mehrwert und einige sich ergebende, zentrale Fragen werden erst gar nicht in Betracht gezogen. Zum Beispiel wird eine solche Beschreibung nicht der Tatsache gerecht, dass die unterschiedlichen Ausdrucksformen alle auch unterschiedliche Eigenschaften haben und sich dadurch voneinander unterscheiden. Sie dennoch *gemeinsam* zu nutzen bedarf aber der Annahme, dass Wege der Bedeutungskonstruktion grundsätzlich heterogen sein können und auch als solche beschrieben werden müssen. Wie genau multipliziert man denn Texte und Bilder – oder Äpfel und Birnen – miteinander? Wir scheinen mehr Informationen zu gewinnen, aber wie genau funktioniert dies eigentlich?

Eine weitere Frage sogar noch grundsätzlicherer Natur ist die, ob wir überhaupt Objekte für die Multiplikation finden. Der empirische Medienforscher Hans-Jürgen Bucher beschreibt dieses Problem in seinen Arbeiten (vgl. z.B. Bucher 2010) sehr deutlich und argumentiert, dass die Annahme der Bedeutungsmultiplikation suggeriert, dass Bedeutungen in einer Weise bereits von vorneherein festgelegt sind und nur noch miteinander kombiniert werden müssen. Wenn wir also 3 mit 4 multiplizieren, um zum Ergebnis 12 zu gelangen, fragen wir nicht danach, ob 3 möglicherweise eine Wirkung auf 4 hat oder andersherum, weil dies für die Multiplikationsrechnung völlig irrelevant und unangemessen ist. Bedeutungen allerdings, und insbesondere multimodale Bedeutungen, können in dieser Hinsicht nicht wie Zahlen gesehen werden. Der Beitrag, den eine Zeichenmodalität zu einem Komplex von Modalitäten leistet, kann durchaus von der jeweiligen spezifischen Kombination und den darin vorkommenden, anderen Modalitäten abhängen und sich ggf. ändern, wenn anderen Modalitäten ins Spiel kommen.

Denken wir zum Beispiel an ein Bild in einer Zeitschrift, das eine Gruppe von Menschen zeigt und von einer entsprechenden Beschriftung begleitet wird. Eine zentrale Frage ist dann, inwiefern unsere Analyse und Interpretation des Bildes bereits vom Inhalt der Beschriftung beeinflusst ist (und vice versa). Zeigt das Bild die Menschen glücklich feiernd oder in trotziger Solidaritätspose? Schreitet jemand entlang eines Konvois von Panzern und zeigt seine Unterstützung durch eine wehende Flagge – oder protestiert er oder sie gegen die Panzer? Welche Interpretation des Bildes leistet der beigefügte Text und inwiefern beeinflusst er unser Verständnis? Einige solcher Fälle von Abhängigkeiten und Verflechtungen zwischen den einzelnen Modalitäten werden zum Beispiel im Kontext der Presseberichterstattung von Müller, Kappas & Olk (2012) diskutiert. Auch Klemm (2011) zeigt, inwiefern sich Bilder von Politikern in ihrer Kontextualisierung durch Texte und Bildunterschriften jeweils unterschiedlich interpretieren lassen.

Diese Abhängigkeiten sowie Wechselwirkungen zwischen den Elementen ist ein wichtiges und zugleich schwieriges Thema im Kontext von Multimodalität, weil der Gebrauch unterschiedlicher Modalitäten jeweils Einfluss darauf haben kann, *was jede einzelne Modalität zum großen Ganzen beiträgt*. Das bedeutet, dass wir in unserer Analyse sehr viel Wert darauf legen sollten, die Zeichenmodalitäten sowohl in ihrer Invidiualität als auch in ihrem Zusammenspiel zu betrachten. Wir müssen lso zum einen herausfinden, was jede Modalität für sich allein zum komplexen Ganzen tatsächlich beiträgt, dürfen aber zugleich nie aus dem Blick verlieren, welche Informationen ‚lediglich' aus der Tatsache entstehen, dass mehrere Modalitäten miteinander kombiniert werden. Zeichenmodalitäten, die in Kombination vorkommen, müssen *immer auch* mit Blick auf ihre gegenseitigen Wechselwirkungen interpretiert werden und können nicht allein unabhängig voneinander betrachtet werden.

Integration, Orchestrierung & Transkription

In der anglophonen Literatur betonen Baldry & Thibault (2006: 18) zum Beispiel den Ausdruck ‚resource integration'; Kress (2010: 157) nutzt den Begriff der Orchestrierung (engl. ‚orchestration'), um die Kombination der Modalitäten in den Vordergrund zu stellen; im Deutschen spricht Jäger (2004) von Transkription (vgl. auch den Eintrag zu Transkription in Kapitel 5). Die Mechanismen zur Charakterisierung solcher Situationen müssen demnach von Beginn an in die Analyse implementiert werden. Eine der größten und zentralsten Herausforderungen für multimodale Analyse ist es dann, Wege der Charakterisierung zu finden, die die Natur dieser wechselseitigen Abhängigkeiten erfassen, sowie Methoden zu entwickeln, diese empirisch zu untersuchen.

Einige wichtige Ansätze versuchen, sich dieser Herausforderung direkt zu stellen. In den Arbeiten der Semiotikerin Kay O'Halloran zum Beispiel spielen Konstruktionen von Kontextualisierung und Re-Kontextualisierung eine wichtige Rolle (vgl. z.B. O'Halloran 1999, Liu & O'Halloran 2009). Damit betont sie explizit die potenziellen Wechselwirkungen und Abhängigkeiten zwischen den einzelnen Beiträgen der Modalitäten, die sich entweder gegenseitig unterstützen oder aber auch gegeneinander wirken können.

Aus einer ganz anderen Perspektive, aber ähnlich thematisiert werden Diskussionen um das Konzept des ‚Blending', in dem unterschiedliche Materialien flexibel miteinander kombiniert werden. Es handelt sich dabei dann also um eine ähnlich komplexe Konstruktion, die ähnliche Untersuchungsprozesse benötigt (vgl. Goguen 1999, Kutz u. a. 2015). Beschreibungen dieser Untersuchungen werden allerdings sehr schnell sehr technisch und unsere theoretischen und methodologischen Grundlagen müssen erst gestärkt werden, um diesen Bereich der Forschung ebenfalls abdecken zu können. Relevant hierfür ist vor allem die methodologische Herausforderung, zu wissen, wie jede einzelne Zeichenmodalität für sich allein zum multimodalen Komplex beiträgt.

Diese fundamentale Eigenschaft multimodaler Bedeutungskonstruktion macht die Aufgabe, Zeichenmodalitäten genauer zu bestimmen, deutlich schwieriger. Sind Differenzierungen, die wir vornehmen, aufgrund einzelner Modalitäten oder aber durch den Kontext bzw. die jeweils anderen Modalitäten darin motiviert? Versuche, diesen komplexen Bereich der Definition von Zeichenmodalitäten näher zu bestimmen und zu systematisieren, zeichnen ein eher diffuses Bild, vor allem wenn wir uns nicht nur allgemeine Aussagen darüber anschauen, was eine Modalität sein kann, sondern zu konkreten praktischen Analysen aktueller Beispiele übergehen.

Eine kurze Liste von sowohl englisch- als auch deutschsprachigen Definitionen, die in der Literatur zum Thema für das Konzept des ‚mode' (im Englischen) bzw. der Zeichenmodalität (als deutsches Äquivalent, das wir noch genauer diskutieren werden, vgl. Kapitel 4) vorliegen, geben wir in der folgenden Infobox. Dabei ist es interessant, diese Definitionen mit Blick auf ihre Orientierungshilfe für spezifische Analysen zu betrachten. Tatsächlich wird dann nämlich sehr schnell deutlich, dass sie nur äußerst eingeschränkt wirklich praktische Hilfen zur Analyse von Zeichenmodalitäten anbieten!

Definitionsversuche für Zeichenmodalitäten aus dem englisch- und deutschsprachigen Kontext

"Mode is used to refer to a regularised organised set of resources for meaning-making, including, image, gesture, movement, music speech and sound-effect. Modes are broadly understood to be the effect of the work of culture in shaping material into resources for representation." (Jewitt & Kress 2003: 1–2)

"[Communicative mode is a] heuristic unit that can be defined in various ways. We can say that layout is a mode, which would include furniture, pictures on a wall, walls, rooms, houses, streets, and so on. But we can also say that furniture is a mode. The precise definition of mode should be useful to the analysis. A mode has no clear boundaries." (Norris 2004: 11)

"[Mode is] a socially shaped and culturally given resource for making meaning. Image, writing, layout, gesture, speech, moving image, soundtrack are examples of modes used in representation and communication." (Kress 2010: 79)

"image, writing, gesture, gaze, speech, posture" (Jewitt 2014: 1)

„Welche Zeichenressourcen nun ‚modes' sind, wie diese abgegrenzt werden und wie viele es gibt, sind ungekärte Fragen." (Schneider & Stöckl 2011: 26)

„Jede Zeichenmodalität ist an einen Kanal der Sinneswahrnehmung gebunden. Sie muss materiell-medial realisiert werden und in einer raumzeitlichen und sozialen Situation verwendet werden. Semiotische Modalitäten verfügen über eine interne Strukturierung, die Bedeutungen, Kombinationsmöglichkeiten und Gebrauchsfunktionen ihrer Zeicheninventare regelt." (Stöckl 2016: 9)

„Deshalb wird *Modus* im Folgenden verstanden als einer der fünf Kommunikationsträger gesprochene und geschriebene Sprache, stehendes und bewegtes Bild sowie Audio (incl. Musik und Geräusch)." (Schmitz 2016: 9)

In einigen Definitionen wiederholen sich einzelne Aspekte, wie zum Beispiel die Tatsache, dass die menschliche Sinneswahrnehmung eine Rolle spielt und Modalitäten an einen jeweiligen Kanal gebunden sind. Dieser Grundgedanke ist allerdings schwer zu fassen, wenn auch Einheiten wie Gestik und gesprochene oder geschriebene Sprache als Zeichenmodalitäten gesehen werden sollen. Wie wir noch ausführlich beschreiben werden, scheinen Modalitäten tatsächlich relativ frei über sinnliche Eindrücke hinweg wirken zu können.

Unter dieser Voraussetzung sehen einige Ansätze ‚modes' eher als eine methodologische Entscheidung in und für bestimmte Analysesituationen. Auch wenn dies eine gewisse Flexibilität von Modalitäten berücksichtigt, macht es den Analyseprozess selbst doch relativ willkürlich. Was folgt aus einer solchen Entscheidung? Was bedeutet es, zum Beispiel Möbel als Modalitäten zu sehen? Auch Abgrenzungsschwierigkeiten ergeben sich sehr häufig: Gibt es zum Beispiel eine visuelle Modalität, die sowohl statische als auch bewegte Bilder beinhaltet? Zwar zeigen Film und Malerei sicherlich einige Überlappungen in ihrer kommunikativen Funktion, weisen zugleich jedoch grundlegende Unterschiede auf. In der Folge kann fast alles, was grundsätzlich zu einer multimodalen Bedeutungskonstruktion beiträgt, als Modalität gesehen werden.

Einführungen in die multimodale Analyse, die vorschlagen, mit einer Beschreibung der semiotischen Modalitäten zu beginnen, sind deswegen bedenklich. Denn wo wir eigentlich klare Theorien und Methoden zur Organisation unserer analytischen Prozesse benötigen, um damit in einem weiteren Schritt auch die Modalitäten zu klären, fehlt es vor allem an ersteren und werden wir – ganz gegenteilig – mit diesen Analysen ziemlich allein gelassen. Genau dieser Situation entgegen zu wirken, ist ein großes Ziel dieses Buchs.

Zu wissen, wie wir multimodale Konstrukte und ihre Ausdrucksformen analysieren können, wird damit in der heutigen Zeit zu einer grundlegenden Kompetenz für den Umgang mit Informationsdarstellungen und -repräsentationen. Methodische Fragen sind hierfür besonders wichtig und es ist unbedingt notwendig, die damit einhergehenden Probleme und Herausforderungen empirisch zu betrachten, um viele Dinge deutlich werden zu lassen, von denen wir momentan noch gar nicht genau wissen, wie sie funktionieren. Hierfür können wir gegenwärtig vor allem solide Ausgangspunkte für die Analyse formulieren, um daran anschließende Forschung möglich zu machen und voranzutreiben. Dies kann sowohl in Form von praktischen Aufgaben oder Forschungsfragen erfolgen, für die es Lösungen und Methoden zu erarbeiten gilt, oder aber auch im Sinne eines Lern- und Ausbildungsprozesses in Bereichen, in denen solche Fragen bereits als relevant eingestuft wurden. Dazu sind nicht nur theoretische und methodologische Überlegungen und klare Instrumentarien entscheidend, sondern wird es auch dringend notwendig sein, mit klar definierten Zugängen zur Analyse von Kommunikation zweckdienliche Aussagen über und entsprechende Ergebnisse zu multimodalen Formen und Stilen zu erlangen.

Der momentane Mangel an solchen Zugängen, die vor allem integrativ und inklusiv die Natur multimodaler Kommunikationsformen erfassen können, kompromittiert unsere Fähigkeiten, mit multimodalen Situationen professionell umzugehen – auch wenn solche Situationen, wie oben gezeigt, bereits vielfältig vorhanden sind und in manchen Kontexten längst die Norm darstellen. Bisherige Versuche, über die Grenzen individueller Disziplinen und Forschungsbereiche hinauszugehen, laufen Gefahr, die Komplexität und Raffinesse dieser Situationen nicht fassen zu können.

Multimodalität ist aus unserer Sicht *ein naturgemäßes und immanent interdisziplinäres, kooperatives Unternehmen*. Es als solches anzunehmen, ist ein wesentlicher Aspekt und zugleich die beste Motivation für jeden Zugang zum Thema. !

Nichtsdestrotrotz kann ein solcher Zugang nur von Zusammenarbeit geprägt sein und nicht eine Herauslösung oder Abgrenzung einzelner Disziplinen anstreben. Auch der Zugang in diesem Buch ist deswegen ein komplementärer, der unterschiedlichste Wissenbestände in Betracht zieht und sie miteinander ergänzt. Gleichzeitig müssen wir noch einen Schritt weitergehen und viele der bereits existierenden Instrumentarien in den Kontext einer breiteren Sicht auf ‚Multimodalität' setzen, um Wechselwirkungen zwischen den einzelnen Ansätzen möglichst produktiv werden zu lassen. Wir sehen dies als ein wichtiges und wesentliches Ziel für multimodale Forschung und Praxis.

1.3 Worum es in diesem Kapitel ging

In diesem letzten Abschnitt eines jeden Kapitels werden wir die vorangegangen Argumente des Kapitels zusammenfassen, um jeweils eine Hauptbotschaft zu formulieren, die sich nach der Lektüre verfestigen und für die nachfolgenden Kapitel wegweisend sein soll.

In diesem ersten Kapitel haben wir zum Beispiel gesehen, dass die erkennbaren Kombinationen unterschiedlicher Kommunikationswege und Bedeutungskonstruktionen in unserem Alltag sehr divers sind. Auch wenn wir anspruchsvolle Kombinationen aus unterschiedlichen Ausdrucksformen durchaus bereits seit längerem kennen, scheinen sie sich mithilfe neuerer oder neu entstehender Medien sowie neuer Produktions- und Zugangstechnologien noch stärker auszubreiten und in alle Bereiche unserer Kommunikation vorzudringen.

Während wir auf der einen Seite schon viele Möglichkeiten zur genaueren Untersuchung dieser Kombinationen, ihrer Funktionsweisen sowie der Gestaltung und Nutzung für den Unterricht aufgezeigt haben, haben wir auch erfahren, dass eine Annäherung an sie gar nicht so einfach ist und es viele unterschiedliche Wege gibt, die komplexen Verbindungen zu betrachten. Hier entstehen auf den unterschiedlichsten Ebenen Forschungsfragen, die für viele von Ihnen, die Sie dieses Buch in die Hand genommen haben, vermutlich ähnlich aussehen: Wie definieren wir den Gegenstand Multimodalität? Wie können wir ihn hinreichend untersuchen? Wie grenzen wir die jeweiligen Anschauungsobjekte voneinander ab? Die Tendenz dazu, solche Forschungsfragen zu entwickeln, stand und steht sicherlich im Vordergrund bisheriger Betrachtungen und tatsächliche Untersuchungen der sich daraus ergebenen Folgen sind eher davon angetrieben, die für diese Fragen relevanten Punkte abzuarbeiten als die Eigenschaften multimodaler Konfigurationen angemessen zu reflektieren. Genau diese Situation stellen wir in Abbildung 1.2 dar. Unser analytisches Instrumentarium, das wir in den folgenden Kapiteln entwickeln werden, muss den gezeigten Zustand überwinden, grundsätzlichere Untersuchungen anstreben und sie effizient und nachhaltig vorantreiben.

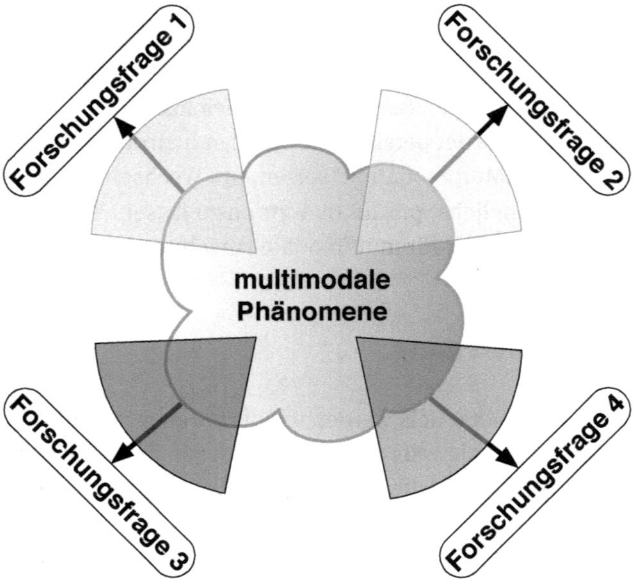

Abb. 1.2. Der vortheoretische Zugang zu multimodaler Forschung: Entstehende Fragestellungen führen oft dazu, dass das Ausgangsmaterial in Einzelteile zerlegt wird, die wiederum von Wissenschaftler*innen mit unterschiedlichen theoretischen Zugängen untersucht werden. So werden an einigen Stellen Webseiten, an anderen Musikvideos und an wieder anderen Face-to-Face-Interaktionen oder Filme analysiert, aber Regelmäßigkeiten im Material werden nur selten festgestellt und auch Ergebnisse aus Einzelstudien werden kaum miteinander verglichen.

2 Spotlight Multimodalität: Ursprünge und Entwicklungen

Orientierung

In diesem Kapitel werden wir herausfinden, wo und wie sich Multimodalität zeigt, und einen ersten Blick darauf werfen, wie einige disziplinäre Antworten auf diese neuen Herausforderungen entstanden sind – ganz unabhängig davon, ob der Begriff ‚Multimodalität' explizit genannt wird oder nicht. Es ist durchaus möglich, dass sich einige etablierte Disziplinen mit Artefakten und Darbietungen beschäftigen, die inhärent multimodal sind und deswegen auch in unsere Betrachtung mit einfließen, den Begriff Multimodalitat aber nicht nutzen. Außerdem gibt es einige relevante disziplinäre Orientierungen, die Fragen zum Thema Multimodalität unter Schlagworten wie ‚Medien' oder ‚Medialität' diskutieren. Und auch innerhalb der Fachrichtungen, die tatsächlich den Begriff als einen Eckpfeiler nutzen, wird er wiederum unterschiedlichst und teilweise kontrovers verwendet. Die Diskussion in diesem Kapitel wird daher zeigen, dass das Konzept Multimodalität eine ständige Herausforderung für eine tiefgreifendere Auseinandersetzung mit dem Thema darstellt und dementsprechend für sich genommen und unabhängig von anderen Disziplinen betrachtet werden muss.

Eine grundsätzliche Haltung zum Phänomen Multimodalität zu entwickeln ist eine sehr grundlegende und schwierige Aufgabe. Mehrere Einführungen und Überblicke zum Thema beginnen deswegen damit, jeweils nur ausgewählte Ansätze und Disziplinen zu beschreiben, in denen Fragen multimodaler Natur entstehen. Beispiele hierfür gibt es im *Routledge Handbook of Multimodal Analysis* (Jewitt 2014), dem Mouton de Gruyter *Handbook of Visual Communication* (Machin 2014), dem Sage *Handbook of Visual Analysis* (van Leeuwen & Jewitt 2001) sowie in den jüngst erschienenen Bänden *Introducing Multimodality* von Jewitt, Bezemer & O'Halloran (2016) und dem de Gruyter *Handbuch Sprache im multimodalen Kontext*, herausgegeben von Klug & Stöckl (2016). Alle diese Bücher illustrieren und diskutieren auf sehr nützliche und hilfreiche Weise, wie unterschiedliche Ansätze mit Multimodalität umgehen.

Daneben gibt es einige Veröffentlichungen, die spezifischere Orientierungen innerhalb dieser Zugänge aufgreifen und ihre Vorgehensweisen im Detail aufzeigen; Beispiele hierfür sind unter anderem der systemisch-funktionale Zugang in Baldry & Thibault (2006) sowie der diskursanalytische Ansatz in Gee (2015), die Herangehensweise an Face-to-Face-Interaktionen in gesprächsanalytischer Forschung bei Deppermann (2013) sowie auf Grundlage so genannter ‚vermittelter Handlungen', wie sie Norris (2004) beschreibt, die Integration von Gesten in die Beschreibung sprachlicher Strukturen nach Fricke (2012), eine Orientierung an Textsorten bei Pappert & Michel (2018), Kommunikationsformen bei Schmitz (2004) oder kommunikativen Gattungen bei Günthner (2000) (vgl. dazu auch Dürscheid 2005), der Geosemiotik-Ansatz zu Sprache in realer Umgebung nach Scollon & Scollon (2003) oder der soziosemiotische Zugang bei Machin (2007) und van Leeuwen (2005). Wir werden uns einige dieser Ansätze im Detail weiter unten und in den nachfolgenden Kapiteln anschauen.

DOI: https://doi.org/10.1515/9783110495935-002

Auf der einen Seite ist diese Breite an vorhandener Literatur ein gutes Zeichen dafür, dass wir es mit einem lebhaften Forschungsbereich zu tun haben, in dem bedeutende Aktivitäten und unterschiedlichste Möglichkeiten der Auseinandersetzung zu beobachten sind. Auf der anderen Seite geraten Interessierte am Thema bei dieser Diversität innerhalb der Forschung aber möglicherweise schnell in Entscheidungsschwierigkeiten, welche Methoden für welche Forschungsfragen und Aufgaben die richtigen und welche überhaupt verfügbar sind. Alle oben genannten Veröffentlichungen haben explizit nur einzelne, spezifische Zugänge zum Thema ausgewählt – wie wissen wir also, dass es nicht auch noch andere Zugänge und Methoden gibt, die vielleicht sogar geeigneter für unsere jeweilige Forschungsfrage oder das vorliegende Problem sind?

Aus der Perspektive der Interaktionslinguistik zum Beispiel bezeichnet Deppermann den Begriff ‚multimodality' als „label which is already worn out and has become most fuzzy by its use in various strands of semiotics, discourse and media analysis" (Deppermann 2013: 2). Er warnt davor, dass ein unhinterfragter Gebrauch dieses Begriffs oder seiner Abwandlungen, unter anderem auch in der Formulierung ‚multimodale Interaktion', viele Dinge miteinander verbindet, die innerhalb einer einzelnen Disziplin, z. B. der der Interaktionslinguistik, gar nicht weiter von Interesse sind.

Von einzelnen Disziplinen und Ansätzen auszugehen bringt uns daher nicht grundsätzlich zum Kern des Themas Multimodalität – dieses Ziel streben wir aber in diesem Buch an. Wir müssen stattdessen zunächst ein Gefühl dafür entwickeln, worauf genau die verschiedenen Disziplinen und Ansätze eigentlich reagieren, was es also genau ist, was Fragen rund um das Thema Multimodalität entstehen lässt. Um uns dem näher zu bringen, muss unser Ansatz sich deutlich von anderen unterscheiden. Es bedarf deswegen zunächst einiger Grundpfeiler, die wir nach und nach für alle Zugänge zu Multimodalität bilden werden – ungeachtet existierender disziplinärer Orientierungen.

das Forschungsfeld Multimodalität

Daraus ergeben sich erste und wichtige Folgerungen: Wir können zum Beispiel nicht damit beginnen, wie Jewitt, Bezemer & O'Halloran (2016: Kap. 1) es mit dem Ausdruck ‚navigating the field' formulieren, das Feld Multimodalität anzusteuern, wenn wir nicht einmal genau wissen, *ob* es dieses Feld als originäres Forschungsfeld bereits gibt. Eines der zentralen Ziele dieses Buchs ist es daher, dieses Feld – geprägt durch neue Generationen von Studierenden und Wissenschaftler*innen – entstehen zu lassen. Zunächst müssen wir allerdings auf einer noch grundlegenderen Ebene beginnen, nicht das existierende Feld zu beschreiten, sondern vielmehr einen *Problemraum* Multimodalität zu eröffnen und genauer zu betrachten. Das heißt, das wir uns im Folgenden stark darauf konzentrieren werden, Klarheit zu schaffen über die Probleme und Herausforderungen, die Multimodalität mit sich bringt, indem wir fragen, wie diese Probleme und Herausforderungen eigentlich entstehen und was sie mit sich bringen.

2.1 Der ‚Problemraum' Multimodalität an sich

Wie Jewitt, Bezemer & O'Halloran (2016) aber richtig festhalten, ist es in der heutigen Multimodalitätsforschung oft der Fall, dass Forschende ihre Methoden vor allem auf Basis persönlicher Vorlieben und Hintergründe auswählen. Ein*e Sozio-Semiotiker*in wird einen sozio-semiotischen Ansatz verfolgen, ein*e Psycholog*in dagegen eine psychologische Herangehensweise wählen, ein*e Kunsthistoriker*in einen historischen Zugang bevorzugen und so weiter. Auch wenn dies einerseits natürlich nachvollziehbar ist, kann das Festhalten an etablierten Traditionen für einen Bereich, der so neu wie die systematische Analyse von Multimodalität ist, durchaus auch problematisch sein. Tatsächlich kann die Wahl einer Herangehensweise als erster Schritt für eine Annäherung an Multimodalität unsere Augen (oder Ohren, Hände, Münder...) vor anderen Perspektiven verschließen. Die Situation verhält sich dabei in etwa wie bei der Wahl eines Hammers als Werkzeug, bevor entschieden wird, ob zwei Teile hölzerenen Materials mit einer Schraube oder einem Nagel zusammengefügt werden. Bevor man das entsprechende Werkzeug wählt, muss man nämlich auch wissen, warum und zu welchem Zweck diese beiden hölzernen Teile zusammengefügt werden sollen und warum man überhaupt hölzerene und nicht metallene Materialien für diese Konstruktion nutzt.

der multimodale Zugang

Was wir für das Feld Multimodalität brauchen, sieht daher deutlich anders aus: Wir müssen beschreiben können, welche Probleme durch Multimodalität entstehen, *bevor* wir bewusst bestimmte Zugänge und Methoden auswählen, um die damit verbundenen Untersuchungen vorzunehmen. Das bedeutet nicht, dass wir einen objektiven, allumfassenden Zugang finden werden, der über alle individuellen Disziplinen hinweg gültig ist. In den grundlegenden Kapiteln am Ende dieses Buchabschnitts (insbesondere in den Kapiteln 3 und 4) werden wir sehr spezifische Vorschläge für eine theoretische Konstruktion multimodaler Phänomene vornehmen. Diese Vorschläge streben einen *multimodalen Zugang* an, der jede andere von uns gewählte Disziplin komplementiert. Wir werden die dabei getroffenen Unterschiede so gut es geht in einer ausführlichen Beschreibung und Darstellung von Multimodalität und mit dem Wissen darüber verbinden, wie wir mit den vielen Arten von Bedeutungspraktiken umgehen, die unterschiedliche (multimodale) Ausdrucksformen benutzen. Das heißt, dass wir ein Fundament auf dem Problemraum Multimodalität als solchem aufbauen werden.

Dieses Fundament sehen wir als eine sichere Grundlage für daran anschließende Theorien und Praktiken, die mehr leistet als sich vorzeitig auf bestimmte Methoden oder Disziplinen festzulegen. Anders und noch ein wenig konkreter gesagt: Eine solche grundlegende Festlegung dient Ihnen als Leser*innen dazu, multimodale Analysen zu betreiben *ungeachtet* einer disziplinären Orientierung oder dem Problem, das Sie gerade beschäftigt. Keine bestehende Disziplin hat ein Monopol inne, eine oder mehrere relevante Methoden für alle Probleme mit Multimodalität bereitstellen zu können – deswegen werden wir in den Kapiteln 5 and 6 auch einige prinzipielle Methoden aus unterschiedlichen Disziplinen vorstellen, die vor allem empirische Zugänge zu multimodalen Fragen unterstützen. Wir werden dort auch hervorheben, dass es für wirksame

Forschung notwendig sein wird, Methoden geschickt miteinander zu kombinieren, um bessere Antworten auf unsere Fragen zu erhalten.

Warnen möchten wir Sie davor, dass die interdisziplinäre Herangehensweise, die wir hier vorschlagen, nicht immer nur auf unterstützende oder anerkennende Reaktionen trifft, wenn es darum geht, ein multimodales Problem zu lösen. Es wird für Sie abzuwägen sein, wie solidarisch Ihre eigene Umgebung gegenüber ‚fremden' oder ‚anderen' Methoden ist, bevor Sie diese Methode(n) als die Ihrige(n) darlegen. Leider findet nicht jede*r Kolleg*in oder Kommiliton*in es passend und akzeptabel, kunsthistorische Methoden in der Psychologie oder linguistische Methoden für die Philosophie herbeizuziehen. Disziplinäre Grenzen sind in unserer momentanen Wissenschaftslandschaft immer noch zu real und dominant. Das bedeutet, dass Sie möglicherweise sogar untertauchen müssen, bis Sie tatsächliche Ergebnisse vorzeigen können! Bitte beachten Sie, dass wir Sie mit dieser Ausrichtung keineswegs dazu veranlassen wollen, den Wert und die Relevanz disziplinärer Orientierungen anzufechten. Ihre Ergebnisse werden immer den Standards und Kriterien Ihrer eigenen Disziplin standhalten müssen; stattdessen sind es eher die jeweiligen Methoden, die kreative (aber immer auch kritische) Erweiterungen benötigen, um zu entsprechenden Ergebnissen zu gelangen.

Zu Beginn müssen wir deswegen unser Feingefühl und Bewusstsein für den ‚Problemraum' Multimodalität stärken. Wir beginnen mit dieser Aufgabe, indem wir einige der Aspekte, die für jedes Problem von Multimodalität vorliegen müssen, zu klassifizieren versuchen. Auf einer sehr grundlegenden Ebene ist dies zunächst eine sehr leichte Aufgabe: Es geht um verschiedenste Materialien – und zwar nicht nur Materialien im physikalischen Sinne, sondern auch Materialitäten, die durch unsere Sinne vielfältig aufgenommen und organisiert werden. Ohne einen Blick auf diese ‚externalisierten Spuren' brauchen wir das Thema Multimodalität eigentlich gar nicht weiter diskutieren.

Materialität und Sinne

Allerdings nimmt dieser Zugang ein wenig Abstand von den Beispielen, die wir im vorherigen Kapitel betrachtet haben. Die dort genannten Punkte zu unseren Sinneskanälen spielen jetzt wieder eine Rolle, jedoch ohne dass wir sie dafür direkt mit ‚Zeichenmodalitäten' in Verbindung bringen; dazu werden wir tatsächlich erst in Kapitel 4 gelangen. Für die folgenden Ausführungen werden wir zunächst die Eigenschaften, Rollen und Funktionen von Materialität und die unserer Sinne klären, um damit eine Basis für Multimodalität als solche zu schaffen. In vielerlei Hinsicht geht dies mit den meisten Ansätzen zur Multimodalitätsforschung einher, die wir heutzutage antreffen. Typischerweise stellen diese Ansätze starke Behauptungen über die zentrale Rolle von Materialität sowie über die bisherige Vernachlässigung dieses Themas in früheren Herangehensweisen auf. Für unsere Zwecke müssen wir diese Unternehmungen allerdings anstellen, *bevor* wir uns selbst in einem dieser Zugänge positionieren.

Unsere Frage ist dabei nicht, inwiefern sich die jeweiligen Ansätze um den Aspekt der Materialität bereichert haben, sondern es geht uns um die Möglichkeiten der Bedeutungskonstruktion, die Materialität und vielmehr noch verschiedene Arten von Materialität mit sich bringen. Das bedeutet im Wesentlichen, dass wir immer noch bei der Frage sind, ob wir für unsere oben genannte Konstruktion tatsächlich Materialien aus Holz verwenden wollen. Ob wir dazu Nägel, Schrauben oder einen Hammer benötigen, steht im Moment allerdings noch völlig außen vor!

Im Folgenden werden wir also damit beginnen, uns die unterschiedlichen Sinnesmodalitäten genauer anzuschauen. Wir werden dabei einen Fokus auf die Sinne des Sehens und Hörens legen, weil diese bei uns Menschen deutlich weiter entwickelt sind als andere. Trotzdem ist es natürlich notwendig hevorzuheben, dass in einer vollständigen Theorie von Multimodalität alle Sinne die gleiche Aufmerksamkeit erfahren sollten. Wir setzen hier also einen ersten Ausgangspunkt, um etwas über diejenigen Disziplinen sagen zu können, die sich mit Blick auf die unterschiedlichen Sinnesräume entwickelt haben.

Sprache

Dazu werden wir zum einen etwas über unterschiedliche Ebenen von Materialität (→ §7.2 [S. 259]) mit Bezug auf *Sprache* sagen. Es geht hierbei nicht darum, Sprache als zentrale und wichtigste Ressource für Bedeutungskonstruktion zu deklarieren, sondern diejenigen Mittel voneinander zu unterscheiden, die uns zur Bedeutungskonstruktion zur Verfügung stehen und die über *ausreichend differenziete Eigenschaften verfügen, um Herausforderungen multimodaler Art aufzuzeigen.* Sprache hat auf jeden Fall sehr viele solche Eigenschaften, die sie von anderen Ausdrucksformen unterscheiden und abgrenzen. Das Maß, in dem diese Eigenschaften von anderen Ausdrucksformen geteilt werden, ist immer noch ein großes Diskussions- und Forschungsthema. Dabei wurden und werden zum Beispiel Behauptungen aufgestellt, dass Sprache und Musik (vgl. z. B. Jackendoff & Lerdahl 2006) oder Sprache und visuelle Repräsentationen in Comicstrips (vgl. z. B. Cohn 2016) signifikante Eigenschaften teilen. Diese Behauptungen zu überprüfen und zu festigen erfordert allerdings noch ein wenig Arbeit. Für unsere Zwecke halten wir fest, dass wir Sprache und ihre Eigenschaften zur Bedeutungskonstruktion nicht einfach ignorieren können, wenn wir zentrale Angelegenheiten von Multimodalität diskutieren – ebenso wenig wie wir Visualität oder die Geräuschebene nicht einfach ausschließen können.

Semiotik

Wenn es um Sinne und ihren Zusammenhang mit Bedeutungskonstruktion geht, d.h. wenn es um eine Reaktion auf Objekte und Aktivitäten geht, die ‚etwas bedeuten', steht auch die grundlegende Funktionalität von ‚Bedeutung' im Vordergrund unseres Interesses. Wie kann es überhaupt sein, dass etwas für jemanden etwas bedeutet? Die Disziplin der *Semiotik* hat sich sehr ausführlich mit dieser speziellen und grundlegenden Frage auseinandergesetzt und wir werden uns dies im Folgenden genauer anschauen.

Gesellschaft und Kultur

Auf unserem Weg durch den Problemraum gelangen wir schließlich zu weiteren konstitutierenden Aspekten von Bedeutungskonstruktion, die oft mit den Schlagwörtern *Gesellschaft und Kultur* bezeichnet werden. Semiotik, Linguistik, Bildwissenschaft sowie einige Bereiche der Philosophie haben alle die essenzielle Rolle dieser Aspekte hervorgehoben und festgestellt, dass nur wenige der notwendigen Eigenschaften für Bedeutungskonstruktion zur Verfügung stehen, wenn wir diese Aspekte ausblenden. Wir müssen sie also ganz klar in unsere Beobachtungen miteinbeziehen. Und wieder stehen hierfür einige Disziplinen bereit, die sich speziell mit diesen Aspekten auseinandergesetzt und damit auch starken Einfluss auf andere Komponenten des Gesamtbildes genommen haben, zum Beispiel indem sie Sprache als soziales Phänomen bezeichnet oder den Grad an sozialer Konventionalität visueller Repräsentationen und ihrer Perzeption beschrieben haben.

Zusammengefasst haben wir also vier Ausgangspunkte, um im Folgenden unterschiedliche Probleme und Herausforderungen für Multimodalität zu unterscheiden: Materialität, Sprache, Semiotik und Gesellschaft. Für jeden dieser Ausgangspunkte werden wir jeweils darstellen, dass die von uns aufgezeigten Probleme tatsächlich *schon immer* bestehen. Dabei ist es ganz gleich, welche disziplinäre Perspektive wir wählen: Wir können direkt einige Probleme multimodaler Art identifizieren. Diese Probleme führen oft und schnell zu Spannungen innerhalb der jeweiligen Disziplin, die ihre Interessensschwerpunkte immer noch in ‚monomodaler Art' gestaltet. Solche disziplinären Einschränkungen in Bezug auf bestimmte Zugangspunkte zum multimodalen Problemraum beeinträchtigen dann in der Tat auch die Fähigkeit dieser Disziplin, breiter mit den multimodalen Phänomenen umzugehen und sie produktiv zu betrachten. Ziel unserer ausführlichen Beschreibung des Problemraums Multimodalität ist es deswegen, diese Einschränkungen und Behinderungen zu umgehen bzw. aufzuheben.

2.2 Materialität und Sinne: Töne, Klänge, Geräusche

Wie es im Grunde mit allen hier angesprochenen Bereichen der Fall ist, gibt es sehr viele Disziplinen, die den spezifischen Bereich des Tons als ihren Ausgangspunkt nehmen. Indem wir ihre unterschiedlichen *Ebenen deskriptiver Abstraktion* betrachten, können wir diesen Disziplinen ein wenig Struktur und Organisation geben. Wir fragen dabei danach, ob wir es mit materialnahen Dingen, also mit tatsächlich in der Welt identifzierbaren physikalischen Ereignissen oder Objekten zu tun haben oder aber ob wir es eher mit Interpretationen zu tun haben, die möglicherweise lediglich auf bestimmten Regularitäten in der Welt beruhen, aber grundsätzlich über das rein Physikalische hinausgehen.

2.2.1 Physikalische Akustik

Wellen

Eine solche Unterscheidung macht es uns relativ einfach, die Grundlagen der Schallphysik und Akustik abzugreifen. Töne und Klänge sind das Ergebnis von *Wellen*, die durch ein Medium laufen, was bedeutet, dass das Material des Mediums nach einem generellen Muster immer wieder ‚verdrängt' und verlagert wird. Töne haben damit all die üblichen Eigenschaften, die Wellen auch haben, nämlich Frequenz (d.h. das Maß an Wiederholungen, in denen eine spezifische Einheit in der Welle auftritt), Amplitude (d.h. das Maß der Schwingung, in der sich die Welle vom Nullpunkt aus ausbreitet) und Wellenlänge (d.h. der Abstand zwischen zwei Punkten einer Phase auf der Welle).

Außerdem sind Töne und Klänge *Longitudinal-* bzw. *Längswellen* oder *Druckwellen*, was bedeutet, dass diese Wellen in Ausbreitungsrichtung schwingen und das Material, das die Welle trägt, sich in der gleichen Richtung ausbreitet, wie die Welle läuft. Man kann diesen Vorgang auch als periodische Steigerungen und Senkungen im Druck des Mediums beschreiben, wenn die Welle vorbeiläuft. Diese Steigerungen und Senkungen beeinflussen die Rezeptoren im Ohr und werden dann als Töne wiedergegeben.

Ein Indiz für die beträchtliche Macht visueller Einheiten (zu denen wir im nächsten Abschnitt kommen) ist es, dass wir visuelle Wellen typischerweise *nicht* wie solche akustischen Wellen visualisieren. Wenn wir an Wellen denken, sind unsere visuellen Eindrücke dafür gewöhnlicherweise solche einer Sinuskurve oder von Wellen im Meer. Diese Wellen sind *Transversalwellen*, weil die Verdrängung des Mediums senkrecht bzw. perpendikular zur Bewegungsrichtung verläuft. Sie sind deutlich einfacher zu zeichnen als Druckwellen und kommen deswegen häufiger vor. Es ist sehr wichtig, diese physikalischen Eigenschaften nachvollziehen zu können, um zu erkennen, warum bestimmte Effekte auftauchen und wie sie kontrolliert und wahrgenommen werden können; das Gleiche gilt für Prozesse des Sehens und die damit einhergehenden Lichtwellen, wie wir weiter unten sehen werden.

Während die reine Physik von Schallwellen (für unsere Zwecke) relativ unkompliziert zu verstehen ist, bringt uns die Frage, wie Töne wahrgenommen werden, auf ein deutlich komplexeres und unsichereres Terrain. Auch diese Situation werden wir in ähnlicher Weise vorfinden, wenn wir uns weiter unten visuellen Informationen zuwenden. Auf der einen Seite ist es relativ unproblematisch, einen ‚monomodalen' Überblick über den Bereich der Schallphysik zu geben, allerdings ist dies auf der anderen Seite erheblich schwieriger – möglicherweise sogar fraglich –, wenn wir uns Interpretationen und Bedeutungen anschauen, die wir Tönen und Klängen zuschreiben.

Töne wahrnehmen

Schwallwahrnemung bringt uns zum Beispiel sehr unmittelbar zu physikalischen Frequenzen und Amplituden. Höhere Frequenzen führen zu einem höheren Klang, eine höhere Amplitude ist generell lauter. Aber wie sich dies genau zu perzeptuellen Eigenschaften verhält, ist Aufgabe einer eigenen Disziplin, der wir uns in diesem Rahmen nicht weiter widmen werden. Natürliche Schallwahrnehmung geht zudem einher mit Richtungsangaben, d.h. dass wir im Allgemeinen Raumklänge wahrnehmen und diese mit einer Richtung verbinden anstatt lediglich ‚Töne' zu vernehmen. Außerdem nehmen wir keine abstrakten Töne oder Klänge wahr, sondern hören Dinge, die Geräusche oder Töne produzieren – Töne haben damit für uns immer eine *Quelle*.

Hier besteht ein starker Zusammenhang zur Evolution, wie es immer der Fall bei Perzeption ist: Wenn unsere Vorfahren Säbelzahntiger auf Beutejagd vernahmen, war die für diesen Kontext notwendige und wichtige Information diejenige, dass ein Säbelzahntiger bestimmte Geräusche in der Umgebung machte – und nicht der unmittelbare Zugang zu den Geräuschen an sich, die erst dann eine Zuordnung zu einer Ursache möglich machten. Darüber hinaus erlangen wir auch Informationen über Eigenschaften von Objekten, die die jeweiligen Töne, Klänge und Geräusche entstehen lassen, z. B. in Form von Details darüber, ob härtere oder weichere Gegenstände gegeneinander geschlagen werden und ihre Verbindung kurz oder langanhaltend ist, etc. Und schließlich bekommen wir nicht nur eine Vorstellung von der Richtung dieser Töne und Klänge, sondern auch der Eigenschaften des Raumes, in dem wir uns befinden und der zum Beispiel groß sein und ein Echo produzieren oder klein und gedämpft sein kann.

Sinne vs. Zeichenmodalitäten

Auf Grundlage dieser kurzen Beschreibung sollte deutlich werden, warum die Rede von ‚Zeichenmodalitäten' im Sinne von Sinneskanälen sehr irreführend sein kann. Töne sind nicht einfach Töne oder die Wahrnehmung von Klängen; sie geben auch Informationen über den Raum, die Distanz und Richtung. Diese ‚Bedeutungen' von Tönen sind grundsätzlich nicht verhandelbar, d.h. wir können sie nicht ausschalten.

Die Situation wird noch komplexer, wenn wir uns dem Gebrauch von Tönen und Klängen in Sprache zuwenden. Neben den physikalischen Eigenschaften, die wir bisher besprochen haben, kommen noch Anzeichen emotionaler und physikalischer Zustände (wie Alter, Gesundheit, Müdigkeit) hinzu, ohne dabei bereits die spezifischen phonetischen Details gesprochener Sprache in Form von Dialekten oder Akzenten berücksichtigt zu haben. Wann immer wir es mit einem physikalischen Materialträger zu tun haben, der für abstraktere Zwecke benutzt wird, kommen auch ‚direkte' Bedeutungen hinzu, an die sich der Gebrauch des Mediums ‚bindet'. Diese mögen aufgrund von speziellen kulturell geprägten Interpretationen modifiziert sein, sind aber nichtsdestotrotz gegenwärtig. Wir werden weiter unten auf den Gebrauch von Tönen in Sprache zurückkommen und im Folgenden unser Augenmerk auf andere Disziplinen richten, die notwendigerweise mit Tönen und Klängen zu tun haben. Dies sind besonders die Bereiche Musik und Tongestaltung bzw. Sounddesign.

2.2.2 **Musik, Tongestaltung und mehr**

Musik ist wohl die reinste der zeitbasierten Ausdrucksformen. Von den grundsätzlichen Eigenschaften von Schallwellen über die zeitliche Dauer, Rhythmen und Sequenzen der einzelnen Töne, Texturen und Klangfarben hinüber zu zeitlichen Mustern und Wiederholungen von Motiven, Themen und Sätzen reichend ist Musik ganz besonders an Zeit gebunden, während visuelle Einheiten dies nicht sind. Auch die Form der Wahrnehmung, die mit Musik einhergeht, hat spezifische Eigenschaften, die konstitutiv für ihre Form sind. Während Licht auf unterschiedlichen Frequenzen perzeptuell vermischt wird, bevor es tatsächlich wahrgenommen wird – es ist zum Beispiel nicht möglich, weißes Licht, das aus vielen Farbkomponenten gemacht wird, als separate Farbe zu ‚sehen' –, bleiben in der Schallwahrnehmung die individuellen Bestandteile der jeweiligen Frequenzen im Großen und Ganzen vorhanden. Aus diesem Grunde kann Musik immer auch von der Kombination von Noten, Instrumenten und Stimmen profitieren, um ein polyphones Ganzes als orchestrales Werk zu formen, in dem die individuellen Beiträge immer noch vernommen und miteinander in Bezug gesetzt werden können.

Die menschliche Perzeption bringt außerdem die Fähigkeit mit sich, sowohl musikalisch arrangierte Tonsequenzen zu erinnern als auch bestimmte Folgen harmonischer Sequenzen *vorherzusagen*. Auf dieser recht starken Grundlage befasst sich das Musikstudium dann mit der kulturell bedingten Manipulation solcher Tonkombinationen und -sequenzen und ihren ästhetischen Zielen. Noch wichtiger für unsere Zwecke ist allerdings, wie selbstverständlich Kontakte und Schnittstellen zwischen Musik und anderen Ausdrucksformen gemacht wurden und werden. Zum Beispiel ermöglicht die Verbindung von Melodie und Lyrik einen Brückenschlag nicht nur zwischen musikalischen Formen und der Repräsentation von Sprache innerhalb dieser Verbindung, sondern auch zwischen anderen Facetten dieser beiden Ausdrucksformen, die auch Rhythmus, Amplitude und viele weitere Eigenschaften, die von Tönen als physikalischem Medium getragen werden, mit einschließen (vgl. z. B. Andersson & Machin 2016).

Gesamtkunstwerk

Außerdem haben viele weitere komplexe Formen der Verzahnung mit Musik bereits eine lange Geschichte, die vermutlich am deutlichsten aus dem ästhetischen Konzept des *Gesamtkunstwerks* z. B. in Form einer Oper entstanden ist (vgl. Trahndorff 1827, Millington 2001). Darin werden Musik, der Operntext in Form des Libretto, die jeweilige Darbietung, aber auch Kostüme, Licht und die Aufführung selbst alle als integrale Träger des (Gesamt-)Werkes gesehen. In vielerlei Hinsicht ist dies eine archetypische Darstellung von Multimodalität in Aktion (vgl. Hutcheon & Hutcheon 2010).

Neuere Verbindungen von Musik mit visuellen Einheiten sind weit verbreitet und reichen von Interaktionen mit Animation bis zu solchen mit Film in Musikvideos. Eine besondere Form stellt hier Musik dar, die speziell für Filme komponiert wurde. Zu all diesen Bereichen gibt es substanzielle Literatur, die darüber hinaus auch immer wieder Themen von Multimodalität beinhaltet, vor allem im Hinblick auf die wiederkehrende Frage danach, wie unterschiedliche Ausdrucksformen für einen gemeinsamen Nutzen sinnvoll miteinander kombiniert werden. Daneben gibt es auch den Einsatz von Musik für ‚abstraktere' Ziele, wie zum Beispiel im Falle von *Programmmusik*, wo einzelne musikalische Elemente für die Assoziation mit spezifischen narrativen Elementen verwendet werden. Im Falle von Filmmusik wird diese Funktion noch direkter genutzt, weil diese Assoziation im Film selbst explizit konstruiert werden kann, zum Beispiel indem musikalische Motive zeitgleich mit Darstellungen im Bild genutzt werden.

Sounddesign

Eine weitere Dimension von Multimodalität zeigt sich nicht nur mit Blick auf Musik, sondern auf alle Formen von Sound auf Grundlage der Physikalität des Mediums. Im Allgemeinen können Töne tiefe Wirkungen auf Emotionen, Stimmungen und Gefühle haben, was im Bereich des Sounddesigns bzw. der Tongestaltung genutzt wird, um Gemütserregungen zu beeinflussen, indem andere Ausdrucksressourcen – typischerweise Film – mit Tönen begleitet werden, die gezielt dazu gestaltet wurden, gewünschte Reaktionen zu erlangen (vgl. Bullerjahn 2001; Liu 2010; Ward 2015).

Außerdem gibt es weitere, allerdings sehr unterschiedliche Arten von Multimodalität rund um das Phänomen ‚Musik' herum. Vielleicht am offensichtlichsten ist dabei die Existenz von Notenblättern, d.h. Notationen von Musik, um diese in visueller

Form darzustellen. Im Vergleich zum Verhältnis von geschriebener und gesprochener Sprache reagieren Notenblätter und das damit vorliegende Instrumentarium der Visualisierung flexibler auf unterschiedlichste Anforderungen in der Musikdarstellung und bringen so sehr interessante Eigenschaften mit sich, die nicht nur die Transcodierung von Zeit in Raum, sondern auch die Übertragung der unterschiedlichen Stimmen in einem Musikwerk auf räumliche Linien und Zeilen ermöglichen.

Es ist dann nicht verwunderlich, dass die Kraft dieser Ausdrucksform auch für andere Modalitäten untersucht wurde. In frühen Arbeiten zum Film stellt zum Beispiel der russische Filmemacher Sergei Eisenstein die explizite Verbindung zwischen Film und Musik dar, indem er Tonalität und Resonanzen sowie die Synchronisierung der unterschiedlichen Einheiten im Film gänzlich in Form eines vielstimmigen Orchesterwerks aufzeichnet (vgl. Eisenstein 1943: 157–216). Ein Beispiel der Eisensteinschen Partitur, die das Design seines Films *Alexander Nevsky* aufzeigt, gibt Abbildung 2.1. Eisenstein selbst hat sehr eng mit dem Komponisten der Musik für den Film zusammengearbeitet, so dass die Erweiterung des Mediums über alle Modalitäten des Films hinweg nachvollziehbar ist.

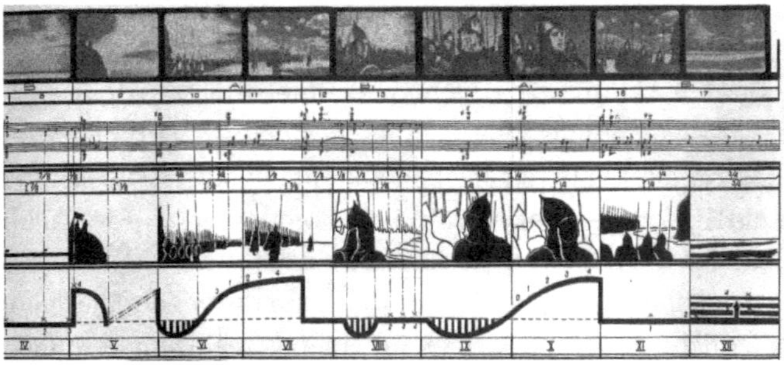

Abb. 2.1. Die erweiterte Notation, die Sergei M. Eisenstein in den späten 1930er Jahren nutzte, um die multimodale Konstruktion des Films darzustellen (oder, wie Eisenstein selbst es formulierte: die ‚vertikale Montage')

Jede der im Film mobilisierten unterschiedlichen Ausdrucksformen nimmt eine Zeile in der Gliederung ein, die uns eher bekannte Musiknotation findet sich auf der zweiten Hauptlinie bzw. -spur. Dabei zeigt die oberste Reihe Standbilder der Bildspur, die dritte Reihe führt Formen und Gestalten zur abstrakten Beschreibung der visuellen Komposition an und die vierte Reihe versucht, durch bestimmte ‚Gesten' Bewegungen und Formveränderungen zu zeigen, die das Auge über den Frame leiten. Zu beachten ist hier, dass das Maß, in dem dies tatsächlich mit der Weise übereinstimmt, in der Zuschauer*innen einen Film schauen, heute viel präziser erforscht werden kann, wie wir in Abschnitt 5.4 in unserem Methodenkapitel zeigen werden. Diese Mehrspurdarstellung ist heutzutage die gebräuchlichste Form der Notation multimodaler Artefakte und ist direkt für computergestützte Instrumente ausgearbeitet und übernommen worden, um möglichst viele unterschiedliche Ausdrucksformen, z. B. gesprochene Sprache, Intonation, Gestik und viele mehr darin berücksichtigen zu können. Wir werden Beispele dafür in Kapitel 5 geben.

Der Bereich des Tons bringt damit einige potenzielle Herausforderungen für Multimodalität mit sich und die Disziplinen, die sich mit dem Bereich beschäftigen, haben bereits einige Beschreibungsinstrumentarien und Notationen entwickelt, die nun auch für die Multimodalitätsforschung relevant werden. Eine besonders hilfreiche und ausführliche Darstellung des Bereichs und seiner Eigenschaften für eine Vielzahl von Ausdrucksformen legt van Leeuwen (1999) vor. Festzuhalten bleibt, dass wiederkehrende Konzepte von Rhythmus, materiellen Klangeigenschaften (und ihre emotionalen Folgen) sowie erkennbare Sequenzen oder auch Synchronisierungsphänomene Auswirkungen multimodaler Natur haben, die weit über die Beschreibung tonbasierter Ausdrucksformen hinausgehen und deswegen einen detaillierteren Zugang benötigen, den wir auf Grundlage der hier vorgenommenen Problemstellung skizzieren wollen.

2.3 Materialität und Sinne: Sehen und Visualität

Die Unterscheidung zwischen physikalischen Eigenschaften des Tons und den perzeptuellen Beschaffenheiten, die durch das jeweilige Medium getragen werden, gilt gleichermaßen auch für visuelle Phänomene. Einige Ansätze machen deswegen einen expliziten Unterschied zwischen dem ‚Sehen', das stark mit Licht und dem Effekt von Licht auf das Auge verankert ist, und Visualität, die alle bedeutungskonstruierenden Praktiken rund um das Sehen miteinbezieht. Die Bandbreite der Studien, die sich mit Aspekten von Visualität beschäftigen, ist so groß, dass wir sie noch gröber umreißen müssen als dies für den Bereich Ton notwendig war. Einen besonders hilfreichen Überblick über einige der bekannteren Ansätze zu Visualität gibt Gillian Roses *Introduction to Visual Methodologies* (Rose 2012); einen deutschen Sammelband zum Thema aus kommunikationswissenschaftlicher Perspektive haben Thomas Knieper und Marion Müller 2001 herausgegeben, darin empfohlen sei auch der Beitrag von Miriam Meckel (2001). Wir werden hier nicht auf einzelne Disziplinen und Methoden eingehen, ebensowenig werden wir die Details der unterschiedlichen Richtungen rund um das Thema Visualität aufzeigen, zu denen unter anderem der Journalismus, die Kunstgeschichte, die Soziologie, die Medienwissenschaft, das Bildungswesen, die Filmwissenschaft, die Typographie und viele mehr gehören. Sie als Leser*innen sind möglicherweise selbst in einer oder mehrerer dieser Disziplinen oder Bereiche unterwegs.

Visuelle Zugänge werden nun auch mehr und mehr als *Methoden* für Forschungsarbeiten vorgeschlagen, zum Beispiel indem Videoaufnahmen von Interaktionen in natürlichen Situationen erstellt oder Photographien aus früheren Zeiten für historische Forschung hinzugezogen werden – indem also visuelles Material erstellt wird, um über bestimmte Themen ‚nachzudenken' (vgl. z.B. auch die Bemühungen in der so genannten ‚Visuellen Linguistik' bei Bubenhofer & Kupietz 2018). Ein Gefühl für die Breite dieser Art von Zugang kann man mit dem Handbuch *Visual Communication* von Machin (2014) oder mit dem Überblick über unterschiedliche Forschungsmethoden von Margolis & Pauwels (2011) gewinnen. Ebenso hilfreich sind eher philosophisch ausgerichtete (z.B. Sachs-Hombach 2001, 2003, Schirra & Sachs-Hombach 2007) oder kulturell fokussierte (z.B. Grau 2003) Zugänge zur ‚Bildwissenschaft', die sich insbesondere mit den Formen, Bedeutungen und dem Gebrauch von Bildern auseinandersetzen.

Wir müssen an dieser Stelle auch auf die vermehrt im Bereich der Visualitätsforschung zu erkennende Tendenz hinweisen, dass das Visuelle oft als *monomodales* Phänomen hervorgehoben wird, wie dies zum Beispiel der Fall zu Beginn der Einleitung zu dem Buch *Image Studies* von Manghani (2013) ist:

> "We are surrounded by images. In our day-to-day living we come into contact with all manner of images from advertising, newspapers, the Internet, television, films and computer games. We leaf through junk mail, display birthday cards, ponder graphs and charts, deliberate over what to wear and manipulate digital photographs. The public domain is framed by architectural design, interior décor, landscaping, sculptures, shop fronts, traffic signals, and a plethora of video screens and cameras." (Manghani 2013: xxi)[1]

Aus dieser Auflistung (die wir tatsächlich verkürzt haben) wird deutlich, dass Artefakte und Darbietungen, die auf dem Visuellen beruhen, enorm wichtig sind. Es wird allerdings genauso deutlich, dass, wenn wir hier präziser vorgehen wollen, kein einziges Beispiel von Manghani ‚Bilder' allein betrachtet! Werbung, die nur aus einem Bild besteht, ist eine Seltenheit; Zeitungen, die nur Bilder zeigen (und keine Form von verbalem Text), existieren nicht. Film und Fernsehen kombinieren Bilder, Geräusche, Musik und Sprache in allen möglichen Zusammensetzungen. Architektur kann durch Bewegung erfahren werden, nicht allein durch die Betrachtung von Bildern. Und Karten und Diagramme benutzen ein beachtliches Sortiment an Eigenschaften, die ein naturalistisches Bild nicht benutzt (und umgekehrt).

"There are no visual media!"

Nichts davon würde in der Visualitätsforschung bestritten werden und viele der Beispiele aus Manghanis Einleitung sehen Bilder in Kombination mit anderen Modalitäten. Darüber hinaus hat der Theoretiker und Kunstgeschichtler W.J.T. Mitchell in einem einflussreichen Beitrag festgehalten, dass es keine visuellen Medien gibt: "there are no visual media" (Mitchell 2005). Diese Position ist in vielerlei Hinsicht mit der von uns hier vertretenen vergleichbar. Nichtsdestotrotz bleibt die Tatsache bestehen, dass Betrachtungen einer intrinsischen und tiefer gehenden Multimodalität im Bereich der visuellen Studien eher selten sind und teilweise auch explizit ausgeblendet werden.

Diese wiederkehrende Marginalisierung der Bedeutungskonstruktion durch *Kombinationen* kommunikativer Praktiken entspricht dem, was wir als ‚monomodalen

1 „Wir sind von Bildern umgeben. In unserem Alltag kommen wir mit den unterschiedlichsten Bildern aus Werbung, Zeitungen, Internet, Fernsehen, Filmen und Computerspielen in Berührung. Wir wühlen uns durch Spam-E-Mails, lesen Geburtstagskarten, Graphiken und Diagramme in unterschiedlichen Kontexten, überlegen, welche Klamotten wir tragen sollen und bearbeiten digitale Photos. In der Öffentlichkeit sind wir von architektonischem Design, Dekorationen, Landschaftsbau, Skulpturen, Schaufenstern, Ampeln und einer Vielzahl von Bildschirmen und Kameras umgeben." (Manghani 2013: xxi; eigene Übersetzung)

Blick' bezeichnen. Wir vermuten, dass dieser vor allem durch Ansichten wie jener von Manghani aufrecht erhalten wird, der eine Bestimmung von ‚Bildern' als unmöglich erachtet:

> "Yet, for all the profusion of images, or maybe precisely because of their variety and ubiquity, we remain unable to say definitely what images are and what significance they hold." (Manghani 2013: xxi)[2]

Natürlich ist es für sich genommen wichtig, die Eigenschaften hervorzuheben, die das Gros unterschiedlichster Arten von visuellen Artefakten und Darbietungen ausmachen. Hierfür empfehlen wir folglich auch, sich vorbereitend mit den Einführungen von Manghani und Rose zu beschäftigen, sobald visuelles Material generell ins Interesse rückt. Aber es ist mindestens genauso wichtig, so argumentieren wir, sich visuelles Material auch in Verwendung, im konkreten Einsatz anzuschauen, denn genau dann werden Fragen zur Multimodalität interessant und notwendig. Aussagekräftige Zugänge werden sich deswegen auf einer weit tieferen und ausführlicheren Ebene als bisher mit diesen multimodalen Phänomenen auseinandersetzen.

Wir betonen hier noch einmal, dass wir Bildwissenschaften oder visuelle Studien im Allgemeinen in all ihrer Diversität und Reichweite nicht als unwesentlich für ein Verständnis von Multimodalität ansehen. Unterstreichen wollen wir allerdings, dass sie alleine als Disziplin(en) oder Anwendungsfeld(er) unzureichend sind für dieses Verständnis, auch wenn Multimodalität sich in manchen Artefakten primär visuell äußert. Es müssen immer auch diejenigen Mechanismen mitgedacht und untersucht werden, die mit dem visuellen Bedeutungssystem zusammenhängen. Nur aufgrund dieser Kombinationen und Zusammenhänge entfaltet sich die tatsächliche Leistung dieser kommunikativen Praktiken.

2.3.1 Eigenschaften von Sehen und Visualität

Wenn wir nun zu unserer Hauptaufgabe in diesem Kapitel zurückkehren, nämlich den ‚Problemraum' Multimodalität auszuweiten, sollten wir nicht, wie es leider oft getan wurde und wird, für oder gegen die Zentralität von Visualität argumentieren, sondern uns stattdessen mit der Frage beschäftigen, welches Potenzial Visualität in komplexe multimodale Umgebungen einbringt. Ähnlich den anderen Bereichen, die wir in diesem Kapitel ansprechen, leisten auch Visualität und visuelle Artefakte und Situationen jeweils eigene signifikante Beiträge, die es in die Betrachtung miteinzubeziehen gilt.

---

2 „Doch bei all der Fülle an Bildern, oder vielleicht gerade wegen ihrer Vielfalt und Allgegenwärtigkeit, können wir doch nicht genau sagen, was Bilder sind und welche Bedeutung sie haben." (Manghani 2013: xxi; eigene Übersetzung)

Visuelle Assoziationen. Visuelle Darstellungen, Repräsentationen, Bilder und so weiter werden grundsätzlich und weitaus stärker als Repräsentationen von Sprache im Sinne von Assoziationen verstanden. Unser visuelles Verarbeitungssystem ist in der Lage, Ähnlichkeiten in Bilden mit extremer Schnelle und Flexibilität zu erkennen. Beim Blick auf eine Sammlung von Bildern sind Menschen zum Beispiel fähig, mit hoher Genauigkeit (und innerhalb bestimmter Grenzen, die mithilfe von psychologischen Experimenten näher untersucht wurden) zu sagen, ob sie diese Bilder vorher bereits schon einmal gesehen haben. Diese Fähigkeit des visuellen Systems wird innerhalb einiger Zeichenmodalitäten und Medien in großem Maße ausgenutzt und eingesetzt. Filme zum Beispiel basieren darauf, dass wir durch die Assoziation ähnlicher Bilder Objekte und Zustände erkennen und dadurch eine Schuss-Gegenschuss-Technik (in der zwei Figuren in einer Face-to-Face-Interaktion mit alternierenden Einstellungen gezeigt werden) oder eine visuelle Hommage (bei der ein Bildausschnitt bewusst Bildern aus anderen Filmen oder Medien ähneln soll) verstehen können.

Die assoziative Funktion des visuellen Materials spielt auch in vielen Zugängen zur Analyse des Visuellen eine Rolle. Sie ist zum Beispiel zentral in den Arbeiten des französischen Philosophen Roland Barthes und seiner bekannten Adaption der Begriffe *Denotation* und *Konnotation* des dänischen Linguisten Louis Hjelmslev sowie in den etwas breiteren Zugängen zu visueller Bedeutung im Bereich der *Ikonographie*, wie sie vor allem von Aby Warburg, Erwin Panofsky und anderen im frühen 20. Jahrhundert entwickelt wurden (vgl. Panofsky 1967 [1939]).

Ikonographie

Ein grundlegender Gedanke von Ikonographie ist, dass ein substanzieller Bereich visueller Bedeutung erst verstanden werden kann, wenn dabei zugleich zurückverfolgt wird, wie bestimmte Repräsentationen durch die zeitliche Entwicklung einer Kultur hindurch immer wiederkehren und dabei mit Bezug auf die jeweiligen Produzent*innen (und entsprechend sachkundige Rezipierende) bestimmte Assoziationen entstehen, die mehr bedeuten als tatsächlich gezeigt zu sein scheint. Analysen dieser Art können äußerst aufschlussreich sein und uns zeigen, wie wichtig es ist, das Material zu ‚kennen'. Es ist deswegen nur verständlich, dass ein solcher Zugang auf alle Bereiche visueller Repräsentation ausgeweitet worden ist und auch für zeitgenössische visuelle Medienformen (vgl. Rose 2012) hinzugezogen wird.

Kompositionalität. Visuelle Darstellungen werden oft von verbaler Sprache durch die Tatsache unterschieden, dass sie nicht nach den Prinzipien der *Kompositionalität* funktionieren. Kompositionalität heißt, dass die Bedeutung eines komplexeren Ganzen aus der Bedeutung seiner konstitutiven Bestandteile entsteht. Ein besonders klares und stringentes Argument hierfür stammt von Ernst H. Gombrich, einer der führenden Kunstgeschichtler*innen und visuellen Theoretiker*innen des 20. Jahrhunderts. Er illustriert, wie minimale Veränderungen beim Zeichnen einfacher Linien zu großen Veränderungen in der Bedeutung des Gezeichneten führen bzw. ganz andere Objekte darstellen können:

> „Ich erinnere mich genau, wie mir zum ersten Mal die ganze Macht und Magie des ‚Bildnismachens' aufging – [...] durch ein einfaches kleines Zeichenspiel in meiner Schulfibel. Es gab da einen kleinen Vers, der das Kind anleitete, zuerst einmal einen Kreis zu zeichnen. Das war ein Laib Brot (in meiner Vaterstadt Wien sind die Laibe rund). Ein oben angesetzter Halbkreis verwandelte den Laib Brot in eine Einkaufstasche. Zwei kleine Zacken am Henkel der Einkaufstasche – und sie schrumpfte zu einer Geldbörse zusammen. ‚Und setzt man einen Schwanz daran, eine Katze wird es dann.' Was mich damals so verwunderte, als ich das Spiel lernte, war das Zwanghafte, das diesen Verwandlungen innewohnte. Der Schweif vernichtete die Börse und erschuf die Katze. Es ist unmöglich, beide gleichzeitig zu sehen." (Gombrich 2002: 5–6)

Auch wenn es einige Versuche gegeben hat, visuelles Verarbeiten und Verstehen mit Bezug auf Kompositionalität zu beschreiben, indem zum Beispiel grundlegende visuelle Komponenten angenommen wurden, von denen aus komplexere Bedeutungen entstehen können, halten wir es hier für vorteilhafter, die Tatsache anzunehmen, dass Visualität eine solche Kompositionalität linguistischer Art nicht benötigt. Wir können so auf eine beachtliche Menge an wahrscheinlich fehlerhaften Beschreibungen verzichten, wenn wir uns später komplexeren Analyseobjekten zuwenden.

Ein weiterer Aspekt der Nicht-Kompositionalität von Bildern wird im Bereich der Perzeption und insbesondere von Gestalttheoretischen Zugängen diskutiert (vgl. Koffka 1935, Köhler 1947). Im Rahmen der Gestaltpsychologie wird das Verständnis von Kompositionalität dabei umgedreht: Wir erkennen eine bestimmte Form oder ein Motiv nicht dadurch, dass wir kleinere Teile herausgreifen und zu einem großen Ganzen zusammensetzen, sondern indem wir das große Ganze erkennen und es als Hilfe zur Bestimmung der Einzelteile nutzen. Viele gute Beispiele solcher Gestaltprinzipien lassen sich mit Blick auf visuelle Täuschungen erkennen. In Abbildung 2.2 zeigen wir die klassische Kippfigur nach Edgar Rubin, auch oft als Rubinsche Vase bezeichnet, die in ihrer Zusammensetzung sowohl eine Vase als auch ein Gesicht zeigt. Abhängig davon, wie die Betrachter*innen zwischen Vordergrund (Figur) und Hintergrund (Grund) unterscheiden, wird dabei entweder das Gesicht oder die Vase erkannt, aber es ist nicht möglich, beide Gestalten zur gleichen Zeit wahrzunehmen. Stattdessen muss unser perzeptuelles System eine Gestalt selektieren und damit arbeiten.

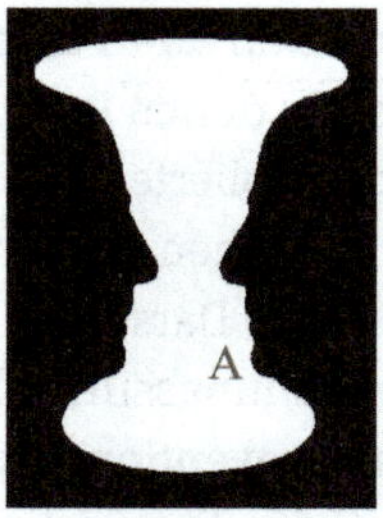

Abb. 2.2. Klassische Kippfigur, die so genannte Rubinsche Vase, entwickelt um ca. 1915 durch den dänischen Psychologen Edgar Rubin

Wenn wir uns nun die schwarz-weiße Kontur innerhalb der Abbildung anschauen, die mit A markiert ist, müssen wir fragen: Ist diese Kontur Teil des Kinns oder Teil des unteren Teils der Vase? Wir sehen dann, dass es in diesem Fall besonders problematisch ist, eine Interpretation des Ganzen auf Grundlage der Einzelteile aufzubauen, weil es nicht aussieht, als wären überhaupt stabile Einzelteile vorhanden, mit denen wir arbeiten könnten.

Eine Kombination der Konzepte der Nicht-Kompositionalität und Gestaltwahrnehmung taucht dann in vielen weiteren Diskussionen rund um Visualität wieder auf. Elkins (1999) zum Beispiel argumentiert, dass die Betrachtung von Bildern grundsätzlich von dem Wunsch geprägt ist, sowohl ein gewisses Maß an Kompositionalität innerhalb dieser Bilder vorzufinden, also bestimmte ‚Lesarten' und Interprationsmöglichkeiten zu erlauben, als auch das Fehlen von Kompositionalität zu akzeptieren, also das Mystische visueller Künste und eine Offenheit zur Interpretation zuzulassen. Ersteres findet Unterstützung in Bereichen, in denen unterschiedliche Formen struktureller Elemente vorgeschlagen werden (vom frühen Wittgenstein angefangen bis hin zur visuellen Mainstream-Semiotik, in der Modelle angewendet werden, die direkt aus der strukturalistischen Linguistik abgeleitet wurden). Letzteres dagegen lehnt jegliche Möglichkeit der Übertragung ab. Elkins argumentiert, dass man sich (gewissermaßen) mit beiden Positionen zurechtfinden sollte, was wir dann auch tatsächlich mit unserem eigenen Zugang zu den Funktionsweisen von Zeichenmodalitäten in Kapitel 4 verfolgen werden.

Ähnlichkeiten. Die wahrscheinlich verbreitetste Unterscheidung, die zwischen Bildern und Sprache gezogen wird, ist die Behauptung, dass Bilder ‚zeigen' und Sprache ‚erzählt', oft auch beschrieben als Unterscheidung zwischen Mimesis und Diegesis und damit zurückgehend auf die griechische Antike (vgl. Schirra & Sachs-Hombach 2007). Kurz gesagt: Ein Bild eines Hundes sieht aus wie ein Hund, während das Wort ‚Hund' eindeutig nicht so aussieht. Die ‚Ähnlichkeit', mit der diese Aussagen argumentieren, ist vielfach diskutiert worden. An einigen Stellen wird behauptet, dass diese Ähnlichkeit lediglich konventionell ist und deswegen möglicherweise keine große Differenz zur Sprache vorliegt.

Perspektive

Ein üblicherweise in dieser Diskussion hinzugezogenes Beispiel ist die Repräsentation von Perspektive in westlicher Kunst. Da es einige kulturelle Traditionen gibt, in denen Perspektive nicht eingesetzt wird, kann ihr Vorkommen eher als eine sich etablierte Konvention als eine notwendige Konsequenz bildlicher Darstellung an sich gesehen werden. Diesem Argument entgegen steht jedoch die Beobachtung, dass bildliche Darstellung grundsätzlich nicht ‚frei' und ungebunden ist, sondern es viele Darstellungsstile gibt, die wiederum gar nicht vorkommen und es so also Grenzen von Konvention geben muss. Diese Grenzen könnten in den Eigenschaften unseres perzeptuellen Systems gefunden werden und so außerhalb kultureller Einflüsse liegen. Dies ist eine recht verallgemeinernde Aussage, zu deren Abweisung sich viele aus dem Bereich der Ästhetik und Kulturwissenschaften verpflichtet fühlen.

Das Phänomen der Ähnlichkeit ist philosophisch dann allerdings keineswegs unkompliziert. Zu behaupten, dass ein Bild eines Hundes einem realen Hund ähnelt, wirft zum Beispiel die Frage auf, wie oder in welcher Hinsicht diese Ähnlichkeit denn gefunden werden kann. Schließlich ähnelt doch eine Postkarte, die einen Hund zeigt, eher anderen Postkarten und nicht jedem realen Hund in der Welt mit seinen dreidimensionalen Eigenschaften, seinem Fell, seinem Geruch, seinen Bewegungen und seinem

Aussehen. Ähnlichkeit ist deswegen notwendigerweise immer irgendwie begrenzt und die zentrale Frage ist dann, in welchem Maße sie begrenzt und möglicherweise auch transformativ sein kann. Auch diese Frage wird im Rahmen visueller Semiotik vielfach diskutiert.

Dabei werden unterschiedliche Argumente, die sich auf einer Linie zwischen den Extrempolen ‚Natur' und ‚Konvention' positionieren, aufgezeigt (vgl. z. B. Gombrich 1982: 70, 78, 100, 278–297). Dieser Themenkomplex spielt damit sicherlich eine wichtige Rolle für all jene, die sich mit bildlichen Artefakten unterschiedlichster Art beschäftigen. Allerdings zeigt diese Diskussion auch ein eher unzureichendes Verständnis davon, wie Zeichenmodalitäten Bedeutungskonstruktion und insbesondere visuelle Bedeutungskonstruktion unterstützen. Deswegen empfehlen wir vor jeder weiteren Auseinandersetzung mit der Ähnlichkeitsdebatte eine ausführliche Auseinandersetzung mit dem Zugang zu Bedeutungskonstruktion, den wir in diesem Buch darlegen. Stichworte für die direkte Suche nach entsprechender Literatur sind dann ‚Bilder', ‚Darstellungen' und ‚visuelle Konventionen'.

Visuelle Propositionen. Ein weiterer Aspekt visueller Aussagekraft und Bedeutung wird momentan im Hinblick auf ‚Sprechakte' diskutiert, die Bilder im Vergleich zu Sprache ausführen können oder nicht. Es wird vielfach argumentiert, dass Bilder keine Behauptungen aufstellen oder argumentieren können. Während eine Aussage wie ‚es regnet' die Wahrheit ihres Inhalts behauptet, also sagt, dass es wirklich regnet, weil die Aussage andernfalls falsch wäre, macht ein Bild von Regen, auch eine Photographie davon, so eine Aussage nicht. Stattdessen zeigt es lediglich den Zustand des Regnens bzw. dass es geregnet hat, wann auch immer oder wo auch immer dieses Photo aufgenommen wurde. In ähnlicher Weise wird argumentiert, dass Bilder lediglich zeigen können, was da und sichtbar ist, nicht aber, was *nicht* da oder unsichtbar ist (vgl. Worth 1982). Ebensowenig können Bilder ‚lügen' (vgl. Nöth 1997), vor allem weil sie nicht in der Lage sind, Dinge zu behaupten.

Pragmatik

Diese Argumente entfalten sich auf unterschiedliche Weise: Auf der einen Seite wird behauptet, dass Bilder in ihrer Aussagekraft eingeschränkt sind, weil sie nicht das breite Spektrum an Sprechhandlungen ausführen können, über das Sprache verfügt; auf der anderen Seite heißt es, dass auch sprachliche Äußerungen in einen Kontext eingebettet sein müssen, um eindeutig verstanden werden zu können. Gemeinhin anerkannt ist inzwischen, dass es bei all diesen Fragen um Aspekte der visuellen *Pragmatik* geht, also um die Beziehung von Bildern zu ihrem Gebrauch im Kontext. Nur mit diesem Bezug kann adäquat beschrieben werden, wie ein Bild eingesetzt wird und wie mit ihm gehandelt wird (vgl. z.B. Sachs-Hombach 2001, Felder & Mattfeldt 2015, Kjeldsen 2017, Wildfeuer & Pollaroli 2018). Wir werden diese Diskussion später wieder aufnehmen, wenn wir weitere Hintergrundinformationen zur Zeichenmodalität eingeführt und vor allem das Konzept der ‚Diskurssemantik' erklärt haben.

Visuelle Erfahrungen. Oben haben wir bereits erwähnt, dass es in den letzten Jahren viele Versuche gegeben hat, linguistische Modelle auf visuelles Material anzuwenden.

Ein weiteres, besonders starkes Argument gegen solche Versuche ist die oft angeführte Tatsache, dass solche Modelle es nicht schaffen, zu einer tatsächlichen ‚Erfahrung' oder einem Erlebnis mit dem Visuellen zu gelangen – ein Aspekt, der besonders für Bereiche der Ästhetik und der Kunstkritik von Bedeutung sind. Manghani (2013: 3) nutzt diesen Blickwinkel, um hervorzuheben, dass es hierfür notwendig ist, über die Grenzen der Semiotik hinaus zu gehen, die in ihrer traditionellen Form oft als ein überwiegend linguistischer Zugang zu Zeichen gesehen wurde und deswegen für Visualität ungeeignet ist (vgl. Mitchell 1994: 16).

Einige der grundlegenden Eigenschaften von Semiotik werden wir in Abschnitt 2.5 neutraler darstellen. Für die vorliegende Diskussion halten wir fest, dass ein solcher Aufruf, über die Grenzen der Semiotik hinaus zu gehen, oder auch die Forderung nach einer so genannten ‚Post-Semiotik' (vgl. Mitchell 1994: 16) in etwa dem Vorgehen entspricht, Einsteins Theorie der Relatitivät als eine Art ‚Post-Physik' zu bezeichnen. Relativität ist natürlich keine Post-Physik, sondern tatsächliche Physik, wenn auch solche, die auf neuen Ansätzen und Behauptungen aufbaut. Mit Blick auf Visualität ist es also falsch, von unterschiedlichen Standpunkten innerhalb allgemeiner semiotischer Untersuchungen auszugehen, sondern es muss stattdessen die Angemessenheit des Untersuchungsfeldes an sich evaluiert werden.

In vielerlei Hinsicht ist dies genau, was wir in diesem Buch anzustreben versuchen – und wir tun dies, indem wir uns den gesamten Problemraum Multimodalität anschauen und damit auch diese kleineren Aspekte von Visualität neben einer Vielzahl anderer Aspekte berücksichtigen anstatt einzelne Bereiche in den Vordergrund zu rücken. Eine logische Folge daraus ist, dass man besonders vorsichtig in der Lektüre ‚anderer' Ansätze aus der Forschungsliteratur sein muss; die darin angebotene Kritik kann oft sehr politisch und strategisch sein und befasst sich in vielen Fällen nicht mit den notwendigen Grundlagen.

2.3.2 ‚Mehr' als nur Visualität

Eine offenere Perspektive gegenüber dem Bereich Visualität einzunehmen ist ein sehr hilfreicher methodologischer Schritt in Richtung solcher Fälle, in denen visuelle Artefakte und Darbietungen bereits mit anderen Arten von Informationen und Bedeutungspraktiken zusammengebracht worden sind. Dies gilt zum Beispiel für den Bereich der klassischen Malerei und den dazugehörigen Künsten, in denen die dargestellten Bilder oft mit Geschichten, Narrativen, biblischen Ereignissen, Mythologie, etc. verbunden sind. Weitere kulturelle Verbindungen werden innerhalb der *Ikonographie* erkundet, wie wir bereits oben erwähnt haben und wie dies für viele unterschiedliche Arten von visuellen Artefakten inzwischen weitergeführt wird (vgl. Mitchell 1986, 1994, Müller 2001).

Visuelle Darstellungen spielen auch eine wichtige Rolle für viele Formen *wissenschaftlicher* Diskurse, in denen sie als so genannte ‚Bild-Instrumente' fungieren (vgl.

Manovich 2001: 167–168), also als Bilder, mit denen gedacht wird (vgl. auch Robin 1993). Elkins (1999) hebt hervor, dass auch Methoden und Fragen der Kunstgeschichte für solche Visualisierungen genutzt und eingesetzt werden können, und demonstriert damit erneut eine Erweiterung und Verzahnung von Problemen aus den unterschiedlichen Bereichen.

Haptische Visualität

Perspektiven über Betrachtungen von ‚statischen' bildenden Künsten hinaus gibt es auch mit Blick auf Film und andere Arten von bewegten Bildern, wenn auch die Hinzunahme von Bewegung die Bedeutungen, die daraus konstruiert werden können, substanziell verändert und erweitert. Besonders in Arbeiten zum Film ist in der letzten Zeit jene Eigenschaft bewegter visueller Bilder in den Vordergrund gerückt, die andere Sinne und Reaktionen anspricht. Im Einzelnen wird dies vor allem unter dem Konzept der *haptischen Visualität* diskutiert (vgl. Marks 2000): Stellen Sie sich vor, Sie schauen einen Film ohne Ton, in dem jemand eine sehr raue Wand ableckt oder seine Fingernägel an einer Tafel entlang kratzt. Haptische Visualität beschreibt dann die Tatsache, dass Sie wahrscheinlich Reaktionen auf diese Handlungen zeigen, die gerade nicht visuell sind. Auch dies unterstreicht ein weiteres Mal die Notwendigkeit, sich ausführlich mit modalitätsübergreifenden Aspekten unserer Untersuchungsobjekte zu beschäftigen, insbesondere wenn es dabei um Sinnesmodalitäten geht. Visuelle Bilder sind nicht einfach Objekte in unserem Blickfeld, sondern müssen ganz klar mit Bezug auf ihre Umgebung und ihre Verbindung zu anderen Objekten analysiert werden.

Für den Blick über das Spektrum von Bildern hinaus ist es dann auch von immer größer werdender Bedeutung, Verbindungen von Bildern zum Beispiel mit Sprache genauer zu betrachten. Dies wird vor allem in Analysen von Comics, Graphic Novels und Bilderbüchern betrieben. David Lewis zum Beispiel fasst seine ‚ökologische Perspektive' auf Bedeutung in Bilderbüchern wie folgt zusammen:

> "words and pictures in picture books act upon each other reciprocally, each one becoming the environment within which the other lives and thrives." (Lewis 2001: 54)[3]

Dies wiederholt unmittelbar die von uns in Kapitel 1 ausgeführen Punkte zur Interdependenz von Zeichenmodalitäten und ist eine Position, die für fast alle Vorkommen von Bildern in Betracht gezogen werden sollte, nicht nur für jene in Bilderbüchern. Eine Beschäftigung mit solchen reziproken Beziehungen ist dann nur eine weitere Art der systematischen Beschreibung von Multimodalität.

Um die Forschungslage rund um das Thema Visualität abschließend noch einmal zu würdigen, wollen wir uns einige der zusammenfassenden Anmerkungen aus Gillian Roses Einführung in visuelle Methoden anschauen, weil diese auf einige Probleme und Lösungswege aufmerksam machen, die in besonderem Maße mit unserem Aufruf zur multimodalen Forschung einhergehen. Nachdem sie eine Reihe von Fragen dis-

---

3 „Wörter und Bilder in Bilderbüchern wirken wechselseitig aufeinander ein, jedes einzelne wird zu einer Umgebung, in der die anderen leben und sich entfalten." (Lewis 2001: 54; eigene Übersetzung)

kutiert, die in Bezug auf Bilder gestellt und zur Formung von Forschunganätzen zu Bildern hinzugezogen werden, hält Rose fest, dass diese Liste an Fragen tatsächlich ‚sehr eklektisch' (Rose 2012: 348) sei, und sie wendet sich wieder den theoretischen Perspektiven zu, die sie in ihrem Buch bereits mehrfach besprochen hat: Kunstgeschichte, ‚Semiologie', Psychoanalyse und Diskursanalyse. Sie hebt dann hervor, dass obwohl diese Perspektiven alle relevant sind, sie dennoch viele ‚Lücken' aufweisen, die daraus resultieren, dass bestimmte Forschungsrichtungen bestimmte Arten von Bildern mit bestimmten Methoden untersuchen bzw. untersucht haben, woraus sich wiederum sehr spezifische (empirische) Schwerpunkte entwickelt haben:

> "Since many of the methods discussed here are related to specific arguments about how images become significant, it is not surprising that many of them produce quite specific empirical foci when they are used, as well as implying their own conceptual understanding of imagery. … [I]n some cases these foci are more a matter of what has been done so far by those researchers interested in visual matters than what the method itself might allow." (Rose 2012: 348)[4]

Mixed Methods

Um dem entgegen zu wirken, schlägt Rose so genannte *Mixed Methods*-Forschungsumgebungen vor. Sie argumentiert, dass alle Bilder sowohl mit Blick auf ihre Produktions- und Rezeptionssituation als auch auf ihre Eigenschaften selbst untersucht werden sollten und dass für diese Untersuchungen eine Vielzahl von Methoden relevant ist. Genau diese Position vertritt auch unser Buch – und zwar nicht nur mit Blick auf Bilder, sondern auf *alle* Vorkommen von Multimodalität. Darüber hinaus sind wir der Meinung, dass es soliderere Grundlagen für solche Untersuchungen braucht, die alle damit einhergehenden Fragen mit einem theoretischen Verständnis von Multimodalität und ihrem Funktionieren verbinden, um der Gefahr zu entgehen, dass Methoden sich zu eklektischen Ansammlungen entwickeln.

Schließlich ist eine Vielzahl an Zugängen zum Thema Visualität verfügbar, mit der es sich zu beschäftigen gilt, wenn Fälle von Multimodalität, in denen visuelle Aspekte eine Rolle spielen, im Vordergrund stehen. Allerdings fehlen diesen Methoden immer noch adäquatere Grundlagen zur Integration und Interrelation des oben skizzierten breiten Spektrums an Fragen. Überdies hat der Fokus auf Visualität oft die Tatsache verschleiert, dass visuelle Einheiten nie alleine auftauchen: Weil jedes einzelne Bild in einer konkreten Situation eingesetzt wird, gibt es zumindest auch immer einen *pragmatischen* Kontext und meistens auch einen *Ko-Kontext* von anderen, zeitgleich genutzten Modalitäten. Folglich muss Multimodalität an sich und die Rolle, die sie in

4 „Da viele der hier diskutierten Methoden mit spezifischen Argumenten darüber zusammenhängen, wie Bilder bedeutungsvoll werden, ist es nicht verwunderlich, dass viele dieser Methoden bei ihrer Verwendung ganz spezifische empirische Schwerpunkte erzeugen und gleichzeitig ihr eigenes konzeptionelles Verständnis von Bildern implizieren. … [I]n einigen Fällen sind diese Schwerpunkte mehr eine Frage dessen, was bisher von Forscher*Innen getan wurde, die sich für visuelle Dinge interessieren, als das, was die Methode selbst erlauben könnte. " (Rose 2012: 348; eigene Übersetzung)

der Produktion und Interpretation von visuellem Material spielt, immer mitgedacht werden.

2.4 Sprache

Auch Sprachen wie Deutsch, Englisch, Finnisch, usw., die wir für unsere Zwecke hier als *verbale, natürliche Sprachen* verstehen, bringen interessante und sehr spezifische Eigenschaften mit sich, die es innerhalb der Multimodalitätsforschung zu berücksichtigen gilt. Wie wir oben bereits betont haben, stellt besonders der Umfang, in dem einige dieser Eigenschaften mit denen anderer ‚Modalitäten' überlappen, immer noch eine aktuelle Forschungsfrage dar.

Besonders aktive Forschung wird auch mit Blick auf die Frage betrieben, inwiefern diese Eigenschaften ein Spezifikum *menschlicher* Sprachen sind: In den späten 1950er und frühen 1960er Jahren wurden zum Beispiel bestimmte ‚Gestaltungsmerkmale' festgelegt, die menschliche Sprache von Kommunikationssystemen anderer Spezies unterscheiden (vgl. Hockett 1958), typischerweise von solchen von Vögeln, Ameisen, Bienen und Affen. Nur noch wenige dieser Merkmale gelten heute als eindeutig der menschlichen Sprache zugeordnet, wenn auch das Maß an artspezifischer Entwicklung dieser Merkmale natürlich beträchtlich variiert. Aus einer Evolutionsperspektive gesehen wäre es in der Tat ein Mysterium, die menschliche Sprache völlig losgelöst von allen anderen Kommunikationsformen zu sehen (vgl. Tomasello 1999, 2005).

Konvention

Einige Eigenschaften von Sprache können aber trotzdem als besonders maßgeblich für die Artikulierung unseres Problemraums Multimodalität herausgestellt werden. Eine erste ist zum Beispiel die der *Konvention*. Wie oben bereits ausgeführt, können wir zumindest Behauptungen darüber aufstellen, dass es aufgrund von Ähnlichkeit eine nicht-konventionelle, d.h. motivierte Verbindung zwischen einem Bild eines Hundes und einem tatsächlichen Hund gibt, während dies für Sprache nicht der Fall ist. Auch die Tatsache, dass unterschiedliche Sprachen auch ganz unterschiedliche Ausdrücke für gleiche oder ähnliche Objekte und Ereignisse nutzen, unterstützt die Annahme, dass Konvention eine Rolle spielt. Dem Philosophen David Lewis zufolge ist Konvention dann am Werk, wenn eine Sprachgemeinschaft mehrere Optionen (für einen Ausdruck) hätte auswählen können, jedoch lediglich eine dieser Optionen regelmäßig nutzt (vgl. Lewis 1969). Konventionen können für andere Ausdrucksformen übernommen werden, aber die menschliche Sprache würde sicher ohne Konvention nicht in der uns bekannten Weise existieren.

Kompositionalität

Eine weitere zentrale Eigenschaft von Sprache ist die gegenteilige Situation zur Eigenschaft der *Kompositionalität*, die wir oben bereits für Visualität diskutiert haben. Im Falle von Sprache ist Kompositionalität wesentlich, d.h. dass die Bedeutung eines komplexen Ganzen in verbalen Sprachen generell aus der Bedeutung der einzelnen Teile dieses Ganzen konstruiert werden *kann*. Dies stellt einen essenziellen Mechanismus von Sprache da, der ihr gestattet, besonders flexibel zu arbeiten. Um also zum Beispiel einen Satz wie ‚Das Mädchen jagte den Hund' zu verstehen, müssen wir die Bedeutungen von ‚Mädchen', ‚jagte' und ‚Hund' kennen *und* diese Bedeutungen dann mithilfe der Regeln der Syntax oder Grammatik der jeweiligen Sprache zusammensetzen. Bei Bildern entfaltet sich diese Eigenschaft sehr anders.

Substitution

Mit Kompositionalität verbunden ist auch das Prinzip der *Substitution*. In einer Menge von Elementen in einer sprachlichen Einheit kann jedes dieser Elemente grundsätzlich durch ein anderes Element ersetzt werden, ohne dass Elemente davon beeinflusst werden, die *nicht* substituiert werden. Wenn wir zum Beispiel im oben genannten Satz ‚das Mädchen' durch ‚der Junge' ersetzen, handelt es sich immer noch um eine Äußerung über das Jagen von Hunden. Kompositionalität beruht also auf Veränderungen von Teilen eines Satzes, der nur *lokale* Auswirkungen auf den Satz selbst hat. Im Gegensatz dazu bringen Elemente innerhalb von Bildern ohne Weiteres ‚nicht-lokale' Konsequenzen mit sich und, wie Aaron Sloman, ein Pionier in der Entwicklung künstlicher Intelligenz, mit Bezug auf ‚Repräsentationen' beobachtete, *verletzen* bildliche Darstellungen sogar das Prinzip der Substitution (vgl. Sloman 1985). Schauen wir uns zum Beispiel ein Bild einer afrikanischen Steppe an, das einen Elefanten zeigt. Wenn wir nun den Elefanten durch eine Giraffe ersetzen, wird dies auch Einfluss darauf haben, wie viel vom Bildhintergrund gesehen werden kann, einfach weil Giraffe und Elefant unterschiedliche Gestalten mit unterschiedlicher Größe sind. Dies betont erneut, dass die wechselseitige Abhängigkeit zwischen den einzelnen Beiträgen in einem multimodalen Ganzen ein zentrales Thema für multimodale Analyse ist.

Sprachen machen dann auch auf verschiedenen Abstraktionsebenen Gebrauch von Kompositionalität. Besonders wichtig zur Unterscheidung von Sprache von anderen kommunikativen Systemen ist dabei das *Prinzip der doppelten Artikulation* bzw. *zweifachen Gliederung* (vgl. Martinet 1960). Dieses Prinzip bezieht sich auf die Tatsache, dass Sprachen nicht nur (bedeutungsvolle) Wörter zu bedeutungsvollen Sätzen zusammensetzen, sondern auch *bedeutungslose* Laute zu Wörtern formen, also dass Sprache aus bedeutungstragenden Ausdruckseinheiten einerseits und bedeutungsunterscheidenden Ausdruckseinheiten andererseits besteht bzw. darin gegliedert ist. Die kleinste bedeutungstragende Einheit ‚Hund' ist demnach selbst aus (abstrakten) Lauten bzw. den Phonemen /h/, /ʊ/, /n/ und /t/ zusammengesetzt, wobei letztere aber selbst bedeutungslos (und lediglich bedeutungsunterscheidend) sind. Wir werden hier nicht weiter auf die Details der phonetischen Beschreibung eingehen und verweisen dafür auf Einführungstexte in die Linguistik bzw. Phonetik. Das Prinzip der doppelten Artikulation bzw. zweifachen Gliederung wird oft als einzigartige Eigenschaft verbaler Sprache beschrieben, obwohl es auch immer wieder Versuche gibt, dieses Konzept auf andere Formen von Kommunikation zu übertragen. Es ist sicherlich wesentlich für Sprache, weil es Mechanismen mit sich bringt, mit denen jede Sprache aus einer nur sehr begrenzten Menge von Lauten eine unbegrenzte Menge von lexikalischen Ausdrücken bilden kann.

Funktionalität

Eine weitere Eigenschaft ist die der *Funktionalität*. Allen Kommunikationsformen wird die Fähigkeit zugewiesen, verschiedenste kommunikative Funktionen zu erfüllen;

für Sprache jedoch wird generell ein tiefergehender Umgang damit angenommen, der sich in die grundsätzlichen Strukturen des Sprachsystems selbst *einschreibt*. Das heißt, dass nicht nur ein Satz eine kommunikative Funktion erfüllt, sondern auch die Grammatik selbst entsprechend dieser Funktionen organisiert zu sein scheint. Unterschiedliche linguistische Theorien gewichten ihren Beschreibungsfokus auf unterschiedliche Aspekte von Funktionalität, aber das Prinzip ist heute in der einen oder anderen Form immer präsent. Weiter unten werden wir zum Beispiel den spezifischen Ansatz zur Beschreibung von Funktionalität im Rahmen der systemisch-funktionalen Linguistik näher beschreiben, weil dieser in multimodalen Studien bisher eine besonders breite Anwendung gefunden hat.

Wie es auch für visuelle Ansätze der Fall war, gibt es natürlich auch für den Bereich Sprache eine Fülle von Disziplinen, die nicht nur die Sprach- und Literaturwissenschaften, sondern auch anwendungsbezogenere Bereiche wie Rhetorik, Journalismus, usw. miteinschließen. Viele dieser Disziplinen orientieren sich an der gesprochenen und geschriebenen Sprache und unterscheiden diese explizit voneinander, während andere diese Unterscheidung gar nicht vornehmen. Unser zentrales Interesse in diesem Buch, das wir auch in allen anderen Beschreibungen in diesem Kapitel bereits ausgeführt haben, bezieht sich auf all jene Fälle, in denen Sprache in Kombination mit anderen Ausdrucksformen untersucht wird. Dies ist ein sehr übliches Vorgehen, wenn auch die einzelnen Bereiche dies selbst noch nicht unbedingt thematisiert haben. Die unterschiedlichen Ansatzpunkte in den einzelnen Disziplinen tragen dabei leider zu der Tatsache bei, dass sich weitgehend unzusammenhängende Gruppen mit sehr ähnlichen Themen beschäftigen und dabei parallel zueinander, aber unabhängig voneinander arbeiten.

In den Literaturwissenschaften zum Beispiel ist man immer öfter auch an Fragestellungen der Performanz interessiert und lenkt den Blick auf das Vorlesen von Gedichten, auf Theateraufführungen oder auf Filme. Ganz ähnlich gibt es in der Linguistik Bereiche, die sich gänzlich der gesprochenen Sprache widmen, z. B. der Untersuchung von Lauten in Phonetik und Phonologie, während andere Bereiche allein die geschriebene Sprache analysieren, wie zum Beispiel die traditionelle Textlinguistik. Auch für multimodale Forschungskontexte sind diese Unterscheidungen und Abgrenzungen untereinander von Bedeutung, weil aus ihnen unterschiedlichste Fragestellungen und Lösungsansätze entstanden sind. Eine Folge davon ist, dass wir sogar innerhalb der Linguistik weitgehend unzusammenhängende Forschungsgemeinschaften vorfinden, die alle ihre eigenen Methoden und Entwicklungen mit sich bringen. Aus all diesen Richtungen wird schließlich aber die Kombination von Sprache mit anderen Ausdrucksformen immer mehr in den Vordergrund gerückt und bekommt Multimodalität immer mehr Aufmerksamkeit.

Im Folgenden werden wir uns in aller Kürze einige der Hauptansätze zur Beschreibung der Kombination von Sprache mit Blick auf Multimodalität anschauen und dabei vor allem die Herausforderungen, Konsequenzen und Möglichkeiten dieser Ansätze herausgreifen, die diese für die multimodale Forschung und ihre Methoden mit sich bringen.

2.4.1 Dialoge und Face-to-Face-Interaktionen

Disziplinen, die der gesprochenen Sprache ihr Hauptinteresse widmen, sind oft innerhalb der Linguistik angesiedelt, wobei sich die Art des linguistischen Zugangs oft stark voneinander unterscheidet. Es gibt deswegen unterschiedliche ‚Schulen' oder ‚Ausrichtungen' und wir werden einigen davon etwas später in der Diskussion wieder begegnen, vor allem wenn wir unterschiedliche Fallstudien in Teil III des Buchs vornehmen. Der Umgang mit gesprochener Sprache hat jedenfalls in den meisten Fällen unmittelbar zu Fragestellungen geführt, die direkt mit Multimodalität zusammenhängen – und es ist sicherlich festzuhalten, dass in diesem Bereich die Forschungstraditionen zu finden sind, die am längsten als ‚multimodale Forschung' bezeichnet werden können.

Transkription

Die Auseinandersetzung mit Multimodalität äußert sich dabei in zwei hauptsächlichen Punkten. Zunächst ist da das grundlegende Problem der Beschreibung der Analysedaten. In Untersuchungen gesprochener Sprache war es zum Beispiel lange gar nicht üblich, mit Ton- oder Videoaufnahmen zu arbeiten, sondern stattdessen ‚Transkriptionen' dieser Daten, d.h. die *textuelle* Wiedergabe von Eigenschaften wie Pausen, Intonation, etc., die normalerweise nicht Teil der geschriebenen Sprache sind, als viel zugänglichere Art der Auseinandersetzung anzunehmen. Wir widmen uns dem gesamten Bereich der ‚Transkription' im Detail in Kapitel 5. Der Gebrauch von Transkriptionen anstelle von Ton- und Videoaufnahmen hat direkten Einfluss auf fast alle Bereiche multimodaler Forschung genommen, weil das grundsätzliche Problem der Reproduzierbarkeit ganz gleich welcher Zeichenmodalitäten in allen Bereichen von Belang ist.

Ein zweiter Punkt liegt ebenfalls der inhärenten Fülle dieser Datentypen zugrunde. Gesprochene Spache besteht schließlich nicht allein aus einfach geäußerten Wiedergaben der geschriebenen Form. Betonung, Rhythmus oder intonatorische Formungen sind in vielerlei Hinsicht ergänzende, aber ebenso konstitutive Eigenschaften gesprochener Sprache und müssen deswegen im Detail analysiert werden, was nicht allein durch die Feststellung möglich ist, dass ein Wort aus einer Folge von Lauten besteht. Außerdem begleiten Sprecher*innen eine Äußerung selbstverständlich mit verschiedenen Gesten ihrer Hände, Arme und des gesamten Körpers und unterstützen oder erweitern damit offensichtlich, was verbal ausgedrückt wird (vgl. Müller 1998, Fricke 2012). Auch hier gibt es Variationen zum Beispiel in Form von Blicken, d.h. in Bezug auf die Richtung, in die Interaktanten schauen oder auf die Distanz, die zwischen Interaktanten besteht (vgl. dazu ‚Proxemik' bei Hall 1968). So fassen Deppermann et al. zusammen:

> „Die multimodale Interaktionsanalyse kritisiert die theoretisch-methodologische Privilegierung des verbalen Modus als (einzig) maßgeblicher Quelle interaktiver Sinn- und Ordnungsbildung sozialer Interaktion. [...] Interaktionen werden mit gestalthaft organisierten leiblichen Praktiken, in denen unterschiedliche Ressourcen koordiniert werden, konstituiert." (Deppermann, Feilke & Linke 2016: 2)

Trotz der Erkenntnis, dass diese Eigenschaften bedeutsam sind (vgl. Birdwhistell 1970, Ehlich & Rehbein 1982), hatten frühere Forschungsansätze doch immer Schwierigkeiten, diese in ihre Beschreibungen miteinzubeziehen, vor allem aufgrund der technologischen Probleme, überhaupt Zugang zu und Aufnahmen von diesen natürlichen Daten zu bekommen. Heute werden diese Aspekte als wesentlich für das Verständnis von gesprochener Face-to-Face-Interaktion und ihren reibungslosen Ablauf gesehen (vgl. Norris 2004, Harrigan 2008) und vor allem im Bereich der funktionalen bzw. interaktionalen Pragmatik untersucht, d.h. mit einer handlungsbezogenen Auffassung dieser Aspekte für die Kommunikation (vgl. Ehlich 2007, Krause 2017).

kommunikative Praktiken

Alle Zugänge zu gesprochener Sprache sind mit der Herausforderung konfrontiert, Daten zu berücksichtigen, die aus der koordinierten Verbindung unterschiedlichster Arten von kommunikativem Verhalten entstehen. In vielen Fällen wird hier dann auch nicht mehr allein von Sprache, sondern von *kommunikativen Praktiken* gesprochen (vgl. z.B. Mondada 2014, Deppermann, Feilke & Linke 2016), „um zu analysieren, wie kontextspezifische Handlungsaufgaben multimodal bewältigt werden" (Deppermann 2018: 55). Folglich sind unterschiedlichste Techniken für den Umgang mit diesen Daten sowie theoretische Auseinandersetzungen über die bestmögliche Beschreibung dieser Daten entstanden, die sowohl relevant als auch einflussreich für die allgemeine multimodale Forschung sind. In Kapitel 8 werden wir diese Perspektive weiter ausführen.

2.4.2 Mensch-Computer-/Mensch-Maschine-Interaktion

Je nach Forschungshintergrund hätten Sie vielleicht nicht damit gerechnet, das Thema Mensch-Computer-Interaktion bzw. Mensch-Maschine-Interaktion (im Folgenden: MMI) als Zugang zu Multimodalität hier wiederzufinden. Wenn Sie allerdings umgekehrt in genau diesem Bereich arbeiten, werden Sie sich vermutlich wundern, wie viel *andere* Ansätze zu Multimodalität es noch gibt. Dies ist genau das Problem der Abschottung einzelner, wichtiger Forschungsbereiche vom größeren Kontext, von dem wir in diesem Buch immer wieder sprechen.

Tatsächlich finden wir im Bereich der Mensch-Maschine-Interaktion sehr detailreiche und zugleich höchst explorative Untersuchungen darüber, wie Zeichenmodalitäten zum Zwecke der Kommunikation miteinander kombiniert werden können. Außerdem umfasst der MMI-Bereich einige der frühesten fokussierten Studien auf Multimodalität als kommunikative Ressource, die wiederum auf noch früheren Arbeiten aus den Bereichen Graphikdesign (vgl. z.B. Bertin 1983, Tufte 1983), gesprochene Sprache und Interaktion aufbauen. Bereits in den 1970er Jahren sehen wir einige recht explizite

Überlegungen und sogar maschinelle Umsetzungen, wie unterschiedliche Modalitäten (damals wie heute oft als ‚Medien' bezeichnet) nahtlos miteinander kombiniert werden könnten (vgl. Kay & Goldberg 1977). Daneben gibt es Verbindungen zu den Kognitionswissenschaften und der Frage, wie verschiedene Modalitäten miteinander verknüpft sind (vgl. Paivio 1986, Stenning & Oberlander 1995). Es sollte demnach ziemlich unmöglich sein, sich Multimodalität zuzuwenden und dabei den Bereich der Mensch-Maschine-Interaktion außen vor zu lassen.

Die gegenwärtige MMI-Forschung untersucht folglich neue taktile (oder haptische), räumliche, visuelle und gestische Formen von Kommunikation, beschäftigt sich mit virtuellen Umgebungen, verkörperter Interaktion, Kombinationen von Sprache, Blicken und Gesten in realen, Augmented-Reality- und Virtual-Reality-Umgebungen sowie mit Problemen der ‚Telepresence' und vielem weiteren (für Einführungen und Überblick vgl. Butz & Krüger 2017). Viele Beiträge zur MMI-Forschung wenden sich Interessen zu, die sich direkt mit den spezifischen Problemen der Theorie, Beschreibung und Praxis von Multimodalität überschneiden. So sind diese Probleme auch Teil der Arbeit zur Interaktion von Menschen mit Robotern, die zum Beispiel in Museen eingesetzt werden und mit ihren sprachlichen Beiträgen und Gesten die Besucher*innen auf bestimmte Exponate aufmerksam machen (vgl. Pitsch 2015, Pitsch u. a. 2017). Hier stehen dann zum Beispiel Fragen danach im Vordergrund, wie der Roboter die multimodalen Reaktionen der Interaktionsteilnehmenden verarbeitet und entsprechend darauf reagiert.

Einige der frühen Versuche, einen systematischen Überblick über und Definitionen für die unterschiedlichen kommunikativen Möglichkeiten von Modalitäten zu geben, entstand aus der Notwendigkeit, festzulegen, unter welchen Bedingungen es sinnvoll ist, Computernutzer*innen bestimmte Informationen eher in der einen als in der anderen Art zu präsentieren (vgl. Arens & Hovy 1990). Dies wiederum führte zu einigen sehr ausführlichen Klassifikationen, wie zum Beispiel der von Bernsen (2002) mit 48 unterschiedlichen Modalitäten, die nach grundlegenden Eigenschaften wie linguistisch/nicht-linguistisch, analog/nicht-analog, arbiträr/nicht-arbiträr, statisch/dynamisch sowie eindeutigen Informationskanälen wie graphisch, akustisch, haptisch organisiert sind. Besonders distinktiv für diesen und andere Zugänge solcher Art war vor allem ihr Ziel, auf der einen Seite immer auch auf empirische physiologische Beweise zurückzugreifen und auf der anderen Seite sinnvolle Kombinationen einzelner Modalitäten vorherzusagen. Es gibt also viele Details innerhalb dieser Arbeiten, die es zu beachten und mit anderen Zugängen zu Multimodalität zu verbinden gilt.

Implementierung

Darüber hinaus lenkt der dem Bereich nahezu inhärente Bedarf an Implementierungen, d.h. an operativen Systemen, die tatsächlich tun bzw. ausführen, was beabsichtigt ist, ganz selbstverständlich in Richtung eindeutiger und detaillierter Modellbildung, vor allem in Bezug auf größere Datenbestände, in denen Menschen tatsächlich wie beabsichtigt und mit den entwickelten Geräten interagieren (vgl. Kipp u. a. 2009). Sobald eine technische Unterstützung für neue Arten von Interaktion vorliegt, wird diese im MMI-Bereich mit Blick auf ihr Potenzial zur Erweiterung und Verbesserung der interaktiven Möglichkeiten untersucht und es werden so wichtige Beiträge zu einem umfassenderen Verständnis von Multimodalität geleistet (vgl. Wahlster 2006, Oviatt & Cohen 2015). Viele dieser Arbeiten haben anspruchsvolle Instrumentarien und Schemata für die Analyse von multimodaler Interaktion entwickelt, die generell über das hinausgehen, was in geisteswissenschaftlichen Forschungsprojekten allgemein verfügbar ist. Wir werden darauf in unserem Methodenkapitel in Abschnitt 5.3 zurückkommen, weil es vor allem auch der MMI-Bereich ist, in dem wir momentan die Entwicklung einiger sehr brauchbarer Werkzeuge zur detaillierten multimodalen Analyse verfolgen können.

In Zukunft wird dies für viele Bereiche der multimodalen Forschung zunehmend wichtiger werden. Der eher traditionelle Blick auf Mensch-Maschine-Interaktion als eine Situation, in der jemand vor einem Computerbildschirm sitzt und sich einen Weg durch ein Programm klickt, ist bereits veraltet. Stattdessen haben wir es nun mit physikalischen Interaktionen im Sinne von Berührungen, Fingerstrichen (Swipes), dem Ziehen (Dragging) über oder Druck auf ein Smartphone oder einen Touch-Bildschirm zu tun. Physikalische Gesten können von den unterschiedlichen Geräten aber nicht mehr nur durch unsere Finger entgegen genommen werden, sondern auch Handbewegungen und Körperhaltungen spielen nun eine Rolle, es handelt sich also sozusagen um Ganzkörperschnittstellen. All dies wird zum Mainstream, vor allem, wie heute üblich, in (Computer-) Spielumgebungen, in denen und für die gleichermaßen das Informationsangebot explodiert: Nach zunächst relativ geringen Auflösungen liegt inzwischen Kinoqualität für Bildschirme vor, die sich selbst wiederum kontinuierlich weiterentwickelt haben (von 2K zu 4K zu 8K, d.h. zu 7689 x 4320 Pixeln). Wenn dies dann auch noch mit immersiven Virtual-Reality-Darstellungen verbunden wird, betreten wir einen weiteren Bereich der MMI, der eine Fülle von relevanten Fragen und Herausforderungen an sowie Möglichkeiten für Multimodalität mit sich bringt. Von MMI als bloßer technischer Angelegenheit zu sprechen ist deswegen eine völlige Unterschätzung dessen, was gegenwärtig mit dieser Form von Interaktion passiert. Immerhin bieten einige Autor*innen inzwischen geeignetere Konzeptualisierungen hierfür (vgl. Murray 2012).

Kommunikation im Internet

Ein damit teilweise verbundener Bereich ist der der *computergestützten Kommunikation*, in dem die Mensch-Mensch-Kommunikation über eine rechnergestützte Modellierung oder Plattform realisiert wird, wie dies der Fall in den sozialen Medien und Blogs sowie für Telepresence ist (vgl. Androutsopoulos u. a. 2004, Beck 2006, Herring, Stein & Virtanen 2013, Siever 2015). Weil vieles davon online, im Netz, stattfindet, ist *internetbasierte Kommunikation (IBK)* ein weiteres wichtiges Schlagwort, das vielfach Aufmerksamkeit erlangt und für das auch immer mehr empirische Zugänge entwickelt werden (vgl. z.B. die Arbeiten in Beißwenger 2017, Marx, Lobin & Schmidt 2020). Analysen dieser Art sind bisher vor allem sprachbasiert und im Rahmen linguistischer Internetforschung bzw. einer *Medienlinguistik* oder *Internetlinguistik* (vgl. Perrin 2011, Burger & Luginbühl 2014, Androutsopoulos 2014, Marx 2014) entstanden und weniger explizit multimodal ausgerichtet. Einige davon werden wir weiter unten im Hinblick auf ihre linguistischen Grundlagen noch einmal betrachten, wenn auch ihr Vorgehen und die Analysen stark von den Fähigkeiten der jeweiligen Interfaces abhängen und deswegen in vielerlei Hinsicht stärker auf Ergebnissen aus dem MMI-Bereich aufbauen sollten.

2.4.3 Literaturwissenschaft

Da sich unsere Interessensschwerpunkte in diesem Buch vor allem an den Möglichkeiten empirischer Forschung orientieren (vgl. Kapitel 5), liegen traditionalle literaturwissenschaftliche Belange auf den ersten Blick vermutlich am weitesten entfernt von den theoretischen und methodologischen Kernfragen, die wir hier verfolgen. Ein Großteil literaturwissenschaftlicher Arbeit sieht sich selbst nicht als in diesem Sinne ‚empirisch'; allerdings nimmt die korpusbasierte und computergesteuerte Untersuchung von Literatur vor allem im Rahmen von *Digital Humanities*-Projekten bzw. der Computerphilologie einen immer größeren Stellenwert innerhalb der Disziplin ein (vgl. Jannidis 2007, Bernhart u. a. 2018).

Unabhängig davon hat sich die Literaturwissenschaft immer schon mit einem sehr breiten Spektrum an Artefakten und Darbietungen beschäftigt, die auch für die Multimodalitätsforschung äußerst anspruchsvoll sind. Tatsächlich ist jede Auseinandersetzung mit Kunst immer daran interessiert, Grenzen zu durchbrechen und auszuweiten – auch solche ‚verbaler Kunst'. Folglich sind Experimentierungen mit dieser verbalen Kunst äußerst divers und schneiden immer auch relevante Themen aus dem Multimodalitätskontext an – sowohl in Theorie als auch in Praxis. Diese Experimentierungen sind dann für unsere Forschung vor allem insofern hilfreich, als dass sie uns ermöglichen zu überprüfen, ob unsere Theorien auch auf diese Untersuchungsobjekte übertragen werden können.

Das Hinterfragen und Ausweiten der Grenzen von Literatur spielt besonders dann eine Rolle, wenn Übergänge zu nicht-sprachbasierten Formen innerhalb literarischer Texte ins Interesse rücken, zum Beispiel in Formen *konkreter Poesie* oder *experimenteller Literatur*, in denen unter anderem die räumliche Anordnung des Textes in den Zeilen als weitere visuelle Einheit (neben der verbal-schriftlichen) wichtig wird. Schauen wir uns hierfür kurz das Gedicht „Die Trichter" von Christian Morgenstern aus dem Jahre 1905 an:

Die Trichter
Zwei Trichter wandeln durch die Nacht.
Durch ihres Rumpfs verengten Schacht
fließt weißes Mondlicht
still und heiter
auf ihren
Waldweg
u.s.
w.

Die Zeilen des Gedichts sind von oben nach unten wie ein Trichter angeordnet, sie formen ein Kaligramm, ein Figurengedicht, und lassen den Inhalt des Gedichts, den verengten Schacht der Trichter, optisch wahrnehmbar werden. Der Text weist damit auch einen hohen Grad an Selbstreflexivität auf. Außerdem erkennen wir einen direkten Gebrauch der ‚Affordanzen' des Mediums: Sprache vermag viele Dinge darzustellen, aber spezifische Details wie in diesem Falle die besondere Form der Trichter können besser durch andere Ausdrucksformen wie eine graphische Anordnung der Schrift verdeutlicht werden. Im Übergang von einer Modalität zur anderen wird es dabei immer einen Informationsverlust geben, aber eben jener ist einer der Hauptgründe, warum wir Multimodalität überhaupt thematisieren müssen.

Horaz & Lessing

Versuche, diese Unterschiede in den expressiven Fähigkeiten kontrastierender Ausdrucksformen auf eine solide Basis zu stellen, haben eine lange Geschichte. Innerhalb der Literaturwissenschaft und Kunstgeschichte sind dies vor allem Diskussionen über den Unterschied zwischen Worten und Bildern, die bis in die Antike zurückreichen. Horaz betont in seinem Vergleich der Schwesterkünste Malerei und Dichtung – *ut pictura poesis*: ‚wie ein Bild sei ein Gedicht', dass beide Künste ähnliche Probleme haben und ähnliche Dinge aussagen, dies aber auf unterschiedliche Weise tun. Ein Gedicht kann folglich ein ‚sprechendes Bild' sein, ein Bild dagegen ein ‚stummes Gedicht' usw. Der Dichter und Philosoph Gotthold Ephraim Lessing (1729–1781) argumentiert gegen ein solch freies Verständnis und stellt striktere Unterscheidungen zwischen den Medien auf, die bis heute diskutiert und genutzt werden, obwohl er selbst zu dem Ergebnis kommt, dass diese Unterscheidungen nicht haltbar sind. Ziemlich losgelöst vom Gebrauch des Terminus ‚Multimodalität' hat es also bereits eine beträchtliche Diskussion der Fähigkeiten unterschiedlicher Ausdrucksformen und ihrer Kombinationen gegeben, die lange zurückreicht (vgl. dazu auch Bateman 2014).

Ekphrasis

Nicht alle Werke mit multimodalen Tendenzen beinhalten so nachdrückliche Schritte über die Grenzen des Sprachsystems hinaus, wie sie bereits bei Morgenstern zu finden sind. Eine restriktivere Verbindung, die bereits umfangreich untersucht worden ist, liegt mit der rhetorischen Technik der *Ekphrasis* vor. Dieser recht traditionelle Ausdruck beschreibt Versuche, durch eine detaillierte *sprachliche* Beschreibung eine intensive visuelle oder anderweitig sinnliche Erfahrung von Kunst hervorzurufen. Aus literaturwissenschaftlicher Perspektive ist dabei vor allem interessant zu untersuchen, wie es überhaupt für verbale Sprache möglich ist, in dieser Weise zu funktionieren und zu wirken. Aktuelle Ergebnisse kognitionswissenschaftlicher Forschung, die zeigen, wie eng Sprachverstehen in anderen Aspekten der Perzeption, zum Beispiel auch mit dem Embodiment, verankert ist, lassen dieses Phänomen weniger mysteriös erscheinen, aber es ist immer noch ein Kennzeichen offenkundiger Versuche, die Grenzen einzelner Ausdrucksmodalitäten zu überwinden.

Das Thema der Ekphrasis erlebt momentan eine Art Wiederbelebung, vor allem in so genannten ‚Interart'-Diskussionen, die sich der Überschreitung der Grenzen zwischen den verschiedenen Künsten widmen (vgl. Schneider & Thomsen 1997, Azcárate & Sukla 2015). Auch hier können wir ein gesteigertes Bewusstsein und Interesse am

Potenzial der Beziehungen unterschiedlicher Ausdrucksformen zueinander erkennen, was genau den allgemeinen Konfigurationen und sozialen Bewegungen entspricht, die zur Entwicklung der Multimodalitätsforschung geführt haben. Es ist heute üblich, dass Diskussionen zur Ekphrasis auch andere Medien wie Malerei und Musik, Architektur oder Poesie, etc. einbeziehen. Mit Blick auf Film wird der Ausdruck sogar besonders engagiert genutzt (vgl. z. B. Pethő 2011), weil es eine genuine *ästhetische Entscheidung* ist, ob ein Ereignis oder ein Objekt im Film mit Worten beschrieben oder aber visuell oder auditiv dargestellt wird. Wie wir weiter unten mit Blick auf die Disziplin der Semiotik sehen werden, macht die Tatsache, dass es sich um eine explizite Entscheidung im Produktionsprozess handelt, deutlich, dass eine Vielzahl von Bedeutungen von dieser Entscheidung abhängt. Es ist dann wiederum eine Frage der Multimodalitätsforschung, um welche Bedeutungen es sich in dem jeweiligen Gebrauchskontext handelt.

Narratologie

Ein weiterer wichtiger Bereich, der ursprünglich in der eher ‚monomodal' ausgerichteten Literaturwissenschaft verankert war, sich heute aber sehr aktiv mit multimodalen Phänomenen beschäftigt, ist die Narratologie bzw. Erzähltheorie (vgl. z.B. Schmid 2010, Martinez & Scheffel 2016). Hier ging und geht man immer davon aus, dass Geschichten in vielen verschiedenen Medien ‚erzählt' werden können und dazu auch die verschiedensten Ausdrucksformen, die diese Medien bieten, genutzt werden. In jüngerer Zeit wurde diese Annahme zunehmend einer expliziten Untersuchung unterzogen und hierfür wurden so genannte ‚transmediale' narratologische Ansätze (Ryan 2005, Herman 2004) zur Analyse von Film, Computerspielen, Comics und Graphic Novels hinzugezogen (vgl. z.B. Wolf 2002, Kuhn 2011, Thon 2016). Innerhalb der Literaturwissenschaft werden solche Fragen primär im Kontext von *Transmedialität* und nicht unbedingt mit Blick auf multimodale Spezifika behandelt. Wir werden diese Begrifflichkeiten und ihre Zusammenhänge weiter unten in Kapitel 4 genauer betrachten.

Wir haben oben bereits gesagt, dass empirische Arbeiten und computerbasierte Analysetechniken auch innerhalb der Literaturwissenschaft immer größere Aufmerksamkeit erlangen. Solche Bemühungen sind selten allein auf die sprachlichen Aspekte der Werke begrenzt und haben begonnen, die gesamte Palette an Möglichkeiten, die zeitgenössische Medien und Werkzeuge mit sich bringen, in Augenschein zu nehmen. Dies stellt dann wieder Verbindungen zu grundlegenden Problemen der Multimodalitätsforschung her. Tatsächlich verlangt ‚Literatur', die auf Rich-Media-Funktionen aufbaut und Fähigkeiten der Interaktion sowie programmgesteuerten Inhalt aufweist, also durch ein Computerprogramm und nicht unbedingt durch eine*n Autor*in entstanden ist (vgl. Gendolla & Schäfer 2007, Simanowski, Schäfer & Gendolla 2010), sehr dringend nach einem genaueren Verständnis von Multimodalität und ihren Funktionsweisen. Einen Überblick über einige dieser Interaktionen zwischen Literatur und den erweiterten Möglichkeiten neuerer Medienformen bietet Gibbons (2011), während Koenitz u. a. (2015) eine oft noch etwas programmatische Auseinandersetzung mit *interaktiver digitaler Literatur* liefern.

Hypertext

Letztlich stellen Computer- und Videospiele ein weiteres verwandtes Gebiet dar, das auf einer theoretischen Ebene tendenziell vor allem von Literaturwissenschaftler*innen diskutiert wird. Einige Forschende, die zuvor zum Beispiel literarische Hypertexte (vgl. Landow 1994, Aarseth 1997) in den Blick nahmen, schauen sich nun vermehrt Computerspiele und die Spielebranche an (vgl. Aarseth 2004, Bogost 2006). Allerdings sollte die Beschränkung auf literaturwissenschaftliche Zugänge zu diesen Medien aufgehoben werden, da die multimodalen Eigenschaften dieser Artefakte grundsätzlich konstitutiv für ihre Funktionalität sind. Vollumfängliche multimodale Analysen sind hier notwendig und wir werden diesen Bedarf ausführlicher in unserer Fallstudie zu Computerspielen in Kapitel 12 diskutieren.

2.4.4 Literacy-Studien und Multiliteralität

Mit der vielbeschworenen Explosion der Kombination von Ausdrucksformen in allen Arten von Kommunikation hat sich verständlicherweise auch ein Fokus auf Fragen danach gerichtet, wie das Verstehen dieser Ausdrucks- und Kommunikation erlernt und gefördert werden kann und sollte. Ob multimodales Verstehen überhaupt innerhalb des Bildungskontextes von Belang ist und dementsprechend auch vermittelt werden soll, steht dabei immer noch im Zentrum solcher Auseinandersetzungen.

Dass die effektive Anwendung unterschiedlicher Ausdrucksformen in den Mittelpunkt so genannter *Literacy*-Studien gestellt werden sollten, die ursprünglich allein mit verbaler Sprache beschäftigt waren, wird vor allem Bill Cope und Mary Kalantzis von der New London Group zugesprochen (vgl. Cope & Kalantzis 2000). Diese Ausrichtung hin zu allen semiotischen Ressourcen und ihren Kombinationen sieht vor, dass zur Lese- und Schreibfähigkeit heute auch immer dazu gehört, unterschiedlichste und komplexe Ausdrucksmodalitäten zu beherrschen und ihre Technologien zu kennen oder – wie dies aufgrund einer fehlenden deutschen Entsprechung mit dem englischen Begriff bezeichnet wird – *multi-literate* zu sein (vgl. zu den englischen und deutschen Begrifflichkeiten auch Böck & Kress 2010). In neueren Arbeiten zur so genannten *Multiliteralität* heißt es demnach auch: „Im Kern meint der englische Terminus die Fähigkeit, Symbolsprachen unterschiedlicher Art – außer der Schriftsprache auch die Formelsprachen von Mathematik und Naturwissenschaften, die Sprache der Bilder etc. – zu verstehen und zu nutzen" (Küster 2014: 3).

Das Bewusstsein für diese Fähigkeiten zeigt sich nun in allen Bildungssystemen und viele nationale Bildungspläne schließen jetzt ausdrücklich Hinweise auf andere Ausdrucksformen neben Sprache mit ein, wir haben dies bereits in Abschnitt 1.1 kurz angesprochen. Dies hat auch zur Folge, dass sich Forschungsschwerpunkte in den *Literacy*-Studien verlagern und Theorien und Methoden neu gedacht werden müssen:

> „Für die wissenschaftliche Analyse erfordern diese Veränderungen allerdings adäquate und präzise Werkzeuge und Begriffe, die der Vielzahl der semiotischen Ressourcen ebenso entsprechen wie den variierenden Erscheinungsformen und Effekten von Macht in einer semiotisch kaum gerahmten Welt. Bezeichnungen wie ‚Literacy', stammen aus einer Zeit, die durch die Vorrangstellung von Sprache und Schrift im Besonderen gekennzeichnet war. Diese Labels sind beladen mit

> Vorstellungen von früheren Theorien, die für andere Aufgaben entwickelt wurden, mittlerweile allerdings mehr oder weniger zu Commonsense geworden sind. Es ist davon auszugehen, dass diese Zuschreibungen die Entwicklung neuer Konzepte beeinflussen, wenn ‚alte' Begriffe für neue Kontexte übernommen werden." (Böck & Kress 2010: 2)

Obwohl der positive Einfluss von Bilderbüchern auf Vorschulkinder längst anerkannt ist, zielte die anschließende Schulzeit bisher üblicherweise auf Kompetenzbildung im Bereich rein sprachlicher Texte. Inzwischen hat sich die Aufmerksamkeit deutlich auf immer vielfältigere Ausdrucksformen – vor allem auf Bilder, Diagramme, Schaubilder, Filme, Comics, etc. – verlagert und sowohl einen analytischen wie auch theoretischen Blick darauf entwickelt. Allerdings, so beobachtet Serafini (2011: 349), bedeutet ein aktiver Umgang damit auch, dass Lehrpersonen und andere Ausbildende hinreichend vertraut mit den beteiligte Medien und den Methoden zur Analyse dieser Medien und ihrer Prozesse sind. Dies ist jedoch nur selten der Fall und gibt einen weiteren Grund an, warum grundlegendere Perspektiven auf Multimodalität immer notwendiger werden.

Media Literacy

Eine wirklich große Gefahr besteht darin, dass Lehrpersonen mit nur unzureichendem theoretischem Verständnis darüber, was multimodale Artefakte und Situationen umfassen, hinter der Kompetenz ihrer Schüler*innen zurückbleiben, die diese längst in ihrem Umgang mit Medien einsetzen. Zur Umgehung dieser Gefahr hebt Serafini unterschiedliche Ansätze hervor, die seiner Meinung nach hilfreich sind. Sie reichen von dem linguistisch geprägten Zugang von Theo van Leeuwen und Gunther Kress, zentrale Figuren in der Entwicklung der soziosemiotischen Multimodalitätstheorie, über die wir weiter unten mehr hören werden, bis zu Panofskys historischem und ikonographischem Zugang und dem Konzept der *Media Literacy* allgemein (vgl. Iedema, Feez & White 1995).

Visual Literacy

Wenn auch viele Zugänge zur *Literacy* ihren Ausgangspunkt mit Blick auf Sprache nehmen, wie ja der Begriff selbst es vorsieht, wächst die Literatur zum Visuellen rund um das Schlagwort *Visual Literacy* bzw. Bildkompetenz beständig. Zu nennen sind hier zum Beispiel Messaris (1998), Brill, Kim & Branch (2007), Seidl (2007), Jacobs (2013) oder Dehn (2014). Eine spezifische Auseinandersetzung mit *Film Literacy* nehmen die Beiträge in Kepser (2010) vor. Elkins (2003) beschäftigt sich in besonderem Maße mit dem Thema und argumentiert, dass unter *Visual Literacy* ein deutlich offeneres und umfangreicheres Konzept verstanden werden sollte als das, was bisher zum Beispiel als Kunstverständnis galt. Auch Wissenschaftsbilder und Bilder, die für unterschiedliche Zwecke in unterschiedlichen Kulturen eingesetzt werden, sowie die Bilderstellung sind seiner Meinung nach sowohl im Wissenschafts- als auch im Bildungssektor relevante Untersuchungsobjekte. Seine Auffassung folgt damit voll und ganz der von uns in diesem Buch eingenommenen Perspektive.

Multimedia Literacy

Eine weitere sehr bekannte Position innerhalb des Bildungswesens und mit Blick auf Multimodalität ist der Zugang zu *Multimedia Literacy* von Mayer (2009). Mayer schlägt spezifische Designprinzipien vor, an die man sich in der Kommunikation mit unterschiedlichen Ausdrucksformen halten soll. Diese Prinzipien können relativ unkompliziert verstanden werden und erscheinen plausibel, bleiben allerdings auf einer sehr allgemeinen Beschreibungsebene: Beispielsweise sollten Bilder und Texte, die über die gleiche Sache ‚sprechen', nebeneinander positioniert werden, etc. Wie wir in vielen unserer Beispiele später sehen werden, müssen solche allgemeinen Richtlinien schnell verworfen werden, wenn wir uns komplexeren Verbindungen widmen und weniger eindeutige oder sogar miteinander kollidierende Bewertungskriterien eine Rolle spielen. In den meisten Fällen multimodaler Kommunikation sind so viele Einzelheiten im Spiel, dass strengere und methodologisch gesicherte Analyseraster notwendig sind, um Schlussfolgerungen möglich zu machen.

Multiliteralität

Mit Siegel (2006) liegt ein Überblick über die umfangreiche englischsprachige Literatur zum Thema *Multiliteralität* vor, eine deutsche Perspektive nehmen Elsner, Küster & Viebrock (2007) ein und einen Einblick in jüngere Fremdsprachenforschung zum Thema gibt Heft 2 der *Fremdsprachen lehren und lernen* aus dem Jahre 2014 (vgl. Küster 2014). Im Allgemeinen lässt sich festhalten, dass innerhalb dieser und anderer Arbeiten grundlegende Auseinandersetzungen mit Ausdrucksformen oder semiotischen Modalitäten, wie wir sie hier vornehmen, eher auf einem vortheoretischen Niveau stattfinden. Zwar werden herkömmliche Unterscheidungen zwischen Sprache, Bildern, Farben, etc. um die Eigenschaften einzelner materieller Objekte erweitert, aber ohne weitergehende kritische oder theoretische Reflexion verwendet. Wenn theoretische Ausführungen hinzugezogen werden, sind dies oft Ansätze aus der Soziosemiotik (vgl. Archer & Breuer 2015) oder der Rhetorik und Schreibwissenschaft (vgl. Lee & Khadka 2018). Zweifelsohne ist eine solch spezifische Perspektive, wie sie in diesen Ansätzen eingenommen wird, ein Schritt in die richtige Richtung, allerdings sollten irgendwann auch Fragen im Vordergrund der Auseinandersetzung stehen, die sich der Unterscheidung der vielfältigen Modalitäten und Ausdrucksformen widmen. Nur so können die notwendigen Beschreibungsinstrumente entwickelt werden, die sowohl die Analyse als auch Vermittlung von Multimodalität ganzheitlich möglich machen.

2.4.5 Linguistik und „Sprache an sich"

Weiter oben haben wir aus linguistischer Perspektive bereits Zugänge zur Analyse gesprochener Sprache thematisiert. Jetzt wenden wir uns zunächst solchen Ansätzen innerhalb der Linguistik zu, die sich zwar nicht explizit von gesprochener Sprache abwenden, allerdings ihren Interessensschwerpunkt auf andere Aspekte von Sprache verlagern und mit den daraus entstanden Instrumentarien auch Aspekten von Multimodalität begegnen.

Dies ist zum einen die Allgemeine Sprachwissenschaft, die selbstverständlich auch immer Kontakt mit anderen Kommunikationsformen hat. Bereits Saussure, einer der Gründerväter der modernen Sprachwissenschaft, auf den wir später noch ausführlich zurückkommen werden (→ §2.5 [S. 64]), machte auf die unterschiedlichen Wege der Bedeutungskonstruktion aufmerksam und unterschied die größtenteils konventionalisierten Formen verbaler Sprache von solchen Formen, die eher auf Ähnlichkeit basieren. Ein Laut zum Beispiel vermag aufgrund seiner Ähnlichkeit zu Geräuschen eine Bedeutung tragen, was wir heute unter dem Begriff der *Onomatopoesie* fassen. Solche onomatopoetischen Ausdrücke, wie zum Beispiel ‚wau-wau' oder ‚kikeriki', sah Saussure als Ausnahme von der allgemeinen Regel, dass Sprache auf Konvention beruht, und schenkte ihnen deswegen keine besondere Aufmerksamkeit. Wie wir oben gesehen haben, spielt Ähnlichkeit in bildhaften Kommunikationsformen oft eine wichtige Rolle, innerhalb linguistischer Auseinandersetzungen allerdings nimmt sie bis heute keinen größeren Stellenwert ein.

Im Gegensatz zu der oben erwähnten langen Geschichte der Kombination von Text und Bild in ästhetischen Diskussionen befasst sich die Linguistik erst seit den 1960er und 1970er Jahren mit dieser Thematik. Neuorientierungen in dieser Zeit lenkten das Interesse verstärkt auf natürliche *Texte* und weg von Wörtern oder Sätzen in Isolation. Es wurde dann schnell deutlich, dass ein Fokus auf Sprache allein in vielen Kontexten nicht ausreichte, um zu erklären, wie kommunikative Artefakte wie zum Beispiel Werbeanzeigen funktionieren. Es ist schlicht nicht möglich und auch zwecklos, so die Erkenntnis, die visuellen Komponenten einer solchen Anzeige außen vor zu lassen und sich nur auf sprachliche Aspekte zu beschränken. Dies führte zu umfangreichen Arbeiten darüber, wie Sprache mit visuellen Aspekten wie Typographie, Diagrammen und anderem bildlichen Material zusammenwirkt. Einen englischsprachigen Überblick über diese Art von Forschung gibt Bateman (2014), für eine deutschsprachige und zugleich interkulturelle Perspektive seien die Beiträge in Held & Bendel (2008) empfohlen.

Textlinguistik und Diskursanalyse

Tatsächlich ist nämlich festzuhalten, dass sich die Entwicklungsstränge der Textlinguistik und Diskursanalyse und daran anschließend der Auseinandersetzung mit nicht-sprachlichen Einheiten innerhalb der jeweiligen Einzelphilologien bzw. je nach sprachlichem Ausgangspunkt stark voneinander unterscheiden. Während zum Beispiel anglophone Ansätze bereits in den 1950er Jahren von einer Methode der *discourse analysis* zur Analyse von Texten ausgehen und grundsätzlich auch anthropologische, philosophische, soziologische und psychologische Fragestellungen miteinbeziehen, setzt das Interesse am kommunikativen Text (mit sprachlichen und nicht-sprachlichen Elementen) innerhalb der germanistischen Sprachwissenschaft deutlich später ein und steht auch die Frage danach, was eigentlich ein Text ist, bis heute im Raum (vgl. dazu Wildfeuer 2019). Für die Multimodalitätsforschung in diesem Bereich bedeutet dies, dass erste Initiativen und die daraus entstandenen und bis heute als Grundlagen zu zählenden Arbeiten zunächst vor allem im englichsprachigen Kontext entstanden und sogar größtenteils bis heute nicht übersetzt sind. Wir werden später noch sehen, dass es für einige zentrale Begriffe bisher keine einheitliche deutsche Entsprechung gibt und deswegen zum Teil sehr unterschiedliche Ausdrücke benutzt werden. Da unser Hauptaugenmerk in diesem Kapitel aber vor allem auf den Grundlagen der Multimodalitätsforschung im Allgemeinen liegt, werden wir im Folgenden eine sprachunabhängige Perspektive einnehmen und Entwicklungen aus allen Bereichen kurz zusammenfassen.

Reading Images

So lassen sich erste wegweisende, englischsprachige Arbeiten, in denen Konzepte zur linguistischen Beschreibung erweitert und auf andere Kommunikationsformen angewandt wurden, bereits in den frühren 1990er Jahren finden. Zu ihnen zählt auch Gunther Kress und Theo van Leeuwens *Reading Images: The Grammar of Visual Design*, das bis heute am einflussreichsten für die meisten Arbeiten zur multimodalen Analyse ist. Zunächst 1990 in Australien veröffentlicht, im Jahre 1996 dann für eine bereite Leserschaft in Umlauf gebracht und zehn Jahre später in einer weiteren Auflage erschienen, gilt das Werk bis heute als wichtige Grundlage – vor allem für linguistisch geprägte Arbeiten. Ungefähr gleichzeitig erschien eine in vielerlei Hinsicht ähnliche Anwendung linguistischer Beschreibungsmethoden von Michael O'Toole (1989, 2011 [1994]), die den Fokus eher auf Kunstwerke legt und neben der Malerei auch die Bereiche Architektur und Bildhauerei berücksichtigt.

systemisch-funktionale Linguistik

Auch wenn es viele andere Versuche gegeben hat, linguistische Instrumentarien auf verschiedenartigere Kommunikationsformen zu übertragen, war und ist es vor allem die spezifische Methode in Kress und van Leeuwens Zugang, die diesem eine so extreme Reichweite beschert(e). Sprache wird darin nämlich als *Ressource zur Bedeutungskonstruktion* und nicht als formales Regelsystem verstanden. Dieses Verständnis ist zentral für den Bereich der systemisch-funktionalen Linguistik (SFL), die seit den frühen 1960er Jahren im englischen Sprachraum entwickelt wurde und vor allem auf der Arbeit des Linguisten Michael A.K. Halliday beruht. Sprache und andere Kommunikationsformen als Ressourcen zu sehen führt zu einer der Hauptannahmen in diesem Ansatz, dass semiotische Elemente keine vorgegebene Bedeutung haben, wie dies oft für Zeichen allgemein angenommen wird (siehe auch Abschnitt 2.5), sondern dass sie stattdessen über ein Bedeutungspotenzial verfügen, das je nach Gebrauch und Kontext unterschiedlich realisiert bzw. interpretiert werden kann (vgl. van Leeuwen 2005: 3–5). Eine detaillierte Einführung in diese und andere Prinzipien der systemisch-funktionalen Linguistik im Vergleich zur Linguistik allgemein bietet Bateman (2017).

Funktionale Pragmatik

Mit ganz ähnlichen Annahmen, aber völlig unabhängig von den Entwicklungen rund um die SFL entstand im deutschsprachigen Raum zeitlich nahezu parallel und aufbauend auf den Arbeiten der Linguisten Konrad Ehlich und Jochen Rehbein die *Funktionale Pragmatik* (FP), die ebenso von sprachlichen Ressourcen ausgeht, die kommunikative Bedürfnisse erfüllen, und die heute vor allem für Arbeiten im Bereich der multimodalen Interaktionsanalyse grundlegend ist. Einen Vergleich der elementaren Annahmen beider Ansätze nimmt Gruber (2012) vor.

Metafunktionen

Innerhalb der systemisch-funktionalen Linguistik wird Sprache nicht nur als immer in einen *sozialen Kontext* eingebettet, sondern auch als grundsätzlich dadurch geformt und beeinflusst gesehen. Deswegen spielt Funktionalität eine wichtige Rolle innerhalb dieses Ansatzes und äußert sich in drei *allgemeinen* kommunikativen Funktionen, die in der Untersuchung von Sprache immer mit berücksichtigt werden sollten. Diese Funktionen werden als *Metafunktionen* bezeichnet, um ihre Allgemeingültigkeit zu betonen, die unabhängig von spezifischeren Funktionen wie z. B. der Überzeugung oder Beschreibung gilt. Das heißt, dass diese Funktionen auf einer Metaebene für jede einzelne Kommunikationsinstanz angenommen werden können. Auch innerhalb der Funktionalen Pragmatik werden sprachlichen Handlungen in menschlicher Interaktion bestimmte Funktionen zugewiesen bzw. werden sie in bestimmte funktionale Felder eingeteilt, in denen Prozeduren die jeweiligen Funktionen realisieren. Dies sind zum Beispiel expressive Prozeduren, die emotive Funktionen realisieren, oder operative Prozeduren, die das sprachliche Geschehen prozessieren.

Die enge Beziehung zwischen Sprache und sozialem Kontext, die in beiden Ansätzen hervorgehoben wird, kann auf andere Kommunikationskontexte übertragen werden. Weil die Metafunktionen der systemisch-funktionalen Linguistik grundsätzlich soziale Situationen und die *soziale* Arbeit beschreiben, die Kommunikation (und nicht Sprache *an sich*) betreibt, können diese Funktionen auf alle Formen von Kommunikation angewendet werden. Gunther Kress als Vertreter der Soziosemiotik nimmt diesbezüglich eine sehr einflussreiche Rolle ein, wenn er den Vorschlag unterbreitet, die metafunktionale Organisation als definitorisch für die Bestimmung einer Zeichenmodalität anzunehmen: Eine Zeichenmodalität entsteht genau dann, wenn ein bestimmtes Material genutzt wird, um diese drei Metafunktionen zu erfüllen. Eine gute Einführung in unterschiedliche Zugänge zu Multimodalität, die genau diese Position vertreten, geben Jewitt, Bezemer & O'Halloran (2016). Wir werden in einigen unserer Fallstudien in Teil III des Buchs weitere Darstellungen dieser Perspektive kennen lernen.

Mit den in diesem Buch unterbreiteten Methoden und Zugängen werden wir die spezifischen Perspektiven der beiden Ansätze allerdings nicht weiter verfolgen – nicht weil wir die Grundannahmen für falsch oder fehlerhaft halten, sondern weil wir es immer noch als eine empirische Frage ansehen, inwiefern ihre jeweiligen Kategorien auf andere Ausdrucksformen neben Sprache übertragbar sind. Es bleibt festzuhalten, dass die Metafunktionen aufgrund ihrer Allgemeingültigkeit grundsätzlich immer für kommunikative Situationen beschreibbar sind, allerdings bedeutet dies nicht, dass die Kommunikationsformen selbst, also das, was wir später als Zeichenmodalitäten definieren werden, bereits gemäß dieser funktionalen Beschreibung organisiert sind, was der ursprünglichen Vorstellung von metafunktionaler Organisation entspricht (vgl. Halliday 1978). Wir bleiben hier also solange agnostisch, bis weitere Beweise für diese Hypothese vorliegen, und konzentrieren uns stattdessen auf die Methoden und Instrumentarien, die für eine solche empirische Verifizierung notwendig sind.

visuelle Grammatik

Der innerhalb der systemisch-funktionalen Linguistik eingenommene Blick auf eine bidirektionale Beziehung zwischen Sprache und sozialer Organisation hat dazu geführt, dass die Möglichkeit in Betracht gezogen wird, weitere Unterscheidungen aus der Grammatik auf andere Ausdrucksformen anzuwenden. In diesem Sinne verstehen auch Kress und van Leeuwen ihre ‚Grammatik des visuellen Designs'. ‚Grammatik' wird dabei als Beschreibung dafür gesehen, wie kommunikative Funktionen erzielt werden und *nicht* als ein Satz von Regeln, die ‚Grammatikalität' oder formale ‚Akzeptabilität' bestimmen. Der Begriff ‚Grammatik' wird also nur in diesem schwächeren Verständnis auf nicht-verbales Material übertragen. Kress und van Leeuwens selbstgestecktes Ziel ist dabei,

> "to provide inventories of the major compositional structures which have become established as conventions in the course of the history of visual semiotics, and to analyse how they are used to produce meaning by contemporary image-makers." (Kress & van Leeuwen 2006 [1996]: 1)[5]

Diesen Zugang und die Beschreibung von Inventaren (‚inventories') verfolgen heute immer noch viele Ansätze zur multimodalen Analyse in der Tradition der systemisch-funktionalen Linguistik. Kress und van Leeuwen selbst haben zum Beispiel solche Inventare für die Bereiche Film (van Leeuwen 1991), Farbe (Kress & van Leeuwen 2002), Sprachqualität (van Leeuwen 2009) oder Licht im Film (van Leeuwen & Boeriis 2017) aufgestellt. Dabei bringt die Übertragung sprachlicher Strukturen und Funktionen auf andere Ausdrucksformen grundsätzlich einen großen Vorteil für die Multimodalitätsforschung mit sich: In den Analysen wird jeweils eine gemeinsame Sprache sowohl für sprachliche als auch visuelle Repräsentationen gefunden und eingeführt und macht so Vergleiche zwischen den unterschiedlichen Ausdrucksformen unkompliziert. Bateman (2014) diskutiert diese Vorteile mit Blick auf viele konkrete Beispiele ausführlich, allerdings hebt er auch einige offene Fragen hervor, von denen auch wir einige in Teil III unseres Buchs wieder aufnehmen.

multimodale Grammatik

Eine der größten deutschsprachigen Anwendungen des Grammatikbegriffs im Kontext multimodaler Analysen stammt von der Semiotikerin Ellen Fricke, die in ihren Arbeiten eine multimodale Grammatik der deutschen Sprache entwickelt, die redebegleitende Gesten in die grammatische Beschreibung miteinbezieht (vgl. Fricke 2012). Diese grammatische Beschreibung integriert die Analyse von Gesten in die syntaktische Struktur von Äußerungen innerhalb einer Sprache, orientiert sich also an einem deutlich engeren Grammatikbegriff als dem oben skizzierten. Dies macht es in der Konsequenz schwerer, das von Fricke unterbreitete Instrumentarium auch für andere Arten von Multimodalität anzunehmen. Wir werden in unserer Fallstudie zu Gesten in Teil III des Buchs noch einmal auf diese Problematik zurückkommen. Weitere Anwendungen eines durchaus auch engeren Grammatikbegriffs finden sich zum Beispiel bei Deppermann (2015) und Fiehler (2015), deren Arbeiten ebenfalls im Bereich der multimodalen Interaktionsanalyse und Pragmatik anzusiedeln sind, bei Cohn (2016), der Multimodalität im Rahmen des linguistisch-kognitiven Modells von Ray Jackendoff (2007) weiter entwickelt, sowie bei einer wachsenden Anzahl von Arbeiten in der so genannten Konstruktionsgrammatik, wobei dem ursprünglich linguistisch geprägten Begriff von ‚Form' immer breitere Ausdrucksmöglichkeiten wie

---

5 „die wichtigsten kompositorischen Strukturen zu inventarisieren, die sich im Laufe der Geschichte der visuellen Semiotik als Konventionen etabliert haben, und sie im Hinblick darauf zu analysieren, wie sie von zeitgenössischen Bildhauer*innen zur Bedeutungskonstruktion verwendet werden." (Kress & van Leeuwen 2006 [1996]: 1; eigene Übersetzung)

Gestik und Intonationskonturen zugesprochen wird (vgl. Steen & Turner 2013, Bergs & Zima 2017, Mittelberg 2017), Ähnlich geht auch die formale (generative) Linguistik unter der vielleicht etwas irreführenden Bennennung ‚Super Linguistics' vor – eine Richtung, die Methoden aus den Bereichen der formalen Syntax und Semantik auf Tanz, Bilder, Gestik, Musik, Gebärdensprache, nicht-menschliche Kommunikationssysteme u.a. anwendet (z. B. Schlenker 2017, Charnavel 2019, Patel-Grosz u. a. 2019).

Entwicklungen innerhalb dieser Forschungsrichtungen machen vor allem die wichtige Erkenntnis für alle in ihnen vorgenommenen Analysen deutlich, dass Sprache in vielerlei Hinsicht naturgemäß und intrinsisch multimodal ist. Während gesprochene Sprache sich zu einer komplexen Mischung aus phonetisch modulierten Lauten, Intonation, Gestik und Mimik entwickelt hat, für die eine jeweils separate Analyse nicht legitim zu sein scheint, ist geschriebene Sprache notwendigerweise eine Kombination unterschiedlicher visueller Komponenten wie Buchstaben, Typographie, Layout. All diese Aspekte bringen Fragen mit sich, die über die Analyse von grammatischen und semantischen Ähnlichkeiten zwischen geschriebener und gesprochene Sprache weit hinaus gehen. Oder, wie Deppermann et al. festhalten:

> „Für die Linguistik bedeutet dies, das Zusammenspiel von grammatischen und lexikalischen Strukturen mit Stimme, Blick, Mimik, Gestik, Bewegungen im Raum und Umgang mit Objekten bzw. mit Typographie, Bildern, Ton und Textdispositionen in den analytischen Fokus zu rücken: Sprache kommt nie abstrakt, sondern in einer bestimmten medial-leiblichen Realisierung vor; Sprechen und Schreiben kommen nie allein, sondern stets in einem materiellen, Objekt- und personenbezogenen und interaktiven Kontext vor." (Deppermann, Feilke & Linke 2016: 5)

Besonders letzterer Kontext stellt mit Blick auf computervermittelte oder internetbasierte Kommunikation, z. B. in den sozialen Medien, einen vermehrt innerhalb der Linguistik anvisierten Fokus dar. So treten immer mehr auch Aspekte wie der Gebrauch von Emojis (vgl. z.B. Pappert 2017, Beißwenger & Pappert 2019) oder der Einsatz von audiovisueller Werbung (vgl. z.B. Mehr 2018) in den Vordergrund.

Gerade für Linguist*innen, die sich mit Beschreibungsebenen oberhalb der Morphem- oder Wortgrenze beschäftigen, ist es nahezu schwierig bis unmöglich, Multimodalität außen vor zu lassen. Der Trend zu multimodalen Analysen in der Sprachwissenschaft – vor allem auf Text- und Diskursebene – ist deswegen auch in den Einzelphilologien an deutschen Universitäten „allgegenwärtig" (Pappert & Michel 2018: 7) und findet vor allem innerhalb explizit medienlinguistischer Ansätze oder in Form von Text- und Diskursanalysen Raum für ausführliche Diskussionen.

Ein bereits lange bestehender und auch heute immer wiederkehrender Streitpunkt ist dabei die Frage danach, inwiefern sich linguistische Arbeiten, „deren zentraler Gegenstand nun einmal die Sprache ist" (Klug 2018: 114), auch mit nicht-sprachlichen Einheiten befassen können und sollen. Gerade mit Blick auf die textuellen oder diskursiven Kriterien von Artefakten und Darbietungen, die sich auf größere kommunikative Einheiten beziehen, wie z.B. Intertextualität und weitere Formen von Verweisstrukturen, ist eine Eingrenzung auf das Sprachliche immer „schwieriger zu rechtfertigen" und „umso unverzichtbarer erscheint der Einbezug nichtsprachlicher Referenztexte in eine linguistische Analyse transtextueller Zusammenhänge“ (Klug 2018: 114–115).

Transtextualität

Im Rahmen linguistischer Analysen wird grundsätzlich davon ausgegangen, dass diese transtextuellen Zusammenhänge „in etlichen Aspekten mit Kategorien oder Ansätzen aus der Gesprächs-, Text- oder Diskurslinguistik untersucht werden. Allerdings stoßen die am linearen, gestaltstabilen Text oder am mündlichen Face-to-Face-Gespräch entwickelten Ansätze schnell an ihre Grenzen, sodass Ansätze kombiniert und neue Kategorien und Methoden entwickelt werden müssen“ (Storrer 2018: 224) und bereits entwickelt wurden. Zum Beispiel wurde der Kriterienkatalog zur Bestimmung und Kategorisierung von Texten und Textsorten erweitert, so dass nun auch Phänomene wie Kodalität, Materialität und (Inter-)Medialität sowie Lokalität miteinbezogen werden (vgl. Fix 2008, 2014) oder Typologien aufgrund von Abstraktionsebenen unterschiedlicher Modalitäten vorgenommen werden können (Schmitz 2016). Auf einige dieser Entwicklungen und Erweiterungen werden wir vergleichend zurückgreifen, wenn wir unser eigenes Instrumentarium in Kapitel 5 vorstellen.

multimodale Linguistik

Aus den nur anfänglich skizzierten Entwicklungen wird deutlich, dass sich momentan eine explizit „sprachwissenschaftlich[ ] fundierte Multimodalitätsforschung“ (Klug & Stöckl 2016: VIII) entwickelt, die nicht nur, aber auch auf die weiter oben skizzierte theoretische (und praktische) Konsolidierung innerhalb der anglophonen Communication und Media Studies zurückgreifen kann. Zusammenfassend ist es deswegen durchaus legitim zu sagen, dass die bisherige Multimodalitätsforschung sich innerhalb und von der Linguistik ausgehend am weitesten ausdifferenziert hat und sich beständig weiterentwickelt. Folglich sind auch die wichtigsten Bereiche multimodaler Forschung immer noch weitgehend linguistischer Herkunft.

Dass aus dieser Perspektive heraus Multimodalität vor allem als eine Erweiterung der Interessens- und Forschungsschwerpunkte über Sprache hinaus auf andere Ausdrucksformen gesehen wird, ist dabei allerdings aus unserer Sicht problematisch. Auch wenn viele, aber längst nicht alle Ansätze oft betonen, dass Sprache nicht mehr als das zentrale Untersuchungsobjekt betrachtet werden sollte, bleiben Fragestellungen und Methoden doch maßgeblich linguistisch beeinflusst. Im Gegensatz dazu werden wir in diesem Buch eine grundlegendere Orientierung einnehmen, nach der Sprache in ihrem traditionellen Sinne parallel und gleichwertig neben anderen Ausdrucksformen existiert und keine übergeordnete Rolle einnimmt. Zur Analyse aller Ausdrucksformen und ihrer Kombination werden wir dann durchaus auch auf linguistische Methoden zurückgreifen.

2.5 Bedeutende Systeme: Semiotik

Semiotik, die allgemeine Lehre von den Zeichen, hatte lange Zeit einen schlechten Ruf. Dabei sollte doch eine Disziplin, die sich mit Bedeutungen aller Art beschäftigt und danach fragt, wie diese durch den Gebrauch und Austausch von spezifischen bedeutungstragenden Mitteln aller Art entstehen, sehr relevant für die Multimodalitätsforschung sein – und überhaupt für alle Belange rund um Fragen nach Bedeutung.

In den 1960er Jahren war dies in der Tat zunächst so und Semiotik wurde als eine größere neue Disziplin eingeführt, die über alle Arten von kommunikativen Aktivitäten Aufschluss geben sollte – wenn auch semiotische Überlegungen viel weiter in die Vergangenheit zurückgreifen und bereits bei Platon und Aristoteles eine Rolle spielten. Leider unterlag diese Disziplin seitdem allerdings beträchtlicher Kritik, von der einige berechtigt, andere wiederum weniger nachvollziehbar ist. Auch wir beginnen, wie viele andere Auseinandersetzungen, mit einer Bemerkung darüber, dass sich die Lektüre semiotischer Arbeiten aufgrund der darin erkennbaren Liebe zu komplexer Terminologie und undurchsichtigen Unterscheidungen oft als eine masochistische Unternehmung herausstellen wird. Wenn man sich dann aber einmal durch die Lektüre hindurch gearbeitet hat, kann und muss man oft auch zähneknirschend zugeben, dass Semiotik durchaus eine sinnvolle Herangehensweise sein kann.

Im Gegensatz zu den trotzdem überwiegend negativen Kommentaren zur Relevanz semiotischer Forschung wollen wir unsere kurze Einführung hier weder komplex noch undurchsichtig gestalten und deutlich machen, dass viele der innerhalb der Disziplin vorgenommenen Festlegungen und Unterscheidungen genauso wichtig und grundlegend sind, wie es die sehr weite Festlegung des Forschungsfeldes erwarten lässt. Dabei lassen sich verschiedene Gründe festhalten, warum semiotische Arbeiten oft so komplizierte Wege zur Beschreibung und Analyse ihrer Gegenstände gehen. Einer dieser Gründe ist zum Beispiel die einfache Tatsache, dass diese Gegenstände wirklich komplex sind und deswegen auch komplex beschrieben werden müssen. Auf der anderen Seite gibt es aber auch einige grundlegende Unterscheidungen, die unser Verstehen nicht zu sehr strapazieren sollten und die sowohl mit einem theoretischen als auch praktischen Blick auf Multimodalität für unsere Arbeit von Nutzen sein können. Auf diese wollen wir uns im Folgenden konzentrieren.

Ein Aspekt, dem im Kontext der Multimodalitätsforschung und vor allem mit Bezug auf visuelle Medien immer wieder mit Misstrauen begegnet wird, ist zum Beispiel die Nähe zur Linguistik und die damit einhergehende Festlegung von Sprache als Untersuchungsobjekt der Semiotik, der andere Ausdrucksformen nur bedingt ähneln. Die Ursprünge beider Disziplinen lassen diese Nähe grundsätzlich zu, sind sie doch seit jeher stark miteinander verflochten.

Saussure

Diese Verflechtung geht vor allem zurück auf die Arbeiten von Ferdinand de Saussure, den wir oben bereits erwähnt haben. Saussures Ausführungen aus den Anfängen des 20. Jahrhunderts gelten als wichtige Grundlagen sowohl für Linguistik als auch Semiotik (oder der Tradition Saussures folgend: ‚Semiologie'). Saussure selbst war Linguist und deswegen sollten alle seine allgemeinen Aussagen über Zeichen in der Regel immer auf Sprache bezogen werden. So stellen für Saussure die Zeichentypen, die man in Sprache finden kann, die wichtigste Form von Sinnstiftung bzw. Bedeutungskonstruktion dar, allen anderen Formen schenkt er weniger Aufmerksamkeit. In seinen Ausführungen geht er sogar soweit zu sagen, dass Sprache als eine Art ‚Vorlage' zur Beschreibung aller Arten von Bedeutung gesehen werden sollte. Wir haben diese sehr umstrittene Behauptung bereits weiter oben explizit zurückgewiesen und für nicht tragbar erachtet.

Eine weitere, aber methodologisch weniger nützliche Entwicklung innerhalb der Semiotik ist die mit der Zeit unaufhörlich stattgefundene Ausweitung ihres Verständnisses von ‚Text'. Da die Disziplin sich mit einer stetig wachsenden Vielfalt an Phänomenen beschäftigt, wird auch der für ihre Untersuchungsobjekte verwendete Begriff ‚Text' beständig ausgeweitet und werden semiotische Analysen sogar in einigen Fällen gänzlich als Textanalysen verstanden, was in der Folge dazu führt, dass dann auch alles, was einer semiotischen Analyse unterzogen wird, als ‚Text' gesehen wird. Problematisch dabei ist, dass dem Konzept ‚Text ' bereits einige Eigenschaften zugeschrieben sind, die sowohl die jeweiligen Analysen dieser Objekte als auch Kritik an diesen entsprechend prägen. Viele dieser Eigenschaften beziehen sich auf ein Modell von ‚Text', das der Linguistik aus den 1960er und 1970er Jahren entstammt und schlichtweg ungeeignet für die Beschreibung vieler anderer Ausdrucksformen neben Sprache ist. Wie wir oben bereits ausgeführt haben, haben zum Beispiel ein Musikstück oder ein Gemälde ganz andere Eigenschaften als sprachliche Texte und diesem Umstand muss entsprechend Rechnung getragen werden. Wir werden auf diesen Aspekt zurückkommen, wenn wir uns in Kapitel 4 mit einer theoretischen Begründung des Konzeptes ‚Text' im Kontext multimodaler Bedeutungskonstruktion befassen.

Auf der anderen Seite hat diese Schwäche zu Bewegungen geführt, die die Grenzen der traditionellen Semiotik überwinden wollten. Und auch wenn Saussure für Erweiterungen rund um den Begriff ‚Text ' überhaupt nicht verantwortlich gemacht werden kann, werden viele der daraus resultierenden Probleme oft mit der Saussureschen Semiotik in Verbindung gebracht. Dabei hat die Disziplin einen weiteren Gründungsvater: Charles Sanders Peirce, dessen Name wie der englische Begriff für Brieftasche, ‚purse', ausgesprochen wird und der Begründer der philosophischen Richtung des Pragmatismus ist. Im klaren Gegensatz zu Saussure war Peirces Arbeit nie auf Sprache begrenzt, sondern gerade dazu bestimmt, über rein verbale Bedeutungspraktiken hinauszugehen. Vereinzelte in der Literatur zu findende Zuschreibungen, dass Peirce ebenfalls sprachzentriert arbeite, sind deswegen gänzlich unzutreffend. Tatsächlich nimmt Peirce eine Position ein, die von bestimmten Sinnesmodalitäten weit entfernt ist. Er legt Grundlagen für die Analyse *aller* Arten von Zeichen und steht damit Multimodalität deutlich näher als Saussures Ansatz. Besonders in der Kombination mit jüngeren Entwicklungen innerhalb der Semiotik bietet das Peircesche Instrumentarium damit wichtige Grundlagen für ein umfangreiches Verständnis von Multimodalität und es ist deswegen nützlich, sich den Grundaufbau dieses Instrumentariums genauer anzuschauen. Wir werden dies, wenn auch nur sehr kurz, weiter unten tun und verweisen auf den ausführlichen Beitrag dazu von Bateman (2018).

Peirce

Auch aus einem weiteren Grund sollten wir uns ein semiotisches Basiswissen aneignen: Auch wenn es so gut wie nicht möglich ist, sich mit Literatur zu den Themenbereichen unseres Buchs auseinander zu setzen, ohne auf den Bereich Semiotik zu stoßen, sind die Beschreibungen für Semiotik in dieser Literatur oft irreführend und unzureichend. Das heißt, dass wir entsprechend vorbereitet sein sollten auf ungewöhnliche Aussagen oder Behauptungen, die über Semiotik im Rückgriff auf eher ideologische Ziele und zur klaren Abgrenzung gegenüber anderen Zugängen getroffen bzw. aufgestellt werden. Mit Blick auf Multimodalität sind solche Positionierungen überhaupt nicht hilfreich. Semiotik ist wie jeder andere Forschungsbereich ein sich dynamisch entwickelndes und wachsendes Unternehmen und es ist gerade von einer Perspektive außerhalb des Feldes nicht immer einfach, sich über die neuesten Entwicklungen und Ergebnisse zu informieren. Und Vorurteile halten sich hartnäckig!

Unser Zugang hier hält sich deswegen explizit fern von den vielen schwierigen oder falschen Annahmen und Behauptungen, die immer noch und immer wieder über Semiotik kursieren. Wir werden stattdessen damit beginnen, grundlegende Aspekte der Saussureschen Perspektive zu skizzieren und dann Saussure und Peirce gegenüber zu stellen, um die für unsere Aufgaben relevanten Unterschiede hervorzuheben.

2.5.1 **Das dyadische Zeichen: Saussure**

Saussure ist bei Linguist*innen vor allem für seine unterschiedlichen Organisationsprinzipien bekannt, die nach und nach die Grundlagen aller linguistischer Untersuchungsansätze formten und als *Strukturalismus* auch in angrenzende Bereiche übergriff. Der wesentliche Grundgedanke dabei ist, dass bedeutungskonstruierende Systeme auf einer mehr oder weniger komplexen Menge von strukturellen Beziehungen beruhen, in deren Organisation die konkreten Elemente allerdings *nicht* wichtig sind, sondern allein die Strukturen von Belang sind. Für Sprache bedeutet dies zum Beispiel, dass ein Begriff wie ‚Baum' allein nicht wichtig ist, sondern dieser immer mit Blick auf die ihn umgebende Menge von kontrastierenden Begriffen, wie zum Beispiel ‚Gras', ‚Busch' oder ‚Wald', gesehen werden muss, um verstanden werden zu können. Wenn eine Sprache diesen Bereich pflanzenartiger Gewächse anders auflöste und beispielsweise alle ähnlichen Gewächse mit einem gleichen Morphem begännen, hätten wir es mit ganz anderen Bedeutungen zu tun.

Besonders diskutiert wird diese Situation im Bereich der Übersetzungswissenschaften, die sich mit der Tatsache auseinandersetzen müssen, dass Sprachen bestimmte Themen und Konzepte anders verstehen und einteilen, die Wortbildungsprozesse entsprechend sehr unterschiedlich sein und Begriffe nicht 1:1 übersetzt werden können. Saussure hebt diesbezüglich hervor, dass jede Form der Bedeutungskonstruktion immer auch auf die Bedeutungen hindeuten sollte, die *nicht* gemacht werden bzw. die im Gegensatz dazu stehen. Eine Analogie, die Saussure zu diesem Thema anführt, ist die zum Schachspiel: Es ist im Grunde egal, welche Form oder Beschaffenheit die Schachfiguren haben, es sind ihre strukturelle Anordnung auf dem Brett und die Regeln des Spiels, die ihnen ihre Bedeutung zuschreiben. Zeichen sind für Saussure damit die Einheiten, die in solche strukturellen Beziehungen zueinander gesetzt werden, und wir können nur herausfinden, was sie bedeuten, wenn wir uns anschauen, zu was oder wem sie in Kontrast stehen.

Dieser Umstand begründet ein grundlegendes Prinzip der Semiotik, das der *Selektion*: Damit Bedeutung möglich ist, muss es Auswahlmöglichkeiten bzw. Alternativen geben. Wenn solche Auswahlmöglichkeiten nicht existieren, kann auch keine Bedeutung entstehen. Dabei muss es gar nicht um bewusste Selektion gehen, die Zeichennutzer*innen vornehmen, sondern das ‚semiotische System' muss kontrastierende Alternativen unterstützen, die unterschiedlich gewichtet werden können und durch diese Gewichtung auch Unterschiede in der Bedeutung konstruieren. Das Beispiel von den Bäumen und Büschen oben führt uns dann auch direkt zu einem ganz grundsätzlichen Aspekt in Saussures Zugang, den wir bereits oben mit Blick auf Sprache und visuelle Einheiten erwähnt haben: Die deutsche Sprache unterscheidet auf eine spezifische Weise zwischen Bäumen und Büschen, während eine andere Sprache das ganz anders zu tun vermag. Solche Kontraste und Unterschiede sind dann nicht naturgegeben, d.h., sie existieren nicht in der Welt, um von einem sprachlernenden Kind aufgenommen und erworben zu werden, sondern sie beruhen ganz wesentlich auf *Konvention*. Die strukturellen Muster für Unterscheidungen innerhalb einer Sprache sind Muster, die von und innerhalb einer Sprachgemeinschaft durch gemeinsame Nutzung erstellt und ‚vereinbart' wurden.

Arbitrarität

Für Saussure ist Sprache deswegen im Wesentlichen eine gesellschaftliche Institution (im Französischen spricht er von *fait social*), wenn er auch gleichzeitig betont, dass Zeichen mentale Konstrukte seien. Sprache ist damit die Reflexion einer sozialen Organisation bzw. ein sozial erzeugtes, aber in den Köpfen der Sprecher*innen aufgehobenes System sprachlicher Gewohnheiten. So wie die Strukturen der Sprache konventionell sind, sind auch die Elemente, die diese Strukturen abstecken, also die Wörter einer Sprache, konventionell: ‚Baum' im Deutschen, ‚tree' im Englischen, ‚arbre' im Französischen und so weiter. Dies ist der berühmte Grundsatz der *Arbitrarität des sprachlichen Zeichens*. In Abbildung 2.3 stellen wir das Saussuresche Zeichen in seiner üblichen graphischen Form dar.

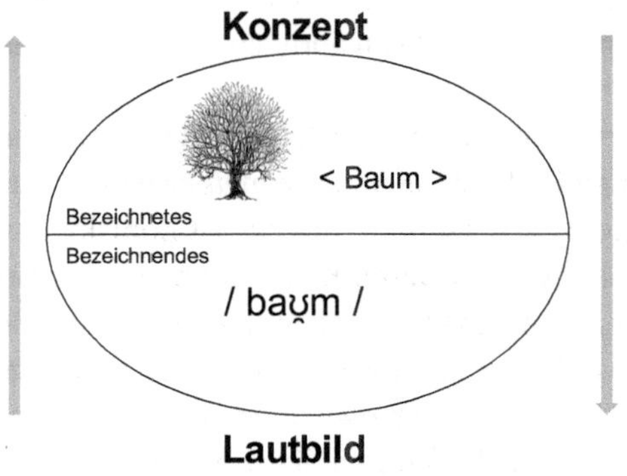

Abb. 2.3. Saussures Modell des Zeichens

Saussure legt in seinen Arbeiten mehrere methodische und theoretische Konstrukte vor, um herauszuarbeiten, welche Zeichen es in einer Sprache gibt und wie diese aussehen können. Eines der wichtigsten Konstrukte, das Konzept der Selektion, haben wir weiter oben bereits vorgestellt. Saussure bezeichnet dieses Konzept auch als ‚assoziative' Beziehungen, die später dann umgenannt wurden in *paradigmatische* Beziehungen. Mit paradigmatischen Beziehungen werden Wege beschrieben, wie unterschiedliche Elemente miteinander verbunden werden können; wir können zum Beispiel sagen, dass ‚Busch', ‚Baum' und ‚Wald' alle miteinander assoziiert werden, weil sie etwas mit Pflanzen oder Gewächsen zu tun haben. Diese Behauptung ist natürlich etwas vage und kann darauf hinauslaufen, dass alles mit allem assoziiert wird. Paradigmatische Beziehungen präziser als *strukturelle Kontraste* zu verstehen, liegt deswegen näher. Die Ursprünge dieses Verständnisses sind in Saussures eigenen Formulierungen wiederzufinden.

langue/parole

Eine weitere grundlegende Unterscheidung in Saussures Werk ermöglicht ihm, den Gegenstand der Linguistik genauer zu bestimmen, was sich als sehr vorteilhaft für die Entwicklungen der Disziplin innerhalb der folgenden Jahre erwies: Was Menschen in einer Sprachgebrauchssituation tatsächlich sagen, ist eher unvorhersehbar. Deswegen will Saussure die allgemeinen Prinzipien von Sprache als gesellschaftliche Institution sicherstellen und unabhängig von Gedächtnisschwankungen, Versprechern, Abbrüchen mitten im Satz, etc. beschreiben. Solche Abweichungen und Variationen sieht er als eher chaotisch an, die nicht auf das von ihm anvisierte soziale Phänomen hindeuten. Um dieser Tatsache gerecht zu werden, führt Saussure die seitdem und bis heute grundlegende Unterscheidung von *langue* und *parole* ein.

Langue ist das ‚abstrakte' System der Sprache, die verinnerlichte Organisation der Strukturen und Regeln einer Sprache, die die Sprecher*innen sich als soziales Phänomen aneignen. *Parole* ist das tatsächliche Sprach- bzw. Sprechverhalten, wenn Menschen in realen Sprachgebrauchssituationen sprechen und dann auch allen Eventualitäten und Ablenkungen dieser Situation ausgesetzt sind. Sinn und Zweck der Linguistik nach Saussure ist die Beschäftigung mit den Eigenschaften und der Organisation der *langue*. *Parole* dagegen und ihre direkte Verknüpfung mit Verhaltensprozessen und Gebrauchskontexten wird einerseits als zu widerspenstig gesehen, um linguistisch betrachtet zu werden, andererseits soll sie im besten Fall von anderen Fachrichtungen aufgegriffen und untersucht werden.

Die Unterscheidung zwischen langue und parole findet sich auch in der gleichermaßen bekannten Unterscheidung zwischen *Performanz* und *Kompetenz* wieder, die von Noam Chomsky vorgenommen wurde. Wie auch Saussure sieht Chomsky den Problembereich der Linguistik vor allem in der abstrakten Kompetenz, also in der Kenntnis einer Sprache bzw. in dem Wissen über eine Sprache, und nicht darin, wie dieses Wissen eingesetzt werden kann. Obwohl diese Eingrenzung sicherlich für einige Zwecke sehr hilfreich ist, wissen wir doch auch, dass auch die Parole es genauso wert ist, linguistisch untersucht zu werden, was nicht zuletzt durch die großen Fortschritte in der Sozio- und Variationslinguistik seit den 1960er Jahren (vgl. Labov 1994, 2001) und in den detaillierten Ansätzen der Interaktions- und Konversationsanalyse (vgl. Dittmann 1979, Heritage & Atkinson 1984) deutlich wird.

Unmittelbar relevant für unsere Anliegen ist jedoch Saussures Diskussion über die Art des Zeichens und seine Arbitrarität. Eine der am häufigsten diskutierten Punkte in der Unterscheidung von Bilden und verbaler Sprache ist die Tatsache, dass Bilder nicht in dieser Art arbiträr sein können und so jedes auf Sprache basierende Konzept einer Semiotik für die Arbeit mit und Funktionsweise von Bildern irrelevant ist. Dieser grundlegende Punkt wirft viele Probleme auf. Wenn Bilder nicht konventionell sind, Sprache aber auf Konventionen beruht, was passiert dann, wenn wir beide in Text-Bild-Kombinationen miteinander mischen? Wird der freischwebende, weil konventionelle Text von dem stärker verankerten, weil nicht-konventionellen Bild näher bestimmt und festgelegt? Oder verhält es sich genau andersherum? Obwohl es viele Vorschläge zur Anwendung semiotischer Prinzipien auf visuelle Einheiten gibt, sind diese doch in keiner Weise so ausdifferenziert, wie dies für Sprache der Fall ist. Es wird sogar oft noch argumentiert, dass Semiotik an sich mit ihrer Rede vom Objektbezug der Zeichen vollkommen sprachzentriert und so bereits von Natur aus von geringerem Wert für visuelle Einheiten ist und daher vermieden werden sollte.

2.5.2 **Triadische Zeichen und Semiose: Peirce**

Eine Antwort auf dieses Problem besteht darin, sich der anderen Hauptquelle semiotischer Prinzipien an der Wende des 20. Jahrhunderts zuzuwenden: Peirce. Peirces Zugang legt weniger Wert auf Arbitrarität und vermag deswegen einen günstigeren Ausgangspunkt für unsere Anliegen zu liefern, der weniger auf Sprache fokussiert und uns deswegen eher dabei helfen kann, Bilder und andere mediale Formen zu analysieren (vgl. z.B. Iversen 1986, Jappy 2013, Bateman 2018). Wie wir gleich sehen werden, wird uns dann auch Arbitrarität als lediglich eine von vielen Möglichkeiten der von Peirce diskutierten Zeichenbegebenheiten wieder begegnen.

Eine vielleicht noch stärkere Unterstützung des Peirceschen Zugangs können wir in der Tatsache finden, dass eine Semiotik nach Peirce ihr Netz deutlich breiter spannt als Konzepte von ‚Repräsentation' dies für Sprache annehmen und so alle Arten von Reaktionen auf bedeutendes Material zulassen. Dies ist besonders wichtig, wenn wir Artefakte und Situationen wie Filme, Musik, etc. betrachten, die es schwierig machen, überhaupt von etwas ‚Bezeichnetem' zu sprechen. Für Peirce ist eine emotionale Reaktion auf eine Musikstück aus semiotischer Perspektive genauso relevant wie jede andere Reaktion auf ein ‚Zeichen'.

Gerade weil Peirces Anliegen nicht allein Sprache, sondern ‚Erkenntnis' allgemein ist, sind viele Details seines Werks für Linguist*innen eher unbekannt. Peirce strebt nach Wissen darüber, wie wir mehr über *überhaupt alles* erfahren können, wie eine Gesellschaft Wissen erwirbt und mehr über die Welt und unsere Erlebnisse in ihr erfährt. Er sieht Zeichen als besonders maßgeblich für dieses Unterfangen: Ein Zeichen ist ihm zufolge eine Möglichkeit, mehr zu erfahren, als das Zeichen selbst ‚sagt'. ‚Sagen' ist hier in Anführungszeichen gesetzt, weil Peirce keine Beschränkungen auf Sprache vornimmt: Für ihn kann alles ein Zeichen sein. Solange jemand, ein*e Interpret*in, etwas benutzt, um in irgendeiner Weise mehr über etwas anderes herauszufinden, haben wir es mit einem Zeichen zu tun.

---

i

‚Zeichen' bei Charles S. Peirce:

"a sign is something by knowing which we know something more." (Brief an Lady Welby, 12. Oktober 1904, Peirce 1977 [1904]: 31–32)

"A sign ... is something which stands to somebody for something in some respect or capacity. It addresses somebody, that is, creates in the mind of that person an equivalent sign, or perhaps a more developed sign." (Peirce 1998 [1893–1913]: 228)

"I define a sign as anything which is so determined by something else, called its Object, and so determines an effect upon a person, which effect I call its interpretant, that the later is thereby mediately determined by the former." (Peirce 1998 [1893–1913]: 478)

Obwohl wir gleich auch sehen werden, dass wir tatsächlich ein bisschen vorsichtiger mit der folgenden Unterscheidung sein müssen, ist der meistzitierte Unterschied in den Arbeiten der beiden Theoretiker die Beschreibung des Saussureschen Zeichenmodells als binär, d.h. als aus zwei untrennbaren Teilen bestehend (siehe oben), und des Peirceschen Modells als *triadisch*. Saussure konzentriert sich fast ausschließlich auf Sprache als kognitive oder mentale Instantiierung einer gesellschaftlichen Institution; Peirce bringt in diese Gleichung eine weitere Komponente mit ein: das ‚externe' Objekt, auf das Bezug genommen wird bzw. auf das das Zeichen aufmerksam macht.

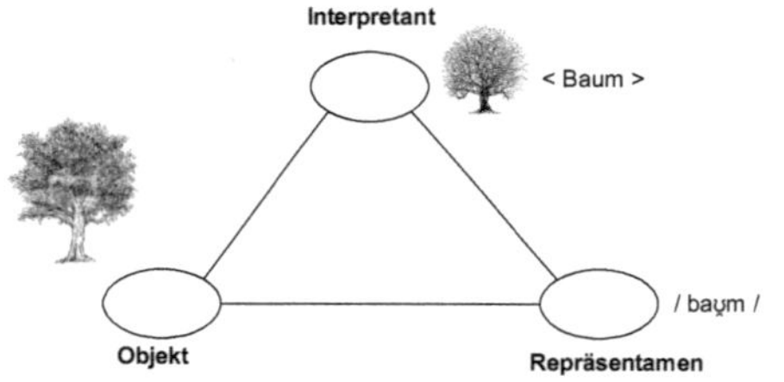

Abb. 2.4. Peirces Modell des Zeichens. ‚Baum' in spitzen Klammern soll in diesem Fall vorschlagen, dass das Zeichen etwas in Bezug auf Bäume bezeichnet; dies allerdings kann auch das Geräusch von sich im Wind bewegenden Blättern oder der Geruch der Rinde sein. Es handelt sich hier also nicht um eine ausschließlich sprachliche Einheit.

Den triadischen Ansatz und die Begriffe, die Peirce verwendet, fassen wir graphisch in Abbildung 2.4 zusammen. Obwohl die Begriffe ein wenig ungewöhnlich sind, was in Peirces Werk oft der Fall ist, sollten sie einem ersten grundlegenden Verständnis darüber, was gemeint ist, hier nicht im Wege stehen. Auch im Vergleich zu unseren Ausführungen zu Saussure sollten die von uns vorgenommenen Parallelen in der graphischen Darstellung hilfreich sein: Die Abbildung zeigt das gleiche Beispiel einer sprachlichen Einheit, die Folge von Lauten, die wir typischerweise in der deutschen Sprache für ‚Baum' benutzen, sowie die Beziehung zu ihrer ‚Bedeutung', aber das alles ist in das Peircesche Schema eingebettet. Das heißt, dass das Lautbild bei

Saussure dem entspricht, was Zeichennutzer*innen tatsächlich begegnen bzw. produzieren; Peirce bezeichnet dies als *Repräsentamen*. Andere Namen dafür sind auch ‚Zeichenvehikel', also das, was das Zeichen trägt, oder einfach ‚Zeichen'. Wir werden in diesem Buch vor allem den Begriff ‚Zeichenvehikel' nutzen, um diesen klar von dem umfassenderen Begriff des ‚Zeichens' zu unterscheiden. Die Interpretation bzw. das Verständnis, das jemand von diesem Lautbild dann hat, ist der *Interpretant*. Auch hier ist dies etwas Konzeptuelles bzw. ein mentales Bild oder internes Konstrukt, es kann aber auch eine große Vielfalt anderer möglicher Entitäten sein. Peirce lässt in der Tat ein sehr weites Verständnis zu, das auch Gefühle und Dispositionen beinhaltet. Und schließlich führt der Interpretant, der von den Zeichennutzer*innen als Reaktion auf das Repräsentamen gebildet wird, dazu, eine externe Referenz oder Reaktion auf das Zeichen zu finden, das *Objekt*. Das Objekt ist die neu hinzugekommene Komponente, die in Saussures Modell keine Erwähnung findet. Es ist nachvollziehbar, dass Saussure die Referenz des Zeichens aus seinem Zeichenmodell ausschließt, denn unsere Sprache schließt die außersprachliche Wirklichkeit ebenfalls nicht mit ein. Es ist aber ebenso nachvollziehbar, dass Peirce diese Referenz für seine Zwecke miteinbezieht, will er doch gar nicht Sprache beschreiben, sondern *alle* – auch nicht-sprachlichen – Prozesse, die Zeichennutzer*innen mit Zeichen vollziehen.

Pragmatismus

Das Anliegen, alle Prozesse der Zeichennutzung zu beschreiben, ist ein zentraler Aspekt in Peirces Philosophie und stellt einen der Gründe dar, warum er sein Werk als eine Philosophie des *Pragmatismus* bezeichnet. Hier wird deutlich, dass so unterschiedliche Anliegen in den Arbeiten von Saussure und Peirce naturgemäß auch zu ganz unterschiedlichen Zeichenmodellen führen und dass Vorschläge, die beiden Modelle einfach miteinander zu vereinen, mit Vorsicht zu betrachten sind. Sowohl Saussure als auch Peirce sind sich einig, dass das Objekt der Beschreibung in ihren Modellen jeweils eine *Beziehung* ist. Saussure schreibt dazu – unter Verwendung lateinischer Beispiele:

> „Ich nenne die Verbindung der Vorstellung mit dem Lautbild das Zeichen; dem üblichen Gebrauch nach aber bezeichnet dieser Terminus im allgemeinen das Lautbild allein, z.B. ein Wort (*arbor* usw. [lat. für ‚Baum']). Man vergißt dabei, daß, wenn *arbor* Zeichen genannt wird, dies nur insofern gilt, als es Träger der Vorstellung ‚Baum' ist, so daß also diese Bezeichnung außer dem Gedanken an den sensorischen Teil den an das Ganze einschließt." (Saussure 1967: 67)

Die zwei Seiten des Zeichen bei Saussure sind also nicht voneinander trennbar; sie sind wie die zwei Seiten einer Medaille oder, um eine Metapher von Saussure selbst zu nutzen, wie die zwei Seiten eines Blatts Papier. Das heißt, dass wenn wir auf die eine Seite des Papiers eine Form zeichnen, was der Wahl eines bestimmten Wortes und seiner *Denotation* entspricht, und dann das Blatt durchschneiden, sich dies zwangsläufig auf *beide* Seiten des Papiers auswirkt. Peirce betont innerhalb seines triadischen Systems einen sehr ähnlichen Punkt: Ein Repräsentamen ist keine Art von Objekt, das unabhängig existiert, sondern es ist lediglich eine *Rolle*, die etwas anderes einnimmt, *wenn Zeicheninterpret*innen dieses nutzen*, um eine Interpretationen zu erzeugen.

Nichtdestotrotz müssen wir diesen Vergleich hier sehr vorsichtig vornehmen, denn für Saussure ist es die Zusammensetzung aus Bezeichnetem und Bezeichnendem, die das Zeichen ausmacht, während für Peirce das Zeichen ein Pol *innerhalb* der Relation selbst ist!

Saussures Fokus auf Sprache schränkt seinen Zugang also naturgemäß ein, wenn es um die Einheiten geht, die in einem Zeichen in Beziehung gesetzt werden können. Peirces Zugang dagegen bleibt bewusst offen. Während Saussure lediglich solche Zeichen beschreibt, in denen das Bezeichnende Lautbilder sind, akzeptiert Peirce *alles* als Zeichen. Das bedeutet, dass es für die Interpretation eines Zeichens ausreicht, wenn jemand etwas als Quelle für eine weitere Bedeutung benutzt. Es kann also ein Wort (oder besser Lautbild) sein, das in der Rolle eines Repräsentamen wie in Abbildung 2.4 fungiert, genauso kann aber auch ein Stock oder ein Gemälde oder ein ganzes Buch oder eine Kunstgalerie diese Rolle einnehmen, wenn ein*e Zeicheninterpret*in entscheidet, es als solches zu nutzen. Peirces Ziel ist es dann, die unterschiedlichen Wege zu beschreiben, wie genau dies funktionieren kann. Das Ergebnis ist potenziell sehr vielfältig und stellt einen weiteren Grund dar, warum dieses Modell oft im Bereich der visuellen Semiotik bevorzugt wird.

Zeichen und der Prozess der Zeichenkonstruktion können und sollten also aus verschiedenen Perspektiven beleuchtet werden und Peirce hat einen Großteil seiner Lebenszeit dafür verwendet, herauszufinden, welche Perspektiven am sinnvollsten sind. Das bekannteste daraus resultierende Ergebnis ist die dreiteilige Unterscheidung zwischen den Zeichentypen Ikon, Index und Symbol, die in vielen Disziplinen wiederzufinden ist und in allen Einführungen in die allgemeine Semiotik Erwähnung finden. Weil diese Zeichentypen so häufig verwendet und diskutiert werden und zugleich Wegbereiter für viele Unterscheidungen in der Multimodalitätsforschung sind, werden auch wir sie hier genauer diskutieren. Wir erachten dies außerdem als notwendig, da viele Beschreibungen in einigen grundsätzlichen Aspekten falsch sind.

Im Wesentlichen geht es bei den drei Zeichentypen darum, die unterschiedlichen *Relationen zwischen Zeichen und ihren Objekten* aufzuzeigen, d.h. darzulegen, worum es sich genau handelt, wenn ein spezifisches Zeichenvehikel und ein Objekt als Zeichen fungieren. Peirce bietet hierfür drei ‚Modi' oder Arten von Unterstützung an: 1. das Zeichen kann entweder dem Objekt ‚ähneln', so dass eine *ikonische* Beziehung zwischen den beiden vorliegt; 2. das Zeichen beruht auf einer eher ‚verursachten' Beziehung zwischen Zeichen und Objekt in einer gemeinsamen Situation (dazu gleich mehr), so dass eine *indexikalische* Beziehung vorliegt; 3. das Zeichen kann konventionell mit einem Objekt verbunden sein, so dass eine *symbolische* Beziehung besteht. Wir sollten hier betonen, dass Peirce auch *andere* wichtige Perspektiven auf die Wesensformen von Zeichen entwickelt hat, die notwendig sind, um zu verstehen, warum er die Kategorien und Unterscheidungen in genau dieser Weise vorgenommen hat. Wir können dies hier nicht weiter verfolgen, verweisen aber auf Jappy (2013), eine sehr lesbare Einführung in dieses breite Spektrum des Peirceschen Werks, die sich vorwiegend mit visuellem Material beschäftigt.

Ähnlichkeit und ‚Ikonizität' sind möglicherweise am einfachsten zu verstehen, auch wenn auch hier deutlich mehr im Spiel ist, als auf den ersten Blick ersichtlich wird. In der Bildwissenschaft sind solche Zeichen auch als ‚wahrnehmungsnahe' Zeichen bekennzeichnet (vgl. z. B. Sachs-Hombach 2003: 73, 86–89). Ein Zeichenvehikel arbeitet dann ikonisch, wenn es bestimmte wahrnehmbare Eigenschaften besitzt, die es für sich genommen möglich machen, ein *anderes* Objekt oder Ereignis zu erkennen. Das heißt, dass ein Fußabdruck im Sand eine bestimmte Form hat und diese Form alleine ausreichend ist, die Bedeutung ‚Fuß' ins Gedächtnis zu rufen. Bilder sind die prototypischsten Fälle von ikonischen Zeichen – sie sind Bilder dessen, was sie zeigen, weil sie ihren Objekten *in einem gewissen Maß* ähneln. Peirce differenziert dieses grundlegende Verständnis von Ähnlichkeit viel detaillierter und schlägt auch drei weiterer Unterarten von Ikonen vor, deren Betrachtung hier uns aber zu weit von unseren eigentlichen Zielen fortführen würde. Wichtiger für unsere Zwecke ist Peirces grundlegende Idee, dass Zeichen zum Zwecke des Erkenntnisgewinns funktionieren. Aufgrund einer ikonischen Relation ist es möglich, Erkenntnisse über ein Objekt auf Basis der ikonischen Eigenschaften, die es trägt, zu gewinnen; die Zeichenbeziehung trägt also zu einem bestimmten ‚Wissenszuwachs' bei. Mit erneutem Blick auf die Fußstapfen ist es zum Beispiel möglich, Schlüsse über die Anzahl der Zehen, ihrer Größe, den Abstand zwischen Zehen und Hacke, die Breite des Fußes, etc. zu ziehen. Die ikonische Beziehung bewirkt dabei, dass Eigenschaften des Repräsentamens oder Zeichenvehikels auf das Objekt selbst übertragen werden. Ikon

Das indexikalische Zeichen unterscheidet sich von dieser Art, ein Zeichen zu sein, sehr deutlich. Um Zeichenvehikel und das Objekt oder Ereignis, das mit dem Zeichen angezeigt wird, zusammenzubringen, muss es eine Kausalitätsrelation geben. Das wohl meist diskutierte Beispiel hierfür ist die Relation zwischen Rauch und Feuer. Wenn wir Rauch sehen, kann dies bedeuten, dass es ein Feuer gibt. Der Rauch ähnelt dem Feuer nicht, so dass wir es nicht mit einer ikonischen Relation zu tun haben, aber trotzdem zeigt er an, dass es ein Feuer gibt. Die Existenz des Rauches wird durch die Existenz des Feuers bedingt. Ein weiteres viel diskutiertes Beispiel für Indexikalität macht das Ganze etwas komplexer: Indexikalität wird auch oft mit *Zeigen* verbunden, also mit dem Zeigen auf etwas, dem Hindeuten auf etwas. Tatsächlich sind indexikalische Ausdrücke in der Sprachwissenschaft solche Ausdrücke, die auf etwas im Kontext deuten. Ein typisches Peircesches Beispiel ist eine Wetter- oder Windfahne, die die Windrichtung anzeigt, indem sie in diese Richtung deutet bzw. zeigt. Diese Richtung ist bedingt durch die Existenz des Windes, der in diese Richtung weht, so dass hier eine indexikalische Relation vorliegt. Auch wenn jemand in eine bestimmte Richtung deutet, handelt es sich um eine indexikalische Bewegung, weil das Deuten durch die Richtung, die angezeigt werden soll, bedingt wird. Etwas komplexer wird es mit Blick auf eine Landkarte, die Umrisse eines Landes zeigt, die indexikalisch für den Umriss des Landes auf der Erde ist – weil die Form dieses Umrisses auf der Landkarte durch die Form des Landes auf der Erde bedingt wird. Die prototypischste Form eines indexikalischen Zeichens ist die Photographie: Sie ist indexikalisch (oder war es vor Index dem Erscheinen von photorealistischen, computergenerierten Graphiken), weil das Bild tatsächlich durch die Reflektion des Lichtes, das von den Objekten vor der Kamera gebrochen wird, verursacht wurde.

Symbol

Schließlich ist das symbolische Zeichen dasjenige, das auf Konvention beruht. Das heißt, dass keine notwendige Ähnlichkeit besteht (der Ausdruck ‚Hund' sieht nicht aus wie ein Hund) und dass das Zeichenvehikel auch nicht bedingt wird durch das, auf das Bezug genommen wird (der Hund hat den Ausdruck ‚Hund' nicht ‚begründet'). Lediglich weil eine Gemeinschaft von Sprachnutzer*innen (durch ihren gemeinsamen Gebrauch über eine gewisse Zeit hinweg) darüber eingekommen ist, diese phonetische Form zu nutzen, wenn über Hunde gesprochen wird, besteht diese Assoziation. Genau hierbei handelt es sich also um das *arbiträre* Zeichen, das von Saussure sehr prominent behandelt wird.

In der Literatur finden sich unterschiedlichste Interpretationen und Nutzungsformen dieser grundlegenden Kategorien, die in ihrer Vielfalt oft Verwirrung stiften. Einige Gründe für eine solche Verwirrung liegen in der Tatsache, dass Peirces Modell zu den neuesten und innovativsten zeichnentheoretischen Ansätzen seiner Zeit zählt, viele grundlegende Dinge zur Zeit seiner Veröffentlichung aber noch unbekannt und ungeklärt waren. Andere Gründe sind systematischer: Immer wenn das Hauptaugenmerk in Peirces Werk lediglich auf die Trias von Ikon, Index und Symbol gelegt wird, wird das viel umfangreichere Gerüst, in dem diese drei Kategorien bei Peirce eine Rolle spielen, oft vergessen. Die häufigste Verwirrung liegt aber in den Relationen, die häufig als *zwischen* den Kategorien geltend angenommen werden. Einige wichtige Kommentator*innen des Peirceschen Werkes schlagen zum Beispiel vor, dass diese Eigenschaften als ‚Bestandteile' eines Zeichens gesehen werden sollten, was bedeuten würde, dass ein Zeichen eine ‚Mischung' aus diesen Zeichentypen sein kann. Leider untergräbt diese Annahme sehr viel von der eigentlichen Genauigkeit, die Peirce in seiner ursprünglichen Konzeption vorlegt. Dabei hilft es auch nicht, wie Short (2007: 226–227) noch detaillierter dargelegt, als wir dies hier tun können, dass Peirce selbst gelegentlich von ‚vermischten' Zeichen spricht. Letzteres sollte wohl vor allem als eine Kurzform seiner Ausführungen gesehen werden, die mit der größeren Reichweite seines Zugangs unvereinbar ist. Wenn ein bestimmtes Zeichen jeder der drei Typen sein kann, schleicht sich eine viel größere Subjektivität ein als tatsächlich zugelassen und die Analysen können sehr konfus werden.

Um zu zeigen, wie diese Kategorien und ihre Zusammenhänge genauer herausgearbeitet werden können, schauen wir uns die semiotische Komplexität, die ein Fußabdruck im Sand mit sich bringt, genauer an. Zunächst kann er als indexikalisches Zeichen gesehen werden, weil es in direkter Beziehung zu dem Fuß steht, der den Abdruck verursacht hat. Wie also Rauch auf Feuer hindeutet, kann der Fußabdruck andeuten, dass jemand an dieser Stelle war. Die ikonische Beziehung zwischen der *Form des Abdrucks* und dem diesen verursachenden Fuß einer Person vermittelt uns dann, dass dieser Abdruck ein *Fuß*abdruck ist und nicht etwa die Spuren eines Vogels (die auch indexikalisch wären). Das heißt *nicht*, dass es ein einzelnes Zeichen gibt, das sowohl indexikalisch als auch ikonisch ist, sondern dass ein spezifischer Aspekt innerhalb dieser Situation indexikalisch wirkt und dass es andere spezifische Aspekte innerhalb dieser Situation gibt, die ikonisch wirken. Weil für jeden Fall jeweils sehr unterschiedliche Details der Situation gelten, handelt es sich dabei um *zwei* Zeichen. Indexikalität und Ikonizität werden nicht miteinander vermischt; sie werden als zwei Antworten auf eine einzelne Begegnung mit der Welt inszeniert, die einer Interpretation bedarf.

ϟ

Obwohl man sehr oft von ‚ikonischen Symbolen', ‚indexikalischen Ikonen' und ähnlichem liest, halten wir dies für verwirrend. Stellen Sie sich das folgende Szenario vor: Aus der Chemie wissen wir, dass Wasser aus Wasserstoff und Sauerstoff besteht und dass Wasser zum Glück ganz andere Eigenschaften als Wasserstoff und Sauerstoff hat. In diesem Szenario gibt es nirgends eine Wasserstoffversion von Sauerstoff oder einen Sauerstofftypen von Wasserstoff! Wir haben es hier mit völlig verschiedenen ‚Ebenen' zu tun. So verhält es sich auch mit Zeichen. Da diese Untersuchungsobjekte alles andere als trivial sind, ergeben sich erhebliche Probleme, wenn eine solche Unterscheidung nicht getroffen wird.

Folglich werden wir die drei Arten von Zeichen immer als strikt getrennt voneinander sehen. Es kann durchaus der Fall sein, dass etwas, was wir analysieren, Gebrauch von mehr als nur einem dieser unterschiedlichen Wege der Bedeutungskonstruktion macht, aber das heißt lediglich, dass wir es mit unterschiedlichen Zeichenbeziehungen zu tun haben und nicht, dass diese Zeichentypen irgendwie durcheinander gebracht werden. Peirces Kategorien zeigen jeweils *verschiedene Aspekte* einer bedeutenden Situation auf. Sein Instrumentarium als Ganzes liefert Details darüber, wie diese Aspekte in Beziehung zueinander stehen (vgl. Bateman 2018). Wir können diese Details hier nicht weiter diskutieren, sie sind aber Grundlage für unseren Zugang in diesem Buch und viele Analysen von Zeichenmodalitäten in den folgenden Kapiteln.

Abduktion

Zum Abschluss dieses Unterkapitels müssen wir dann noch einen weiteren Aspekt aus dem Peirceschen Werk besprechen, der ebenfalls entscheidend für unsere Definition von Zeichenmodalitäten ist, die wir in Kapitel 4 geben werden. Peirce ging es nicht allein um ‚Zeichen', sondern auch um den Prozess der Interpretation dieser Zeichen bzw. allem, was als Zeichen gesehen werden kann. Letzteres ist Grundlage für die Entwicklung einer weiteren Form logischen Denkens bzw. Schließens, die er neben die aus der Antike bekannten Prinzipien der Deduktion und Induktion stellte. Diese weitere Form des Schließens nannte er *Abduktion* (vgl. Fann 1970, Wirth 1995, 2005, Magnani 2001). Abduktion spielt als Mechanismus linguistischer Diskursintepretation eine wichtige Rolle innerhalb formaler Ansätze der Diskurssemantik (vgl. Lascarides & Asher 1993, Redeker 1996, Asher & Lascarides 2003) und in Ansätzen zur Übertragung dieser auf andere Zeicheninterpretationen (vgl. Moriarty 1996, Bateman 2007, Wildfeuer 2014). Der Prozess des abduktiven Schließens kann als Suche nach der bestmöglichen Interpretation beschrieben werden. Das heißt, anstatt von einer Prämisse auszugehen und logisch deduktiv abzuleiten, was daraus folgt, wird eine Beziehung *erklärt*, indem Hypothesen über eine weitere Tatsache oder Situation gezogen werden, die die Beziehung selbstverständlich daraus folgern ließen.

Eine Besonderheit von Abduktion ist, dass sie ermöglicht, dass eine Interpretation falsch ist oder durch andere Informationen widerlegt wird, was bei Deduktion nicht der Fall ist. Abduktion dagegen beschreibt, was manchmal ‚natürliche' Deduktion genannt wird. Ein Beispiel dafür wäre der Schlussfolgerungsprozess für die Folge von Aussagen „Vögel fliegen normalerweise. Opus ist ein Vogel. Deswegen kann Opus höchstwahrscheinlich fliegen." Wenn wir dann aber herausfinden, dass Opus ein Pinguin ist, haben wir es mit einer Ausnahme von der Regel zu tun und unser Schlussfolgerungsprozess muss aufgrund des neu hinzugekommenen Wissens über Opus zurückgenommen werden. Dies kann mit traditionellen logischen Inferenzen wie Deduktion nicht passieren, ist aber für Abduktion völlig in Ordnung. Abduktion deckt auch diese Art von Schlussfolgerung ab, die bei den folgenden Aussagen vorliegt: „X fliegt, deswegen ist X höchstwahrscheinlich ein Vogel". Peirce sieht Abduktion als grundlegende Art, über strenge logische Schlüsse hinaus zu gehen und erklärende Hypothesen anzunehmen. Kurz gesagt: Man findet eine Erklärung, die mit den Fakten übereinstimmt, aber diese Erklärung muss vielleicht aufgehoben bzw. durch eine andere ersetzt werden, wenn weitere Informationen hinzukommen – zum Beispiel wenn X sich als Superman herausstellt und damit gar kein Vogel ist.

Diskurs-interpretation

In Kapitel 4 werden wir den Prozess der Abduktion mit dem der Zeicheninterpretation allgemein sowie dem Konzept der Zeichenmodalität zusammenbringen und dabei genauer auf den Aspekt der *Diskursinterpretation* eingehen. Diese ist nämlich genau eine Form des abduktiven Schließens, bei dem Zeichennutzer*innen oder diejenigen, die Zeichen interpretieren, Hypothesen über diese Zeichen aufstellen, um die Kohärenz dessen, was sie interpretieren, zu erklären. Dieser entscheidende Aspekt des Zeichengebrauchs ist in semiotischen Auseinandersetzungen sehr lange vernachlässigt worden, gewinnt aber wieder an Bedeutung, wenn der *Prozess* der Bedeutungskonstruktion in den Vordergrund rückt. Interpretation als Entwicklung von Diskurshypothesen zu verstehen kann in der Linguistik sehr sinnvoll angewendet werden, wenn Teile eines Textes miteinander in Beziehung gesetzt werden, sie kann aber ebenso gut im Bereich visueller Analysen angewendet werden, um einzelne Teile eines Bildes miteinander in Beziehung zu setzen (Bateman & Wildfeuer 2014) oder Text und Bild miteinander zu verbinden (Bateman 2014). In Kapitel 4 werden wir zeigen, wie eine Anwendung auf *alle* Zeichenmodalitäten möglich ist.

2.5.3 **Zusammenfassung: Semiotik für die Zukunft**

In den vorangehenden Abschnitten haben wir einige der wichtigsten Bereiche innerhalb der Semiotik kennen gelernt, die im Folgenden für unsere Analysen von Multimodalität angewendet und erweitert werden sollen. Wir haben zum Beispiel darauf hingewiesen, dass *Materialität* immer mehr an Bedeutung erlangt. Viele frühere semiotische Zugänge, vor allem solche, die auf linguistische Ansätze und Sprachanalysen zurückgehen, haben diesen wichtigen Aspekt von Zeichen bisher in den Hintergrund gestellt.

Dies ist auch einer der Gründe, warum Zugänge zum Visuellen und vor allem zur Kunst bisher semiotische Ansätze eher vermieden oder gar verleumdet haben. Das ist auch verständlich, hat doch ein Zugang, der die Besonderheiten des Mediums und die Eigenschaften konkreter Instanzen dieses Mediums nicht in Betracht zieht, wenig zu bieten. Aber die Semiotik hat sich weiterentwickelt und Materialität wird inzwischen durchaus Beachtung geschenkt! Auch Kress und van Leeuwen betonen dies in einem ihrer zentralen Werke:

> A semiotics which is intended to be adequate for the description of the multimodal world will need to be conscious of forms of meaning-making which are founded as much on the physiology of humans as bodily beings, and on the meaning potentials of the materials drawn into culturally produced semiosis, as on humans as social actors. All aspects of materiality and all the modes deployed in a multimodal object/phenomenon/text contribute to meaning.
>
> — *Kress & van Leeuwen (2001: 28)*[6]

Die Nichtbeachtung von Materialität stellt damit einen spezifischen zeitlichen Abschnitt in der Beschäftigung mit kommunikativen Situationen dar und ist nicht eine der Semiotik grundsätzlich inhärente Situation. Wenn wir uns die Grundlagen und insbesondere Peirces Zugang zu Zeichen anschauen, können wir leicht erkennen, dass sein Modell gerade keine Trennung der Zeichen von ihren materiellen Trägern vorsieht.

Trotzdem ist es immer noch notwendig, eine Konzeption von Semiotik zu erarbeiten, die möglichst nützlich und hilfreich für jene Herausforderungen ist, die Multimodalität mit sich bringt. Wir haben auf der einen Seite gesehen, dass die Ideen Saussures als Linguist, der sich lediglich mit Sprache beschäftigt, von Natur aus sehr begrenzt sind, wenn es um andere Bereiche von Multimodalität neben Sprache geht. Peirce auf der anderen Seite nimmt keine Beschränkungen in Bezug auf das vor, was als Zeichen in Betracht gezogen werden kann, und es wird deswegen manchmal suggeriert, dass die Peircesche Semiotik besser geeignet ist. Allerdings hat die Allgemeingültigkeit des Peirceschen Zugangs auch ihren Preis: Es bleibt oft unklar, wie das Instrumentarium *systematisch* und *zuverlässig* auf bestimmte Fälle angewendet werden kann, vor allem wenn es um komplexere Kombinationen von Ausdrucksformen geht, die oft interaktiv und dynamisch sind (vgl. dazu z.B. Andersen 1997: 216–241). Diesen Kombinationen

6 „Eine Semiotik, die der Beschreibung der multimodalen Welt angemessen sein soll, muss sich der Formen der Bedeutungsbildung bewusst sein, die sowohl auf der Physiologie des Menschen als auch auf den Bedeutungspotenzialen der in kulturell produzierte Semiosen eingebundenen Materialien beruhen, ebenso wie auf dem Menschen als gesellschaftlichem*r Akteur*in. Alle Aspekte von Materialität und alle in einem multimodalen Objekt/Phänomen/Text eingesetzten Zeichenmodalitäten tragen zur Bedeutung bei." (Kress & van Leeuwen 2001: 28; eigene Übersetzung)

muss mit entsprechenden *Methoden* begegnet werden, denen wir uns in Kapitel 5 genauer widmen werden.

Auf der anderen Seite schuf Saussures Werk einige Voraussetzungen für einen rapiden Aufstieg der Linguistik im 20. Jahrhundert, wozu auch die Festlegung starker methodischer Leitlinien für die Erforschung von Sprache gehörte. Die daraus resultierenden Analyseprinzipien können jetzt ebenfalls genutzt werden, wenn wir uns mit komplexen Artefakten oder Darbietungen beschäftigen. Solche Richtlinien hat es im Falle Peirces nicht gegeben und es besteht somit eine Lücke, die geschlossen werden muss. Dieser Aufgabe widmen sich einige neuere semiotische Ansätze gerade mit viel Schwung. Und auch dieses Buch kann in diesem Licht gesehen werden, wenn es sich auf mögliche methodische Rahmen für multimodale Analysen konzentriert und dabei die semiotischen Grundlagen miteinbezieht. Denn ohne Methoden werden unsere Analysen nie über die Grenzen des Spekulativen hinausgehen.

2.6 Gesellschaft, Kultur und Medien

Der Ausgangspunkt für die letzte hier angesprochene Perspektive ist in der Ausrichtung ‚soziologisch' – entweder indirekt über die Auseinandersetzung mit sozialen Gruppen und kulturellen Einrichtungen oder direkt mit Beiträgen aus der Disziplin der Soziologie selbst. Wie wir sehen werden, ist der Weg von der Soziologie zu Fragen, die für eine solide Grundlage für jegliche Art von Multimodalitätsforschung relevant sind, erstaunlich kurz.

Eine der zentralen Fragen, mit denen sich Theorien der Soziologie auseinandersetzen und die vor allem in der ersten Hälfte des 20. Jahrhunderts aufkamen, ist die danach, wie so etwas wie ‚soziale Ordnung' überhaupt existiert. Wie kann es in Anbetracht der Tatsache, dass unsere Welt nur aus dem Handeln von Individuen besteht, sein, dass ein groß angelegtes Denken von sozialer Ordnung und Kohärenz entsteht? Auf der einen Seite scheinen wir diese groß angelegten, bestimmenden sozialen Strukturen zu haben, während es andererseits nur Einzelpersonen sind, die tatsächlich existieren. Und von der Warte der viel kleineren Ebene der Individuen her müssen wir ebenso fragen: Wie kann es sein, dass Individuen zu einem Komplex von Strukturen und Werten zusammengefügt werden, das wiederum scheinbar überindividuell ist? Beachten Sie, dass jede Annahme, dass ‚soziale Ordnung' ebenso wie beobachtbare physikalische Aktionen direkt existiere und eine objektive Realität besitze, erhebliche philosophische Folgen mit sich zieht, die viele heute nicht akzeptieren wollen. Dies hinterlässt dann viele grundlegende Fragen, die Antworten verlangen.

Natürlich hat ein breites Spektrum an theoretischen Positionen versucht, diese Fragen und Probleme zu beantworten – mehr oder weniger erfolgreich. Wichtig für uns hier ist, dass die meisten vorgeschlagenen Antworten auf dieses Dilemma auf einen Zugang zu *Kommunikation* zurückgreifen, um zwischen der Mikro- und der Makroebene zu vermitteln: Kommunikation ist dann ein grundsätzlicher Wegbereiter, um individuelles Handeln als soziales Handeln zu rekonstruieren (vgl. Schutz 1962, Habermas 1981, Berger & Luckmann 1966, Giddens 1984, Searle 1995, Latour 2005).

Das ist nachvollziehbar, da ja gerade Sprache eine der wichtigsten Unterschiede zwischen Menschen und anderen Spezies darstellt. Die flexiblen, aber dennoch koordinierten Antworten auf die Welt, die Sprache zu bieten hat, ermöglichen so, herauszuarbeiten, wie menschliche Gesellschaften in der Art existieren, wie sie es tun. Dies ist ein sehr umfangreicher und komplexer Bereich, dem wir hier gar nicht in allen Details gerecht werden können. Wir werden jedoch einige Begriffe und theoretische Überlegungen, die von unmittelbarer Relevanz für unsere eigenen Überlegungen sind, kurz skizzieren.

2.6.1 Gesellschaft als Kommunikation

kommunikative Handlungen

Ein guter Ausgangspunkt für diese Überlegungen liegt im Aufkommen von *kommunikativen Handlungen* als zentrale soziologische Konstrukte. Kommunikative Handlungen werden als das gesehen, was die komplexe Konstruktion von Gesellschaft und Kultur zusammenhält. Hier ist es dann besonders interessant zu sehen, wie dieses Konzept, das ursprünglich in viel engerem Bezug auf Sprache gedacht wurde, seitdem mehr und mehr auf Bereiche ausgedehnt wurde, die besonders relevant für Multimodalität sind. Der Kommunikationswissenschaftler und Soziologe Hubert Knoblauch beobachtet zum Beispiel im Rückgriff auf ursprüngliche Beschreibungen kommunikativer Handlungen durch den berühmten Soziologen Jürgen Habermas:

> „So groß Habermas' Verdienst an der Prägung des Begriffs „kommunikativen Handelns" ist, so leidet sein Begriff an einer Überbetonung der Sprache. Für Habermas verkörpert vor allem die Sprache [...] die „Kraft des besseren Arguments" und damit ‚kommunikative Rationalität". Zwar anerkennt auch er die Rolle des Handelns (im Sprechakt), doch erscheint die Sprache eine Art Inkarnation des Geistes, ja der Vernunft selbst zu sein. Auf diese Weise vernachlässigt Habermas nicht nur die körperlichen Formen des Kommunizierens jenseits von Text (und bestenfalls noch Stimme). Auch andere Zeichenarten und Codes, wie etwa Diagramme, Schaubilder und andere Objekte [...] geraten so in Vergessenheit." (Knoblauch 2013: 4)

Wir sehen hier sehr genau, welche Entwicklungen jetzt vorangetrieben werden: Kommunikationsbegriffe werden über die Grenzen der verbalen Sprache hinausgeschoben, damit sie breiter und integrativer werden und die zunehmende Vielfalt der unterschiedlichen Ausdrucksformen und -praktiken berücksichtigen können. Dies eröffnet dann einen Interaktionskanal zwischen Multimodalität auf der einen Seite und soziologischorientierten Arbeiten zu Kommunikation und kommunikativen Situationen auf der anderen.

Diesbezügliche Forschungsfragen konzentrieren sich vornehmlich auf die ‚Natur' der Kommunikation innerhalb einer Gesellschaft und ihre strukturellen Konsequenzen für die Entwicklung und Aufrechterhaltung sozialer Konfigurationen. Dies kann, muss aber nicht allein Analysen des Inhalts und der Form individueller Interaktionen beinhalten. Die Soziologie sieht Kommunikation allgemein in sehr abstrakter Weise und orientiert sich dabei vor allem an soziologischen Belangen sozialer Gruppierungen, Machtverhältnissen, sozialen Unterschieden und so weiter. Sie ist weniger mit detaillierten Analysen individueller Kommunikationsvorkommen beschäftigt, sondern es geht vielmehr um das *Prinzip* der Kommunikation. Und tatsächlich scheinen bestimmte grundlegende Eigenschaften von Kommunikation nun mehr und mehr anzudeuten, wie soziale Ordnung funktioniert, zumindest in der Theorie.

Eine wichtige Entwicklung in diese Richtung haben Couldry & Hepp (2013) skizziert. Ihre Aufmerksamkeit verschiebt sich von der Untersuchung von mehr oder weniger gegebenen mächtigen Institutionen hin zur Analyse solcher Prozesse, in denen Macht innerhalb eines Netzwerks von Verbindungen, Apparaturen und Gewohnheiten produziert und reproduziert wird (vgl. Couldry & Hepp 2013: 194). Aus einer solchen Perspektive heraus wird die Rolle der Medien, die Kommunikation in diesem Netzwerk zu erleichtern und zu strukturieren, zentral, vor allem weil der Mediengebrauch heute jeden Aspekt unseres Alltags durchdringt, wie wir bereits in unserem ersten Beispiel in Kapitel 1 gezeigt haben.

Eine solche Durchdringung ist die primäre Folge aller technischen Entwicklungen, die im Bereich der Kommunikation und durch die seit 1990 so bezeichneten ‚neuen Medien' stattgefunden haben. Zugleich ist sie eine direkte Umsetzung des McLuhanschen *bon mots* ‚Das Medium ist die Botschaft' (McLuhan 2002 [1964], 1968). Auch die Sicht des französischen Philosophen Michel Foucault auf Diskurs als ‚konstitutiv für Gesellschaft' spielt hier eine große Rolle (Foucault 1969, 1986), obwohl diese sich mit einigen anderen prominenten Denker*innen überschneidet, die sich damit auseinandergesetzt haben, wie Ideologien und kulturelle Strukturen und Praktiken entstehen, wie sie aufrecht erhalten und angefochten werden.

Mediatisierung

Verschiedene Autor*innen, unter anderem Krotz (2009) and Hepp (2012), schlagen deswegen den Begriff *Mediatisierung* zur Charakterisierung der zentralen Rolle der Medien vor und stecken damit eine spezifische Perspektive auf Kommunikation und ihre Rolle für die Gesellschaft ab. Diese Perspektive hebt hervor,

> „dass sich Medien immer schneller wandeln, dass immer mehr Medien und mediale Dienste im Leben der Menschen eine Rolle spielen und dass dies in sozial- und kulturwissenschaftlichen Analysen eine Rolle spielen müsse." (Krotz & Hepp 2012: 8)

Mediatisierung schaut also auf den Gebrauch und die Einbindung der Medien in unsere Alltagspraktiken und spielt eine konstitutive Rolle im Aufbau, der Erhaltung und dem Wandel sozialer Konfigurationen. Die für eine solche Forschung genutzten Methoden entstammen im Allgemeinen den Medien- und Kommunikationswissenschaften und legen oft einen Schwerpunkt auf soziologische Betrachtungen und Fragen nach den entstehenden kommunikativen Netzwerken, die wiederum potenzielle Akteure mit sich bringen. Eine detaillierte Einführung in diese Forschung geben Couldry & Hepp (2017).

Den von den Kollegen eingenommenen Blick auf die Rolle der Medien und die aus ihrem Gebrauch resultierenden Konsequenzen nehmen wir als einen allgemeinen Hintergrund für große Teile des in diesem Buch vorgestellten Handwerkzeugs. Sich die Veränderungen im Gebrauch von Medien anzuschauen, ist ein relevanter Ansatz für alle Untersuchungen multimodaler Kommunikation und taucht immer wieder in Diskussionen zu Medienkonvergenz oder transmedialen Phänomen auf – zum Beispiel in Fragen danach, ob Computerspiele erzählen können oder in welcher Weise Erzählungen in audiovisuellen Medien wie Film zwangsläufig anders sind als solche in traditionelleren Formen wie geschriebenem Text. Auch sind Fragen zentral, die Unterschiede im Gebrauch verschiedener Medien betreffen: Welche Effekte hat zum Beispiel die Verteilung von Filmen auf Mobilgeräten wie Tablets auf den Konsum und die Produktion dieser Filme? Oder: Welche Effekte hat die Möglichkeit, audiovisuelles Material direkt zu erstellen und über diverse soziale Medien zu verteilen, auf die Erschaffung solchen Materials? In diesen Bereichen gibt es in der Tat viel zu erforschen.

Die Diskussionen über wechselseitige Beziehungen zwischen Gesellschaft und Medien und über die Mechanismen, durch die die Gesellschaft mit Mustern des Mediengebrauchs dargestellt wird, stellen eine Seite der Beschäftigung mit diesen Phänomenen dar. Wie Couldry & Hepp (2017) in ihrer Einleitung festhalten, wird dabei den spezifischen Medientexten und Repräsentationen weniger Bedeutung zugemessen, um sich stattdessen stärker auf "the achieved sense of a social world to which media practices, on the largest scale, contribute" zu konzentrieren (Couldry & Hepp 2017: 3). Ein großer Teil der Forschung zu Medienprodukten aus dieser Perspektive orientiert sich dann an Fragen nach den politisch-ökonomischen Bedingungen für die Produktion von Medienartefakten, ohne dabei unbedingt die inhärenten Details dieser Artefakte genauer zu betrachten oder über Fragen zu ihrem jeweiligen Inhalt hinauszugehen.

Zum einen ermöglicht diese breitere Ausrichtung, unter den Arten von kommunikativen Handlungen zum Beispiel auch verkörperte sinnvolle Handlungen zu betrachten, ohne dass dabei eine Rolle spielt, welche kommunikativen Formen oder Modalitäten dafür mobilisiert werden. Trotzdem ist es noch ein weiter Weg, bis wir in der Lage sind, die methodischen Einschränkungen und notwendigen Anleitungen zu äußern, die es braucht, um multimodale Praktiken und Mechanismen der Bedeutungskonstruktion im Detail beschreiben zu können. Dies ist im Großen und Ganzen immer noch den einzelnen Disziplinen überlassen, die sich mit diesen bestimmten Verhaltensweisen befassen.

Auf diesen Ebenen gibt es dann sehr unterschiedliche, vor allem soziologisch orientierte Zugänge, die die Spezifika individuellen Mediengebrauchs straffer zu fassen versuchen. Ihre Vielfalt beruht auf verschiedenen Gründen: Eine Abwendung vom allgemeinen Mediengebrauch hin zu Rezeptionsanalysen zum Beispiel bedarf einer umfangreichen Charakterisierung der jeweils spezifischen kommunikativen Optionen, um die jeweiligen Konsequenzen für die Rezeption, z. B. mit Blick auf bestimmte

Designentscheidungen, abzubilden (vgl. z.B. Schnettler & Knoblauch 2007, Bucher 2007). Hier bedarf es spezieller Methoden, von denen wir einige in Kapitel 5 diskutieren. Für unsere gegenwärtigen Zwecke ist ein solcher Schwerpunkt entscheidend und unser Verständnis von Multimodalität orientiert sich daher weitaus stärker an dieser letzteren, feinkörnigeren Auseinandersetzung mit Medien. Daraus entstehen dann auch einige interessante Verbindungslinien: Soziologische Arbeiten dieser Art beinhalten zum Beispiel Arbeitsplatzstudien, in denen Interaktionsformen in Arbeitssituationen im Vordergrund stehen; damit verbunden sind Ansätze aus der Gesundheitskommunikation, in denen die Folgen unterschiedlicher Interaktionsformen auf die Effektivität einzelner Prozesse untersucht werden (vgl. z.B. Heath, Knoblauch & Luff 2000, Slade u. a. 2008, Rider u. a. 2014, Graaf, Sanders & Hoeken 2016), ähnlich nah stehen Ansätze aus der politischen Diskursanalyse (vgl. Dunmire 2012).

Weitere Ansätze mit starken Verbindungen sowohl zu soziologischen Analysen als auch zu individuellen Instanzen sozialer Interaktion weisen *ethnographische Methoden* auf, entstammen der *Anthropologie*, der *Konversationsanalyse*, etc. Wie üblich gibt es viele Überschneidungspunkte dieser Zugänge mit solchen linguistischer Interaktionsforschung, wie wir sie weiter oben aufgeführt haben, sowie mit explizit sozial-orientierten Formen von Linguistik wie der Kritischen Diskursanalyse (vgl. Jäger 2015, Wodak & Meyer 2015, Flowerdew & Richardson 2017).

Stärker theoriebetonte Ansätze beschäftigen sich mit Fragen danach, was passiert, wenn Kommunikation sich über Medien hinweg bewegt bzw. mit der Frage danach, was eigentlich wie über unterschiedliche Medien hinweg transferiert wird (vgl. z.B. Wolf 2002, Elleström 2010, 2014). Dabei verorten sich auch immer wiederkehrende Fragen danach, wie genau der Begriff ‚Medium' zu verstehen ist (vgl. z.B. Sandbothe & Nagl 2005, Krämer 2008, Jäger 2015); in Abschnitt 3.3 kehren wir zu dieser Frage zurück. Man findet heutzutage auch verstärkt medien- und insbesondere visuell-bezogene Auseinandersetzungen mit politisch-ökonomisch-ideologischen Auswirkungen von Medienpraxen (vgl. z. B. Lobinger 2012, Geise & Lobinger 2013, Meier 2014). Wenn jedoch detailliertere Analysen der kommunikativen Optionen im Vordergrund stehen, ist es zwangsläufig notwendig, sich gezielt Fragen nach der *Multimodalität* und nicht lediglich solchen nach Medialität zu widmen.

Dabei ist es aber, wie wir gesehen haben, durchaus vorteilhaft, die Prozesse des Mediengebrauchs genauer unter die Lupe zu nehmen. Zum einen sind die Zugänge zu Modalität im Sinne von Multimodalität, die bis dato innerhalb der Medien- und Kommunikationswissenschaften entstanden sind, relativ schwach und wir werden dies sowohl in Theorie näher in Kapitel 3 als auch in der Praxis in einigen unserer Fallstudien in Teil III unseres Buchs genauer beleuchten. Auf der anderen Seite sind die Zugänge zu Medien und ihrer sozialen Einbettung, die im Rahmen von Multimodalitätsstudien entstanden sind, ebenso eher schwach. Eine genauere Auf- und Verteilung dieser Schwerpunkte, wie wir sie im Folgenden vornehmen werden, wird uns helfen, hier die notwendigen Fortschritte zu machen.

2.6.2 Mikro- und Makroperspektiven: Ein kurzes Beispiel

Obwohl jede Analyse eines Einsatzes unterschiedlicher Modalitäten ohne Zweifel immer von einer genauen Forschungsfrage abhängt, spricht wenig gegen eine Analyse spezifischer Beispiele von Kommunikation im Hinblick auf ihre Relevanz zur Untersuchung größerer sozialer Bedeutungen. Wir wollen dieses Kapitel deswegen mit einer kurzen Skizze einer solchen Analyse beenden.

Stellen Sie sich vor, dass Sie einen Spaziergang durch einen Park an einem See machen und dabei einigen Personengruppen begegnen, die sich augenscheinlich zufällig bei den dort stehenden Bänken versammelt haben. Jede Gruppe besteht aus vier bis acht Personen, alle ungefähr im Alter von 17 bis 25 Jahren. Vor dem Sommer 2016 hätten wir vermutlich unterschiedlichste Überlegungen darüber angestellt, was es mit diesen Gruppen auf sich hat und was in und mit ihnen vorgeht. Wenn wir allerdings eine weitere wichtige Information vorwegnehmen, nämlich dass diese Personen alle sehr konzentriert auf ihre Smartphones schauen, werden unsere Überlegungen vielleicht weniger spekulativ: Natürlich sind alle diese Personen damit beschäftigt, ihre Erfahrungspunkte aufzufüllen und in den Arenen des Augmented-Reality-Spiels *Pokémon Go* zu kämpfen!

Dieses soziale Phänomen und die drastische Ausbreitung des Spiels nach seiner Einführung im Frühsommer 2016 ist ein guter Hinweis darauf, dass es durchaus relevant ist, mehr über die jeweiligen kommunikativen Modalitäten zu wissen, die innerhalb einiger Medien eingesetzt werden, um ihre jeweiligen Gebrauchssituationen präziser darstellen zu können. Das heißt, auch wenn uns Analysen von Medienplattformen, ihrer Konnektivität und den von ihnen unterstützen sozialen Netzwerken viel darüber erzählen, ‚wer' in welchem Maße an dieser Situation teilnimmt, wissen wir damit noch nicht viel darüber, ‚wie' die Kommunikation abläuft, welche Strategien eingesetzt werden oder *warum* diese Situationen überhaupt eintreten. Diese Informationen sind aber wichtig, weil sie die *Erfahrungen* mit dem Gebrauch des Mediums betreffen. Pokémon Go mit einem unbrauchbaren Interface zum Beispiel hätte sicherlich viel der Faszination am Spiel eingebußt.

Tatsächlich war Pokémon Go nicht das erste Augmented-Reality-Spiel, das das Spielen mit anderen in der realen Welt möglich machte – die Spieler*innenzahlen halten sich aber auch mehr als drei Jahre nach Erstveröffentlichung weiter hoch bzw. steigen sogar (vgl. Petzold 2018). Sowohl *Parallel Kingdom* (PerBlue, 2008–heute) als auch *Shadow Cities* (Grey Area, 2010–2013) berufen sich auf standortbezogene Dienste des Smartphones, um so genannte MMORPGs (massively multiplayer online role playing games, dt.: Massen-Mehrspieler-Online-Rollenspiel) zu ermöglichen. Sie sind allerdings bei weitem nicht so bekannt wie Pokémon Go, das inzwischen über viele weitere Funktionen verfügt, wie zum Beispiel die Möglichkeit, sich mit anderen Spieler*innen zu befreunden. Der Gebrauch einiger Medienprodukte hängt also nicht allein davon ab, welch allgemeine Plattform genutzt wird oder welches Netzwerk von Akteur*innen darin entsteht, sondern wird vor allem dadurch beeinflusst, welche und wie multimodale Ressourcen *im Detail* eingesetzt werden. Frühere Spiele waren offensichtlich noch nicht optimal multimodal ausgestattet, um von einem solch großen Publikum akzeptiert zu werden, wie es bei Pokémon Go oder auch dem Spin-Off *Pokémon Quest* der Fall ist, bei dem die Kämpfe nicht rundenbasiert, sondern in Echtzeit ablaufen. In unserer Fallstudie zu Videospielen werden wir weiter auf dieses Thema eingehen, für ausführlichere Diskussionen von Mixed-Reality-Spielen verweisen wir hier auf Haahr (2015) und Rieser (2015).

Natürlich ist unser Pokémon Go-Beispiel hier nur anfänglich und mit Blick auf die spezifischen medialen Konfigurationen des Spiels beschrieben und es fehlt an einer ausführlichen Analyse der einzelnen Zeichenmodalitäten und ihrer Kombination. *Was* genau kommuniziert wird und *wie*, in und durch welche Modalitäten, spielt eine wichtige Rolle; und eine weitere Frage, die es zu klären gilt, ist die Frage danach, was durch spezifische Modalitäten kommuniziert werden *kann*. Im Falle von Pokémon Go sind dies zum Beispiel Live-Videoaufnahmen, Animationen, die unterschiedliche Figuren und deren Fähigkeiten zeigen, die zusätzliche Angabe von Daten, die über den Stand des Spiels informieren, und die Möglichkeit für Spieler*innen, in Aktion zu treten. Eine Analyse dieser Elemente muss nicht nur die Kombination unterschiedlicher Medien beschreiben, sondern sehr spezifisch die multimodalen Fähigkeiten dieses Komplexes darstellen.

2.6.3 **Zusammenfassung: Multimodale kommunikative Formen**

Um das Entstehen und die Verbreitung spezifischer Medienpraktiken an bestimmten soziohistorischen Punkten zu erklären, bietet sich also ein deutlicher Mehwert darin, die Modalitäten, ihre Kombinationen, ihre Entstehungs- und Gebrauchsgeschichte sowie die Affordanzen dieser Kombinationen zu beschreiben. Wenn ‚Medien' immer leistungsfähiger darin werden, unterschiedliche Modalitäten einzubinden und zu übertragen, wird es außerdem immer wichtiger, die einzelnen kommunikativen ‚Modalitäten' voneinander unterscheiden zu können. Dies gilt nicht nur für Mobilgeräte wie Smartphones; auch Papier ist zum Beispiel in der Lage, ein sehr breites Spektrum an Modalitäten zu (über-)tragen, z. B. geschriebene Sprache, Diagramme, Bilder, Typographie, Layout, etc. Jede dieser Modalitäten kann in unterschiedlichen Kombinationen mit anderen Medien verwendet werden und bringt dabei ihre eigene Entwicklungsgeschichte mit sich.

Medien und Modalitäten

Dies macht dann auch deutlich, dass unser hier skizziertes Vorhaben nicht dazu gedacht ist, andere Zugänge zu Medien durch einen Zugang zu Modalitäten zu ersetzen, weil beide ziemlich unterschiedliche Teile zum Gesamtprogramm beitragen. Wir sehen kommunikative Formen nach wie vor als grundlegende Bausteine der Gesellschaft an, allerdings sollen sie nun mit der notwendigen multimodalen Breite interpretiert werden. In vielen Bereichen soziologischer Forschung wird inzwischen immer stärker akzeptiert, dass Kommunikation nicht nur aus Sprache besteht, sondern viele anderen

Formen beinhaltet. Dies veranlasst auch Theorien des Sozialen, sich stärker mit Fragen der Multimodalität auseinander zu setzen. Hubert Knoblauch zum Beispiel führt aus:

> „In dem Maße, in dem wir zunehmend mithilfe technischer Medien kommunizieren, Algorithmen in die zwischenmenschliche Kommunikation eingebaut sind, kommunikative Handlungen mediatisiert und technologische Materialisierungen Teil der Kommunikation (von digitalen Bildern bis zum 3-D-Druck) werden – in eben diesem Maße ergibt es keinen Sinn mehr, kommunikatives Handeln an der Sprache allein zu messen." (Knoblauch 2017: 100)

Um kommunikatives Handeln also ganzheitlich und nicht allein an Sprache zu messen, müssen wir die Modalitäten und ihre Gebrauchskontexte innerhalb soziohistorisch situierter, medialer Praktiken betrachten.

2.7 Worum es in diesem Kapitel ging

Der zentrale Gedanke von Multimodalität, unterschiedliche Ausdrucksformen nutzbringend miteinander zu verbinden, ist bereits sehr alt. Tatsächlich können wir solche Kombinationen und Verbindungen solange zurückverfolgen, wie es überhaupt Spuren und Nachweise von Artefakten gibt. Hinweise darauf, dass Multimodalität ein neues Phänomen ist, sind deswegen unangemessen und inkorrekt. Stattdessen müssen wir diese Frage umdrehen: Wann ist man eigentlich auf die Idee gekommen, dass unterschiedliche Ausdrucksformen *nicht* miteinander kombiniert werden könnten? Die Tendenz, unterschiedliche Kommunikationsformen gesondert voneinander zu betrachten ist, historisch betrachtet, eine eher jüngere Leistung unterschiedlichster Disziplinen und institutioneller Praktiken. Die Soziosemiotiker Gunther Kress und Theo van Leeuwen stellen die Situation folgendermaßen dar:

> "For some time now, there has been, in Western culture, a distinct preference for monomodality. The most highly valued genres of writing (literary novels, academic treatises, official documents and reports, etc.) came entirely without illustration, and had graphically uniform, dense pages of print. Paintings nearly all used the same support (canvas) and the same medium (oils), whatever their type or subject. In concert performances all musicians dressed identically and only conductor and soloists were allowed a modicum of bodily expression." (Kress & van Leeuwen 2001: 1)[7]

7 „Seit einiger Zeit gibt es in der westlichen Kultur eine ausgeprägte Vorliebe für Monomodalität. Sehr geschätzte Schreibgenres (Literaturromane, wissenschaftliche Abhandlungen, offizielle Dokumente und Berichte usw.) kamen lange Zeit völlig ohne Illustrationen aus und hatten graphisch einheitliche Druckseiten. Fast alle Gemälde verwendeten den gleichen Träger (die Leinwand) und das gleiche Medium (Öle), unabhängig von ihrer Art und ihrem Motiv. Bei Konzertauftritten trugen alle Musiker*innen die gleiche Kleidung und nur Dirigent*nnen und Solist*innen durften ein wenig körperlichen Ausdruck zeigen." (Kress & van Leeuwen 2001: 1; eigene Übersetzung)

Multimodalitätsforschung hat damit vor allem die Aufgabe, die im Trend zur Monomodalität vorgenommenen Trennungen und Abgrenzungen in Frage zu stellen und hinreichend solide Methoden zur Verfügung zu stellen, diese näher zu beleuchten.

In diesem Kapitel haben wir daher damit begonnen, ein grundlegendes Konzept für den Raum, in dem solche multimodalen Probleme und Fragestellungen entstehen, zu entwerfen. Hierfür haben wir einen notwendigerweise kurzen Überblick über die Disziplinen gegeben, in denen Fragen rund um Multimodalität entstehen – teilweise sehr zentral, teilweise auch nur peripher.

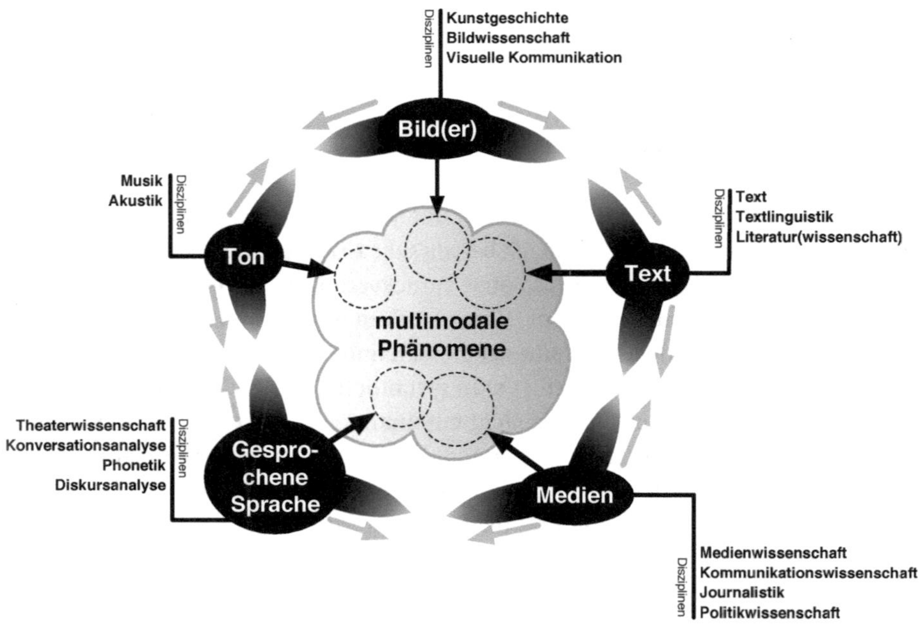

Abb. 2.5. Bisherige Zugänge zu multimodaler Forschung: Einzelne Disziplinen suchen sich einzelne Anwendungsbereiche heraus, die multimodal begrenzt sind. Diese Bereiche werden dann ‚ausgeweitet', um auch größere Bereiche von Multimodalität abdecken zu können. Diese Ausweitungen allerdings verharren oft in der ursprünglichen disziplinären Orientierung und sind deswegen für eine breite Auffassung von Multimodalität nicht angemessen.

In allen Fällen haben wir gesehen, dass die einzelnen Disziplinen dabei sehr ähnlichen Herausforderungen begegnen. Ein ursprünglicher Schwerpunkt auf Bereichen rund um die sensorische Wahrnehmung bezieht nun auch ganz andere Phänomene mit ein, die in irgendeiner Weise verwandt damit erscheinen oder ähnlich funktionieren. Dabei sind Schwierigkeiten oft vorprogrammiert, weil kein ganzheitlicher Blick auf das Phänomen Multimodalität eingenommen wird. In Abbildung 2.5 stellen wir diese Situation graphisch dar.

Natürlich sind Ausweitungen dieser disziplinären Orientierung willkommen, allerdings bringen sie oft auch viele Gefahren mit sich. Der Versuch, ein allgemeines Modell von Bedeutung zu konstruieren, das alle erdenklichen Ausdrucksformen berücksichtigt, wird immer Beschreibungen von Zeichenmodalitäten außen vor lassen, die nicht in genau der Weise organisiert werden können, wie es das Modell vorschlägt. Vor allem die übermäßige Anwendung linguistischer Prinzipien im Sinne eines ‚linguistischen Imperialismus' ist hierfür ein prominentes Beispiel. Auch in allen anderen Bereichen sollte ein solches Vorgehen deswegen vermieden werden. Der Versuch, ein allgemeines Modell zur Beschreibung statischen Bildmaterials zu entwerfen, wird ebenso kläglich scheitern, alle darunter zu fassenden Untersuchungsobjekte zu kategorisieren. Auch wenn in einigen Bereichen bereits hilfreiche Beispiele für multimodale Analysen vorliegen, können wir doch keinen einzigen der bisher verfügbaren Zugänge zu Multimodalität als angemessen für eine Beschreibung von Multimodalität als Ganzes anerkennen.

Infolgedessen sehen wir es als notwendig an, die disziplinären Hintergründe, die Sie als Leser*innen dieses Buchs mit sich bringen, zu verlassen und uns dem dringend benötigten Austausch von Ergebnissen, Erkenntnissen und Erfahrungen aus anderen Bereichen zu öffnen. Alle einzelnen disziplinären Entwicklungen stellen wichtige Teile des großen Multimodalitätspuzzles dar, aber vielmehr noch brauchen wir eine grundlegende Basis zur Beschreibung der konstitutiven Eigenschaften von Multimodalität als solche, als eigenständiges Phänomen. Das bedeutet, dass wir noch viel stärker die unterschiedlichen Mechanismen und Prinzipien von Multimodalität herausarbeiten müssen, um Verbindungslinien und Triangulierungspunkte zwischen den einzelnen Disziplinen ziehen zu können. Mit dieser Aufgabe beschäftigen wir uns in den folgenden Teilen dieses Buchs.

3 Zur Vielfalt und Tragweite multimodaler Forschung: Kommunikative Situationen und ihre Medien

Orientierung
Hauptaufgabe dieses Kapitels ist es, Definitionen für einige Schlüsselbegriffe innerhalb des Multimodalitätskontextes zu liefern. Diese Definitionen und Festlegungen sollten ergänzend zu den Definitionen gesehen werden, die bereits in anderen Disziplinen existieren, und werden hier mit dem ausdrücklichen Ziel formuliert, konkrete multimodale Forschung zu betreiben und zu unterstützen. Zusammengenommen bieten sie eine Grundlage für die Beschreibung aller Arten von Multimodalität. Wir beginnen deswegen mit einer für Multimodalität angemessenen Konzeption von ‚Kommunikation' und definieren dann die ‚Medien' multimodaler Kommunikation im Hinblick auf diese Konzeption. Diese Definitionen müssen flexibel genug sein, sowohl etablierte als auch neue (und künftige) Formen von Medien zu klassifizieren und in Relation zueinander zu setzen. Nur so können wir eine Struktur schaffen, die das vielfältige und sich verändernde Spektrum von Multimodalität in seiner Gänze berücksichtigen kann.

3.1 Wege aus dem Terminologie-Dschungel

Im ersten Kapitel dieses Buchs haben wir einen Einblick in die enorme Vielfalt an Kontexten bekommen, in denen Fragen zur Multimodalität entstehen. Im darauf folgenden Kapitel haben wir dann gesehen, wie weit verbreitet die Notwendigkeit bereits ist, auf multimodale Phänomene zu reagieren. Wenn wir uns allerdings die unterschiedlichen Wege anschauen, mit und auf denen individuelle Disziplinen auf diese Herausforderungen und Notwendigkeiten reagiert haben, wird deutlich, dass nicht nur der *Umfang* dessen, was unter Multimodalität verstanden wird, sehr variiert, sondern dass auch die jeweils damit verbundenen Fähigkeiten, diese zu analysieren, sehr voneinander abweichen. Was verschiedene Forscher*innen unter Multimodalität verstehen – unabhängig davon, ob sie dies dann auch so oder anders bezeichnen –, hängt in den meisten Fällen von individuellen Forschungstraditionen und den darin definierten jeweiligen Forschungsfragen ab. Und auch was auf einer sehr praktischen Ebene unter Multimodalität verstanden wird, hängt im Großen und Ganzen von den praktischen Fragen ab, die auf dieser Ebene und in dem jeweiligen Forschungsbereich gestellt werden.

Eine solche Diversität theoretischer Positionen zu Multimodalität kann ein wesentliches Hindernis für Überlegungen darüber sein, wie Multimodalität eigentlich zu untersuchen ist. Verschiedene Disziplinen können zum Beispiel ganz unterschiedliche Aspekte von Multimodalität auswählen, die dann aber keineswegs einfach miteinander zu verbinden sind. Zum Beispiel schauen sich Forscher*innen aus dem Bereich der Soziosemiotik den Gebrauch unterschiedlicher Modalitäten zur Realisierung sozialer Zwecke an (oft ohne dabei eine präzise Definition für diese Modalitäten zu haben). Interaktionsforscher*innen schauen sich interaktionale Eigenschaften an;

DOI: https://doi.org/10.1515/9783110495935-003

Medienwissenschaftler*innen wiederum betrachten die technischen Entwicklungen und Einflüsse, die unterschiedliche Kommunikationsformen oder Medien auf unseren Alltag nehmen, und so weiter. Die *Introduction to Multimodal Analysis* von Machin (2007) zum Beispiel konzentriert sich ausschließlich auf visuelle Elemente in und auf seitenbasierten Artefakten, während Granström, House & Karlsson (2002) auf die unterschiedlichen Ressourcen innerhalb von Face-to-Face-Interaktion schauen. Beide Werke identifizieren wichtige zu diskutierende Bereiche, aber es gibt kaum implizite und explizite Bezüge zueinander. So sind Möglichkeiten für eine potenziell nützliche ‚Triangulation' (→ §5.1 [S. 173]) von Studien über verschiedene Ansätze hinweg nicht ohne weiteres erkennbar.

Begriffswirrwarr

Darüber hinaus gibt es zahlreiche Fälle von terminologischen Überschneidungen, in denen sehr ähnliche Konzepte mit unterschiedlichen Bezeichnungen entstehen. Ein gängiges Beispiel hierfür ist der Unterschied zwischen eher linguistisch ausgerichteten Ansätzen aus der Soziosemiotik auf der einen Seite, die sich mit semiotischen Modi oder Zeichenmodalitäten auseinandersetzen, und solchen aus den Medien- und Kommunikationswissenschaften auf der anderen Seite, die sehr ähnliche Fragestellungen haben, aber ihre Diskussionen eher um den Begriff ‚Medium' herum führen.

Solche Divergenzen und Lücken, die oft auf ganz grundlegenden Ebenen vorliegen, sind besonders problematisch, wenn es darum geht, eine Forschungsfrage zu beantworten, die es notwendig macht, mehrere der unterschiedlichen Ansätze und Begriffe gleichzeitig zu verwenden. Wir haben bereits an mehreren Stellen betont, dass dies zunehmend ‚normal' zu sein scheint, wenn es um multimodale Forschung geht. Eine erhöhte und zunehmende ‚Medienkonvergenz' lässt viele der Diskussionen um Multimodalität der letzten zehn Jahre bereits als nur sehr eingeschränkt anwendbar und nicht mehr angemessen für aktuelle Kontexte erscheinen.

Auf der einen Seite ist dies sicherlich positiv zu sehen, da es immer mehr Forschende und Interessierte in den Kontext der Multimodalitätsforschung zu ziehen scheint. Auf der anderen Seite verlangt dies aber auch nach robusteren Methoden und Techniken, die ganzheitlich mit der immer komplexer werdenden Multimodalität von Artefakten und Darbietungen umgehen. Diese Herausforderungen werden nur noch größer werden, wenn noch anspruchsvollere Entwicklungen wie zum Beispiel interaktive vollauflösende Virtual- und Augmented-Reality-Umgebungen oder allgegenwärtige Medienplattformen und vieles andere aus den Forschungslabors in die Hände der Verbraucher*innen wandern.

Wenn es uns gelingen soll, multimodale Analysen auf eine festere und breitere Basis zu stellen, werden wir auch stärkere Fundamente dafür benötigen, die berücksichtigen, was genau multimodale Phänomene eigentlich sind. Hauptziel dieses Kapitels ist es deswegen, ein konzeptuelles, forschungstheoretisches Fundament zu schaffen, um dann eine holistische, robuste Methodik mit einem spezifischen Analyseinstrumentarium zu entwerfen. Um dieses Ziel zu erreichen, werden wir insbesondere Wege zur Definition von ‚Zeichenmodalitäten' aufzeigen, aus der dann auch unser Konzept von ‚Multimodalität' hervorgeht, sowie ein Verständnis der ‚Medien', die solche multimodalen Situationen konstruieren, und der ‚kommunikativen Situation', in denen Multimodalität eine Rolle spielt.

Hierfür stellen wir die bisherige Diskussion auf den Kopf: Anstatt uns anzuschauen, wie bestimmte Forschungsfragen oder Disziplinen jeweils versucht haben, bestimmte Details des breiten Phänomens Multimodalität genauer zu diskutieren, beginnen wir in diesem Kapitel mit Multimodalität an sich und insbesondere den Situationen, in denen Multimodalität als Mittel zur Bedeutungskonstruktion zum Tragen kommt. Das heißt, dass wir uns mit einer vereinfachten *Ontologie* von Multimodalität vertraut machen werden. Wir werden also danach fragen, was genau Multimodalität ist und welche anderen Konstruktionen und Zusammenhänge unabdingbar sind, um Multimodalität zu erreichen. Dies geschieht unabhängig von den Fragen oder Bedürfnissen einer jeweiligen Disziplin: Ziel ist es, bestimmte Prinzipien von Multimodalität zu bestimmen, die dann von allen anderen Disziplinen oder Forschungsrichtungen, in denen Multimodalität eine Rolle spielt, aufgegriffen werden können.

‚neue Medien'?

Multimodalität selbst als Ausgangspunkt unseres Unternehmens zu definieren wird dazu führen, dass einige der existierenden Begriffe und Konzeptionen hinterfragt werden müssen. Schauen wir uns zum Beispiel Diskussionen um die Rolle der ‚neuen Medien' in den Medienwissenschaften an. In diesen Diskussionen werden oft Eigenschaften dieser Medien als Motivation dafür genommen, ‚traditionelle Konzepte' von Kommunikation zu verwerfen oder zu erweitern. Solche ‚traditionellen Konzepte' beinhalten oft das Sender-Empfänger-Modell von Kommunikation, nach dem Nachrichten als Austausch von Informationen zwischen zwei Systemen, nämlich Sender und Empfänger, gesehen werden. Unsere Rückorientierung auf Multimodalität an sich wird zeigen, dass ein solches Modell für *jede* Form von Kommunikation unangemessen ist und insbesondere nichts mit ‚neuen' Medien zu tun hat. Wir gestalten daher die Konzepte neu und von innen heraus, so dass multimodale ‚neue Medien' genauso natürlich wie jede andere Form von Kommunikation dazu gehören. Eigenschaften, die oft im Kontext dieser ‚neuen Medien' diskutiert werden, werden dann als Eigenschaften aller Formen von Kommunikation dargestellt. Hierfür müssen entsprechende Modelle und Instrumentarien vorbereitet werden.

Eine Rückorientierung dieser Art ist unerlässlich, wenn wir ein Fundament für Multimodalität entwickeln wollen, das in der Lage ist, breit gefächerte modale Entwicklungen genau dann zu beobachten, wenn sie stattfinden. Nur so können auch neueste Kombinationen von Modalitäten erfasst und die Terminologie dafür angepasst werden. Hierfür müssen wir einen Schritt zurücktreten und etwas Abstand auf das bekommen, was vor sich geht, wenn Multimodalität im Spiel ist. Das heißt, dass wir direkt in multimodale kommunikative Situationen hineintauchen und uns dabei für ihre Komplexität mit starken analytischen Instrumentarien wappnen. Nur dann können wir diese Situationen auch so auseinandernehmen, dass keine weiteren Probleme entstehen als die, die wir lösen wollen.

kommunikative Situationen

Wir können dies nicht erreichen, indem wir bereits spezifische analytische Modelle wählen, bevor wir uns tatsächlich anschauen, was wir zu analysieren haben. Das heißt im Umkehrschluss, dass unsere Analyse auf die Herausforderungen reagieren muss, die die jeweilige kommunikative Situation mit sich bringt. Hierfür müssen wir solchen Situationen analytisch begegnen und die benötigten Methoden und Modelle zur Analyse daraus entwickeln bzw. ableiten. Kurz gesagt bedeutet dies, dass wir darauf vorbereitet sein müssen, auch neuen Kombinationen von Ausdrucksressourcen zu begegnen und alle Arten von Daten in Betracht ziehen zu können, ohne dass uns ein theoretischer Rahmen, der vermutlich nur für eine Teilmenge von (anderen) Modalitäten entwickelt wurde, dabei Hindernisse in den Weg stellt.

Die Versuchung ist natürlich groß, etwas anzuwenden und gegebenenfalls auszuweiten, was bereits bekannt und vertraut ist. Deswegen gibt es zum Beispiel so viele Zugänge zu Narrativen in Comics, die auf Film und sogar nicht-narrative Repräsentationen übertragen werden; wir sehen Ansätze aus der Gesten- und Intonationsforschung, die auf Multimodalität angewendet werden, Zugänge zu sprachlichen Texten, die für die Analyse von Gebäuden und Architektur hinzugezogen werden und so weiter. Im Gegensatz zu diesen Herangehensweisen treten wir hier einen Schritt zurück und legen dar, wie zunächst eine weitaus genauere Prüfung der zu analysierenden Daten selbst in Bezug auf ihre Multimodalität vorzunehmen ist, bevor darüber entschieden werden kann, wie diese Daten analysiert werden. Das Ergebnis unserer Überlegungen wird dann ein methodisches und theoretisches Instrumentarium sein, das uns erlaubt, überall dort und immer dann über Multimodalität nachzudenken, wo und wann sie vorkommen mag.

semiotischer Blickwinkel

Um Verwirrungen und Inkonsistenzen so weit wie möglich zu vermeiden, ist es besonders wichtig, den ‚semiotischen Blickwinkel' hierfür richtig festzulegen. Dies wird oft nicht oder nicht ausreichend gemacht und führt dann dazu, dass Ansätze schnell unübersichtlich und schwer anwendbar werden und Analysen unpräzise und wenig prägnant ausfallen. Wir beginnen deswegen mit der folgenden Frage: Wenn es so etwas wie Multimodalität gibt, welche anderen Konstrukte sind dann notwendigerweise auch vorhanden, damit Multimodalität überhaupt zusammenhängend als Phänomen festgestellt werden kann? Ein besonders wichtiges Konstrukt ist natürlich das von *Kommunikation* an sich. In der Literatur gibt es zahlreiche Modelle aus unterschiedlichen Disziplinen, die etwas über ‚Kommunikation' sagen. Aber diese Modelle sind selten bereits so konstruiert worden, dass sie den Anforderungen von Multimodalität genügen. Wir werden uns deswegen zunächst ausführlich damit beschäftigen, was zu Kommunikation gezählt werden muss, wenn wir Multimodalität analysieren. Hierfür werden wir die Begriffe und Konzepte von Kommunikation, kommunikativen Situationen und die Rolle verschiedener Arten von Ausdrucksressourcen in diesen Situationen sehr sorgfältig einführen und diskutieren.

3.2 Kommunikative Situationen

Eines der größten Probleme insbesondere in disziplinären Zugängen zu ‚Kommunikation' ist das der fehlenden Ebenen von Abstraktion oder Organisation. Am häufigsten für Verwirrung und mangelnde Spezifizität in der Auseinandersetzung mit dem jeweiligen Phänomen sorgt die Tatsache, dass die unterschiedlichen Repräsentationsebenen von kommunikativen Artefakten oder Darbietungen nicht hinreichend voneinander getrennt werden. So kommt es immer wieder zu unnötigen Verzweigungen auch bei Untersuchungsobjekten, die im Kern gar nicht besonders komplex sind. Wir werden in unseren Fallstudien im dritten Teil des Buchs einige Beispiele dafür diskutieren. Im Folgenden werden wir aber zunächst sicherstellen, dass wir solche Schwierigkeiten so weit wie möglich vermeiden. Das tun wir, indem wir notwendige Unterscheidungen von Anfang an vornehmen, damit sie uns nicht in späteren Schritten überraschen (oder verwirren).

Beginnen wir damit, uns die Vielzahl unterschiedlicher Situationen anzuschauen, in denen ‚Kommunikation', ganz allgemein betrachtet, auftreten könnte. Insbesondere werden wir uns dabei auf Objekte, Materialien und Phänomene konzentrieren, die die Kommunikation in diesen Situationen ‚tragen'. Denn unser Anliegen wird es immer sein, entsprechende Analysen dieser Untersuchungs‚objekte' liefern zu wollen. Hier besonders präzise vorzugehen und die Fülle an Möglichkeiten zu berücksichtigen, gibt uns einen hilfreichen Rahmen, die entsprechenden Methoden und Zugänge zu dieser Analyse genau zu wählen. Das heißt, dass dieser Rahmen uns vor allem helfen wird, unsere Untersuchungen darüber, wie Kommunikation und insbesondere natürlich multimodale Kommunikation funktioniert, zu strukturieren.

Sender – Empfänger

Um eine solche Grundlage zu erarbeiten, müssen wir Kommunikation sehr allgemein betrachten. Wir können uns also nicht nur mit Situationen befassen, in denen es ziemlich einfach ist, eine bestimmte Nachricht auszuwählen, die gezielt an eine*n Empfänger*in geschickt wird. Diese Sicht auf ‚Sender und Empfänger' in dem ebenso bezeichneten Modell ist in vielen Theorien zur Funktionsweise von Kommunikation trotz ebenso häufiger Kritik immer noch sehr verbreitet. Dabei kann das Sender-Empfänger-Modell sehr irreführend sein, wenn es zur Beschreibung von Situationen verwendet wird, die außerhalb seines ursprünglichen Anwendungsbereichs liegen. Was ist zum Beispiel die ‚Botschaft' eines Hollywood-Films, einer Webseite, eines Computerspiels oder einer Face-to-Face-Konversation? In solchen Fällen von einer ‚Botschaft' zu sprechen verzerrt oft die eigentlichen Fragen und, schlimmer noch, die Antworten, die man darauf bekommt. Nichtsdestotrotz reicht es nicht aus, das Modell allein zu kritisieren; wir brauchen darüber hinaus auch funktionierende Alternativen, damit die Analyse entsprechend voranschreiten kann.

Methode

Genauer gesagt müssen wir für unsere gegenwärtigen Zwecke *alle* Situationen berücksichtigen, in denen ein*e Empfänger*in oder eine Gruppe von Empfänger*innen aufgrund der Interaktion mit etwas, dem sie in dieser Interaktion ‚Bedeutung' zuschreiben, etwas gewinnen. Das ist natürlich immer noch sehr vage – oder besser:

unterspezifiziert. Wenn man versucht, alle Vorkommen abzudecken, in denen ein solcher Zugewinn eine Rolle spielt, werden die Ergebnisse immer unspezifisch bleiben. Wir müssen jedoch einen Zusammenhang zu den jeweiligen Spezifika der Situationen herstellen, um Analysen überhaupt durchführen zu können – eine Anleitung dazu geben uns die jeweiligen *Methoden*. Wir müssen also ein genaueres Verständnis dafür entwickeln, was unsere sehr allgemeine Aussage bedeutet und wie wir sie auf spezifische Vorkommen anwenden können. Um dies zu tun, werden wir sehr vorsichtig vorgehen – wir wollen nicht zu früh ungerechtfertigte Annahmen treffen, die die jeweilige Art von ‚Multimodalität' in diesem Vorkommen vorwegnimmt. Außerdem werden wir zunächst offen lassen, was von bzw. aus der jeweiligen Kommunikation gewonnen wird; auch dies muss aus der Diskussion hervorgehen.

Zeichen und Semiotik

In vielerlei Hinsicht spiegelt ein extrem allgemeines Konzept von Kommunikation wider, was wir im vorherigen Kapitel als Peircesche Semiotik gesehen haben. Es hilft immer, diese Grundlage im Hinblick auf Multimodalität im Auge zu behalten, sowohl um eine gewisse Denkstruktur zu verfolgen als auch um eine ungerechtfertigte Festlegung auf bestimmte Formen von Bedeutungskonstruktion zu vermeiden. Eine solche vorschnelle Festlegung tritt häufig auf, beispielsweise wenn man mit einer zu engen disziplinären Perspektive anfängt. Kommunikative Situationen sollten deswegen immer als eine Verwendung von *Zeichen* verstanden werden. Und Zeichen, sehr allgemein betrachtet, sind einfach Entitäten (wieder so weit wie möglich ausgelegt), die von einer Sache (der Sache, die als Zeichen interpretiert wird) zu einer anderen (der Interpretation) führen. Dies tun sie aufgrund einiger Eigenschaften, die das vermittelnde Zeichen selbst aufweist oder die ihm zugeschrieben werden.

Abstrakte Aussagen dieser Art sind insofern recht genau, als dass sie grundsätzlich erst einmal alle Vorkommen abdecken. Aber sie erreichen diese Genauigkeit nur auf Kosten dessen, was weniger einfach zu verstehen ist und – was für uns hier noch viel wichtiger ist – viel weniger einfach *anzuwenden* ist. Das heißt: Diese Abstraktheit der Aussage hilft uns bei der konkreten praktischen Analyse kaum weiter! Das wiederum bedeutet, dass wir unsere allgemeine Herangehensweise um genügend Details erweitern müssen, um zu wissen, wie man damit eine tatsächliche Analyse vornimmt. Als allgemeine Aussage und ungeachtet der Tatsache, dass es sich um eine sehr gute Definition von Zeichen handelt, lässt sie viel zu viel Interpretationsfreiheit offen. Unsere Aufgabe wird es daher nun sein, zu zeigen, wie solche abstrakten Begriffe sukzessive gefüllt und konkretisiert werden können, damit sie für die praktische multimodale Analyse eingesetzt werden können.

3.2.1 Grundvoraussetzungen für die Existenz kommunikativer Situationen

Unsere Vorgehensweise besteht darin, uns schrittweise von sehr einfachen Situationen, in denen eine Form von ‚Kommunikation' gegeben zu sein scheint, zu den Arten von komplexen Kombinationen vorzuarbeiten, die heute immer alltäglicher werden.

Dabei wird es von Vorteil sein, diese Erarbeitung sehr langsam anzugehen, da wir nur so vermeiden können, dass wir wichtige Schritte und qualitative Veränderungen innerhalb der heutigen Entwicklungen überspringen. Ein Problem, das häufig bei der Beschreibung von Methoden für multimodale Analyse auftritt, ist die Schnelligkeit und Flüchtigkeit dieser Beschreibung. Indem wir sehr explizit darlegen, welche Eigenschaften jeweils durch die Zunahme an Komplexität beeinträchtigt werden, können wir sicherstellen, dass wir das Verfahren für jede Situation, die wir in Betracht ziehen wollen, wiederholen können.

! Ein zu schneller Wechsel von einfachen zu komplexen Beschreibungen bedeutet oft, dass wichtige Eigenschaften übersprungen werden, die später wieder auf uns zurückkommen können – wenn zum Beispiel eine andere kommunikative Situation es erfordert, dass wir auf genau die Eigenschaften achten, die wir bisher ignoriert haben.

Auf solche und andere Schwierigkeiten zu stoßen, wenn man mit neuen kommunikativen Situationen konfrontiert wird, passiert tatsächlich sehr häufig, wenn man beginnt, multimodale Analysen vorzunehmen. Plötzlich wird unklar, wie es weitergehen soll, die Möglichkeit der einfachen Beschreibung verflüchtigt sich und man ist mit einer Komplexität konfrontiert, die nicht mehr in die Situation zu passen scheint, die man sich vorher vorgestellt hat. In einem solchen Fall ist es wahrscheinlich, dass die Analysen unmotivierter und sogar willkürlich werden, weil das zu untersuchende Material anders als erwartet zu sein scheint und es unklar ist, wie es mit zuvor bekannten Unterscheidungen in Beziehung gesetzt werden kann.

Um dies zu vermeiden – oder besser gesagt: um sicher zu gehen, dass wir auch komplexere Situationen ohne Weiteres analysieren können –, werden wir ganz bewusst *zu* einfach anfangen. Dies wird auf der einen Seite dazu beitragen, dem, was wir als kommunikative Situationen betrachten, einige Grenzen zu setzen; auf der anderen Seite schafft es die notwendigen Grundlagen, ein leistungsfähiges Instrumentarium zu erstellen, das in der Lage sein wird, kommunikative Situationen aller Art zu berücksichtigen und zu beschreiben.

3.2.2 **Noch nicht ganz kommunikative Situationen...**

Stellen Sie sich zunächst vor, Sie nehmen am Strand einen Kieselstein in die Hand und betrachten und untersuchen ihn von allen Seiten. Durch eine solche Untersuchung können wir viel über dieses physikalische Objekt erfahren bzw. Vermutungen darüber aufstellen: Wir könnten zum Beispiel an die Erosion von Wind und Wasser denken, die den Stein möglicherweise hat entstehen lassen. Wir könnten auch über die Wirkung der Wellen und Gezeiten auf diesen Stein nachdenken oder über sein Dasein als ökologische Nische für das Wachstum von Pflanzen reflektieren. In jedem Fall versuchen wir, die physikalischen Spuren zu interpretieren, die diese möglichen Einflüsse und Wechselwirkungen auf dem Untersuchungsobjekt hinterlassen haben.

Spuren

Da wir aus unserer Untersuchung etwas ‚gewinnen', d.h. Informationen über die Geschichte des Objekts sammeln, würden einige Menschen in einigen Zusammenhängen diese Spuren gerne als ‚Zeichen' bezeichnen, wie weiter oben bereits ausgeführt. Das heißt, dass sie eine Interpretation von etwas zulassen, das physisch eigentlich nicht vorhanden ist. Für Theoretiker*innen dieser Art sind solche Materialspuren ein typisches semiotisches Phänomen, weil Semiotik grundsätzlich als Lehre von Zeichen aller Art gesehen wird und die Materialspuren schließlich Zeichen dafür sind, wie der Kieselstein in den Zustand gelangt ist, in dem er sich nun befindet. Sie sind *Symptome* für andere Prozesse, Aktivitäten, Zustände – ähnlich wie rote Flecken und Fieber Symptome für Masern sein können.

Entscheidend für unsere Diskussion hier ist jedoch vor allem die Verwendung des Wortes ‚Bedeutung'. Das heißt, wir suchen nach Situationen, in denen das Gewonnene eine *Zuweisung von Bedeutung* an das Objekt oder Ereignis ist, mit dem interagiert wird. Es gibt viele verschiedene Möglichkeiten, diese eher schwammigen Begriffe in den unterschiedlichen Disziplinen zu definieren, aber für unsere aktuellen Zwecke werden wir zur Bestimmung einige scharfe Grenzen ziehen, die uns insbesondere dann helfen werden, wenn die jeweilige Situation komplexer wird.

Wir selbst werden die Interpretationen, die wir aus den physikalischen Spuren auf dem Kieselstein gezogen haben, keinesfalls als ‚Bedeutungen' bezeichnen. Denn wir finden in unserer Untersuchung des Kieselsteins keine ‚Bedeutung' für die Spuren, Algen und Kratzer, etc., sondern vielmehr eine *Erklärung* für ihr Dasein. Wie Krämer (1998: 79) es prägnant ausdrückt: „Spuren sagen uns nichts, sondern sie zeigen uns etwas". Dies führt zu sehr unterschiedlichen Ansichten und hat als systematisches Unterfangen ganz andere Charakteristika als Analysen und Interpretationen der traditionellen Semiotik.

Bedeutung

Es ist deswegen wichtig, sich dieser Tatsache ganz bewusst zu werden. Wir werden solche ‚natürlichen' Zeichen *nicht* weiter in Betracht ziehen, weil sie streng genommen *nicht kommunikativ* sind, d.h. nicht derart gestaltet wurden, dass ein*e Zeichenleser*in etwas ‚gewinnt' oder neues erfährt, wenn er*sie mit dem Kieselstein interagiert. Dies ist das Konzept von ‚Bedeutung', das wir durchweg verfolgen werden. Auch wenn es Anzeichen am Kieselstein gibt, wie z.B. Fossile, die auf frühere Lebensphasen hinweisen, ist es unwahrscheinlich, dass wir auch eine kommunikative Handlung sehen. Und wenn es sich nicht um eine kommunikative Handlung handelt, können wir die Techniken und Mechanismen, die wir hier sehen und kennen lernen, nicht als bedeutungsvoll im Sinne einer intendiert bedeutungstragenden Handlung. Wir ziehen hier also auch eine nützliche Grenze zu einer beträchtlichen Anzahl von Objekten in der Welt, die keine ‚guten Kandidaten' für multimodale Analysen sind. Indem wir diese außerhalb unseres Anwendungsbereiches platzieren, sind wir in der Lage, präziser über die verbleibenden Dinge nachzudenken und auch stärkere methodische Entscheidungen darüber zu fällen, was in die Betrachtung mit einbezogen wird und was nicht.

Allerdings müssen wir uns auch über den Status dieser Grenzziehung im Klaren sein. Uns sollte also bewusst sein, dass es sich schließlich in letzter Instanz immer um eine *analytische Entscheidung* handelt. Denn schließlich sind wir vielleicht gar nicht immer in der Lage zu wissen, ob eine Materialspur auf dem Kieselstein absichtlich zur Kommunikation eingesetzt wurde oder nicht – wie es in der Archäologie durchaus der Fall sein kann. Auch bei unserem Kieselstein wäre dies möglich: Markiert eine Stelle auf dem Stein das Ergebnis einer natürlichen Erosion oder gibt sie vielleicht doch Aufschluss über eine lang verloren geglaubte indigene Bevölkerung und deren kommunikative Praktiken? Derartige Situationen erfordern immer eine Rückorientierung auf die hier identifizierten theoretischen Prämissen. Wir werden sehen, dass dies oft eher ein theoretisches als ein praktisches Anliegen ist, da die Art von Spuren, mit denen wir uns in diesem Buch hauptsächlich befassen werden, überwiegend solche sein werden, bei denen es keine begründeten Zweifel geben kann. Und wenn doch Zweifel vorliegen, wird das Fehlen weiterer Informationen über die potenzielle Herkunft und den Zweck der zu untersuchenden Markierungen meist bereits einen Großteil der detaillierten Analysemethoden ausgeschlossen haben, die wir weiter unten beschreiben werden.

3.2.3 **Schon fast kommunikative Situationen…**

Fassen wir unser Untersuchungsobjekt nun etwas (semiotisch) komplexer. Dafür müssen wir die Stellen identifizieren, an denen wir die oben genannte Grenze überschreiten und zu Situationen gelangen, die besser geeignet dafür scheinen, als ‚kommunikativ' beschrieben zu werden. Dazu nehmen wir einen anderen Kieselstein und entdecken darauf ein Kreuz, das in den Stein geritzt wurde. Es gibt nun einige unterschiedliche Möglichkeiten, diesen Kieselstein zu verstehen und zu interpretieren.

Intention

Wir können zum Beispiel durchaus annehmen, dass eine *kommunikative Intention* vorliegt: Ein Zeichen wurde zum Zwecke der Kommunikation ausgewählt und eingesetzt. Die Tatsache, dass wir Markierungen auf dem Stein sehen, die offensichtlich bewusst und vorsätzlich vorgenommen wurden, gibt uns einen starken Hinweis darauf, dass zu einem gewissen Zeitpunkt eine gewisse Art von Kommunikation gewollt war. Im vorhergehenden Kapitel haben wir gelernt, dass Peirce einer solchen Situation einen spezifischen semiotischen Status zuschreibt, nämlich den des *indexikalischen* Zeichens. Es ist also etwas, das uns aufgrund einer kausalen Verbindung auf etwas anderes hinweist. Das Kreuz auf unserem Kieselstein ist folglich ‚indexikalisch' für eine stattgefundene kommunikative Situation. Aber – und das ist ein sehr wesentliches Aber! – wir wissen noch nicht, *was für eine Situation dies genau war*. Wir befinden uns noch nicht *in* einer solchen kommunikativen Situation, wir haben lediglich einige Hinweise darauf bekommen!

Diese Situation entspricht einem Kontext, in dem wir zum Beispiel einigen Menschen zuhören, die sich in einer uns unbekannten Sprache unterhalten; wir können einige Details dessen, was besprochen wird und vorgeht, ableiten (zum Beispiel auch, dass die Menschen sich überhaupt unterhalten), aber wir sind noch weit davon entfernt, in ihre Kommunikation miteinbezogen zu werden. Eine alternative, aber doch ähnliche Situation, die viele von uns vermutlich weniger oft erleben, findet in einer Gruppe statt, die sich in Gebärdensprache unterhält; in diesem Fall haben wir vielleicht noch größere Schwierigkeiten, die Situation überhaupt einzuschätzen. Solche Überlegungen sind wichtig für uns, weil sie die Voraussetzungen deutlich machen, die erfüllt sein müssen, bevor wir davon sprechen können, in eine solche Situation selbst involviert zu sein. Unter Berücksichtigung dieser Voraussetzungen ist es uns dann möglich, zu definieren, was für eine vollständige kommunikative Situation vorliegen muss. Mit Blick auf unseren Kieselstein mit dem Kreuz würden wir sicherlich mit einer entsprechenden Begründung annehmen können, dass eine kommunikative Intention zu erkennen ist, aber *wir können tatsächlich nicht wissen, worum es bei dieser Kommunikation geht oder wie sie bewirkt wurde.*

radikale Unbestimmtheit

Die Ausmaße unseres Unwissens und dieser ‚radikalen Unbestimmtheit' oder Vagheit, wie Peirce es formuliert, werden oft unterschätzt. Und doch ist entscheidend für die Bestimmung einer kommunikativen Situation, was Teil dieser kommunikativen Situation sein *muss*. Dies ist der ‚ontologische' Blickwinkel, den wir oben bereits angesprochen haben und den wir hier nun einnehmen. Ein Instrumentarium wird also ziemlich schnell lücken- und fehlerhaft, sobald auch nur ein winziges Detail einer multimodalen Situation nicht mit in die Betrachtung einbezogen wird. Da es unser erklärtes Ziel ist, Artefakte und Darbietungen unterschiedlichster Art zu analysieren, für die noch längst nicht geklärt ist, wie sich ihre Bedeutungen zusammensetzen, ist einer der größten Fehler, anzunehmen, dass wir bereits über ihre Bestandteile und Einzelheiten Bescheid wissen.

Streng genommen – und wir müssen streng sein, wenn wir uns in neue multimodale Gebiete vorwagen – wissen wir bei unserem Kieselstein noch nicht einmal, um welches Zeichen es sich genau handelt. Es könnte nur das Kreuz sein, das hier eine Rolle spielt, aber es könnte genauso gut die Farbe oder Form dieses speziellen Kieselsteins sein, die Ausrichtung des Kreuzes auf dem Stein (in Relation auf den Stein, auf den Strand oder auf den Mond) oder sogar die Form bzw. das Aussehen des Strandes (d.h. des Strandes, an dem dieser besonders platzierte Kieselstein gefunden wurde) oder die Entfernung dieses Kieselsteins zu einem anderen Wahrzeichen oder die Tiefe, in der das Kreuz in den Kieselstein geritzt wurde, und so weiter. Das mag weit hergeholt klingen, aber das relativ neue Gebiet der *Linguistic Landscape-Forschung* hat genau die Positionierung und Platzierung von ‚Zeichen' in ihrem physischen Kontext zu seinem zentralen Thema gemacht (Landry & Bourhis 1997, Auer 2010). In jedem Fall sollte klar werden, dass das Kreuz viele verschiedene Formen ‚semiotischer Arbeit' leisten bzw. unterschiedliche Rollen einnehmen kann und damit jeweils als ein anderes Zeichen funktioniert. Es kann in der Tat sogar auch nur ein Hinweis darauf sein, wo nach dem ‚echten' Zeichen zu suchen ist! Dieser zentrale Aspekt ist entscheidend, weil er uns zwingt, uns zu fragen, woher das Wissen kommt, das für die Festlegung des Zeichens, von dem wir sprechen, notwendig ist. Nur wenn wir über all diese Details nachdenken, gelangen wir zu dem, was wir als kommunikative Situation bezeichnen.

---

i

Bei der Linguistic-Landscape-Forschung wird die Sichtbarkeit und Wahrnehmbarkeit von (überwiegend) schriftlicher Sprache im öffentlichen Raum erforscht. Auch im deutschen Kontext findet dieser Bereich zunehmend Beachtung (Auer 2010, Warnke 2011) und wird immer häufiger mit Multimodalität in Zusammenhang gebracht (vgl. Pappert & Michel 2018). Die Brücke zur Multimodalitätsforschung und -theorie ist allerdings noch recht schmal. Wir werden unten sehen (→ §7.1.1 [S. 260]), wie auch Aspekte der *Situiertheit* und *Lokalität* von multimodalem Zeichengebrauch eine unabdingbare Facette des in diesem Buch geschilderten Analyseansatzes bilden. Es gibt daher viele gute Gründe, eine explizitere Verbindung dieser Forschungsrichtung zur Multimodalitätsforschung auszubauen.

---

materielle Regelmäßigkeiten

Einer der ersten Schritte, die unternommen werden müssen, um das Zeichen angemessen zu bestimmen, besteht darin, genauer zu fragen, welche physikalischen Eigenschaften oder Erscheinungsformen einer semiotischen Aktivität als Teil der Kommunikation zu betrachten sind. Solange wir nicht wissen, welche dieser *materiellen Regelmäßigkeiten*, die als indexikalisch für eine kommunikative Situation erscheinen, tatsächlich dazu bestimmt sind, das Zeichen zu ‚tragen', d.h. das ‚Zeichenvehikel' zu sein, können wir wenig über die gesamte Situation sagen. Und wieder können diese materiellen Regelmäßigkeiten theoretisch alles sein. Mit Blick auf unseren Kieselstein bedeutet dies, dass sich die materiellen Gegebenheiten im Kieselstein selbst oder auch in der spezifischen Position und Ausrichtung des Kieselsteins in seiner Umgebung befinden können. Wir müssen also zunächst *wissen*, welche Gegebenheiten wichtig sind, andernfalls gibt es wieder keine Grundlage für eine wirkliche kommunikative Situation.

Um dies zu präzisieren, müssen wir wissen, welche *Unterschiede* in der materiellen Situation herangezogen werden, um das Zeichenvehikel zu bilden: Ist es nur die bloße Anwesenheit der Markierung auf dem Stein und das Fehlen einer solchen Markierung auf allen anderen Steinen am Strand? Oder ist es doch die Form des Kieselsteins? Hier haben wir es dann genau mit dem oben beschriebenen Fall zu tun, bei dem die Funktion des Kreuzes eine andere ist: Es umrahmt die Einheit, die als Zeichen behandelt werden soll, und nicht das Zeichen selbst.

Als ein weiteres Beispiel für die hier diskutierte radikale Unbestimmtheit oder Vagheit wollen wir kurz einen häufig diskutierten Fall betrachten, der einige mögliche Konsequenzen aufzeigt, die mit Blick auf kommunikative Situationen mitzubedenken sind. Die Raumsonde Pioneer 10 war im Jahre 1972 die erste Sonde, die das Sonnensystem verlassen sollte (nachdem sie an einigen Planeten vorbeigeflogen war und diese photographiert hatte). Man vermutete, dass es vielleicht gut wäre, der Sonde eine Art ‚Botschaft' beizufügen für den Fall, dass sie irgendwann auf ihren entfernten Reisen von außerirdischen Wesen entdeckt würde (vgl. Sagan, Sagan & Drake 1972). So wurde das Konzept von Science Fiction (und zeitweise auch damit verbundene philosophische Fragen), wie man mit völlig unbekannten Intelligenzen kommuniziert, zu einem sehr praktischen Design- bzw. Gestaltungsproblem.

Wie zu erwarten war, unterlag nämlich die Gestaltung der Botschaft, die wie üblich unter eher strengen Zeitvorgaben zusammengestellt wurde, erheblicher Kritik, die vor allem die (politische und ideologische) Angemessenheit der Nachricht betraf. Insbesondere wurde bemängelt, dass sich die auf der dafür gewählten Tafel eingesetzten Umrisse und Gravuren männlicher und weiblicher Figuren stark an Erscheinungen aus einer westlichen Kultur orientieren und die Darstellungen insgesamt nicht genderneutral waren – die männliche Figur steht mehr im Vordergrund und hebt die Hand zum Gruß, während die Frau im Hintergrund steht und vermeintlich gar nichts tut. Wenn wir uns allerdings den genauen Inhalt der Tafel anschauen, werden diese Probleme schnell von ihrer radikalen semiotischen Vagheit überschattet. Die Tafel versuchte zum Beispiel auch, eine Reihe von Informationen zu vermitteln, die vor allem technischer Natur waren: Die ursprüngliche Position der Sonde in der Galaxie wurde mit abstrakten Darstellungen von Planeten (als eingravierte Kreise) gezeigt; es gab eine Gravur des Umrisses der Sonde (als 2D-Projektion von der Seite), einen langen Pfeil, der den Abflugplaneten und die Flugbahn innerhalb des Sonnensystems zeigt, und eine noch abstraktere Darstellung der Position des Sonnensystems in Bezug auf einige galaktische Orientierungspunkte. Hier begannen bereits mehrere semiotisch orientierte Kritiker die Annahme in Frage zu stellen, dass alle Spezies in der Lage seien, die Darstellung eines Pfeils als richtungs- und wegweisend zu erkennen. Wenn, so das Argument, eine Kultur nie Pfeil und Bogen entwickelt hätte (und wir stellen uns hier einfach eine Kultur weltraumfahrender Delfine vor), kann sich auch ein ‚Richtungspfeil' als recht undurchsichtig erweisen. Gombrich (1982: 150–151) geht hier auf weitere Details ein.

Unsere Beschreibung kommunikativer Situationen lässt uns sogar noch ein Stück weitergehen. Die Tafel bestand aus schmalen Nuten, die in ein robustes Trägermaterial geschnitten bzw. eingraviert wurden. Wie konnten die Entwickler*innen davon ausgehen, dass solche Nuten überhaupt als ‚visuelle Bilder' verstanden werden und tatsächlich die komplexe Kartierung, die zwischen den räumlichen Regionen erforderlich ist, sowie die beabsichtigten Objekte, Bewegungen und Bahnen verdeutlicht? Sicherlich hängt dies von der tatsächlichen Wahrnehmungsfähigkeit der Außerirdischen ab, die die Tafel gegebenenfalls vorfinden. Es handelt sich hierbei also um eine deutlich komplexere Version einer kommunikativen Situation als die unseres markierten Kieselsteins am Strand: Ohne mehr über die komplexe Situation zu wissen, haben wir nur einen Hinweis darauf, dass einige Zeichenproduzent*innen (etwas) kommunizieren wollten, aber wir wissen nicht, was und wie sie dies tun wollten. Die Frage danach, welche Regelmäßigkeiten denn nun was genau auf der Tafel darstellen, überlassen wir hier Ihnen als Leser*innen und bieten Ihnen zur Unterstützung lediglich Abbildung 3.1 an, die die Tafel zeigt – wenn auch nicht in der Form, in der sie normalerweise gezeigt wird. Wir schließen daraus: Ein gewisses Maß an unterscheidbaren materiellen Regelmäßigkeiten ist Voraussetzung dafür, dass eine vollständige und effektive kommunikative Situation existieren kann. Solange wir nichts über diese Regelmäßigkeiten wissen, sind wir lediglich Zuschauer*innen, die nur erahnen können, was passiert sein könnte.

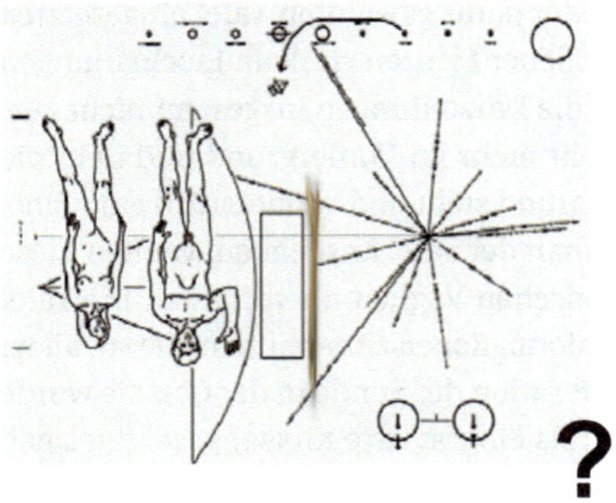

Abb. 3.1. Die Tafel auf der Raumsonde Pioneer 10 auf dem Kopf stehend dargestellt. Aber wie sollen Außerirdische, die die Tafel in dieser Form finden, das überhaupt wissen...?

3.2.4 **Kommunikative Situationen – jetzt aber wirklich!**

Rezeptionsgemeinschaft

Die Tatsache, dass wir wissen müssen, welche materiellen Regelmäßigkeiten relevant sind, um überhaupt über ‚kommunikative Zeichen' sprechen zu können, bringt uns direkt zu einer weiteren wichtigen Komponente kommunikativer Situationen. Voraussetzung dafür ist nämlich auch, dass dieses Wissen über unterscheidbare materielle Regelmäßigkeiten *von einer Menge von Individuen geteilt wird*. Ausgenommen davon sind solche Situationen, in denen wir lediglich mit uns selbst ‚kommunizieren', zum Beispiel wenn wir den Kieselstein mit einem Kreuz markiert haben, um uns selbst daran zu erinnern, dass an dieser Stelle ein Schatz versteckt liegt. Materielle Regelmäßigkeiten sind also dann bedeutsam, wenn sie von einer Gemeinschaft von Rezipierenden verstanden werden bzw. wenn diese wissen, wie sie zu interpretieren sind. Nur wenn diese Bedingung erfüllt ist, können wir von genuinen kommunikativen Situationen sprechen. Dieser soziale Aspekt stellt von Beginn an eine der Hauptannahmen der Multimodalitätsforschung dar:

> ...communication depends on some 'interpretative community' having decided that some aspect of the world has been articulated in order to be interpreted.
>
> — *Kress & van Leeuwen (2001: 8)*[1]

1 „Kommunikation hängt davon ab, dass eine ‚interpretative Gemeinschaft' entschieden hat, dass ein Teil der Welt artikuliert wurde, um interpretiert zu werden." (Kress & van Leeuwen 2001: 8; eigene Übersetzung)

Allerdings kann dieses Wissen, wie immer wenn es um ‚soziales Wissen' geht, durchaus ungleichmäßig unter den Mitgliedern einer Gemeinschaft verteilt sein. Einige Mitglieder wissen vielleicht, wie man die materiellen Regelmäßigkeiten liest, andere wissen, wie man sie produziert; beide Fertigkeiten können, müssen aber nicht unbedingt miteinander einhergehen. Dies kann auch mit einem unterschiedlichen Zugang zur jeweiligen Technologie zusammenhängen: Einige Mitglieder wissen vielleicht, wie man Holz verbrennt, um ein Zeichen zu setzen, andere vielleicht nicht. Und das gleiche gilt für andere Mittel zur Produktion von Markierungen, Radierungen, Gemälden, Zeichnungen, etc.: wie Kress (2010) betont, hat dies immer einen starken Bezug zur Ausübung und Verteilung von *Macht* innerhalb einer Gesellschaft. sozialer Status

Die Markierungen können auch so komplex oder schwer zu produzieren sein, dass eine *gesamte Gruppe* an ihrer Entstehung beteiligt ist. Deswegen können wir zu keinem Zeitpunkt in unserer Beschreibung davon ausgehen, dass es sich um ‚individuelle' Handlungen handelt. Wenn auch Einführungstexte oft von ‚Sprecher*in' oder ‚Hörer*in' im Singular sprechen, können doch alle Handlungen auch von Gruppen getätigt worden sein, die wiederum auch intern unterschiedliche Rollen an Einzelpersonen vergeben haben können. Wie solche Strukturen in kommunikativen Situationen zu beschreiben sind, hängt wiederum von einer ganzen Reihe weiterer Faktoren ab und kann nur im Einzelfall ermittelt werden.

Die Auswahl der relevanten materiellen Regelmäßigkeiten ist keineswegs immer einfach, wir werden aber auf einige Wege, diese sinnvoll vorzunehmen, weiter unten zurückkommen. Auch wenn es leicht zu sein scheint, das Kreuz auf unserem Kieselstein zu erkennen, haben wir selbst für diesen Fall bereits oben erwähnt, dass es eine Menge zusätzlicher Informationen geben kann und wahrscheinlich auch geben wird, die interpretiert werden müssen und können. Der Kieselstein kann beispielsweise Seetang oder Erosionsspuren aufweisen, die nichts mit den tatsächlich *beabsichtigten* materiellen Regelmäßigkeiten zu tun haben. Solche Probleme werden uns immer dann begegnen, wenn wir es mit echten materiellen Artefakten zu tun haben, wie zum Beispiel bei Kratzern auf Vinyl-Schallplatten, Staub auf alten Diabildern oder zersprungenen Bildschirmen von Smartphones.

Besonders vorsichtig müssen wir dann sein, wenn wir uns mit Artefakten und Darbietungen auseinandersetzen, bei denen wir uns vielleicht nicht sicher sind, welche materiellen Regelmäßigkeiten absichtlich verwendet werden. Dies ist gerade im Prozess der Analyse relevant, da wir dabei entscheiden müssen, ob *bestimmte* materielle Eigenschaften des zu analysierenden Objekts kommunikativ sind oder nicht. Das ist vielleicht nicht immer klar. Das heißt, es kann klar sein, dass wir es mit einem Objekt zu tun haben, das kommunikative Zeichen trägt, aber es ist vielleicht nicht ganz klar, dass *alle* Spuren so funktionieren. Zum Beispiel sind Kratzer auf einer alten Vinyl-Platte in den meisten Fällen eher nicht bewusst, sondern aufgrund von materiellen Einschränkungen in der Produktion und Reproduktion entstanden. Auf der anderen Seite kann es aber auch sein, dass solche Kratzer und Spuren auf einer vollständig digital entstandenen Komposition bewusst beabsichtigt sind, um vielleicht eine bestimmte interpretativer Impuls

Herkunft oder ein gewisses Alter vorzutäuschen. Für eine angemessene Einschätzung einer solchen Situation ist dann entsprechendes Hintergrundwissen über die Herkunft und Produktion der jeweiligen Artefakte und Darbietungen notwendig. Man muss für diese Möglichkeiten während der Analyse offen sein, aber auch dem ‚interpretativen Impuls' nicht zu sehr nachzugeben – ohne trifftigen Grund (und wir werden einige dieser Gründe noch kennen lernen) können solche Spuren im Allgemeinen ignoriert werden, zumindest im Anfangsstadium einer Analyse.

Weitere ‚zusätzliche' Informationsquellen können und sollten dann immer von dem Zeichen selbst abgelesen werden, vor allem mit Blick auf seine Entstehungs- und Darstellungsform. So kann das Kreuz auf unserem Kieselstein grob oder aber mit großer Präzision, mit fester Hand oder als überstürzte Geste entstanden sein. All diese Details können uns weitere Informationen bereit stellen, sie sind aber nicht unbedingt kommunikativ. Das bedeutet, dass sie erklärt werden können, weil sie in der Regel Anzeichen für physikalische Ereignisse sind. Dies macht sie aber nicht zwangsläufig zu einer Form von Kommunikation, wie wir sie hier vordergründig behandeln. Diese Zusatzinformationen stellen also nicht den kommunizierten Inhalt dar. Diese Unterscheidung ist allerdings nur möglich aufgrund des gesellschaftlichen Wissens darüber, welche Abweichungen in den materiellen Regelmäßigkeiten als bedeutsam anzusehen sind. Dieses Wissen hilft uns dann dabei, einzuschätzen, wann aus ein paar Kratzern ein Buchstabe wird.

Darüber hinaus wird es auch innerhalb der für Kommunikation als signifikant erklärten Kategorien immer erhebliche Variation geben. Diese Variation kann dann auf eine Vielzahl weiterer Informationen zur Produktion des Zeichens hinweisen, unabhängig davon, ob diese beabsichtigt waren oder nicht. Dabei bleibt aber die Unterscheidung zwischen ‚Inhalt' und zusätzlicher Information über die Produktion dieser Botschaft erhalten und es gibt in der Regel viele ‚Symptome', die für die Unterscheidung nützlich sind. Dies gilt für alle Kommunikationssituationen und deren verwendete Materialien. Schnelles und lautes Sprechen zum Beispiel kann ein Symptom der Begeisterung sein oder aber auf die Einnahme von Drogen hindeuten – eine solche Information wird (normalerweise) nicht absichtlich übermittelt, sondern geht aufgrund ihrer Indexikalität ‚automatisch' mit einher. Wir werden auf diese Komponente möglicher kommunikativer Situationen etwas detaillierter zurückkommen, wenn wir ihre *Performanz* genauer betrachten. Für den Moment stellen wir fest, dass es innerhalb einer multimodalen Analyse durchaus notwendig ist, auch solche Variationen mitzubedenken. Vor allem aber ist es notwendig darzustellen, in welcher Form die unterschiedlichen Arten von materiellen Regelmäßigkeiten beschrieben werden (siehe Interpretation *vs.* Erklärung).

Wissen

Damit eine kommunikative Situation entsteht, müssen also verschiedene Arten von Wissen vorhanden sein. Eine dieser Wissensformen ist Wissen, das es ermöglicht, unterschiedliche materielle Regelmäßigkeiten voneinander zu unterscheiden. Darüber hinaus muss dieses Wissen aber auch die praktischen Kenntnisse darüber beinhalten, wie man die verfügbaren materiellen Unterschiede in eine *Interpretation* verwandelt. Und zwar in eine Interpretation, die die gefundenen materiellen Unterschiede angemessen kontextualisiert, um nicht nur eine Kommunikationsabsicht, sondern auch eine *Bedeutung* für diese Absicht, also für das, was beabsichtigt war, zu erkennen. Wir werden auf Möglichkeiten der Beschreibung einer solchen Bedeutung in bestimmten Fällen von Multimodalität weiter unten und in den folgenden Kapiteln zurückkommen; für kommunikative Situationen an sich jedoch wird diese Möglichkeit zwangsläufig vorausgesetzt.

Kommunikative Situationen: Notwendige Bedingungen

!

Die drei von uns nun eingeführten Bedingungen geben uns eine erste Beschreibung der *notwendigen* Kriterien für eine kommunikative Situation:

1. Wir müssen eine bestimmte Bandbreite materieller Regelmäßigkeiten kennen (oder Wissen darüber haben), die als semiotische Aktivität anzusehen sind;
2. dieses Wissen muss (ggf. ungleich) innerhalb einer Gemeinschaft von Nutzer*innen verteilt sein;
3. ebenfalls innerhalb dieser Gemeinschaft vorhanden sein muss ein Muster zur Interpretationsfindung aus den ermittelten materiellen Regelmäßigkeiten.

Nur wenn diese Bedingungen erfüllt sind, können kommunikative Situationen eintreten.

3.2.5 Unser Weg bis hierher

Fassen wir zusammen, wohin wir bisher gelangt sind und wie die einfache kommunikative Situation unseres Kieselsteines am Strand schematisch darzustellen ist. Wir werden dies und die dafür genutzten graphischen Konventionen in den folgenden Abschnitten nutzen, um einige etwas komplexere Situationen zu konstruieren und zu besprechen.

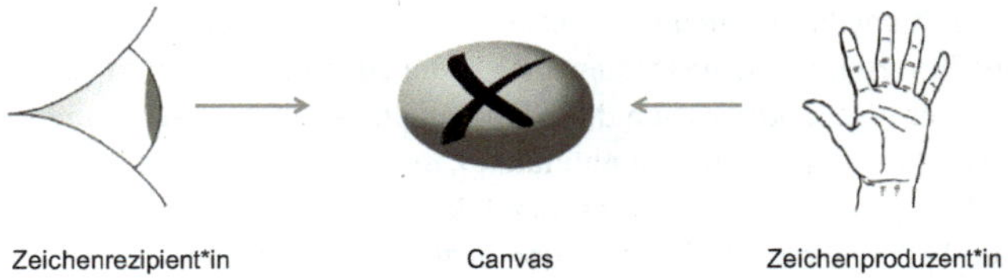

Abb. 3.2. Der Kieselstein am Strand und die daraus resultierende (nahezu kommunikative) Situation

Abbildung 3.2 zeigt auf der rechten Seite eine*n (in diesem Fall unbekannte*n, aber notwendigerweise existierende*n) Zeichenproduzent*in, auf der linken Seite der*die Finder*in des Steins am Strand, der*die das Gefundene zu interpretieren versucht, sowie den Kieselstein mit seiner Markierung in der Mitte. Wir sprechen auf der Interpretationsebene hier allgemein von Rezipient*innen (oder auch von Rezipierenden), um Begriffe wie ‚Leser*innen', ‚Zuschauer*innen', etc. zu verallgemeinern.

Ganz ähnlich verallgemeinern wir alle möglichen Träger von bedeutungsvollen Regelmäßigkeiten mit dem Begriff ‚Canvas' (und hier lehnen wir uns sehr stark an die englische Version dieser Einführung an, vgl. Bateman, Wildfeuer & Hiippala 2017). Mit *Canvas* beschreiben wir sowohl reelle als auch virtuelle Umgebungen, Orte oder Canvas

Flächen (siehe auch die deutsche Übersetzung von ‚canvas' als Leinwand), in bzw. auf die die jeweiligen materiellen Regelmäßigkeiten ‚geschrieben' oder eingetragen sein können. Ganz gleich, ob der jeweilige Canvas real und unmittelbar greifbar oder virtuell (digital) ist, ob er händisch oder mit technologischer Unterstützung hergestellt wurde, physikalisch in der Zeit dargeboten wird oder aber Ergebnis eines anderen komplexen technologischen Prozesses ist: Die materiellen Regelmäßigkeiten werden über diesen Canvas wahrgenommen und interpretiert. Dies stellt minimale Anforderungen an die Materialität des Zeichenvehikels: Fast alles, was materielle Regelmäßigkeiten tragen kann, die auf eine gewisse Intentionalität und Ordnung bzw. Struktur hinweisen, kann als Canvas dienen. Wie wir im Folgenden sehen werden, gibt es viele interessante Formen von Materialität, die hierfür eingesetzt werden können.

Die graphischen Symbole unserer Abbildung sind dann wie folgt zu lesen: Das ‚Auge' steht für einen Akt der Wahrnehmung eines interpretierbaren Artefaktes oder einer Darbietung, der ganz unabhängig von spezifischen sensorischen bzw. Wahrnehmungskanälen gesehen werden muss. Das Artefakt oder die Darbietung kann also auch gehört oder/und ertastet werden. Die ‚Hand ' steht für einen Prozess der Erstellung bzw. Produktion. Der Kieselstein mit dem Kreuz steht dann für eine Form von materiellen Regelmäßigkeiten (hier das Kreuz), die in einen Canvas (hier der Kieselstein) eingeschrieben sind. Im vorliegenden Fall also sieht die (nahezu) kommunikative Situation so aus, wie wir sie oben beschrieben haben: Der*die Zeichenrezipient*in kann lediglich versuchen zu interpretieren, was auf und mit dem Kieselstein gezeigt wird; die Rolle des*der Zeichenproduzent*in ist damit beendet und erledigt. Der Kieselstein ist ein unveränderbares, statisches physikalisches Objekt; es kann weder verändert noch in Frage gestellt, verfeinert oder zurückgenommen werden.

? Die dreifache Unterteilung des traditionellen Kommunikationsmodells, wie sie in Abbildung 3.2 wiedergegeben ist, lässt sich oft und in verschiedensten Formen auch in der Literatur wiederfinden. Rose (2012: 19–20) spricht im Kontext der *Visual Studies* von drei Punkten, an denen die Bedeutung von Bildern entsteht: in der *Produktion* (die Hand in unserer Abbildung), im *Bild* (das Kreuz) oder *Objekt* selbst (der Kieselstein) und auf der Rezipierendenseite (das Auge). Rose diskutiert diese drei Punkte hinsichtlich der drei Modalitäten Technologie, Komposition und Soziales (und damit mit einer ganz anderen Bedeutung von Modalität als wir sie hier benutzen). Die Diskussion deutet bereits auf eine angemessenere Visualisierung von kommunikativen Situationen als zu Gemeinschaften gehörig und in Gesellschaften verankert hin, wie wir dies in Abbildung 3.3 vorschlagen. Nichtsdestotrotz ist es hilfreich, auch über andere Arten und Wege der Bedeutungskonstruktion nachzudenken, die über das Visuelle und Verbale hinausgehen: Inwiefern können wir diese drei ‚Momente' auch in kommunikativen Situation wiederfinden, die mit ganz anderen Ausdrucksformen und ihren Kombinationen arbeiten?

Die materiellen Einzelheiten, die in einer kommunikativen Situation vorkommen können, sind sehr unterschiedlich, gerade weil so wenige Anforderungen an sie gestellt werden. Tatsächlich können innerhalb dieser Grenzen die Materialitäten frei verändert bzw. ausgetauscht werden, ohne dass sich die kommunikative Situation dadurch ändert. Dies betont noch einmal, dass es die materiellen *Regelmäßigkeiten* sind, auf die es hier ankommt, und nicht das Material selbst. Und genau aus diesem Grund ist Lesen eine Fähigkeit, die unabhängig davon stattfindet, ob wir es mit Papier oder Papyrus, einer Tafel oder einer PowerPoint-Präsentation zu tun haben. Das Kreuz kann an verschiedenen Stellen auftauchen, aber trotzdem noch als Kreuz funktionieren, weil es nur das Muster dieser Regelmäßigkeit ist, das eine Rolle spielt, nicht aber der Träger bzw. Canvas des Materials.

Bevor wir fortfahren, müssen wir uns auch daran erinnern, was wir oben über die Notwendigkeit einer Gemeinschaft von Zeichennutzer*innen gesagt haben. Die in Abbildung 3.2 gezeigte Situation entspricht eher dem alten Sender-Empfänger-Modell von Kommunikation, in der der Kieselstein und die Markierung dann die zwischen Sender*in und Empfänger*in ausgetauschte Nachricht sind. Dies behandelt die Situation eher als eine Art Ratespiel, in dem die notwendigen Beziehungen zwischen den Beteiligten nicht dargestellt werden. Wie wir oben bereits dargelegt haben, ist dies für eine kommunikative Situation nicht ausreichend und macht ein Verständnis davon, wie Kommunikation flexibel funktioniert, unmöglich.

Die kommunikative Situation, die wir für Multimodalität als richtungsweisend annehmen, entspricht dann mehr dem, was wir in Abbildung 3.3 zeigen. Dort können wir sehen, dass die einzelne Darstellung von Rezipient*in und Produzent*in lediglich eine Abstrahierung für viele unterschiedliche *individuelle Rollen* ist, die zu einem bestimmten Zeitpunkt in einer bestimmten kommunikativen Situation und innerhalb einer Gemeinschaft von Zeichenproduzent*innen und -rezipient*innen beteiligt sind. Das Konzept von ‚Kontext', das hier indirekt Erwähnung findet, wird relativ häufig im Zusammenhang mit dem Sender-Empfänger-Modell erwähnt; ein Schwerpunkt auf der Gemeinschaft oder Gesellschaft, in der Zeichen ausgetauscht werden, kann in Ansätzen wiedergefunden werden, die von der Semiotik (z.B. bei Lotman 1990) und soziologischen Theorien (z.B. Halliday 1978, Latour 2005) hin zu Mensch-Maschine-Interaktion und Theorien der ‚Distributed Cognition' (z.B. Benyon 2014: 514) reichen. Diese Punkte dürfen also auch in unserem Modell nicht fehlen. Genauer gesagt betrachten wir hier allerdings einen Kontext, der in einer ganz besonderen Weise strukturiert ist und aus Konfigurationen sozialer Beziehungen und den (auch kommunikativen) Rollen besteht, die diese Beziehungen mit sich bringen. *Genau diese Verankerung in einer Gemeinschaft ist es, die aus der Aufgabe, zu verstehen, was der Canvas mit sich bringt, kein Rätselspiel macht, sondern diese in Kommunikation verwandelt.*

Diesen Hintergrund sollten wir für alle weiteren Abbildungen implizit mitdenken, auch wenn wir die Menge der anderen potenziellen Mitglieder innerhalb der Gemeinschaft oft ausblenden werden, um uns auf das zu konzentrieren, was im Einzelfall jeweils hinzukommt. Wir sollten aber nie vergessen, dass es sich bei den gezeigten Rollen um Rollen handelt, die auf unterschiedliche Weise innerhalb der Gemeinschaft verteilt sein können. Die unterschiedlichen kommunikativen Situationen, mit denen wir uns beschäftigen werden, werden auf verschiedensten Konstellationen und Rollenzuweisungen aufbauen. Manchmal spielt ein Mitglied der Gemeinschaft die Rolle des*der Rezipient*in, manchmal die des*der Produzent*in, manchmal auch beide

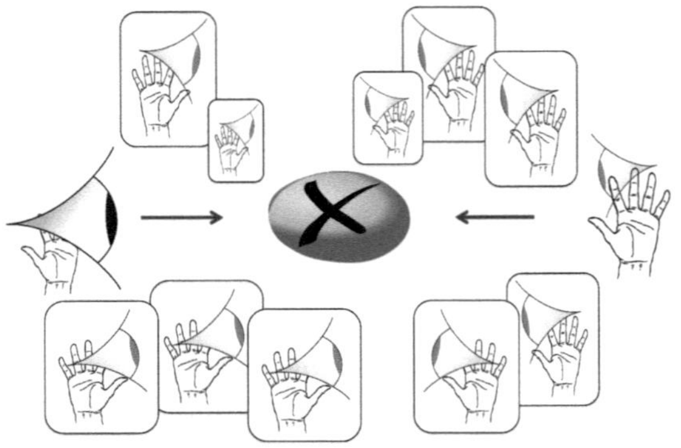

Abb. 3.3. Kommunikation besteht immer aus Rollen, die von Mitgliedern einer Kommunikationsgesellschaft übernomen werden

Rollen. Dabei wird notwendigerweise unterschieden zwischen dem, was *möglich* ist und dem, was tatsächlich innerhalb einer konkreten spezifischen Kommunikation oder einem Ereignis geschieht. Die folgenden Abbildungen werden dann sehr spezifische Situationen darstellen, die immer vor dem impliziten Hintergrund einer gesamten Gemeinschaft von Zeichennutzer*innen gedacht sind, die *hätten* beteiligt sein können, es aber nicht waren.

Darauf aufbauend können wir nun damit beginnen, auch kommunikative Situationen zu betrachten, die sowohl selbst deutlich komplexer sind auch als komplexere Materialien benutzen.

3.2.6 Funktionalität, Materialität und Kommunikation

Mit diesen drei Bedingungen für kommunikative Situationen, die wir in den vorhergehenden Abschnitten dargelegt haben, hören viele traditionelle Zugänge zu Semiotik und Zeichen bereits auf: Wir haben normalerweise etwas, das ein Zeichen sein könnte (den Signifikanten oder das Bezeichnende) und einige mögliche Bedeutungen für das Zeichen (das Signifikat oder das Bezeichnete). Einige Ansätze würden wohl auch die Gemeinschaft der Zeichennutzer*innen als ‚selbstverständlich' anwesend annehmen; dies würden wir allerdings nie tun, weil die Gemeinschaft der Zeichennutzer*innen eine grundlegende Komponente jeder kommunikativen Situation ist und immer *explizit* mitgedacht werden muss. Und das gilt noch stärker für den gesamten Bereich der Multimodalitätsforschung, weil es hier zu einer weitaus größeren Diversifizierung unter den Gemeinschaften von Zeichennutzer*innen in diesen Kontexten kommt, als es zumindest oberflächlich den Anschein hat, wenn wir uns Sprache oder Bilder allein anschauen. Da unzusammenhängende multimodale Kompetenzen eher Regel als Ausnahme sind, erhält Diversifizierung unter den Zeichennutzer*innen eine neue Tragweite.

Wir müssen jetzt aber noch einige Schritte weitergehen: Was wir bisher erreicht haben, ist eine etwas konkretere Version unserer ursprünglich sehr abstrakten Aussage darüber, was passiert, wenn Zeichen interpretiert werden – auch wenn wir gar nicht viel über die tatsächlichen Prozesse der Interpretation oder über die Methoden, die wir zur Analyse verwenden können, gesagt haben. Diesen Aspekten werden wir uns sehr vorsichtig wieder nähern und dazu werden wir die Aufmerksamkeit wieder auf die ‚Komponente' in der Mitte unserer Abbildung der kommunikativen Situation lenken– insbesondere auf den Kieselstein bzw., abstrakter gesagt, auf den Canvas, der die materiellen Regelmäßigkeiten trägt.

Materialität

Diesmal werden wir jedoch ausführlicher auf die Beziehung zwischen der Natur eines Canvas und den *Arten von Bedeutungen, die mit diesem Canvas konstruiert werden können*, eingehen. Dabei geht es also um Materialität. Oben haben wir bereits einige Aspekte erwähnt, die sich mit der Materialität eines Canvas befassen und haben auch diskutiert, warum dies für eine Beschäftigung mit Multimodalität relevant sein kann. Wir haben im vorherigen Kapitel auch gelernt, dass gerade der materielle Aspekt von Bedeutungskonstruktion eine immer wichtigere Rolle spielt, wenn es darum geht, Disziplinen über ihre ursprünglichen Grenzen hinaus zu bewegen. Wie wir gesehen haben, wird heutzutage in vielen Bereichen der Semiotik sowie den Kulturwissenschaften, der Kunstgeschichte, Linguistik und vielen anderen mehr die Ansicht vertreten, dass Materialität nicht länger vernachlässigt werden darf. Einige Ansätze haben sogar begonnen, Materialität einen zentralen Ort in der Auseinandersetzung zuzuweisen. So müssen wir uns auch bei unserem Kieselstein bewusst machen, dass nicht allein die Tatsache zählt, dass darauf ein Kreuz in einer abstrakten Form vorhanden ist, sondern dass dies ein Kreuz ist, das durch eine bestimmte Leistung auf einem bestimmten physikalischen Objekt mit bestimmten Eigenschaften platziert wurde und dass diese physikalischen Aspekte uns auch eine Vielzahl an weiteren Informationen vermitteln können.

Viele Autor*innen haben sich in der Folge auf Materialität als einen intrinsichen Bestandteil von Bedeutungskonstruktion konzentriert (z. B. Gumbrecht & Pfeiffer 1988, van Leeuwen 1999, Fix 2008, Spitzmüller 2018). Van Leeuwen (1999) zum Beispiel hebt insbesondere zwei Aspekte von Materialität hervor, die unser Verhältnis zu Entitäten beeinflussen: ‚Provenienz', d.h. Hinweise darauf, woher etwas stammt, und ‚auf Erfahrung beruhende Eigenschaften', wie man sich materiell und physisch mit einer Entität beschäftigen kann. Auch wir müssen Materialität eine wichtige Rolle in unserer Diskussion zuweisen, weil sie für jede Kommunikation konstitutiv ist. Insbesondere auch um die Untersuchung kommunikativer Situationen weiter voranzutreiben, werden wir uns damit befassen, *wie unterschiedliche Materialien unterschiedliche kommunikative Situationen unterstützen und charakterisieren.*

Wir werden sehen, dass dies besonders für die spätere praktische Analyse eine große Hilfe ist. Wenn wir herausfinden, was mit einer spezifischen Materialität *grundsätzlich ausgedrückt werden kann*, grenzen wir zugleich auch ein, was in einem spezifischen Fall, in dem diese Materialität eine Rolle spielt, *tatsächlich ausgedrückt wird.* Eine genauere Betrachtung dieses Aspekts wird daher einige weitere Leitlinien liefern, die für die Klassifizierung und analytische Auseinandersetzung mit (auch komplexeren) kommunikativen Situationen nützlich sind. Schauen wir uns hierfür zunächst einige weitere Details unseres schon vertrauten Kieselsteins an, die uns in der ein oder anderen Hinsicht noch mehr über die ‚Spuren' und ‚Symptome', die wir weiter oben diskutiert haben, verraten werden.

Affordanzen

Je stärker der Kieselstein unterstützt, dass wir das Kreuz auf ihm erkennen, zum Beispiel durch seine glatte Oberfläche, die genügend Kontrast zwischen Kreuz und Hintergrund aufweist, desto einfacher wird unsere Aufgabe, die daraus resultierende Kommunikation zu interpretieren. In vielen Diskussionen ist es heute üblich, eine solche ‚Eignung' oder Fähigkeit des Materials mit dem Begriff der *Affordanz* zu fassen, der ursprünglich von Gibson (1977) im Kontext einer ökologischen Wahrnehmungspsychologie entwickelt wurde. Der Begriff und das Konzept der Affordanzen wurden ursprünglich eingeführt, um Wahrnehmung als eine weitaus aktivere und funktionale Auseinandersetzung mit der Welt charakterisieren zu können als einfach nur zu sehen (oder zu hören, zu riechen oder zu fühlen), was ‚da' ist. Wahrnehmung wird gesehen als *Aktivitäten, die eine Umgebung oder Objekte in einer Umgebung für eine Handelnde bereitstellen bzw. fördern.* Die Form und Position eines Türgriffs zum Beispiel ‚ermöglicht' das Drehen und Öffnen einer Tür (es sei denn, der Griff ist sehr schlecht gestaltet und gebaut), ein Buch ermöglicht das Blättern von Seiten, eine Computermaus ermöglicht einen Klick und so weiter.

Ein Objekt wird also direkt mit Blick auf die jeweiligen Handlungsmöglichkeiten wahrgenommen, die es Handelnden in einer Umgebung eröffnet. Neuere Studien zu den Teilen des Gehirns, die bei der Wahrnehmung hochfunktionaler Objekte (wie z.B. bei Türgriffen) aktiviert werden (und im Hirnscanner ‚aufleuchten'), unterstützen im Allgemeinen Gibsons Theorie. Das Sehen bestimmter funktionsgeladener Formen scheint tatsächlich dazu zu führen, dass auch relevante Bereiche im Motorcortex (für Bewegungen wie Drehen oder Halten) aktiviert werden.

> The functional quality of designed objects lies in their being meant to be used in a given way, and this use is part of what it means to be that thing in the first place.
>
> — *Forsey (2013: 31)*[2]

Design

Wenn wir dann zu unserem Kieselstein zurückkehren, könnte dieser bewusst so geformt sein, dass bestimmte Eigenschaften im Vordergrund stehen und nicht andere, wodurch besondere Vorzüge zum Tragen kommen. Stellen wir uns zum Beispiel einen deutlich flacheren Kieselstein mit zwei Seiten vor, bei dem also die ‚Speicherkapazität' verdoppelt wurde. Die Affordanz, die diese zwei Seiten des Kieselsteins mit sich bringen, könnte für eine Kommunikation mit diesem Stein durchaus explizit genutzt werden. Damit bewegen wir uns dann in einem weiteren Bereich der Multimodalitätsforschung,

2 „Die funktionale Qualität der entworfenen Objekte liegt darin, dass sie für eine bestimmte Verwendung bestimmt sind, und diese Verwendung ist Teil dessen, was es bedeutet, dieses Ding überhaupt zu sein." (Forsey 2013: 31; eigene Übersetzung)

der in jüngster Zeit erheblich mehr Aufmerksamkeit erfahren hat: der Bereich rund um *Design* und Gestaltung. Design – und vor allem *funktionales* Design – spielt für viele kommunikative Situationen eine zentrale Rolle, gerade weil es als bewusste Schaffung oder Erweiterung von Affordanzen für einen bestimmungsgemäßen Gebrauch angesehen werden kann und unter den richtigen Bedingungen auch dazu dienen kann, diese Absichten zu kommunizieren.

Wir werden den Begriff des Designs noch erheblich ausweiten, aber für den Moment genügt es festzuhalten, dass alle kommunikativen Artefakte und Darbietungen auch mit Bezug auf ihre Affordanzen charakterisiert werden können, d.h. mit Blick darauf, wie sie ihren eigenen Gebrauch unterstützen, und dass diese Affordanzen durch ein entsprechendes Design bewusst gestaltet sein können. Das bedeutet natürlich nicht, dass alle entsprechend gestalteten Artefakte kommunikativ sind; aber diejenigen, die es doch sind, in Bezug auf ihre jeweilige ‚Eignung für den Zweck' hin zu betrachten stellt eine natürliche Verbindung zu Fragen der Usability her. Wir können also fragen, *wie gut gestaltete Artefakte ihren Zweck erfüllen*, für wen und unter welchen Bedingungen sie dies tun. Dabei ist zu berücksichtigen, inwieweit ein multimodales Objekt oder eine Darbietung seine kommunikativen Funktionen *materiell* und gestalterisch einsetzt.

3.2.7 **Von Kieselsteinen zum Holodeck in drei einfachen Schritten**

In diesem letzten Unterabschnitt zu kommunikativen Situationen werden wir die Messlatte deutlich höher legen und auf den Konstrukten aufbauen, die wir bisher als konstitutiv für solche Situationen identifiziert haben. Zu keinem Zeitpunkt in unserer Diskussion haben wir die unterschiedlichen Formen der Kommunikation, die potenziell möglich sind, eingeschränkt oder auf bestimmte Details beschränkt – auch jetzt bleiben wir dabei und gehen davon aus, dass unsere Ausführungen auf alle erdenklichen Fälle von Multimodalität zutreffen. Angefangen haben wir mit einem am Strand gefundenen Objekt, dem Kieselstein, der als potenzielles materielles Objekt mit semiotisch aufgeladenen Hinweisen beschriftet sein kann, wie in unserem Fall mit dem eingeritzten Kreuz. In einem nächsten Schritt ist es jetzt notwendig und hilfreich, uns anzuschauen, welche Konsequenzen ganz andere Materialitäten für den Canvas in einer kommunikativen Situation mit sich bringen – und entsprechend zu untersuchen, wie multimodale Bedeutungskonstruktion mit und durch den Einsatz dieser Materialitäten funktioniert.

Die Grundidee dabei ist: Das Wissen darüber, was ein Material leisten kann, ist zugleich ein guter methodischer Hinweis auf die Beantwortung der Frage, wofür genau das Material eingesetzt wurde. Umgekehrt kann es helfen zu bedenken, welche unterschiedlichen Arten von kommunikativen Situationen es gibt, um aufzudecken, was die jeweiligen Materialitäten in der kommunikativen Situation (z. B. durch ein entsprechendes Design) erreichen sollen. Wir haben es hier also mit einer Wechselwirkung zwischen kommunikativen Situationen und Materialitäten zu tun, wenn auch nicht alle Materialitäten alle Arten von kommunikativen Situationen unterstützen können.

Erweitern wir zunächst die Materialität unserer einfachsten kommunikativen Situation, ohne dabei diese kommunikative Situation qualitativ zu verändern. Wir könnten zum Beispiel bewegliche Zeichenvehikel zu der Situation hinzufügen und haben es dann nicht mehr mit einem Kieselstein zu tun, sondern mit so etwas wie Film, TV-Aufnahmen oder anderen audiovisuellen Artefakten. Diese sind dem Kieselstein insofern ähnlich, als dass die einmal gemachten ‚Markierungen' nicht mehr geändert oder zurückgenommen werden können (obwohl es hier natürlich grundsätzlich etwas mehr Potenzial gibt, auch andere, komplexere kommunikative Praktiken zu unterstützen).

Im Folgenden werden wir all diese Materialien und die ‚Texte', die in sie eingeschrieben werden können, als *unveränderbar* bezeichnen, um ihre ebenso unveränderbare Natur zu beschreiben – einmal geschrieben, gefilmt, gemalt, etc. bleiben sie wie in ihrem urspünglichen Zustand geschaffen. Das hat Konsequenzen für alle kommunikativen Formen, die einen Canvas dieser Art nutzen.

Natürlich haben nicht alle Materialien diese Eigenschaften. Wenn wir zum Beispiel mit Kreide auf eine Tafel schreiben, können die Markierungen ganz einfach entfernt, geändert und ersetzt werden. Dies verändert bereits die kommunikative Situation und damit das, was in solchen Situationen getan werden kann. Außerdem können solche Veränderungen oder Entwicklungen nicht von selbst stattfinden: Es müssen Kommunikationspartner anwesend sein – was uns von der Situation am Strand, im Kino, beim Fernsehen usw. wegbringt. Tatsächlich geht es hier um die gesamte Gemeinschaft von potenziellen Zeichennutzer*innen und -produzent*innen, die wir oben bereits hervorgehoben haben und die nun beginnen, eine aktive Rolle zu spielen.

Wir haben gesehen, dass die Gemeinschaft der Nutzer*innen aus Einzelpersonen oder Gruppen von Personen besteht, die die strukturellen Rollen innerhalb einer kommunikativen Situation erfüllen. Im Prinzip sind diese gegeneinander austauschbar. Wenn wir einen Canvas haben, der es erlaubt, die Markierungen, die er trägt, zu ändern, dann können einige Mitglieder der Gemeinschaft der Zeichennutzer*innen sowohl die Rolle des*der Produzent*in als auch die des*der Rezipient*in übernehmen. Dies gilt bereits für kommunikative Situationen, die noch gar nicht den ‚neuen', digitalen Medien entstammen. Für letztere entfachen dann oft auch Diskussionen über vermeintlich ‚neue' Konstrukte wie ‚Prosumer' oder ‚Prosument*innen', die Medieninhalte sowohl rezipieren als auch produzieren.

Schauen wir uns dies genauer an, indem wir eine ganze Gruppe potenzieller Zeichenproduzent*innen statt eines Kieselsteins mit einem Blatt Papier und einem Bleistift ausstatten. Dies ändert viele zentrale Merkmale der Situation, auch wenn wir die vielleicht unwahrscheinliche und sehr vereinfachende Annahme vertreten, dass sich alle Beteiligten an der Situation ganz auf die Markierungen auf dem Blatt Papier konzentrieren und nicht anders interagieren. Letzteres kann beispielsweise in einer Brett- oder Kartenspielsituation geschehen oder in einer Gruppe von Personen, die nur virtuell anwesend sind und über eine visuelle Anzeige, aber ohne Sprachkontakt interagieren.

Anhand der von uns eingeführten graphischen Konventionen kann die Art der hier zur Debatte stehenden kommunikativen Situation wie in Abbildung 3.4 dargestellt werden.

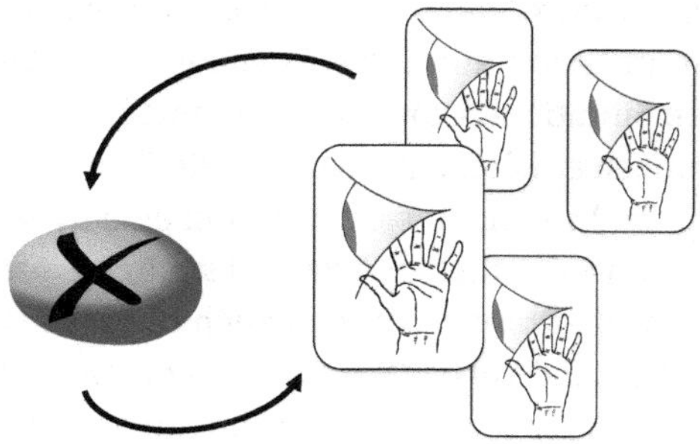

Abb. 3.4. Viele Zeichennutzer*innen interagieren miteinander auf einem gemeinsamen externen materiellen Canvas

So kombinieren wir die Fähigkeit der Interpretation (symbolisiert durch die Augen) *und* der Produktion (symbolisiert durch die Hände) in einzelnen Teilnehmenden der Situationen – natürlich immer in dem größeren Pool der gesamten Gemeinschaft. Eine Gruppe dieser Teilnehmenden kann dann *gemeinsam und kollektiv* materielle Regelmäßigkeiten auf dem Kieselstein, Papier, der Tafel oder auf einem virtuellen Display erzeugen, die wiederum von der Gruppe interpretiert werden. Auch hier können Variationen in der Materialität und der damit unterstützten präzisen Interaktion auftauchen – der Canvas kann zum Beispiel nur beschreibbar sein, wie dies der Fall bei einem Blatt Papier und einem Bleistift ist, wo Markierungen nicht ohne Weiteres gelöscht werden können. Auch in einem Chat-System besteht normalerweise keine Möglichkeit, frühere Beiträge zu löschen. Andererseits kann ein Canvas aber auch flexiblere Änderungen im Laufe der Interaktion ermöglichen und so eine dynamische Interpretation notwendig machen. Jede der Regelmäßigkeiten, die die Materialität des Canvas unterstützt, kann für einen kommunikativen Zweck oder eine Wirkung aufgegriffen werden.

Rollen

Es gibt auch keine Anforderung, dass die Gruppe der Interaktionspartner in ihren Fähigkeiten in Bezug auf das Interpretieren oder Produzieren von Zeichen gleichwertig ist. Stellen wir uns vor, dass nur eine*r in der Gruppe, die um das Blatt herum sitzt, einen Bleistift hat und die anderen eifersüchtig zusehen müssen. Wie wir bereits betont haben, ist dies ein sehr allgemeines Attribut, wenn wir Gruppen von Einzelpersonen betrachten – die Rollen, die die Mitglieder der Gruppen gemeinsam, in kleineren Untergruppen und einzeln übernehmen können, sind immer sehr unterschiedlich. Wir haben das mit unserem Kieselstein veranschaulicht: Auch wenn wir diesen Kieselstein am Strand finden und wissen, was das Kreuz bedeuten könnte, bedeutet oder erfordert dies nicht, dass wir selbst auch in der Lage sind, solche Kreuze zu produzieren oder dass alle Mitglieder der Ursprungsgruppe dieses Zeichen erstellen können. Bei Fortschritten in der Technologie wird oft behauptet, dass Beziehungen zwischen Zeichenproduzent*innen und -rezipient*innen gleichmäßiger gestaltet werden. Am egalitärsten ist es jedoch, wenn jede*r um den Tisch herum einen Bleistift hat und so in der Lage ist, einen Beitrag zu leisten.

Es ist keineswegs schwierig, konkrete Fälle einer solchen Situation zu finden. Ein komplexer Fall tritt zum Beispiel auf, wenn Architekt*innen Gebäude entwerfen, bei denen viel visuelle und graphische Kommunikation durch die zu erstellenden Architekturskizzen vermittelt wird. In solchen Situationen können bestimmte Formen besondere, interaktionsspezifische Bedeutungen erhalten, die dann für die Dauer der Interaktion oder bis zu ihrer Änderung gelten. Es handelt sich dann um eine dynamische Entwicklung der ganz besonderen Art: Die textuellen Ausdrucksmittel *selbst* verändern sich im Laufe der Interaktion. Darüber hinaus können auch die jeweils beteiligten Einzelpersonen ihre Meinung ändern und Vorschläge zu Form oder Gestalt zurückziehen. Formen, die vielleicht in Bezug auf ihre relative Position unklar sind, könnten durch Verbindungen zu anderen Formen oder Details geklärt und erklärt werden. Dies kann aber auch bei vielen anderen Formen der semiotischen Aktivität der Fall sein: Stellen Sie sich zum Beispiel vor, Sie arbeiten mit einem Dokumententwurf, der Vorschläge für alternative Absätze, alternative Formulierungen usw. enthält. Auch hier beeinflussen die Zeichenproduzent*innen direkt die Form des Textes. Eine weitere, aber etwas eingeschränktere Situation ähnlicher Art ist in der Diskussion über westaustralische ‚Sandgeschichten' zu finden, bei denen Stammesmitglieder ihre Geschichten graphisch erzählen, indem sie Spuren im Sand hinterlassen (vgl. Green 2014).

Die genauen Details einer solchen Kommunikationsform müssen noch im Rahmen empirischer multimodaler Forschung auf ihre eigenen Vorzüge hin untersucht werden. Bestimmte Eigenschaften der Situation können jedoch stark bestimmend für die gewählten Optionen sein – und genau das ist die Eigenschaft, die wir im letzten Teil des Buchs in unseren Fallstudien intensiv nutzen werden. Wenn zum Beispiel alle Teilnehmenden den Canvas sehen (oder hören oder damit interagieren) und außerdem wissen, dass sich die anderen Teilnehmenden an der gleichen Stelle befinden, dann kann auf diesem Design der Kommunikation aufgebaut werden. Wenn dies nicht der Fall ist, dann wird es andere Möglichkeiten geben, die Situation entsprechend zu gestalten. All diese Aspekte müssen aber in der Analyse berücksichtigt werden.

Zeit

Eine weitere Unterscheidungsquelle zur genaueren Bestimmung kommunikativer Situationen ist die zeitliche Dauer der Zeichenproduktion. Wenn wir sehen können, dass die anderen Zeichenproduzent*innen ihren Beitrag leisten, dann haben wir den Markierungen eindeutig eine zeitliche Dauer hinzugefügt, und dies kann selbst eine wichtige Ressource sein, um die Art und Weise der wahrnehmbaren Regelmäßigkeiten zu ändern. Ob eine Linie schnell oder langsam gezeichnet wird, ist genauso eine Veränderung der potenziellen materiellen Gesetzmäßigkeiten wie die Tatsache, dass Linien vorhanden sind, die sich zum Beispiel schneiden oder nicht. Dies geht natürlich über eine einzelne ‚Markierung' hinaus und fügt dem Ganzen eine Entwicklungsgeschichte hinzu: Die Zeichen, was und wie auch immer sie sein mögen, werden in einer bestimmten Reihenfolge produziert und diese Informationen stehen auch für Manipulationen zur Verfügung. Wir können also Träger semiotischer Unterscheidungen danach differenzieren, ob sie sie sich im Laufe der Zeit verändern (als Teil ihrer semiotischen Aktivität) oder ob sie statisch und unveränderbar sind. Dies erweist sich als eine sehr grundlegende Dimension der Unterschiedung, die sehr nützlich ist, um einige der Dinge zu charakterisieren, die Zeichen tun oder nicht tun können.

Transienz

Lassen wir die Situationen nun komplexer werden: Nehmen wir zuerst die zweifellos ursprünglichste kommunikative Situation überhaupt, insbesondere in Bezug auf gesprochene verbale Sprache: die dialogische Face-to-Face-Interaktion. Für solche Situationen müssen wir das Zeichenvehikel und den Canvas so verallgemeinern, dass sie kein externes materielles Objekt mehr sind, sondern die Körper der interagierenden Zeichenproduzent*innen und -rezipient*innen selbst. Dies verleiht den materiellen Unterscheidungen, die für die Kommunikation genutzt werden können, sofort eine erhebliche Flexibilität: Da wir noch keine Einschränkungen der Sinneskanäle vorgenommen haben, kann die Materialität von gesprochener Sprache über Gestik und Körperhaltung bis zu räumlichen Abständen zwischen den Interagierenden und noch vieles mehr beinhalten. Die jeweiligen Details werden sich im Allgemeinen mit der Zeit entfalten, sind aber im Gegensatz zu den Kratzern auf unserem Kieselstein *transient*, d.h. sobald etwas passiert ist oder gesagt oder gestikuliert wurde, ist es im Allgemeinen weg und kann nicht noch einmal angeschaut werden. Dies ist wiederum eine grundlegende Eigenschaft von Materialitäten, die mit ziemlicher Sicherheit Konsequenzen für die sich daraus zu entwickelnde kommunikative Situation (und die entsprechenden Texte) mit sich bringt.

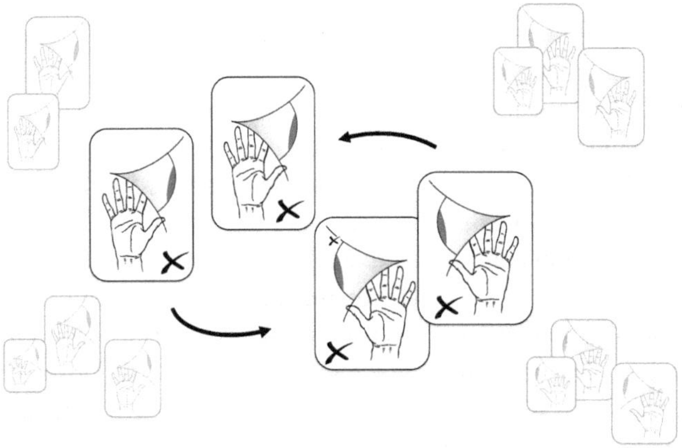

Abb. 3.5. Interaktive Face-to-Face-Kommunikation: Die Gruppe der Interagierenden wird aus einer potenziellen Sprecher*innengemeinschaft ausgewählt, deren Mitglieder unterschiedliche zusätzliche Rollen einnehmen können

Wir stellen diese Situation in Abbildung 3.5 graphisch dar. Darin werden alle Rollen der Zeichenproduzent*innen, Zeichenrezipient*innen und des Canvas miteinander kombiniert und wir haben eine tatsächliche Gruppe von kommunizierenden Interagierenden oder Darsteller*innen, die aus dem größeren Pool aller potenziellen Kommunikator*innen stammen. Es gibt viele kommunikative Situationen dieser Art oder solche, die diese Situation nachahmen so weit sie können, gerade weil diese Situation so grundlegend für menschliche Kommunikation als solche ist. Im Allgemeinen hängt es von den Fähigkeiten der bereitgestellten Materialität ab, ob diese vollständig verkörpert ist oder zum Beispiel nur eine eingeschränkte Version davon darstellt (z.B. im Falle eines Telefonats ohne Videounterstützung). Außerdem wird hier explizit gemacht, dass wir den Körper und seine Ausdrucksmöglichkeiten – wie Stimme, Hände, Gesicht, usw. – keineswegs außer Acht lassen dürfen, wenn wir uns mit Kommunikation im Allgemeinen beschäftigen wollen. In den Medien- und Kommunikationswissenschaften werden solche ‚körpergebundenen' (Sachs-Hombach 2003: 96) Formen manchmal ausgeschlossen, manchmal sehr ausführlich behandelt. Jäger (2015: 108) bietet eine detaillierte Diskussion und knüpft dabei an eine traditionell gezogene Unterscheidung zwischen primären, sekundären und tertiären Medien an. Primäre Medien entsprechen körpergebundenen Formen; sekundäre Medien sind Medien, die technologische Unterstützung bei der *Produktion* (und nicht bei der Rezeption) benötigen (dies sind z. B. Buch, Brief, Malerei); und tertiäre Medien sind Medien, die technologische Unterstützung sowohl für die Produktion als auch Rezeption erfordern (dies sind z. B. Fernsehen, Film, Telephon, usw.). Wir werden unten und im nächsten Kapitel sehen, wie wir zu solchen Unterschieden aus der Perspektive der Multimodalität stehen.

Gerade weil uns solche Face-to-Face-Interaktionen so vertraut sind, spielen deren Organisationsprinzipien auch für andere kommunikative Situationen eine wichtige Rolle. Zum Beispiel ist eine der bekanntesten und meist untersuchten Eigenschaften persönlicher Interaktion der Sprecherwechsel oder ie Redeübernahme bzw. das ‚Turn-taking' (vgl. Sacks, Schegloff & Jefferson 1974), mit dem die Optionen für den Einsatz von Sprecher*innen in einer Konversation reguliert werden (oder besser: sich selbst regulieren). Und wie immer, wenn Gruppen eine Rolle spielen, kann es sein, dass das Recht auf einen Beitrag durch die jeweilige Rollenzuschreibung in der Gruppe eingeschränkt ist. Sprecherwechsel dieser Art findet man dann wieder in Social-Media-Chats, in computerbasierten sowie traditionellen Spielen u.v.a.

Auch in Anbetracht dieser Art von kommunikativen Situationen ist es ratsam, in besonders kleinen Schritten vorzugehen: Wenn wir von unserem Kieselstein direkt zu allgemeinen Face-to-Face-Interaktionen gesprungen wären, hätten wir vieles ignoriert, was notwendigerweise auf dem Weg dorthin unterschieden werden muss. Unser Zugang zu kommunikativen Situationen wäre folglich eher bruchstückhaft, wie man auch an der Vielfalt der Ansätze in Kapitel 2 erkennen konnte. Im Gegensatz dazu leiten wir hier die Eigenschaften kommunikativer Situationen aus den unterschiedlichen Rollenverteilungen und dem jeweils beteiligten Canvas ab. Der Canvas, der beispielsweise in persönlicher Kommunikation verwendet wird, ist das, was wir als *symmetrische (veränderbare und transiente), dynamische Kommunikationssituation* bezeichnen können. Die spezifischen Rollen können eingeschränkter (wie im Falle des Bleistifts) oder interessanter verteilt sein, zum Beispiel bis hin zu streng asymmetrischen Situationen, in denen nur eine Person zeichnen (oder sprechen oder unterschreiben usw.) darf, oder aber bis hin zu mehr oder weniger nicht-interaktiven Situationen, in denen das Recht auf Beiträge insgesamt eingeschränkt ist.

Die Interaktion der Zeichenrezipient*innen mit dem Canvas kann daher variieren, je nachdem, ob es sich bei der kommunikativen Situation um eine externalisierte, distanzierte Repräsentation bestimmter Inhalte handelt oder ob sich Einzelpersonen selbst *in* der kommunikativen Situation befinden und als Interaktionspartner spezifische Rollen spielen. Wenn Interpretanten selbst Teil der Situation sind, können wir ebenso gut von *Darsteller*innen* oder *Performer*innen* sprechen. Außerdem gibt es hier, genau wie beim Prozess des Kratzens auf unserem Kieselstein, Informationen, die mit den Materialunterschieden einhergehen, aber von den Regelmäßigkeiten, die dem Material auferlegt werden, getrennt sind. Performanz

Eine solche sehr traditionelle Unterscheidung, die wir allerdings wesentlich modifizieren müssen, wird oft mit Blick auf Sprachdarbietungen vorgenommen, wenn verbale und non-verbale Kommunikation getrennt werden. Verbal ist dann meistens das, was gesagt und gemeint wird, während non-verbal zum Beispiel Gesten und Betonungen beinhaltet und oft die Rede von unbeabsichtigen Informationen ist. Es sollte nun klar sein, warum eine solche Unterscheidung unzureichend ist: Wir können solche Differenzierungen nicht vornehmen, bevor wir nicht die wesentlichen materiellen Unterschiede, die anwendbar sind, herausgearbeitet haben. Diese Informationen sind immer vorhanden und sie sind oft ein wichtiger Bestandteil dessen, was kommuniziert wird (vgl. Choi, Gray & Ambady 2006) – was allerdings nicht funktioniert, besonders mit Blick auf Multimodalität, ist die Annahme, dass sich dies mit einem Bereich ‚nonverbaler Signale' deckt, wie oft vermutet (vgl. Burgoon, Guerrero & Manusov 2011); wir werden dies in den entsprechenden Fallstudien genauer nachvollziehen.

Zusammenfassend lässt sich sagen, dass diese Art von kommunikativer Situation im Allgemeinen Ereignisse beinhaltet, die in der Zeit stattfinden: Der Canvas, auf den die Bedeutung eingeschrieben ist, ist in diesem Fall die gesamte physische Situation, in der die Interaktion stattfindet, die nicht nur aus der Umgebung, den Objekten der Umgebung usw. besteht, sondern auch aus den verbalen Äußerungen, den Gesichtsausdrücken, den Haltungen und räumlichen Abständen, die von den Interagierenden gehalten werden. Ein ähnlicher Canvas kann aber auch *distanziert* sein, wie beim Betrachten eines Tanzes.

Die bisher vorgenommenen Unterscheidungen entsprechen noch immer solchen kommunikativen Situationen, die oft in Studien zu Interaktion und Zeichen diskutiert werden. Die nächste Canvas-Variante allerdings versetzt uns in neues Terrain und kombiniert Canvas, Produzent*innen und Rezipient*innen auf ganz andere Weise. In unserer ersten Situation, beim Kieselstein am Strand, ist der*die Zeichenrezipient*in klar getrennt und unterscheidet sich vom Canvas, den der Kieselstein anbietet. Das heißt, dass der*die Rezipient*in sich außerhalb des Canvas befindet. Lassen Sie uns nun die Perspektive umkehren und die Größe des Kieselsteins und seiner Markierungen so ausweiten, dass er den*die Zeichenrezipient*in ebenfalls *umfasst*. Wir nehmen also an, dass der*die Rezipient*in nicht außerhalb des Canvas steht, sondern dass er*sie sich *innerhalb* des Canvas befindet. Das ist graphisch in Abbildung 3.6 dargestellt, wo wir den Kieselstein viel größer wahrnehmen können und der*die Rezipient*in mit einbezogen wurde.

Abb. 3.6. Ein*e eingebettete*r Zeichenrezipient*in

Die Art der Situation, die durch diese Konfiguration gekennzeichnet ist, liegt zum Beispiel bei Computerspielen mit Egoperspektive (engl.: First Person Games) oder bei verkörperten Virtual-Reality-Setups vor. Diese werden nicht von außen betrachtet oder interpretiert; die Spieler*innen befinden sich in ihrer jeweiligen Spielwelt oder Darstellung. Dennoch können diese Situationen immer wieder durch spezifische Materialitäten modifiziert werden: Wenn wir ein Computerspiel auf einem traditionellen 2D-Computerbildschirm spielen, dann sind wir immer noch darin eingeschlossen oder ‚eingebettet', auch wenn es sich nicht um eine vollständige, naturalistische 3D-Umgebung handelt. Auch viele weitere Abstraktionsarten können angewendet werden.

Unsere graphische Darstellung hier versucht uns daran zu erinnern, dass der Canvas und seine Zeichen immer noch von Zeichenproduzent*innen erstellt werden (oder von Produzent*innen, denn wir machen keine Annahmen darüber, ob es sich um Gruppen- oder Einzelaktivitäten handelt). Diese Tatsache ist ein wesentlicher Bestandteil dafür, dass das Ganze als kommunikative Situation gelten kann und die Situation sich folglich von einer einfachen, natürlichen Verkörperung unterscheiden kann, bei der man in der Welt ist und sie wie gewohnt wahrnimmt. Obwohl es Ansätze in der Multimodalitätsforschung gibt, die versuchen, multimodale Analysen auf die ‚natürliche Umwelt' anzuwenden, werden wir deutlich vorsichtiger sein. Und wie zuvor wird es auch hier hilfreich sein, mit einigen Grenzfällen zu beginnen, zum Beispiel mit solchen, die die Grenze zwischen natürlichen und gestalterisch entworfenen Situationen überschreiten. Dies liegt zum Beispiel in Augmented-Reality-Kontexten vor, in denen gestaltete Informationen durch eine dazwischen liegende Schnittstelle (die wiederum entweder 2D oder immersiv sein kann) über die natürliche Umgebung gestellt werden. Solche Situationen machen die natürliche Umgebung nicht zu einem kommunikativen Artefakt, sondern sie eröffnen einen Dialog zwischen den gestalteten Komponenten und dem, zu dem diese Komponenten in Bezug gesetzt sind (vgl. Krotz 2012).

Zu beachten ist jedoch, dass es nicht immer einfach ist, zu entscheiden, ob wir uns in einer kommunikativen Situation befinden oder nicht: Wie ist es zum Beispiel mit besonders gestalteten Umwelten oder Umgebungen? Ein interessanter Fall liegt mit Kress und van Leeuwens Betrachtung eines Kinderschlafzimmers ‚als Text' vor – d.h. als etwas, das wir zur Interpretation in Betracht ziehen können. Sie schlagen diese Interpretation aus folgenden Gründen vor:

> "This child's bedroom is clearly a pedagogic tool, a medium for communicating to the child, in the language of interior design, the qualities ..., the pleasures ..., the duties ..., and the kind of future her parents desire for her. This destiny, moreover, is communicated to her in a language that is to be *lived*, lived as an individual identity-building and identity-confirming experience in that individual bedroom." (Kress & van Leeuwen 2001: 15)[3]

Kress und van Leeuwen stellen diesen Kontext als anschauliches Beispiel gleich zu Beginn ihrer einleitenden Diskussion vor, ohne auf die anspruchsvollen philosophischen, theoretischen und praktischen Analysefragen, die sich in einem solchen Fall stellen, näher einzugehen. Wir wollen die damit verbundenen Fragen hier etwas detaillierter diskutieren, indem wir eben jene Charakterisierungen für kommunikative Situationen, die wir bisher vorgestellt haben, verwenden:

Ganz offensichtlich haben wir es bei dem Kinderschlafzimmer mit einem Canvas zu tun, der bewusst auf eine bestimmte Weise konstruiert wurde, um zumindest indirekt eine bestimmte Art von Wirkung auf eine Zielgruppe zu haben: das Kind. Damit sind zumindest einige unserer notwendigen Voraussetzungen für kommunikative Situationen erfüllt. In diesem Fall ist es jedoch, ähnlich wie bei den oben genannten Videospielen, viel schwieriger zu sagen, um welche Art von ‚Inhalt' es sich handelt. Der Kontext bietet uns daher auch eine gute Möglichkeit, diesen Begriff des Inhalts zu problematisieren und ihn entsprechend zu erweitern. Im Falle eines Spiels oder des spezifischen Raumes sollen die getroffenen Designentscheidungen nicht zu einfachen Interpretationen seitens der ‚Empfänger*innen' führen, sondern speziell dazu, *bestimmte Umgangsformen und Verhaltensweisen wahrscheinlicher oder einfacher zu machen als andere.*

Tatsächlich gibt es viele kommunikative Situationen dieser Art und dazu gehören sogar so alltägliche Artefakte wie Erzählfilme: Diese sind dazu bestimmt, nicht nur eine Geschichte zu ‚zeigen', sondern ihr Publikum auch durch verschiedenste emotionale Reaktionskurven zu tragen. So können wir auch Filmgenres definieren: Eine Komödie wird das Publikum zum Lachen bringen, ein Horrorfilm wird die Menschen erschrecken und so weiter. Zu beachten ist, dass diese Annahme immer noch perfekt

3 „Das Kinderzimmer ist eindeutig ein pädagogisches Werkzeug, ein Medium zur Kommunikation mit dem Kind, in der Sprache der Innenarchitektur, den Qualitäten ..., den Freuden ..., den Pflichten ... und der Art von Zukunft, die sich ihre Eltern von ihr wünschen. Dieses Schicksal wird ihr außerdem in einer Sprache vermittelt, die *gelebt* werden soll, als individuelle identitätsstiftende und identitätsbestätigende Erfahrung in diesem einzelnen Schlafzimmer." (Kress & van Leeuwen 2001: 15; eigene Übersetzung)

mit der extrem breiten Konzeption möglicher ‚Interpretierenden' für Zeichenvehikel innerhalb des Peirceschen Semiotik-Modells vereinbar ist. Jede Einschränkung, nur einfachere ‚Botschaften' zu betrachten, ist daher sowohl für Peirce als auch für die Art von Fundament für multimodale Analysen, das wir hier darlegen, unberechtigt.

Ebenso wie traditionellere Texte ihre Leser*innen oder Zuhörer*innen entlang bestimmter Interpretationspfade führen, so steuern auch konstruierte Umgebungen und audiovisuelle Artefakte die emotionalen und anderen Reaktionen ihrer Empfänger*innen. Tatsächlich gibt es in dieser Hinsicht wenig Gründe, hier größere Unterschiede vorzunehmen: All diese Formen der Zeichenproduktion funktionieren ziemlich ähnlich, um ziemlich ähnliche Effekte zu erzielen. Eine schriftliche Erzählung versucht, genauso fesselnd und ‚immersiv' zu sein wie ein Film; beide nutzen dazu einfach ganz unterschiedliche Ressourcen.

Zusammenfassend lässt sich sagen: In einer Filmsituation konstruieren die Filmemacher*innen ein Artefakt, das im Zusammenspiel mit anderen ein bestimmtes Spektrum an physikalischen und kognitiven Reaktionen erzeugt. Der einzige Unterschied zur Situation im Kinderzimmer scheint dann zu sein, dass das Verhalten im Kinderzimmer viel ‚allgemeiner' ist: Es handelt sich um Aktionen, die in jedem Fall durchgeführt werden müssen, die aber in bestimmte Richtungen und nicht in andere gelenkt werden. Ein Film führt und lenkt die Reaktionen seiner Empfänger*innen zeitlich enger. Irgendwo zwischen diesen beiden Fällen gibt es dann zum Beispiel Computerspielsituationen, in denen es weniger direkte Kontrolle gibt, aber immer noch erhebliche Freiheit in einigen (entworfenen) Umgebungen vorliegt.

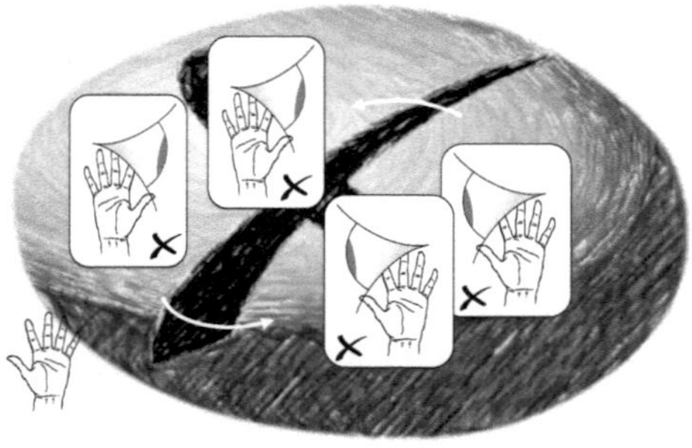

Abb. 3.7. Verkörperte Face-to-Face-Interaktion in virtueller Umgebung: die Holodeck-Situation

Dies führt uns dann zum logischen nächsten Schritt in der Entwicklung kommunikativer Situationen, der in Abbildung 3.7 graphisch dargestellt ist. Hier nehmen wir die Gruppe der interagierenden Teilnehmenden, wie oben für Face-to-Face-Interaktionen beschrieben, und platzieren das gesamte Ensemble *in* eine geschaffene, gestaltete Umgebung. Das heißt, wir platzieren unsere Gruppe in Star Treks Holodeck. Dies ist eine komplexe Situation mit ihren eigenen, ziemlich anspruchsvollen Anforderungen an die Materialität und, vielmehr noch, an die externen Produzent*innen dieser Umgebung, die diese Materialität nutzen. Wir werden auf einige der aktuellen Debatten und Probleme in solchen Situationen zurückkommen, wenn wir zeitgenössische Computerspiele in unseren Fallstudien in Teil III des Buchs diskutieren. Je mehr die Interagierenden hier ihre Einbettung in die Spielwelt beeinflussen und verändern dürfen, desto herausfordernder wird die Situation – und wieder, wie oben beschrieben, wird es immer variable Rollen geben.

Diese Art von Situation ist in der Tat bereits ausführlich diskutiert worden, insbesondere mit Fragen nach möglichen Narrativen innerhalb dieser Umgebung (vgl. Murray 1997). Für unsere Zwecke werden wir uns jedoch weiterhin auf die Identifizierung der grundlegenden Eigenschaften von kommunikativen Situationen, die mit solchen Wechselwirkungen einhergehen, konzentrieren, da diese weitgehend bestimmend dafür sind, was mit dem ‚Medium' überhaupt alles getan werden kann.

Bisher haben wir die meisten der theoretisch möglichen Konfigurationen und Neukonfigurationen von Kombinationen aus Zeichenproduzent*innen, -rezipient*innen und dem eingesetzten Canvas berücksichtigt. Jeder dieser Punkte stellt Einschränkungen für die Affordanzen dar, die für eine Unterstützung der Materialitäten erforderlich sind. Es gibt jedoch noch eine letzte Konfiguration, die dann vorliegt, wenn der Canvas und der darin enthaltene Text mit den Zeichenproduzent*innen einhergehen. Wir stellen diese Möglichkeit graphisch in Abbildung 3.8 dar.

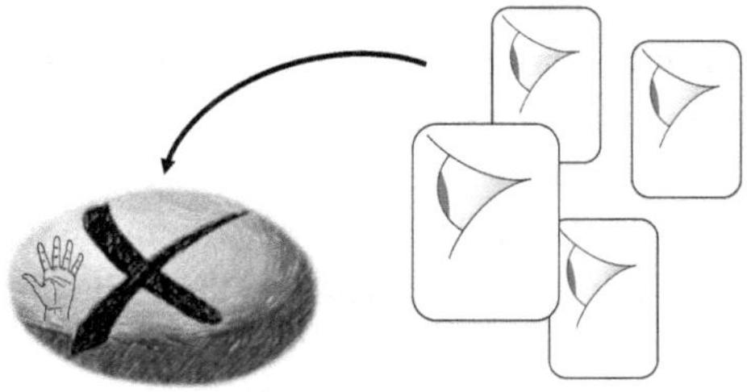

Abb. 3.8. Sich selbst produzierende Texte: Cybertexte und komplexe Canvases

Um die Diskussion nicht unnötig zu verkomplizieren, nehmen wir hier den einfachsten Fall, das heißt, eine Gruppe von Zeichenrezipient*innen, die selbst keine Befugnisse oder Zugangsrechte haben, interpretieren einen Text, der in der Lage ist, sich eigenständig zu ändern bzw. neu zu generieren. Espen Aarseth bezeichnet diese Form von Text als ‚Cybertext', als Text, der durch Berechnungen erzeugt wird (vgl. Aarseth 1997: 75). Solche Texte können sich völlig unabhängig von ihren Verbraucher*innen entfalten, wie dies in einigen Fällen von experimenteller Hypertext-Fiktion oder animiertem Text vorliegt, bei dem sich der zu lesende Text mit der Zeit bewegt oder verändert. Alternativ kann es auch mehr oder weniger minimale Interaktionen für die Verbraucher*innen geben, wie z.B. das Anklicken von Links zur Navigation durch einen Hypertext. In diesem Fall sollte unsere Graphik (wahrscheinlich eher kleine) Handsymbole für jede*n der Beobachter*innen enthalten, die ihre Rolle bei der Konstruktion dessen zeigen, was dann als Text betrachtet wird. Dies ist eigentlich eine externalisierte Version der Computerspielsituation im Sinne eines Holodecks.

Der externalisierte Charakter der Interaktion erfordert dann in der Regel zusätzliche Möglichkeiten der Signalisierung, die normalerweise aus einem begrenzten Repertoire von Operationen bestehen, die den Zeichenrezipient*innen erlaubt sind, wie z.B. das Anklicken oder die Eingabe verschiedener Befehle (wie Springen, Ausführen, Schießen, Bauen eines Hauses, etc.).

Transienz

Auch an dieser Stelle ist es möglich, eine weitere Verzweigung vorzunehmen, je nachdem, wie die ‚Berechnung' eingesetzt wird. Und in der Tat brauchen wir nicht immer eine Berechnung, da Veränderungen auch durch physikalische Prozesse herbeigeführt werden können. Auf der einen Seite haben wir also tatsächliche Änderungen im Text und auf der anderen Seite haben wir Änderungen in der Art und Weise, wie auf den Text zugegriffen oder wie er zur Verfügung gestellt wird. Insbesondere kann der Canvas verschiedene Arten von *Transienz* bzw. Flüchtigkeit oder Vergänglichkeit unterstützen. Zum Beispiel kann ein einfacher, linearer, verbaler Text horizontal über einen Bildschirm scrollen und dabei nach und nach verschwinden, so dass nur eine begrenzte Zeit bleibt, um den Text zu lesen, während er durchläuft – viele Vorspanne im Film verwenden eine solche Präsentationsstrategie. Ein ähnlicher Effekt kann auch chemisch erreicht werden, z.B. mit Zaubertinte, die nach dem Schreiben verschwinden kann.

Rechnergestützt können beliebig komplexe Formen von Transienz erzeugt werden und wir haben noch sehr wenig Informationen über die Auswirkungen, die dies haben könnte. Betrachten wir als ein mögliches Beispiel einen Text, der nach dem Lesen allmählich verblasst, nur um die Schlüsselwörter in regelmäßigen oder unregelmäßigen Abständen wieder auf dem Bildschirm erscheinen zu lassen (vielleicht sogar über dem oberen Rand des späteren Textes). Wir wissen sehr wenig über die Auswirkungen, die dies auf unsere Rezeption haben könnte; möglicherweise entstehen so ästhetische und literarische Möglichkeiten, die vorteilhaft eingesetzt werden könnten.

Wir sehen, dass eine ganz andere Art von Einbindung unterschiedlicher Details in solche kommunikativen Situationen möglich ist, wenn die Rollen von Produzent*innen und Rezipient*innen ausgetauscht oder anders verteilt werden. Und in dem Maße, in dem das als Interaktionsmedium verwendete Material es erlaubt, eröffnen sich eine erhebliche Dynamik und Möglichkeiten zur Feinabstimmung von Interpretationen.

3.2.8 **Zusammenfassung: Kommunikative Situationen**

Wir haben nun einige grundlegende Bedingungen festgelegt, die erfüllt sein müssen, damit eine kommunikative Situation entsteht bzw. vorliegt. Die wahrscheinlich wichtigste Lektion, die wir Ihnen aus dieser recht detaillierten Zerlegung der notwendigen Komponenten von kommunikativen Situationen auf den Weg geben möchten, ist, dass *alle* kommunikativen Situationen, die analysiert werden sollen, mit der gleichen Sorgfalt angegangen werden müssen. Nur so können wir sicher sein, dass wir nicht voreilig und unangebracht begrenzen, was und wie kommuniziert wird. Im Folgenden wird dies ein wichtiger Eckpfeiler der von uns vorgeschlagenen allgemeinen Analysemethodik werden. Diese Bedingungen führen uns aber auch direkt zu einigen weiteren relevanten Unterschieden, die es in der Analyse zu beachten gilt: Betrachten wir zum Beispiel die Beziehung zwischen der kommunikativen Situation und den ‚Interpretanten', d.h. den Personen, die als Mitglieder der jeweiligen Gemeinschaft der Zeichennutzer*Innen materielle Spuren erkennen und deren Verwendung zur Erzeugung von Interpretationen oder Reaktionen kontextualisieren (wir werden später mehr zu den Mechanismen dieser Produktion sagen). Bisher war es in der Sprachwissenschaft und in vielen der einfacheren Kommunikationsmodelle aus den Kommunikationswissenschaften üblich, solche Beziehungen in Form von kommunizierten ‚Botschaften' zu betrachten. Allerdings werden wir für viele multimodale Artefakte und Darbietungen deutlich mehr sagen wollen.

Ein Canvas ist ein Ort semiotischer Aktivität: Er stellt die Schnittstelle dar, die ein Medium bietet für die Interpretation der Botschaften, die das Medium trägt. Ein Canvas kann sehr komplex sein und sich in unterschiedliche Subcanvases verschiedener Art untergliedern. Einer der komplexesten Canvases ist der, der von der Welt und den Teilnehmenden in persönlichen Gesprächen gebildet wird. Die Körper, Töne und Haltungen der an der Interaktion und im Raum Beteiligten bilden jeweils einen Subcanvas für die Situation als Ganzes. Dies zeigt, wie wichtig es ist, größere, komplexe kommunikative Situationen in kleinere, kompatible Einzelteile zu zerlegen. Jeder dieser Teile kann als Medium/Canvas mit eigener Materialität und Kommunikationsfähigkeit beschrieben werden, der dann wiederum verschiedene Ausdrucksformen beinhalten kann.

Zusammenfassung: Canvases können in Bezug auf ihre räumliche Dimensionalität (2D, 3D) variieren und sich darin unterscheiden, ob sie es den Kommunizierenden erlauben, sich in ihnen zu befinden, als verkörperte Darsteller*innen, oder davon distanziert zu sein, wie beim Spielen eines Computerspiels. Oder aber die Darbietung wird nicht durch den Canvas unterstützt und asymmetrische Rollen führen zu einer Unterscheidung zwischen Darsteller*innen auf der einen und Zuschauer*innen bzw. Publikum auf der anderen Seite, wie bei einem Theaterstück oder einem Film. Ein Canvas kann entweder statisch sein (wie in einem Bild) oder sich in der Zeit entfalten.

Ein Canvas kann distanziert sein oder man befindet sich selbst in der Interaktion, wobei dann der Canvas um die Materialität des eigenen Körpers erweitert wird. Wir sehen also, dass es sowohl ‚Produktions-' als auch ‚Rezeptions'optionen gibt, die miteinander kombiniert werden können. Drucker (2013) betont, dass diese Optionen auch im Hinblick auf die von ihnen gebotenen Möglichkeiten der Interaktion und Interpretation und nicht lediglich als physikalische Eigenschaften einer Situation oder eines Artefaktes berücksichtigt werden sollten.

Jeder Canvas bringt verschiedene Arten von Affordanzen mit sich und kann daher Konsequenzen für die Zeichenmodalitäten haben, die er tragen kann. Wir werden dies im folgenden Kapitel systematischer behandeln, wenn wir diese erste Diskussionsrunde semiotischer Zugang abgeschlossen haben. In allen Fällen wird es jedoch wichtig sein, daran zu denken, dass oft nicht das Material selbst, sondern die *semiotische Konstruktion des Zugangs* zu diesem Material relevant ist.

3.3 Medium (und Medien)

An mehreren Stellen haben wir bereits über die Bedeutung des physikalischen (oder technischen) Trägers von ‚Kommunikation' gesprochen. Diesen materiellen Aspekt einer jeden kommunikativen Situation wollen wir nun aktiv für unsere Analysen einsetzen. Jeder Canvas, auf dessen Material Spuren zur Kommunikation eingeschrieben ist, verfügt über eine Vielzahl von Merkmalen, von denen wir einige bereits in der Zusammenfassung des vorherigen Kapitels skizziert haben. Diese Merkmale können uns wesentlich dabei unterstützen, unsere Analysen multimodaler Situationen zu präzisieren. Denn das Wissen darüber, welches Material ein Canvas unterstützt, sagt uns zugleich sehr viel über die kommunikativen Formen oder Zeichenmodalitäten, die bei der Verwendung des Canvas auftreten können.

Medienspezifizität

Das bedeutet *nicht*, dass bestimmte Materialien nur bestimmte Arten von Bedeutungen tragen können! Eine solche Argumentationslinie, der wir auch im vorherigen Kapitel begegnet sind, führt meist in die Irre, da sie Vorhersagen trifft, die leicht zu widerlegen sind. Es ist durchaus möglich, dass ein Canvas ohne Bewegung Bewegung darstellt, wie wir es wahrscheinlich am dramatischsten in Comics und anderen visuellen Erzählungen sehen; es ist auch möglich, dass im Raum Zeit dargestellt wird, dass eine Farbe einen Klang oder ein Raum eine Berührung repräsentiert. Solche Situationen sind nicht besonders außergewöhnlich und wir werden im nächsten Kapitel mehr darüber erfahren, wie solche bedeutungskonstruierenden Aktivitäten funktionieren.

Wir richten unsere besondere Aufmerksamkeit hier jedoch auf die Tatsache, dass wir zwar aus einem bestimmten Canvas heraus keine Aussagen darüber ableiten können, *was* dargestellt werden kann, wir aber sehr viel darüber sagen können, *wie* etwas dargestellt werden könnte. Ein bestimmter Canvas wird nur bestimmte wesentliche Unterschiede zur Verfügung stellen und nicht andere – und das ist es dann, was für die Bedeutungskonstruktion zur Verfügung steht und von uns analysiert werden kann.

Ungeachtet dieses Punktes können wir dennoch in Betracht ziehen, Bedeutungen so zu formulieren, dass wir die natürlichen wahrnehmbaren Eigenschaften nutzen, die ein Canvas schon allein aufgrund seines Materials hat, wie z.B. Farbe, Bewegung. Dies kann man durchaus als Weg des geringsten Widerstandes bezeichnen: Wenn wir zum Beispiel irgendwo Farbe darstellen wollen und der Canvas aufgrund seiner materiellen Beschaffenheit auch die dazu notwendigen Farbvariationen unterstützt, könnten wir diese Tatsache einfach als gegeben hinnehmen und diese materielle Unterscheidungsmöglichkeit unserer kommunikativen Intention gemäß nutzen! Wir sollten uns jedoch bewusst machen, dass wir diesen Weg nicht unbedingt einschlagen *müssten* und uns auch andere Gestaltungsmöglichkeiten offen stehen. Solchen Phänomenen liegt immer eine ‚Entscheidung' darüber zugrunde, welches Material wie eingesetzt wird, und diese wird von einer Gemeinschaft von Nutzer*innen im regelmäßigen Gebrauch des Canvas getroffen.

Je mehr jedoch die Eigenschaften eines Canvas für die Wahl des Materials genutzt werden und dabei nicht mit den Bedeutungen übereinstimmen, die sie hervorrufen sollen, oder vielleicht sogar im Widerspruch zu ihnen stehen, desto unwahrscheinlicher ist es, dass die gesamte Konfiguration funktional oder wirksam ist. Im Bereich der Bildwissenschaften gibt es umfangreiche Diskussion zu diesem Thema, die sich mit möglichen Grenzen von Konventionalität beschäftigen (vgl. Gombrich 1982).

Mit Blick auf die einem Canvas ‚angeborenen' Bedeutungen ist es sinnvoll, seine vielen verschiedenen Verwendungsmöglichkeiten in Augenschein zu nehmen – was wir in den Fallstudien im letzten Teil unseres Buchs ausführlich tun werden. Hier schließen wir daher das Kapitel lieber mit einer Canvas-Systematik, die die unterschiedlichen Formen eines Canvas im Hinblick auf die jeweils durch das Material unterstützten Unterschiede klassifiziert. Genauer gesagt drehen wir unsere Beschreibung hier sozusagen um, um nicht nur bestimmte Canvas-Formen oder Materialien in den Blick zu nehmen, sondern um uns deutlicher auf die Unterschiede in der Klassifizierung der verschiedenen Formen konzentrieren zu können, denn genau diese sind kommunikativ oder ‚semiotisch' relevant!

Wir haben diesen Punkt bisher in Bezug auf die Übertragbarkeit bestimmter Regelmäßigkeiten auf materielle Unterschiede angesprochen, nämlich dort, wo wir diskutierten, dass die Markierung auf unserem Kieselstein genauso gut auf einem Blatt Papier erscheinen oder auf einen Bildschirm projiziert werden könnte. Die Frage, was ein Canvas in einer kommunikativen Situation ‚tun kann', hilft uns auch herauszufinden, wovon eine kommunikative Form, die diesen Canvas nutzt, Gebrauch machen kann und gegen was sie anarbeiten muss, um beabsichtigte Bedeutungen zu erwirken. Beide Aspekte tragen dazu bei, unsere Analysen zu präzisieren und zu fokussieren.

Dieser Blick auf den Canvas als ‚abstrakte' oder ‚verallgemeinerte' Form von Materialität erlaubt es auch, den Begriff *Medium* so neu zu fassen, dass damit insbesondere multimodal-theoretische Fragen genauer gestellt und beantwortet werden können. Das heißt, dass wir auch das Konzept ‚Medium' jetzt ‚multimodal anwendbar' machen können. Wie wir im vorherigen Kapitel gesehen haben, wird dieses Konzept von verschiedenen Disziplinen und Traditionen beansprucht – und spielt in allen eine sehr unterschiedliche Rolle (vgl. z. B. Posner 1986, Münker & Roesler 2008, Krämer 2008, Holly 2011, Jäger 2015). Das zeigt sich auch bereits im Titel dieses Abschnitts: Während ‚Medium' (im Singular) oft sehr nah zu ‚Materialität' diskutiert wird, also als Stoff, in den Kommunikation eingeschrieben ist, werden ‚Medien' (im Plural) meistens im Kontext von Massenmedien oder Kommunikationsmedien beschrieben, die ganz inhärent stärker mit sozialen Institutionen und kommunikativen Ereignissen verbunden sind. Beide Perspektiven sind von Bedeutung für eine Auseinandersetzung mit dem Konzept und müssen deswegen in unserem Zugang berücksichtigt werden.

Wie im vorherigen Abschnitt vorgeschlagen, stößt man jedoch mit einer Erweiterung der Begriffe ‚Medium' oder ‚Medien' aus der Medienwissenschaft oder -philosophie kommend und für den Umgang mit Multimodalität oft auf bereits bekannte Schwierigkeiten. Denn dabei ist es notwendig, sich mit Phänomenen zu befassen, die das ursprüngliche Verständnis dieser Begriffe aus- und manchmal auch überdehnen. In diesem und im nächsten Kapitel werden wir daher die semiotische Arbeit aufteilen und gleichberechtigter gestalten, weil es nicht notwendig ist, dass all diese theoretische Arbeit von einem einzigen Konstrukt geleistet wird. Im Folgenden werden sich demnach Parallelen zwischen unserer Identifizierung und Klassifizierung der Canvas-Typen in kommunikativen Situationen und einigen Ansätzen zur Analyse der materiellen Aspekte eines ‚Mediums' ergeben. Im nächsten Kapitel werden wir dann näher erläutern, wie unsere semiotische Konstruktion von Multimodalität einen Canvas in Bezug zu den jeweils beteiligten ‚Medien' setzen kann und so auch ihre institutionelle und soziale Seite analysierbar wird.

Diese Vorgehensweise erlaubt es dann, das für multimodale Analysen nutzbare Konzept ‚Medium' innerhalb eines Kontextes zu sehen, der eine robuste Hilfestellung für empirische multimodale Forschung bietet. Wir werden dies in Kapitel 7 besonders hervorheben, wenn wir erläutern, wie die unterschiedlichen Fallstudien als Beispiele für praktische Analysen gelesen werden können.

3.3.1 Eine einfache Systematik für Canvases in kommunikativen Situationen

Wir haben im vorherigen Abschnitt ein ziemlich breites Spektrum an kommunikativen Situationen gesehen, die sich jeweils auf recht unterschiedliche Affordanzen der jeweiligen Materialität stützen. All diese Möglichkeiten bringen wir jetzt in einer einzigen multidimensionalen Klassifikation zusammen, mit der wir jede erdenkliche kommunikative Situation genauestens beurteilen können. Damit erhalten wir einen Klassifikationsapparat, mit dem wir Methoden und Ansätze zur Analyse erschließen können – je nachdem, welche Arten von kommunikativen Situationen wir analysieren wollen. Auch hier werden wir uns wieder von einfacheren zu komplexeren Situationen durcharbeiten.

Dabei wollen wir auch sicherstellen, dass wir, wo immer möglich, Zusammenhänge und Gemeinsamkeiten identifizieren können. Bestimmte, oft standardmäßig vorgenommene Unterscheidungen – wie z.B. digital vs. analog oder ‚neue Medien' vs. ‚alte Medien' – sind in dieser Hinsicht weniger nützlich und werden daher nicht verwendet. Wir werden aber sehen, dass die Idee hinter diesen Unterscheidungen sehr wohl in unserer Klassifizierung zusammengefasst wird.

Unsere Diskussion strukturieren wir entlang unterschiedlicher Dimensionen, die direkt in das Klassifizierungsschema Eingang finden. Die Dimensionen selbst sind nach ‚Facetten' gruppiert, die sich auf verschiedene Arten von Materialeigenschaften des jeweils in Rede stehenden Canvas beziehen – auch wenn wir noch einmal betonen, dass diese Materialität immer im Verhältnis zu den an sie gestellten Anforderungen betrachtet werden muss und gerade nicht nur ihre physikalischen Eigenschaften von Interesse sind; diesen semiotischen Anforderungen widmen wir uns in ihrer Gesamtheit im nächsten Kapitel.

Beginnen wir mit den folgenden relativ einfach zu identifizierenden Dimensionen:

- Wir haben vorgeschlagen, dass Materialitäten entweder statische oder dynamische Repräsentationen unterstützen können. Wenn solche Darstellungen von Natur aus veränderlich sind, d.h. dass das, was dargestellt wird, sich mit der Zeit ändert, unabhängig vom Handeln der Rezipierenden, dann sind sie **dynamisch**; wenn eine solche Veränderung ausgeschlossen ist, wie beim Kreuz auf unserem Kieselstein, dann sind die Darstellungen **statisch**.
- Wir haben auch gesehen, dass wir eine Dimension benötigen, die die räumliche Dimensionalität des Materials und die damit verbundenen Repräsentationen abdeckt: Ein Canvas kann flach und zweidimensional sein (**2D**), ein anderer kann räumliche Tiefe haben und drei Dimensionen haben (**3D**). Wichtig ist, dass sich diese Unterscheidung hier immer auf die Eigenschaften des Materials bezieht und nicht auf das, was in diesem Material dargestellt wird. Ein Flachbildschirm, der eine natürliche Landschaft darstellt, ist also immer noch nur zweidimensional (und muss daher zusätzliche Konventionen und Projektionen einsetzen, um Tiefe darzustellen).
- Ebenfalls direkt mit Eigenschaften des Canvas verbunden sind Fragen der **Transienz**. Jeder Text, der nach den von uns hier beschriebenen Möglichkeiten produziert wird, kann in seiner Transienz unterschiedlich sein. Das heißt: Vorgenommene Markierungen können sofort verschwinden, wie im Falle von gesprochener Sprache, oder aber sie hinterlassen ‚dauerhafte' Spuren z. B. auf Papier, als Einkerbung in Tontafeln oder Gravuren in Glas. Auch Zwischenformen sind möglich. Transienz wird im Allgemeinen durch das Material oder das verwendete Medium bestimmt und ist damit eine Eigenschaft des Canvas, die auf Prozesse der Bedeutungskonstruktion Einfluss nimmt.
- Eine weitere Unterscheidung, die wir oben bereits vorgenommen haben, liegt vor, wenn wir fragen, ob Zeichenrezipient*innen ein Teil der Darstellungen oder Texte sind oder außerhalb davon stehen. Wir unterscheiden dann zwischen **Teilnehmenden** und **Beobachtenden**. Teilnehmende sind notwendigerweise *Teil* der dargestellten Welt, z.B. wenn sich die Akteure einer Spielwelt auf einem Holodeck befinden. Für Teilnehmende ist die gewählte Perspektive dann notwendigerweise die Ich-Perspektive. Beobachtende stehen dagegen eher entfernt oder getrennt von dem zu interpretierenden Material und den Zeichenleser*innen.

Wichtig ist, dass diese vier Dimensionen im Prinzip frei interagieren können; deshalb beschreiben wir sie als ‚Dimensionen'. Die Unterscheidung zwischen Teilnehmenden und Beobachtenden gilt somit auch für 3D-Darstellungen: Beobachtende können sich ‚innerhalb' eines virtuellen 3D-Diagramms bewegen, sind aber nicht Teil des Diagramms – d.h. eine Ich-Perspektive ist (in der Regel) in einer solchen Konstellation und in Bezug auf das Objekt nicht möglich. Auch hier führt diese Unterscheidung dazu, dass ganz unterschiedliche Konventionen und Kommunikationssysteme zum Einsatz kommen, die dann in der multimodalen Analyse getrennt gehalten werden sollten. Auch die dreidimensionale Darstellung selbst kann entweder statisch oder dynamisch sein, beide Optionen sind möglich.

Die weiteren Dimensionen, die sich aus der obigen Diskussion ergeben, umfassen einige etwas komplexere Kategorien. Wir beschreiben diese vor allem in Bezug auf die Arbeit, die ‚Rezipierende' möglicherweise selbst in die *Konstruktion* des ‚Textes' einbringen müssen, mit dem sie sich in einem Artefakt oder einer Darbietung beschäftigen. Rezipierende haben mit der Markierung auf unserem Kieselstein nichts anderes zu tun, als diese wahrzunehmen, d.h. sie zu sehen, zu fühlen oder auch zu schmecken. Indem wir von ‚Rezipierenden' sprechen, nehmen wir explizit keine Fokussierung auf einen bestimmten Sinneskanal vor. Stattdessen stellt die Situation dar, welch minimaler Einsatz im Prozess der Zeicheninterpretation geleistet werden muss.

Cybertext

Es gibt jedoch Arten von kommunikativen Situationen, in denen die Rezipierenden als ‚Leser*innen', ‚Konsument*innen' oder ‚Spieler*innen' deutlich mehr Aufwand betreiben müssen, um zu dem zu gelangen, was zu interpretieren ist. Nützlich für unsere Diskussion hier ist, dass diese besondere Art der Interaktion zwischen Leser*innen/Nutzer*innen/Zuschauer*innen und dem, was gelesen, verwendet, angesehen wird, im Bereich der ‚Cybertext'-Studien recht umfangreich aufgegriffen worden ist. ‚Cyber' bezieht sich in diesem Zusammenhang auf den Begriff der Kybernetik, der ursprünglich von Norbert Wiener in den 1940er Jahren vorgeschlagen und grundsätzlich zur Beschreibung von Regelungstechniken eingesetzt wurde, zum Beispiel auch, um Mechanismen der Rückkopplung bzw. direkten Rückmeldung von Informationen darzustellen. Darauf geht auch der Begriff des ‚Cybertextes' zurück und wir werden im folgenden Kapitel näher darauf eingehen, warum unser Konzept von ‚Text' auch eine direkte Rückmeldung und Rückkopplung mit Rezipierenden des Textes beinhaltet.

Der Begriff der Interaktion von Rezipierenden und Text wurde zum Beispiel in der literaturwissenschaftlichen Auseinandersetzung mit explorativen Werken der Hyperfiktion als wichtig für literarisches und künstlerisches Schaffen diskutiert. Wie bereits kurz erwähnt, kam der wichtigste Impuls für diese Forschungsrichtung von Espen Aarseth (1997). Im Folgenden bauen wir auf einigen der von Aarseth vorgenommenen Unterschiede auf, auch wenn sein Anliegen ganz anders war als das unsere. Das bedeutet auch, dass viele Fragen und Unterscheidungen, die er vorgenommen hat, für unsere Zwecke nicht relevant sind und wir sie deswegen nicht weiter betrachten werden.

ergodisch

Was uns an Aarseths Arbeit interessiert, sind seine Ausführungen zu Situationen, in denen ein gewisses Engagement von den Leser*innen, Zuschauer*innen, Spieler*innen, usw. gefordert wird, nämlich genau dann, wenn das Medium ‚erweitert' wird und so auch die Art der kommunikativen Situation beeinflusst wird. Insbesondere werden wir den Begriff ‚ergodisch' von Aarseth für eine unserer Dimensionen übernehmen. Aarseths Motivation, diesen Begriff zu wählen, findet sich in der Etymologie für das Wort, das die griechischen Ausdrücke *ergon* für ‚Arbeit' und *hodos* für ‚Pfad' miteinander verbindet. Bei 'ergodischer Literatur' handelt es sich also um Literatur, bei der Leser*innen sich den Pfad, dem sie folgen, aktiv erarbeiten müssen und es ist genau diese Aktivität, die den Text, auf den die Leser*innen treffen, erst ‚konstruiert'. Der Begriff wird unter anderem für Hypertexte vorgeschlagen, die auch eines von Aarseths Hauptinteressen darstellen und in denen die Wahl der Verlinkungen und Verweise durch die Leser*innen den Text vorantreibt.

Aarseth definiert ‚ergodische Literatur' als Literatur, die einen nicht unerheblichen Aufwand erforderlich macht, den Text zu durchlaufen:

> "In ergodic literature, nontrivial effort is required to allow the reader to traverse the text. If ergodic literature is to make sense as a concept, there must also be nonergodic literature, where the effort to traverse the text is trivial, with no extranoematic responsibilities placed on the reader except (for example) eye movement and the periodic or arbitrary turning of pages." (Aarseth 1997: 1)[4]

Bei nicht-ergodischer Literatur dagegen ist der Aufwand trivial und erfordert keine ‚extranoematischen' Aufgaben, also nichts, was über die äußerlich wahrnehmbare Reaktion und kognitive Interpretation des Gelesenen hinausgeht.

Aarseths wesentlicher Fokus liegt auf linearem verbalen Text und unsere Beschreibungen werden sich deswegen deutlich von seinen unterscheiden müssen. Wie wir in Kapitel 5 in unserer Beschreibung empirischer Methoden sehen werden, ist aus Eyetracking-Studien bekannt, dass es ganz und gar nicht trivial ist, wie unsere Augen Informationen von dem aufnehmen, was wir wahrnehmen – etwas, das für Aarseths Arbeit gar nicht von Interesse ist. Wenn wir uns komplexen Beispielen von Multimodalität widmen, ist es daher wenig hilfreich, linearen verbalen Text als Ausgangspunkt zu nehmen. Wie wir mit Blick auf die vielen unterschiedlichen kommunikativen Situationen gesehen haben, würde uns eine solche Betrachtung also nicht besonders weit führen.

Was wir jedoch beibehalten und nun weiter ausbauen werden, ist Aarseths Vorstellung davon, dass Nutzer*innen/Leser*innen/Spieler*innen am Text *teilnehmen müssen*, um diesen innerhalb der kommunikativen Situation mit aufzubauen. Offensichtlich kann dies Aarseth zufolge mehr oder weniger stark und auf verschiedene Weise geschehen und wir werden uns hier auf seine Ausführungen zu genau diesen Variationsmöglichkeiten stützen – auch wenn unsere Beschreibung der unterschiedlichen kommunikativen Situationen dann viel allgemeiner sein wird als die, die ursprünglich von Aarseth gedacht war.

4 „In der ergodischen Literatur ist ein nicht trivialer Aufwand erforderlich, damit der*die Leser*in den Text durchlaufen kann. Wenn ergodische Literatur als Konzept Sinn machen soll, muss es auch nicht-ergodische Literatur geben, bei der der Versuch, den Text zu durchqueren, trivial ist, ohne dass dem*der Leser*in außer (zum Beispiel) Augenbewegungen und periodischem oder willkürlichem Blättern von Seiten extranoematische Verantwortlichkeiten auferlegt werden." (Aarseth 1997: 1; eigene Übersetzung)

Da wir mehrere Begriffe aus dem Kontext ergodischer Literatur übernehmen, sollten wir auch klären, wo sich einige der von uns definierten Begriffe von ihrer Verwendung in diesem Kontext unterscheiden, um Verwirrung oder Missverständnisse zu vermeiden. Zum Beispiel wird in einigen Bereichen die Unterscheidung zwischen statisch und dynamisch verwendet, um Zeit und Veränderung innerhalb von medialen Darstellungen außen vor zu lassen und der Frage nachzugehen, ob der *Text selbst* sich ändert. Wir halten dies für potenziell verwirrend, weil diese Unterscheidung in vielen anderen Arbeiten oft so genutzt wird, wie wir es weiter oben ebenfalls getan haben. Ähnliche Probleme sehen wir im Gebrauch der Begriffe ‚temporär' bzw. ‚fixiert' in der Bildwissenschaft für genau diese Unterscheidung (vgl. Sachs-Hombach 2003: 96). Aus diesem Grund werden wir die Begriffe ‚veränderbar'/‚unveränderbar' vorziehen, um deutlicher auf die sich selbst ändernden Texte hinzuweisen. Wie wir gesehen haben, ist diese Dimension tatsächlich von einer Dimension der Zeitlichkeit zu unterscheiden und sollte deswegen auch innerhalb unserer Minimalklassifikation eine Rolle spielen.

Verdeutlichen können dies einige einfache Beispiele. Ein Comicstrip, bei dem der *Inhalt* der Panels durch die Leser*innen geändert werden kann, ist statisch, aber veränderbar; ein Film, in dem Szenen durch die Zuschauer*innen ausgetauscht werden können, ist dagegen dynamisch und veränderbar. Traditionelle Filme und Comics sind natürlich nichts dergleichen, sie sind dynamisch bzw. statisch und beide unveränderbar. Das, was dagegen unter ‚hypercinema' verstanden wird, eine Situation, in der die Zuschauer*innen auf ein vorgegebenes, aber vielleicht nicht immer zugängliches Netzwerk von Szenen zugreifen, ist ebenfalls dynamisch und unveränderbar, weil der Text selbst (das Netzwerk von Filmfragmenten) sich nicht ändert. Wir kommen auf diese Unterschiede weiter unten wieder zu sprechen.

Kommunikative Situationen können so mithilfe einer Dimension beschrieben werden, die auf dem Ausmaß und Umfang dieser ‚ergodischen' Anforderungen und Fähigkeiten beruhen. Wir schlagen hierfür vier verschiedene Ebenen vor, die sinnvollerweise ganz unterschiedliche Klassen unterscheiden und die Hierarchie der Ebenen für Texte, die von Aarseth (1997: 64) vorgeschlagen wurde, erweitern. Darüber hinaus leiten wir hier von der Diskussion verschiedener Textarten zur Klassifizierung verschiedener *Canvases* über, die zur Beschreibung der Texte oder kommunikativen Situationen, die wir aufgestellt haben, notwendig sind.

Linearität

1. Erstens: Der am wenigsten komplexe Pol dieser Dimension umfasst traditionelle, lineare und unveränderbare Texte, die nur gelesen werden müssen, wobei vorzugsweise die Tatsache ignoriert wird, dass diese auf einer Seite gedruckt sind oder auf einem Bildschirm angezeigt werden, der gescrollt werden muss. Twyman (1987) beschreibt diese Form eines Textes als ‚linear unterbrochen' (engl. ‚linear interrupted') – der Text gibt in diesem Fall sein Bestes, als lineare Zeichenkette von Elementen zu erscheinen. Dies ist natürlich auf ganz bestimmte *Arten* von Texten beschränkt und kommt eigentlich eher selten vor. Auch unser Strandkieselstein mit seinem einzelnen Kreuz würde in diese Kategorie fallen. Wir bezeichnen einen solchen Canvas als **linear**.

2. Zweitens: Komplexer wird die Angelegenheit, wenn die Linearität aufgehoben wird und der Text oder die Darstellung zumindest die Zweidimensionalität seiner unterstützenden Materialität nutzt. Bateman (2008: 175) bezeichnet dies als ‚Seitenfluss' oder ‚page-flow'; Hans-Jürgen Bucher (2011) macht sich für einen besonderen Begriff der ‚Interaktion' stark, der eintreten muss, wenn Botschaften nicht mehr einfach linear verlaufen und Rezipient*innen daher daran arbeiten müssen, um festzustellen, welche Elemente möglicherweise in welcher Beziehung zueinander stehen. Mit dieser Entwicklung entfalten sich Möglichkeiten für das Layout eines Textes oder von schematischen Darstellungen, in denen der Nutzen dieser Darstellungen nicht mehr an die materielle Umgebung gebunden ist. Das heißt: Die Rezipierenden müssen selbst bestimmen, wie die gezeigten Informationen zusammengeführt werden können. Diese intrinsische ‚Nichtlinearität' in der Darstellung bringt interessante semiotische Möglichkeiten mit sich, die bei linearem Material einfach nicht vorhanden sind. Wenn unser Kieselstein groß genug wäre, könnten wir seine Oberfläche auf eine solche Weise nutzen – und damit erneut die wichtige Rolle des Einsatzes und Gebrauchs von entsprechendem Material hervorheben.

   Page-Flow / Seitenfluss

   Obwohl Aarseth diesen Bereich aus seinen Ausführungen mit der Begründung ausgeschlossen hat, dass die Arbeit der Leser*innen und Betrachter*innen ‚intern' durch Wahrnehmung und Interpretation geleistet wird, können wir diese Prozesse im Kontext von Multimodalität nicht einfach ignorieren. Dementsprechend bezeichnen wir solche Darstellungen und Materialitäten als **mikro-ergodisch**. Damit wollen wir festhalten, dass die Rezipierenden in ihrer Zeicheninterpretation tatsächlich erhebliche Arbeit zu leisten haben, die möglicherweise auch nur durch Eyetracking- oder andere empirische Studien zu Gehirnaktivitäten vollständig aufgedeckt werden können. Wenn der Canvas zu solchen entsprechenden Zeichenkombinationen fähig ist, sind weitere Prozesse der Bedeutungskonstruktion möglich. Wir beschreiben diese Art der Arbeit, die die Rezipierenden leisten müssen, dann als *Komposition*.

   mikro-ergodisch

   Zu beachten ist dabei, dass wir erst mit der dieser Art von Materialität den gesamten Bereich bildlicher und anderer visueller Darstellungen erreichen. Obwohl diese oft im Gegensatz zu ‚textuellen' Darstellungen stehen, weil sie eher ‚alles auf einmal' und nicht in einer linearen Anordnung zeigen, ist dies keine akkurate Beschreibung. Wie Eyetracking-Studien und ähnliche Experimente gezeigt haben, findet auch immer eine selektive Inspektion von Bildmaterial statt. Aus diesem Grund halten wir, weitgehend den Arbeiten von Bucher (2011) folgend, auch für einen solchen Canvas die Bezeichnung ‚nicht-linear' für angemessen.
3. Drittens: Wir überqueren die Grenze zu dem Bereich, den Aarseth als voll ergodisch bezeichnet, dort, wo die Rezipierenden erhebliche Arbeit leisten, wenn sie sich mit dem Text befassen, der ihnen begegnet. Im Gegensatz zu Aarseth nehmen wir aber auch hier ausdrücklich die gesamte Bandbreite von zwei- und dreidimensionalen Materialien an, die an und in solchen Darstellungen vorhanden sein kann. Die

   unveränderbar

jeweils ergänzende Arbeit, die die Rezipierenden hier leisten müssen, bezeichnen wir, ebenfalls nach Aarseth, als *Erkundung* oder *Exploration*. Wir können zum Beispiel ein Netz von ‚textuellen' Knoten, das in einer Hyperstruktur verlinkt ist, untersuchen. Inhalt und Organisation dieses Netzes ändern sich nicht selbst, das Netz selbst kann nur erkundet, kartiert, usw. werden. Dieses Netz (und der Text, den es konstruiert) ist somit **unveränderbar**, wie oben festgelegt.

veränderbar ergodisch

4. Viertens: Zuletzt erreichen wir die komplexeste Kategorie, die wir als **veränderbar und ergodisch** bezeichnen. In diesen Fällen können die Rezipierenden selbst die Organisation oder den Inhalt des Textes ändern. Obwohl dies in der Beschäftigung mit Cybertexten nicht wirklich berücksichtigt wird, ist es interessant, dass eine solche Beschreibung auch für eine ganz traditionelle, persönliche Face-to-Face-Interaktion gilt und somit die Komplexität dieser ganz ursprünglichen Sprachsituation hervorhebt. Gespräche werden dynamisch durch die Teilnehmenden konstruiert und sind somit notwendigerweise veränderbar. Sie können auch alle weiteren Materialien frei verwenden und so auf das gesamte Spektrum anderer Arten von Texten zurückgreifen, die in unserer Klassifizierung dargestellt sind.

Auch wenn vielleicht noch nicht ganz klar ist, warum diese Unterscheidungen für multimodale Analysen nützlich sind, werden wir in der weiter untern erfolgenden Ausführung unserer allgemeinen Analysemethodologie immer wieder darauf zurückkommen müssen. In der Tat zeigt eine Klassifizierung dieser Art einige ziemlich radikale Wege auf, eine Vielzahl bestehender Probleme in unterschiedlichen Disziplinen und ihren Klassifikationsversuchen neu zu diskutieren. Um dieses Potenzial aber vollständig zu entfalten, müssen wir dem Ganzen noch einige theoretische Begriffe beiseite stellen, die wir im folgenden Kapitel ausdifferenzieren. Es kann dann sinnvoll sein, noch einmal auf dieses Kapitel hier zurückzukommen, insbesondere wenn wir mit unserem Navigator in Kapitel 7 auf dieser Klassifizierung aufbauen.

3.3.2 Zusammenfassung der Systematik

Damit ist unsere allgemeine Klassifizierung der unterschiedlichen Arten eines Canvas, die von kommunikativen Situationen genutzt werden können, vorerst abgeschlossen. Wir fassen die Unterschiede in diesem Abschnitt graphisch in Abbildung 3.9 zusammen.

Die vier unteren Gegenüberstellungen in der Abbildung wiederholen die grundlegenden ‚materiellen' Eigenschaften der von uns zuerst vorgestellten Dimensionen. Die zentralen Kästen beschreiben dann den zunehmenden Grad an ‚Arbeit', den die Rezipierenden leisten müssen, um zum Gegenstand der Interpretation zu gelangen oder diesen erst zu schaffen. Die Kästen sind miteinander verwoben bzw. ineinander verschachtelt, um darzustellen, dass ein ‚leistungsstärkerer' Canvas im Allgemeinen einen weniger leistungsstarken Canvas aufnehmen kann. Das heißt, nur weil ein Can-

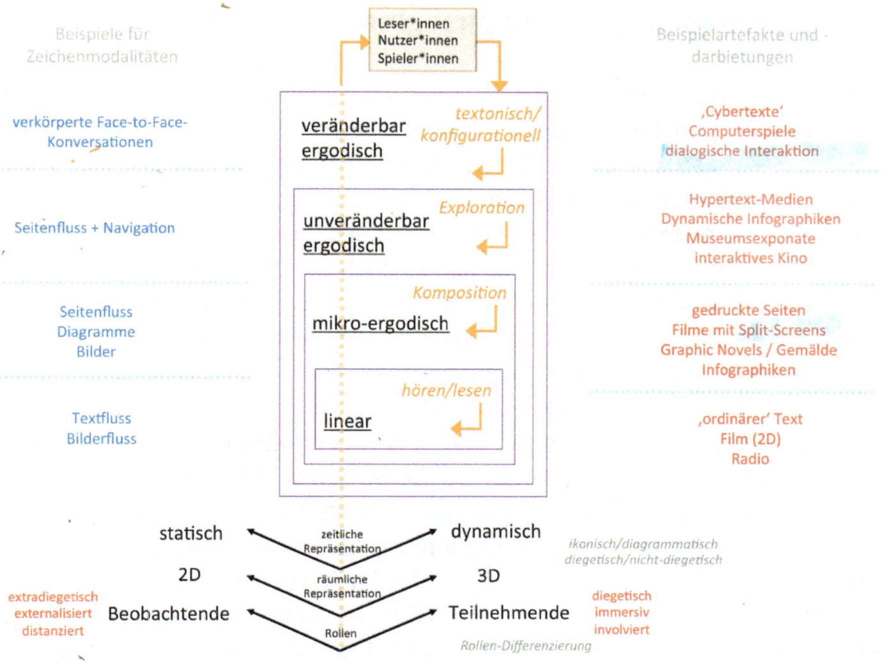

Abb. 3.9. Systematik kommunikativer Medien im Hinblick auf die Affordanzen des jeweils beteiligten Canvas

vas es möglich macht, dass Nutzer*innen den entsprechenden ‚Text' ändern, *erfordert* er nicht, dass dies auch tatsächlich geschieht.

Rechts neben den Kästen sind Beispiele aufgelistet, die Medien darstellen, die die beschriebene Form des Canvas verwenden. Diese Liste strebt nicht an, alle Medien in Gänze abzubilden und einige der Beispiele müssen sicherlich in ihrer internen Organisation weiter voneinander differenziert werden. Präzisere Beschreibungen einiger dieser Beispiele nehmen wir in den Fallstudien in Teil III des Buchs vor. Die hier vorgeschlagenen Fälle sind rein illustrativ, sollen aber doch eine Vorstellung davon geben, welche Artefakte oder Darbietungen für die jeweiligen Dimensionen und Kriterien zu finden sind.

Die gestrichelten Linien und der Pfeil, die durch die verschachtelten Kästen nach oben verlaufen, markieren einen Interpretationspfad für ‚Zeichenrezipient*innen'; die entsprechenden nach unten gerichteten Pfeile zeigen Strategien auf, die diese Zeichenrezipient*innen anwenden müssen, um sich mit dem jeweiligen Canvas auseinanderzusetzen.

Schließlich listen die Elemente links neben den Kästen mögliche Zeichenmodalitäten auf, die die Möglichkeiten des zugehörigen Canvas nutzen. Diese Zeichenmodalitäten werden im Fokus des folgenden Kapitels stehen und wir listen sie hier ganz ohne weitere Kommentare mit auf.

3.4 Worum es in diesem Kapitel ging

Wir haben uns nun eingehend mit der Frage beschäftigt, was kommunikative Situationen eigentlich sind. Dabei haben wir sensorische Modalitäten, verbale Sprache, bildliche Darstellungen und jede andere spezifische Form von Kommunikation zunächst außen vor gelassen, um die charakteristischen Eigenschaften des Canvas hervorzuheben, die in solchen Situationen erscheinen können, um verschiedene kommunikative Praktiken zu unterstützen. Schließlich haben wir diese markanten Eigenschaften in einer Klassifikation für Medien und deren Canvases zusammengestellt.

In der Literatur finden sich mehrere Arten von Klassifikationen, die sich mit der hier vorgestellten überschneiden. Beispielsweise gibt es in den deutschen Traditionen der Medienwissenschaft, Kommunikationswissenschaft, Publizistik u.ä. umfangreiche Versuche, Klassifikationen von ‚Medien' – typischerweise verstanden im Sinne von Massenmedien – bereitzustellen (vgl. Jäger 2015). Und dann wiederum gibt es innerhalb des Gebiets der Mensch-Maschine-Interaktion ähnlich umfangreiche Klassifikationen, welche Arten von Ressourcen für eine Interaktion verwendet werden können, wobei hier vor allem die Sinnesmodalitäten und die durch die Technologie verfügbaren Möglichkeiten im Vordergrund stehen (z. B. Schneiderman 1996, Bernsen 1997, Oviatt & Cohen 2015). Unsere Vorgehensweise ist hier jedoch konsequent semiotisch (und nicht technologisch) und die daraus resultierende Klassifikation ist direkt durch die Möglichkeiten der semiotischen Differenzierung, die ein Canvas bietet, motiviert (und nicht etwa durch die konkreten Medien, die bereits existieren).

Es sollte daher nun möglich sein, jede kommunikative Situation und die damit verbundene Materialität in dieser Klassifikation zu positionieren. Auf diese Weise können wir uns auf genau die semiotischen Systeme konzentrieren, die Kommunikation innerhalb dieser definierten Grenzen unterstützen. In den folgenden Kapiteln werden wir diese Klassifikation als ersten Schritt sowohl bei der Organisation des zu analysierenden Materials als auch bei der Auswahl der prospektiven Analysemethoden, die zur multimodalen Charakterisierung des zu analysierenden Materials eingesetzt werden können, anwenden und das Arbeiten damit genauestens demonstrieren.

Klarheit darüber zu schaffen, was multimodale Kommunikation genau ist, ist entscheidend für produktive Analysen und das Ziel, prägnante Ergebnisse zu erlangen, die über die bloße Beschreibung des Analysierten hinausgehen. Da kommunikative Situationen immer komplexer werden und zum Beispiel neueste technologische Errungenschaften und unterschiedlichste Strategien der Bedeutungskonstruktion einsetzen, ist es unerlässlich, herauszufinden, welchen Beitrag das jeweilige Material leistet und was damit genau erzielt wird. Wir werden sehen, dass wir die programmatische Liste von Zeichenmodalitäten in unserer Darstellung oben nach und nach mit Ergebnissen aus empirischen Analysen weiter füllen und damit wiederum kommunikatives Verhalten vorhersagen und erklären können.

Konsequenzen für die Analyse

Zum Schluss wollen wir auch noch ganz praktische Konsequenzen für die Analyse zusammenfassen, die die Diskussion in diesem Kapitel mit sich bringt. *Bevor* wir mit der Analyse beginnen, müssen wir die in Tabelle 3.1 aufgeführten Fragen beantworten, um die Rahmenbedingungen, die für unsere Untersuchungsobjekte gelten, explizit zu machen. Diese Fragen orientieren sich an unserer schematischen Zusammenfassung der verschiedene Arten von kommunikativen Situationen in Kapitel 3.2 oben. Wir dürfen auch nicht vergessen, dass die verschiedenen Rollen in der kommunikativen Situation zu sehr unterschiedlichen Konfigurationen kombiniert werden können. Ein Canvas kann bei der automatisierten Webseitenerstellung zum Beispiel mit den Zeichenproduzent*innen übereinstimmen, ein*e Zeichenrezipient*in kann im Falle eines immersiven Videos Teil des Zeichens sein und so weiter.

Tab. 3.1. Vier grundlegende Orientierungsfragen, die vor Beginn der multimodalen Analyse einer kommunikativen Situation gestellt werden sollten

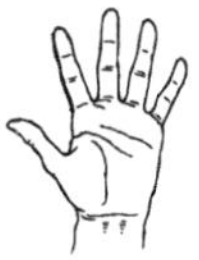	Wer sind die Zeichenproduzent*innen? – Dies kann eine Menge von Teilnehmenden mit unterschiedlichen Rollen und unterschiedlichen Rechten und Pflichten sein. Eine besonders komplexe solche Gruppierung stellen zum Beispiel die vielen Namen dar, die heute regelmäßig im Abspann eines Films zu sehen sind.
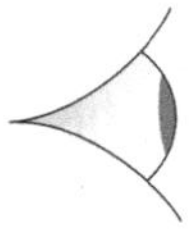	Wer sind die intendierten Zeichenrezipient*innen? – Auch dies kann eine Menge von Teilnehmenden mit ebenfalls sehr unterschiedlichen Rezeptionsrollen sein. Beispiele hierfür sind medizinisches Personal, das zusammen mit einer Patientin ein Röntgenbild anschaut und interpretiert, Kunstkritiker und Laien in einer Gallerie, Studienbücher für Lehrende und Schüler*innen, etc.
	Was ist der Canvas, in oder auf dem die Zeichenproduzent*innen arbeiten? – Dies kann so ziemlich alles sein, das sich in Raum und Zeit ausbreitet und auf dem materielle Unterscheidungen vorgenommen werden können. Auch die Körper und die Umgebung der Zeichenproduzent*innen sind hier mit eingeschlossen.
	Wie sieht das *Zeitprofil* dieser gesamten Konstellation aus? – Wurden die Zeichen einmal produziert und nicht wieder verändert, sind sie synchron zu den Handlungen einiger Produzent*innen und Rezipient*innen entstanden, existieren sie unabhängig von ihren Produzent*innen? Sind sie beständig?

Die Antworten, die wir auf diese Fragen geben, können daher mehr oder weniger komplex sein. Wenn es sich um einen komplexeren Fall handelt, bedeutet das nicht, dass wir jedes subtile Detail ansprechen müssen, aber es bedeutet, dass wir uns bewusst sind, dass wir hier möglicherweise kleinere Details auslassen und dies Auswirkungen auf unsere Untersuchung haben kann. Wir haben es dann mit einer Reihe von sehr starken organisatorischen Prinzipien zu tun, die uns erlauben, flexibel mit jeder einzelnen praktischen multimodalen Analyse umzugehen.

4 Was ist Multimodalität denn nun? Zentrale Begriffe

Orientierung

In diesem Kapitel werden wir die zweite und letzte Gruppe von Definitionen der zentralen Begriffe für multimodale Analysen vorstellen: Zunächst werden wir das Konzept von ‚Zeichenmodalität' genau klären und in einem weiteren Schritt mehr darüber sagen, wie Zeichenmodalitäten zur Erstellung von ‚Texten' genutzt werden. Außerdem werden wir die Beziehungen zwischen Zeichenmodalitäten, Texten und kommunikativen Situationen, die wir im vorherigen Kapitel eingeführt haben, weiter erläutern. Ergebnis wird ein robustes und breites, konzeptionelles Instrumentarium sein, das uns den Umgang mit allen Formen von Multimodalität ermöglicht, wie und wo auch immer sie auftauchen mögen.

Das vorherige Kapitel hat uns das notwendige Werkzeug an die Hand gegeben, um die feinen Details verschiedener Medien – oder genauer gesagt, der Materialität verschiedener Medien, ihrer Canvases (→ §3.2.5 [S. 103]) – herauszuarbeiten, innerhalb derer oder auf die bedeutsame Praktiken eingeschrieben sein können. In diesem Kapitel werden wir die verschiedenen Formen dieser Praktiken genauer betrachten, um zu sehen, wie Canvases eingesetzt werden – insbesondere werden wir eine genaue Definition von Zeichenmodalitäten vorlegen, von denen wir ja bereits mehrfach im Buch gesprochen haben. Zeichenmodalitäten oder semiotische Modi (engl. *semiotic modes*) bilden tatsächlich die Grundlage für jede umfassende und anwendungstaugliche Darstellung von ‚Multimodalität' und deshalb müssen sie auf eine Weise charakterisiert werden, die robust genug ist, empirische Untersuchungen zu unterstützen, aber gleichzeitig offen für theoretische und methodische Fragen und Entwicklungen ist. Die nötigen Definitionen sollten deswegen danach bewertet werden, wie viele ‚Vorhersagen' sie auch für Modalitäten zulassen, die noch nicht einmal existieren, aber möglicherweise durch neueste Technologien bald in unsere Kommunikation Einzug halten. Wir beginnen daher mit einer präzisen Beschreibung und Definition von Zeichenmodalität.

Im zweiten Teil des Kapitels stellen wir diese Beschreibung der Modalitäten in einen Kontext, der den Begriffen ‚Diskurs' und ‚Text' wichtige zentrale Rollen zuweist. Beide Begriffe sind stark umstritten und bringen ganze Debatten und Meinungsverschiedenheiten in und über unterschiedlichste Disziplinen hinweg mit sich, die entweder einen produktiven Einsatz der Begriffe oder ihre bewusste Vermeidung proklamieren. Beide Begriffe sind jedoch unerlässlich, um herauszufinden, wie Zeichenmodalitäten in konkreten Anwendungskontexten eingesetzt werden. Der Diskurs – oder besser gesagt: unser besonderer Zugriff auf Phänomene des Diskurses – ist ein grundlegender Ansatz, von dem wir annehmen, dass er für alle Zeichenmodalitäten funktioniert und gleichzeitig unsere Verwendung von ‚Text' unterstützt, um über das Ergebnis der Verwendung von Zeichenmodalitäten im Rahmen von Kommunikation sprechen zu können.

DOI: https://doi.org/10.1515/9783110495935-004

4.1 Zeichenmodalitäten

In den vorangegangenen Kapiteln haben wir bereits einige Kontexte skizziert, in denen ‚Modalitäten' in sehr unterschiedlichen Ansätzen und Disziplinen behandelt werden. Die Zitate in Kapitel 1 veranschaulichen einige der so entstandenen Definitionen und wir haben damit auch auf einige wiederkehrende Probleme hingewiesen, die entstehen, wenn die Definitionen vage bleiben oder lediglich eine grobe Stoßrichtung festlegen. Außerdem haben wir gesehen, wie problematisch es ist, wenn Modalitäten in einem zu starren Zusammenhang mit einzelnen biologischen Sinneskanälen definiert werden. Unsere Schlussfolgerung daraus war, dass es bislang gewisse unüberbrückbare Schwierigkeiten zu geben scheint – zum einen in der Unterscheidung von Modalitäten und den Arten von Überschneidungen, die sich zwischen den einzelnen Modalitäten ergeben; zum anderen in den Beziehungen, die zwischen Modalitäten und spezifischen Nutzer*innengemeinschaften gelten.

> ...the question of whether X is a mode or not is a question specific to a particular community. As laypersons we may regard visual image to be a mode, while a professional photographer will say that photography has rules and practices, elements and materiality quite different from that of painting and that the two are distinct modes.
>
> — *Kress u. a. (2000: 43)*[1]

Vor dem Hintergrund, den wir im vorherigen Kapitel skizziert haben, wird es nun möglich sein, den nächsten Schritt zur Bereitstellung einer Arbeitsdefinition für Zeichenmodalität zu unternehmen, die für alle anstehenden Analysen verwendet werden kann und sollte. Dies wird dann in unseren Navigator in Kapitel 7, d.h. in die Beschreibung der Organisation multimodaler Analyse, sowie in die Anwendungsfälle im letzten Teil des Buchs einfließen. Kurz gesagt: um Multimodalität zu verstehen, ist es ratsam, zu spezifizieren, worauf genau das *Multi-* in *Multimodalität* sich bezieht!

4.1.1 Die notwendigen Bestandteile einer Zeichenmodalität

Die bisherigen Zugänge zur näheren Bestimmung von Zeichenmodalitäten stimmen alle in einem Punkt miteinander überein: Einerseits scheinen Zeichenmodalitäten eine materielle Dimension zu haben, die sich auf die sensorischen Kanäle bezieht, mit

---

1 „Die Frage, ob X eine Zeichenmodalität ist oder nicht, ist eine Frage, die sich spezifisch auf eine bestimmte Gemeinschaft bezieht. Als Laien können wir das visuelle Bild als eine Zeichenmodalität betrachten, während ein professioneller Photograph*in sagen wird, dass die Photographie Regeln und Praktiken, Elemente und Materialität(en) mit sich bringt, die sich deutlich von denen der Malerei unterscheiden, und dass die beiden Modalitäten deswegen unterschiedlich sind." (Kress u. a. 2000: 43; eigene Übersetzung)

denen sie wahrgenommen werden, andererseits weisen sie aber auch eine semiotische Dimension auf, d.h. das verwendete Material erhält von seinen Nutzer*innen eine gewisse Bedeutung. Wir haben dies aus der Perspektive der verschiedenen Arten von kommunikativen Situationen gesehen, die wir im vorherigen Kapitel entwickelt haben.

Material vs. Semiotik

Die Meinungen gehen allerdings auseinander, wenn es um die Frage geht, wie Material und Semiotik zusammenhängen. Einige Ansätze sprechen von Modalitäten in Bezug auf Wahrnehmung – und damit sprechen sie von Materialität; andere betrachten Zeichenmodalitäten, die sich von Materialität gänzlich ‚befreien', und unterstützen damit die Vorstellung, dass eine bestimmte Modalität unterschiedliche materielle Manifestationen haben kann. Die häufige Annahme, dass Sprache eine Zeichenmodalität ist, die sowohl in schriftlicher (d.h. visueller) als auch in gesprochener (d.h. akustischer) Form auftreten kann, ist eine Folge davon. Viele haben diese Unterscheidung bereits ausführlich diskutiert, da sie sich weitgehend auf Saussures Unterscheidung zwischen Signifikant und Signifikat oder auf Hjelmslevs viel zitierte Unterscheidung zwischen *Ausdruck* und *Inhalt* (vgl. Hjelmslev 1961 [1943]) bezieht. Die Unterscheidung als solche entspricht auch der traditionellen Ansicht von semiotischen *Codes* (engl. *code*), die ebenso zwei Seiten haben: die Verschlüsselung und den eigentlichen Inhalt. Wie bei vielen Termini, mit denen wir in diesem Bereich zu tun haben, hat aber auch der Begriff ‚Code' über die Zeit eine recht breite Bedeutung gewonnen und birgt eine Reihe eher unpassender Assoziationen, was einerseits den Austausch zwischen unterschiedlichen Bereichen der Semiotik erschwert und andererseits von der seit Charles Sanders Peirce zentralen *prozessualen* Auffassung der Semiose weggeführt hat.

Code

Die Verwendung des Code-Begriffs für nicht-sprachliche Kommunikationssysteme ist auf Roman Jakobsons Betrachtung der Semiotik in den 1950er Jahren zurückzuführen (vgl. Jakobson 1971, Eco 1981). Jakobson versucht konsequent, ein Untersuchungsfeld zu konzipieren, das sich mit mehr als nur Sprache befassen soll. Wie wir in Kapitel 3 ausgeführt haben, hatten Saussure und seine Nachfolger (zu Recht) die unabdingbare Rolle von Konvention für die Behandlung von Sprache betont; in Jakobsons Erweiterung dieser Betrachtung wurde es dann notwendig, unterschiedliche Systeme von Konventionen voneinander abzugrenzen. Dafür wurde der Terminus *Code* geprägt. In der Folge ist ‚Code' schnell zu einem zentralen Begriff der Semiotik geworden – heute ist die Situation aufgrund unterschiedlichster Auffassungen dieses Code-Begriffs recht komplex (vgl. Nöth 2000: 218–219). So liegen eine Reihe definitorischer Versuche vor, die allerdings meist entweder vage in Umfang und Inhalt bleiben (der *Code* des Theaters, der Musik usw.) oder im Sinne einer über beschränkte Zeichenrepertoires operierenden Kryptologie zu einfach sind. Häufig wird dann Code als ein *Regelsystem für die Verwendung von Zeichen* verstanden, wobei weder die genaue Art der *Regeln* noch der *Zeichen* geklärt ist. Schließlich wird der Begriff *Code* für fast jede mögliche Menge von Konventionen eingesetzt, die eine Rolle während der Interpretation spielen könnten.

Eine besonders detaillierte Auseinandersetzung mit dem Code- und zugleich ‚mode'- bzw. Modalitätsbegriff wird von Ellen Fricke geführt (vgl. Fricke 2012). Fricke beschäftigt sich primär mit dem Zusammenspiel von Sprache und Gestik und findet es daher naheliegend, Fälle von Kommunikation auf einer Skala zu verorten, die die Stärke des Einflusses von anderen Codes (wie die der Gestik oder des Bildes) auf die des *sprachlichen* Codes widerspiegelt. Wenn die involvierten Codes ohne interne Änderungen oder Anpassungen beieinander stehen (z.B. bei einem *hörbaren* Schreiben eines auch gleichzeitig vorgelesenen Textes in einem Theaterstück), schlägt Fricke vor, von *sprachlicher Multimedialität* zu sprechen (Fricke 2012: 48). Wenn die involvierten Codes sich aufeinander beziehen, ohne sich dabei zu ändern oder zu vermischen (z.B. bei aufeinander bezogenem Text und Bild auf einer gedruckten Zeitungsseite), liegt laut Fricke ein Fall von *sprachlicher Multimodalität im weiteren Sinn* vor (Fricke 2012: 47–48). Erst wenn die involvierten Codes so eng miteinander verwoben oder verschränkt sind, dass es sinnvoll ist, von *einem* (dominanten) Code zu reden, der über mehrere Sinneskanäle wahrgenommen wird (z.B. gesprochene Sprache mit redebegleitender Gestik), spricht Fricke von *sprachlicher Multimodalität im engeren Sinn* (Fricke 2012: 47). Was in vielen Bereichen der Multimodalitätsforschung dann als Normalfall für Multimodalität gilt – Text zusammen mit Bild –, ist bei Fricke lediglich ein Fall von Multimodalität *im weiteren* Sinn, weil nur ein einzelner Sinneskanal (nämlich der visuelle) eingesetzt wird. Frickes Verwendung der Begriffe *dominante* bzw. *subordinate* Codes führt aber zu neuen, schwierigen Fragen. Viele dieser Fragen lassen sich allerdings klären, wenn wir uns auf eine angemessene Definition des Begriffs *Medium* stützen können; dazu kommen wir später in diesem Kapitel zurück. Bateman (2017) vertieft diese Diskussion mit Verweisen auf die Digital Humanities.

Die gerade erwähnte Fokussierung auf Konventionen und Regelwerke bei der Verwendung eines Code-Begriffs ist aber selbst einiger Kritik anheim gefallen, insbesondere wenn es sich um angeblich *freiere* Ausdrucksformen wie Bild, Poesie usw. handelt. Hier wurde häufig ein sprachzentriertes Verständnis von Zeichenprozessen unterstellt (vgl. Boehm 2004), das zumindest für visuelle Kommunikation als unzureichend erscheint. Eine wichtige Rolle hierfür spielt die schwer auszublendende Konnotation von Code mit *Verschlüsselung*, *Entschlüsselung* und einer mehr oder weniger direkten Verbindung zwischen Signifikant und Signifikat. Mit dieser Konnotation wird davon ausgegangen, dass Codes unausweichlich nach dem Modell der menschlichen Sprache zu verstehen seien und daher kein angemessenes Instrumentarium für nichtsprachliche Ausdrucksformen bereitstellen können. Aus diesem Grund bevorzugen wir den Terminus *Zeichenmodalität*. Damit wird nämlich nicht nur betont, dass multimodale Bedeutung nicht nur viel breiter als menschliche Sprache zu fassen ist; Sprache ist dann auch nur eine der Ausdrucksmöglichkeiten unter vielen gleichberechtigten anderen. Die Entschlüsselung dieser Ausdrucksmöglichkeiten muss immer auch als ein dynamisches, kreatives Verfahren, nie als ein statisches *Entziffern* von Zeichen verstanden werden. Obwohl dieser Eckpfeiler einer Theorie der Semiotik auch von denen, die den Terminus *Code* verwenden, kaum bestritten wird, haben sich in den letzten 50 Jahren dermaßen verhärtete Fronten außerhalb der Semiotik gebildet, dass die bloße Behauptung, dass *Code* nicht als statische Entschlüsselung zu verstehen sei, kaum weiter hilft.

Für unser Ziel, eine bessere Grundlage für multimodale Analysen zu schaffen, gehen wir dann einen anderen Weg. Wir werden die beiden oben erwähnten Facetten, also das Material und die semiotische Dimension, in unserer Arbeitsdefinition verankern. Das heißt, wir betrachten es als ein konstitutives Merkmal einer Zeichenmodalität, dass sie sowohl eine materielle als auch eine semiotische Seite hat. Die Materialseite bestimmt – wie wir im vorhergehenden Kapitel gesehen haben – die Art von Manipulationen, die bei jeder beliebigen semiotischen Verwendung des Materials überhaupt möglich wären. Mit dem Begriff ‚Canvas' beschreiben wir die spezifischen Manipulationen, die eine jeweilige semiotische Modalität in Anspruch nimmt. Die semiotische Seite bestimmt dann, welche Unterschiede genau in dem entsprechenden Material eigentlich ‚sinnvoll' *für diese Zeichenmodalität* sind. Wir gehen außerdem noch einen Schritt weiter und nehmen eine weitere Unterscheidung bzgl. der semiotischen Dimension vor. Anstatt nur über das ‚Bezeichnete' oder den ‚Inhalt' eines Ausdrucks zu reden, stellen wir zwei unterschiedliche Organisationsebenen für diese Inhalte heraus.

Inhalt: Form

Unsere erste Unterscheidung auf Ebene des Inhalts verlangt von uns, dass wir die besonderen Formen charakterisieren, die aus dem jeweils ausgewählten Material entstehen. Das heißt, dass jedes Material von einer Zeichenmodalität auf eine spezifische Weise genutzt werden kann, die sich durchaus von der Art und Weise unterscheiden kann, in der das ‚gleiche' Material von einer anderen Zeichenmodalität verwendet wird. Wir stellen also nicht die Behauptung auf, dass alle visuellen Canvases in der gleichen Art und Weise eingesetzt werden; zugleich ist es nicht präzise genug, akustisches Material als Canvas zu bezeichnen, denn jede spezifische Zeichenmodalität erlaubt ganz eigene formbezogene Nutzungsweisen des Materials. Die Zeichenmodalität Musik arbeitet beispielsweise ganz anders mit akustischem Material als gesprochene Sprache, obgleich es Ähnlichkeiten in der Nutzung des Materials gibt.

Das Fehlen dieses wichtigen Unterscheidungsgrades in anderen Modellierungen ist einer der Hauptgründe, warum die empirische Analyse von multimodalen Artefakten und Darbietungen so schleppend voranschreitet. Wird lediglich vom ‚Visuellen' gesprochen, versäumt man es, explizite Unterschiede in der Nutzung des Visuellen aufzudecken – diese Unterschiede sind allerdings für eine Beschreibung von Zeichenmodalitäten unerlässlich. So wird beispielsweise geschriebene Sprache als visuelle Einheit völlig anders verwendet als Bilder, die eine weitere Klasse von visuellen Einheiten darstellen. Mit den von uns eingeführten Begrifflichkeiten rund um den Canvas bringen diese Zeichenmodalitäten jeweils spezifische Organisationen des Materials mit sich, über die wir nun praktische und theoretische Kontrolle erlangen müssen.

Materialität bringt natürlich immer *eigene Einschränkungen* mit sich. Zum Beispiel wird räumliches Material mit aller Wahrscheinlichkeit Dinge zeigen, die mehr oder weniger beieinander liegen. Unser Wahrnehmungssystem macht dies möglich: Wir können kein räumliches Feld sehen, ohne dass uns unser Gehirn sagt, dass bestimmte Dinge näher beieinander liegen als andere. Wir können uns dem nicht verwehren, d.h.

wir können uns nicht dagegen ‚entscheiden', dies nicht zu erkennen – unser perzeptuelles System funktioniert so, dass wir diese Informationen auf jeden Fall aufnehmen. Ähnlich verhält es sich bei zeitbasierten Materialien: Bis hin zu einer gewissen Granularität werden wir ebenso bestimmte Dinge als *vor* oder *nach* etwas anderem auftretend wahrnehmen. Nochmals: Wir können uns nicht dagegen entscheiden, diese Details wahrzunehmen, wir können sie nicht ignorieren. Aber: Auf dieser Grundlage werden semiotische Unterscheidungen vorgenommen, die notwendigerweise in unsere Wahrnehmung eingreifen und Zugang zu diesen Unterschieden ermöglichen, um ihre eigene, ganz unterschiedliche Art von Bedeutungskonstruktion vorzunehmen. Eine solche Unterscheidung kann zum Beispiel die räumliche Nähe als Hinweis darauf sehen, dass einige Dinge ein gleiches Thema haben; eine andere Unterscheidung kann diese Nähe als ‚Zueinandergehörigkeit' oder ‚Gleichwertigkeit' sehen; oder die räumliche Nähe wird dahingehend interpretiert, dass zwischen zwei Vorkommnissen ein einger *zeitlicher* Zusammenhang besteht. Erst wenn wir die jeweilige Zeichenmodalität genau spezifiziert und die entsprechenden empirischen Studien dazu durchgeführt haben, können wir genau wissen, was mit den jeweiligen bedeutungsrelevanten Unterscheidungen in einer Materialität bezweckt wird.

McGurk-Effekt

Das enge Zusammenspiel von Zeichenmodalitäten und (der Wahrnehmung von) Material kann sehr komplex sein. Eine bekannte Demonstration dieser Komplexität ist der so genannte McGurk-Effekt (vgl. McGurk & MacDonald 1976). Dieser zeigt, dass die Art und Weise, wie wir bestimmte Sprachlaute hören, von der Formung des Mundes abhängt, die wir wahrnehmen. Diese relativ einfache experimentelle Manipulation hat eine sehr starke Wirkung: Als Zuschauer*innen können wir bei der Wahrnehmung den Ton einfach nicht von der visuellen Information getrennt halten. Dieser vielleicht überraschende Befund – und wenn Sie nicht davon überzeugt sind, schauen Sie sich eines der vielen dazu online verfügbaren Videos an und führen das Experiment selbst (und an sich selbst!) durch! – sagt uns viel über die inhärente Multimodalität der Wahrnehmung. So werden Unterscheidungen nicht nur in die Möglichkeiten bestimmter Materialien eingeschrieben; auch *die Art des wahrnehmungsbezogenen Zugangs, der durch die jeweils genutzten Zeichenmodalitäten vermittelt wird*, spielt eine entscheidende Rolle. Und dieser Zugang – das sei an dieser Stelle noch einmal betont – stimmt häufig nicht mit Sinneskanalgrenzen überein, sondern funktioniert grenzübergreifend. Kurz gesagt, *was* eine Zeichenmodalität mit ihren materiellen Möglichkeiten macht, ist allein Sache der jeweiligen Zeichenmodalität.

Darüber hinaus kann eine Zeichenmodalität auch besondere Möglichkeiten der Kombination ihrer Zeichen oder Zeichenteile definieren, so dass bestimmte Bedeutungen hervorgerufen werden können. Wenig überraschend sind die am weitesten entwickelten Zeichenmodalitäten in dieser Hinsicht sprachliche. In der Folge sind explizite Vorstellungen von einer ‚Grammatik' dieser Zeichenmodalitäten besonders stark vertreten, auch wenn vorgeschlagen wird, dass bestimmte Prinzipien mit weitgehend ähnlichem Charakter auch in anderen Modalitäten auftauchen. Es ist jedoch auch möglich, dass eine Zeichenmodalität einfachere Organisationen nutzt, die eher an ein ‚Lexikon' erinnern. Während eine ‚Grammatik' Zeichen produktiv kombiniert, listet ein Lexikon die möglichen Formen direkt auf. Solche *lexikalisch* orientierten semiotischen Ressourcen bestehen aus wenig zusätzlicher grammatischer Organisation, die lediglich Formen und Bedeutungen assoziieren. Im Gegensatz dazu platzieren *grammatisch* organisierte semiotische Ressourcen ihre erkennbaren Zeichen in einem produktiven System von Bedeutungspotenzialen. Dies ist eine wichtige Vorgehensweise, mit der einfachere Zeichen zu komplexen Zeichen zusammengesetzt werden, und sie geschieht vor allem durch den Einsatz struktureller Mechanismen, die analog (aber meist im Detail unterschiedlich) zu denen einer Grammatik einer Sprache sind. David Machins Einführung in die multimodale Analyse beschreibt diese Alternativen mit den folgenden Schemata (Machin 2007: 5):

– *Lexik-Zugang*: Einfaches Zeichen → Bedeutung
– *Grammatik-Zugang*: Komplexes Zeichen → Lexikogrammatik → Bedeutung

Diese Schemata werden typischerweise als ein Kontinuum betrachtet. Jede Zeichenmodalität kann dann irgendwo zwischen den beiden Polen liegen – entweder mehr oder weniger lexikalisch oder mehr oder weniger grammatisch, d.h. unter Verwendung komplexer Kombinationsmöglichkeiten.

Die notwendige Verbindung zwischen Zeichenmodalitäten und Nutzer*innengemeinschaften, die wir oben betont haben, spielt auch hier eine wichtige Rolle. Ähnlich wie Macht und Wissen innerhalb einer Gemeinschaft verteilt sind, ist auch die Fähigkeit, bestimmte Zeichenmodalitäten zu nutzen, unterschiedlich innerhalb der Gemeinschaft verteilt. Ein*e erfahrene*r Anwender*in einer semiotischen Ressource (z.B. eine professionelle Photographin) wird also diese Ressource auf eine Art und Weise anwenden, die unterschiedliche materielle Effekte zusammensetzt, um eine optimale Bedeutung zu konstruieren.

> No semiotic resource is by 'nature' either 'lexically' or 'grammatically' organised. [...] it is possible that a mode is 'grammatical' to some of its users and 'lexical' to others, especially where there is a gap between producers and consumers, and where the producer's knowledge is kept more or less secret.
>
> — *Kress & van Leeuwen (2001: 113)*[2]

Diese Fähigkeit ist Laiennutzer*innen aber nicht gegeben und sie werden anders vorgehen als der*die Expert*in. Auch ein*e Lernende*r einer neuen Sprache hat vielleicht zu Beginn nur begrenzten Zugriff auf lexikalische Elemente und ihre Einsatz- und Kombinationsmöglichkeiten und erlernt das Wissen über bestimmte Effekte erst zu

2 „Keine semiotische Ressource ist von Natur aus ‚lexikalisch'' oder ‚grammatisch' organisiert. [...] Es ist möglich, dass eine Zeichenmodalität für einige Benutzer*innen ‚grammatisch' und für andere ‚lexikalisch' ist, insbesondere wenn es eine Kluft zwischen Produzent*innen und Verbraucher*innen gibt und wenn das Wissen der Produzent*innen mehr oder weniger geheim gehalten wird." (Kress & van Leeuwen 2001: 113; eigene Übersetzung)

einem deutlich späteren Zeitpunkt. Die Verwendung von Sprache (als Ressource für Bedeutung) findet so zunächst auf einer lexikalisch organisierten Ebene statt und wechselt erst später auf eine grammatisch organisierte.

Die Darstellung von Zeichenmodalitäten, wie wir sie bisher vorgelegt haben, ist dann noch weitgehend vergleichbar mit solchen in anderen Einführungen in das Thema. Im Gegensatz zu traditionellen Semiotik-Ansätzen legen diese alle bereits ihren Fokus auf die Frage, was passiert, wenn Zeichen oder Teile von Zeichen *miteinander kombiniert werden*. Hier sehen wir auch den starken Einfluss der Sprachwissenschaft und insbesondere von Grammatiktheorien, die noch keine Rolle spielten, als die Grundpfeiler der Semiotik von Saussure, Peirce und anderen gesetzt wurden.

Dies ist allerdings genau das, was benötigt wird, wenn wir uns von den eher unbedeutenden einfachen Beispielen abwenden, die in einem Großteil der Literatur zur Semiotik immer noch und immer wieder diskutiert werden. Reale Zeichen kommen typischerweise in komplexen Konstellationen vor und dies bringt besondere methodische Herausforderungen mit sich, die weit über den Grundgedanken eines Zeichens als ‚für etwas stehend' hinausreichen. Wir können dies schon mit einem Blick auf eine Ampel sehen, bei der ‚Rot für Stopp' steht. Die Farbe Rot aber, die in einem Gemälde zusammen mit einem Bild eines Messers genutzt wird, bedeutet in dieser Kombination definitiv nicht ‚anhalten' – und wir müssen hier genau beschreiben, welche Unterschiede vorliegen, um die jeweilige Bedeutung genau darzulegen. Hier zeigen sich die Vorteile, von einer grammatischen Organisation zu sprechen: Wir können auf ein Werkzeug zurückgreifen, das uns ermöglicht, komplexe ‚Zeichen' mit all ihrem Reichtum und ihrer internen Struktur zu beschreiben – egal, ob es sich dabei um ein Gemälde, einen verbalen Text, ein Musikstück oder eine Face-to-Face-Interaktion zwischen Sprecher*innen handelt, die möglicherweise noch mit und über elektronische Devices kommunizieren (wie in dem Beispiel, das wir ganz zu Beginn in Kapitel 1 diskutiert haben).

Inhalt: Diskurs

Unsere zweite Unterscheidung auf der Inhaltsebene geht aber über solche Ansätze hinaus und befasst sich speziell mit der Frage, wie wir aus den Organisationen und Strukturierungen der Form im Material *Bedeutung konstruieren*. Dies als explizite Anforderung für eine Zeichenmodalität zu nehmen führt uns in noch unbekanntes Terrain, auch wenn wir Zusammenhänge zu unterschiedlichen anderen Ansätzen, vor allem im Bereich der Pragmatik, erkennen werden. Wir richten unseren Fokus jedoch auf eine andere Tradition und werden vor allem von einer **Diskurssemantik** der Zeichenmodalität sprechen. In Kapitel 2 haben wir bereits vorgeschlagen, Diskurs als eine zentrale Figur für jede Interpretation von Zeichenmodalitäten zu sehen und wir werden diesen Vorschlag jetzt weiter ausführen und erklären, was wir genau damit meinen und welche Konsequenzen das für unser Verständnis von Zeichenmodalitäten hat.

Diskurssemantik

Als erste Einführung in den Begriff sehen wir die Aufgabe von Diskurssemantik in jeder Zeichenmodalität als ein *in Beziehung setzen der im Material markierten Unterscheidungen mit ihrem Gebrauchskontext und den jeweiligen kommunikativen Absichten*. Die Diskurssemantik einer Zeichenmodalität eröffnet *Interpretationswege*, die erstens eine direkte Verbindung der Elemente der Zeichenmodalität mit dem jeweiligen Kontext herstellen sowie zweitens auch die *beabsichtigte Menge* an Interpretationen eingrenzen. Kurz gesagt: Alle Zeichenmodalitäten bringen eine Diskurssemantik mit sich, andernfalls gäbe es keine Möglichkeit, den bestimmten Gebrauch dieser Modalitäten in einen Bezug zu ihren Interpretationen im Kontext zu setzen.

Zur Verbindung dieser unterschiedlichen Komponenten bedienen wir uns der im Bereich der systemisch-funktionalen Soziosemiotik entwickelten und wiederum den Hjelmslevschen Prinzipien folgenden Darstellungsweise als stratifizierte Systeme. Wie wir ausgeführt haben, ist jedes materielle Substrat eine essenzielle Komponente einer jeden Zeichenmodalität und muss als erstes Stratum dieser Modalität beschrieben werden. Das Material kann dabei über verschiedene Sinneskanäle hinweg operieren. Auf einer zweiten, vermittelnden Ebene stellt ein weiteres Stratum die mehr (und dann grammatisch orientierten) oder weniger (lexikalisch organisierten) kompositionell arbeitenden und funktional motivierten Möglichkeiten der formalen Differenzierung bereit. Auf einer dritten Ebene, die die beiden anderen Ebenen der semiotischen Abstraktion umgibt, befindet sich dann das abstraktere Stratum der (lokalen) Diskurssemantik.

Zur besseren Orientierung und als visuelle Erinnerung ist die gesamte dreiteilige Aufteilung in Materialität, Form und Diskurssemantik, die wir bisher in diesem Kapitel vorgestellt haben, noch einmal ausführlich in einer traditionellen Definitionsform in der Box unten aufgelistet sowie in Abbildung 4.1 graphisch dargestellt; weitere detailliertere Beschreibungen dieser Definition der Zeichenmodalität finden Sie in Bateman (2011, 2016), Wildfeuer & Bateman (2018), Bateman, Wildfeuer & Hiippala (2020). Die Beschreibung und Darstellung bleiben relativ abstrakt, aber es ist gut, diesen Teil der Definition nun hinter uns zu haben, damit wir uns stärker auf ihre Auswirkungen auf die praktische Analyse konzentrieren können.

!

Definition: Eine Zeichenmodalität ist eine spezielle Art von Praxis innerhalb einer Gemeinschaft von Nutzer*innen, die Bedeutungskonstruktion auf den folgenden drei abstrakten semiotischen Ebenen ermöglicht:

i. auf der Ebene eines verformbaren, wahrnehmbaren, materiellen Canvas,
ii. auf der Ebene einer (paradigmatischen) Klassifizierung von formalen Einheiten und (syntagmatischen) Strukturen, die die für die Zeichenmodalität relevanten Materialverformungen definiert, und
iii. auf der Ebene der Diskurssemantik, die dynamische Mechanismen für die abduktive Konstruktion von Diskursstrukturen bereitstellt, die den verwendeten Formklassifikationen kontextuelle Interpretationen zuweisen.

Alle drei Ebenen beeinflussen sich wechselseitig und können nicht getrennt voneinander betrachtet werden.

In der praktischen Analyse und Überprüfung dieser abstrakten Defintion werden wir uns dabei zwischen konkreten Beispielen und den abstrakten Beschreibungen hin- und

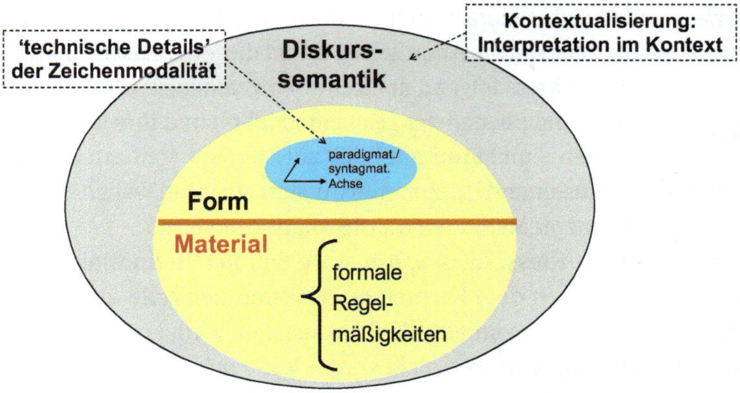

Abb. 4.1. Abstrakte Definition von Zeichenmodalität. Alle Zeichenmodalitäten verbinden drei semiotische Ebenen bzw. ‚Strata': das materielle Substrat bzw. die materielle Dimension, die Ebene der technischen Eigenschaften, die anhand verschiedener Beschreibungsachsen organisiert sind (auch abgekürzt als ‚Form') und die Ebene der Diskurssemantik.

herbewegen. Dies wird uns helfen, sowohl den theoretischen Ansatz zur Definition als auch seine Anwendungen besser nachzuvollziehen. Viele Fälle werden uns in unseren Fallstudien im letzten Teil des Buchs wieder begegnen und es lohnt sich auch dort, regelmäßig auf die hier gegebene abstrakte Beschreibung zurück zu kommen, um sich sowohl mit dem hier theoretisch Gesagten als auch mit den damit einhergehenden Folgen für multimodale Analysen umfassend vertraut zu machen. Mit diesen Folgen und Auswirkungen der Definitionen für Multimodalität und Zeichenmodalität werden wir uns im gesamten weiteren Verlauf des Buchs beschäftigen. Und Sie werden sehen, dass bestimmte Fragen und Probleme multimodaler Analyse viel einfacher zu lösen sein werden, sobald wir den Begriff der ‚Diskurssemantik' als Teil unseres Verständnisses von Zeichenmodalität fest etabliert haben.

4.1.2 Die Rolle der Diskurssemantik für Zeichenmodalitäten

Als ein erstes Beispiel dafür, wie man den Begriff der Diskurssemantik für unsere Analyse anwenden kann, betrachten wir Kress' Zugang zur Unterscheidung von ‚Schreiben' bzw. Schrift und ‚Bild', die er mit Blick auf den Literacy-Kontext diskutiert. Wir haben diese Thematik bereits in Abschnitt 2.4.4 in Kapitel 2 erwähnt. Kress diskutiert die ‚Affordanzen' der beiden ‚Zeichenmodalitäten' (vgl. Kress 2014: 55–58; Jewitt 2014: 24–25) und wir haben von dieser Diskussion weiter oben für die Beschreibung von Mediencanvases Gebrauch gemacht. Kress spricht von ‚Schreiben' bzw. Schrift und, vielmehr noch, von ‚gesprochener Sprache' als notwendigerweise durch die Logik von Zeit und Abfolge organisiert, während ‚Bilder' durch eine Logik des Raumes und der Gleichzeitigkeit geprägt sind. Dies ist eine wichtige Unterscheidung und sie muss immer dann berücksichtigt werden, wenn Zeichenmodalitäten voneinander unterschieden werden. Das heißt, es muss gefragt werden: Welche Affordanzen bringt die jeweilige Zeichenmodalität mit sich? Wir können hier Kress folgend noch ein wenig genauer vorgehen und die unterschiedlichen Elemente und Ebenen der Zeichenmodalität und ihre jeweiligen Funktionen auseinandernehmen – nicht nur mit Blick auf Literacy, sondern auf alle Formen der Analyse. Dieses Auseinandernehmen wird sich als unerlässlich für die Entwicklung klarer und eindeutiger Methoden für die Analyse erweisen.

Ganz konkret argumentiert Kress, dass, wenn ein*e Schüler*in im Biologieunterricht die Beziehungen zwischen dem Kern einer Zelle und der Zelle als Ganzes beschreiben muss, diese Beschreibung unterschiedlich ausfallen wird, je nachdem, ob sie mit Sprache oder mit einem Bild ausgedrückt wird –“*the world told* is a different world to *the world shown*” (Kress 2003: 1; Hervorhebungen im Original). Sprachlich muss man (insbesondere im Englischen, aber auch in vielen anderen Sprachen) ein Verb nutzen, das einen Besitz anzeigt: ‚die Zelle *hat* einen Nukleus‘. Die Beziehung zwischen Zelle und Nukleus derart auszudrücken wird durch den Gebrauch der jeweiligen Sprache vorgegeben. Im Vergleich dazu muss beim Zeichnen der Zelle der Kern mit einer bestimmten Position innerhalb der Grenzen der Zelle platziert werden. Auch dies ist eine *Vorgabe*, die der Gebrauch der Modalität ‚Zeichnen‘ mit sich bringt. Wichtig ist dabei allerdings, dass diese Vorgaben nicht allein durch den eingesetzten Canvas, also den in diesem Fall visuellen Canvas entstehen. Festgelegt werden können diese Vorgaben tatsächlich nur, wenn die spezifische *Diskurssemantik* der Zeichenmodalität auch mitberücksichtigt wird. Das heißt, obwohl der Kern der Zelle an einem bestimmten messbaren Punkt innerhalb der visuellen Grenzen der Zelle platziert wird, *bedeutet dies nicht, dass der*die Zeichner*in verpflichtet ist, Kerne von Zellen immer an dieser spezifischen Position zu zeichnen.*

Der hier beabsichtigte Präzisionsgrad hängt in der Tat von einer weitaus feineren Entscheidung über die Art der Nutzung der Modalitäten ab: In einem wissenschaftlich-technischen Diagramm (das z.B. Architekturpläne beinhaltet) kann es durchaus die Vorgabe geben, eine skalierte Darstellung von Raum und Position zu haben; in einer gezeichneten Skizze einer Zelle, wie sie im Biologieunterricht in Interaktion mit den Schüler*innen eingesetzt wird, gibt es aber generell keine solcher Vorgaben. In der Tat ist die Vorgabe dafür weniger streng und eher mit der Vorstellung verbunden, dass der Nukleus ‚irgendwo in der Zelle‘ ist. Es gibt also einen bedeutenden Puffer zwischen dem, was für einige physikalische Eigenschaften ‚tatsächlich‘ messbar ist (Länge, Größe, Position usw.) und *was mit diesen physikalischen Eigenschaften gemeint wird*. Für letzteres benötigen wir die Ebene der Diskurssemantik, die uns sagt, wie diese jeweiligen Unterschiede genau zu interpretieren sind.

Aus diesem Grund halten wir es für besser, die Verwendung des Begriffs ‚Affordanzen‘, so attraktiv dieser Begriff auch sein mag, eher auf seinen ursprünglichen Inhalt und den engen Bezug zur Perzeption zu begrenzen und nicht insofern zu erweitern, dass damit auch bezeichnet wird, was mit Zeichenmodalitäten allgemein gemacht werden kann. Eine räumliche und visuelle Organisation *ermöglicht* (oder leistet; engl.

to afford) den Ausdruck von relativen Positionen, Begrenzungen, Berührungen und so weiter. Aber was eine spezifische Zeichenmodalität dann mit diesen Affordanzen, d.h. den Affordanzen des materiellen Canvas einer Modalität, *tut*, hängt von der Diskurssemantik ab. Dies gilt auch für Sprache. Obwohl sich gesprochene Sprache in einer ziemlich strengen zeitlichen Abfolge entfaltet, bedeutet dies nicht, dass eine solche zeitliche Abfolge auch ausgesagt wird. Nur weil zwei Sätze aufeinander folgen, bedeutet das nicht, dass das, was der zweite Satz uns sagt, nach dem ersten Satz passiert ist. Alles, was wir brauchen, um genau dies nicht auszusagen, ist eine Folge von Wörtern wie ‚Aber vorher noch ist [...] geschehen'.

semiotische Reichweite

Diese Flexibilität in der Interpretation zeigt einmal mehr, dass sich eine Diskurssemantik (in diesem Fall die der gesprochenen oder geschriebenen Sprache) zwischen den auf dem Canvas gezeichneten Materialunterschieden und dem, was wir mit diesen Unterschieden meinen, entfaltet. Um hier noch genauer unterscheiden zu können, bezeichnen wir das, was mit einer Zeichenmodalität getan bzw. ausgedrückt werden kann, mit einem weiteren von Kress ausgehenden Begriff, dem der ‚semiotischen Reichweite' (engl. *semiotic reach*). Modalitäten können eine unterschiedliche Reichweite in Bezug darauf haben, was mit ihnen gemacht werden kann und was nicht. Die Reichweite einer Zeichenmodalität ist dann in der Regel eine Verfeinerung und Erweiterung dessen, was ihr materieller Träger mit den jeweiligen Affordanzen ermöglicht.

Zeichenmodalitäten klar in Bezug auf ihr Verhältnis zu und ihr Zusammenspiel mit einer spezifischen Diskurssemantik zu beschreiben ist enorm wichtig für alle Bereiche des Lernens und Lehrens, denn eine solche Diskurssemantik muss erlernt werden. Aber natürlich ist ein solcher Zugang ebenso wichtig für die Beschreibung von Zeichenmodalitäten an sich, da ohne diese Informationen gar keine Grundlage für sensible Entscheidungen gegeben ist. Jede Zeichenmodalität hat ihre eigene Diskurssemantik und diese Tatsache kann und sollte dann dazu genutzt werden, zu erklären, warum auch einige sich sehr ähnelnde Darstellungen sehr unterschiedliche Eigenschaften haben können. Die Diskurssemantik ist der notwendige erste Schritt, um sicher zu stellen, dass wir nicht nur die unterschiedlichen Modalitäten herausarbeiten, sondern auch in der Lage sind, zu erklären, wie diese Modalitäten wirken und wie sie zusammenarbeiten.

Diese Art der Semantik ist wichtig für unsere Analysen, weil sie uns hilft, ungenaue, verallgemeinernde Aussagen zu vermeiden. Arbeiten in der Tradition Kress und van Leeuwens betonen zum Beispiel oft, dass die relative räumliche Positionierung eines Objektes auf einer Seite oder einem Bildschirm eine eigenständige Bedeutung hat und der obere Teil einer Seite idealer Natur ist, also darstellt, wie die Dinge sein sollten, während der untere Teil der Seite realer Natur ist und die Dinge darstellt, wie sie sind. Eine ähnliche Differenzierung wird auch für die Kategorien ‚links' und ‚rechts' beansprucht. Diese Bedeutungen werden dann schnell für alle Arten von Seitenlayout oder Bildschirmanordnungen angenommen, ohne dass weitere empirische Tests oder Auswertungen vorgenommen werden. Bucher (2011: 133) berichtet zum Beispiel, dass die meisten deutschen Tageszeitungen ihre Neuigkeiten („Spitzenmeldungen") in einer genau umgekehrten als der von Kress und van Leeuwen vorgeschlagenen Links-Rechts-Anordnung präsentieren. Offensichtlich gibt es hier viel mehr zu untersuchen.

von Hypothesen zur Empirie

Um solche verfrühten Verallgemeinerungen zu vermeiden, müssen wir die damit verbundenen Phänomene sorgfältiger voneinander trennen. Der Canvas einer Seite bzw. eines Bildschirms bringt Affordanzen mit sich, die durchaus relative vertikale Positionierungen ermöglichen und diese Affordanzen scheinen, so zeigen interessante neuropsychologische Studien, sogar auch Unterschiede in der Bedeutung mit sich zu bringen, die höchstwahrscheinlich mit unserer verkörperten Wahrnehmung und unserem Sein in der Welt zu tun haben (vgl. z.B. Lynott & Coventry 2014). Aber wofür diese Eigenschaften des Canvas tatsächlich in einer Zeichenmodalität genutzt werden, ist eine ganz andere Frage und eine Antwort darauf kann nur empirische Arbeit liefern, die entsprechende Unterscheidungen nicht als verallgemeinerte Aussagen annehmen, sondern lediglich als Hypothesen, die durch entsprechende Eyetracking-Studien oder andere psychologische Experimente verifiziert oder falsiziert werden müssen. Wie bei vielen früheren Arbeiten in der Multimodalitätsforschung müssen also die gemachten Vorschläge und Aussagen als suggestive Hypothesen formuliert und empirisch überprüft werden (s. für eine weitere Diskussion Bateman 2019). Sie sollten *in keinem Fall* als bereits fertig geformte Prinzipien multimodaler Organisation im Allgemeinen gesehen werden.

Anzumerken ist auch, dass es sehr unwahrscheinlich ist, dass eine Zeichenmodalität gegen die Affordanzen ihres Materials ‚anarbeitet'. Dies lässt sich erklären, indem wir noch einmal auf das Beispiel der Zeichnung einer Zelle zurückkommen: Den Kern innerhalb der gezogenen Grenzen der Zelle zu platzieren wird in keiner Zeichenmodalität bedeuten, dass der Kern *nicht* Teil der Zelle ist! Ebenso ist es unwahrscheinlich, dass etwas, das als heiß bezeichnet werden soll, mit einer Zeichenmodalität gezeigt wird, die dies durch eine matte blaue Farbe repräsentiert oder dass ein scharfer, durchdringender Klang in einem visuell-räumlichen Modus als glatte Linie dargestellt wird (vgl. Ramachandran & Hubbard 2001). Wir haben diesen materiellen Beitrag zur Bedeutung von Tönen und Visuellem bereits in Kapitel 2 erwähnt. Für den von uns hier vorgeschlagenen Zugang zu multimodaler Analyse ist dies ein weiterer Grund, nicht zuzulassen, dass das ‚Materielle' und das ‚Semiotische' auseinanderfallen. Beide Dimensionen müssen immer gemeinsam betrachtet werden. Nur wenn dies geschieht, lässt sich der kommunikative Austausch mit bedeutungstragendem Material vollständig erklären - ein Phänomen, das ohne die gemeinsame Betrachtung von Materiellem und Semiotischem letztendlich in vielerlei Hinsicht (notwendigerweise) ein Rätsel bleibt.

verkörperte und erfahrungsbedingte Wahrnehmungen

Dies greift tatsächlich auf einige semiotische Grundlagen zurück, die bereits in Peirces Werk vorhanden sind (vgl. Krois 2011: 207). Da alle unsere Handlungen mit ‚Zeichen' über eine verkörperte Wahrnehmung erfolgen, werden wir immer auch eine körperliche Reaktion auf die Spuren und Markierungen haben, denen wir begegnen. Das heißt, dass wir nicht nur eine gezeichnete ‚Linie' als visuelles Element sehen werden, sondern auch Aspekte an dieser Linie wahrnehmen, die darauf hindeuten, mit welchem Kraftakt und mit welcher Art und Weise die Linie geschaffen wurde. Dies ist ein Prinzip, das zum Beispiel in und mit der traditionellen japanischen Kalligraphie zu einer eigenständigen Kunstform geworden ist. Solche Zusammenhänge werden semiotisch von Theo van Leeuwen (1999) im Sinne so genannter ‚erfahrungsbedingter Bedeutungen' (engl. *experiential meaning*) beschrieben. Wir müssen jedoch immer darauf hinweisen, dass es sich hierbei um *Korrelationen* handelt und nicht um einen direkten Weg zur Bedeutung, die von einer Zeichenmodalität konstruiert werden. In beiden Bereichen sind umfangreichere empirische Arbeiten notwendig.

Die Diskurssemantik fügt der Ausdruckskraft einer Zeichenmodalität jedoch deutlich mehr hinzu. Das heißt, man kann mit einer Zeichenmodalität aufgrund ihrer Diskurssemantik mehr ausdrücken, als ohne Diskurssemantik möglich ist. Betrachten wir dazu nur ein ganz einfaches Beispiel; weitere Beispiele folgen in späteren Kapiteln. Es wird oft gesagt, dass Bilder nicht nein sagen können, d.h., dass sie keine Verneinung ausdrücken, weil sie nur zeigen können, was da ist, aber nicht, was *nicht* da ist (vgl. z.B. Worth 1982). Dies ist zunächst weitgehend richtig, jedoch nur solange, *bis wir die Möglichkeiten einer Diskurssemantik hinzufügen.* Schauen Sie sich zum Beispiel das Warnschild links in Abbildung 4.2 an und fragen sich, was es wohl bedeuten mag. Eines der Probleme mit diesem Zeichen ist, dass es versucht, ‚alles auf einmal' in einem einzigen Zeichen zu zeigen. Bestimmte Informationen werden dabei wie üblich durch Ähnlichkeit kommuniziert: Es handelt sich vermutlich um eine Person auf einem Boot im Wasser und um eine Person im Wasser und die gesamte Situation soll vermieden werden, was durch die breite rote Linie angedeutet wird, die die dargestellte Situation durchstreicht. Aber was macht der Pfeil? Was bedeutet er? Pfeile haben eine Vielzahl von Interpretationen und es ist nicht besonders klar, was hier gemeint sein soll, wenn man auch vielleicht in der Lage ist, die hier beabsichtigte Interpretation in irgendeiner Form zu erraten. Diese Notwendigkeit des Ratens allerdings spricht nicht gerade für ein gutes Design von Artefakten dieser Art.

Abb. 4.2. Links: Warnschild – aber wovor warnt es? Rechts: Das Warnschild neu konzipiert durch Adams, Boersema & Mijksenaar (2010); mit freundlicher Genehmigung der Autoren

Eine ganze Reihe solcher Zeichen oder Schilder und die Probleme, die die Interpretierenden damit haben, sind inzwischen systematisch untersucht worden (unter anderem von Adams, Boersema & Mijksenaar 2010) – mit dem Ziel, Wege zu finden, die Ausdrucksmöglichkeiten besser zu nutzen und das Verstehen solcher Zeichen zu erleichtern. Adams, Boersema & Mijksenaar (2010) argumentieren, und demonstrieren dies dann auch mit einer Reihe von empirischen Tests, dass eine viel deutlichere Form der Warnung möglich ist, wenn diese in zwei Teile unterteilt wird. Das entsprechend neu konzipierte Warnschild ist rechts in Abbildung 4.2 zu sehen. Wir schlagen hier vor, dass der Grund, warum dieses Re-Design so viel besser funktioniert, in der für das Zeichen geltenden Diskurssemantik zu finden ist. Im Gegensatz zum Zeichen links, bei dem wir nur eine Informationsquelle haben, wird im zweiten Schild explizit ein *Kontrast* zwischen den beiden Bildern konstruiert. Ein solcher Kontrast ist eine der am häufigsten vorkommenden Diskursrelationen, die in und für viele Zeichenmodalitäten zu finden ist und damit eine der Interpretationsmechanismen widerspiegelt, die die Diskurssemantik zu bieten hat.

Die Kontrastrelation zwischen den beiden Schildern besagt, dass wir in der Lage sein sollten, zwei Situationen zu identifizieren, die sich in erkennbarer Weise unterscheiden. Das bedeutet, dass wir nicht mehr jede Situation für sich allein sehen, sondern dass wir als Interpretierende gebeten werden, die Situationen in Beziehung zueinander zu setzen. Beachten Sie, dass dies im Material nicht ‚präsent' ist, da wir nur zwei Frames nah nebeneinander haben und dies sehr viele verschiedene Dinge bedeuten kann – wie wir das zum Beispiel durch das Betrachten von Panelfolgen in einem Comic schnell bestätigen können (vgl. z.B. Packard u. a. 2019: Kap. 3). Im vorliegenden Fall gibt die Tatsache, dass wir zwei Situationen haben, von denen eine mit einem grünen Häkchen und die andere mit einem roten Kreuz markiert ist, starke Hinweise darauf, dass die Annahme von Kontrasten hier angemessen ist. Sobald wir diesen Kontrast als Hypothese feststellen – denn das ist es, was alle Diskursinterpretationen sind: Hypothesen –, dann müssen wir auch den Kern dieses Kontrastes finden. Dafür schauen wir uns an, worin der Unterschied zwischen den beiden Bildern liegt.

In dem einen Bild, das mit dem grünen Haken markiert ist, befindet sich nichts im Wasser, in dem anderen, mit dem roten Kreuz markierten Bild ist etwas im Wasser. Das erste Bild zeigt also, dass es akzeptabel ist, nur dann ins Wasser zu springen, wenn nichts im Weg ist. Beachten Sie, dass dies auch eine sinnvolle und beabsichtigte Verallgemeinerung ist, die über die viel zu spezifische Situation im ersten Zeichen (links in unserer Abbildung) hinausgeht. Während das erste Zeichen irgendwie darauf hindeutet, dass man auf Schwimmer*innen im Wasser achten soll, stellen die neu konzipierten Schilder ihre jeweiligen Darstellungen dagegen in einen angemessenen Diskurskontext und ermöglichen so die Anwendung der dazugehörigen Diskurssemantik. Dadurch sind die Bilder in der Lage, auszudrücken, dass nichts im Wasser ist. Dies zeigt auch sehr deutlich, dass die Aussagekraft der piktorialen Zeichenmodalität sich verändert und ausgeweitet hat.

Letztlich ist unsere Auffassung einer dynamischen Diskurssemantik auch als produktive Verallgemeinerung einer Reihe von spezifischeren Ansätzen zu sehen, die man in der Literatur zur Multimodalität vorfindet. Hans-Jürgen Bucher spricht von

‚Interaktion' zwischen Modalitäten (vgl. Bucher 2011); Ludwig Jäger (2002) von ‚Transkriptivität'; und Werner Holly von einer ‚performativen Dynamik' und einem ‚Wort-Bild-Reißverschluss', wobei Bilder und Sprechertext „in einem reißverschlussartigen Verfahren wechselseitig transkriptiv aufeinander bezogen [sind], so dass in der Rezeption wie in der Produktion die Bedeutungsgenerierung mäandern muss" (Holly 2009: 403). In der Tat ist die Diskurssemantik unseres Erachtens eine unabdingbare Facette von Multimodalität. Interpretationen werden *immer* durch die Anwendung einer spezifischen Diskurssemantik konstruiert, sei es für statische, dynamische oder gemischte Kommunikationsformen. Dies gilt nicht nur für die Bedeutungskonstruktion innerhalb einzelner Modalitäten, die je ihre eigenen Diskurssemantiken mitliefern, sondern auch über mehrere Modalitäten hinweg. Im letzteren Fall ist es dann gerade das Vorhandensein mehrerer Ebenen semantischer Diskursbeschreibungen, das die Integration von Bedeutungen ermöglicht, die in verschiedenen semantischen Modi erstellt wurden.

4.1.3 **Modalitätenfamilien**

Die Anwendung der von uns oben vorgenommenen Definitionen hat zur Folge, dass bestimmte kommunikative Ressourcen in verschiedene Zeichenmodalitäten aufgeteilt werden, die möglicherweise aber nicht immer unseren Erwartungen entsprechen. Da zum Beispiel gesprochene und geschriebene Sprache ganz offensichtlich ja sehr unterschiedliche Materialitäten haben, müssen diese schon aufgrund unserer Definition als getrennte Zeichenmodalitäten betrachtet werden und es ist folglich nicht zulässig, von Sprache generell als Zeichenmodalität zu sprechen.

geschriebene vs. gesprochene Sprache

Auch wenn dies auf den ersten Blick komplexer erscheint, als es sein muss, ist das Gegenteil der Fall, gerade weil diese Annahme darauf beruht, dass wir die richtige Sichtweise auf das einnehmen, was den beteiligten Materialitäten eine bedeutsame Form gibt, *ohne* vorauszusetzen, dass es sich nur um Sprache und einige Extras handelt. Für gesprochene Sprache haben wir bereits in Kapitel 2 gesehen und werden in Kapitel 8 noch weitere Details dazu sehen, wie komplex das Material werden kann, das wir mit gesprochener Sprache zusammen nutzen: Dies sind nicht nur Tonsignale (und ihre verschiedenen Facetten), sondern auch Mimik und Gestik oder die Nähe zu anderen Teilnehmer*innen der Kommunikationssituation. Diese Materialien werden von der Zeichenmodalität ‚gesprochene Sprache' aktiv genutzt, um ihre ‚Reichweite' zu vergrößern. Ganz anders verhält es sich aber für die Zeichenmodalität ‚geschriebene Sprache', die die Ressourcen Typographie, Layout, Größe, Farbe, usw. nutzt, um ihre Reichweite in ganz andere Richtungen auszuweiten. Zusammengefasst bedeutet dies, dass es notwendig und ratsam ist, die beiden unterschiedlichen kommunikativen Ressourcen ‚gesprochene' und ‚geschriebene' Sprache voneinander zu trennen. Dies gibt uns auch eine methodische Unterstützung für die Analyse von Übertragungen aus einer in die andere Zeichenmodalität. Mit einer klaren Unterscheidung beider Modalitäten wird deutlich, welche Arten von Bedeutung bei der jeweiligen Übersetzung gefärdet sind und möglicherweise verloren gehen.

Es bleibt jedoch eine Herausforderung, nicht zu vergessen, dass geschriebene und gesprochene Sprache natürlich trotzdem eine beträchtliche Menge an ‚semiotischen Fähigkeiten' gemeinsam haben. Wir werden solche Zeichenmodalitäten, die in gewisser Weise miteinander in Beziehung stehen, d.h. zumindest teilweise semiotische Organisationen gemeinsam nutzen, als *Modalitätenfamilie* bezeichnen. (Im Englischen nutzen wir dafür den Begriff ‚mode family'.) Gesprochene und geschriebene Sprache sind also Mitglieder der Modalitätenfamilie ‚verbale Sprache'. Dies unterscheidet sich grundlegend von der Aussage, dass eine einzelne Modalität verschiedene Materialitäten haben kann, weil sich Unterschiede und Variationen innerhalb einer Familie auf allen beteiligten Ebenen (von der Ebene der Materialität bis hin zur Diskurssemantik) wiederfinden können.

Zeichenmodalitäten, die auf eine solch enge Art und Weise miteinander verbunden sind, bestehen nicht einfach. Stattdessen liegt eine (potenziell sehr lange) Interaktionsgeschichte zwischen ihnen vor: Geschriebene Sprache zum Beispiel entstand durch Versuche, nicht-flüchtige Aufzeichnungen von Informationen zu erlangen, die in gesprochener Sprache ausgedrückt wurden. Nutzer*innengemeinschaften mussten also einen erheblichen Aufwand leisten, um die geschriebene Zeichenmodalität für einen wesentlichen Teil der gesprochenen Zeichenmodalität anwendbar zu machen – und beide sind natürlich auch jetzt noch nicht gleichwertig. Außerdem haben auch andere materielle Affordanzen visueller Medien ihren jeweils eigenen Teil zur Entwicklung beigetragen. Inzwischen ist also problemlos zu rechtfertigen, dass geschriebene Sprache eine eigenständige Zeichenmodalität ist und nicht einfach nur ein Notationssystem für die Laute gesprochener Sprache. Für etablierte Schriftsysteme wird daher die jeweilige und sehr unterschiedliche Materialität ihres visuell wahrnehmbaren Canvas verwendet, um Details und Unterschiede ‚darzustellen' (auf diesen Begriff werden wir noch zuückkommen), die durch die Modalität gesprochene Sprache entstehen. Auch hier hat die Vielfalt an visuell wahrnehmbaren Materialien dazu geführt, dass weitere Zeichenmodalitäten (Typographie, Layout, etc.) entstanden, die zu einer immer stärkeren Trennung von geschriebener und gesprochener Sprache beigetragen haben.

Die Ähnlichkeit zwischen den Zeichenmodalitäten kann dann auf verschiedenen Ebenen festgestellt werden. Ähnlichkeiten wie die nahezu universelle Fähigkeit, ‚Einheiten' verschiedenster Art (räumlich, zeitlich) zu bilden, sind eher etwas Grundlegenderes und entstehen aus der Natur semiotischer Systeme selbst: Alle semiotischen Modi *müssen* syntagmatiche Beschreibungsebenen aufweisen und bilden daher zwangsläufig auch strukturelle Einheiten. Solche allgemeinen semiotischen Eigenschaften werden teilweise gar als *semiotische Prinzipien* bezeichnet (vgl. z.B. Kress & van Leeuwen 2001, Jewitt, Bezemer & O'Halloran 2016). Es kann auch neurokognitive Gründe dafür geben, dass Zeichenmodalitäten aufgrund der allgemeinen ‚Architektur' unserer neurobiologischen Zusammensetzung Ähnlichkeiten aufweisen (vgl. z.B. Jackendoff 1987, 1991, Jackendoff & Lerdahl 2006, Cohn 2016). Auch hier gibt es mehr offene Fragen als Antworten und viel zu tun, um unser Wissen über Zeichenmodalitäten empirisch zu testen! Wir behalten uns aber die Verwendung des Begriffs ‚Modalitätenfamilie' für solche Fälle vor, in denen es zu erheblichen Überschneidungen kommt, die gerade *nicht* zwingend in der Natur semiotischer Systeme begründet liegen, sondern sich eher durch konventionaliserten Zeichengebrauch im Verlauf der Zeit entwickeln – wie es beispielsweise auch bei der geschriebenen Sprache war.

4.2 Zeichenmodalitäten und Medien

Bei der Untersuchung einzelner Artefakte oder Darbietungen können beliebig viele kommunikative Modalitäten wirksam sein, so dass eine sorgfältige empirische Analyse erforderlich ist, um genauestens zwischen diesen Modalitäten unterscheiden zu können. Dies ergibt sich aus der Tatsache, dass Materialien (sowohl reale als auch virtuelle) grundsätzlich in der Lage sind, eine Vielzahl von unterschiedlichen Dimensionen und somit auch eine Vielzahl von Modalitäten zu realisieren. Das bedeutet jedoch nicht, dass wir immer bei Null anfangen müssen, wenn wir all diese beschreiben wollen – es ist immer auch möglich, Bedingungen sowohl für spezifische Zeichenmodalitäten selbst als auch für ihre jeweilige Art der Anwendung zu bestimmen.

Vielleicht die prominenteste Quelle für solche Bedingungen ist das *Medium*, innerhalb dessen das Artefakt oder die Darbietung entsteht. Aus diesem Grund legt das vorherige Kapitel sehr sorgfältig dar, wie kommunikative Situationen und insbesondere ihre Canvases in Bezug auf die jeweiligen Medien kategorisiert werden können. Die Medienspezifizität als solche ist dann eine weitere notwendige Komponente multimodaler Analysen: Welche Modalitäten genau wirksam sein können und wie sie miteinander kombiniert werden können, wird medienspezifische Eigenschaften aufzeigen, für deren empirische Untersuchung es hilfreich sein wird, mehr über das Medium zu wissen.

In der Literatur ist die Dringlichkeit einer medien- und kommunikationswissenschaftlich adäquaten Definition von Medium mehrfach betont worden (vgl. Krämer 2003, 2008, Stetter 2005, Elleström 2014, Jäger 2015). Eine solche Definition, die außerdem auch semiotisch adäquat wäre, liegt allerdings bisher nicht vor. Ist *Sprache* ein Medium? Sind, wie bei Stetter, geschriebene Sprache, Lautsprache und Gebärdensprache jeweils separate Medien? Und wenn ja, ist dies die gleiche Art von Unterschied, der geschriebene Sprache und Bild als getrennte Medien erfassen würde? Es scheint diverse Unterschiede zu geben, aber wie sie in einem theoretischen Ansatz zusammenzubringen sind, bleibt meist unklar. Daher sind wir auch hier der Einführung einer stärkeren, bereits multimodal ausgerichteten Definition des Begriffs *Medium* verpflichtet.

! Ein Medium ist ein historisch bedingter Ort des Einsatzes und der Mobilisierung von den zum Gebrauchszeitpunkt mit dem Medium assoziierten Zeichenmodalitäten zur Erfüllung verschiedener kommunikativer Zwecke.

Dass bestimmte Zeichenmodalitäten regelmäßig miteinander kombiniert werden und andere nicht, ist eine Tatsache, die auf dem sozio-historisch konstruierten Umstand beruht, dass ein Medium jeweils unterschiedlich genutzt wird, es jeweils unterschiedliche materielle Affordanzen hat und die jeweils beteiligten Zeichenmodalitäten unterschiedliche Fähigkeiten mit sich bringen. Ein Buch ist zum Beispiel ein Medium, das traditionell die Zeichenmodalitäten geschriebene Sprache, Typographie, Seitenlayout usw. nutzt. Wenn wir ein Buch in der Hand halten, wissen wir, dass diese Zeichenmodalitäten eine Rolle spielen und andere nicht und einige auch gar nicht möglich sind. Diese Beziehung zwischen Medien und Zeichenmodalitäten stellen wir in Abbildung 4.3 dar.

Wir betrachten ein Medium deswegen als sozial und historisch situierte Praxis und als *Biotop für Semiose*, womit wir der Formulierung von Hartmut Winkler folgen:

> „Medien sind gesellschaftliche Maschinen, die ein Biotop für die Semiose, für die Artikulation und für die Herausbildung von Zeichen bereitstellen." (Winkler 2008: 213)

Zeichenmodalitäten nehmen an einem Medium teil und realisieren dessen Bedeutung durch ihr Material oder ihre ‚virtuellen Canvases' sowie durch ihre semiotische Seite. Es ist also nie das Medium selbst, das Bedeutung realisiert! Dieses Verständnis von Medium und Modalitäten knüpft an die Aussagen Marie-Laure Ryans an, die vorschlägt, dass ein Medium unterteilt wird in semiotische Komponenten einerseits und eine Übertragungskomponente andererseits (vgl. Ryan 2004).

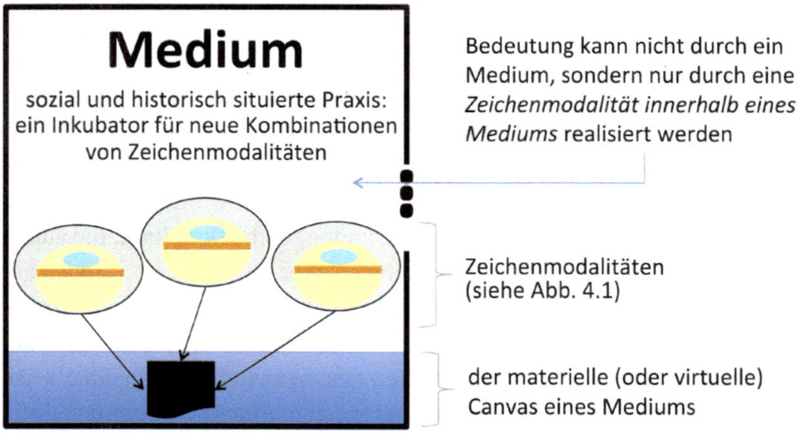

Abb. 4.3. Zusammenhang zwischen Zeichenmodalitäten und Medien

Medien haben eine weitere Reihe von ganz unterschiedlichen Eigenschaften, die sehr wichtig für multimodale Analysen sind. Besonders relevant ist das grundlegende Phänomen, dass bestimmte Medien andere Medien ‚darstellen' können. Diese Situation können wir nun sehr genau skizzieren, indem wir auf das zurückgreifen, was wir über den Zusammenhang zwischen Zeichenmodalitäten und Medien gesagt haben. Was wir als ‚Canvas' eines Mediums bezeichnet haben, ist notwendigerweise eine Auswahl der möglicherweise sehr unterschiedlichen ‚Materialien', die durch die teilnehmenden Zeichenmodalitäten beigesteuert werden. Ein bestimmtes Medium muss dabei nicht vollständig alle materiellen Möglichkeiten nutzen, die eine Zeichenmodalität mit sich bringt. Das heißt, dass bestimmte Medien nicht unbedingt einen vollständigen sensorischen Zugang zu allen Optionen bieten, die eine Zeichenmodalität prinzipiell anbietet.

Das mag zunächst komplex klingen, ist aber eigentlich sehr üblich, zum Beispiel in Situationen, in denen technologische Entwicklungen ein neues Medium hervorbringen, das in gewisser Hinsicht Defizite gegenüber einem älteren, bereits existierenden Medium aufweist, *diese Defizite jedoch durch neue Fähigkeiten des neuen Mediums ausgeglichen werden.* Denken Sie hier an die Erfindung des Buchdrucks, des Telephons oder des Internets. Kommunikation via Telephon hatte insbesondere in ihrer frühen Phase und im Vergleich mit direkter Face-to-Face-Kommunikation eine eher schlechte Qualität, aber die Tatsache, dass man nicht länger am selben Ort sein musste, um miteinander zu reden, war natürlich ein enormer Gewinn, der das fehlende Sehen der Kommunikationspartner*innen und den fehlenden Zugang zu Gestik und Mimik, etc. kompensierte. Obwohl das Medium Telephon also gesprochene Sprache ‚übertrug', konnten nur einige Facetten der Materialität von Face-to-Face-Interaktion übermittelt werden. Sehr ähnliche Beobachtungen gibt es auch zum Buchdruck, der zu Beginn und im Vergleich zum visuellen Reichtum früherer Bücher noch sehr begrenzte Möglichkeiten hatte, und zum Internet, dessen frühe Webseiten mit einfachem HTML arbeiteten und aus typographischer Sicht und im Vergleich mit bestehenden Printmedien eher einfach aussahen.

mediale Varianten

Diese potenzielle Diskrepanz zwischen dem Material der Zeichenmodalität und dem, was von einem Medium bereitgestellt wird, gibt Aufschluss über das Phänomen, das Hartmut Stöckl als ‚mediale Varianten' (engl. *medial variants*) bezeichnet hat (vgl. Stöckl 2004). Mediale Varianten beschreiben Situationen, in denen eine gleiche oder ähnliche ‚semiotische Organisation' für verschiedene Materialitäten vorliegt – wie dies auch bei geschriebener und gesprochener Sprache der Fall ist. Wir unterscheiden hier jedoch zwischen den sehr engen Beziehungen innerhalb einer ‚Modalitätenfamilie' und einem weitaus lockereren Grad der Verbindung in Medien, die die gleichen Zeichenmodalitäten nutzen. Diese Unterscheidung ist in erster Linie eine theoretische Unterscheidung, die sich daraus ergibt, dass ein Raum möglicher Beziehungen zwischen Medien und Modalitäten besteht, der durch empirische Untersuchungen erst noch gefüllt werden muss. Wir wollen vermeiden, gezwungen zu werden, verschiedene Phänomene vorzeitig zusammenzufassen, nur weil es uns an den entsprechenden theoretischen Begriffen zur Beschreibung dieser Unterschiede fehlt.

Der Versuch, die Beziehungen zwischen verschiedenen Bedeutungspraktiken auseinanderzuhalten, wird beispielsweise oft dadurch komplexer, dass wir viele Zeichenmodalitäten haben können, die zu einem einzigen Medium beitragen. Einige davon können auch von anderen Medien verwendet werden, andere wiederum nicht. Schauen wir uns dazu den Vergleich von ‚statischem Bild' und ‚bewegtem Bild' an: Stöckl (2004) klassifiziert auch dies als einen Fall von ‚medialen Varianten' und vertritt damit eine Position, die in vielen Zugängen zu visueller Kommunikation implizit gefunden werden kann. Dabei werden statisches Bild und bewegtes Bild in ähnlicher Weise miteinander in Beziehung gesetzt wie gesprochene und geschriebene Sprache. Im Gegensatz dazu schlagen wir allerdings vor, dass sich das semiotische Potenzial der beiden Bildtypen so stark voneinander unterscheidet, dass mit ziemlicher Sicherheit getrennte Systeme im Einsatz sind. Mehr über den möglichen Verlauf der semiotischen Entwicklung von gesprochener und geschriebener Sprache wird in Bateman (2011) diskutiert, während die Entstehung unterschiedlicher Zeichenmodalitäten im Film näher von Bateman & Schmidt (2012: 130–144) besprochen wird. Unsere Fallstudie für Film (Kapitel 11) wird ebenfalls wesentliche Unterschiede (sowie einige Überschneidungspunkte) herausarbeiten.

Die Beschreibung der unterschiedlichen Zeichenmodalitäten, die die Medien statischer und dynamischer Bilder jeweils verwenden, ermöglicht dann eine natürlichere Beschreibung des Geschehens. Einerseits können Modalitäten bildlicher Darstellungen von unterschiedlichen Medien geteilt werden, andererseits sind solche Modalitäten, wie sie in Szenenübergängen und Strukturen eingesetzt werden, die durch Schussfolgen ermöglicht werden (z.B. Schuss/Gegenschuss-Verfahren usw.), in statischen Umgebungen eindeutig nicht möglich. Inwieweit es möglich oder notwendig ist, statische Bilddarstellungen ‚auszuweiten', um auch Systeme der dynamischen Bilddarstellung zu beschreiben, wird dann zu einem empirischen Thema. Aus guten methodischen Gründen kann man beide Aspekte getrennt untersuchen, bis genügend Beweise für eine engere Beziehung gefunden sind. Dies ist ein weiteres Beispiel dafür, warum es methodisch hilfreich ist, die von uns vorgeschlagenen Unterscheidungen vorzunehmen. Wir werden weitaus detailliertere und empirisch fundiertere Analysen benötigen, wie diese Medien funktionieren, bevor die Diskussion fortgesetzt werden kann.

mediale Darstellung / darstellende Medien

Eine andere Art von Beziehung zwischen unterschiedlichen Medien, die leicht in der Idee der medialen Varianten zusammengeführt werden kann, tritt auf, wenn eine mediale Form eine andere zu reproduzieren scheint. Schauen wir uns zum Beispiel einen Tanz an, der als Photographie innerhalb eines Films gezeigt wird, oder Phänomene wie das Lesen einer digitalen Version einer Zeitung in einem Webbrowser. Wir werden diese besondere Art der Beziehung zwischen Medien als *mediale Darstellung* bezeichnen bzw. von *darstellenden Medien* sprechen – im Englischen nutzen wir den Begriff *media depiction*. Auch hier gilt: Die Möglichkeit der Unterscheidung solcher medialer Darstellungen von anderen Arten von ‚medialen Varianten', die in der Literatur diskutiert werden, bietet uns vor allem einen starken methodischen Leitfaden dafür, wie solche Dinge zu analysieren sind.

Wir verwenden den Begriff ‚Darstellung' aufgrund seines häufigen Gebrauchs vor allem für bildliche Repräsentationen, wenn auch mit ‚Darstellung' oft andere Formen des Zeigens gemeint sind. Für die vielen Fälle multimodaler Artefakte und Situationen ist es hilfreich und notwendig, über diese Fälle hinaus zu verallgemeinern und alle möglichen verfügbaren materiellen Eigenschaften für ‚Darstellungen' miteinzubeziehen (vgl. Bateman 2016). Medien können dann als Darstellungen bezeichnet werden, wenn ihr (virtuelles) Material eine ausreichende Grundlage für die Anwendung von Zeichenmodalitäten *anderer* Medien bereitstellt – das heißt, wenn die Materialien, die durch die Kombination von Materialien der beitragenden Zeichenmodalitäten und ihrer technischen Möglichkeiten entstehen, es ermöglichen, Zeichenmodalitäten aus anderen Artefakten anzuwenden.

Solche Fälle erfordern nicht, dass die materiellen Formen sich genauestens entsprechen. Es ist lediglich notwendig, dass wir einige explizite Materialunterschiede feststellen können, die helfen, ähnliche Unterschiede zwischen den ‚dargestellten' Zeichenmodalitäten auszumachen. Dies ermöglicht es dann, bestimmte Techniken oder Mechanismen medienübergreifend wiederzuverwenden. Bilder können somit zum Beispiel von Hand (nach)gezeichnet, gemalt oder auch digital mit der Maus skizziert werden. Es sind jeweils sehr unterschiedliche Medien im Spiel, aber die materiellen Unterschiede, die ihr jeweiliger Canvas bietet, überschneiden sich im Allgemeinen mit den Unterschieden, die von den anderen Zeichenmodalitäten und ihren Medien verlangt werden, und ermöglichen deswegen eine Übertragung und Anpassung. Ein weiteres Beispiel ist der virtuelle Canvas, der mit einem aktuellen Webbrowser erstellt wird: Die daran beteiligte Technologie unterscheidet sich sehr stark von derjenigen der Drucktechnik und wir haben es also mit ganz unterschiedlichen Medien zu tun. Es gibt jedoch noch genügend Gemeinsamkeiten, die eine materielle Unterstützung bieten, so dass sich viele Eigenschaften überlappen (andererseits gibt es auch viele Unterschiede, vgl. Bateman, Delin & Henschel 2004).

Dieser theoretische Rahmen ermöglicht es, einige grundlegende Fragen zur multimodalen Analyse über die Grenzen verschiedener Medien hinweg ganz einfach zu beantworten. Eine Analyse in Bezug auf technische Hilfsmittel mit flexiblem Inhalt wird immer noch oft als Herausforderung angesehen und man ist sich manchmal nicht sicher, wie genau vorgegangen werden soll. Stöckl (2014: 276) schlägt zum Beispiel vor, zwischen dem Medium einerseits (z.B. einem Tablet-Computer) und ‚Kommunikationsformen' andererseits zu unterscheiden (siehe auch Holly 2011: 155) – z. B. Zeitungen, Radio, E-Mail, etc. –, um dieses Phänomen zu erfassen. Allerdings steht ‚Medium', wie wir es hier verwenden, oft näher am Konzept der ‚Kommunikationsform' als das jeweilige physische Material. In unserem Sinne ist der Tablet-Computer also kein Medium, sondern ein virtueller Canvas, der von einer Vielzahl von Medien eingesetzt werden kann. Aus dieser Perspektive heraus können wir auch vermeiden, so genannte Hybride oder unscharfe Grenzen anzunehmen, die gar nicht vorhanden sind und die für eine Beschreibung multimodaler Bedeutung auch gar nicht notwendig sind. Stattdessen haben wir ein Kontinuum von Medien mit einer zunehmenden Anzahl von ‚virtuellen Canvases', die sich über alle Medien erstrecken – einschließlich vielleicht der Verwendung von Pergament als Ersatz für die Malerei an Wänden an einem Extrem des Kontinuums bis hin zu einer interaktiven immersiven digitalen Umgebung wie dem Holodeck auf der anderen Seite.

Die sich daraus ergebende Unschärfe in der Trennung von ‚digital' und ‚nicht-digital' ist bewusst von uns gewählt, da wir glauben, dass diese Unterscheidung viel zu oft vorgenommen und noch häufiger überschätzt wird. Die Organisation virtueller digitaler Formate ist nach wie vor meist zunächst eine Nachbildung anderer Medien. Dies lässt sich genauestens mit unserem Modell der medialen Darstellung nachzeichnen. Natürlich gibt es einige Dinge, die virtuelle Medien tun und produzieren können, die ein Blatt Papier zum Beispiel nicht kann und diese Dinge müssen gleichermaßen in der Analyse berücksichtigt werden – aber nicht als vollkommen unabhängig von bestehenden Medien. Eine relevante Diskussion wurde hier von Lev Manovich (2001) geführt, der mehrere unterschiedliche Beschreibungen dessen liefert, was an den ‚neuen Medien' unverwechselbar ist, einschließlich ihrer Abhängigkeit von numerischen Repräsentationen (was zu Modularität und Kopierbarkeit führt) und Programmierbarkeit (was veränderliche Canvases unterstützt). Es kann dann untersucht werden, inwieweit Medienkonstruktionen, die solche Medien nutzen, diese Möglichkeiten für ihre Darstellungen mobilisieren und entsprechende Erweiterungen von bestehenden Medien produzieren.

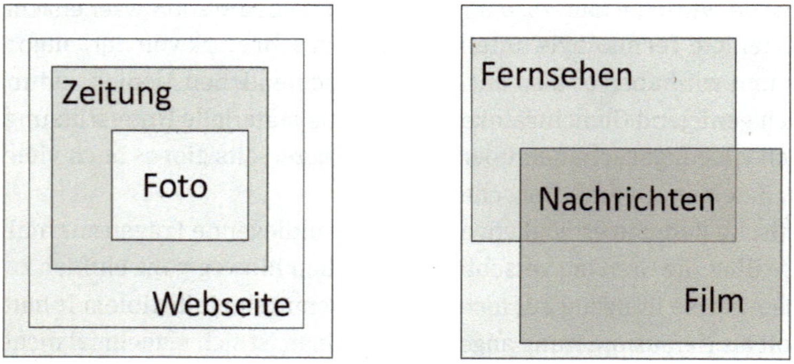

Abb. 4.4. Zwei übliche Darstellungsbeziehungen zwischen Medien: Einbettung und Blending

Im Allgemeinen können Medien daher auf verschiedene Weise miteinander verbunden werden: Es können Beziehungen entstehen, die durch eine gemeinsame oder überlappende Nutzung von Zeichenmodalitäten hervorgebracht werden. Und es können Beziehungen durch eine jeweilige gegenseitige Darstellung bestehen, sie sich wiederum in unterschiedlichen Formen ausspielen können. Die beiden Hauptformen einer solchen ‚Darstellung' sind in Abbildung 4.4 graphisch dargestellt, wobei wir den klassischen Fall einer ‚Einbettung' auf der linken Seite und einen komplexeren Fall einer Kombination oder eines ‚Blending' auf der rechten Seite sehen. Eine Einbettung liegt beispielsweise bei einem Photo in einer Zeitung auf einer Webseite vor, während

Blending erfolgt, wenn ein Fernsehprogramm die Ressourcen von Film einerseits und Nachrichtenberichten andererseits miteinander kombiniert. In allen Fällen stellt ein ‚eingebettetes' Medium die Möglichkeiten der Repräsentation und der kommunikativen Formgebung für alle ‚eingebetteten' Medien dar. Jede Schicht der medialen Darstellung kann zusätzliche medienspezifische Leistungen zur Verfügung stellen und gleichzeitig einschränken, was von den eingebetteten Schichten verwendet werden kann. Wenn ‚zuviel' in der Darstellung verloren geht – und ob zuviel verloren geht oder nicht, hängt von den spezifischen Kommunikationszwecken des gesamten Unternehmens ab –, kann eine explizite ‚Anpassung' oder auch die Umgestaltung von Schritten erforderlich sein.

Das Instrumentarium zur Beschreibung von Beziehungen zwischen Zeichenmodalitäten und Medien, das wir jetzt vorgestellt haben, eröffnet eine Vielzahl von noch ungelösten empirischen Fragen, die in einem nächsten Schritt systematisch untersucht werden sollten. Zum Beispiel wissen wir noch gar nicht, ob ‚Film' oder ‚Comics' ihre jeweils eigenen Zeichenmodalitäten beisteuern oder möglicherweise besser als darstellende Medien betrachtet werden sollten, die Zeichenmodalitäten aus anderen Medien verwenden. Wir haben zwar starke Intuitionen zu und Vorurteile gegenüber diesen Fragen, aber die eigentliche empirische Arbeit bleibt noch zu leisten. Es gibt sicherlich einige gute Argumente dafür, dass zumindest einige der Regelmäßigkeiten und spezifischen Funktionsweisen dieser Medien gute Kandidaten dafür sind, den Status von eigenständigen Zeichenmodalitäten zu haben bzw. zu erreichen. Das dafür anzuwendende Kriterium ist die Suche nach einer geeigneten Diskurssemantik, die erklärt, wie bestimmte Muster im verwendeten Material miteinander in Beziehung gesetzt und kontextualisiert werden können. Diese Aufgabe wird jedoch wesentlich komplexer durch die Tatsache, dass auch andere Zeichenmodalitäten im selben Material wirken, sich dabei aber anderer Muster bedienen und ihre eigenen Bedeutungspraktiken mitbringen, die ebenfalls erkannt und kontextualisiert werden müssen.

Das Konzept der ‚medialen Darstellung' stellt hierfür auch eine methodisch vorteilhafte Grenze dar, die verhindert, dass Zeichenmodalitäten und deren Kombinationen unnötig entwirrt werden. Das heißt: Nur weil ein Photo in einem Film oder in einer Zeitung auf einem Tablet-Computer gezeigt wird, hören wir nicht plötzlich auf, die erwarteten und konventionellen Eigenschaften von Photos oder Zeitungen in die Analyse miteinzubeziehen. Auch ignorieren wir nicht, wie ein Photo als Medium Zeichenmodalitäten verwendet, um Bedeutung zu konstruieren. Es gibt keine ‚Kombination' von Zeichenmodalitäten, die in solchen Fällen intrinsisch ist. Auch wenn kreativere Kombinationen entstehen können (wie zum Beispiel die filmische Technik, den Inhalt eines Photos beweglich zu machen oder Techniken des Zoomens und Verlinkens auf einem Tablet), verändert dies das dargestellte Medium und bringt so andere Zeichenmodalitäten zum Zwecke der Kommunikation zusammen. Wir werden diese Abgrenzungsmöglichkeit weiter unten und insbesondere in Kapitel 7 verwenden, wenn wir unsere allgemeinen methodischen Leitlinien für multimodale Analyse vorstellen werden. Die wichtigen Grundlagen für diese Analyse sind sowohl mit Blick auf das von uns eingeführte Verständnis von Zeichenmodalitäten als auch im Hinblick auf die Mechanismen von ‚Text' und ‚Genre' geschaffen, die wir im nächsten Abschnitt näher ausführen werden.

4.3 Genre, Text, Diskurs und Multimodalität

Bei der Analyse von Artefakten und Darbietungen jeglicher Art ist es wichtig, ein gutes Verständnis der Konventionen zu haben, innerhalb derer diese Artefakte und Darbietungen funktionieren. Wenn man dieses Verständnis nicht von vorneherein mitbringt, sind verschiedene Informationsquellen zu empfehlen: Erstens sollte man sich auf einer eher theoretischen Ebene mit der Literatur vertraut machen, die in all jenen Disziplinen angeboten wird und die sich mit den jeweiligen Artefakten oder Darbietungen beschäftigt. Zweitens kann man etwas praktischer erste *korpusbasierte* Untersuchungen von Analyseobjekten vornehmen, um einen ‚datengesteuerten' Überblick darüber zu erhalten, wie diese organisiert werden und welche spezifischen Phänomene jeweils auftreten.

Die dadurch gefundenen Beziehungen zwischen angenommenen allgemeinen Konventionen und den tatsächlichen individuellen Analyseobjekten können in der Regel besonders sinnvoll mit Bezug auf die Konzepte *Genre*, *Text* und *Diskurs* beschrieben werden. Jeder dieser Begriffe und das damit einhergehende Verständnis wird inzwischen weit über die ursprüngliche Verwendungsweise für überwiegend sprachliche Phänomene hinaus eingesetzt und wir werden im Folgenden erklären, wie dies im Rahmen multimodaler Forschung getan wurde und weiterhin getan werden sollte. Nichtsdestotrotz kommt es auch in diesem Kontext darauf an, die Konzepte nicht *zu weit* auszudehnen! Einige Beschreibungen und Übertragungen gehen zum Beispiel so weit, fast jedes beliebige Analyseobjekt als ‚Text' zu bezeichnen, was natürlich einer Analyse nicht mehr nützlich ist. Wir werden uns daher im Folgenden nur mit solchen Erweiterungen dieser Konzepte befassen, die uns insbesondere für empirische Untersuchungen sinnvoll erscheinen.

4.3.1 Multimodale Genres

Genre

Im Wesentlichen bietet der Genre-Begriff eine Möglichkeit, Muster von Konventionen zu beschreiben, die eine Gesellschaft oder Kultur entwickelt (hat), um bestimmte Arten von ‚kommunikativer Arbeit' zu leisten. So ist ein ‚narratives Genre' ein Genre, das Geschichten erzählt, ein ‚wissenschaftlicher Artikel' leistet als Genre wissenschaftliche Argumentations- und Berichtarbeit und ‚Comedy' ist ein Genre, das die Aufgabe hat, die Leute zum Lachen zu bringen.

Das Verhältnis zwischen Genres, die als anerkannte sozial konstruierte Nutzungen von kommunikativen Medien gelten, und Texten, einzelnen Trägern von Kommunikation, die in Bezug auf Genres positioniert werden, kann am besten als eines der *Partizipation* bzw. *Teilnahme* gesehen werden. Texte nehmen an Genres teil; sie ‚gehören' nicht zu Genres. Diese Sichtweise auf Genres geht zurück auf einen wichtigen Artikel des französischen Philosophen Jacques Derrida (1980). Dieser argumentiert, dass Texte und Genres nicht voneinander getrennt werden dürfen; jeder Text muss unbedingt in Bezug auf Genres gesehen werden. Einen ähnlichen Blick auf Genres nehmen soziosemiotische Theorien ein (vgl. Martin & Rose 2008). Der Pädagoge und Sozialforscher Jay Lemke beschreibt seine Sicht wie folgt:

> "We construct genres by construing certain sorts of semantic patterning in what we consider to be distinct texts, and we say that such texts belong to the same genre." (Lemke 1999)[3]

Wenn Rezipierende bestimmte Artefakte oder Darbietungen bestimmten Klassen von kommunikativen Ereignissen zuordnen, bringen diese Klassen bestimmte interpretative Rahmen und Erwartungen mit sich. Diese Erwartungen erlauben es Rezipierenden, das zu verstehen, was sie sehen, hören, tun, etc. Das Bewusstsein für entsprechende Genres ist daher auch ein Eckpfeiler jedes Ansatzes zu Literacy und nicht zuletzt auch multimodaler Literacy.

Der Nutzen von Genres als Ordnungsrahmen gilt gleichermaßen für die Perspektive der kommunikativen *Produktion*: Wir können die Absicht, ein Artefakt oder eine Darbietung zu schaffen, als Mobilisierung genau dieser Bedingungen sehen, die dann signalisieren, dass einige interpretative Rahmen eher anzuwenden sind als andere. Die während der Produktion eines Artefaktes getroffenen ‚Entscheidungen' – egal ob diese explizit mit Blick auf das Design oder aber implizit aufgrund von implizitem Wissen getroffen wurden – beruhen dann mehr oder weniger explizit auf Konventionen und Praktiken für die jeweilige Klasse von Artefakten oder Darbietungen, in denen die Kommunikation geschieht.

A genre is a class of communicative events that share a recognisable communicative purpose, that exhibit a schematic structure supporting the achievement of that purpose, and which show similarities in form, style, content, structure and intended audience. ”

— Swales (1990: 58)[4]

Dieses sehr allgemeine Konzept von Genre als Beschreibung von Erwartungen, Konventionen und Analysevergleichen gilt genauso für den multimodalen Kontext. Eine

---

3 „Wir konstruieren Genres, indem wir bestimmte Arten von semantischen Mustern in etwas erkennen, was wir als unterschiedliche Texte betrachten, und wir sagen, dass solche Texte zum gleichen Genre gehören." (Lemke 1999: eigene Übersetzung)

4 „Ein Genre ist eine Klasse von kommunikativen Ereignissen, die einen erkennbaren kommunikativen Zweck teilen, eine schematische Struktur aufweisen, die die Erreichung dieses Ziels unterstützt, und Ähnlichkeiten in Form, Stil, Inhalt, Struktur und Zielgruppe aufweisen." (Swales 1990: 58; eigene Übersetzung) umfassende Betrachtung von ‚Genre' in Bezug auf statische, seitenbasierte Artefakte findet zum Beispiel in Bateman (2008) statt, während van Leeuwen (2005) die Diskussion mit Bezug auf Design aufgreift. Für unsere gegenwärtigen Zwecke definieren wir Genre in Bezug auf Zugänge zu Zeichenmodalitäten und Medien, so dass die Zusammenhänge zwischen diesen Konzepten deutlich werden. Dies zeigt dann auch, wie Genre eine der zentralen methodischen Säulen für jede Form von multimodaler Forschung bildet.

visuelle Genres

Genre ist nicht nur Thema in Ansätzen, die sich auf sprachliche kommunikative Handlungen beziehen, sondern spielt auch in einigen Bereichen visueller Forschung eine wichtige Rolle, zum Beispiel mit Blick auf statische Dokumente verschiedenster Art (vgl. z.B. Kostelnick & Hassett 2003) oder Artefakte wie Film, die Bewegung beinhalten (vgl. z.B. Altman 1999). Oft wird ein empirisch-historischer Zugang angesetzt, um zu dokumentieren, wie einige Formen sich im Laufe der Zeit entwickelt und verändert haben. Genre ist auch ein prominenter Begriff in Studien zu den so genannten ‚neuen Medien', in denen zum Beispiel die etwas problematische Vorstellung eines *Cybergenre* vorgeschlagen wurde (vgl. Shepherd & Watters 1998). In all diesen Bereichen wird die Wechselwirkung zwischen der visuellen Form, dem Design und der Interpretation aktiv berücksichtigt.

Zugänge zu Genre sind daher heute oft explizit ‚transmedial' oder ‚intermedial' und beziehen ihre Beispiele aus Literatur, Film, Webseiten, Videos, Computerspielen, Theater, TV- und Radioprogrammen, Malerei und vielem mehr. Solche Arbeiten zeigen das immer wiederkehrende Ziel, zu untersuchen, inwieweit gemeinsame generische Eigenschaften innerhalb und zwischen intrinsisch multimodalen Artefakten gefunden werden können (vgl. u.a. Hallenberger 2002, Frow 2006, Lewis, McGuire & Fox 2007, Wolf & Bernhart 2007, Altman 2008).

Während der eher informelle Gebrauch von ‚Genre' als eine Art kommunikatives Artefakt oder Situation nichtsdestotrotz relativ eindeutig ist, ist seine Verwendung in der wissenschaftlichen Forschung immer noch mit erheblichen Definitionsproblemen behaftet. Es wird zunehmend davon ausgegangen, dass das, was mit dem Begriff ‚Genre' über verschiedene Disziplinen und Ansätze hinweg bezeichnet wird, tatsächlich etwas mehr gemeinsam haben sollte als grobe Familienähnlichkeit oder Analogie. Vor allem weil wir es mit einer ‚pandemischen' Multimodalität zu tun haben, ist es sehr verführerisch, die Disziplingrenzen zu lockern und Genre flächendeckend als Ganzes anzuwenden, nämlich als theoretisches Konstrukt, das sehr unterschiedliche Arten von kommunikativen Artefakten und Situationen abdeckt.

Für den multimodalen Kontext müssen alle Möglichkeiten berücksichtigt werden, die die in einem Medium vorgesehenen Zeichenmodalitäten anbieten. Dies eröffnet Wege, ‚transmediale' Kommunikation in Bezug auf Genres zu beschreiben, die für unterschiedliche Medien wirksam sein können. Diese Genres definieren kommunikative Zwecke und es ist dann die Diskurssemantik der von den Zielmedien bereitgestellten Zeichenmodalitäten, die versuchen muss, diese Zwecke zu erreichen. Dabei werden Genres als Bündel von Strategien zur Erreichung bestimmter kommunikativer Ziele verstanden, für die auch die jeweiligen Medien ausgewählt werden. Genres verbinden also zwangsläufig Konzepte des sozialen Handelns und insbesondere kommunikativen Handelns auf der einen Seite mit spezifischen Darstellungsweisen und Zeichenmodalitäten als Mittel zur Erreichung dieser Handlungen auf der anderen Seite.

4.3.2 **Multimodale Texte und Diskurse und ihre Textualität**

Ähnlich wie der Begriff des Genres wurden auch die Begriffe *Text* und *Diskurs* im Laufe der Jahre stark verallgemeinert. So gibt es viele Voraussetzungen oder Vorurteile bezüglich ‚Text', denen wir ausdrücklich widersprechen müssen, da sie weder mit unserer Nutzung in diesem Buch noch mit dem entsprechend starken empirischen Rahmen für die Durchführung multimodaler Analysen übereinstimmen. Tatsächlich müssen wir den Begriff des Textes für den multimodalen Kontext neu beanspruchen und ihm einerseits eine etwas breitere Bedeutung zuweisen als viele traditionelle Zugänge dies getan haben, andererseits müssen wir eine deutlich fokussiertere Nutzung des Begriffs anstreben, die sein Potenzial zur Steuerung und Unterstützung der angestrebten Analysen steigert. Außerdem werden wir ‚Text' für unsere Zwecke klar von ‚Diskurs' abgrenzen, jedoch beide Begriffe in unser Repertoire aufnehmen und sie aktiv in spezifischen Verwendungsweisen nutzen, um einerseits klare theoretische Grenzen gegenüber den entsprechenden Konzepten in der bisherigen Literatur zu ziehen und andererseits praktische Festlegungen für spätere Analysen vorzunehmen.

Wie wir in Kapitel 2 kurz besprochen haben, haben sich die Anwendungsbereiche des Begriffs ‚Text' in der zweiten Hälfte des 20. Jahrhunderts stetig erweitert. Der Terminus nahm eine so verallgemeinerte Bedeutung an, dass fast alles, was einer semiotischen Analyse unterzogen wurde, automatisch als ‚Text' betrachtet wurde. Dies war und ist problematisch, da ‚Text' auch immer stark mit verbalen, sprachlichen Beschreibungen verbunden ist. Die damit einhergehenden Analysen brachten diese widersprüchliche Situation allerdings gar nicht erst zum Vorschein, weil ‚Text' immer irgendein Objekt semiotischer Analyse und gleichzeitig als etwas mit weitgehend linguistischen Eigenschaften gesehen wurde.

Auch der Begriff ‚Diskurs' kommt heute in vielen verschiedenen Disziplinen vor und wird je nach Kontext und Nutzer*innengemeinschaft sehr unterschiedlich eingesetzt. Es lassen sich aber zwei Hauptverwendungsweisen feststellen: Erstens kann ‚Diskurs' auf eine Weise verwendet werden, die mehr oder weniger gleichbedeutend ist mit ‚Denkweise' oder einem ‚allgemeinen Stil der Bedeutungsgebung'. So können wir zum Beispiel vom ‚Diskurs des Kapitalismus' oder vom ‚Gender-Diskurs' sprechen. Dieses Konzept von Diskurs begann als Ergebnis des so genannten ‚linguistic turn' in der Mitte des 20. Jahrhunderts in vielen Theorien zur Gesellschaft und Kultur eine Rolle zu spielen. Die Grundidee bestand darin, unser individuelles und kulturelles Verständnis von uns selbst, unseren Gesellschaften und unserer Welt als im Wesentlichen durch Kommunikationsmaßnahmen konstruiert zu sehen. Viele zuvor akzeptierte

Grundsätze der Struktur und Organisation von Realität, insbesondere sozialer Realität, wurden damals als Ergebnis von Redeweisen über diese Konzepte oder als ‚soziale Konstruktionen' (vgl. Berger & Luckmann 1966, Searle 1995) neu gestaltet. Dies haben wir insbesondere mit Blick auf die Entwicklungen der Medien und ihre Rolle in der Gesellschaft in Kapitel 2 gesehen.

In der englischen Version unseres Studienbuchs haben wir diese Art von Diskurs als ‚Diskurs mit einem großen D' (Discourse) bezeichnet und folgen damit Gee (2015). Eine solche Markierung bietet sich in der deutschen Version nicht an, so dass wir hier die unterschiedlichen Konzepte von Diskurs mithilfe der Unterscheidung von $Diskurs_1$ und $Diskurs_2$ gegenüberstellen wollen und die erste Verwendungsweise als $Diskurs_1$ verstehen.

Ein zweites Verständnis liegt vor, wenn Phänomene auf einer viel lokaleren Ebene, also eher auf der Ebene des von uns oben definierten Textes untersucht bzw. diskutiert werden. Viele Ansätze in der Linguistik betrachten beispielsweise die Diskursanalyse als eine Frage individueller Interaktionen in einem Text, die untersucht, wie dieser bestimmte Text organisiert ist. Bei dieser Art von Diskurs, den wir in der englischen Fassung als ‚Diskurs mit kleinem d' (discourse) und hier als $Diskurs_2$ fassen, geht es also um detaillierte Analysen bestimmter Kommunikationsinstanzen und die Mechanismen, mit denen Äußerungen, Wendungen, Sätze, usw. flexibel zu größeren Texten verbunden werden können und daraus schließlich auch Diskurse entstehen, wie wir sie mit dem ersten Konzept verstehen: als $Diskurse_1$.

Es ist wichtig, dass die beiden von uns hier skizzierten Konzepte von Diskurs nicht in irgendeiner Weise im Widerspruch zueinander stehen. Beide Perspektiven sind entscheidend und wir wollen mit der Unterscheidung von $Diskurs_1$ und $Diskurs_2$ zumindest dem in großen Teilen nachvollziehbaren Gebrauch in der Literatur Rechnung tragen. Für unsere Zwecke werden wir uns aber klar auf die Nutzung von $Diskurs_2$ konzentrieren und diesen als ‚Text' bezeichnen. Wir erläutern im Folgenden, warum wir dies tun und welches spezifische Verständnis von ‚Text' dem zugrunde liegt.

Der Fokus auf $Diskurs_2$ bzw. Text wird durch die Tatsache motiviert, dass wir eine solche Schwerpunktsetzung brauchen, wenn wir mit einer genauen empirischen Analyse multimodaler Kommunikation beginnen. Dennoch sind viele der Gründe, warum $Diskurs_2$ für bestimmte Texte verwendet wird, gerade darauf zurückzuführen, dass diese Texte im Dienste großer Diskurse ($Diskurse_1$) stehen und operieren. Wir argumentieren daher, dass diese feinere Sichtweise als wichtige Brücke dienen kann, die kleinere Mikroebene der Kommunikationsakte in einem Text mit der breiteren Makroebene der Handlungen in einem Diskurs, die Gesellschaft und Kultur konstituieren, zu verbinden. Notwendig ist dann eine umfangreiche Palette an Werkzeugen und Erfahrungen, um die feinkörnigen Eigenschaften des Materials in den Texten und Diskursen aufdecken zu können – und es sind allein die Diskurse als Texte, die dieses Material beinhalten, wie wir später auch ganz explizit in unseren Fallstudien sehen werden.

Wie wir bereits in Kapitel 2 dargelegt haben, halten wir die weit verbreitete, einfache Denkweise von Text als allgemeines semiotisches Objekt für nicht zielführend. Bilder (und andere Materialien) bieten sehr unterschiedliche Möglichkeiten, Bedeutung zu konstruieren, die sich nicht einfach mit den Bedeutungsformen vereinbaren lassen, die wir in und für Sprache finden. Das bedeutet, dass wir der umfangreichen Kritik, die beispielsweise im Bereich der visuellen Studien an der Kennzeichnung fast aller semiotischen Artefakte und Darbietungen als ‚Text' im sprachlichen Sinne zu finden ist, voll und ganz zustimmen. Schauen wir uns zum Beispiel die folgenden Zitate von zwei prominenten Theoretikern des Visuellen, James Elkins und W.J.T. Mitchell, an:

> "I hope that we all hope that images are not language, and pictures are not writing. Visual studies has a lot invested in the notion that the visual world and the verbal world really are different, even beyond the many arguments that persuasively demonstrate that we think we read images all the time." (Elkins 2003: 128)[5]

> "The pictorial turn is [...] rather a postlinguistic, postsemiotic rediscovery of the picture as a complex interplay between visuality, apparatus, institutions, discourse, bodies, and figurality. It is the realization that spectatorship (the look, the gaze, the glance, the practices of observation, surveillance, and visual pleasure) may be as deep a problem as various forms of reading (decipherment, decoding, interpretation, etc.) and that visual experience or 'visual literacy' might not be fully explicable on the model of textuality." (Mitchell 1994: 16)[6]

Obwohl diese Kritiken in vielerlei Hinsicht völlig gerechtfertigt sind, basieren sie auch auf der Annahme, dass ‚Text' unumstößlich die Art von Entität ist, die wir in der Auseinandersetzung mit Sprache finden – und genau dieser Widerspruch ist es, den wir auflösen wollen.

Texttypologien?

Wenig hilfreich finden wir dabei allerdings, ‚Text' nicht als Einheit bzw. klares definitorisches Objekt zu sehen und stattdessen ein „Bündel unterschiedlicher typoglogischer Zugriffe" (Schmitz 2016: 330) anzunehmen, das den Textbegriff verständlicher machen soll. Zwar stimmen wir dem Textlinguisten Ulrich Schmitz durchaus zu, dass ein „vollständiger Atlas multimodaler Textsorten mit all ihren Varianten [...] gänzlich unmöglich" scheint (Schmitz 2016: 330), weil wir einfach nicht voraussehen können, welche neuen Textformen bzw. Artefakte durch die Kombinationen neuer und alter

5 „Ich hoffe, dass wir alle hoffen, dass Bilder keine Sprache sind und dass Bilder keine Schrift sind. Visuelle Studien haben viel in die Vorstellung investiert, dass die visuelle Welt und die verbale Welt wirklich unterschiedlich sind, und sie lassen sogar die vielen Argumente außen vor, die überzeugend zeigen, dass wir denken, dass wir die ganze Zeit Bilder lesen." (Elkins 2003: 128; eigene Übersetzung)

6 „Der ‚pictorial turn' ist [...] eher eine postlinguistische, postsemiotische Wiederentdeckung des Bildes als komplexes Zusammenspiel von Visualität, Apparatus, Institutionen, Diskurs, Körpern und Figuralität. Es ist die Erkenntnis, dass das Zuschauen und Betrachten (der Blick, die Praktiken der Beobachtung, Überwachung und des visuellen Vergnügens) ein so großes Problem sein kann wie verschiedene Formen des Lesens (Entzifferung, Decodierung, Interpretation, etc.) und diese visuelle Erfahrung oder ‚visuelle Literacy' ist möglicherweise nicht vollständig mit dem Modell von Textualität erklärbar." (Mitchell 1994: 16; eigene Übersetzung)

Zeichenmodalitäten möglicherweise noch entstehen werden. Gleichzeitig sehen wir es aber auch als problematisch an, die von ihm vorgeschlagenen ‚Komplett- und Teiltypologien' als in irgendeiner Weise umfassend oder unterstützend für eine Beschreibung von Medien und ihrer jeweiligen Canvases anzunehmen. Bereits die Beschränkung auf lediglich fünf ‚Modi' zur Bestimmung einer ersten Typologie multimodaler Texte, die nur einen Bruchteil der Ressourcen abdeckt, die in einem Artefakt oder einer Darbietung möglich sind (vgl. Schmitz 2016: 334), nimmt erhebliche Einschränkungen der Möglichkeiten vor, die ein Text mit sich bringen kann, um Bedeutung zu konstruieren und kommunikativ zu wirken. Auch die typologische Auflistung von Texten mit Blick auf unterschiedliche Kommunikationsformen sowie eine Unterscheidung nach der jeweiligen Textsorte weisen ähnliche Schwierigkeiten auf und selbst Schmitz kommt zu dem Schluss:

> „All das zeigt, dass Typologien umso schneller an Grenzen stoßen, je detaillierter sie ins Einzelne gehen. Erstens gibt es sowohl theoretisch als auch tatsächlich derart viele Arten multimodaler Texte, dass differenzierte Typologien schnell unübersichtlich werden. Zweitens wird der theoretisch denkbare Formen- und Gestaltungsreichtum so intensiv ausgenutzt, dass mit neuen Bedürfnissen, Techniken und Kommunikationsformen fortwährend neue Möglichkeiten entdeckt und multimodale Texttypen erzeugt werden" (Schmitz 2016: 339–340).

Folglich erachten wir es als notwendig, Ansätze zur Textualität so zu revidieren, dass der Begriff ‚Text' *nicht allein* auf Wege der Bedeutungskonstruktion beschränkt wird, die wir in und für Sprache ausmachen oder die allein in Kombination mit Sprache möglich sind (vgl. die Festlegung bei Schmitz, dass in einem multimodalen Text mindestens ein sprachliches Zeichen enthalten sein muss; Schmitz 2016: 334), sondern zugleich und vor allem hilfreiche Richtlinien für die Durchführung von Analysen aller Kommunikationsformen liefert. Denn: Das jeweilige „Ziel und Untersuchungsmaterial" (Schmitz 2016: 344) ist immer ausschlaggebend für die Herangehensweise an ein Untersuchungsobjekt, egal ob es sich dabei um ein Medium, ein Artefakt oder eben einen Text handelt. Deswegen ist es notwendig, eine „dynamisch-verwendungsorientierte Sicht" (Adamzik 2008: 175, vgl. auch Schmitz 2016) einzunehmen.

Ein solcher Ansatz folgt exakt den von uns weiter oben vorgenommenen Definitionen. Die intrinsischen Eigenschaften eines Textes hängen somit notwendigerweise von den Zeichenmodalitäten ab, die den Text produzieren – er kann verbal sein oder auch visuell, er kann ein Musikstück oder eine körperliche Bewegung sein. Grund für die Beibehaltung oder vielmehr für den Wiedereinsatz des Begriffs ‚Text' für diese Vielfalt an Kommunikationsformen ist vor allem, dass wir unsere Aufmerksamkeit auf eine sehr spezifische Eigenschaft dieser Formen lenken wollen, die von allen kommunikativen oder bedeutenden Artefakten und Handlungen geteilt wird: *Die von uns so verstandenen Texte sind in spezifischer Weise strukturiert, um verstanden und interpretiert werden zu können.* Für diese Strukturierungen werden präzise Unterscheidungen im Material eingesetzt, um bestimmte Wege der Diskursinterpretation auszulösen und zu unterstützen.

!

Wir definieren Text als eine semiotische Einheit, die durch den Einsatz aller Zeichenmodalitäten entsteht, die ein Medium bereitstellen kann, um eine bestimmte und beabsichtigte Strukturierung des Materials auf dem Canvas des Mediums zu erzeugen und seine Interpretation in Relation zu den Zeichenmodalitäten zu unterstützen. Das heißt, einfacher ausgedrückt ist ein Text das, was man bekommt, wenn man die Zeichenmodalitäten eines Mediums aktiv nutzt, um Bedeutung zu konstruieren.

Text wird also sehr allgemein als semiotisches Artefakt verstanden, das verschiedenste Zeichenmodalitäten beinhalten und miteinander verbinden und so Bedeutung konstruieren, Wissen manifestieren und Informationen über zum Beispiel soziokulturelle Praktiken bzw. Muster vermitteln kann. Insbesondere für letztere ist eine Einzeltextanalyse oft nicht ausreichend, so dass auf eine größere Menge von Texten bzw. auf Diskurse zurückgegriffen werden sollte.

Text vs. Diskurs

Unsere Definition macht so auch die weitere präzise Unterscheidung von *Text* und *Diskurs* möglich und einfacher. Wie wir bereits ausgeführt haben, werden beide Begriffe trotz ihrer jeweils individuellen Traditionen vor allem innerhalb multimodaler Forschung oft für und innerhalb gleicher Kontexte genutzt. Einerseits wird *Text* als konkretes Artefakt verstanden, das mit diskursanalytischen Methoden und im Hinblick auf seine Einbettung in eine bestimmte kommunikative Situation und einen bestimmten Kontext analysiert werden kann. Gleichzeitig werden individuelle Ereignisse oft als Diskurse beschrieben, insbesondere in Situationen, in denen ein konkreter Mediendiskurs, wie z.B. der *filmische Diskurs*, diskutiert wird.

Für unsere aktuellen Zwecke nehmen wir die Materialität des Textes als entscheidendes Kriterium zur Unterscheidung von *Text* und *Diskurs*. Dies wiederum eröffnet uns einen analytischen Zugang zu textinternen Kriterien wie Struktur und Kohärenz sowie zu den Eigenschaften von *Textur* und *Textualität*. Eine explizit (diskurs-)linguistische Auseinandersetzung, die sich mit den beiden Begriffen Text und Diskurs und den ihn inhärenten Eigenschaften beschäftigt, findet in Wildfeuer (2019) statt, eine spezifisch multimodal ausgerichtete Einschätzung der Begriffe und Kriterien liegt mit Wildfeuer (2017) vor. Eine zentrale intrinsische Eigenschaft von Texten ist dann auch durch die Rolle der Diskurssemantik der jeweils verwendeten Zeichenmodalitäten gegeben. Die im Text mobilisierten materiellen Unterscheidungen dienen folglich als ‚Anleitungen' für das Finden von Interpretationen. Diese Anleitungen funktionieren typischerweise so, dass sie Rezipierenden eines Textes ermöglichen, maximale Kohärenz zu erzeugen – und zwar nach den Prinzipien, die die Interpretationsmechanismen der jeweiligen Zeichenmodalitäten bieten. Wenn wir also einen Text haben, haben wir notwendigerweise auch eine kommunikative Situation, die die im vorherigen Kapitel definierten Bedingungen erfüllt. Und wann immer wir eine kommunikative Situation haben, kann es vorkommen, dass in dieser Situation Texte produziert werden.

Kontext

Die Situation ist der Kontext, in den der Text eingebettet ist und der die verschiedenen Wissens- und Informationsquellen, sozialen und kulturellen Strukturen sowie die sozialen Handlungen definiert und spezifiziert, die die Interpretation des Textes beeinflussen. Dies ist der *Diskurs* und der diskursive Kontext, in den der materielle *Text* eingebettet ist. Wir können *Text* und *Diskurs* also voneinander unterscheiden, indem wir die Materialität des *Textes* als entscheidend für die Bestimmung des Einzelvorkommens einerseits und eine höhere Abstraktionsebene für den *Diskurs* andererseits annehmen. In diesem Sinne ist der einzelne Text gegenüber dem Diskurs ein autonomes Objekt, er kann sowohl singulär als auch in einem seriellen Verbund von textuellen Ereignissen oder innerhalb einer kommunikativen Situation vorkommen und die abstraktere Einheit des Diskurses in seinen konkreten Materialisierungen fassbar machen. Die Beziehung zwischen Text und Diskurs ist eine der ‚Realisierung' und *Text* und *Textualität* beziehen sich auf die Realisierung aller Zeichenmodalitäten sowie die damit verbundenen semiotischen Beziehungen in einem Akt von Kommunikation.

Diese Sichtweise auf Text und Diskurs bietet bereits eine dringend benötigte Organisation für die Vielfalt der in den vorangegangenen Kapiteln vorgestellten Ansätze an. Wir müssen uns in jedem Fall ganz konkret fragen, welche Art von kommunikativen Aktivitäten verfolgt werden, mit welchen Zielen, und letztlich mit welchen expressiven Formen und Materialien. Wir werden dies spezifischer in unseren Fallstudien ausführen, die auf dem methodischen Instrumentarium aufbauen, das wir in Kapitel 7 skizzieren.

4.4 Worum es in diesem Kapitel ging

In diesem Kapitel haben wir detailliert dargestellt, wie genau das schwer fassbare Konzept der Zeichenmodalität innerhalb multimodaler Forschung verstanden werden sollte. Dazu haben wir dieses Konzept als Erweiterung traditioneller semiotischer Modelle definiert und es um notwendige materielle und diskursive Aspekte ergänzt. Auch den Bezug zu Medium und Genre haben wir hergestellt und erläutert. Das dargelegte Instrumentarium hat viele methodische Konsequenzen für die Art und Weise, wie multimodale Analysen durchgeführt werden können und sollten – und dies ist der Hauptgrund, warum wir an dieser Stelle auf so grundlegende Details eingegangen sind. Bezüglich der Beziehungen zwischen Medien haben wir drei verschiedene Arten von intermedialen oder transmedialen Beziehungen identifiziert, die wir in Abbildung 4.5 mit ihrem Bezug zu Genres, Texten und Diskursen als multimodale Einheiten graphisch zusammenfassen.

Obwohl es deutlich weniger kompliziert erscheinen mag, jedes Analyseobjekt, das für eine Untersuchung ausgewählt wurde, ganz einfach direkt zu analysieren, ohne zunächst theoretische und methodologische Vorüberlegungen anzustellen, führt dies schnell zu Ungenauigkeiten bzw. Unstimmigkeiten. Je multimodaler ein Untersuchungsobjekt ist, desto entscheidender ist es, ein präzise artikuliertes Instrumentarium und analytisches Gerüst zu haben, um nicht während der Analyse von den vielen Details dieses multimodalen Komplexes überwältigt zu werden. Unsere Definition von kommunikativen Situationen aus den bisherigen Kapiteln bietet einen ersten Weg

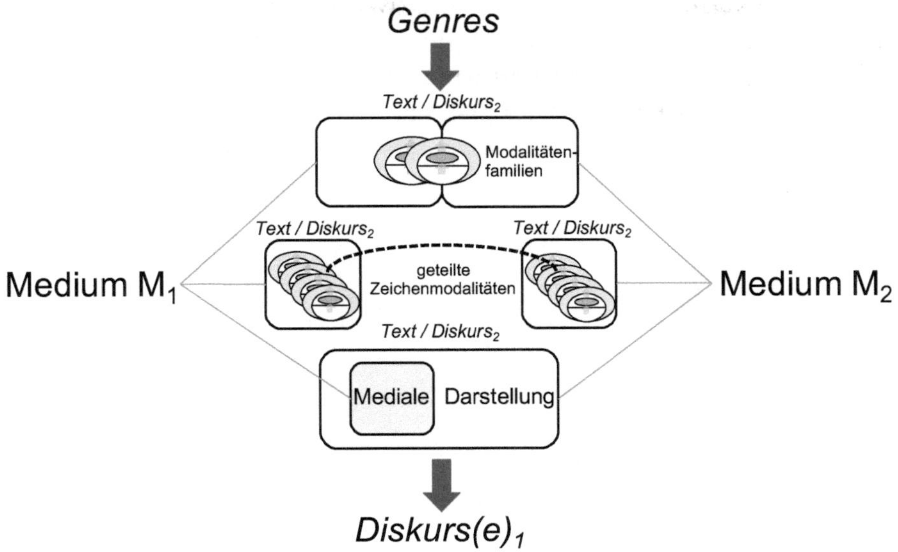

Abb. 4.5. Übersicht über die möglichen Beziehungen zwischen Medien und ihrem Bezug zu Genre und Text. Medien können sich aus einem gemeinsamen Ursprung entwickelt haben (obere Option: Modalitätenfamilie), sich mit den von ihnen mobilisierten Zeichenmodalitäten überschneiden (mittlere Option) oder andere Medien darstellen (untere Option). Die Diskurssemantik bietet ein Mittel, um Zeichenmodalitäten durchgängig in Verbindung zueinander zu bringen.

durch diese Komplexität zur Isolierung der materiellen Möglichkeiten, die bereit stehen, um Bedeutung zu konstruieren. Wir werden diese theoretische Perspektive in Kapitel 7 in ein konkretes methodisches Verfahren umwandeln und entsprechend aufbereiten. Der Zugang zu Zeichenmodalitäten, den wir in diesem Kapitel dargelegt haben, bietet dann eine detaillierte Methode zur Berücksichtigung der Wege zur Bedeutungskonstruktion, die tatsächlich in dem jeweiligen Analyseobjekt artikuliert und durch Nutzer*innengemeinschaften ausgeführt werden.

Ein Nebenaspekt unserer Beschreibung von Zeichenmodalitäten ist, dass die so erfassten Modalitäten sich im Allgemeinen als viel ‚kleiner' erweisen als die Modalitäten oder Codes, die in der Literatur zu Multimodalität bisher üblicherweise diskutiert werden – zum Beispiel im Vergleich zu dem fälschlicherweise oft so benannten ‚visuellen Modus' oder im Vergleich zu ‚Sprache' als Modalität. Zeichenmodalitäten können für ganz bestimmte Zwecke entwickelt werden, wie zum Beispiel als besondere Formen von Diagrammen, als spezifische Layoutformen, als gesprochene oder geschriebene Sprache und so weiter. Lassen Sie uns deshalb noch einmal wiederholen: *Es ist eine empirische Frage, welche Zeichenmodalitäten es gibt.* Wir haben bisher nur ein sehr fragmentiertes Wissen darüber, welche Zeichenmodalitäten es gibt und wie genau sie verwendet werden – auch in diesem Sinne steht die Multimodalitätsforschung noch ganz am Anfang. Es sind also spannende Weiterentwicklungen zu erwarten, die zunächst nahezu unabhängig von der Wahl bestimmter Analyseobjekte stattfinden werden, solange ausreichend methodische Einschränkungen zur Anwendung kommen, um die entsprechenden Ergebnisse zu erzielen!

Teil II: **Methoden und Analysen**

In diesem Teil des Buchs stellen wir die Theorien und Methoden zum Thema Multimodalität vor, die bisher in unterschiedlichen Disziplinen dafür entwickelt und angewandt wurden. Außerdem veranschaulichen wir, wie unterschiedliche Objekte und Situationen entsprechend beschrieben werden können, um sie für eine multimodale Analyse in Betracht zu ziehen.

5 Empirische Methoden zur multimodalen Analyse

Orientierung

In diesem Kapitel stellen wir einige der wichtigsten Methoden und methodischen Überlegungen vor, die zur Durchführung oder besser noch: bereits bei der Planung multimodaler Analysen zu berücksichtigen sind. Wir beschreiben Ansätze, die auf ein breites Spektrum multimodaler Untersuchungen anwendbar sind und deswegen auch von Ihnen für Ihre jeweils eigenen Forschungsfragen und -praktiken übernommen werden können. Wie an anderen Stellen im Buch werden wir dazu den Vorteil einer besonders breiten Disziplinenvielfalt hervorheben – dies wird sich bis hin zu einer Betrachtung von komplexen Kombinationen unterschiedlichster Methoden erstrecken. Um aber keinen willkürlichen Methodenpluralismus zu unterbreiten, müssen die Methoden so gewählt werden, dass sie für die in Rede stehenden Aufgaben auch tatsächlich geeignet sind.

5.1 Was sind Methoden? Und welche Methoden gibt es?

Methoden sind Wege, um die Untersuchung Ihrer Forschungsfrage anzuleiten und durchzuführen. Methoden legen bestimmte Techniken fest, die diesen Prozess von Anfang bis Ende unterstützen – beginnend mit der Überlegung, welche Daten zu analysieren sind bis hin zur Präsentation der Ergebnisse und der Planung Ihrer nächsten Untersuchungsrunde. Die meisten Methoden können für eine Vielzahl von Forschungsfragen eingesetzt werden, so dass die Methodenauswahl sehr flexibel gestaltet werden kann. Oft ist es sinnvoll, mehrere verschiedene Methoden auf eine einzelne Forschungsfrage anzuwenden, und bestimmte Ansätze können tatsächlich davon profitieren, dass ihre Analyseobjekte aus verschiedenen methodischen Perspektiven betrachtet werden.

Wie wir jedoch in unserem Warnhinweis zu Beginn von Kapitel 2 dargelegt haben, stehen einige Disziplinen dieser Herangehensweise kritisch gegenüber und schreiben stark vor, dass bestimmte Methoden eher verwendet werden sollten als andere. Wir werden in diesem Punkt relativ neutral bleiben, da es sich hierbei um eine zentrale Frage danach handelt, wie sich eine jeweilige Disziplin selbst und ihren Gegenstand definiert. Treffen Sie bitte Ihre eigenen Entscheidungen darüber, welche Methoden Ihnen helfen werden, die multimodalen Phänomene, an denen Sie interessiert sind, besser zu verstehen. Unser eigener Standpunkt ist klar genug: Methoden sollten als Instrumente zur Beantwortung spezifischer Forschungsfragen gesehen werden und daher auch als genau solche eingesetzt werden, d.h. im Dienste dieser Forschungsfragen und nicht aufgrund von disziplinären Vorlieben.

Dies ist kein Grund, Methoden umständlich oder in einer unangemessenen Art und Weise anzuwenden. Jede gewählte Methode sollte ordnungsgemäß und in der für sie bestimmten Weise genutzt werden. Außerdem können bestimmte Methoden unvereinbar mit den Orientierungen und Voraussetzungen einer bestimmten Disziplin oder Fragestellung sein; dies muss respektiert werden. Unsere Forderung, unterschiedlichste

DOI: https://doi.org/10.1515/9783110495935-005

Methoden zur gleichen Zeit einzusetzen, stellt daher auch eine große Herausforderung dar, da es manchmal durchaus schwierig sein kann, umfangreiche Kompetenzen im Umgang mit Methoden einer einzelnen Disziplin zu entwickeln. Nichtsdestotrotz ist diese Art der Fähigkeit am besten geeignet für multimodale Analysen – was auch ein Grund dafür ist, dass solche Analysen oft besser im Team erfolgen sollten. Übrigens sehen wir die von uns geforderte Methodenvielfalt keineswegs als Hindernisgrund für die Entwicklung einer eigenständigen Disziplin der Multimodalität(sforschung), wie wir in Wildfeuer u. a. (2019) auslegen.

qualitativ vs. quantitativ

Eine sehr breite Unterscheidung von Methoden – und damit eine, die selbst Gegenstand einer beachtlichen und nicht immer freundschaftlichen Debatte ist – ist die zwischen so genannten *qualitativen* und so genannten *quantitativen* Methoden. Qualitative Methoden beinhalten in der Regel Zugänge mit bzw. Anwendungen von interpretativen Kategorien; quantitative Methoden umfassen in irgendeiner Weise messbare Eigenschaften einiger Daten, die dann gezählt und statistischen Analysen unterzogen werden. Qualitative Analysen werden vor allem in den Geisteswissenschaften, quantitative Analysen in den Natur- und Sozialwissenschaften unternommen, wobei einige Disziplinen – wie z.B. die Linguistik – den eher unangenehmen Platz in der Mitte dieser Teilung einnehmen.

Diskussionen über die relativen Vorzüge dieser Orientierungen in der so genannten ‚Paradigmendebatte' innerhalb der Methodenforschung sind oft ideologisch behaftet und fast immer wertend. Quantitative Forschung wird dann als ‚mechanisch' beschrieben und im starken Gegensatz zur eher ‚kreativen' Rolle, die die Ableitung von Mustern aus abstrakteren Daten in qualitativer Forschung einnimmt; alternativ wird die Zulassung von Interpretationskategorien in der qualitativen Forschung von jenen mit Argwohn betrachtet, die nach ‚starken' und vorhersagbareren Ergebnissen suchen, die nicht durch ‚unzuverlässige' und subjektive Bewertungen entstehen. Entsprechende Fragen drehen sich hier eher um Definitionen von Begriffen wie ‚Reliabilität' bzw. Zuverlässigkeit als um ‚Genauigkeit' und man konzentriert sich auf verschiedene Formen der Validität.

Die unterschiedlichen Orientierungen sind selbst oft auf grundlegende Annahmen über die Beschaffenheit der (sozialen) Welt und unser (mögliches) Wissen über diese Welt zurückzuführen. Ist die Welt weitgehend ein Produkt der konstruktiven Praktiken seiner Mitglieder und ist es deswegen erforderlich, auch zu untersuchen, wie Einzelpersonen und Gruppen diese Welt sehen? Oder ist diese Welt eher objektiv gegeben, was sie für Untersuchungen mit weniger interpretativem Zugang offen macht? Die jeweiligen Antworten auf diese Fragen orientieren sich im Allgemeinen an den Vorlieben für jeweils spezifische Methoden bzw. Methodenansammlungen (vgl. Rossman & Rallis 2012: 42–45).

Mixed Methods!

Wir vertreten hier die Position, dass für ein umfassendes und vollständiges Analyseprojekt viele Arten von Methoden erforderlich sind. Zu einem bestimmten Zeitpunkt müssen Kategorien gebildet werden – und dieser Prozess wird sich auf eine Vielzahl von Interpretationsschemata stützen – und zu einem anderen Zeitpunkt wird es nützlich sein, zu prüfen, wie gut diese Schemata mit den jeweiligen Daten, die gesammelt und gemessen werden können, übereinstimmen. Diese Position entspricht dem, was heute zunehmend als *Mixed-Methods-Umgebung* bzw. -Forschungsausrichtung bezeichnet wird (vgl. Teddlie & Tashakkori 2011) und somit einem Forschungsstil, der explizit qualitative und quantitative Ansätze miteinander kombiniert. Eine solche Ausrichtung erfordert nicht, dass *jegliche* Untersuchung immer zu quantifizierbaren Kategorien bzw. Ergebnissen führt, ermöglicht aber auch, dass die entsprechenden Kategorien und Ergebnisse entsprechend intellektuell hinterfragt werden.

Insbesondere die jüngsten Fortschritte in physiologischen Messungen und Hirnstudien machen es einfacher als je zuvor, nach Korrelaten für immer mehr solcher interpretativen Kategorien zu suchen. Die *Rezeptionsforschung* wird damit um eine neue Dimension erweitert, nämlich um die der Untersuchung, wie Materialien und ihre kommunikativen Handlungen, Darbietungen, Kunstwerke, etc. wahrgenommen und damit auch aufgenommen und verstanden werden. Frühere Messungen von Wahrnehmungs- und Verarbeitungsprozessen, die zum Beispiel die Herzfrequenz, den Hautwiderstand oder auch den Gesichtsausdruck in Augenschein nahmen, können nun durch Hirnstudien ergänzt und bereichert werden. Dies wird sicherlich auch in Zukunft eine starke Quelle für zusätzliche *Triangulationen* von Ergebnissen sein, die von verschiedenen Methoden erzielt werden. Mit dieser radikalen Zunahme an zu untersuchenden Datenmengen und -massen ergeben sich auch neue Wege der Analyse, um herauszufinden, wie gut interpretative Kategorien und Muster für diese Datenmengen und auf breiterer Ebene anwendbar sind.

> ” Jede Methode ermöglicht die Betrachtung eines spezifschen Aussschnitts, einer bestimmten Perspektive, einer anderen Facette des jeweiligen Gegenstands und bestimmt somit, was wir über ihn erfahren. Insbesondere auch deshalb scheint die Kombination mehrerer Methoden sinnvoll.
>
> — *Aguado (2015: 206)*

> Verschiedene Zugriffsweisen bringen unterschiedliche Ergebnisse hervor, die sowohl mit Stärken als auch Mängeln behaftet sind. Triangulation dient dazu, die jeweiligen Mängel der einen Zugriffsweise durch Stärken der anderen auszugleichen. Durch die Anwendung der verschiedenen Zugriffsweisen schält sich ein relativ stabiler, annähernd objektiver bzw. intersubjektive gültiger Kern an Befunden bezüglich eines bestimmten Phänomens heraus, erhärtet und bewährt sich. [...] Weil es in der qualitativen Forschung jedoch primär um die Generierung und nicht die Überprüfung von Hypothesen geht, kann die Funktion von Triangulation in der qualitativen Forschung alternativ bestimmt werden als ein Instrument der Hypothesengenerierung durch systematische und nachvollziehbare Variation, Konfrontation und Kombination von Perspektiven.
>
> — *Lamnek & Krell (2016: 155–156)*

Hypothesen

Der Trend zu einer größeren Methodenvielfalt in der multimodalen Forschung ist noch relativ jung. Deswegen sollten breiter angelegte Studien und eben die Triangulation von Ergebnissen, die eine Vielzahl von Methoden und Abstraktionsebenen mit einschließen, eine besonders hohe Priorität einnehmen. Erste Ausflüge in diese Richtung innerhalb der Multimodalitätsforschung unternehmen zum Beispiel O'Halloran u. a. (2016) und Tan u. a. (2018), sie gelten als Vorreiter für viele weitere komplexe Studien und Untersuchungsprojekte, die es in der Zukunft zu entwickeln gilt. Dafür sollten die qualitativen semiotischen Beschreibungen, die bisher angeboten wurden und wie sie beispielsweise von Kress und van Leeuwen vorgeschlagen wurden, als *zu verifizierende Hypothesen* betrachtet werden, die mit quantitativen Methoden getestet werden sollten. Bell (2001) schlägt vor, dies mithilfe von Inhaltsanalysen vorzunehmen, während Holsanova, Rahm & Holmqvist (2006) bereits Untersuchungen mit Eyetracking-Methoden vornehmen und Knox (2007) Ergebnisse korpusbasierter Studien zu bestimmten Genres und Medientypen vorstellt. All diese Methoden werden wir in diesem und dem folgenden Kapitel genauer vorstellen.

Bis weitaus mehr Daten analysiert, zusammengetragen und überprüft sein werden, bleiben sowohl die genauen Grenzen als auch die Stärken dieser Hypothesen weiterhin offen. Die Methoden, die wir in diesem Kapitel beschreiben werden, sind daher alle wie folgt zu verstehen: Sie sind Wege, uns zu helfen, über die programmatischen Beobachtungen, die in diesem Bereich noch immer üblich sind, hinauszugelangen. In einigen Bereichen wie z.B. der multimodalen Forschung zu Face-to-Face-Interaktionen werden quantitative Verfahren und insbesondere korpusbasierte Methoden bereits als zentral angesehen; in anderen allerdings ist der Schritt zur Durchführung explizit evaluativer Gegenkontrollen längst noch nicht abgeschlossen.

5.2 Wie gelangen wir an Daten?

Weil wir in diesem Buch einen breit angelegten empirischen Zugang zu multimodalen Themen aller Art einnehmen, ist es von Anfang an sehr wichtig, zu wissen, woher die Daten genau kommen. Unter ‚Daten' verstehen wir dabei alle Arten von gesammeltem oder hervorgerufenem Material, von dem wir hoffen, dass es eine ausreichende Menge und Vielfalt an Phänomenen aufweist, um genügend Wasser auf unsere Analysemühlen zu kippen. Nach genauer Analyse dieser Daten sollten wir besser bzw. so gut wie nie zuvor darüber Bescheid wissen, wie die untersuchten Phänomene funktionieren. Die Methoden und auch die entsprechende Methodologie sind dazu da, die Erfolgsaussichten für dieses Unternehmen zu erhöhen.

5.2.1 Die Auswahl von Daten: das Sampling

Sampling

Die erste Frage, die sich stellt, ist die, zu entscheiden, welche Daten man analysieren möchte. Die meisten der von uns im Folgenden besprochenen spezifischen Methoden oder Verfahrensarten können sehr unterschiedlich auf Daten angewendet werden und so stellen wir hier kurz die grundlegenden Konzepte vor. Die Auswahl der Daten für empirische Studien wird oft als *Sampling* bezeichnet, weil es sich fast immer um eine

Auswahl, ein ‚sample', eine Stichprobe aller theoretisch relevanten Daten handelt und nicht um eine erschöpfende Sammlung. Typischerweise möchte man dann, dass diese Probe repräsentativ für die Datenerhebung als Ganzes ist, so dass die gefundenen Ergebnisse dieses ‚samples' auch für die gesammte Datenmenge relevant ist. Wir werden auf dieses Thema später wieder zurückkommen, wenn es um grundlegende statistische Auswertungen gehen wird.

Um eine repräsentative Stichprobe zu erhalten, ist in der Regel die Auswahl der Daten auf einer Art Zufallsbasis der richtige Weg; nur so kann man Methoden anwenden, die es auch ermöglichen, die einzelnen Stichprobenergebnisse auf eine allgemeinere Ebene zu übertragen. Hierfür gibt es drei gängige Methoden zur Datenselektion. Die erste ist die Zufallsstichprobe, bei der die Instanzen gleichwertig und unvoreingenommen aus der Gesamtheit aller potenziellen Daten ausgewählt werden. Die zweite ist die des ‚systematischen Samplings', bei der man ein einfaches Schema für die Auswahl der Daten annimmt, das so lange angewendet wird, bis man genug Daten zusammenhat. Beispiele für solche einfachen Schemata sind die Wahl eines jeden zwölften Dokuments oder die Wahl jeder Webseite, die an einem Montag besucht wird und so weiter. In jedem Fall bedeutet dies, dass die Auswahlkriterien zur Zusammenstellung der Daten von den Daten selbst getrennt sind bzw. nicht in einer Beziehung zu diesen stehen. Die dritte Methode ist die der ‚stratifizierten bzw. geschichteten (Zufalls-)Stichprobe', die ebenfalls zufällig stattfindet, aber nur Elemente des potenziellen Datenpools auswählt, die bestimmte im Voraus festgelegte Kriterien haben. Hier sind die Auswahlkriterien dann den Daten selbst inhärent bzw. stehen in direkter Beziehung zu diesen. Natürlich mag nicht ganz klar sein, welche Kriterien die Daten jeweils bedingen und welche nicht, aber dies wären Ergebnisse weiterer Untersuchungen.

Die letztgenannte Methode der geschichteten Stichprobe ist vor allem nützlich, wenn es darum geht, die analytische Aufmerksamkeit so zu fokussieren, dass die daraus folgenden Untersuchungen eher interessante Muster enthüllen. Im Allgemeinen gilt: Wenn Phänomene, an denen man interessiert ist, eher selten vorhanden sind, benötigt man mehr Daten, die diese Phänomene zeigen, um überhaupt zu Ergebnissen zu gelangen. Die Schichtung bzw. Stratifizierung innerhalb dieser Methode dient dann dazu, die Wahrscheinlichkeit zu erhöhen, dass genügend *relevante* Daten vorhanden sind. Wenn wir beispielsweise daran interessiert wären, den Einsatz von Kameraperspektiven in Photographien zu analysieren, die Menschen im Alter von 30 bis 40 Jahren aufgenommen haben, wäre es eher sinnlos, Stichproben zu verwenden, bei denen wir erst zufällig irgendwelche Photographien auswählen und dann hoffen, dass unter diesen auch einige dabei sind, die von den Menschen im gewünschten Alter aufgenommen wurden. Vielleicht wären dann nur so wenige dabei, dass wir nicht genügend Daten hätten, um unsere Frage richtig zu beantworten.

Darüber hinaus muss man bei der Auswahl von Merkmalen auch darauf achten, dass man nicht von vorneherein ausschließt, was eigentlich untersucht werden soll. Die Analyse eines Unterschieds in den Spielaktivitäten verschiedener Geschlechter wird nicht funktionieren, wenn wir einen stratifizierten Ansatz nutzen, der nur diejenigen Spieler auswählt, die sich selbst als männlich identifizieren. Eine geschichtete Probenahme ist also dazu da, Vorannahmen zu beseitigen, nicht um sie einem Datensatz hinzuzufügen! Trotzdem ist diese Methode der geschichteten Stichprobe oft die beste Alternative; man muss sich in der Auswertung und Interpretation der Ergebnisse lediglich klar sein, dass die Daten entsprechend ‚vorsortiert' wurden. Alle gefundenen Muster können dann auch nur soweit auf Individuen oder Phänomene verallgemeinert werden, wie es die jeweiligen Kriterien der Stratifizierung vorweisen.

Wenn man tatsächlich keine Ahnung hat, wie selten oder häufig ein Phänomen vorkommt, ist die beste Option meistens, eine breitere Datenbasis zu schaffen und in einer Versuchs- oder Vorbereitungsrunde die relative Häufigkeit einzelner Phänomene zu beschreiben. Dies ermöglicht dann eine gezieltere Auswahl von Kriterien für die Stratifizierung in nachfolgenden Untersuchungen. Die Datenmenge, die man für eine solche explorative Studie benötigt, kann auf einer statistischen Basis berechnet werden. Vorherzusehen ist dabei: Je weniger Daten man verwendet, desto weniger zuversichtlich sollte man sein, dass die Verteilung der Merkmale in dieser Stichprobe den Datensatz als Ganzes widerspiegelt.

Größe von Datensätzen

Da die meisten Methoden dieser Art jedoch in und für große Testumgebungen eingesetzt werden – wie z.B. im Gesundheitswesen, bei Abstimmungsuntersuchungen und dergleichen –, kann das Ausmaß, mit dem sie ganz praktisch auf multimodale Analysen angewendet werden, sehr variieren. Für Datensätze bis etwa 75 Einheiten ergibt sich die Größe einer repräsentativen Stichprobe als kaum kleiner als der Datensatz selbst; von 75 bis 400 Einheiten würde man etwa zwei Drittel bis ungefähr die Hälfte der Größe des Datensatzes benötigen; und nur für viel größere Datensätze stabilisiert sich die benötigte Stichprobengröße bei einer Zahl, die im Vergleich zur Größe des Datensatzes als Ganzes eher ‚niedrig' (d.h. immer noch etwa 350) ist (vgl. Krejcie & Morgan 1970). Für multimodale Analysen sind dies bereits große Zahlen. Wenn jedoch die Wahrscheinlichkeit, dass bestimmte Phänomene auftreten, bereits als recht hoch bekannt ist oder aus irgendeinem Grund als hoch angenommen werden kann, dann liefern wesentlich kleinere Stichprobengrößen bereits genügend Daten, um Effekte zu zeigen (vgl. Krippendorff 2004: 122). Wir werden einige der Methoden zur Abschätzung von Effektgrößen in Kapitel 6 diskutieren.

Krippendorff (2004: 124) beschreibt außerdem als nützliche Technik zur Beurteilung der Angemessenheit einer Probe die Testhalbierungsmethode (auch ‚Split-Half-Reliabilität' genannt). Bei dieser Methode wird die Stichprobe zufällig in zwei Hälften aufgeteilt und die bei der Analyse erzielten Ergebnisse mit Blick auf diese beiden Hälften verglichen. Wenn jeweils gleiche Ergebnisse erzielt werden, ist dies ein Beweis dafür, dass der Umfang der Stichprobe ausreichend war bzw. ist. Wenn unterschiedliche Ergebnisse erfolgen, kann es durchaus sein, dass die Originalprobe nicht genügend Daten enthielt, um repräsentativ zu sein. Dieser Test kann durch die Wahl anderer ‚Hälften' wiederholt werden, um so zu sehen, wie robust und beständig die Bewertung ist. Dies ermöglicht, dass die Daten selbst die Bestimmung der Größe steuern, was sicherlich von Vorteil sein kann, wenn man im Voraus nicht weiß, wie die Phänomene in den Daten tatsächlich verteilt sind.

Weitere Sampling-Techniken sind außerdem das so genannte ‚Convenience Sampling', also die Frage danach, wen bzw. was man zufällig findet, und das ‚Judgment Sampling' bzw. die Beurteilungsstichprobe, nämlich die Auswahl aus einer Vorauswahl, bei der man trifftige Gründe zu der Annahme hat, dass diese Auswahl repräsentativ ist. Beide Methoden können mit den anderen Methoden kombiniert werden. Natürlich haben all diese Abweichungen von den reinen Zufallsverfahren Nachteile und müssen deswegen vorher sorgfältig geprüft werden. Krippendorff (2004: 111–124, Kap. 6) geht auf viele weitere Details dieser und anderer Sampling-Methoden ein.

5.2.2 **Ethnographische Methoden, Protokolle, Interviews und Fragebögen**

Ebenfalls zunehmend relevant für die Multimodalitätsforschung werden Methoden der Ethnographie. Diese beobachten vor allem *von innen*, was in und mit praxisbezogenen Gemeinschaften passiert – d.h., ein*e Ethnograph*in befindet sich für gewöhnlich innerhalb eines Kontextes, der für eine solche praxisbezogene Gemeinschaft in Frage kommt, und beobachtet die stattfindenden Praktiken. Manchmal tut er*sie dies auch, indem er*sie sich selbst als Mitglied der Gemeinschaft ausgibt und in ihr und mit ihr ‚lebt'. Im Rahmen multimodaler Analysen findet dies meist in eher abgeschwächter Form statt, so dass die untersuchten Kontexte und Settings zum Beispiel die Produktion einer Fernsehsendung oder die Planung und Gestaltung eines Films beinhalten oder den Fokus auf eine Gruppe von Architekt*innen legen, die über Baupläne diskutieren und so weiter. Die gesammelten Daten basieren dann auf genauen Beobachtungen dessen, was tatsächlich innerhalb eines solchen Kontextes praktiziert wird, sowie auf Interaktionen, Interviews und so weiter mit den Teilnehmer*innen.

Ethnographische Methoden können also relevant sein, wenn das Forschungsinteresse auf tatsächlichen Interaktionen liegt, die, wie wir dargelegt haben, immer multimodal sind. Hier überschneiden sich die Ziele der Ethnographie mit den Motiven und Methoden vieler anderer Interaktionsforschungsansätze, wie z.B. der Konversations- bzw. Gesprächsanalyse (vgl. Dittmann 1979, Deppermann 2000, Brinker & Sager 2001, Gülich & Mondada 2008, Auer 2013). In Fällen, in denen der Fokus der Forschung mehr auf dem *Produkt* solcher Wechselwirkungen liegt, ist der Zusammenhang indirekter. Wir sehen zum Beispiel ethnographische Methoden, die auf Video und Film angewendet werden (vgl. z.B. einige Beiträge in Moritz & Corsten 2018). Dadurch lernen wir viel über Interaktionen während des Designs von Filmen; wir können andererseits aber auch multimodale Analysen genau dieser Filme als Produkte bzw. Ergebnisse eines jeweiligen Designprozesses unternehmen. Die Auseinandersetzung und Kombination dieser verschiedenen methodischen Perspektiven werden wir in Kapitel 7 expliziter behandeln, wenn wir den entsprechenden ‚Fokus' unserer Analysen festlegen. Einerseits kann ein spezifischer Fokus verschiedene Methoden relevant machen und fordern; andererseits kann eine einzelne Aufgabe selbst eine Vielzahl von miteinander verknüpften Foki bzw. Schwerpunkten mit sich bringen.

Grundsätzlich stellt Multimodalität für ethnographische Kontexte zunehmend ein methodisches Problem dar, da die zu erhebenden Daten selbst zunehmend multimodal sind. Während bisher Notizen aus ethnographischer Feldforschung vor allem schriftlich-textuell verfasst waren, sind Video- und Tonaufnahmen heute gängige Praxis. Die daraus hervorgehenden Informationen sind komplex und müssen daher als eigenständiges Objekt der multimodalen Analyse betrachtet werden (vgl. Goodwin 2001, Collier 2001, Mondada 2016).

Protokolle

Wenn man diese Video- und Tonaufzeichnungen dann in Daten umwandelt, die analysiert werden können, ergibt sich eine Vielzahl von Problemen. Typischerweise wird das Ergebnis zunächst ein Protokoll dessen sein, was passiert ist. Dabei können bereits bestimmte Kategorien oder Arten von Informationen auftauchen, die als potenziell nützlich erachtet werden und mehr oder weniger strukturiert sein können. Aufzeichnungen und Notizen aus der konkreten Feldforschung werden so zu organisierten ‚Transkriptionen' – ein Prozess, auf den wir in Abschnitt 5.2.3 zurückkommen werden. Eine solche direkte Aufzeichnung von Handlungen in einem spezifischen Zusammenhang bietet bereits eine spezifische Form von Daten – die oft in soziologisch-interaktionalen Kontexten bevorzugt wird, noch strukturierteres Material kann aber vor allem durch Interviews und Fragebögen gewonnen werden.

Fragebögen

Wenn man solche Interviews oder Fragebögen nutzt, um in der oft begrenzten Zeit einer Feldforschung möglichst viele und wertvolle Informationen zu erlangen, müssen diese Interviews und Fragebögen sehr sorgfältig geplant und entworfen werden. Ein gutes Design dieser Studien ist oft ausschlaggebend für das erfolgreiche Sammeln von nützlichen Daten. Da Fragebögen Beispiele für soziale Interaktionen sind, bergen sie auch alle Gefahren, die üblicherweise in Interaktionen auftreten können. Loftus (1975) zum Beispiel berichtet von den Folgen potenziell irreführender Fragen und der Zuverlässigkeit von Augenzeugenberichten. Ein sehr allgemeines Ergebnis der von ihr vorgenommenen Studie ist nämlich, dass die gegebenen Antworten von der Formulierung der Fragen abhängen – was bereits hinreichend deutlich macht, dass jede solche Form der Datenerhebung äußerst vorsichtig vorgehen muss, um nicht die zu erarbeitenden Daten bereits von vornherein außer Kraft zu setzen.

Folglich ist das Entwerfen und Konstruieren guter Fragebögen eine Kunst für sich und unterschiedlichste Quellen bieten Richtlinien und Anleitungen dazu an. Diese gelten für alle Arten von Umfragen und sind nicht auf multimodale Kontexte spezifiziert. Wenn Sie Informationen durch Fragebögen sammeln wollen, ist es sicherlich ratsam, sich vorher mit diesen Problemen vertraut zu machen und so genannte ‚Vortests' mit Ihrem Fragebogen durchzuführen, um zu sehen, ob unvorhergesehene Probleme bei der Beantwortung der Fragen auftreten. Kurz gesagt sollten die Fragen in Ihren Fragebögen mindestens den folgenden Regeln entsprechen:

– Die Fragen müssen vermeiden, die Befragten in spezifische Interpretationsrichtungen zu führen – zu fragen, ob jemand den Hund gesehen oder das Geräusch

bemerkt hat, sind stark leitende Fragen, weil sie vermuten lassen, dass etwas zu sehen oder zu bemerken war; sie beeinflussen dadurch die Befragten und müssen deswegen viel neutraler ausgedrückt werden.
- Die Fragen müssen in dem Sinne ‚klar' sein, dass sie nicht verschiedene Aspekte oder sogar zwei Fragen miteinander kombinieren – ein typisches Beispiel für eine solche Frage enthält ein ‚oder': „War die Frage klar oder war sie redundant?". Diese Frage bringt zwei getrennte Facetten zusammen, mit denen die Befragten dann jonglieren müssen; möglicherweise finden sie die Frage sowohl klar als auch redundant. Fragen sollten deshalb nicht in solchen ‚doppelten' Abfragen enden.

Fragebögen können auch insofern problematisch sein, als die damit gesuchten bzw. erfragten Informationen möglicherweise nicht für jede befragte Person verfügbar bzw. abrufbar sind. Zum Beispiel sind wir Menschen uns der Wege, die unsere Augen beim Lesen oder Übersetzen gehen, gar nicht bewusst – und *wir können uns dieser auch nicht bewusst werden*, weil diese Prozesse alle viel zu schnell ablaufen und keiner bewussten Kontrolle unterliegen. Daher ist es wenig sinnvoll, direkt nach diesen Prozessen zu fragen. Rezeptionsstudien, d.h. solche Untersuchungen, die überprüfen, wie Verbraucher*innen eines bestimmten Materials auf dieses Material reagieren, müssen sich dieser methodischen Fragen sehr bewusst sein.

Eine bessere Strategie ist es deswegen, sich auf die *Konsequenzen* eines jeden untersuchten Verhaltens zu konzentrieren anstatt direkt danach zu fragen. Im Allgemeinen sind Menschen sehr schlecht darin, ihr eigenes Verhalten wiederzugeben und daher sind indirektere Methoden unerlässlich. Man könnte zum Beispiel mehr Informationen über bestimmte Lesepfade bekommen, indem man herausfindet, was Rezipierende gesehen haben, wenn sie auf bestimmte Stellen in einem Dokument geschaut haben – und nicht, indem man sie danach fragt, wo sie danach suchen würden. Die jeweilige Auswertung solcher Fragen und damit des Verhaltens der Rezipierenden muss sehr sorgfältig durchdacht werden und überschneidet sich in jedem Fall mit den im folgenden Abschnitt diskutierten Fragen zu experimentelleren Zugängen.

5.2.3 **Transkriptionen und Datencodierung**

Ein immer wiederkehrendes Thema in verschiedenen Disziplinen, die sich mit der Analyse von Daten verschiedenster Arten und Formen befasst, ist die Frage, wie diese Daten für die jeweiligen Forschungsfragen besser zugänglich gemacht werden können. Wenn wir als Beispiel die geschriebene Sprache nehmen und alle Verwendungen des Substantivs ‚Essen' finden wollen, sind wir sofort mit Schwierigkeiten bei der Suche nach diesen Verwendungen konfrontiert, weil es schwierig ist, andere Verwendungen dieser Buchstabenfolge, zum Beispiel als Verb ‚essen' auszusortieren. Im Deutschen hilft uns hier in den meisten Fällen die Groß- und Kleinschreibung weiter, im Englischen dagegen haben wir es oft mit einer völlig identischen Schreibung für sehr unterschiedliche Begriffe und Wortformen zu tun: vgl. zum Beispiel das Vorkommen von ‚can' in ‚Mary can surf very well' und in ‚let's can the fish'.

In der Arbeit mit Bildern ist die Situation noch schwieriger: In einer Sammlung von gescannten Bildern ist es erheblich komplizierter, nach einem visuellen Motiv wie der ‚Sonne' zu suchen, weil wir von einem konkreten Bild zu etwas abstrakterem, nämlich einer Kategorisierung, gelangen wollen. Ähnlich verhält es sich bei Musik, wenn wir versuchen, die Verwendung einer bestimmten Tonfolge oder Melodie oder eines bestimmten Rhythmus herauszuarbeiten. Wir befinden uns hier bereits an der Grenze dessen, was technisch möglich ist. In all diesen Fällen ist es jedoch möglich, nach spezifischen Mustern zu suchen, die für eine entsprechende Forschungsfrage interessant sind – und dies ist eine Voraussetzung für jede Analyse.

Um dieses Problem zu umgehen, ist eine sehr weit verbreitete Technik die der ‚Anreicherung' der Daten, bei der diesen Daten meist auf weiteren Ebenen bestimmte (Beschreibungs-)Kategorien hinzugefügt werden, die sich als potenziell relevant für die jeweils durchgeführten Untersuchungen erwiesen haben. Sobald solche Informationen zur Verfügung stehen, kann Forschung viel effektiver betrieben werden! Das heißt: Während es sehr mühsam sein kann, in den ‚rohen Daten' relevante Phänomene aufzudecken, machen *codierte* oder *annotierte* Daten diese Phänomene greifbarer, weil sie bereits identifiziert sind und so mithilfe der entsprechenden Codierungs- bzw. Annotationskategorien wiedergefunden werden können.

Annotation & Transkription

Codierungen und Annotationen bilden somit eine integrale Methode für Untersuchungen in vielen Kontexten – und für multimodale Analysen sind sie absolut notwendig, da es in vielen Fällen schlicht unmöglich ist, *direkt* mit den rohen Daten zu operieren. Erste Schritte in Richtung einer Integration von Annotationen in die alltägliche Forschungspraxis wurden bereits vor einiger Zeit im Kontext der Analyse von sprachlicher Interaktion vorgenommen. Da es anfangs noch schwierig war, Ton- und Videoaufnahmen solcher Interaktionen direkt zu bearbeiten – und es bis heute oft eine Herausforderung bleibt, diese in geeigneter Form zu veröffentlichen und somit einem größerem Publikum verfügbar zu machen –, wurden die Daten durch eine entsprechend aufbereitete Darstellung oder *Transkription* ersetzt.

Bevor es also deutlich einfacher wurde, Audiodateien aufzunehmen und entsprechend zu bearbeiten, arbeitete man in der Forschung zu gesprochener Sprache häufig mit schriftlichen Transkriptionen dessen, was in einer Interaktion gesprochen wurde. Auch heute ist dies nach wie vor die gängigste Art und Weise, Ergebnisse in wissenschaftlichen Zeitschriften und anderen traditionellen Publikationsformaten zu veröffentlichen. Die weitere Suche nach anderen Abstraktionsebenen zum Zugriff auf und Umgang mit den Daten ist dann noch wichtiger für komplexere multimodale Daten. Obwohl eine wachsende Zahl von Journals inzwischen dazu ermutigt, auch unterstützende Medien mit komplexeren Daten (online) zur Verfügung zu stellen, werden diese doch in den Beiträgen selbst überwiegend textuell oder in statisch visueller Form zitiert. Diese Transkriptionen wurden und werden oft immer noch als angemessener ‚Platzhalter' für Originaldaten angesehen. Ihre Hauptmotivation war es, flüchtige Phänomene mit einer untersuchbaren Form zu ‚ersetzen'.

‚Transkription' vs. ‚Transkriptivität'

Der von uns hier genutzte Begriff ‚Transkription', der auch im Englischen mit ‚transcription' so verwendet wird, erfährt in deutschsprachigen Auseinandersetzungen zum Thema Multimodalität oft noch eine sehr ähnliche, aber doch anders zu verstehende Verwendung, die auf die Arbeiten von Ludwig Jäger (2002, 2010, 2019) zurückgeht. Jäger spricht von Transkriptionen bzw. transkriptiven Verfahren als semantische Verfahren des Sichtbar- bzw. Lesbarmachens der kulturellen Semantik eines Artefaktes, „wobei die intramediale reflexive Doppeltheit der Sprache bzw. die intermediale *Dualität* der ins Spiel gebrachten symbolischen Systeme oder Teilsysteme von entscheidender Bedeutung ist" (Jäger 2002: 35). Im Sinne des Sichtbarmachens von Einheiten und Strukturen stimmt dieses Verständnis von Transkription also zunächst sehr allgemein mit dem von uns hier genutzten Konzept überein.

Allerdings umfasst Transkription bei Jäger durchaus umfangreichere Interpretationen, wenn dieser davon spricht, dass sich der „Sinn in menschlichen Gesellschaften" durch die transkriptive Beziehung verschiedener Symbolsysteme zueinander konstituiert (Jäger 2002: 36) und so eine „universale[ ] Kutur der Transkriptivität" entstanden ist, „die ein reiches Register an Verfahren zur *Sinnpartizipation, Verständnissicherung* und *semantischen Ratifizierung* [...] hervorgebracht hat" (Jäger 2002: 37). Unter *Transkriptivität* versteht Jäger dann ein „grundlegendes Verfahren der kulturellen Semiosis" (Jäger 2010: 301), durch das dekontextualisiertes und ungeordnetes kulturelles Wissen durch transkriptive Verfahren wieder sichtbar wird (vgl. dazu auch Stertkamp 2017: 172). Transkripte sind dann Ergebnis der Rekontextualisierung und Interpretation des Wissens und der jeweils benötigten Quellinformationen für eine Lesbarmachung.

Besonders in deutschsprachigen Auseinandersetzungen mit multimodalen Analysen findet Jägers Konzept der Transkriptivität vielfache Anwendung, insbesondere wenn es um intra- und intermodale Zusammenhänge von Einheiten in multimodalen Konstellationen geht (vgl. z.B. Stöckl 2011, Luginbühl 2011, Michel 2015, Holly 2016, Heekeren 2018). Dabei geht es dann nicht um die Darstellung und Anreicherung von Daten, wie es im Falle des von uns genutzten Konzeptes von Transkription vorrangig geht, sondern bereits um einen späteren Schritt der Analyse solcher Daten und insbesondere der Beziehung zwischen einzelnen oder mehreren Einheiten, die wir als *Intersemiose* bezeichnen (vgl. Wildfeuer 2012, 2013).

Besonders für komplexere zeitbasierte Medien wie Film oder Fernsehsendungen ist es immer noch eine gängige Strategie, Transkriptionstabellen zu erstellen, bei denen die Zeilen einer solchen Tabelle jeweils eine analytische Einheit und die Spalten unterschiedliche Facetten dieser Einheiten angeben (vgl. z.B. Baldry & Thibault 2006). Die gleiche Herangehensweise wird schon seit langem in der Filmwissenschaft verwendet; viele detaillierte Analysen sind in dieser Form verfügbar (vgl. z.B. Bellour 2000 [1976]) und auch viele Einführungen in die Filmanalyse schlagen so genannte Sequenzprotokolle oder Einstellungsanalysen als Methode vor (vgl. z.B. Kuchenbuch 2005, Hickethier 2007). Wie wir ausführlich in unserem Fallstudienkapitel zu audiovisuellen Medien (Kapitel 11) diskutieren, werden in solchen Protokollen Segmente eines Films so präsentiert, dass markante Merkmale auf der Ebene von Einstellungen, Szenen oder auch Frames herausgearbeitet werden können. Dabei droht aber schnell die Gefahr, dass diese Transkriptionstabellen sehr überladen werden, denn die *po-*

tenziell relevanten Eigenschaften eines Films sind zahlreich. Gerade als Platzhalter für die eigentlichen Originaldaten stellen Transkriptionen oft den Versuch dar, ‚alles' zu erfassen und führen so in vielen Fällen zu einem Informationsüberfluss, der einer Analyse nicht zuträglich ist.

Folglich haben Transkriptionen auch entsprechende Kritik erfahren (vgl. z.B. Crawford 1985), sowohl für ihre potenzielle Überkomplexität (sind wirklich all diese Details für eine Analyse notwendig?) als auch für die oft sehr zeitaufwändige Erstellung dieser Tabellen und Darstellungen. Heute verzichten viele Bereiche der Filmwissenschaft wieder auf solche Filmprotokolle. Aus einer multimodalen Perspektive betrachtet stellt die Transformation eines dynamischen audiovisuellen Canvas zu einem statischen visuell-räumlichen Canvas eine erhebliche Einschränkung dar und es ist keineswegs klar, ob die daraus resultierenden Informationen vor allem mit Blick auf größere Datenmengen für die Beantwortung der Forschungsfrage immer hilfreich sind. Denn für die Auswertung größerer Datenmengen müssten die Transkriptionstabellen in Datenbanktabellen umgewandelt werden, um sie für eine Online-Speicherung, den Abruf und weitergehende Untersuchungen verfügbar machen zu können. Dies wird noch viel zu selten tatsächlich gemacht. Unsere Ausführungen zu korpusbasierten und computergestützten Methoden weiter unten in diesem Kapitel werden weitere Ansätze diskutieren, die diese Arbeit fördern.

Inhaltsanalyse

Die genauere Beschreibung von Daten mithilfe einer Reihe von Kategorien kann auch erfolgen, um die schiere Menge der zu berücksichtigenden Daten auf eine handhabbarere Menge zu reduzieren. Betrifft eine Forschungsfrage beispielsweise die Art der auf verschiedenen Fernsehsendern ausgestrahlten Programme, so hilft die Zuordnung der Daten zu verschiedenen Kategorien in einem Vorverarbeitungsschritt – wie z.B. ‚Anzeigen', ‚Nachrichten', ‚Drama' usw. – dabei, sich einen guten Überblick über das Angebot zu verschaffen. Diese Art von Ansatz, der durchaus sehr aufwändig gestaltet werden kann, wird generell als *Inhaltsanalyse* oder engl. *content analysis* bezeichnet, da die Kategorien in der Regel etwas mit dem Inhalt der untersuchten Daten zu tun haben (vgl. Rose 2012, Schreier 2012, Früh 2017).

Sie werden festellen, dass die Entscheidung für geeignete Codierungsschemata und/oder Transkriptionen für Ihre multimodalen Daten eine große Hilfe für das gesamte Forschungsprojekt sein kann. Bei der Arbeit mit audiovisuellen Daten wollen wir nicht jedes Mal, wenn eine Frage auftaucht, erst stundenlang nach entsprechenden Daten zur Beantwortung dieser Frage suchen. Typischerweise werden dann besonders markante Phänomene herausgegriffen, für die die Originaldaten bzw. die Aufzeichnungen dieser Daten den spezifischen Zeitpunkt des Vorkommens bereitstellen. Die jeweiligen Kategorien können für eine Vielzahl von Forschungsfragen und Hypothesen ausgewählt werden – hier ist es wichtig zu wissen, dass diese Kategorien niemals neutral sind, denn die Auswahl einiger spezifischer Kategorien (und nicht einiger anderer Kategorien) stellt automatisch Entscheidungen darüber an, welche Aspekte der Daten berücksichtigt werden und welche nicht.

Man sollte daher diese Entscheidungen immer sorgfältig treffen und sich bewusst sein, dass dabei Aspekte ausgeschlossen werden können, die sich später doch als wichtig für die Auswertung erweisen könnten. Wenn sich zum Beispiel eine Untersuchung dialogischer Interaktion auf vollständige oder unvollständige syntaktische Strukturen als theoretische Einheiten konzentriert, dann kann eine Transkription, die diese Informationen (und nur diese Informationen) wiedergibt, eine angemessene Wahl sein. Wenn die Untersuchung aber zusätzlich behauptet, dass Unterbrechungs- oder Verzögerungsphänomene wie z.B. ‚ähm' signifikant sind, muss die entsprechende Transkription diese Informationen ebenfalls enthalten und wird somit bereits deutlich komplexer. Eine Fokussierung auf spezifische Phänomene ist also stets mit einem Risiko verbunden, denn je spezifischer eine solche Fokussierung ist, desto schwieriger wird es, die entsprechenden Phänomene alle in der jeweiligen Transkription wiederzufinden. Aus diesem Grund sind die detaillierten und feinkörnigen Transkriptionen, die typischerweise in der Konversationsanalyse vorgenommen werden, auch im Hinblick auf Interaktionsanalysen durchaus hilfreicher als solche Transkriptionen, die sich auf allgemeine syntaktische Formen konzentrieren.

Im Auge behalten sollte man also immer, dass Informationen verloren gehen können und der Zugriff auf die ursprünglich gesammelten Rohdaten erhalten bleiben sollte, um sowohl die vorgenommenen Klassifizierungen immer wieder überprüfen zu können als auch Erweiterungen und Veränderungen zu ermöglichen. In dem bahnbrechenden Beitrag von Ochs (1979) zur ‚Transkription als Theorie' werden die Konsequenzen einer bestimmten Codierungswahl sehr deutlich hervorgehoben und wir sehen diesen Beitrag als notwendige Lektüre für alle, die eine Transkription von Daten in Betracht ziehen. Wie darin deutlich wird, ist es ein grundsätzlich falsches Vorgehen, feinkörnige Transkriptionen in ihrer theoretisch unmittelbaren Form als ‚allumfassend' anzusehen.

Transcodierung

Notwendig ist es deswegen, die Diskussion über solche Transkriptionen noch ein wenig weiter zu führen und sie als eigenständige Formen multimodaler Kommunikation zu betrachten. In diesem Sinne ist jede Transkription von Daten innerhalb einer Forschungsumgebung ein Fall von ‚transmodaler Übersetzung' oder *Transcodierung* (vgl. auch Bezemer & Mavers 2011). Wir können zum Beispiel einen Film in eine Darstellung überführen, die ein spezifisches Layout hat (z. B. das einer Tabelle) und Text (zur Beschreibung der Einstellungen) sowie Bilder (als Screenshots von Ereignissen oder Einstellungen) einsetzt. All diese Trans- bzw. Recodierungen bringen dann Fragen mit sich, die im Mittelpunkt multimodaler Analysen stehen: Welche Bedeutungen drückt diese Transkription aus und welche nicht? So ist die Transkription, mit der wir als multimodale Analytiker*innen arbeiten, selten eine einfache transmodale Rekonstruktion der Ursprungsdaten, sondern stellt stattdessen einen ersten Schritt hin zu einer Ebene der analytischen Abstraktion dar. Diese soll die Suche nach bedeutungstragenden Mustern unterstützen und die inhärent transienten Phänomene des transkribierten Artefaktes oder der Darbietung in einer stabilen Form zusammenbringen. Nur eine solche ausdrückliche Betrachtung der Transkription als multimodale Transcodierung weiterer

Daten liefert die entsprechend notwendige, theoretisch fundierte Konzeptualisierung des gesamten Prozesses der Transkription.

Für multimodale Datenerhebungen gibt es inzwischen mehrere recht unterschiedliche Notationsverfahren. Diese lassen sich sowohl nach den jeweiligen Traditionen, aus denen sie stammen, als auch nach den spezifischen Forschungszielen voneinander unterscheiden. Sie alle als multimodale Transcodierungen zu sehen, ist eine Möglichkeit, ihre jeweiligen Vor- und Nachteile zu vergleichen und zu bewerten.

Norris (2002) zum Beispiel nutzt eine Reihe von Konventionen, um Face-to-Face-Interaktionen in natürlicher Umgebung zu untersuchen und dabei alle Elemente innerhalb dieser Umgebungen – Möbel, Kleidung, Fenster und so weiter – als Teil des Diskurses miteinzubeziehen. Ihr Schema nutzt dabei Frames aus Videoaufzeichnungen natürlicher Interaktionen, die nebeneinander aufgelistet werden (anstelle einer Tabelle) und auf die für die Analyse wichtige Aspekte wie die gesprochenen Äußerungen oder ihre Intonation direkt eingefügt werden. Die einzelnen Sprecher*innen werden angezeigt, indem ihre Äußerungen ihnen im Bild direkt zugeordnet werden; Intonationen werden typographisch durch horizontale Linien mit Kurven angezeigt, um die jeweilige Intonationskontur zu betonen.

Wiederum ganz andere Konventionen werden in der Tradition der Konversationsanalyse verwendet. Frühe Transkriptionen von gesprochener Interaktion versuchten vor allem, Merkmale gesprochener Sprache, wie zum Beispiel Verzögerungen, Korrekturen, Überlappungen und so weiter, durch eine starke Veränderung der Rechtschreibung bzw. Typographie anzuzeigen, also durch den Gebrauch von Großbuchstaben oder den Einsatz von Bindestrichen, Kommata und Punkten. In der aktuellen multimodalen Forschung werden diese Konventionen beibehalten, jedoch durch textuelle Beschreibungen von Blickrichtungen, Gesten, etc. und die Verwendung von Pfeilen erweitert, auch Frames aus Videoaufnahmen werden eingesetzt.

Transkriptionen dieser Art bringen viele typische Probleme und Herausforderungen mit sich, die notwendigerweise im Umgang mit multimodalen Daten entstehen. Zum Beispiel muss jede Transkription auf die Gleichzeitigkeit von Ereignissen bzw. Äußerungen hinweisen können, sie muss also angeben können, welche Gesprächsteilnehmer*innen zu welchem Zeitpunkt welche (Sprech-)Handlungen ausführen und wie lange diese Aktionen bzw. Äußerungen andauern. Hierfür werden in den unterschiedlichen Transkriptionsansätzen auch sehr unterschiedliche Wege erforscht und probiert, als Beispiele seien nur die vielen verschiedenen Schemata genannt, die in Flewitt u. a. (2014), Hepburn & Bolden (2013), Bezemer & Mavers (2011) und Bezemer (2014) oder auch in dem Band von Birkner & Stukenbrock (2009) demonstriert werden. Auch Jewitt, Bezemer & O'Halloran (2016) präsentieren weitere Beispiele. Die meisten dieser Transkriptionen haben den Vorteil, dass sie so detailliert wie gewünscht angefertigt werden können und sogar Bilder, Photos, Zeichnungen oder andere Darstellungen des jeweiligen Interaktionskontextes beinhalten, wenn dies als nützlich für das Verständnis des Geschehens angesehen werden. Andererseits macht diese Detailliertheit eine Verallgemeinerung oder empirische Studien mit größeren Datenmengen nahezu unmöglich.

In unserem Abschnitt zu multimodalen Korpora weiter unten werden wir sehen, dass rechnergestützte Zugänge zu korpusbasierten multimodalen Analysen nicht nur eine Vielzahl von recht gut ausgearbeiteten und standardisierten Transkriptionsverfahren haben, sondern auch die entsprechenden computergestützten Werkzeuge zur Erstellung und Verwendung dieser Transkriptionen bereitstellen. Die damit einhergehenden Möglichkeiten sollten jetzt weitaus stärker berücksichtigt werden, als dies bisher für unsere Analysen getan wurde. Tatsächlich sind *ad hoc*-Codierungssysteme immer noch sehr verbreitet und es gibt nur wenig technische Unterstützung, um solch grundlegende Aufgaben wie Videoaufnahmen, synchron stattfindende Transkriptionen und so weiter zu steuern. Dabei sind all diese Funktionalitäten bereits weitgehend erforscht und mit moderner Ausrüstung einsetzbar.

Datenanreicherung

Die Anreicherung von Daten mit zusätzlichen Informationen vollzieht daher auch einen ganz selbstverständlichen Übergang von informelleren Notizen zu sprachlichen Phänomenen zu einer systematischen Datentranskription und den vielen Versuchen, linguistische Notationen zu vereinheitlichen, sowie zu explizit definierten Annotationsschemata und Praktiken moderner Korpora, auf die wir im Folgenden weiter eingehen werden. Die dafür notwendigen Vorbereitungen hängen von dem jeweiligen Material ab, von den Forschungsfragen, die an dieses Material gestellt werden, und von den technologischen Möglichkeiten zur Anreicherung der Daten mit zusätzlichen Informationen.

Wenn wir uns also stärker korpusbasierten Analysen multimodaler Phänomene zuwenden wollen, ist es notwendig, die recht unterschiedlichen Wege, Funktionen und Anforderungen dieser Formen der Datenanreicherung genau zu klären. Wir beenden diesen Abschnitt daher damit, dass wir vier große Kategorien dieser Datenanreicherung unterscheiden: Notizen, Transkriptionen, Codierungen und Analysen. All diese können in der multimodalen Analyse eine nützliche Rolle spielen:

- *Notizen* sind im Grunde die flexibelste Form der Datenanreicherung: Alle Informationen, die als nützlich für das zu analysierende Artefakt oder die zu analysierende Darbietung angesehen werden können, können in jeder erdenklichen Form hinzugefügt werden. Wenn diese Form in irgendeiner Weise regularisiert werden kann, bewegt sie sich bereits in Richtung Transkription, Codierung oder Analyse.
- Eine *Transkription* liegt vor, wenn die Daten systematischer ‚transcodiert' werden, zum Beispiel wenn ein Audioereignis in einer schriftlichen Form dargestellt wird, die es ermöglicht, das ursprüngliche Audioereignis mehr oder weniger detailliert zu reproduzieren, wenn auch in einer anderen Modalität. Phonetische Transkriptionen sind hierfür das typischste Beispiel.
- Die *Codierung* ist ein weiterer Schritt weg von den Daten und hin zur Analyse. Eine solche Codierung erfolgt in der Regel in Bezug auf Kategorien, die durch ein Codierungsschema definiert sind. Das Codierungsschema identifiziert Kriterien für die Segmentierung und für die Zuordnung von Segmenten zu Kategorien des Co-

dierungsschemas. Im Gegensatz zur Transkription ist es in der Regel nicht möglich, von einer Codierung zurück zu den Originaldaten zu gelangen: Das Codierungsschema dient der Gruppierung von Segmenten, die unter dieselbe Klassifizierung fallen; Details unterhalb der Ebene des Codierungsschemas spielen keine weitere Rolle.
- Die *Analyse* beschreibt schließlich Einheiten, die in den Daten auf höheren Abstraktionsebenen identifiziert werden und die typischerweise erfassen, wie Kombinationen von Elementen aus den Daten zu komplexeren strukturellen Konfigurationen kombiniert werden. So könnte beispielsweise ein Korpus der gesprochenen Sprache syntaktische Analysen der im Korpus identifizierten Einheiten enthalten. In einem solchen Fall könnte die Transkription eine Wiedergabe der gesprochenen Sprachsignale in Form von phonetischen Kategorien und lexikalischen Elementen bieten; die Codierung könnte die lexikalischen Elemente zuordnen; und die Analyse könnte einen Parser über die codierten lexikalischen Elemente laufen lassen, um syntaktische Baumstrukturen zur Darstellung zu erzeugen. Tatsächlich kann jede dieser Phasen zusätzlich durch automatische Verarbeitungstechniken unterstützt werden.

Unabhängig davon, ob es sich bei den Informationen um Notizen, Transkriptionen, Codierungen oder Analysen handelt, müssen sie alle in irgendeiner Weise mit den spezifischen Daten verknüpft werden, die sie jeweils beschreiben. Darüber hinaus können auf jeder Abstraktionsebene mehrere Beschreibungen hinzugefügt werden, die in der Regel verschiedene Aspekte der zu untersuchenden Phänomene widerspiegeln. Diese können dann sogar auf unterschiedliche theoretische Grundlagen zurückgreifen – zum Beispiel kann eine Analyseebene, die sich mit visueller Komposition beschäftigt, sich auf völlig andere theoretische Konstrukte berufen als die Ebene, die sich auf alle dargestellten Elemente bezieht. Multimodale Korpusanalysen bringen leistungsstarke Techniken mit sich, die bei der Verwaltung und Durchführung all dieser Beschreibungsaufgaben helfen; wir werden dies in Abschnitt 5.3 weiter unten darlegen.

5.2.4 Verhaltensbezogene Daten und Experimente

Eine letzte Form der Datengewinnung, die wir hier beschreiben wollen, besteht darin, Informationen aus Beobachtungen zu sammeln und dabei gegebenenfalls auch zu messen, was Menschen in mehr oder weniger kontrollierten Situationen tun. Die Kontrolle der Situation ist dabei sehr wichtig, damit das, was gemessen wird, zuverlässig von potenziell störenden Informationen isoliert werden kann. Obwohl solche Forschungsmethoden häufig dafür kritisiert werden, dass ihnen eine *ökologische Validität* fehlt, d.h., dass sie natürlich vorkommendes Verhalten ausschließen, können auch besonders kontrollierte Situationen eine sehr effektive Methode sein, um Zusammenhänge zwischen Effekten und Konsequenzen aufzuzeigen. Damit dies funktioniert, sollten die zu untersuchenden Hypothesen ausreichend klar und gut definiert sein, damit man genau weiß, was variieren muss, um entsprechende Ergebnisse zu gewinnen.

Operationalisierung

Dies ist dann ein interessantes Beispiel für eine Kombination sehr unterschiedlicher Methoden in verschiedenen Phasen eines Forschungsprogramms. Um zunächst Hypothesen zu formulieren, muss man sich möglicherweise auf qualitativere Interpretationen oder Modelle dessen stützen, was passieren könnte. Dann müssen wir genau festlegen, wie diese qualitativ spezifizierten Interpretationen in den von uns gesammelten Daten zuverlässig erkannt werden können. Dieser Prozess wird als *Operationalisierung* bezeichnet. Das heißt: Einerseits haben wir qualitative Aussagen, die von unserem theoretischen Modell abgeleitet werden, andererseits erhalten wir tatsächlich messbare Eigenschaften oder Verhaltensreaktionen – wie z.B. Herzfrequenz, Augenbewegungen, Antworten auf einer Likert-Skala in einem Fragebogen, Gesichtsausdrücke, Reaktionszeiten usw. Von Operationalisierung spricht man, wenn man ein gut spezifiziertes Verfahren anwendet, um einen messbaren Wert zu bestimmen, der stellvertretend für eine abstraktere Spezifikation oder Hypothese fungieren kann. *Dabei darf man nie den qualitativen Begriff mit seiner jeweiligen Operationalisierung verwechseln!* Die Messwerte, die wir experimentell und quantitativ sammeln, sind lediglich mögliche Indizien für die qualitiativen Kategorien, die wir eigentlich untersuchen wollen.

”

Wenn Sie Ihre Hypothesen formuliert haben, beginnen Sie mit der Operationalisierung. Finden Sie also für die wesentlichen Begriffe Ihrer Hypothese empirische Indikatoren, die sich messen lassen, also bspw. für den Wortschatz die Anzahl von Wörtern. In der Regel gibt es verschiedene Möglichkeiten, einen Begriff zu operationalisieren.

— *Meindl (2011: 57)*

Damit ist gemeint, dass zu einem explizit definierten Begriff, z.B. Aggression, Gruppenkohäsion oder Konformitätsdruck, präzise Handlungsanweisung für Forschungsoperationen gegeben werden, mit deren Hilfe festgestellt werden soll, ob ein mit dem betreffenden Begriff bezeichnetes Phänomen vorliegt oder nicht.

— *Lamnek & Krell (2016: 130)*

Es gibt eine Reihe gut bewährter Operationalisierungen, die sich in der Praxis als zuverlässig erwiesen haben, aber wir müssen immer aufpassen, dass ausgewählte Operationalisierungen für unsere Foschungshypothesen angemessen bleiben. Der große Vorteil und der Mehrwert der Festlegung von Operationalisierungen besteht darin, dass wir viel effektiver nach Korrelationen zwischen kontrollierten experimentellen Bedingungen und Verhaltensweisen suchen können. Es ist dann die Aufgabe statistischer Methoden, herauszufinden oder festzustellen, ob eine *zuverlässige* Korrelation zwischen einer kontrollierten experimentellen Bedingung und einem spezifischen Verhalten vorliegt. Eine sehr grundlegende Einführung in diese statistischen Methoden nehmen wir in Kapitel 6 vor.

5.3 Korpusbasierte Methoden für multimodale Analysen

Einer der etabliertesten Ansätze in vielen Bereichen der empirischen Forschung ist die der Korpusanalyse. Korpusanalyse basiert auf einer Sammlung von natürlich vorkommenden Beispielen für eben die Daten, die einer Analyse unterzogen werden sollen. Die entsprechenden Sammlungen solcher Daten müssen ausreichend groß sein, um eine substanzielle Menge an für die jeweilige Forschungsfrage relevanten Variationen abdecken zu können. Dies ist typischerweise sehr einfach durch eine entsprechende Menge an Daten bzw. Beispielen zu erreichen. Wenn wir also zum Beispiel etwas über bestimmte Entscheidungen bezüglich des Designs von Zeitungstitelseiten herausfinden möchten, ist es ratsam, eine größere Sammlung von solchen Titelseiten zusammenstellen und nicht nur ein oder zwei zufällig gefundene zu analysieren.

Korpora

Die Auswahl eines bestimmten ‚Korpus', in dem diese Sammlung von Beispielen festgehalten wird, kann dann systematisch erfolgen, so dass auch weitere Untersuchungsfragen berücksichtigt werden können. So könnte man die Zeitungstitelseiten beispielsweise nicht nur nach dem Zufallsprinzip sammeln, sondern sie bewusst nach ihren Produktionsdaten (vielleicht nach Jahrzehnten oder Jahren gruppiert), nach der intendierten Leser*innenschaft oder auch nach ihren Herkunftsländern auswählen und in das Korpus aufnehmen. Eine größere Sammlung kann somit in kleinere ‚Subkorpora' organisiert werden, die jeweils mithilfe eigenständiger Klassifizierungsdimensionen beschrieben werden.

Die Entstehung und Verbreitung von korpusanalytischen Methoden wurde durch zwei Fortschritte ermöglicht und begünstigt: Erstens sind große Mengen an aufgezeichneten ‚Daten' inzwischen viel leichter greifbar und händelbar; zweitens wurden effektive Werkzeuge zur Suche nach Mustern in diesen Daten entwickelt. Beide Aspekte sind notwendige Voraussetzungen für eine effektive Korpusanalyse: Unzureichende Datenmengen erhöhen die Gefahr, dass die gefundenen Muster zufällig sind und nicht verallgemeinert werden können, während der Mangel an Möglichkeiten zur Suche in größeren Datenmengen dazu führt, dass Forscher*innen nicht an Muster gelangen können, auch wenn diese grundsätzlich vorhanden sind. Mehrere Millionen Wörter natürlichen Textes helfen wenig, wenn das Lesen der Texte tatsächlich der einzige Zugang zu den Daten ist.

Inwieweit man Korpusmethoden im multimodalen Kontext anwenden kann, hängt dann davon ab, ob ausreichend große Datenproben dieser Art zugänglich gemacht werden können. Wenn also die Daten multimodal sind, bleiben die oben diskutierten Fragen bestehen und bringen dazu ihre eigenen Herausforderungen mit sich. Für traditionelle Textkorpora war es oft möglich, die Ergebnisse der Korpussuche relativ simpel in Form von Listen darzustellen, in denen die jeweiligen Fälle nach den entsprechenden Kriterien geordnet gelistet wurden. In der Arbeit mit multimodalen Daten gelangen diese Ansätze schnell an ihre Grenzen. Denn Methoden zur Korpusanalyse müssen so gestaltet sein, dass sie nicht nur die jeweilige Datenmenge erfassen, sondern die Daten dann auch entsprechend *zugänglich* machen können, damit diese effektiv untersucht werden können.

Diesen Herausforderungen müssen wir uns also stellen, wenn wir in unseren multimodalen Analysen auf größere Datensammlungen von tatsächlich auftretenden Fällen multimodaler Bedeutungskonstruktion zurückgreifen wollen. Erfreulicherweise bringen die inzwischen gewonnenen, umfangreichen Erfahrungen mit datengetriebenen und korpusbasierten Ansätzen zur Analyse von Sprache inzwischen viele Details mit sich, die auch im Rahmen multimodaler Analysen angewendet werden können. Die weitreichendsten Ergebnisse und Einsichten wurden dabei in der Analyse von Face-to-Face-Interaktion gewonnen, bei der Multimodalität auf vielen verschiedenen Ebenen eine Rolle spielt. Es bleibt jedoch noch viel zu tun, um korpusbasierte Methoden für andere Bereiche von Multimodalität verfügbar und analysierbar zu machen. Einige notwendige Schritte in diese Richtung diskutieren wir weiter unten. Umfangreiche Übersichten sind zum Beispiel in Allwood (2008) und Bateman (2014) vorhanden, auch Stukenbrock (2009) und Beißwenger (2009) fassen Herausforderungen und Probleme zusammen.

5.3.1 Wie machen wir die Daten für multimodale Analysen nutzbar?

Eine Tatsache, die es im Umgang mit Korpusdaten festzuhalten gilt, ist die folgende: Es wird immer ein gewisser Abstand oder eine Distanz zwischen dem ursprünglich anvisiertem Ziel der Analyse und den gesammelten Daten bestehen. Zu oft gibt es allein aus technischen Gründen Einschränkungen in der Gestaltung und Zusammensetzung eines Korpus und es ist dabei immer sorgfältig abzuwägen, auf welche Weise am sinnvollsten entsprechende Muster aufgedeckt oder auch versteckt werden können.

Als Beispiel können wir uns noch einmal den Bereich der Face-to-Face-Interaktion anschauen. Während die persönliche Gesprächsinteraktion zwischen zwei Teilnehmer*innen (ontologisch) eine verkörperte, räumlich situierte, dreidimensionale, sich zeitlich entfaltende Folge von koordinierten Verhaltensweisen ist, können die Daten, die in einem Korpus solcher Interaktionen zusammengefasst werden, aus sehr unterschiedlichen Informationen bestehen – wir haben dies mit dem oben erwähnten Problem der multimodalen Transcodierung diskutiert. Die Informationen können zum Beispiel schriftlich in Form einer Transkription vorliegen, die aufzeigt, was von wem zu welchem Zeitpunkt gesagt wurde, und die möglicherweise noch weitere schriftliche Hinweise auf Intonation enthält. Die Informationen können auch in Form einer Audioaufnahme des Gesagten vorliegen, als Videoaufnahme von einer festen Kamera, die das gesamte Geschehen aufzeichnet oder in einer computergenerierten, dreidimensionalen Darstellung mit Bewegungserfassung der Teilnehmer*innen, etc.

Jede dieser Darstellungen kann für und innerhalb eines multimodalen Korpus verwendet werden und jeweils signifikante Eigenschaften der untersuchten Aktivität offenbaren. Alle Darstellungen unterscheiden sich jedoch von den ursprünglichen

Ereignissen in der Interaktion in einer Weise, die bei monomodalen Textkorpora oft übersehen werden kann. Bei multimodalen Korpora hingegen ist es typisch, auf einer Vielzahl von Beschreibungsebenen sowohl zwischen dem ursprünglichen Verhalten bzw. den Ereignissen oder eben dem Artefakt bzw. der Darbietung selbst als auch den Forscher*innen, die dieses Verhalten oder Artefakt untersuchen, zu intervenieren.

In einigen Bereichen multimodaler Forschung ist mehr über die wahrscheinliche Funktionsweise der fraglichen Zeichenmodalitäten bekannt als in anderen. Wenn es um sprachliche Äußerungen geht, sind zum Beispiel Annahmen über die phonologische, lexikalische, morphologische, syntaktische und semantische Organisation gut motiviert und bringen daher auch die passenden Beschreibungsebenen für *bestimmte Aspekte* der untersuchten Phänomene mit. In anderen Bereichen, wie z.B. der Gestenanalyse, gibt es ebenfalls gut ausgearbeitete Vorschläge zur Beschreibung von Formen und Funktionen aller denkbaren Gesten. In wieder anderen Bereichen, wie z.B. in der Analyse von Seitenlayout (vgl. Kapitel 10) besteht allerdings noch erhöhter Bedarf an weiterer empirischer Forschung, um die bisher vor allem theoretisch und an Einzelbeispielen aufgestellten Hypothesen überprüfen zu können.

Mehr-Ebenen-Modelle

Es wird in Zukunft also immer wichtiger werden, dass Korpora viele verschiedene Informationen mit unterschiedlichem theoretischen Status miteinander verbinden können. So können Muster und Hypothesen nicht allein mit Blick auf einzelne Daten innerhalb einer Ebene, sondern auch mit Blick auf *mehrere Ebenen der Datenbeschreibung* gefunden werden. Wir haben dies oben mit Bezug auf verschiedene Arten und Ebenen von Transkription beschrieben. Diese Art der Beschreibung und Organisation erfordert allerdings eine etwas andere Denk- und Herangehensweise als die uns aus bisherigen Zugängen bekannte, bei der versucht wird, unterschiedliche Abstraktionsebenen innerhalb einer einzelnen Theorie zu beschreiben und zu organisieren, wie es zum Beispiel oft der Fall in Transkriptionen zur multimodalen Gesprächsanalyse war (vgl. auch den Ausschnitt aus einer Transkription von Elisabeth Zima (2017: 256), die wir weiter unten in unseren Fallstudien diskutieren, in Abbildung 8.2). Neuere Ansätze zur Korpusanalyse lassen dagegen Beschreibungen mit unterschiedlichen theoretischen Zugängen und aus mehreren Disziplinen zu. Daraus entstehen dann so genannte ‚Multilevel-Annotationsschemata' zur Beschreibung komplexer Daten, die über die Fokussierung auf einzelne Darstellungsebenen hinausgehen und einen Blick auf das große Ganze als Zusammenspiel unterschiedlicher Details werfen. Dabei kann zum Beispiel eine Ebene sprachlich-linguistisch, eine andere eher psychologisch orientiert (z.B. unterstützt durch experimentelle Daten) und eine dritte auf Produktionsaspekte bezogen sein und so weiter.

Ein solch grundsätzlicher Umgang mit verschiedenen Materialien mit einer gewissen Komplexität bringt erhebliche Herausforderungen für empirische Analysen mit sich, die seit den frühren 2000er Jahren in einem immer größer werdenden Forschungskontext ausführlich thematisiert und diskutiert werden (vgl. Granström, House & Karlsson 2002, Kipp u. a. 2009). Dabei können wir in neueren Arbeiten auch sehr interessante Kombinationen sehr unterschiedlicher Forschungsmethoden beobachten, zum Beispiel in der Verwendung von Motion-Capture-Technologien aus der Filmindustrie, die eingesetzt werden, um umfangreiche Datensätze *natürlicher* Interaktion zu generieren, die auch die Bewegungen der Sprecher*innen und Zuhörer*innen, ihre Gesten und Körperhaltungen einfangen (vgl. z.B. Brenger & Mittelberg 2015). Andere Bemühungen gehen in Richtung gemeinsamer Klassifikations- und Annotationschemata für bestimmte Bereiche multimodaler Analysen, die dann von verschiedenen Arbeitsgruppen für eine Vielzahl von Forschungsfragen verwendet werden können (vgl. Kranstedt, Kopp & Wachsmuth 2002, Allwood u. a. 2007, Kipp, Neff & Albrecht 2007). Damit vollzieht sich eine wichtige Entwicklung weg von individuellen Einzelstudien hin zu groß angelegten Forschungsprojekten, in denen Ergebnisse aus unterschiedlichen Perspektiven kombiniert und zum gegenseitigen Nutzen eingesetzt werden können. *Ad hoc*-Annotationsversuche sind für solche Unternehmen nicht geeignet und sollten so gut es geht vermieden werden.

5.3.2 Typen multimodaler Daten und die dazugehörigen Werkzeuge

Die verschiedenen Typen multimodaler Daten bringen unterschiedliche Probleme mit sich, so dass es sinnvoll ist, sie im Hinblick auf ihre spezifischen Herausforderungen sowohl für korpusbasierte Ansätze als auch mit Blick auf notwendige Werkzeuge zur Behandlung der Daten genauer zu beschreiben und zu organisieren. Dabei können grundlegende Dimensionen für eine solche Organisation mithilfe der Eigenschaften der zu erfassenden Daten unterschieden werden. Wenn wir nicht auf diese zum Teil sehr unterschiedlichen Eigenschaften eingehen, riskieren wir eine nicht ausreichende Vorbehandlung und damit die Zugänglichkeit der Daten und somit eine erhebliche Einschränkung der Korpusanalyse.

lineare vs. nicht-lineare Daten

Eine sehr grundlegende Unterscheidung, die für die Diskussion multimodaler Korpora relevant ist, ist die zwischen *linearen* und *nicht-linearen* Daten. Lineare Daten beinhalten Material, das im Wesentlichen so organisiert ist, dass es sich entlang einer einzigen Dimension der Aktualisierung entfaltet. Diese Dimension befindet sich entweder im Raum, wie in traditionellen Textdaten, oder in der Zeit, wie in Aufzeichnungen gesprochener Sprache. Hans-Jürgen Bucher listet als lineare Kommunikationsformen, die solche Daten liefern, zum Beispiel Buchtexte, Hörfunkbeiträge oder Fernsehfilmbeiträge auf (vgl. Bucher 2011: 126). Nicht-lineare Daten beinhalten Material, für das es keine einzelne organisatorische Dimension gibt, die den Zugang zu den Daten ermöglicht. Es handelt sich dabei um *räumlich verteilte Informationen* und visuelle Darstellungen, wie sie in Dokumenten und auf gedruckten Werbeanzeigen, Gemälden, etc. vorhanden sind, aber auch um *logisch organisierte Einheiten*, wie sie auf Webseiten zu finden sind. Sowohl lineare als auch nicht-lineare Daten können gemeinsam in so genannten „hybride[n] Kommunikationsformen" vorkommen, z.B. in Fernsehbeiträgen mit Zusatz-Visualisierungen, Online-Angeboten mit Videobeiträgen oder Theaterinszenierungen mit simultanen Schauplätzen (Bucher 2011: 126).

Wir haben einige der Auswirkungen dieser Unterscheidung zwischen linearen und nicht-linearen Daten bereits in Kapitel 2 diskutiert. Bis heute ist zu beobachten, dass viele Zugänge zu multimodalen Korpora und Analysetools überwiegend lineare Daten berücksichtigen und nicht-linearen Daten wenig bis gar keine Aufmerksamkeit schenken. Immer noch werden zum Beispiel visuelle Darstellungen wie Photographien oder Bilder von Gemälden eher *archiviert* als in Korpora eingepflegt und es gibt eine Vielzahl von Klassifikationen, die zum Zwecke der Suche und Organisation eingesetzt werden, aber grundsätzlich nur wenige Optionen für multimodale Analysen bieten. Auch hier wird ein immer wieder auftretendes Problem der Multimodalitätsforschung sichtbar: Wie wir schon mehrfach gesehen haben, sind in der grundsätzlichen Organisation und Bereitstellung multimodaler Daten sehr unterschiedliche Gemeinschaften mit sehr unterschiedlichen Interessen beteiligt, in diesem Fall die Gesprochene-Sprache- und Interaktionsforschung einerseits und die Bereiche der Pressephotographie, Kunstgeschichte, etc. andererseits, die jeweils ihre eigenen Sammlungen, Archive und Korpora erstellen, ohne dabei die Interessen der jeweils anderen Forschungsgemeinschaften mit zu berücksichtigen (vgl. Kapitel 2).

Die nahezu natürliche Organisation der Daten, die innerhalb zeitbasierter Medien möglich ist, ist einer der Hauptgründe, warum Korpora gesprochener Sprache im Moment die wohl umfangreichsten multimodalen Korpora bilden, die heute verfügbar sind. Korpora mit nicht-linearen Daten sind dagegen weniger weit entwickelt und es wurden auch nur wenige Werkzeuge speziell für diese Art von Daten entwickelt. Leider sind die vorhandenen Werkzeuge für lineare Daten oft unbrauchbar für die Analyse von nicht-linearen Daten, obwohl mit einigen Weiterentwicklungen auch versucht wird, den zeitlich-basierten Daten räumliche Informationen zur Seite zu stellen. Erkundungen dieser Art für nicht-lineare kommunikative Artefakte wie seitenbasierte Medien sind aber empirisch noch nicht hinreichend untersucht.

5.3.2.1 Die Arbeit mit linearen Daten

Zwei der am weitesten verbreiteten und frei verfügbaren Werkzeuge bzw. Programme für die multimodale Korpusanalyse linearer Daten sind *ELAN*[1], entwickelt vom Max-Planck-Institut für Psycholinguistik in Nijmegen (Wittenburg u. a. 2006), und *ANVIL*[2], entwickelt von Michael Kipp am DFKI in Saarbrücken (Kipp 2012). Beide Programme arbeiten mit den aktuellen internationalen Normen für Informationsaustausch und ermöglichen die freie Wiederverwendung und Integration von Daten in und aus anderen Projekten und Werkzeugen.

Annotationswerkzeuge

Wie bei den meisten Tools für zeitlich organisierte multimodale Daten arbeiten auch diese Programme in der Annotation der Daten mit der Metapher eines Notensys-

1 http://www.lat-mpi.eu/tools/elan/

2 http://www.anvil-software.de/

tems, das bereits in Eisensteins Darstellung eines Films zu sehen war (siehe Abbildung 2.1 in Kapitel 2). Es können beliebig viele *Tiers* oder *Tracks* für die Beschreibung und Organisation verschiedener Informationen definiert werden, die automatisch in Bezug auf das zeitliche Medium annotiert werden können. Die Informationen zum zeitlichen Rahmen sind dann räumlich ausgerichtet dargestellt. Obwohl mit den Programmen umfangreiche Projekte zur Analyse von Face-to-Face-Interaktion, Gestik, Intonation, Körperhaltung, etc. durchgeführt wurden und werden, sind sie selbst vollkommen agnostisch sowohl gegenüber unterschiedlichen Informationsarten, die in einer Analyse dazukommen können, als auch gegenüber den vielen Visualisierungsmöglichkeiten und Analyseberichten, die je nach Auswertungsschwerpunkt erstellt werden können. Diese Flexibilität und Offenheit steht gegenüber einer recht starren Eingeschränktheit solcher Werkzeuge und Programme, die sich von vorneherein einem bestimmten Stil oder einer spezifischen Art der Analyse verpflichten und keine anderen Formen zulassen.

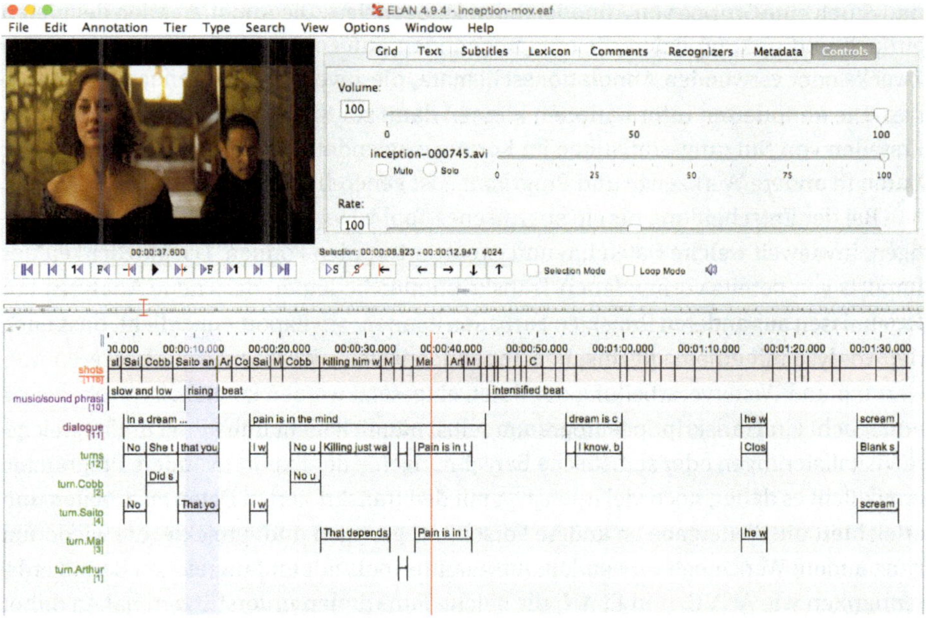

Abb. 5.1. Screenshot des ELAN-Programms mit einer Annotation eines Ausschnittes aus Christopher Nolans Film *Inception* (2010)

In Abbildung 5.1 stellen wir die Arbeit mit ELAN zur Analyse eines Filmausschnittes dar. In der oberen Hälfte der Abbildung finden wir mehrere Informationsfenster sowie einen Videoplayer, in der unteren Hälfte die unterschiedlichen Tracks, die von den Annotierenden für diese spezifische Analyse festgelegt wurden. Die aktuelle Position im Video wird durch eine vertikale Linie markiert, die die angezeigten Tracks durchkreuzt. Der Maßstab der Tracks kann flexibel verändert und angepasst werden. In der Abbildung wurde zum Beispiel ein kleinerer Maßstab gewählt, um unterschiedliche Informationen zum Video im Bild sehen zu können. Die Tracks stellen beispielhaft einige der typischerweise in der Filmanalyse angewendeten Kriterien dar: die Aufteilung des Films in Shots bzw. Einstellungen, Angaben zur Begleitmusik und den Tonspuren bzw. den von den Schauspieler*innen gesprochenen Dialogen. Die manuelle Annotation erfolgt normalerweise durch die Bearbeitung eines Tracks in der dargestellten Zeitachse, während im oberen Bereich das Video abgespielt wird. Dabei kann eine entsprechend vorher festgelegte Klassifikationskategorie ausgewählt oder ein Freitext zur Beschreibung eingegeben werden.

Das allgemeine Erscheinungsbild von ANVIL und den meisten anderen Programmen bzw. Werkzeugen ist ähnlich. Alle Programme gehen von sehr typischen Nutzungsszenarien aus: Ein audiovisuelles Artefakt wird anhand mehrerer Dimensionen segmentiert und die daraus resultierenden Einheiten werden dann meist von Hand und durch eine Gruppe von Annotierenden kategorisiert. Die Annotierenden definieren einfach und unkompliziert die entsprechenden Kategorien für ihre jeweils eigenen Zwecke oder verwenden Annotationsschemata, die zuvor von anderen festgelegt wurden. Die annotierten Informationen können dann zur Suche nach Mustern oder zum Erstellen von Nutzungsstatistiken im Korpus verwendet werden, auch ein Export der Daten in andere Werkzeuge und Programme ist generell möglich.

Bei der Entscheidung für ein spezifisches Tool ist es daher wichtig, zu berücksichtigen, inwieweit welche Daten im- und exportiert werden können. Die Möglichkeit des Imports von bereits vorhandenen Transkriptionen bedeutet, dass neue Analysen auf Ergebnissen aus anderen Projekten aufbauen können; ein Export ermöglicht, dass nach der Analyse mit einem spezifischen Tool auch weitere Werkzeuge zur besseren Auswertung und Weiterverarbeitung der Daten eingesetzt werden können. Typischerweise ermöglicht ein Transkriptionsprogramm selbst nämlich nicht unbedingt umfangreichere Visualisierungen oder statistische Berechnungen – der Export in andere Programme ermöglicht es daher, noch viel intensiver mit den transkribierten Daten zu arbeiten und erleichtert die Weitergabe an andere Forschungsgruppen und -projekte, die wiederum ganz andere Werkzeuge verwenden. Ausgereifte Tools mit umfangreichen Benutzerdatenbanken wie ANVIL und ELAN, die solche Funktionen unterstützen, haben daher sowohl für die Annotation von Daten als auch für die anschließende Suche nach aussagekräftigen Mustern sowie die Präsentation der Ergebnisse viel zu bieten.

5.3.2.2 **Die Arbeit mit nicht-linearen Daten**

Die bisher genannten Werkzeuge und die von ihnen unterstützten Annotationsschemata sind stark linear. Für Artefakte, bei denen Zeit keine organisierende Dimension ist, müssen aber andere Lösungen gefunden werden. Das heißt, wenn die zu analysierenden multimodalen Artefakte Daten beinhalten, die z.B. den zweidimensionalen

Bereich einer Seite oder ein dreidimensionales Volumen nutzen, ist sicherzustellen, dass die entsprechenden Korpora diesen Aspekt der Daten eigenständig erfassen.

Dokumente und andere statische, seitenbasierte Artefakte sind gute Beispiele für multimodale Analyseobjekte, die keine Relation zu einer zeitlichen Organisation aufweisen. Diese Daten zu annotieren erfordert folglich einen Zugang zu den räumlichen Eigenschaften der Informationen, die anstelle oder zusätzlich zu den zeitlichen Eigenschaften dargestellt werden. In vielen Fällen ist es dann nicht notwendig, Eigenschaften herauszufiltern, die in irgendeiner Weise mit Zeitintervallen abgestimmt werden können, sondern es sollten Einheiten innerhalb der Seiten gefunden werden, die dann entsprechend auf Grundlage ihrer räumlichen Organisation annotiert werden. Diese Einheiten können entweder zu der in den Bildern gegebenen Repräsentation oder zu der Form der Bilder, also zu ihrer Layoutorganisation, gehören.

Ein detaillierter Vorschlag für die Annotation solcher Layoutstrukturen liegt mit dem *Genre and Multimodality -Modell* (GeM) vor, das in Bateman (2008) vorgestellt und zum Beispiel in Hiippala (2015) weiterentwickelt und umfangreicher angewendet wird. Andere Arten von Annotationsschemata und Tools für nicht-lineare Daten wurden bisher vor allem innerhalb bestimmter Forschungsgemeinschaften entwickelt, einige Beispiele dafür finden sich in Bateman (2014). Um wirklich brauchbare Korpusanalysewerkzeuge für nicht-lineare Daten zu gewinnen, gibt es jedoch noch viel zu tun. Auch hier besteht ein enormer Bedarf an disziplinübergreifenden Kooperationen. GeM-Modell

5.3.3 Herausforderungen an die Arbeit mit multimodalen Korpora

Für die Ansprüche umfangreicher multimodaler Analysen müssen korpusbasierte Ansätze das einfache Verständnis eines Korpus als ‚Sammlung transkribierter Daten', bei denen die Transkriptionen mehr oder weniger für das zu untersuchende Phänomen stehen, ablegen. Stattdessen werden und sollten sich multimodale Korpora zunehmend zu Repositorien für Daten aus ganz unterschiedlichen Artefakten und mit unterschiedlichen Schwerpunkten in der Analyse entwickeln. Dieser Übergang stellt eine große Herausforderung für die korpusbasierte Multimodalitätsforschung dar: Theoretisch motivierte Unterscheidungen müssen die vielfältigen Materialien mit Blick auf die vorzunehmende Analyse organisieren, obwohl in vielen Bereichen noch gar nicht klar ist, welche Unterscheidungen dafür genau notwendig sind. Die besondere methodische Herausforderung besteht also darin, eine produktive Balance zwischen theoretischem Fokus einerseits und empirischer Offenheit andererseits zu finden.

Ein wichtiger Schritt hin zu aussagekräftigen Ergebnissen wird es sein, Normen und Standards zu entwickeln, mit denen leistungsfähigere Mechanismen zur Suche nach Mustern eingesetzt werden können. Ausführlich und korrekt annotierte Daten erleichtern dann die Suche nach Verallgemeinerungen, indem sie eine Untersuchung potenzieller *Korrelationen* über verschiedene Beschreibungsebenen eines Korpus hinweg möglich machen. Die Etablierung solcher Abhängigkeiten ist ein entscheidender

Schritt, um zu verstehen, wie multimodale Bedeutungskonstruktion funktioniert. Darüber hinaus ist vor allem mit Blick auf größere Korpusarbeiten ein immer stärkerer Rückgriff auf automatische Verfahren zu beobachten, deren Einsatz in Kombination mit manuellen Ansätzen essenziell sein wird. Wir werden darauf in Abschnitt 5.5 weiter unten erneut eingehen.

5.4 Eyetracking-Methoden

Eyetracking-Verfahren arbeiten mit hochpräzisen Kameras, die auf die Augen der Betrachtenden gerichtet sind und deren Augenbewegungen verfolgen und aufzeichnen. Man spricht deswegen auch oft von Blickaufzeichnungsverfahren. Diese Beobachtungen werden von analytischer Software verarbeitet und in verschiedene Ereignisse segmentiert, die den Wahrnehmungsprozess ausmachen. Für unsere Zwecke werden wir dieses komplexe Zusammenspiel aus Hard- und Software der Einfachheit halber als ‚Eyetracker' bezeichnen und entsprechend von Eyetracking-Verfahren sprechen. Einmal so kalibriert, dass der*die Betrachtende eine bestimmte Stelle anschaut, die vom Eyetracker kontrolliert wird, kann dieser abschätzen, wo der Blick genau landet, wenn sich die Augen bewegen.

Weil diese Augenbewegungen stark mit der kognitiven Verarbeitung von visuellem Input verbunden sind, liefert das Wissen darüber, wohin Betrachtende schauen, wie lange und unter welchen Umständen sie das tun, sehr wertvolle Informationen für viele Bereiche der Kognitionswissenschaft, der Bildungs- und Experimentalpsychologie, der Mensch-Computer-Interaktion und viele mehr – und kommt natürlich auch der multimodalen Forschung zugute (vgl. Holsanova 2014).

Fixationen & Sakkaden

Erkenntnisse können also vor allem gewonnen werden, wenn man sich mit den inzwischen als etabliert geltenden Schlüsselereignissen visueller Wahrnehmung auseinandersetzt: mit *Fixationen*, also Punkten, auf die die Augen für eine bestimmte Zeit fokussiert sind, und mit *Sakkaden*, schnellen Augenbewegungen, die zwischen den Fixierungen auftreten. Das Material, das den Betrachtenden unter Beobachtung präsentiert wird, wird als *Stimulus* bezeichnet. Unterschiedliche Reize und Sehbedingungen lösen unterschiedliche Muster von Fixierungen und Sakkaden aus, die Hinweise darauf geben, wie die Reize vom Gehirn verarbeitet werden (Rayner 1998).

> “ Eye tracking gives us insights into the allocation of visual attention in terms of which elements are attended to, for how long, in what order and how carefully.
>
> — *Holsanova (2012: 253)*[3]

---

3 „Eyetracking gibt uns Einblicke in die Zuordnung visueller Aufmerksamkeit im Sinne der Frage, welche Elemente wie lange, in welcher Reihenfolge und wie sorgfältig angeschaut werden." (Holsanova 2012: 253; eigene Übersetzung)

Für zusätzliche Informationen kann das Eyetracking-Verfahren mit anderen Methoden, wie psycho-physischen Messungen, verbalen Think-Aloud-Protokollen, Interviews, Tests und Fragebögen, kombiniert werden, die einen tieferen Einblick in Verstehens- und Verarbeitungsprozesse möglich machen und zum Beispiel „verschiedene Selektionsmuster unterscheiden kann, die offensichtlich auf verschiedenen Erschließungsstrategien beruhen" (Bucher 2011: 143).

So kombiniert Holsanova (2008) Eyetracking-Verfahren mit Think-Aloud-Protokollen in einem multimodalen Scoresheet, das die Daten zu den Augenbewegung zusammen mit Erklärungen der Betrachtenden zu ihren perzeptionellen Prozessen darstellt. Müller, Kappas & Olk (2012) ergänzen Eyetracking-Daten mit psycho-physischen Reaktionsmessungen, um zu untersuchen, wie Pressephotos wahrgenommen werden und welche Emotionen sie hervorrufen. Und Bucher & Niemann (2012) verwenden Fragebögen, retrospektive Interviews, Wissenstests und Think-Aloud-Protokolle, um den Prozess der Interpretation bei der Beobachtung von Power-Point-Präsentationen zu rekonstruieren. Angesichts der Komplexität multimodaler Phänomene und des Interpretationsprozesses kann diese Art der *Triangulation von Methoden* Aufschluss darüber geben, wie kontextuelle Faktoren wie Hintergrundwissen die visuelle Wahrnehmung beeinflussen.

Eyetracker gibt es in verschiedenen Formen und Größen. Sie reichen von eher statischen Gerüsten, die die Augenbewegungen in einem spezifischen Setting, z. B. vor einer Filmprojektion, sehr genau verfolgen können, bis hin zu mobilen Trackern, die unter einem Desktop- oder Laptop-Bildschirm angebracht werden können und so eine realistischere Umgebung für laufende Experimente schaffen. Eyetracking-Brillen ermöglichen eine noch größere Mobilität und eignen sich besonders gut für die Untersuchung von Face-to-Face-Interaktionen unter natürlichen Bedingungen (vgl. z.B. Holler & Kendrick 2015). In jüngster Zeit wurden Eyetracker auch in Head Mounted Displays integriert, um die Wahrnehmung von realen und virtuellen Umgebungen zu untersuchen. Die Wahl eines geeigneten Eyetrackers hängt dabei sehr stark davon ab, was und unter welchen Bedingungen untersucht wird (für einen umfassenden Leitfaden zu Eyetracking-Methoden vgl. Holmqvist u. a. 2011).

Heatmap & Scanpath

Hier zeigt sich, dass die Menge an Daten, die mit Eyetracking-Verfahren erworben werden kann, auf unterschiedliche Weise analysiert werden kann: Während eine Heatmap oder ein Scanpath unter bestimmten Bedingungen einen ersten Einblick in die Prozesse visueller Wahrnehmung geben können, erfordern umfangreichere Schlussfolgerungen allerdings eine weitere Arbeit mit den Rohdaten. Darüber hinaus müssen alle Experimente sorgfältig geplant werden, um sicher zu stellen, dass die gesammelten Daten valide Ergebnisse zur Beantwortung der jeweils zugrunde liegenden Forschungsfrage liefern.

Wir haben bereits hervorgehoben, dass Eyetracking-Verfahren immer mehr auch in der multimodalen Forschung eingesetzt werden. Eine Schlüsselfigur in diesem Prozess ist die Kognitionswissenschaftlerin Jana Holsanova. Neben sehr zugänglichen Einführungen und Überblicken über die Eyetracking-Forschung (Holsanova 2014) hat sie eine

Abb. 5.2. Links: Ein Scanpath aus Kluss u. a. (2016: 272–273), der die Augenbewegungen einzelner Betrachter*innen zeigt, die eine Szene aus dem Film *Conte d'été* (Éric Rohmer, 1996). Rechts: Eine Heatmap zum Film *Solaris* (Andrei Tarkovsky, 1972), die die Ergebnisse der Beobachtung verschiedener Proband*innen zusammenfasst. Die Farben zeigen an, wie oft bestimmte Bereiche fixiert wurden; rot steht für sehr oft fixiert, blau und violett für kaum angeschaut. Die Heatmap wurde uns von Mehul Bhatt zur Verfügung gestellt.

Reihe von wertvollen Fallstudien veröffentlicht. Holsanova, Rahm & Holmqvist (2006) zum Beispiel zeigen auf, wie Eyetracking-Verfahren eingesetzt werden, um allgemeine Aussagen über die Wahrnehmung von Layout in Bezug auf Framing und Salienz zu untersuchen, wie sie in sozio-semiotischen Multimodalitätstheorien aufgestellt wurden. Boeriis & Holsanova (2012) wiederum vergleichen sozio-semiotische Theorien zur visuellen Segmentierung mit Eyetracking-Daten und untersuchen dabei, wie Objekte sowohl einzeln als auch in Bezug zueinander lokalisiert, identifiziert und beschrieben werden. Und Holsanova & Nord (2010) sowie Holsanova, Holmberg & Holmqvist (2008) schauen sich an, wie die Lücke in der Beschreibung von Produktions- und Rezeptionsprozessen für verschiedene Medien und ihre Artefakte durch die Hinzunahme von Eyetracking-Verfahren überwunden werden kann, im Interesse stehen dabei vor allem Informationsgraphiken und die Frage danach, wie ihre Strukturen die visuelle Wahrnehmung leiten können.

Innerhalb der Multimodalitätsforschung wird visuelle Wahrnehmung häufig im Hinblick auf so genannte ‚Lesepfade' diskutiert, die hypothetisch angenommene Blicksequenzen wiedergeben, die von Betrachtenden in bestimmten Situationen vorgenommen worden sein sollen (van Leeuwen 2005, Hiippala 2012). Wichtig dabei ist, dass Hypothesen über solche Lesepfade nicht mit den tatsächlichen Aufzeichnungen bzw. Messungen von Augenbewegungen, die in Scanpaths aufgezeigt werden, verwechselt werden dürfen. Eine Scanpath-Analyse dagegen stellt die Mittel zur *Validierung* solcher Hypothesen zum Lesepfad bereit.

Im deutschsprachigen Kontext sind die Arbeiten von Hans-Jürgen Bucher ähnlich umfangreich und geben einführende Anleitungen sowie Einblicke in Fallstudien zum Einsatz von Eyetracking-Verfahren für die Medienanalyse und insbesondere die genauere Untersuchung der Rezeption von audiovisuellen Artefakten und Darbietungen wie zum Beispiel Power-Point-Präsentationen und TV-Sendungen (vgl. z.B. Bucher, Krieg & Niemann 2010, Bucher & Schumacher 2011, Bucher & Niemann 2012). Bucher versteht den Zugang zur multimodalen Analyse dabei als eine interaktive Theorie, die unterschiedliche Seiten der Medienverarbeitung miteinander kombiniert und empirisch überprüft:

> Blickaufzeichnungsdaten belegen empirisch, dass zur Erklärung der Aufmerksamkeitsverteilung und damit des multimodalen Verstehens *Top-Down-* und *Bottom-Up*-Prozesse, Angebots- und Nutzersteuerung, Intentionalität und Reaktivität gleichermaßen herangezogen werden müssen.
>
> — *Bucher (2011: 145)*

Eyetracking macht es also möglich, dass seit langem bestehende theoretische Aussagen zur Wahrnehmung von multimodalen Artefakten und Darbietungen nun auch empirisch überprüft und entsprechend verifiziert oder widerlegt werden. Nichtsdestotrotz bringen diese Verfahren auch einige Einschränkungen mit sich: Obwohl Augenbewegungen uns etwas über visuelle Aufmerksamkeit sagen kann, erfahren wir dadurch nicht, warum jeweils nur bestimmte Teile der Stimuli betrachtet werden. Betrachtende können dem für die Aufgabe in Rede gestellten spezifischen Untersuchungsaspekt tatsächlich Beachtung schenken oder aber auch Probleme haben, den Stimulus zu verarbeiten. Ein Beispiel hierfür sind Augenbewegungen bei semantisch verwandten Texten und Bildern: Die Bewegungen zeigen uns nicht, ob Text und Bild erfolgreich miteinander kombiniert werden oder ob es vielleicht auch Probleme bei der Integration dieser Materialien gibt (Holsanova 2014: 292). Wie bereits ausgeführt, sind hier weitere Methoden erforderlich, die untersuchen, welche Art der Verarbeitung die wahrscheinlichere ist.

Falls Sie keinen Zugang zu einem Eyetracker haben, weil deren Anschaffung leider immer noch relativ teuer ist, gibt es auch umfassende Darstellungen verschiedenster Studien zu diversen Forschungsthemen, die Eyetracking-Verfahren eingesetzt haben und deren Ergebnisse auch für Fragen aus der multimodalen Analyse interessant sind. Zum Beispiel gibt es Arbeiten zur Wahrnehmung von Zeitungen (Leckner 2012), Werbeanzeigen (Simola, Hyönä & Kuisma 2014), Webseiten (Nielsen 2006), Filmen (Smith, Levin & Cutting 2012, Loschky u. a. 2015, Kluss u. a. 2016) und viele weitere. Wenn Sie sich in Ihrer Arbeit auf diese Auswertungen beziehen, stellen Sie Ihre eigene Forschung bereits auf eine viel solidere Basis, die nicht erreicht ist, wenn Sie sich lediglich auf theoretisch vorgenommene Annahmen oder Introspektion beziehen.

5.5 Computergestützte Methoden in der Multimodalitätsforschung

Computer werden seit langem nicht nur in Bereichen von allgemein als ‚quantitativ' bezeichneter Forschung eingesetzt. Seit den 1970er Jahren sind auch eine Vielzahl von computergestützen Verfahren und Werkzeugen mit dem expliziten Ziel entwickelt worden, auch qualitative Forschung zu unterstützen. Solche Werkzeuge, die in der Regel mit einer so genannten ‚QDA-Software' ausgestattet sind (engl. CAQDAS, Computer-Assisted Qualitative Data Analysis Software), sind vor allem in den Sozialwissenschaften weit verbreitet und haben sich dort auch bereits für eine Übertragung auf multimodal-analytische Forschungsbereiche bewährt.

Analyse-Software

Einen guten Überblick über den aktuellen Stand der Technik und Praxis und der Verwendung entsprechender Werkzeugen geben Davidson & di Gregorio (2011). Diese modernen Werkzeuge können die Datenanalyse in allen Phasen begleiten und unterstützen: bei der Organisation der Daten nach spezifischen Codierungskategorien, der genaueren Erarbeitung der Daten durch Annotation und der Suche nach Inhalten, der Integration von Daten aus verschiedenen anderen Quellen und der Interpretation durch die Suche nach Mustern. Bekannte Programme dieser Art sind zum Beispiel ATLAS.ti und NVivo. Auch hier ist eine interessante Trennung der Forschungsgemeinschaften zu erkennen, die sich jeweils mit unterschiedlichen Typen von Daten beschäftigen. Während Aufgaben wie die Datensammlung, -organisation, -analyse und -interpretation sich grundsätzlich in vielen Aspekten mit Aufgaben der Korpusanalyse überschneiden, sind die jeweiligen Tools doch sehr unterschiedlich.

Dies muss sich in Zukunft ändern. Auf der einen Seite unterstützen Werkzeuge zur qualitativen Analyse in den Sozialwissenschaften in der Regel die Art von komplex strukturierten Annotationen, wie sie innerhalb linguistischer Analyse Standard sind und für multimodale Analysen noch enorm wichtig werden, nur sehr eingeschränkt. Auf der anderen Seite sind existierende Werkzeuge für multimodale Korpusanalyse längst noch nicht so optimiert, dass sie den gesamten Forschungszyklus unterstützen können. Es ist daher zu empfehlen, verschiedene Werkzeuge für verschiedene Phasen der Analyse auszuwählen: Je ausgefeilter die Annotationen sind, desto höher sind die Chancen, interessante und aussagekräftige Muster zu finden. Für einen solchen Einsatz verschiedener Tools werden austauschbare Formate für den Datenimport und -export unerlässlich werden; bisher verhindert die Verwendung von zu anwendungsspezifischen oder urheberrechtlich geschützten Formaten solche Entwicklungen leider immer noch stark.

In diesem Abschnitt werden wir unser Hauptaugenmerk außerdem auf noch aktuellere Möglichkeiten der empirischen multimodalen Forschung lenken. Zusätzlich zu den etablierten Funktionen zur Erleichterung der Analysen mit traditionellen Werkzeugen ist eine zunehmende Orientierung hin zu Datenverarbeitungsprozessen zu beobachten, die eine größere Menge von Datenbeständen verarbeiten und somit auch eine viel größere Menge an Informationen bereitstellen. Auch dies ist eine enorm wichtige Entwicklung für multimodale Analysen, weil die dabei in Frage stehenden Daten selbst äußerst komplex und reichhaltig sind. Es wird deswegen selbst für einfache Codierungen schwierig, diese in angemessener Zeit und mit einem hinreichenden Maß an Zuverlässigkeit vorzunehmen. Genau diese letztgenannte Entwicklung und die dafür nun weiter auszubauenden Mechanismen und Werkzeuge stehen im Vordergrund dieses Abschnitts.

Künstliche Intelligenz

Zunächst ganz allgemein gesagt bezieht sich ein computergestützter Ansatz zur multimodalen Analyse darauf, wie bzw. durch welche Berechnungen die Daten von einem Computer verarbeitet werden. Voraussetzung für jede Art von Berechnung überhaupt ist natürlich, dass die zu analysierenden Daten numerisch repräsentiert und von einem Computer verarbeitet werden können. Obwohl es zunächst den Anschein erweckt, dass wir uns damit sehr weit von einigen der oben bereits vorgestellten Methoden entfernen, gehen computergestützte Verfahren heute sehr effektiv in der Umwandlung multimodaler Daten wie Photos oder ganzer Dokumente in numerische Darstellungen vor. Und viel wichtiger: Algorithmen, die diese numerischen Daten manipulieren und verarbeiten, werden immer besser darin, Abstraktionen dieser Daten in einer Weise zu erstellen, die den Lernprozessen von uns Menschen bei der Erkennung von Objekten, ihrer Form, Farbe und Textur sehr ähneln. Dies führt uns in das Gebiet der künstlichen Intelligenz, in dem das Konzept Multimodalität ebenfalls berücksichtigt wurde und wird.

Bevor wir in die Details eintauchen, schauen wir uns zunächst an, wie ein Bild numerisch dargestellt werden kann. Abbildung 5.3 zeigt ein Photo der kommunikativen Situation, der wir gleich zu Beginn des Buchs begegnet sind. Die drei farbigen Kästen rechts stellen die Werte für den roten, grünen und blauen Kanal dar, die Farbinformationen für einen 3 mal 3 Pixel großen Bereich in der rechten oberen Ecke des Photos enthalten. Werden die Werte zusammengenommen, ähnlich wie beim Mischen von Farben aus drei verschiedenen Eimern, wird die Farbe eines einzelnen Pixels im Bild bestimmt. Zum Beispiel gibt uns die Auswahl des Wertes in der ersten Zeile und ersten Spalte jedes Kanals (31+31+31) eine sehr dunkle Farbe, was nicht verwunderlich ist, da sich das Pixel in einem eher dunklen Teil des Photos befindet. Kurz gesagt, Pixel sind die kleinsten Bausteine eines Bildes, die sich leicht mit Zahlen beschreiben lassen. Wenn diese in verschiedene Richtungen miteinander kombiniert werden, bilden die Pixel Farben, Formen und Texturen, die wir visuell wahrnehmen können. Der Computer dagegen verarbeitet sie, indem er Berechnungen über ihre numerischen Werte vornimmt.

maschinelles Lernen

Unterhalb des Photos ist eine Bildunterschrift gegeben: "A group of people sitting at a table with food" (dt.: „Eine Gruppe von Menschen, die an einem Tisch mit Essen sitzt"). Diese Unterschrift wurde durch einen Computer mithilfe einer Technik erzeugt, die von Karpathy & Li (2015) entwickelt wurde. Aber wie kann der Computer numerische Darstellungen in eine natürliche Sprache verwandeln? Die letzten Jahre haben enorme Fortschritte im Bereich des *maschinellen Lernens* miterlebt, einem Teilgebiet

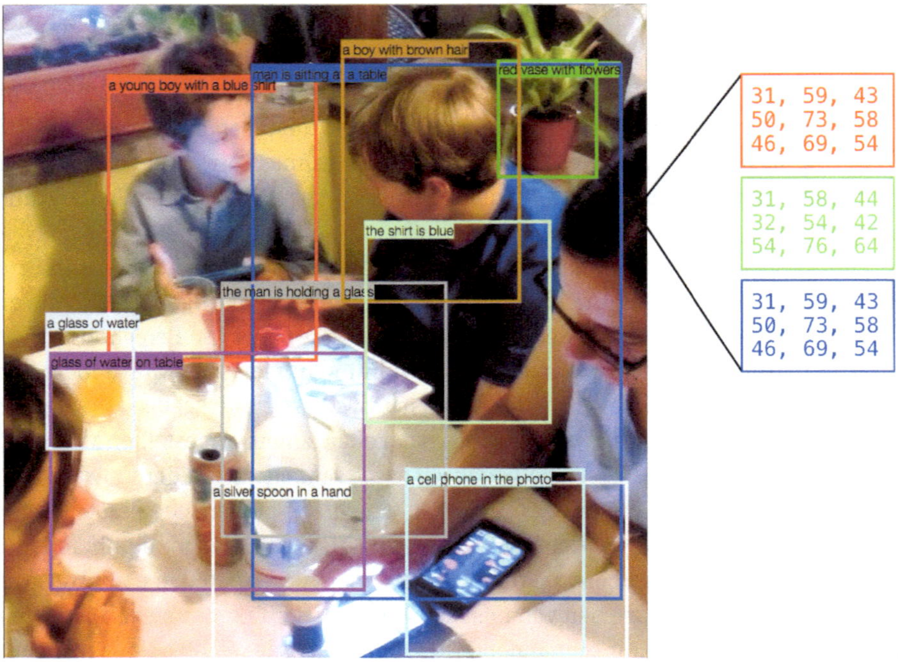

A group of people sitting at a table with food

Abb. 5.3. Objekte in einem Bild, die durch ein neuronales Netzwerk automatisch erkannt und beschrieben wurden (Johnson, Karpathy & Li 2016). Rechts: die roten, grünen und blauen Werte einer 3x3 Pixel großen Fläche. Darunter: Eine von einem neuronalen Netzwerk erstellte Beschreibung des Bildes (Karpathy & Li 2015). Das Bild stammt von Oliver Kutz mit freundlicher Genehmigung.

der Informatik, das sich mit der ‚Ausbildung' von Computern beschäftigt, damit diese verschiedene Aufgaben erfüllen, *ohne explizit dafür programmiert zu sein*. Diese Aufgaben umfassen die Klassifizierung von Bildern oder auch die automatische Erkennung von Gesten. Vereinfacht ausgedrückt stellt das maschinelle Lernen ein Herzstück der modernen künstlichen Intelligenz dar.

deep learning

Ein prominentes Teilgebiet des maschinellen Lernens ist das so genannte *deep learning*, das künstliche neuronale Netze nutzt, die die Aktivierung von Neuronen im menschlichen Gehirn bei sensorischem Input nachahmen. Diese Netzwerke haben sich als besonders effektiv für Aufgaben der Bildverarbeitung erwiesen (LeCun, Bengio & Hinton 2015). Um Bildunterschriften für Photos zu erstellen, trainierten Karpathy & Li (2015) ein neuronales Netzwerk mit Tausenden von Photos, die zuvor jeweils von fünf verschiedenen Personen annotiert und beschrieben worden sind. Indem es die von Menschen kommentierten Trainingsdaten untersucht und verarbeitet, lernt das neuronale Netzwerk, den Inhalt der Photos in verbalen Beschreibungen abzubilden. Einmal dermaßen trainiert ist es dann auch in der Lage, Bildunterschriften für Photos zu generieren, die das Netzwerk bisher nicht gesehen hat, wie wir es mit dem Beispiel in Abbildung 5.3 zeigen.

Neuronale Netze können nicht nur ganze Bilder beschriften, sondern auch einzelne Objekte in Bildern erkennen und in natürlicher Sprache beschreiben. Die Beschreibungen in Abbildung 5.3 wurden von einem Netzwerk bereitgestellt, das von Johnson, Karpathy & Li (2016) entworfen und mit dem ‚Visual Genome'-Datensatz trainiert wurde. Dieser enthält Photos, die zuvor im Hinblick auf die darin enthaltenen Objekte und ihre entsprechenden Positionen im Bild annotiert worden waren (Krishna u. a. 2016). Das neuronale Netz durchsucht das Bild nach Bereichen von potenziellem Interesse, die dann klassifiziert und verbal beschrieben werden. Wie Abbildung 5.3 zeigt, ist das Netz in der Lage, viele relevante Informationen aus dem Photo zu extrahieren, obwohl sich viele der Objekte überschneiden. Neuronale Netze können lernen, noch komplexere Informationen, wie zum Beispiel die Blickrichtung von Teilnehmer*innen (Mukherjee & Robertson 2015), aus den Bildern abzuleiten.

Bildunterschrift und Objekterkennung stellen nur einige der vielen Möglichkeiten dar, computergestützte Ansätze für Aufgaben der multimodalen Analyse einzusetzen. Und tatsächlich sind diese Ansätze nun in immer mehr konkreten Forschungsprojekten zu finden. Podlasov & O'Halloran (2013) zum Beispiel untersuchen mithilfe von Computer Vision und maschinellem Lernen einen Datensatz von 2249 Streetfashion-Photos, die in Tokio, Japan, aufgenommen wurden. Dabei trennen sie die Teile der Photos voneinander, die Kleidung enthalten, und berechnen die durchschnittlichen roten, grünen und blauen Farbwerte der jeweiligen Bildteile, um die Farbe der Kleidung erfassen zu können. Die daraus resultierenden Werte werden dann in einer selbstorganisierenden Karte oder auch ‚Kohonenkarte' zusammengebracht, die die Photos mit einem maschinellen Lern-Algorithmus nach ihren unterschiedlichen Kriterien organisiert, um spezifische Modetrends in den Bildern auszumachen.

Computer Vision

In einer anderen Studie wandte Hiippala (2015) Techniken der Computer Vision an, um eine bestimmte Hypothese über mehrsprachig geschriebene Texte zu hinterfragen, nämlich ob die in verschiedenen Sprachen präsentierten Inhalte tendenziell in symmetrischen Layouts organisiert werden können. Das heißt, man geht davon aus, dass eine Layout-Symmetrie in zweisprachigen Dokumenten impliziert, dass der jeweilige Inhalt semantisch äquivalent ist. Hiippala verwendete einen so genannten ‚Structural Similarity-Algorithmus' (SSIM) an, um in einem Datensatz von 1373 Doppelseiten aus Sicherheitsbroschüren bzw. Inflight-Magazinen nach symmetrischen Designs zu suchen. Die Ergebnisse zeigen, dass diese Art von symmetrischen Darstellungen hauptsächlich zur Beschreibung der Fluggesellschaft und ihrer jeweiligen Service-Angebote sowie zur Bereitstellung praktischer Informationen zur Reise in verschiedenen Sprachen verwendet werden.

Während die oben beschriebenen Ansätze ihre Analyse auf Low-Level-Merkmale von Bildern, also auf ihre Pixelwerte und deren Platzierung im Bild fokussieren, konzentrieren sich andere Bereiche darauf, wie computergestütze Ansätze verwendet werden können, um die Annotation von multimodalen Korpora zu unterstützen. Thomas, Delin

& Waller (2010) untersuchen zum Beispiel, wie kommerzielle OCR-Systeme (Optical Character Recognition) eingesetzt werden können, um den Inhalt seitenbasierter multimodaler Dokumente zu extrahieren und im Hinblick auf ihre Merkmale zu annotieren. Hiippala (2016) wiederum schlägt eine alternative Lösung für die Verarbeitung von Dokumenten vor, die auf Open-Source-Bibliotheken für Computer Vision und maschinelles Lernen basiert und deren Ziel es ist, die Zeit und den Aufwand zu reduzieren, den Benutzer*innen für die Nachbearbeitung der vom System erzeugten Annotation aufwenden müssen.

manuelle vs. automatische Annotationen

Obwohl Computer Vision und maschinelle Lerntechniken erst vor kurzem Eingang in die multimodale Forschung gefunden haben, nimmt der Anteil an Arbeiten mit einem solchen Fokus deutlich zu. Zum Beispiel wenden Zeppelzauer, Mitrović & Breiteneder (2011), Heftberger (2012), Heftberger (2018) und Bateman u. a. (2016) eine Reihe automatischer Merkmalerkennungsverfahren zur Analyse von Stil im Film an; Dunst & Hartel (2018) verfolgen ähnliche Ziele mit Blick auf Graphic Novels. Die in diesen Ansätzen entwickelten Algorithmen können zur Ergänzung und Erweiterung manueller Annotationen eingesetzt werden, was größere und umfangreichere Datenbanken und Korpora ermöglichen wird (Bateman u. a. 2016). Die Kombination manueller Annotationen mit Ergebnissen aus automatisierten Verarbeitungen, wie z.B. der computergestützen Erkennung und Analyse gesprochener Sprache oder der Verarbeitung von Film- und audiovisuellen Daten, wird immer wichtiger werden. Infolgedessen müssen multimodale Korpora ein Abstraktionsniveau erreichen, das unterschiedlichste Dimensionen umfasst:

- sehr kleinteilige technische Kriterien (für gesprochene Sprache z. B. akustische Eigenschaften, für Film Farbbalancen, Schnitterkennung, etc.),
- Transkriptionen spezifischer Perspektiven auf die Daten (für Sprache zum Beispiel Phonetik und Intonation; für Interaktion Gestik, Bewegungen und Körperhaltung),
- Ergebnisse experimenteller Studien (für Bilder z.B. Eyetracking-Daten),
- abstraktere Analysen (für Interaktion z.B. Dialoganteile)
- sowie Hypothesen für die Zuschreibung von Kategorien, die empirisch überprüft werden müssen (für Interaktion sind das zum Beispiel Beziehungen zwischen Dialogeinheiten und der Auswahl von Gestik und Intonation; für Dokumente aller Art rhetorische Relationen zwischen Inhaltselementen, ihrer Position im Dokument, Arten typographischer Realisierungen oder Eyetracking-Voraussagen).

Den Zugang zu solchen komplexen Verbindungen zu finden und die Suche nach sinnvollen Mustern zu verfolgen ist selbst eine sehr komplexe Aufgabe und immer neue Methoden und Techniken zur Visualisierung der Ergebnisse werden dafür notwendig sein (vgl. Caldwell & Zappavigna 2011, Manovich 2012, O'Halloran, E & Tan 2014, O'Halloran 2015). In einem solchen Forschungs- und Analyserahmen wird es dann ganz normal sein, Korpora anzulegen, die verschiedenen Annotationslevel miteinander kombinieren und so sowohl Ground-Truth-Daten, also Daten, die auf verlässliche Informationen zurückgreifen, als auch eher hypothetische Informationen zusammenbringen, deren Überprüfung noch aussteht und im Rückgriff auf die tatsächlichen Eigenschaften der Daten verifiziert werden müssen. Dies kann auf alle Arten von multimodalen Daten angewendet werden und bietet eine Methode zur Weiterentwicklung empirischer, datengetriebener Ansätze multimodaler Forschung.

5.6 Zusammenfassung: Wie wähle ich das richtige Werkzeug?

In diesem Kapitel haben wir eine Reihe von Methoden für multimodale Analysen vorgestellt. Das Forschungsfeld Multimodalität ist dabei noch so jung, dass es die Freiheit der Anwendung möglichst unterschiedlicher Methoden auf eine Forschungsfrage noch nicht verloren oder aufgegeben hat. Hindernisse gibt es an anderen Stellen genügend, multimodale Methoden jedoch sind noch nicht so sehr festgelegt, dass ausreichend Spielraum für eine spezifische Auswahl und Anwendung besteht. Diesen Unterschied können wir zusammenfassen, indem wir Zugänge und Methoden den jeweiligen ‚Sprechhandlungen', die sie ausführen, zuordnen: Zugänge befassen sich mit ‚Was'-Fragen, Methoden mit ‚Wie'-Fragen. Eine einzelne ‚Was'-Frage kann zum Beispiel mithilfe von mehreren komplementären ‚Wie'-Fragen gelöst werden.

Einige spezifische Richtungen innerhalb der Multimodalitätsforschung sollten daher eigentlich gar nicht als ‚Zugänge' bezeichnet und dementsprechend behandelt werden – sie sind eher Formen der Unterstützung bestimmter Forschungsfragen. Diskussionen über Methoden, die diese zu eng mit entsprechend als solchen bezeichneten Zugängen verknüpfen, schließen dann möglicherweise vorzeitig Wege zur Beantwortung bestimmter Fragen aus. Dies gilt grundsätzlich für alle Methoden, die wir in diesem Kapitel dargelegt haben, sowie auch für die statistischen Methoden, auf die wir uns im folgenden Kapitel beziehen. ‚Multimodale Transkriptionen', ethnographische Studien, die formale Modellierung multimodaler Bedeutungskonstruktion mit experimentellen Methoden, Rezeptionsstudien, etc. stellen wertvolle Möglichkeiten der Organisation von Forschungsprojekten und -analysen dar. Es handelt sich bei all diesen Methoden um Ansätze, die bei der Betrachtung multimodaler Forschungsfragen auf ihre Relevanz und ihren Nutzen hin geprüft werden sollten und sich keineswegs gegenseitig ausschließen. Sie sollten nie *a priori* lediglich wegen ihres spezifischen Zugangs oder der disziplinären Ausrichtung ausgeschlossen werden. Dieses Kapitel hat daher vor allem versucht, Ihnen die Vorstellung nahe zu legen, dass es viele verschiedene Methoden gibt, die Ihnen dabei helfen können, ihre jeweilige Forschungsfrage zu beantworten, *ganz unabhängig von der disziplinären Orientierung, die Sie mitbringen.* Alle von uns vorgeschlagenen Methoden sind für multimodale Analysen relevant.

Das bedeutet aber nicht, dass wir vorschlagen, dass Sie alle kompetent im Umgang mit all diesen Methoden sein müssen. Dies ist kaum möglich, da einige der Methoden sehr technische Kenntnisse und Fähigkeiten erfordern, die nicht in allen Disziplinen gleichermaßen verfügbar sind. Es gibt aber einige grundlegende Fähigkeiten, die unserer Meinung nach von allen erworben werden sollten, die sich mit dem Thema

Multimodalität beschäftigen wollen. Dies sind Fähigkeiten, die nicht nur mit der Erfassung von Daten zusammenhängen, sondern insbesondere auch mit der Aufbereitung dieser Daten in einer oder mehreren Formen, die die weitere Forschung unterstützen und nicht behindern, sowie mit der Klassifizierung der Phänomene in diesen Daten auf zuverlässige und konsistente Weise. Welche Forschungsfrage auch immer Sie mit einem spezifischen Ansatz angehen werden: Diesen Herausforderungen werden Sie sich stellen müssen und es ist gut, dann mit den benötigten Grundfertigkeiten vertraut zu sein.

Einige andere Forschungsmethoden, z.B. der Einsatz von Eyetrackern, um herauszufinden, wohin Menschen schauen, wenn sie eine multimodal relevante Tätigkeit ausüben, erfordern möglicherweise Expert*innenwissen, nicht nur in Bezug auf die Verwendung der notwendigen Geräte (obwohl dies immer einfacher wird), sondern auch in Bezug auf die Interpretation und den Aufbau der Ergebnisse. Dieses Wissen zu erwerben ist nicht unbedingt einfach. Wenn Sie also nicht aus einer Disziplin kommen oder mit einer Disziplin vertraut sind, in der diese Methoden gelehrt werden, ist es wahrscheinlich besser, geeignete Kooperationen mit Kolleg*innen zu suchen, die über eine solche Ausbildung verfügen. Wie wir bereits mehrfach betont haben, findet Multimodalitätsforschung am effektivsten in einem interdisziplinären Umfeld statt, scheuen Sie sich also nicht, auch über die Grenzen Ihrer eigenen Disziplin Kooperationen einzugehen!

Nach wie vor wichtig ist dabei jedoch, ein grundsätzliches Wissen über die verschiedenen Methoden zu haben, auch wenn Sie selbst dann nicht der*diejenige sein werden, der*die diese Methoden tatsächlich anwendet. Gründe hierfür gibt es mehrere: Einer der zwingendsten ist sicherlich, dass wir Aussagen, die bestenfalls schwach und schlimmstenfalls völlig fehlgeleitet sind, unbedingt vermeiden wollen. Wie wir bereits im Hinblick auf die Eyetracking-Analysen gesagt haben, ist es wichtig zu wissen, was genau mit diesen Analysen überhaupt herausgefunden werden kann und welche Allgemeinheit man für Ergebnisse dieser Art annehmen kann. Ein genaues Bewusstsein darüber macht es dann weitaus unwahrscheinlicher, dass falsche oder ungenaue Aussagen über ‚Lesepfade' getroffen werden, wie dies bisher ohne Rückgriff auf empirische Ergebnisse oft der Fall war (vgl. die Ausführungen zum menschlichen Vermögen, perzeptuelle Details nachvollziehen zu können).

Wir haben es hierbei mit einem sehr bedeutenden Merkmal wissenschaftlicher Analysen allgemein zu tun: Unsere bisherigen Hypothesen und Vermutungen können jetzt schrittweise in empirische Untersuchungen überführt und entsprechend überprüft werden. Alle in diesem Kapitel vorgestellten Methoden sind in diesem Zusammenhang zu sehen.

5.7 Ein Wort zu guter wissenschaftlicher Praxis: Multimodale Artefakte richtig zitieren

Ein weiteres wichtiges Merkmal wissenschaftlicher Forschung ist die korrekte und vollständige Zitierung aller Arten von analytischen Objekten, mit denen wir es in unserer Forschung zu tun haben – egal, ob wir eine Präsentation in einem Seminar mit PowerPoint- oder Keynote-Folien halten oder eine Semester-, Bachelor- oder Masterarbeit oder einen wissenschaftlichen Artikel schreiben. Die Regeln der guten wissenschaftlichen Praxis umfassen nicht nur die korrekte Verwendung von Verweisen auf alle Quellen in der Literatur, sondern auch und insbesondere die Nennung und Anerkennung der Urheber*innen dieser Werke (Regisseur*innen, Drehbuchautor*innen, Autor*innen, Künstler*innen, Programmierer*innen usw.) und der Eigentümer*innen der verschiedenen genannten Artefakte.

Viele Formatierungs- und Styleguides (z.B. APA oder MLA) unterbreiten heute klare Standards für die korrekte und einheitliche Zitierung von Zeitungen, Filmen, Comics oder Tweets. Dazu gehören in der Regel der Titel des jeweiligen Artefaktes, der Name der Produzent*innen oder Produktionsfirma, die URL (falls zutreffend) und ein Zeitstempel mit der Angabe, wann auf das Material zuletzt zugegriffen wurde. Die Verwendung einer DOI (engl. für Digital Object Identifier; dt.: digitaler Objektbezeichner) zur eindeutigen Identifizierung von elektronischen Dokumenten und anderen digitalen Objekten (z.B. von Blogeinträgen) und ein Verweis auf den Online-Zugang machen es ebenso einfach, noch dynamischere und flüchtigere Online-Dokumente zu zitieren, da dieser Identifikator eine dauerhafte Quellenangabe darstellt.

Als Beispiel sei hier der APA Style Blog der American Psychological Association (2016)[4] zu nennen, der eine Liste von Beispielen für das Zitieren von Social-Media-Beiträgen wie YouTube-Kommentaren, Blog-Posts, TED-Gesprächen und Hashtags enthält. Wenn Sie jetzt einen Blick auf den Eintrag für die ‚American Psychological Association 2016' in unserem Literaturverzeichnis werfen, finden Sie auch eine entsprechende Referenz auf diese Webseite mit ihrer spezifischen URL, hier angepasst an den von uns verwendeten Bibliographiestil. APA wird neben dem MLA- oder dem Harvard-Stil häufig in englischsprachigen Publikationen verwendet, aber auch viele deutsche Verlage arbeiten damit. Für Veröffentlichungen in Sammelbänden oder wissenschaftlichen Zeitschriften gibt es oft umfangreiche Listen mit genauen Angaben zur Zitierweise einzelner Werke.

Allgemeine Regel sollte es sein, dass für alle Beispiele, Zitate oder Ausschnitte aus größeren Datenmengen der genaue Bezug und die Quelle angegeben werden. Dafür ist es hilfreich, eigene Bibliographie-Datenbanken oder Listen von Filmen, Kunstwerken, etc. zu pflegen. Viele Beispiele für solche Belege und Quellenangaben lassen sich sowohl im Text selbst als auch im Literaturverzeichnis am Ende dieses Buchs finden.

4 http://blog.apastyle.org/apastyle/social-media/

6 Statistik

Orientierung
In diesem Kapitel führen wir in die Grundlagen der statistischen Auswertung quantitativer Ergebnisse empirischer Analysen ein. Dies ist ein wesentlicher Bestandteil empirischer Forschung, der in den meisten Bereichen der multimodalen Analyse allerdings viel zu lange vernachlässigt wurde. Wenn Sie aus einer Disziplin kommen, in der es bereits üblich ist, statistische Tests anzuwenden, oder wenn Sie aus einem anderen Grund bereits wissen, wie diese funktionieren, können Sie dieses Kapitel überspringen. Wenn dies allerdings nicht der Fall ist und Statistik für Sie vielleicht sogar ein rotes Tuch ist, **empfehlen wir die Lektüre dieses Kapitels besonders ausdrücklich**! Im schlimmsten Fall werden Sie am Ende wissen, wie wichtig es ist, dass ungültige oder gar falsche Ergebnisse nicht veröffentlicht werden; im besten Fall werden Sie diesen Wissens- und Anwendungsbereich viel spannender und weniger einschüchternd finden als möglicherweise vorher erwartet.

Eine der wichtigsten Herausforderungen empirischer Forschung ist es, feststellen zu können, ob die Ergebnisse, die erzielt wurden, tatsächlich das zeigen oder sagen, von dem Sie dachten, dass sie dies zeigen oder sagen. Dazu dienen statistische Verfahren. Die Grundthese dabei ist, dass wir in der Lage sein sollten, *signifikante* Ergebnisse von *nicht signifikanten* Ergebnissen zu unterscheiden. Erst die Anwendung der weiter unten beschriebenen Methoden erlaubt es aber, den Begriff ‚signifikant' nicht umgangsprachlich, sondern in seinem *statistisch-technischen* Sinne zu verwenden. Durch die von uns vorgestellten Verfahren können wir nämlich sicherstellen, dass präsentierte Ergebnisse nicht zufällig entstanden sind:

> „Ein statistisch signifikantes Ergebnis ist ein Ergebnis, bei dem die Wahrscheinlichkeit sehr gering ist, dass es nur zufällig auftrat." (Rumsey 2015: 73)

Wenn wir mit entsprechenden Berechnungen ein solches Ergebnis erreichen, kann es viel überzeugender präsentiert werden. So wird von wissenschaftlichen Zeitschriften, Vorträgen und Hausarbeiten zunehmend erwartet, dass Ergebnisse empirisch untermauert sind – es wird also immer wichtiger, diese Grundlagen zu kennen und anwenden zu können. Wenn wir uns lediglich eine Sammlung von Beispielen ansehen und darüber berichten, ob diese dazu neigen, mit unserer ursprünglichen Behauptung übereinzustimmen oder nicht, weiss man nicht, ob dies auch für andere Beispiele der Fall wäre. Statistische Methoden können dann dabei helfen, bestimmte Trends oder Muster in den Daten zu erkennen, und somit *verlässliche* Hinweise auf das geben, was herausgefunden wurde (oder nicht).

In diesem Kapitel möchten wir daher einige grundlegende statistische Techniken demonstrieren, die genau zu diesem Zweck angewendet werden können, und erklären, warum sie notwendig sind und wie sie funktionieren. Darüber hinaus werden wir einige der weniger einfachen Techniken, die sich immer wieder in der Literatur zu empirischen Analysen finden, soweit erläutern, dass zumindest ihre übliche Darstellung gelesen

DOI: https://doi.org/10.1515/9783110495935-006

und verstanden werden kann. Wir möchten Ihnen also eine gewisse ‚Lesekompetenz' für diese Methoden vermitteln.

Lesekompetenz:
Stellen Sie sich vor, dass Sie beim Lesen eines Forschungsartikels auf die folgende Aussage stoßen:

> Ein unabhängiger Stichprobentest zeigte, dass sich die Mittelwertdifferenz zwischen den untersuchten Gruppen bei $t(27) = 2{,}4$, $p < 0{,}05$ als signifikant erwies.

Wie Lowie & Seton (2013: 17) zutreffend anmerken, neigen viele Studierende (insbesondere die aus den so genannten ‚Geisteswissenschaften') dazu, solche Ergebnisabschnitte von wissenschaftlichen Publikationen, die Auswertungen von Berechnungen beinhalten, zu überspringen, einfach weil sie die Bedeutung von Sätzen wie diesem nicht verstehen. Lowie & Seton bedauern dies aus mehreren Gründen. Erstens können Studierende so überhaupt nicht beurteilen, ob eine Studie für Erkenntnisgewinn sorgt oder im Gegenteil vielleicht sogar falsche Ergebnisse liefert. Zweitens sind die Studierenden dann nicht in der Lage, auf konventionelle und angemessene Weise über ihre *eigenen* Studien zu berichten. Und drittens ist die Situation nicht nur unglücklich, sondern auch unnötig, weil die dabei verwendeten Techniken gar nicht so schwer zu verstehen sind. Wenn die zugrunde liegenden Prinzipien erst einmal klar sind, ist das Verstehen von Statistiken ein ‚Kinderspiel', so Lowie und Seton. So wird auch nach Lektür dieses Kapitels die obige Aussage sicherlich gar nicht mehr so mysteriös erscheinen!

Die in diesem Kapitel vorgestellten Techniken und Methoden sind geeignet für die Auswertung empirischer Studien, die *quantifizierbare Ergebnisse* liefern. Dies bedeutet aber nicht, dass sie ausschließlich für so genannte ‚quantitative' Analysen relevant sind; in vielen Fällen können qualitative Studien sinnvoll dadurch ergänzt werden, dass Proportionen und Häufigkeiten, mit denen bestimmte Kategorien auftreten, in die Analyse einbezogen werden. Alles, was zählbar ist, kann dafür verwendet werden. Bereits bekannte, qualitativ gewonnene Hypothesen zu grundlegenden Fragen der Multimodalitätsforschung sollten deshalb auch in vielen Fällen nochmal durch Untersuchungen, die explizit empirisch angelegt sind, überprüft werden.

Betrachten wir als Beispiel das weit verbreitete Modell der Seitenzusammensetzung und -gestaltung von Kress & van Leeuwen (2006 [1996]). In diesem Modell wird behauptet, dass Informationen, die sich im oberen Teil einer visuellen Darstellung befinden, eine Vorstellung des ‚Idealen' oder Optimalen (engl. ‚ideal') vermitteln, während Informationen im unteren Teil etwas vermitteln, dass vergleichsweise ‚real', also echt ist (engl. ‚real'). Die Autoren fragen dann selbst: “how can we know that [...] left and right, top and bottom, have the values we attribute to them, or, more fundamentally, have any value at all?” (Kress & van Leeuwen 1998: 218)[1].

Um diese Fragen zu beantworten, müssen wir sie vor allem empirisch untersuchen und als *Hypothesen* behandeln, wie wir dies im vorigen Kapitel dargelegt haben. Eine

---

1 „Wie können wir wissen, dass [...] links und rechts, oben und unten die Werte haben, die wir ihnen zuweisen oder – noch grundlegender – wie können wir wissen, dass sie überhaupt entsprechende Werte haben?“ (Kress & van Leeuwen 1998: 218; eigene Übersetzung)

einfache Möglichkeit, eine solche empirische Untersuchung vorzunehmen, wäre es, eine große Auswahl an möglichst repräsentativem Bildmaterial zusammenzustellen und eine Reihe von Annotierenden unabhängig voneinander entscheiden zu lassen, ob sie den oberen Teil der Bilder im Vergleich zum unteren Teil als idealere Darstellung sehen oder umgekehrt. Mit den statistischen Methoden, die wir in diesem Kapitel vorstellen, können wir dann überprüfen, ob die Antworten der Annotierenden in einem ‚signifikanten' Maße miteinander übereinstimmen oder nicht und so über die individuelle Diskussion von Einzelfällen hinausgehen und allgemeingültige Aussagen machen.

Dafür reicht es aber nicht aus, einige statistisch abgeleitete Zahlen einfach zu präsentieren. Stattdessen müssen wir sorgfältig überlegen, ob wir überhaupt die richtigen Fragen unter den richtigen Bedingungen gestellt haben. Jedes positive oder negative statistische Ergebnis ist nur so gut wie seine Begründung und darf daher lediglich als eine unterstützende (obgleich sehr starke!) Methode für die empirische Untersuchung gesehen werden; es ist keineswegs eine automatische Garantie für gute und sogar sinnvolle Ergebnisse.

Wenn wir für unser Beispiel zur Seitengestaltung eine wesentliche Übereinstimmung unter den Annotierenden finden, dann können wir zunächst froh darüber sein, dass es ein Phänomen zu geben scheint, das mit Kress und van Leeuwens Hypothese korreliert. Wenn wir im Gegenteil allerdings feststellen, dass die Annotierenden nicht übereinstimmen, müssen wir detailliert untersuchen, was sich bei der Durchführung der Annotation abgespielt hat. Vielleicht müssen die Begriffe ‚ideal' und ‚real' genauer erklärt werden. Vielleicht müssen die Testmaterialien anders ausgewählt werden. Vielleicht ist die Hypothese gar nicht auf eine größere Menge von Daten anwendbar und es lässt sich eine Submenge finden, für die sie eher gilt. Solange wir keine Wege gefunden haben, diese Details zu überpüfen, werden wir keine weiteren Ergebnisse bekommen und nicht viel mehr herausfinden können. Was wir jedoch erlangen, ist ein zunehmend besseres Verständnis dafür, was Menschen mit dieser Art von Material tun und erreichen können.

Schauen wir uns nun die grundlegendsten Techniken an, die es uns ermöglichen, diese Schritte etwas detaillierter zu vollziehen.

6.1 Warum eigentlich Statistik? – Wie funktioniert sie?

Der grundsätzliche Gedanke einer angemessenen Verwendung von Statistik beruht auf der Tatsache, dass wir selten wirklich alle Fälle und Vorkommen von Daten oder Phänomenen, die uns interessieren, voll und ganz betrachten können. Wir können uns immer nur eine Auswahl davon anschauen. Dieser ziemlich offensichtliche Punkt hat zwei ziemlich wichtige Konsequenzen:

Repräsentativität

1. Zunächst einmal stellt sich die Frage, woher wir wissen können, dass die Daten, die wir uns angesehen haben, uns etwas darüber sagen, wie sich die Dinge im

Allgemeinen verhalten. Wenn das, was wir betrachten, nicht ein ‚umfassendes Bild' widerspiegelt oder nicht *repräsentativ* ist, dann können alle Schlussfolgerungen, zu denen wir kommen, eine viel begrenztere Gültigkeit haben, als wir erhofft hatten.

2 Wenn wir dann doch eine Auswahl getroffen haben, wird jedes Ergebnis, das wir auf Basis dieser Auswahl ausrechnen, von dem einer anderen Auswahl abweichen. Dies führt dazu, dass wir es immer mit einer *intrinsichen Variation* in unseren Ergebnissen zu tun haben werden. Diese Tatsache ist besonders kritisch, weil wir zunächst nicht wissen, ob und inwieweit die hervorgebrachten Unterschiede auf einen echten Unterschied in den Daten zurückzuführen sind oder ob dies lediglich aufgrund der *unvermeidlichen* Variation in jeder Auswahl geschieht. intrinsische Variation

Die Statistik bietet eine Reihe von Methoden, um genau diese Fragen zu beantworten. Und da solche Fragen mit ziemlicher Sicherheit in fast allen von uns durchzuführenden Analysen auftreten werden, müssen wir akzeptieren, dass wir diese statistischen Methoden nicht einfach ignorieren können. Kurz gesagt: Wir sollten niemals nur hoffen – wenn auch nur implizit und ohne bewusste Reflexion –, dass sich die Auswahl der Daten, die wir für unsere analytischen Zwecke vornehmen, als repräsentativ erweisen wird. Stattdessen können und müssen wir Tests und Methoden festlegen, die unser Vertrauen steigern werden, dass wir reale Dinge über unsere Daten und nicht nur zufällige oder irrelevante Abweichungen herausfinden.

Die meisten der speziellen Techniken, die wir hier vorstellen werden, beziehen sich auf diese beiden Punkte – Repräsentativität und intrinsische Variation. Sie alle haben das Ziel zu messen, inwieweit Abweichungen in den von uns analysierten Daten *signifikante* Abweichungen und nicht nur die Folge eines Rauschens sind, d.h. eine Folge der Tatsache, dass analysierte Daten unvermeidlich und ohnehin von sich selbst aus variieren. Die Datenmenge, die wir für eine Analyse auswählen, nennt man in der Statistik eine *Stichprobe* (engl. ‚sample'). Ein auf einer Stichprobe beruhendes Verfahren kann niemals zu absolut genauen Ergebnissen für eine Fragestellung führen. Sammlungen von Ergebnissen oder Datenwerten weisen aber gewisse Regelmäßigkeiten auf, die die Statistik nutzt, um zu einer Beschreibung der jeweiligen Gesamtsituation zu gelangen. Stichprobe

Wie häufig bestimmte Werte im Verhältnis zu anderen auftreten, liefert uns eine ganze Menge an Informationen. Ein grundlegendes Ergebnis einer solchen Statistik ist, dass alle von uns zu messenden Werte dazu neigen, sich um den realen Wert zu gruppieren und dass dieses Gruppieren selbst eine spezielle ‚Ausformung' hat. Die Eigenschaften dieser Ausformung zu erarbeiten ist der erste Schritt in Richtung eines Verständnisses darüber, was die meisten statistischen Messungen bewirken und warum sie dies tun.

Wir müssen uns daher jetzt für diese Ausformung und das Aussehen einer Reihe von Werten überlegen, wie ihre Eigenschaften am besten zu beschreiben sind. Das alles hat mit dem Ausmaß an Informationen zu tun, das wir beibehalten müssen, um etwas Nützliches über die Daten sagen zu können, ohne dabei wirklich alle Details behalten zu wollen. Zum Beispiel gibt uns der Durchschnitt oder der *Mittelwert* einer Datenbeschreibungen

Menge von Zahlenwerten eine einfache Möglichkeit, die gesamte Datenmenge kurz und zusammenfassend zu beschreiben. Wenn wir also die fünf Werte {1, 2, 2, 2, 5, 6} nehmen und ihren Durchschnitt (3,2) berechnen, dann sind wir zu einer prägnanten Beschreibung unseres Originaldatensatzes gelangt.

Natürlich gehen bei dieser Art der Beschreibung auch einige Informationen verloren. Die fünf Werte {-102, -8, 0, 0, 25, 101} haben zum Beispiel *auch* den Mittelwert 3,2. Die Informationen über den Zahlenbereich, über den maximalen und minimalen Wert, bleiben in unserer Mittelwertsdarstellung allerdings völlig außen vor! Wir können also sehen, dass die Beschreibung von Zahlenreihen als Mittelwerte noch sehr viel offen lässt. Um die Beschreibung informativer zu machen, ohne an Prägnanz zu verlieren, betrachtet die Statistik das Maß, *in dem die Werte im Verhältnis zu ihrem Durchschnitt verteilt bzw. gestreut wurden*. Wenn sie stark gestreut sind und voneinander abweichen, sind viele Werte weit vom Durchschnittswert entfernt; wenn sie nicht so stark gestreut sind, dann liegen viele Werte nahe am Durchschnitt. Deswegen brauchen wir auch Informationen über ihre *Dispersion* oder *Abweichung*. Wenn wir wissen, wie weit die Werte streuen bzw. wie sie sich verteilen, können wir uns viel besser den ursprünglichen Daten annähern und mehr über sie erfahren.

Eine solche Ausarbeitung ist einfach, muss aber richtig angegangen werden. Zunächst könnten wir zum Beispiel die Differenz zwischen jedem einzelnen Wert und dem Mittelwert ermitteln und zusammenrechnen, um zu sehen, wie viel die einzelnen Werte vom Mittelwert abweichen. Allerdings können dabei einige Unterschiede größer Null (wenn der Wert zum Beispiel größer als der Mittelwert ist), einige kleiner Null sein (wenn der Wert kleiner als der Mittelwert ist). Im vorliegenden Fall sind die ersten drei Werte unseres ersten Datensatzes kleiner als der Durchschnitt, die anderen beiden größer. Wenn wir diese Information in unsere Beschreibung einbeziehen, gewinnen wir nicht viel und im Falle einer perfekten Symmetrie (zum Beispiel bei einer gleich großen Menge von negativen und positiven Werten) würden sich die Werte sogar gegenseitig aufheben, wenn wir sie miteinander addieren würden.

Quadratsumme

Deswegen müssen wir die durchschnittliche Größe der Abweichung messen, *unabhängig* davon, ob sie positiv oder negativ ist. Dies wird typischerweise dadurch erreicht, dass man einfach das Quadrat aus diesen Abweichungen nimmt, weil dieses immer positiv ist: z. B. ist $(-3)^2$ und $(+3)^2$ jeweils +9. Zuerst fassen wir also die Quadratwerte in der Summe zusammen. Da dies eine so häufige Operation in vielen Statistiktests ist, gibt es dafür das Label SS_x (engl. ‚sum of squares'), wobei x die einzelnen Werte beschreibt. Dann dividieren wir diese Quadratsumme durch die Anzahl der Werte, um den Durchschnitt bzw. Mittelwert der Abweichungen zu erhalten. Schließlich nehmen wir daraus die Quadratwurzel, um wieder zur ‚Skala' der ursprünglichen Werte zurück zu gelangen. Wir fassen diese Berechnungen in Tabelle 6.1 zusammen und kommen zu einem Endergebnis von 1,94. Wir wissen nun also, dass eine Beschreibung unseres ursprünglichen Zahlensatzes sowohl durch den Mittelwert als auch durch den ‚Durchschnitt' der Abstände dieser Zahlen vom Mittelwert angegeben werden kann, also mit 1,94. Wenn wir genau die gleiche Berechnung für unseren zweiten Zahlensatz

Tab. 6.1. Berechnung der grundlegenden Parameter für die Abweichung des Zahlensatzes {1, 2, 2, 5, 6} vom Mittelwert 3,2

Werte	Unterschied zum Mittelwert	Quadrat der Abweichung vom Mittelwert	
1	1 – 3,2 = –2,2	$(-2{,}2)^2$	= -2,2 × -2,2 = 4,84
2	2 – 3,2 = –1,2	$(-1{,}2)^2$	= -1,2 × -1,2 = 1,44
2	2 – 3,2 = –1,2	$(-1{,}2)^2$	= -1,2 × -1,2 = 1,44
5	5 – 3,2 = +1,8	$(1{,}8)^2$	= 1,8 × 1,8 = 3,24
6	6 – 3,2 = +2,8	$(2{,}8)^2$	= 2,8 × 2,8 = 7,84
			Quadratsumme (SS_x): 18,8
			geteilt durch die Anzahl der Werte: 3,76
			Positive Quadratwurzel des Ergebnisses: $\sqrt{3{,}76}$ = **1,94**

vornehmen, ist der Wert ein ganz anderer, nämlich 65,18. Dieser durchschnittliche Abstand vom Mittelwert zeigt, dass die Zahlen aus dem zweiten Satz deutlich stärker gestreut sind.

Grund-gesamtheit vs. Stichprobe

Als nächstes kommt ein klein wenig Statistikmagie hinzu. Bisher haben wir nur den Mittelwert und die ‚Verteilung' der Werte in einem Zahlenset beschrieben. Jetzt stellen Sie sich bitte vor, dass wir den Mittelwert herausarbeiten wollen, auch wenn wir *nicht* alle Werte zur Verfügung haben. Insbesondere stellen Sie sich vor, dass wir eine größere Sammlung von *möglichen* Daten haben, uns aber praktische Überlegungen daran hindern, alle diese Daten zu untersuchen und ihren Mittelwert zu ermitteln. Das ist eigentlich der Normalfall: Wir wollen allgemeine Ergebnisse erzielen, können aber nicht einfach *alle* Fälle anschauen, um sicher zu gehen, dass die Ergebnisse stimmen. Was machen wir dann?

Einen zuverlässigen Durchschnitt können wir immer noch finden, indem wir uns auf einige statistische Standardeigenschaften von Stichproben stützen. Als anschauliches Beispiel hierfür nehmen wir eine simple Fragestellung aus der Multimodalitätsforschung. So nehmen wir an, dass einige Formen von Werbung schwieriger zu verstehen sind als andere – zum Beispiel ist eine Botschaft, die durch ein geschicktes Wort- oder Bildspiel realisiert wird, nicht unbedingt einfach nachzuvollziehen. Wie üblich müssen wir für Begriffe wie ‚mehr oder weniger schwierig' oder ‚nicht unbedingt einfach' erst eine angemessene *Operationalisierung* (→ §5.2.4 [S. 187]) einsetzen, damit wir Messwerte ermitteln können, die wiedergeben, was die Menschen tatsächlich mit der Werbung tun, die wir ihnen zeigen.

Reaktionszeit

Eine einfache Operationalisierung, die flexibel für eine überraschende Reihe von Forschungsfragen eingesetzt werden kann, besteht darin, *Reaktionszeiten* zu messen, d.h. die Zeit, die die Menschen zwischen der Anzeige einer Werbung und dem Drücken einer Taste benötigen, um zu sagen, dass sie verstanden haben, was in der Werbung gemeint ist. Auch eine solche Messung als eher grob angesehen wird, so beruht ihre Aussagekraft doch auf der Verwendung gut ausgewählter experimenteller Materialien. Wenn wir also nur einen einzigen Kontrast in unseren Daten hätten, dann sagen alle Unterschiede in den gemessenen Reaktionszeiten, dass dieser Kontrast tatsächlich einen Unterschied macht – was dieser Unterschied ist, würde natürlich weitere, gezieltere Studien erfordern.

Wenn wir uns nur eine einzige Anzeige ansehen, wollen wir nicht wissen, wie lange eine bestimmte Person braucht, sondern wie lange es *im Durchschnitt* dauern würde, bis jemand die Anzeige liest und versteht. Es ist sicherlich nicht praktikabel, *alle* Personen (was auch immer das bedeuten mag) zu nehmen, ihre Reaktionszeiten zu messen und einen Durchschnitt auszurechnen. Stattdessen können wir bei einer überschaubareren *Stichprobe* aus der Gesamtbevölkerung auch die Reaktionszeiten berechnen. Wenn diese Stichprobe groß genug ist, ist ein Standardergebnis in der Statistik, dass uns der Mittelwert dieser Probe eine Möglichkeit geben wird, den Mittelwert der *gesamten* Datenmenge, also hier der Gesamtbevölkerung, abzuleiten (ohne diesen messen zu müssen!). Mit diesem Verfahren könnten wir dann ausgewählte Formen von Werbung nehmen, die vielleicht einer bestimmten Theorie zufolge unterschiedlich Schwierigkeitsgrade aufweisen *sollten*, und *überprüfen*, ob diese Theorie die richtigen Vorhersagen macht bzw. entsprechende Hypothesen aufstellt (eine tatsächliche Studie über Bild und Text in Werbung bieten van Mulken, le Pair & Forceville 2010).

Außerdem bringt die *Abweichung*, die wir in der Probe vorfinden werden, spezielle und systematische Eigenschaften mit sich. Diese Abweichung kann mit dem selben Schema berechnet werden, das wir in der Tabelle oben dargestellt haben – mit einem kleinen Unterschied: wir teilen nicht durch die Anzahl der Werte in unserer Menge (was in unserem Beispiel der Größe der Bevölkerung entspricht), sondern durch die Anzahl der Werte in der *Stichprobe* minus 1. Der Grund für diesen Unterschied ist etwas subtil: Da die Gesamteigenschaften der Abweichung in jeder Stichprobe tatsächlich feststehen – und wir werden gleich erklären, warum dies so ist –, müssen wir uns nicht die gesamte Palette der Werte anschauen. Wenn wir uns alle Ergebnisse bis auf eins angeschaut haben, haben wir bereits genügend Informationen gesammelt, um auch zum letzten Ergebnis zu gelangen.

Freiheitsgrad

Dies ist genau der Fall, wenn wir zum Beispiel zehn Zahlen nehmen und schon wissen, dass sie zusammen den Wert 25 ergeben. Nachdem wir uns neun dieser Zahlen angesehen haben, wissen wir bereits, welche Zahl die nächste sein muss, damit das Ergebnis 25 ist – nämlich 25 minus die Summe dieser neun Zahlen, die wir bereits kennen. Gleiches gilt für die Berechnung von Abweichungen: wir müssen uns nie alle Werte in einer Stichprobe anschauen, sondern es reicht aus, einen Wert weniger als die Summe aller zu berücksichtigen. Als Maß für die erforderliche Anzahl der Werte zur Einschätzung dieses Parameters spricht man dann vom so genannten ‚Freiheitsgrad'. Der Freiheitsgrad stellt also die Anzahl der Werte dar, die frei variiert werden können. Je nach Größe der Stichprobe variiert der Freiheitsgrad. Wenn wir also eine Stichprobe von Größe N bestimmen, haben wir $N - 1$ Freiheitsgrade (oder abgekürzt *df* für engl. ‚degree of freedom'). Dieser Begriff und das dahinterliegende Konzept werden uns in einigen der weiter unten beschriebenen statistischen Verfahren wieder begegnen.

Wir erhalten hierbei die Formel zu Berechnung der *Standardabweichung* in jeder Stichprobe. Wenn wir diese Berechnung für unsere fünf oben genannten Zahlen vornähmen, die wir dann als Stichprobe und nicht als Gesamtmenge ansähen, wäre die sich daraus ergebende Tabelle identisch mit Tabelle 6.1 – mit Ausnahme der letzten beiden Zeilen. Anstelle von ‚geteilt durch die Anzahl der Werte' stünde dort ‚geteilt durch die Anzahl der Werte minus 1'. Das Ergebnis wäre in diesem Fall dann 4,7 und der Wert der Quadratwurzel änderte sich natürlich auch und würde 2,168 werden. Wenn wir also diese Zahlen in unserem Muster erhielten, erwarteten wir, dass die Abweichung der Werte der Gesamtmenge tatsächlich ein wenig breiter oder größer zu sein scheint als das, was wir vorher berechnet hatten.

Standard-abweichung

Auch hierfür ist der Grund einfach: Wenn wir die Gesamtmenge berechnet hätten, hätten wir bereits gewusst, dass wir keinen höheren Wert als 6 bekämen; aber da es sich um eine Stichprobe handelt und mit unserer Auswahl bereits eine 5 und eine 6 sowie eine 1 dabei sind, die alle weit vom Mittelwert entfernt sind, ist es wahrscheinlich, dass wir bei weiteren Stichproben einige Zahlen erhalten, die noch weiter vom Mittelwert entfernt sind. Wir können also durchaus erwarten, dass die Standardabweichung höher sein wird.

Wir haben bereits gesagt, dass bei der Auswahl einer Probe die Eigenschaften dieser Probe bekanntlich systematisch sind – das heißt, dass wir davon ausgehen können, dass eine bestimmte Form oder ein ‚Muster' bei der Abweichung in den Daten auftreten soll. Diese Form wird dann verwendet, um zu testen, ob die erhaltenen Ergebniswerte tatsächlich ‚signifikant' sind oder nicht: das heißt, dass die Werte so eine Form aufweisen, *die jenseits der bei der intrinsichen Variation zu erwartenden Ergebnisse liegt*. Im nächsten Abschnitt werden wir kurz skizzieren, was das genau bedeutet und welche Konsequenzen dies für zuverlässige empirische Untersuchungen hat.

6.2 **Was ist normal?**

Im vorigen Abschnitt haben wir hervorgehoben, dass viele statistische Methoden von folgendem grundlegenden Phänomen abhängen: Wenn wir Stichproben aus einer Grundgesamtheit auswählen, dann neigen diese Stichproben dazu, sich 1. um den Mittelwert der Gesamtmenge zu gruppieren und 2. dies in einer ganz bestimmten Form zu tun. Mit dem folgenden Beispiel schauen wir uns dies genauer an:

Stellen Sie sich vor, wir nehmen eine Analyse von Webseiten vor und interessieren uns dafür, inwieweit auf diesen Webseiten graphische oder bildliche Informationen verwendet werden. Für den Moment werden wir diese Frage gar nicht viel interessanter oder multimodal anspruchsvoller gestalten, sondern wir werden einfach für eine zufällige Auswahl und Anzahl von Webseiten zählen, wie oft Bilder darauf verwendet werden. Dies könnten wir sogar bis zu einem gewissen Grad automatisieren, indem wir uns nur die interne Darstellung der Webseite anschauten, wenn diese Seite in HTML geschrieben ist – aber auch dies werden wir hier ignorieren. Alles, was wir gerade tun wollen, ist also herauszufinden, wie viele Bilder auf den Webseiten verwendet werden. Wir müssen dies als ein solches Konstrukt so festlegen, um entsprechende Zahlen zu erhalten, mit denen wir statistisch arbeiten können. Wie oben erwähnt, nennt man dieses Verfahren ‚Operationalisierung' . Für unsere aktuelle Zwecke gehen wir davon aus, dass wir dafür einfach eine beliebige Webseite auswählen können und eine Zahl erhalten werden, die sagt, wie viele Bilder es auf dieser Seite gibt.

Beginnen wir nun mit der Erfassung der Daten in unserer Stichprobe, indem wir einige Webseiten auswählen und sehen, wie viele Bilder darauf jeweils zu finden sind. Die Ergebnisse stellen wir in einem so genannten *Histogramm* dar, das allgemein die *Häufigkeit*- bzw. *Frequenz*verteilung bestimmter Merkmale aufzeigt. Eine solche Graphik beinhaltet in der Regel auf der unteren bzw. X-Achse die Zahlen, die wir bei der Auswertung erhalten, also in unserem Fall die Anzahl der Bilder auf einer Webseite, und auf der vertikalen oder Y-Achse die Angabe darüber, wie oft wir diese Anzahl in unserer Probe vorfinden. Wir können ein solches Histogramm für alle möglichen statistischen Fragen erstellen: z. B. für die Länge von Wörtern auf einer Webseite, die Anzahl von Links auf einer Webseite, die Anzahl von Links mit Bildern, etc. Alle Zahlen, über die wir hier berichten, nutzen wir hier übrigens allein *zum Zwecke der Illustration*; sie stellen keine Ergebnisse aktueller Untersuchungen dar!

Abb. 6.1. Histogram für die ersten fünf Webseiten, deren Bilder wir gezählt haben

Unsere Zählung könnte dann folgendermaßen aussehen: Die erste Webseite hat sieben Bilder, die zweite drei, die dritte hat acht, die vierte hat sieben und die fünfte hat wieder drei Bilder. Unser Histogramm ist dann meist mit Nullen ausgefüllt, aber für den Wert 3 haben wir den Eintrag 2 (d.h. wir fanden zwei Vorkommen einer Webseite mit drei Bildern), für 7 haben wir wieder 2 und für 8 haben wir 1. Eigentlich handelt es sich hierbei also um die einfache Aufgabe, Blöcke zu stapeln und so Rechtecke mit entsprechenden Flächengrößen zu zeichnen. Für jede Webseite mit einer bestimmten Anzahl von Bilden fügen wir einen Block in die entsprechende Spalte im Histogramm hinzu und vergrößern so das Rechteck. Ein so entstehendes Histogramm sieht dann aus wie in Abbildung 6.1.

Was dann passiert, steht im Mittelpunkt einer jeden statistischen Berechnung und Auswertung und ist ein wichtiges Ergebnis an sich: Wir zählen weiter Webseiten und ihre Bilder und stocken jeweils die Blöcke im Histogramm entsprechend auf. Wenn wir 1000 Webseiten verarbeitet haben, besteht eine sehr gute Chance, dass das Ergebnis ungefähr so aussieht, wie das Histogramm auf der linken Seite in Abbildung 6.2. Es ist genau wie das vorherige Diagramm konstruiert, beinhaltet aber mehr Informationen bzw. Daten, weil die Stichprobe von 5 Webseiten auf 1000 Webseiten vergrößert wurde.

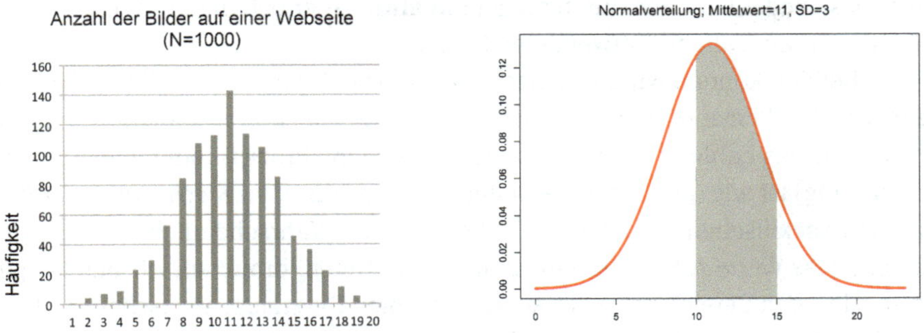

Abb. 6.2. Histogramm für die ersten 1000 Webseiten, deren Bilder wir gezählt haben (links) sowie eine stilisierte Version der ‚Form' der Häufigkeitsverteilung in roter Farbe, bei der ein Beispielbereich ausgewählt und markiert wurde (rechts)

Diese Form von Häufigkeiten wird als *Normalverteilung* bezeichnet und ist die übliche Art und Weise, wie sich Werte in einer Stichproben-Gruppierung um den Mittelwert herum gruppieren. Die Graphik auf der rechten Seite der Abbildung macht die entsprechende Kurve noch etwas deutlicher. Dies wäre dann auch ein sehr wahrscheinliches Ergebnis gewesen, wenn wir genau das gleiche mit unseren oben genannten Reaktionszeitdaten getan hätten: *was* genau gesampelt wird, spielt gar keine so große Rolle! Aus der Graphik kann dann abgelesen werden, dass viele Werte in der Probe auf oder nahe dem Mittelwert liegen, während nur wenige weiter vom Mittelwert entfernt liegen. Die genaue Form dieser Kurve kann variieren – sie könnte zum Beispiel etwas spitzer oder etwas breiter sein, aber wir werden dies für diesen Moment ignorieren. Kurven, die auf diese Weite variieren, können im Allgemeinen in eine standardisierte Version der Normalverteilung ‚retransformiert' werden, die einige sehr wertvolle Eigenschaften aufweist.

Die wichtigste dieser Eigenschaften ist, dass die Kurve es ermöglicht, *Vorhersagen* über die Wahrscheinlichkeit bestimmter Werte zu treffen, die in einer Stichprobe gefunden werden. Wenn wir an das Konzept zurückdenken, Blöcke für jede Webseite in einem Rechteck zu stapeln, dann ist die Wahrscheinlichkeit, dass ein bestimmter Wert auftritt, nur die Anzahl der Blöcke in dieser Spalte geteilt durch die Gesamtzahl der Blöcke. Wenn wir zum Beispiel 100 Blöcke haben und 50 von ihnen in der Spalte stehen, die uns interessiert, dann liegt die Wahrscheinlichkeit, einen dieser Blöcke auszuwählen (d.h. ein Element unserer Stichprobe mit genau diesem Wert auszuwählen), bei 50 geteilt durch 100, d.h. bei 0,5 oder 50%. Betrachtet man die Form (und damit die Anzahl der Blöcke), die wir in der Normalverteilung sehen können, so kann man daraus schließen, dass die Wahrscheinlichkeit, dass ein Wert weit weg vom Mittelwert auftritt, viel geringer ist als die eines Wertes, der nahe dem Mittelwert liegt. Es gibt weitaus weniger Blöcke dort. Außerdem können wir die Wahrscheinlichkeit berechnen, dass ein einzelnes Element einer Stichprobe innerhalb eines *Wertebereichs* liegen wird

– und dies wieder lediglich durch die Summierung aller beteiligten Blöcke dividiert durch die Gesamtzahl der verwendeten Blöcke.

Schließlich können wir das ganze Procedere noch folgendermaßen präzisieren: Wenn wir die Blöcke in unserem Histogramm alle gleich groß halten, können wir sehen, dass das Zählen dieser Blöcke genau derselbe Prozess (oder eigentlich eine Annäherung) ist wie (an) das Ausarbeiten einer spezifischen *Fläche unter der Kurve* für einen spezifischen Wertebereich. Wenn wir die Wahrscheinlichkeit berechnen müssen, dass Werte z. B. zwischen 10 und 15 auftreten, brauchen wir uns lediglich den spezifischen Bereich unter der Kurve im rechten Diagramm anzuschauen, der auf dem ‚Stück' zwischen diesen beiden Werten liegt; in der Abbildung ist dieses Stück grau markiert. Und weil die Normalverteilung eine so nützliche Kurve ist und eine genaue mathematische Definition hat, sind diese Bereiche und ihre Berechnung heute direkt in jedem Programm, mit dem statistische Berechnungen vorgenommen werden können, verfügbar.

Um zu veranschaulichen, wie wir diese Auswertung und Berechnung direkt anwenden können, schauen wir uns nun an, was passiert, wenn wir unsere Sammlung von Webseiten nach ihrer zeitlichen Entstehung (vor dem Jahre 2010 und danach) sortieren und dabei herausfinden wollen, ob es über die Zeit eine Zunahme in der Verwendung von Bildern gegeben hat oder nicht. Wir gehen bei der Stichprobennahme vor wie bisher, haben es aber jetzt mit zwei Sammlungen zu tun: In dem einen Fall können wir vielleicht feststellen, dass wir eine durchschnittliche Anzahl von sechs Bildern pro Webseite haben; im anderen Fall erhalten wir durchschnittlich ein Ergebnis von vielleicht acht Bildern pro Webseite. Wäre es dann gerechtfertigt zu sagen, dass eine Zunahme von Bildern stattgefunden hat? Intuitiv sollte klar sein, dass die Antwort wieder von der ‚Verteilung' der Daten abhängt: wenn die Daten eine große Standardabweichung aufweisen, kann es gut sein, dass 6 und 8 einfach keine sehr unterschiedlichen Werte sind; umgekehrt können diese Werte bei einer eher engen Streuung der Werte durchaus auf eine Zunahme hinweisen.

Wie dies im Detail funktioniert und wie es mit entsprechenden statistischen Tests berechnet werden kann, werden wir im nächsten Abschnitt zeigen. Im Moment können wir uns einfach wieder auf unsere Normalverteilungen beziehen: Wenn wir diese für unsere beiden Sammlungen von Webseiten-Daten ausarbeiten, dann kennen wir nicht nur ihren jeweiligen Mittelwert, sondern auch die jeweilige Abweichung. Wir können berechnen (oder besser: uns von einem Computerprogramm zeigen lassen), wie hoch die Wahrscheinlichkeit ist, eine 6 in Bezug auf die Daten zu erhalten, deren Mittelwert 8 war, und wie hoch die Wahrscheinlichkeit ist, eine 8 in Bezug auf die Daten zu erhalten, deren Mittelwert 6 war. Wenn die Wahrscheinlichkeit ohnehin recht hoch ist, können wir nicht ableiten, dass es eine bestimmte Veränderung gegeben hat. Wenn die Wahrscheinlichkeit eher gering ist, würde dies darauf hindeuten, dass sich etwas verändert hat. Dies alles wird durch die Tatsache ermöglicht, dass die Normalverteilung Vorhersagen über die Wahrscheinlichkeit in der von uns vorgeschlagenen Weise ermöglicht.

Wenn man über die Ergebnisse einer solchen Studie berichtet, kann (und sollte) man nicht nur berichten, dass es einen Unterschied gab, sondern dass dieser Unterschied statistisch signifikant ist. Auch hier bedeutet dies, wie bereits erwähnt, dass die Wahrscheinlichkeit, dass es durch Zufall passiert, so gering ist, dass wir diesen Zufall als Erklärung ausschließen können. Außerdem können wir die Aussage ‚ist ausreichend niedrig' jetzt in Bezug darauf verstehen, wie weit ein Wert vom Zentrum dieser Verteilungskurven entfernt liegt. Die Form der Kurven ermöglicht uns, genau zu berechnen, wie weit ein Wert vom Mittelwert entfernt sein muss, um als unwahrscheinlich genug gesehen zu werden und entsprechende Tests dafür zu bestehen. Dies werden wir im Folgenden genauer erläutern.

6.3 Die Berechnung von Unterschieden

Das Thema, mit dem wir den vorherigen Abschnitt beendet haben – die Frage danach, ob der Unterschied zwischen zwei Datensammlungen *statistisch signifikant* ist –, ist eine der häufigsten Aufgaben vieler empirischer Analysen. In diesem Abschnitt veranschaulichen wir deshalb, wie genau diese Frage zu beantworten ist, und führen dazu in ein paar weitere grundlegende Techniken für diese Berechnung ein.

Gehen wir dafür zunächst zurück zu der Bemerkung am Anfang dieses Kapitels zur genaueren Überprüfung des Informationsgehaltes von Bereichen auf einer Seite oder in einem Bild nach Kress und van Leeuwen. Eine mögliche Prüfumgebung dafür kann zum Beispiel die folgende sein: Zunächst sollten wir danach fragen, ob es überhaupt möglich ist, die Unterscheidungen, die Kress und van Leeuwen vorschlagen, mit einer gewissen Zuverlässigkeit wiederzuerkennen. Wir könnten dies folgendermaßen überprüfen. Zuerst erstellen wir einen sogenannten *Goldstandard* von ‚richtigen' Antworten, in dem wir eine Gruppe von Expert*innen bitten, das Konzept des Idealen und Realen in einem Datensatz von 100 Beispielen mit Bild- oder illustrativem Material zu identifizieren. Dann nehmen wir eine weitere Gruppe von Studierenden oder Kolleg*innen, die wir in zwei weitere Untergruppen aufteilen. Die Studierenden oder Kolleg*innen in einer Untergruppe erhalten Information über das Konzept ‚ideal/real' und werden entsprechend trainiert, es bei der Klassifizierung von Bildmaterialien anzuwenden. Die Studierenden und Kolleg*innen der anderen Untergruppe erhalten keine zusätzliche Information. Dann lassen wir die untrainierten und trainierten Teilnehmer*innen die Beispiele des Goldstandards entsprechend klassifizieren. Aus den Ergebnissen der zwei Probant*innengruppen können wir statistisch ausrechnen, ob das Training überhaupt einen Unterschied gemacht hat.

Goldstandard

Es gibt dann verschiedene Möglichkeiten, zu messen, wie es den Teilnehmer*innen des Experiments ergeht, wenn sie versuchen, die gefragte Analyse vorzunehmen – dies alles ist Teil des experimentellen Designs und der Operationalisierung unserer Analyse. Für unsere derzeitigen Zwecke ist es nicht sehr wichtig, was genau wir messen, also gehen wir hier einfach davon aus, dass jede*r Teilnehmer*in entscheiden muss, ob eine bestimmte Instanz aus dem Datensatz vertikal entlang der Dimension ‚ideal/real' organisiert ist oder nicht. Das Ergebnis für diese*n spezifische*n Teilnehmer*in ist dann die Anzahl der Male, die es ihm oder ihr gelungen ist, genau die Auswahl für eine Instanz vorgenommen zu haben, die wir auch in unserem Goldstandard festgelegt haben. Da es uns vor allem um allgemeine Prinzipien geht, wäre auch jedes andere Beispiel, das in dieses Schema eingebaut werden könnte, genauso gut als Illustration geeignet.

Bei der Durchführung des Experiments müssen wir allerdings vorsichtig sein, denn es passiert relativ oft, dass Teilnehmer*innen im Umgang mit einer Menge von Daten in einen Trott verfallen, der sie die immer gleichen Analysen vornehmen lässt, sobald sie sich für einen Weg entschieden haben, ohne sich wirklich mit den Daten auseinanderzusetzen. Wir sollten dem mit einigen Mitteln entgegenwirken, zum Beispiel durch die Darstellung der 100 Beispiele in zufälliger Reihenfolge, so dass jede*r Teilnehmer*in sie in einer anderen Reihenfolge erarbeitet. Recherchieren Sie zur Veranschaulichung doch einmal nach dem Schema des ‚lateinischen Quadrats' (vgl. auch Albert & Marx 2016: 90). In einer so randomisierten Studie können wir dann sichergehen, dass die Reihenfolge der Beispiele für die Ergebnisse keine Rolle mehr spielt.

---

i

Wie inzwischen wahrscheinlich auch deutlich geworden ist, wollen wir viele der notwendigen Berechnungen nicht manuell vornehmen. Wir empfehlen daher dringend, dass Sie sich mit den alltäglichen Computerprogrammen, die die einfache Bearbeitung solcher Daten möglich machen, vertraut machen und zumindest Grundkenntnisse im Umgang mit diesen Programmen erwerben. Dies beginnt bereits mit Tabellenkalkulationsprogrammen wie Microsoft Excel oder Apache OpenOffice und geht weiter bis hin zu leistungsfähigeren Tools wie dem Open-Source- und kostenlosen Programm R oder weitverbreiteten Statistik-Programmen wie SPSS, Stata, MATLAB und vielen anderen, die allerdings erworben werden müssen.

Es gibt darüber hinaus immer mehr Webseiten, die die am häufigsten verwendeten Statistikverfahren direkt ausführen können. Für die Arten von Tests und Berechnungen, die wir hier verwenden, macht allerdings die Wahl des Programms keinen großen Unterschied, denn alle diese Tools decken die Grundlagen ab. Nichtsdestotrotz sprechen wir hier aus verschiedenen Gründen für diejenigen Leser*innen, die etwas regelmässiger statistische Verfahren in ihre Forschungsmethoden einbauen wollen, eine klare Empfehlung für das Programm R (R Core Team 2016) aus. R ist das bisher allgemeinste Programm zu Berechnung und deckt nicht nur ein sehr breites Spektrum an statistischen Verfahren ab, sondern bietet auch eine äußerst fortschrittliche Visualisierungs- und Graphikunterstützung – kostenlos. In letzter Zeit sind eine Reihe ausgezeichneter Einführungsbücher für Statistik in Bezug auf Korpuslinguistik erschienen, die alle mit R arbeiten (vgl. Winter 2020). Oft sind solche Bücher für viele empirische Fragestellungen der Multimodalitätsforschung genauso relevant.

Aus unserem Experiment erhalten wir dann als Daten zwei Mengen von Werten, eine für die trainierte Gruppe und eine für die untrainierte. Jeder Datensatz enthält Werte für jede*n Teilnehmer*in. Guter Praxis folgend sollte man sich zunächst die Daten für jeden Teilnehmer*innenkreis ansehen und auf ihre ‚Normalität' hin überprüfen. Man kann dies mithilfe eines Wertediagramms bzw. Histogramms tun, wie im vorherigen Abschnitt beschrieben. Wie wir erläutert haben, tritt bei einer solchen Datensammlung häufig eine Normalverteilung auf und viele einfache statistische Berechnungen beruhen deswegen darauf. Es können jedoch Fälle auftreten, in denen die Kurve ganz anders aussieht und andere statistische Techniken notwendig werden. Wir werden im letzten Abschnitt dieses Kapitels mehr dazu sagen. Die Überprüfung der Verteilung ist ein nützlicher Schritt zur Vorbeugung ungültiger Tests bzw. falscher Ergebnisse. Ein einfaches Würfelbeispiel veranschaulicht bereits, warum dies so wichtig ist. Wenn wir die Häufigkeitsverteilung für einen normalen sechsseitigen Würfel berechnen, sollten wir gerade *keine* Normalverteilung erhalten, denn alle Ergebnisse bzw. Augenzahlen des Würfels können gleich oft erwürfelt werden. Es gibt keinen ‚Mittelwert', um den sich die Zahlen gruppieren. Auch komplexere Formen können auftreten und sie sind alle Gegenstand einer Vielzahl von statistischen Tests. Die grundlegenden *Prinzipien* ändern sich nicht, wohl aber die präzise Berechnung, die dafür notwendig ist.

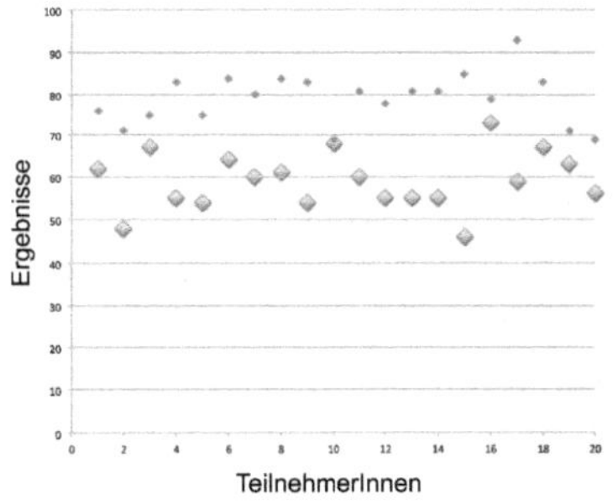

Abb. 6.3. Rohdaten unserer zwei Gruppen: 20 Punkte für jeweils 20 Teilnehmer*innen. Die kleineren Diamanten stehen für die Ergebnisse der trainierten Gruppe, die größeren für die der untrainierten Gruppe.

Bleiben wir bei dem einfachsten Fall von normal verteilten Daten. Wir stellen exemplarisch zwei Datensätze mit je 20 Probant*innen aus unserer Studie in Abbildung 6.3 dar. Diese Darstellung zeigt lediglich die Ergebnisse für jede*n Teilnehmer*in in jeder Gruppe. Die Ergebnisse der trainierten Gruppe sind als kleinere Diamanten, die Werte der ungeübten Gruppe als größere Diamanten dargestellt. Bereits beim Anblick dieser Daten können wir hoffen, dass die Gruppen unterschiedlich sind, da nur wenige Überschneidungen sichtbar sind. Aber im Allgemeinen ist dies vielleicht gar nicht der Fall. Die Ergebnisse könnten sich durchaus überlappen und nur eine statistische Berechnung lässt uns dann mehr über mögliche Unterschiede in den beiden Gruppen herausfinden.

Das heißt, dass wir die Frage beantworten wollen, ob die Ergebnisse der beiden Gruppen bzw. ihre Annotationen in einem statistisch signifikanten Ausmaße voneinander abweichen. Die für uns interessante *deskriptive Statistik* der beiden Stichproben können wir mit Blick auf den jeweiligen Durchschnitt und die Standardabweichungen erarbeiten – und zwar entweder wie oben beschrieben oder aber direkt mit den entsprechenden Funktionen der hierfür geeigneten Computerwerkzeuge. Lassen Sie uns dies also für unsere beiden illustrativen Datensätze tun: Die untrainierte Gruppe hat einen Mittelwert von 59,1 und eine Standardabweichung (SD) von 6,78; die trainierte Gruppe hat einen Mittelwert von 79,1 und eine Standardabweichung von 6,13. Das bedeutet, dass es in jeder Gruppe noch eine beträchtliche Streuung der Ergebnisse gibt und deshalb müssen wir natürlich genauer überprüfen, ob es einen *signifikanten* Unterschied zwischen ihnen gibt. Um dies zu erreichen, konstruieren wir das, was als ‚Nullhypothese' bezeichnet wird, also die minimale Hypothese, dass zwischen zwei Datensätzen *kein* Unterschied bzw. Zusammenhang besteht. Wir wollen somit die statistische Wahrscheinlichkeit unserer Ergebnisse unter der Annahme berechnen, dass diese Nullhypothese wahr ist. Wenn wir zu dem Ergebnis gelangen, dass diese Ergebnisse unter dieser Annahme hinlänglich *unwahrscheinlich* sind, können wir einigermaßen sicher sein, dass es einen Unterschied zwischen den Gruppen gibt, genau weil die Annahme der Hypothese (dass es keinen Unterschied gibt) unsere tatsächlich erzielten Ergebnisse als unwahrscheinlich erscheinen lassen würde.

Nullhypothese

Die Konstruktion einer Nullhypothese wird verwendet, weil es im Prinzip unmöglich ist, zu *beweisen, dass eine Hypothese wahr ist.* Obwohl man allzu oft Formulierungen in Studienarbeiten wie ‚diese Ergebnisse haben die Hypothese bewiesen' oder Ähnliches liest, sind dies doch einfach falsche Aussagen. Man kann lediglich Ergebnisse erhalten, die eine Hypothese unterstützen (oder auch nicht), aber man kann nie eindeutig und auf der Grundlage einer empirischen Untersuchung *beweisen*, dass etwas wahr ist und wahr sein muss. Lediglich Theoreme in der Logik, bei denen die Wahrheit einer Aussage durch eine logische Ableitung erreicht werden kann, können eine solche Aussage tätigen. Empirische Ergebnisse und Hypothesen entsprechen aber gerade nicht dieser Art von Aussage. Was wir also tun können, ist zu untersuchen, ob wir eine Situation gefunden haben, die aufgrund unserer empirischen Ergebnisse so unwahrscheinlich ist, dass uns die dadurch entstehende Ablehnung der Nullhypothese auf sicheren Boden stellt. Kurz gesagt: wir erarbeiten die Wahrscheinlichkeit, dass es falsch wäre, die Nullhypothese abzulehnen; wenn diese Wahrscheinlichkeit ausreichend gering ist, sind wir auf einem guten Weg.

Die Nullhypothese wird als H_0 dargestellt. Im vorliegenden Fall werden wir die folgende Hypothese überprüfen:

H_0: Die beiden Gruppen, trainiert und untrainiert, entstammen *derselben* Grundgesamtheit, d.h. es gibt keine grundsätzlichen Unterschiede zwischen ihnen und alle führen die Analyse gleich gut aus (mit Training oder ohne).

Wir wollen hier so sicher wie möglich sein und nicht riskieren, dass wir diese Hypothese fälschlicherweise verwerfen, indem wir behaupten, dass es einen Unterschied zwischen den Gruppen gibt, wenn es tatsächlich keinen gibt.

Unsere Sicherheit wird dann mithilfe der Wahrscheinlichkeit, die Nullhypothese fälschlicherweise zu verwerfen, gemessen bzw. überprüft. Die typischerweise angenommenen Werte für diese Wahrscheinlichkeit liegen bei 0,05 oder noch strenger bei 0,01. Diese Zahlen geben einen Hinweis darauf, wie wahrscheinlich es ist, dass etwas zufällig auftreten wird: Es ist klar, dass etwas, das nur in fünf von 100 Malen (0,05) oder auch nur in einem von 100 Malen (0,01) passiert, extrem unwahrscheinlich ist. Wenn wir also herausfinden, dass die Wahrscheinlichkeit der falschen Ablehnung der Nullhypothese – d.h., dass wir die Annahme, dass es *keinen* Unterscheid gibt, fälschlicherweise *verwerfen* – kleiner als 0,05 ist, sagen wir, dass das Ergebnis zu 95% signifikant ist.

Wenn die Wahrscheinlichkeit des falschen Ablehnens der Nullhypothese kleiner als 0,01 ist, ist das Ergebnis sogar zu 99% signifikant. Um diese Berechnung darzustellen, gibt es standardisierte Wege: Normalerweise verwendet man die Abkürzung $p < 0{,}05$ or $p < 0{,}01$. Wenn wir noch vorsichtiger sein wollen, können wir noch niedrigere Wahrscheinlichkeiten als Hürde ansetzen, die die Ergebnisse erreichen müssen, um als akzeptabel angesehen werden zu können.

Wir haben nun weiter oben erwähnt, dass Stichproben normalerweise systematisch variieren und wenn die Proben groß genug sind, sogar normal verteilt erscheinen. Wenn Proben normalverteilt sind, können wir die Wahrscheinlichkeit einzelner Werte berechnen, indem wir, wie oben ausgeführt die Fläche der Normalverteilungskurve genauer anschauen. Aber was passiert, wenn die Probe *nicht* groß genug ist? Tatsächlich sind die Gruppen mit 20 Teilnehmer*innen in unserem Beispiel nicht besonders groß und wir könnten darin Verteilungen vorfinden, die nicht normal sind. Es kann sogar zu noch mehr Abweichungen kommen, wenn die Stichprobengröße kleiner als ‚ausreichend' ist. Glücklicherweise wurde festgestellt, dass *auch diese Abweichung systematisch ist*.

Die Häufigkeitsverteilung sieht in diesem Fall jedoch etwas anders aus. Wenn der Umfang der Stichprobe eher klein ist, kann auch eine andere Verteilung, die so genannte *t-Verteilung*, hilfreich sein, um Abweichungen darzustellen. Bei der t-Verteilung handelt es sich eigentlich um eine Art von Kurve, die sich schrittweise der Normalverteilung annähert, wenn die Größe der Stichprobe zunimmt. Für jede Probengröße sieht die Kurve daher leicht anders aus und wir verwenden sie jeweils (oder besser gesagt: das Kalkulations- oder Statistikprogramm verwendet sie), um die Wahrscheinlichkeit zu berechnen, dass etwas passiert – genau so, wie wir es oben mit der Normalverteilung dargestellt haben. Tatsächlich ist der Parameter, den wir zur Auswahl der anzuwendenden t-Verteilungskurve nutzen, der der ‚Freiheitsgrade', den wir weiter oben eingeführt haben. Es handelt sich in diesem Fall dann um die Gesamtgröße der Stichproben minus die Anzahl der Gruppen (vorher hatten wir nur eine ‚Gruppe' und daher war die Berechnung $N - 1$).

Zum Vergleich dient Abbildung 6.4, die eine ‚standardisierte' Normalverteilung mit dem Mittelwert Null und der Standardabweichung von 1 – dargestellt als N(0,1) – zeigt sowie einige t-Verteilungskurven, die je nach Freiheitsgraden variieren. Die Freiheitsgrade werden mit $t(x)$ dargestellt, wobei x den Freiheitsgrad bezeichnet. Denken Sie daran, dass die Fläche unterhalb der Normalverteilung uns über die Wahrscheinlichkeiten für bestimmte Wertebereiche informiert; dasselbe gilt dann für die verschiedenen t-Kurven, je nach Größe der Probe.

Unser letzter Schritt ist nun der eigentliche statistische Test, der als *t-Test* bezeichnet wird, weil er die t-Verteilung verwendet. Um diese berechnen zu lassen, geben wir unsere Daten für unseren beiden Testgruppen ein und geben an, wie viele Freiheitsgrade beteiligt sind. Für unsere Daten ist dies die Gesamtzahl der Proben (40) abzüglich der Anzahl der Gruppen (wie oben beschrieben), was einen Wert von 38 ergibt. Wir müssen auch angeben, ob der Test ‚einseitig' oder ‚zweiseitig' ist. Diese Beschreibung bezieht

t-Test

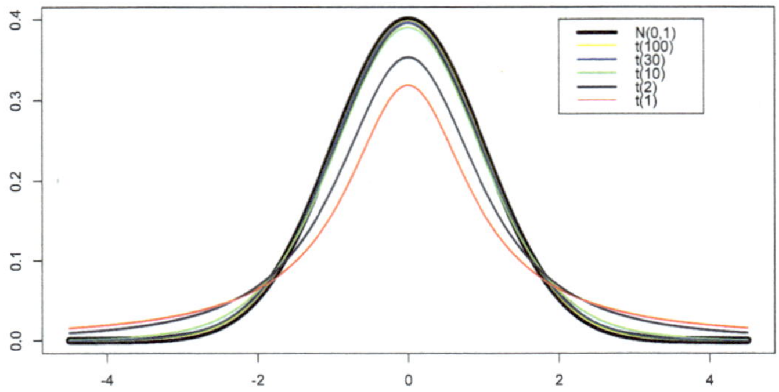

Abb. 6.4. t-Verteilungen mit unterschiedlichen Freiheitsgraden (im Vergleich zur Normalverteilung)

sich darauf, ob wir auf beide Seiten der Kurven schauen oder nur auf eine (vgl. Meindl 2011: 150–152). Die Gründe für diese Entscheidung beziehen sich darauf, welche Werte möglich sind: Manchmal sind die Werte insofern begrenzt, dass sie zum Beispiel nicht unter Null gehen können, wie dies der Fall bei Werten wie Gewicht oder Größe ist, und wir können uns deswegen nur den Bereich der Verteilungskurve anschauen, der dieser Abweichung entspricht. Für den vorliegenden Fall werden wir dies ignorieren und von der generell sichereren Variante des zweiseitigen Tests ausgehen. Wir schauen uns also die gesamte Verteilungskurve und die damit verbundenen Wahrscheinlichkeiten an.

Unabhängigkeit

Eine weitere Annahme, die wir hier machen werden, ist die, dass die beiden Datensätze, die wir vergleichen, *unabhängig* voneinander sind. Es sollte intuitiv klar sein, dass ein Zusammenhang der beiden Datensätze die Berechnungen und Auswertungen generell stören kann. Deshalb müssen wir dies zunächst ausschließen, am besten bereits von Beginn unseres Experiments an. Es kann aber auch vorkommen, dass wir es mit Situationen zu tun haben, in denen wir diese Unabhängigkeit *nicht* voraussetzen können. Zum Beispiel könnten wir Fragen den *gleichen* Teilnehmer*innen einmal vor und einmal nach dem ‚Training' stellen. Ein solches Testdesign wird ‚within-subjects-Design' genannt, weil es sich um *dieselben* Personen handelt. Manchmal ist auch die Rede von *Messwiederholungen* (engl. ‚repeated measures design'). Dieses Design erfordert andere Berechnungen und geht von einem anderen Wert für die Freiheitsgrade aus (z. B. eins weniger als die Anzahl der *Paare* der verknüpften Ergebnisse – für unser vorliegendes Beispiel wäre das ein Wert von 19). Die Gesamtlogik dieser Berechnungen bleibt aber erhalten. Indem die Daten zu Wertpaaren verknüpft werden, können wir dann untersuchen, in welchem Ausmaß die Differenz zwischen den Werten in einem Paar die Variation zeigt, die der t-Test ergibt.

Neben diesen Berechnungen gibt es auch statistische Tests, die untersuchen, ob die Datensätze Abhängigkeiten, Korrelationen oder andere Beziehungen aufweisen – zum Beispiel, wenn sich die untrainierten Teilnehmer*innen unseres Beispiels die Ergebnisse der trainierten Gruppe anschauten, bevor sie selbst die Annotationen vornehmen. Für unsere Zwecke hier werden wir aber weiterhin davon ausgehen, dass die beiden Gruppen unabhängig voneinander vorgehen und auch ihre jeweiligen Teilnehmer*innen keine Abhängigkeiten aufweisen. Man nennt dies dann ein *between-subjects-Design*. Für die gesammelten Daten wird angenommen, dass keine Abhängigkeit besteht und die Freiheitswerte deswegen so sind, wie oben angegeben.

Die Berechnung der t-Verteilung für die Daten ‚per Hand' erfolgt in zwei Schritten. Im ersten Schritt wird der ‚t-Wert' oder die ‚t-Statistik' berechnet. Dieser t-Wert bestimmt, wie weit die Mittelwerte der Stichproben auseinander liegen. Im zweiten Schritt – analog zum oben beschrieben Fall der Normalverteilung – berechnen wir (bzw. lassen berechnen), wie hoch die Wahrscheinlichkeit ist, ein solches Ergebnis durch Zufall zu erreichen. Hierbei wird Bezug genommen auf die t-Kurve, die es ermöglicht, die entsprechende Wahrscheinlichkeit zu berechnen (wie dies auch der Fall für die Normalverteilung in Abbildung 6.2 ist). Wenn wir den Wert für statistische Signifikanz hier sehr streng festlegen, um sicher zu sein, dass die Möglichkeit, dass das Ereignis durch Zufall eintritt, besonders niedrig ist, muss der dafür akzeptable Wert noch weiter vom Mittelwert entfernt sein. Wie wir oben gesehen haben, treten solche Werte, die sich weiter vom Mittelwert entfernen, zunehmend geringer auf, d.h. die Wahrscheinlichkeit dafür ist niedriger.

Um herauszufinden, welche Wahrscheinlichkeit durch jeden t-Wert gegeben ist, müsste man sich in früheren Zeiten eine Tabelle mit zuvor errechneten Ergebnissen ansehen (ähnlich alten Tabellen mit Logarithmen, die vor dem Erscheinen von Taschenrechnern in Schulen verwendet wurden). Aber heutzutage verwendet man die automatisch von einem Statistik-Programm bereitgestellten Berechnungen dafür. Ergebnisberichte aus solchen Programmen geben im Allgemeinen sowohl den t-Wert aus als auch die damit verbundene Wahrscheinlichkeit der falschen Ablehnung der Nullhypothese, dass die verglichenen Gruppen derselben Grundgesamtheit entstammen. Für unsere Daten hier geben Excel und OpenOffice dann den Wert $6{,}62 \times 10^{-12}$ aus, der ja eher klein und tatsächlich viel kleiner ist als die Werte 0,05 oder 0,01, die wir ursprünglich für die Ablehnung der Nullhypothese festgelegt haben. Mit anderen Worten heißt das, dass wir bis zu einem Wert von 0,001 sicher sein können, dass wir nicht falsch liegen, wenn die wir Nullhypothese ablehnen.

Wenn wir ein solches Ergebnis aus einer statistischen Berechnung haben, gibt es bestimmte zuvor festgelegte bzw. standardisierte Ausdrücke, die wir für die Verwendung in einem Artikel oder Bericht nutzen sollten. Diese Ausdrücke sagen den Leser*innen genau, welcher Test bzw. welche Berechnung für die jeweiligen Daten verwendet wurde, welche Freiheitsgrade Anwendung fanden und welche Ergebnisse herausgekommen sind. Die Verwendung dieser Ausdrücke ist daher sehr wichtig für eine angemessene Darstellung der Ergebnisse. In unserem Fall würde man dies folgendermaßen zusammenfassen:

> Ein signifikanter Unterschied zwischen den Mittelwerten der Gruppen liegt bei $t(38) = -9{,}78$, $p < 0{,}001$.

Die Zahl in Klammern (38) ist der Freiheitsgrad und der Wert -9,78 ist der der t-Statistik, woraus der *p*-Wert gerechnet wird. Programme wie Excel überlassen es uns selbst, diesen Wert auszurechnen, wofür wir die entsprechende Formel nachschauen müssten; bessere Software wie R nimmt uns auch diese Arbeit ab. Aber egal wie wir dazu kommen, zeigt das Ergebnis, dass das Training der einen Gruppe sicherlich einen Einfluss auf das Erkennen der entsprechenden Kategorien bzw. Klassifizierungen hat. Es sagt nichts darüber aus, *warum* die trainierte Gruppe bessere Ergebnisse erzielt, aber lässt zumindest vermuten, dass es in den Daten oder bei den Teilnehmer*innen einige Phänomene gibt, die es wert sind, untersucht zu werden.

Hätte unsere Studie andere Ergebnisse erzielt, würden die Berechnungen natürlich anders aussehen. Stellen Sie sich vor, wir hätten das Experiment auf die gleiche Weise durchgeführt, aber unsere beiden Gruppen hätten Daten mit Mittelwerten von 62,7 und 65,9 und Standardabweichungen von 13,4 und 12,9 geliefert. In diesem Fall wäre es deutlich schwieriger, die Daten lediglich anzuschauen und festzustellen, dass ein Unterschied vorliegt (oder nicht). Die Berechnung des t-Wertes ergäbe jedoch einen Wert von -0,769. Der entsprechende Wahrscheinlichkeitswert, den der t-Test zurückgibt, liegt dann bei 0,4542, was deutlich über dem Wert liegt, der für statistische Signifikanz notwendig ist. Dieser Wahrscheinlichkeitswert würde anzeigen, dass wir bei der Ablehnung der Nullhypothese, wenn wir also behaupteten, dass es einen Unterschied zwischen den beiden Proben gäbe, *zu fast 50% wahrscheinlich falsch lägen*. Das sollten wir dann auf gar keinem Fall tun.

Der t-Test wird für Situationen gebracht, in denen man zwei Gruppen hat, die in irgendeiner Hinsicht ‚gemessen' werden und für die man die Ergebniswerte vergleichen möchte, um festzustellen, ob ein signifikanter Unterschied bei den Werten besteht. Bei unserem aktuellen Beispiel lässt sich zum Beispiel fragen, ob wir doch ausreichend ausgeschlossen haben, dass es *unabhängig* von der eigentlichen Forschungsfrage (s.u. bei Störfaktoren) Unterschiede unter den Gruppen selbst vielleicht gegeben hätte. Um dagegen zu wirken, hätten wir entweder nur eine Gruppe nehmen müssen und die Ergebniswerte vor und nach dem Training verglichen (mit *Messwiederholungen*: s.o.) oder, wie Albert & Marx (2016: 151–153) beschreiben, einen etwas komplexeren Test mit zwei Gruppen durchführen müssen, der *beide* Gruppen vor und nach einem Training vergleicht. Dafür verwenden Albert & Marx die sogenannte ANCOVA (Kovarianzanalyse, für engl. ‚analysis of covariance'), eine Variante der ANOVA, die wir weiter unten einführen werden.

6.4 Die Berechnung von Gemeinsamkeiten

Neben der Berechnung von Unterschieden können wir im Zugriff auf einen Datensatz auch sehr einfach herausfinden, wie *ähnlich* diese Daten sind – diese Ähnlichkeit wird generell unter dem Schlagwort *Korrelationen* gefasst. Wenn wir also Daten haben, die Zahlenwerte aus zwei Bereichen beinhalten (und wir kommen zu dieser Art von

Daten weiter unten genauer), können wir untersuchen, wie stark (wenn überhaupt) die beiden Bereiche miteinander korrelieren. Wenn wir zum Beispiel eine Anzahl Bilder pro Webseite haben, wie weiter oben beschrieben, und dazu jeweils die Angabe des Jahres, in dem die Seite erstellt wurde, können wir den Grad der Korrelation zwischen diesen beiden Zahlenbereichen (Bilderanzahl und Jahresangabe) berechnen. Wenn wir dabei erwarten, dass die Zahl der Bilder pro Webseite über die Zeit hinweg angestiegen ist, würden wir eine *positive* Korrelation annehmen; wenn die Zahl allerdings zurückgegangen ist, würden wir eine *negative* Korrelation sehen.

Korrelationen

Wir können dann die *Stärke* der Korrelation messen, indem wir die Einzelwerte für beide Zahlenbereiche in eine Formel einfügen, die den weiter oben genannten Berechnungen für Standardabweichungen ähnlich ist (s. Tabelle 6.1). Da wir hier aber *zwei* Datensätze vergleichen und herausfinden wollen, ob ihre Abweichungen einander ähneln, verwenden wir eine äquivalente Berechnung für die so genannte *Kovarianz*. Dafür wird jede Abweichung vom Mittelwert in dem einen Zahlenbereich mit jeder Differenz vom Mittelwert im anderen Zahlenbereich multipliziert. Diese Berechnung entspricht einer der am häufigsten verwendeten Korrelationsmessungen, der des Pearson-Korrelationskoeffizienten, r. Dieser Koeffizient nimmt einfach die kombinierte Summe der Kovarianz, die wir gerade beschrieben haben und dividiert diese durch die Quadratwurzel der Quadratsumme der x-Werte multipliziert mit der Quadratwurzel der y-Werte. Die Quadratwurzel soll hier wieder die einzelnen ‚Abweichungen' von den Mittelwerten in ein Verhältnis zur Gesamtabweichung in den Daten setzen. Der Koeffizient erfasst dann das Verhältnis zwischen der *in den Daten zu beobachtenden Kovarianz* und der Kombination der für die Zahlenbereiche von x und y gefundenen *individuellen Abweichungen*. In unserem Beispiel der Bilder auf Webseiten könnte dann der x-Wert das Jahr und der y-Wert die Anzahl der Bilder pro Webseite sein.

Je näher der Wert von r und damit der Korrelationskoeffizient bei 1 liegt bzw. entweder bei +1 oder -1, desto stärker ist die Korrelation. Ein Wert von Null bedeutet, dass keine Korrelation vorliegt. Wenn die Zahl größer als Null ist, bedeutet dies, dass die Werte von x und y beide synchron zueinander steigen oder sinken, wir haben es mit einer positiven Korrelation zu tun. Wenn die Zahl kleiner als Null ist, dann bewegen sich die Werte in entgegengesetzte Richtungen: wenn x steigt, nimmt y ab – und *vice versa*; wir haben es dann mit einer negativen Korrelation zu tun. Wann immer wir mit solch zusammengestellten Daten arbeiten, ist es sinnvoll festzustellen, ob die Korrelation statistisch signifikant ist. Dies tun wir, wie oben angegeben, indem wir einen p-Wert angeben. Unsere heutigen Computerwerkzeuge können diese Berechnungen alle vornehmen; suchen Sie zum Beispiel einmal nach ‚Signifikanztest für Korrelationskoeffizient'.

Als konkretes Beispiel für eine Anwendung dieser Technik in einem multimodalen Kontext können wir uns eine Untersuchung des Seitenlayouts in Superhelden-Comics und ihrer Veränderungen über die Jahre anschauen. Pederson & Cohn (2016) analysieren 40 Comicbücher aus den Jahrzehnten 1940 bis 2014 und beschreiben die jeweiligen Seiten dieser Bücher im Hinblick auf unterschiedliche Kriterien ihres Layouts. Sie berechnen dabei die durchschnittliche Häufigkeit des Auftretens einiger Merkmale pro Buch, indem sie die Zahl des Auftretens durch die Gesamtzahl der ‚Panels' in den Büchern dividieren. Dies ergibt dann einen Datensatz, in dem jedes Buch entsprechend dem Auftreten der einzelnen Merkmale und dem Jahr der Veröffentlichung des Buchs klassifiziert wird. Der Datensatz enthält also 40 Paare von *x*-*y*-Werten für jedes beschriebene Merkmal.

Pederson & Cohn berechnen dann Korrelationen zwischen diesen Datensätzen, um herauszufinden, ob die untersuchten Merkmale über die Zeit mehr oder weniger geworden sind. Relevant sind diese Ergebnisse zum Beispiel zur Untersuchung möglicher Veränderungen im Comicstil und den -konventionen im Laufe der Jahre. Eine übliche Art der Darstellung solcher Daten ist das ‚Streudiagramm', das einfach die *x*-*y*-Werte anzeigt und die Korrelation mithilfe einer so genannten *Regressionslinie* andeutet, die durch die Ansammlung der resultierenden Datenpunkte hindurch verläuft. Abbildung 6.5 zeigt dies mit konstruierten Daten, die dem Merkmal entsprechen, das Pederson & Cohn als ‚ganze Zeile' bezeichnen, womit sie den Umfang meinen, aus dem die Seiten aus Panels bestehen, die die gesamte Breite einer Seite einnehmen. Die tatsächlichen Graphiken zu den Ergebnissen der Studie finden sich in dem Artikel selbst. Die meisten Kalkulationsprogramme bieten Möglichkeiten zur automatischen Erstellung solcher Graphen mit einer ‚Trendlinie' sowie den Korrelationswerten.

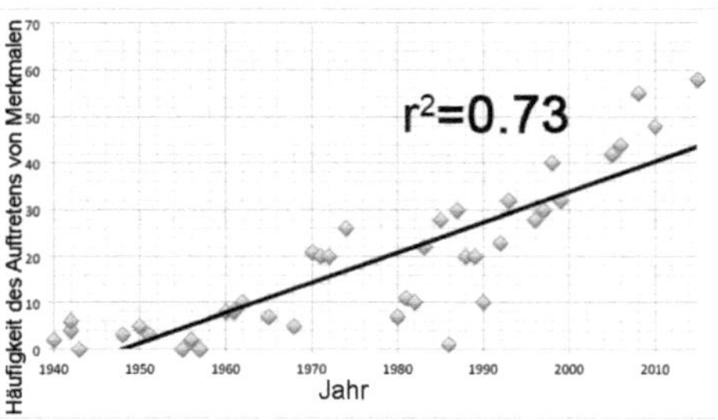

Abb. 6.5. Streudiagramm eines Merkmals für das Seitenlayout von Comicbüchern im Zeitverlauf; die Trendlinie stellt die Korrelation dar

Mit der Abbildung sehen wir, dass es deutliche Anzeichen dafür gibt, dass diese breiten Panels, die manchmal auch als ‚filmisch' oder ‚kinemat(ograph)isch' (engl. ‚cinematic') bezeichnet werden, im Laufe der Zeit immer öfter verwendet werden. Ein solches Ergebnis könnten wir dann zur Stärkung der Argumente einsetzen, dass der visuelle Stil amerikanischer Superhelden-Comics kinematischer wird und häufiger Techniken bzw. Merkmale filmischer Darstellung eingesetzt werd. Die Graphik zeigt noch einen weiteren Wert an, der ebenfalls häufig verwendet wird: das *Bestimmtheitsmaß* bzw. den *Determinationskoeffizienten*, der als Quadrat von r, also r^2, angegeben wird. Dieser zeigt den Anteil der Abweichung in den Daten an, der durch die Korrelation gefunden wird. Je höher dieser Wert, desto weniger ‚ungeklärt' bzw. nicht belegt ist die Abweichung. In unserem Beispiel liegt der Wert bei 0,73, was bedeutet, dass 73% der Abweichung erklärt werden können, wenn wir das Erscheinungsjahr der Comicseite berücksichtigen.

Korrelationsergebnisse sollten am besten wie folgt zusammengefasst werden:

dem Pearson-Korrelationskoeffizient zufolge sind die Werte mit $r(38)=0{,}858$, $p<0{,}001$ positiv korreliert.

Der Wert von 38 ist wie üblich der Freiheitsgrad – in diesem Fall also die Gesamtzahl der Paare (40) abzüglich der Anzahl der Gruppen, d.h. 2, weil wir eine x-Gruppe und eine y-Gruppe haben. Wir können dann sehen, dass es im Laufe der Zeit einen statistisch signifikanten Anstieg in der Verwendung dieses einen spezifischen Merkmals der Seitengestaltung gegeben hat.

Der Pearson-Korrelationskoeffizient geht davon aus, dass die jeweiligen Werte beide mehr oder weniger normal verteilt sind. Das bedeutet, dass wir möglicherweise alle offensichtlichen ‚Ausreißer' aus den Daten, die weit von den Mittelwerten der einzelnen untersuchten Bereiche abweichen, entfernen müssen, da es sich bei diesen vielleicht um Fehler oder nicht repräsentative Extremfälle handelt. Der Koeffizient geht auch davon aus, dass er nach einer ‚linearen' Korrelation sucht; d.h. sowohl die x- als auch die y-Werte nehmen in einem konstanten Verhältnis zu und wieder ab. Dies ist die Trendlinie, die in der Abbildung dargestellt ist. Wenn die Beziehungen komplexer werden, werden andere, ähnlich komplexere Korrelationsmessungen notwendig.

Sobald eine Korrelation zwischen einem Datensatz A und einem Datensatz B gefunden wurde, kann es auch sinnvoll sein, zu prüfen, ob der eine möglicherweise den anderen *beeinflusst* – dies würde dann den Gruppen eine gewisse Gerichtetheit zuschreiben, bei der entweder A die unabhängige Variable und B die abhängige ist oder umgekehrt. Diese Frage kann untersucht werden, indem das Fehlen oder Vorhandensein von Variablen gemessen wird, die mit A und B übereinstimmen. In allen Fällen sollte man immer auf der Suche nach weiteren Störvariablen sein, die nicht explizit als Teil der Daten untersucht wurden, aber sich durchaus als bessere Kandidaten zur Ursachenklärung herausstellen. Ein klassisches Beispiel aus der Statistikliteratur ist die starke positive Korrelation zwischen der Anzahl an Feuerwehrleuten, die eingesetzt werden, und der Höhe des Schadens, der durch den Brand verursacht wird. Wir sollten natürlich eher zögerlich darin sein, eine kausale Beziehung zwischen diesen beiden Größen zu suchen, denn schließlich gibt es ja auch eine weitere Variable, die nicht in Betracht gezogen wurde: die Größe des Feuers selbst. Diese ist doch wohl der eigentliche Auslöser für den Zusammenhang und es kann nicht von einer Gerichtetheit der anderen beiden Variablen ausgegangen werden, bei der beispielsweise die Menge der Feuerwehrleute Einfluss auf den Schaden hat oder andersherum. Dass wir es bei einer solchen Berechnung auch schnell mit ethischen Aspekten zu tun haben, wird ebenfalls deutlich.

Und schließlich haben wir hier eine Analogie zwischen den Arten von Berechnungen für Korrelationen und denen für Standardabweichungen, wie wir sie weiter oben vorgenommen haben, gezogen: Innerhalb der Statistik tauchen immer wieder Berechnungen auf, wie bestimmte Werte vom Mittelwert der Daten abweichen, – sie stellen die grundsätzliche Art dar, wie Variation in den Daten allgemein erarbeitet wird. Für mehrere der folgenden Untersuchungen wird es deswegen nützlich sein, diese grundsätzliche Art im Blick zu behalten: Wann immer Sie eine Berechnung der Unterschiede und Abweichungen von Werten und Mittelwerten erkennen, gibt dies Hinweise darauf, dass Datensätze im Hinblick auf ihre Variation berechnet werden. Und genau dies brauchen wir, um zu sehen, ob diese Variation durch Zufall geschieht oder vielleicht statistisch signifikant ist.

6.5 Wie viel ist genug?

Wenn man sich entschieden hat, einen ernsthafteren Blick auf seine Daten und Ergebnisse zu werfen, so dass es relevant wird, verschiedene statistische Berechnungen zu berücksichtigen, ist die erste und häufigste Frage, die sich stellt: wie viele Daten brauche ich eigentlich? Wir haben dies bereits kurz in der Auseinandersetzung mit dem Thema Sampling in Abschnitt 5.2.1 des vorherigen Kapitels angesprochen und festgehalten, dass wir in der Lage sein müssen, den notwendigen Umfang unserer Stichprobe als ausreichend für signifikante Ergebnisse einzuschätzen. Dies ist insofern wichtig, als dass niemand mit unrealistischen oder unnötig großen Datensätzen arbeiten möchte. Auf der anderen Seite möchte niemand statistische Berechnung an Stichproben vornehmen, die diese tatsächlich unbrauchbar oder unzuverlässig machen.

Der Grundgedanke ist also folgender: Wir möchten, dass jede Datenprobe, die wir näher betrachten, für die Grundgesamtheit bzw. den gesamten Bestand an potenziellen Daten *repräsentativ* ist. Wenn jedoch dieser Datenbestand eine große Menge an Abweichungen mit sich bringt, dann werden wir eine größere Stichprobe brauchen, um sicherzustellen, dass wir diese Abweichungen in unseren Berechnungen mitabdecken können. Und umgekehrt: Wenn ein Datensatz relativ homogen ist und wenig Abweichungen aufweist, kann unsere Stichprobe auch kleiner und dennoch repräsentativ sein. Das Problem ist, wie üblich, dass wir nicht über einen vollständigen theoretischen Datensatz oder eine Grundgesamtheit verfügen und deswegen nur irgendwie abschätzen können, wie groß unsere Stichprobe sein muss.

Poweranalyse

Glücklicherweise gibt es auch für dieses Problem viele bereits etablierte statistische Ergebnisse, die uns helfen, diese Einschätzung besser vorzunehmen. Dazu werden wir das Konzept der statistischen *Teststärke-* bzw. *Poweranalyse* kurz vorstellen. Diese dient ganz einfach zur Messung, wie stark unsere Schlussfolgerungen in Bezug auf eine bestimmte Stichprobengröße sein können. Wir können damit also herausfinden, wie viele Daten wir benötigen, um Aussagen mit einem besonderem Grad an statistischer Signifikanz treffen zu können.

In Vorbereitung auf diese Analyse treten wir zunächst einen Schritt zurück und schauen uns zwei Konzepte an, die oft in Kontexten der Informationsgewinnung (engl. ‚information retrieval') zu finden sind und deswegen grundsätzlich hilfreich für unsere Ziele sind: die Konzepte *Genauigkeit* und *Trefferquote*. Bei der Suche nach Dokumenten im Web mithilfe einer Suchmaschine ist Genauigkeit bzw. ‚Präzision' ein Maß dafür, wie treffsicher und richtig die jeweilige Auswahl vorgenommen wird. Die Genauigkeit liegt dabei in der Anzahl der abgerufenen Dokumente und ihrer Relevanz. Die Trefferquote dagegen ist ein Maß dafür, wie viele relevante Dokumente überhaupt erhalten wurden, wenn man sie mit der Anzahl der Dokumente vergleicht, die man erhalten haben *sollte*.

Diese Einschätzungen basieren auf einer Kombination der beiden Konzepte positiv/negativ und richtig/falsch. Positive und negative Fälle sind Dokumente, die entweder relevant oder nicht relevant waren, und richtige und falsche Fälle sind Dokumente, die als korrekt oder falsch (als relevant oder nicht relevant) klassifiziert wurden. Die Zusammenstellung der beiden Dimensionen ergibt vier Klassen: richtig positiv, d.h. relevante Dokumente, die auch tatsächlich ausgewählt wurden, falsch positiv, d.h. irrelevante Dokumente, die aber ausgewählt wurden, richtig negativ, d.h. irrelevante Dokumente, die nicht ausgewählt wurden, und falsch negativ, d.h. relevante Dokumente, die nicht ausgewählt wurden.

---

i

Die Formeln zur Berechnung von Genauigkeit und Trefferquote, zusammen mit einem weiteren Wert, der oft zur Messung der Qualität eines Auswahlverfahrens verwendet wird, dem F or F_1-Wert, der die beiden anderen miteinander kombiniert, werden wie folgt dargestellt (wobei *tp* für richtig positiv und *fp* für falsch positiv, *tn* für richtig negative und *fn* für falsch negativ steht:

$$\text{Genauigkeit} = \frac{tp}{tp + fp} \qquad \text{Trefferquote} = \frac{tp}{tp + fn} \qquad F_1 = 2 \times \frac{\text{Genauigkeit} \times \text{Trefferquote}}{\text{Genauigkeit} + \text{Trefferquote}}$$

Wir können dies direkt auf unsere aktuelle Aufgabe übertragen. Wenn wir das Konzept der Nullhypothese, das wir oben bereits eingeführt haben, hinzuziehen und uns daran erinnern, dass wir sicherstellen wollten, dass wir die Nullhypothese nicht falsch ablehnen, entspricht dies dem Fall falsch positiv. Das bedeutet, dass wir denken, dass wir eine relevante Situation haben, dies aber gar nicht der Fall ist. Wir können das Ganze auch umkehren und den anderen unerwünschten Fall berücksichtigen, den des falsch negativen. Das heißt, dass wir die Situation vermeiden wollen, dass wir die Nullhypothese nicht fälschlicherweise akzeptieren und so die Gelegenheit verpassen, ein signifikantes Ergebnis zu erzielen. Diese beiden Fehlerarten werden als Fehler 1. Art (oder Alpha-Fehler) und Fehler 2. Art (Beta-Fehler) bezeichnet.

Außerdem, und das ist nun der letzte Schritt, wollen wir ja herausfinden, welche Größe für die Stichprobe ausreicht, um sicher zu sein, dass wir den Fall falsch negativ vermeiden. Wir haben oben gesehen, dass es üblich ist, Wahrscheinlichkeiten für Fehler 1. Art auszuwählen, d.h. im Falle einer falschen Ablehnung einer Nullhypothese eine Wahrscheinlichkeit von 5% oder, noch strenger, von 1%. Auch für Fehler 2. Art gibt es ähnliche Standardwerte: Typischerweise wollen wir mindestens zu 80% sicher sein, dass wir die Nullhypothese nicht falsch akzeptieren. Dies ist die gewünschte *Power* eines Experiments: Wir wollen eine Stichprobengröße finden, die uns diese Power gibt, d.h. die Wahrscheinlichkeit, einen signifikanten Effekt zu finden, wenn dieser vorhanden ist.

Stichprobengröße

Nun sind auch Effekte unterschiedlich. Einige sind stärker als andere und auch das hat Einfluss auf die Berechnungen. Wenn der Effekt stark ist, dann sollten wir dies bereits in einer kleineren Probe sehen; wenn er schwach ist, brauchen wir eine größere Probe. Um eine Stärke von 80% bei einem Konfidenzlevel (Typ I) von 5% zu erreichen, legen Lowie & Seton (2013: 49) nahe, dass ein starker Effekt eine Stichprobengröße von 28 in jeder analysierten Gruppe bräuchte, ein mittlerer Effekt eine Größe von 85 in jeder Gruppe und ein schwacher Effekt eine Größe von 783 in jeder Gruppe.

Es gibt mehrere Möglichkeiten, diese Effektgrößen tatsächlich zu berechnen, die sich in zwei Hauptgruppen einteilen lassen: Zum einen sind dies Messungen auf der Grundlage von Korrelationen, zum anderen Messungen auf der Grundlage von Durchschnittsunterschieden. Einige Berechnungen basierend auf Korrelationen verwenden den t-Wert, den wir oben besprochen haben; wenn also wir bereits einen t-Test durchgeführt haben, ist es einfach, eine Effektgrößenmessung vorzunehmen. Dies wiederum ermöglicht es, zu überprüfen, ob die verwendete Stichprobengröße und die Effektgröße angemessen sind. Wenn eine Effektgröße eher klein ist und man auch nur eine kleine Stichprobengröße verwendet, dann können die Ergebnisse durchaus weniger zuverlässig sein.

Zwei korrelationsbasierte Messungen lassen sich direkt aus dem numerischen Wert der t-Statistik berechnen – und deswegen brauchen wir auch diesen Wert und nicht nur den häufig angegebenen p-Wert für die Wahrscheinlichkeit (→ §6.3 [S. 226]). Bei den Messungen handelt es sich um r und η^2 (Eta-Quadrat). Man berechnet sie aus der oben angegebenen t-Statistik, dem Freiheitsgrad df oder der Größe zweier verglichener Stichproben, N1 und N2, wie folgt:

$$r = \sqrt{\frac{t^2}{t^2 + df}} \qquad \eta^2 = \frac{t^2}{t^2 + (N1 + N2 - 2)}$$

Wenn r kleiner als 0,3 ist, haben wir einen kleinen Effekt; wenn r größer als 0,5 ist, haben wir einen großen Effekt; für η^2 sind die entsprechenden Werte 0,01 bzw. 0,14 (vgl. Cohen 1988: 27–74).

Wenn wir dann auf unser Beispiel mit dem Effekt des Trainings der einen Gruppe von Annotierenden zurückkommen, das wir am Ende von Abschnitt 6.3 besprochen haben und für das wir die t-Test-Werte berechnet haben, machen es diese Werte einfach, die Formel für r anzuwenden. Wenn wir die Werte für die statistisch signifikanten Daten dieses Beispiel anwenden (t=-9,763, df=38), erhalten wir einen r-Wert von 0,846. Dies sagt uns, dass der Trainingseffekt auf die eine Gruppe sehr stark war und wir nur eine relativ kleine Stichprobengröße benötigen, um den gewünschten Power-Wert von 80% zu erreichen. Diesen Wert können wir dann auch der Beschreibung hinzufügen, die wir zur Darstellung der Ergebnisse verwendet haben:

> Ein signifikanter Unterschied zwischen den Mittelwerten der Gruppen liegt bei $t(38) = -9{,}763$, $p < 0{,}001$, $r = 0{,}846$.

Eine weitere Methode zur Messung der Effektstärke, die in der Literatur häufig verwendet wird, ist *Cohens d*; die Formeln dafür findet man in den meisten Statistik-Lehrbüchern und online (vgl. Woodrow 2014: 65–66). Einen etwas technischeren Überblick mit praktischen Beispielen, Erklärungen und Formeln für beide Arten der Messung geben Bortz & Döring (2009).

Ein weiterer Grund für die Ermittlung von Effektgrößen ist, dass es *einfach nicht immer sinnvoll* ist, mit immer größeren Proben zu arbeiten. Je größer eine Stichprobe ist, desto wahrscheinlicher ist es, dass selbst kleine Effekte als statistisch signifikant erscheinen. Die Effektgröße gibt ein Maß an, das *unabhängig* von der Stichprobengröße ist: D.h. wenn ein Effekt klein ist, dann erscheint er auch dann als klein, wenn die Stichprobengröße so groß ist, dass die Differenz signifikant erscheint. Es ist daher ratsam, immer auch die Effektgröße zu berücksichtigen, um die statistische Signifikanz entsprechend auszubalancieren. Ein kleiner Effekt bleibt trotzdem immer ein kleiner Effekt.

6.6 Feinheiten und Einschränkungen

In diesem Abschnitt stellen wir eine Handvoll weiterer Kommentare und Feinheiten vor, die wir für multimodale Analysen möglicherweise benötigen werden. Wir geben außerdem Einblick in einen statistischen Test, der in diesen Kontexten am häufigsten verwendet wird: den Chi-Quadrat-Test.

Zunächst müssen wir bestimmte Annahmen der Berechnungen bzw. *Voraussetzungen*, die wir bisher beschrieben haben, konkretisieren; denn wir müssen immer besonders behutsam sicherstellen, dass die von uns erfassten Daten den Annahmen der konkret angewandten Tests entsprechen. Wenn dies nicht der Fall ist, sind die erlangten Werte, auch wenn wir sie numerisch erhalten, möglicherweise nicht sinnvoll. Wir haben oben bereits einige der Voraussetzungen erwähnt, die zum Beispiel der t-Test mit sich bringt: Insbesondere sollten die zu vergleichenden Datensätze normalverteilt sein. Tatsächlich erfordert der t-Test aber zusätzlich auch, dass die Daten der beiden verglichenen Gruppen *ungefähr den gleichen Abweichungsgrad aufweisen sollten*. Das heißt, dass die Werte, die wir durch den t-Test erhalten, wenn wir zwei Gruppen vergleichen, die sehr unterschiedliche Abweichungsgrade aufweisen, weniger aussagekräftig sind oder sogar irreführend sein können.

Die enorme Vielfalt an statistischen Tests, die man in der Literatur findet, entstammt weitgehend einer sehr langen Entwicklungsphase und Geschichte im Umgang mit solchen Situationen. Die unterschiedlichen Tests sind in der Lage, mit unterschiedlichsten Kontexten und den dazu notwendigen Voraussetzungen umzugehen. Obwohl die Daten in vielen Studien normalverteilt sein werden, ist es trotzdem eine gute Idee, dies zunächst zu überprüfen und die Standardabweichungen zu berechnen, bevor weitere Berechnungen und Vergleiche vorgenommen werden. Auch dafür gibt es spezielle statistische Tests, zum Beispiel den *F-Test* und den *Levene-Test*. Beide geben die

Wahrscheinlichkeit an, dass die zu untersuchenden Datensätze in geeigneter Weise vergleichbar sind. Die meisten Statistikprogramme führen diese Tests entweder automatisch in Verbindung mit dem t-Test durch, um zu überprüfen, ob die Ergebnisse zuverlässig sind, oder sie bieten grundsätzlich die Möglichkeit, diese Berechnungen vorzunehmen.

Es kann dann natürlich sein, dass sich die Daten als *nicht* normalverteilt herausstellen. Das ist eine ernstere Angelegenheit und bedeutet ganz allgemein, dass der t-Test nicht angewendet werden soll. In diesem Fall können wir entweder die Gestaltung unseres Experiments so verändern, dass sie mit größerer Wahrscheinlichkeit zu normalverteilten Ergebnissen führt, oder aber wir nutzen statistische Berechnungen, die weniger empfindlich auf diese Einschränkung reagieren. Bei diesen handelt es sich um so genannte *nicht-parametrische* bzw. *verteilungsfreie* Tests, die bestimmte Verteilungen in den Daten nicht weiter berücksichtigen. Sie stehen im Kontrast zu ‚parametrischen Tests' wie dem t-Test, der bestimmte Parameter festlegt, um die jeweilige Verteilung von Daten zu berechnen.

parametrische vs. nicht-parametrische Tests

Die meisten parametrischen Tests haben ‚nicht-parametrische' Versionen oder Äquivalente, die verwendet werden können, ohne dass bestimmte Verteilungen für die Daten angenommen werden müssen. Die üblichen statistischen Programme bieten generell beide Arten von Tests an und wenn man weiß, wie die eine Sorte zu benutzen ist, sollte es relativ einfach sein, auch die andere Sorte anzuwenden. Ein typischer nicht-parametrischer Test, der beispielsweise dem t-Test entspricht, ist der *Mann-Whitney-U-Test*. Die Ergebnisse dieses Tests werden genauso verwendet wie der t-Test, d.h. durch die Berechnung der Wahrscheinlichkeit für die falsche Ablehnung der Nullhypothese. Ein weiterer nicht-parametrischer Test, den wir uns genauer anschauen werden und der sehr häufig zum Einsatz kommt, ist dann der Chi-Quadrat-Test. Vollständige Listen von verteilungsfreien Entsprechungen von parametrischen Tests sind leicht online oder in umfassenderen Einführungswerken zu finden.

Weiterhin kann der t-Test nur verwendet werden, um zwei Gruppen in Bezug auf *eine* Variable zu vergleichen – weiter oben waren dies die Ergebnisse der Annotation für die Teilnehmer*innen zweier Gruppen. Wenn mehr Gruppen verglichen werden sollen oder es mehrere Variablen von Interesse gibt, müssen auch andere statistische Tests zum Einsatz kommen. Die häufigsten dieser Tests gehören zur Familie der *Varianzanalysen* oder kurz: ANOVA (für engl. ‚analysis of variance'), auf die wir in Abschnitt 6.8 noch zurückkommen werden. Dort werden wir sehen, wie diese Tests funktionieren und wie man Texte liest, die Ergebnisse dieser Tests beschreiben. In empirischen Analysen begegnet man diesen sehr häufig und so ist es sinnvoll, zu wissen, was genau mit ihnen gesagt wird.

Skalenniveau

Und schließlich haben wir nur beschrieben, wie wir testen können, ob es einen statistisch signifikanten Unterschied zwischen zwei Maßeinheiten einer einzigen Variablen gibt. Dies funktioniert gut, wenn wir Zahlenwerte haben, die wir addieren, multiplizieren und dividieren können und für die wir deswegen einen Mittelwert finden können. Diese Art von Daten nennt man *Intervalldaten*, was bedeutet, dass die möglichen Werte auf einer kontinuierlichen Skala liegen. Aber was ist, wenn es sich um Daten handelt, die auf diese Weise nicht mit Zahlenwerten in Verbindung gebracht werden können? Zum Beispiel sind Ergebnisse aus Fragebögen solche Daten, weil man eine Reihe von geordneten Kategorien hat, deren Werte aber unterschiedliche oder variierende ‚Breiten' haben können. Wir können dies in Fällen sehen, in denen Werte entsprechend der Auswahl aus Skalen in typischerweise fünf oder sieben Kategorien gesammelt werden, wie z. B. bei der Abfrage persönlicher Einstellungen wie: ‚stimme voll zu', ‚stimme zu', ‚weder noch', ‚stimme nicht zu' und ‚stimme überhaupt nicht zu'. Solche Antworten werden allgemein in Likert-Skalen angegeben. Ihre Kategorien sind klar geordnet, d.h., dass ‚stimme überhaupt nicht zu' schlimmer als ‚stimme nicht zu' ist; allerdings sind die Abstände zwischen den Kategorien nicht alle gleich. Dann haben wir es mit einem anderen Datentyp oder ‚Skalenniveau', dem der *Ordinaldaten*, zu tun (vgl. Meindl 2011: 69–72; Albert & Marx 2016: 109–111).

Nominaldaten

Die Entscheidung für eine bestimmte Art von Daten ist daher sehr wichtig, da sie Einfluss darauf hat, welche statistischen Tests verwendet werden können. Eine weitere, sehr verbreitete Art von Daten, die insbesondere, aber nicht nur in multimodalen Analysen Gebrauch findet, sind *Nominaldaten*. Für diese liegen uns nur Namen (oder Kategorien) für die relevanten Werte vor, die nicht auf einer kontinuierlichen Skala platziert werden können und die auch nicht in einem bestimmten Bezug zueinander angeordnet werden können. Wir hatten bereits mit Fällen zu tun, in denen solchen Daten wichtig sind, zum Beispiel wenn wir Beschreibungsergebnisse wie ‚gegeben' und ‚neu', ‚männlich' und ‚weiblich' oder ‚Bild', ‚Text' und ‚Diagramm' erhalten. Hier können wir den t-Test nicht anwenden, weil wir schlicht nicht herausfinden können, was der Mittelwert von ‚männlich' und ‚weiblich' ist! Auch können wir diese Nominaldaten nicht irgendwie in Intervalldaten umwandeln, indem wir zum Beispiel ‚weiblich' einfach mit 1 und ‚männlich' mit 2 ersetzen und dann die entsprechenden Tests anwenden. Der Grund dafür sollte klar sein: Es handelt sich bei diesen Werten nicht um tatsächliche Zahlen, d.h. um Zahlen, die wir sinnvollerweise addieren und multiplizieren können. Stattdessen sind diese Werte lediglich Bezeichnungen, für die die üblichen Eigenschaften von Zahlen nicht zutreffen und für die wir deswegen auch nicht die Berechnungen verwenden können, die wir bisher diskutiert haben.

Chi-Quadrat-Test

Glücklicherweise gibt es aber auch eine Vielzahl von statistischen Tests, die auf Nominaldaten angewendet werden können. Ein besonders häufig eingesetzter Test für den Vergleich von Gruppen auf der Basis von Nominaldaten ist der von uns bereits erwähnte *Chi-Quadrat-Test*. Die meisten statistischen Tools bieten diesen Test als Selbstverständlichkeit an und es gibt sogar einige Webseiten, auf denen man einfach einige Daten in Tabellen eingeben und die entsprechende Statistik berechnen lassen kann. Es spricht also kaum etwas dagegen, eine Chi-Quadrat-Berechnung vorzunehmen, wenn die Daten dafür geeignet sind. Zum Abschluss dieses Abschnitts diskutieren wir daher kurz ein Beispiel für die Verwendung dieses Tests, das aus einem anderen Kontext multimodaler empirischer Analyse stammt. Dies wird uns auch ein weiteres Beispiel für einen parameterfreien Test zeigen, bei dem wir sehen werden, dass die meisten der

Prinzipien, die wir bisher gesehen haben, relevant für ein umfassendes Verständnis dieser Berechnungen sind.

Stellen wir uns die folgende Forschungssituation vor: Wir können beobachten, dass vor allem jüngere Nutzer*innen von Messenger-Angeboten in den unterschiedlichsten Textnachrichten eine beachtliche Auswahl an Emoji verwenden, allerdings scheint es einige Unterschiede in der Verwendung dieser Emoji zu geben. Wir wollen deswegen untersuchen, ob ein solcher Unterschied auch auf Ebene des Geschlechts vorliegt, ob also weibliche und männliche Nutzer*innen Emojis jeweils anders einsetzen. Für unsere Zwecke hier nehmen wir tatsächlich nur die in traditionellen soziologischen Studien favorisierten Kategorien von ‚weiblich' und ‚männlich' an, für die wir in einer Umfrage durch Selbstidentifizierung schnell Ergebnisse erhalten können. Natürlich sind eine Vielzahl anderer Antwortmöglichkeiten vorstellbar, die ideologisch sinnvoller für aktuelle Forschungsfragen wären, aber auch diese wären alle nominaler Art und können so problemlos in die von uns hier geplante Berechnung einfließen. Wir lassen eine entsprechende Erweiterung dieser Berechnung allerdings hier offen, um Ihnen eine erste Übung zur Verfügung zu stellen. In jedem Fall stellt die Auswahl der Kategorien einen typischen Fall für eine Chi-Quadrat-Messung dar, weil wir es nur mit nominalen Daten zu tun haben: Eine Dimension ist dabei die Unterscheidung zwischen ‚weiblich' und ‚männlich'; die verschiedenen Arten von Emoji bilden die andere Dimension.

Die Chi-Quadrat-Analyse gibt dann einen Wert zurück, der uns ermöglicht, die Nullhypothese zu überprüfen. Die Nullhypothese nimmt wie zuvor an, dass es *keinen Unterschied zwischen den Gruppen* gibt, die wir vergleichen. Und wie beim t-Test gibt es zwei Stufen: Zunächst berechnen wir die Chi-Statistik und dann schauen wir nach, wie dieser Wert zu der korrespondierenden Häufigkeitsverteilung steht. Wenn wir weit vom Mittelwert entfernt liegen, dann ist die Wahrscheinlichkeit, dass der Wert zufällig auftritt, sehr gering und wir können ziemlich sicher sein, dass wir nichts falsch machen, wenn wir die Nullhypothese ablehnen und behaupten, dass es einen statistisch signifikanten Unterschied zwischen den Gruppen gibt.

Da der Chi-Quadrat-Test mit Nominaldaten arbeitet und wir diese nicht direkt addieren oder multiplizieren können, ist die einzige Größe, mit der wir arbeiten können, die der *Häufigkeiten*, mit denen bestimmte Werte auftreten – und das ist im Wesentlichen, womit die Chi-Quadrat-Analyse arbeitet: Der ermittelte Wert gibt an, ob sich die jeweiligen Häufigkeiten der Werte, die wir für bestimmte Gruppen in einer Studie finden, signifikant voneinander unterscheiden oder nicht. Die Berechnung des Chi-Wertes ist einfach, aber etwas mühsam und so empfehlen wir die Verwendung eines Kalkulationsprogramms oder der im Netz bereitgestellten Dienste. Wir werden die Berechnung hier nur skizzieren, weil es immer gut ist, zu wissen, was im Hintergrund dieser Programme bzw. Dienste vor sich geht.

Störfaktoren

Zunächst müssen wir entscheiden, wie wir die Daten sammeln wollen. Hier gibt es verschiedene Möglichkeiten, die wir sorgfältig prüfen müssen, wie dies bei jeder neuen Studie und ihrem Design der Fall ist. Zum Beispiel könnten wir einfach 100 Textnachrichten sammeln und für jede herausfinden, wie viele der von uns untersuchten

Emojis darin vorkommen. Wir verwenden den Chi-Quadrat-Test dann, um zu sehen, ob es einen Unterschied in der Häufigkeit der Verwendung gibt, je nachdem, welche Angabe der*die Nutzer*in zum Geschlecht gemacht hat. Dies wäre ein klassischer Fall, bei dem wir uns gewisser möglicher *Störfaktoren* bewusst machen sollten, also solcher Eigenschaften von Daten, die unser eigentliches Untersuchungsinteresse beeinflussen und stören könnten. Im vorliegenden Fall könnte es zum Beispiel einfach sein, dass die männlichen Teilnehmer der Studie ganz zufällig Textnachrichten verschickt haben, die fünfmal länger als die der weiblichen Teilnehmerinnen sind und deswegen auch mehr und andere Emojis beinhalten. Dabei lernen wir natürlich wenig darüber, wie genau die spezifische Benutzung von *Emojis* in Relation zum Geschlecht der Teilnehmer*innen steht – Unterschiede könnten einfach eine Nebenwirkung der Länge sein. Auf solche Einwirkungen müssen wir deswegen immer achten und unsere Studien möglichst so entwerfen, dass das Risiko dafür vermieden wird.

Eine gute Möglichkeit, solche Situationen zu erkennen, besteht darin, sich extremere Varianten dessen vorzustellen, was passieren könnte: Stellen wir uns beispielsweise vor, dass die Texte der weiblichen Teilnehmerinnen jeweils nur einen Buchstaben benutzen, die der männlichen aber ganze 500 Zeichen. Bereits allein die Zählung der Textzeichen würde zu einem sehr unausgewogenen Datensatz führen und uns zwar wichtige Informationen über die jeweilige Länge der Texte, jedoch nicht viel über die Verwendung von Emoji in diesen Texten vermitteln.

Wenn wir aber die Techniken einsetzen, die wir in diesem Kapitel erarbeitet haben, könnten wir bereits feststellen, dass es keine statistisch signifikanten Unterschiede in der Länge der Texte im Hinblick auf das Geschlecht der Teilnehmer*innen gibt. Für unsere Zwecke hier wählen wir aber noch eine viel einfachere Herangehensweise und untersuchen nicht die Gesamttextnachrichten als Einheit, sondern die Zeichen, die in diesen Texten genutzt werden. Als einen ersten Datensatz können wir dann die ersten 2000 Zeichen nehmen, die von männlichen Teilnehmern gesendet wurden; ein zweiter Datensatz umfasst die ersten 2000 Zeichen der weiblichen Teilnehmerinnen. Dies würde uns zumindest eine faire Umgebung bieten, in der wir echte Unterschiede im Einsatz von Emojis herausarbeiten können.

---

i

Unsere bisherigen Ausführungen zur Manipulation von Datensätzen zur angemessenen Durchführung von statistischen Tests – zum Beispiel mit einer Auswahl der ersten 2000 Zeichen aus einer Sammlung von Textnachrichten — machen deutlich, dass eine gewisse Grundkompetenz in einer der heute verfügbaren Programmiersprachen bzw. -fähigkeiten durchaus hilfreich ist, weil sie solche Bearbeitungen und Zusammenstellungen erheblich erleichtern. Diese Programmiersprachen sind von unterschiedlicher Komplexität, einige jedoch sind in der Bedienung und Ausführung sehr einfach und schnell zu erlernen.

Python zum Beispiel ist frei verfügbar, läuft auf fast allen Computern und Betriebssystemen (Windows, Mac, Linux, etc.) und ermöglicht eine Konvertierung der Daten in der gerade beschriebenen Art mit lediglich ein paar Zeilen Code. Im Hinblick auf empirische Analysen und ihre Komplexität ist der Zeitaufwand zum Erlernen grundlegender Aufgaben in Python sehr lohnenswert. Stellen Sie sich vor, Sie suchen sich manuell durch 100 Textnachrichten, um die ersten 2000 Zeichen auszuwählen und zusammenzustellen: Das ist mühsam und daher auch fehleranfällig. Erhöhen Sie die Größe des

Datensatzes auf 1000 Textnachrichten und 20.000 Zeichen, wird die Aufgabe noch anspruchsvoller und mühsamer. Für den Python-Code allerdings macht eine solche Vergrößerung keinen Unterschied. Die manuelle Suche würde sehr viel Zeit in Anspruch nehmen und vielleicht einige Wochen dauern; mit Python kann die Aufgabe in knapp einer halben Stunde erledigt werden – inkl. der Zeit, die für das Schreiben des Codes benötigt wird. Unter den Stichworten ‚Python für Anfänger' oder etwas umfangreicher noch auf Englisch unter ‚Python for beginners' finden Sie zahlreiche Einführungen und Anleitungen.

Neben dem quantitativen Unterschied, den es ausmacht, auf einen Programmiercode zurückgreifen zu können, kann eine automatische Abfrage auch schnell zu *qualitativen* Verbesserungen Ihrer Forschung führen. Stellen Sie sich zum Beispiel vor, Sie hätten gerade zwei mühsame Wochen damit verbracht, Ihre Daten so vorzubereiten, dass Sie die jeweilige Zeichenanzahl der Textnachrichten herausfinden können. Dann allerdings stellt sich heraus, dass es eigentlich besser für die weiteren Berechnungen wäre, über die Anzahl der Worte in den Nachrichten Bescheid zu wissen. Die Zeit und Energie, alle Daten von Hand neu auszuzählen, müssen Sie erst einmal aufbringen! Wenn Sie allerdings einen Python-Code parat hätten, könnten Sie mit einem Klick und ein paar kleinen Veränderungen in einer Angelegenheit von Minuten die Daten neu aufbereiten. Die Chance, dass Sie damit sowohl bessere Forschung allgemein als auch bessere und einfachere Forschungsergebnisse erzielen können, ist also sehr beachtlich.

Lassen Sie uns also unsere Daten auf diese Weise zusammenstellen: Wir erhalten 2000 Zeichen von Teilnehmern, die sich als männlich identifziert haben, und 2000 Zeichen von Teilnehmerinnen, die sich als weiblich identifiziert haben. Hinzu nehmen wir die – für unsere Zwecke hier mehr oder weniger zufällig gewählten – fünf beliebtesten Emojis. Um die Daten für den Chi-Quadrat-Test aufzubereiten, erstellen wir zunächst eine Tabelle, die die jeweiligen Zahlen für die für uns interessanten Werte auflistet. In unserem Fall wird die Tabelle also zwei Zeilen (für ‚weiblich' und ‚männlich') und fünf Spalten (eine für jedes Emoji) haben. Wie die Dimensionen den Spalten bzw. Zeilen zugeordnet werden, spielt keine Rolle für das Endergebnis der Berechnung.

Tab. 6.2. Erster Datensatz für den Einsatz von Emoji

	🙂	😇	😍	😢	😡
männlich	**134**	**43**	**27**	**16**	**93**
weiblich	**118**	**54**	**33**	**20**	**89**

Tab. 6.3. Zweiter Datensatz für den Einsatz von Emoji

	🙂	😇	😍	😢	😡
männlich	**134**	**43**	**27**	**16**	**93**
weiblich	**101**	**44**	**43**	**35**	**112**

Schauen wir uns den Beispieldatensatz oder die ‚Kontingenztabelle' in Tabelle 6.2 an. Dabei könnten wir zunächst vermuten, dass unsere Daten keinen großen Unterschied zwischen unseren *unabhängigen Variablen* ‚weiblich' und ‚männlich' aufweisen. Es gibt eine Abweichung, wie dies immer der Fall ist, wenn wir es mit realen Situationen zu tun haben, aber diese Abweichung scheint nicht sehr groß zu sein. Der Wert der Chi-Quadrat-Statistik, der eine ähnliche Rolle spielt wie der des t-Tests, den wir oben gesehen haben, liegt für diesen Datensatz bei 3,394. Das sagt uns erst einmal nur sehr wenig und wir müssen diesen Wert in Bezug zur entsprechenden Verteilung setzen, um zu sehen, ob dies eine gewisse Wahrscheinlichkeit anzeigt. Generell gilt: Je höher der Chi-Quadrat-Wert, desto geringer ist die Wahrscheinlichkeit, die damit verbunden ist. Und auch hier ist die Überprüfung des Bereichs einer Verteilungskurve etwas, was die Standardstatistikprogramme in der Regel für Sie tun und Ihnen so die zugehörige Wahrscheinlichkeit direkt ermitteln. Der Chi-Quadrat-Test für diese Tabelle gibt uns in der Tat dann eine Wahrscheinlichkeit von 0,494, dass wir uns irren würden, wenn wir die Nullhypothese ablehnen, dass die beiden Gruppen nicht unterschiedlich sind. Diese Wahrscheinlichkeit ist natürlich zu hoch, um sie als statistisch signifikant ansehen zu können. Wir können daher die Nullhypothese für diese Daten nicht ablehnen, da dies fast die Hälfte der Zeit falsch wäre (nämlich zu 49%).

Die Datenaufbereitung zur Durchführung eines Chi-Quadrat-Tests und der Berechnung des p-Werts kann sowohl online als auch in einem Kalkulationsprogramm schnell vorgenommen werden. Im Wesentlichen genügt es, wenn Sie die erhaltenen Zahlenwerte – und zwar immer die tatsächlichen Zählungen und keine Prozentsätze oder andere indirekte Berechnungen – in eine entsprechende Tabelle einfügen und auf ‚berechnen' o.ä. klicken und schon wird Ihnen das Ergebnis angezeigt. Wenn wir dies mit den etwas anderen Daten aus Tabelle 6.3 tun, erhalten wir auch ein etwas anderes Ergebnis als im vorherigen Fall.

Die Werte in dieser Tabelle für den Gebrauch von Emojis durch die männlichen Teilnehmer sind die gleichen wie im vorherigen Datensatz, aber die der weiblichen Teilnehmerinnen sind anders. Ein einfacher Blick darauf ergibt noch nicht, dass es sich um einen *statistisch signifikanten* Unterschied handelt. Es ist also sinnvoll und notwendig, die Berechnung vorzunehmen. Die Eingabe dieser Werte in ein entsprechendes Online-Formular sagt uns dann, dass die Chi-Quadrat-Statistik in diesem Fall 16,414 beträgt, was zunächst ein viel höherer Wert ist als der der Berechnung des ersten Datensatzes. Das Online-Formular wird uns dann auch darüber informieren, dass dieser Wert uns eine Wahrscheinlichkeit von 0,0025 gibt, die Nullhypothese, dass sich die männliche und weibliche Nutzung nicht unterscheiden, fälschlicherweise abzulehnen – was uns sagt, dass die Ablehnung dieser Hypothese sowohl mit 95% (d.h. $p < 0{,}05$) als auch mit 99% ($p < 0{,}01$) sicher ist.

Diese Ergebnisse müssen wir dann lediglich noch angemessen darstellen. Dazu brauchen wir noch eine weitere Information, die ähnlich dem t-Test den Freiheitsgrad betrifft. Dies ist notwendig, weil die Chi-Quadrat-Verteilung eigentlich eine Familie von Kurven darstellt, die analog zu den t-Verteilungen steht, die wir in Abbildung 6.4 oben gesehen haben. Auch die Chi-Quadrat-Kurven variieren je nach Freiheitsgrad und deshalb müssen wir dies bei der Darstellung der Ergebnisse berücksichtigen bzw. miteinbeziehen. Der Freiheitsgrad für die Chi-Quadrat-Verteilung ergibt sich dann aus der Multiplikation der Anzahl der Spalten in unserer Kontingenztabelle minus eins mit der Anzahl der Zeilen in der Tabelle minus eins. Für eine 2 × 2-Tabelle wäre der Freiheitsgrad daher einfach 1, d.h. $(2 - 1) \times (2 - 1)$; für unsere 2 × 5-Tabelle haben wir einen Freiheitsgrad von 4, d.h. (2 − 1) × (5 − 1). Als Endergebnis unserer Studie können wir also festhalten:

Die Gruppen unterscheiden sich signifikant bei $\chi^2(4) = 16{,}414$, $p = 0{,}0025$.

Der Wert 4 nach χ^2 ist der Wert des Freiheitsgrades, genau wie beim t-Test oben. Ob diese Zahlen korrekt sind, überlassen wir Ihnen zur Übung.

Mit weniger Bedingungen und damit niedrigeren Freiheitsgraden verändern die entsprechenden Chi-Quadrat-Verteilungen ihre Werte erheblich. Deswegen gibt es eine Reihe weiterer damit zusammenhängender Tests, die dies ausgleichen sollen: insbesondere den so genannten *Exakten Fisher-Test* und die *Yates-Korrektur*, deren Berechnungen weitgehend ähnlich sind. Wenn erwartete Häufigkeiten unter dem Wert 10 auftreten, ist es ratsam, die Yates-Korrektur zu verwenden – einige Programme können diese sogar automatisch vornehmen, wenn die Werte dies entsprechend rechtfertigen. Eine weitere Alternative bei niedrigen Werten (aber nicht nur dann) ist der *Likelihood-Quotienten-Test* oder auch *Plausibilitätsquotiententest*. Auch hierfür geben Online-Angebote und Programme in der Regel einen LL-Wert zurück (analog der Chi-Statistik) und berechnen die entsprechende Wahrscheinlichkeit für den *p*-Wert.

Auch beim Chi-Quadrat-Test und unabhängig davon, welches Berechnungsverfahren dafür eingesetzt wird, ist es sinnvoll, Effektgrößen zu berechnen, wie wir dies im vorherigen Abschnitt bereits vorgestellt haben. Da sich der Chi-Quadrat-Test jedoch mit der Häufigkeit von Nominaldaten und nicht mit numerischen Daten befasst, können wir hierfür keine Methoden verwenden, die auf Mittelwerten und ihren Unterschieden basieren. Stattdessen können wir aber die Stärke von Zusammenhängen messen, zum Beispiel durch die Verwendung von *Cramérs V*. Dieser wird in sehr ähnlicher Weise berechnet wie die Messungen, die wir oben für den t-Test angegeben haben, d.h. mit:

$$\text{Cramérs V} = \sqrt{\frac{\chi^2}{n(r-1)}}$$

wobei n die Stichprobengröße ist (d.h. die Gesamtzahl der beobachteten Vorkommen) und r entweder die Anzahl der Zeilen oder die Anzahl der Spalten in der Tabelle ist, je nachdem, welcher Wert kleiner ist. Die Interpretation der Werte ist ebenfalls ähnlich: Ist der Wert kleiner als 0,1, liegt wenig oder gar kein Effekt vor; bei einem Wert höher als 0,3 liegt ein mittlerer Effekt vor und bei einem Wert von mehr als 0,5 gibt es einen starken Effekt. Für unsere Emoji-Daten liegt der Wert für Cramérs V bei 0,1591, d.h. es gibt nur einen recht schwachen Effekt. Eine alternative Berechnung für Nominaldaten, die man gelegentlich sieht, ist das *Chancenverhältnis* (OR, für engl. ‚odds ratio'), das aber generell nur für Tabellen mit 2 × 2 Werten berechnet wird.

Schließlich wird es auch hier komplizierter (genau wie beim t-Test oben), wenn wir mehrere Gruppen oder Variablen vergleichen müssen. Wir haben bereits ANOVA als Möglichkeit zur Berechnung von Intervalldaten erwähnt, aber dies gilt nicht für Nominaldaten. Eine ausgefeiltere Sammlung von Techniken, die auf Nominaldaten anwendbar sind, wird dann im Zuge unterschiedlicher *Regressionsanalysen* angeboten, die nach Beziehungen zwischen Datenbeständen suchen (vgl. Meindl 2011: Kap. 11). In Jaeger (2008) finden sich dazu weitere, wenn auch sehr technische Details.

6.7 Interrater-Reliabilität

Im vorherigen Kapitel haben wir an mehreren Stellen von den Vorteilen der Annotation bzw. Anreicherung von Daten mit Kategorien oder Labels gesprochen, die uns helfen, unsere Forschung effektiver zu gestalten. Die Idee dabei ist, dass man die Daten so codiert, dass in weiteren Analysephasen regelmäßig wiederkehrende Muster sichtbar werden, die als bedeutungstragend untersucht werden können. Dies ist besonders im Rahmen korpusbasierter Analysen wichtig. Ein typischer Anwendungsfall ist also, dass man sich für eine spezifische Analyse bestimmter Datenbestände entscheidet und dementsprechend alle einzelnen Materialien dieser Art der Analyse unterzieht. Bell (2001) skizziert zum Beispiel die Analyse von Titelseiten einiger Frauenzeitschriften, die im Hinblick auf ihre multimodale Darstellung sozialer Distanz codiert werden; wir werden im Folgenden auf einige ähnliche Beispiele eingehen.

Eine sich dann ergebende Frage ist die, wie man sicher sein kann, dass die Codierungen und Annotationen, auf denen man die Analyse aufbaut, korrekt oder – besser gesagt – ‚zuverlässig' sind. Verschiedene Antworten sind hier zutreffend. Eine mögliche Antwort ist zum Beispiel, dass man einfach darauf vertraut, dass die Analysen ‚gut' durchgeführt wurden, d.h. dass die Analyse von jemanden konsistent vorgenommen wurde, der/die für das entsprechende Analyseschema ausreichend gut trainiert bzw. ausgebildet wurde. Dies ist oft der Fall, wenn die Analyse einen höheren interpretativen Aufwand für die Analysierenden mit sich bringt, bei dem zum Beispiele Aspekte des Kontextes oder andere Merkmale zu berücksichtigen sind, die die Wahl der Codierung beeinflussen können.

Wenn auch stets zu hoffen ist, dass solche Analysen tatsächlich zuverlässig genug sind, gibt es inzwischen doch transparentere Wege der Berechnung und Evaluation von Annotationen und Codierungen. Für viele Annotationen sind zum Beispiel manuelle, d.h. per Hand vorgenommene Codierungen immer noch eine wichtige Aufgabe und es ist keineswegs klar, ob diese immer eine entsprechend benötigte solide Grundlage für weitere Forschungsfragen bilden können. Außerdem gibt es viele Studien, in denen die Codierung anhand einiger Kriterien von speziell trainierten Annotierenden vorgenommen wird, die möglicherweise gar nicht die entsprechenden theoretischen Kenntnisse im Umgang mit den Daten und den dazugehörigen komplexen Situationen haben. Insbesondere in solchen Fällen stellt sich dann die Frage nach der Genauigkeit bzw. *Reliabilität* der Annotierungen. Solche Situationen erfordern eine entsprechende Bewertung der Codierqualität und auch wissenschaftliche Zeitschriften und andere Publikationsorgane erwarten zunehmend, dass eine solche Reliabilität der vorgenommenen Annotationen nachgewiesen wird.

So wurden vor allem in Kontexten der Inhaltsanalyse und linguistischen Analyse Schemata zur Berechnungen dessen entwickelt, was als *Interrater-Reliabilität*, *Inter-Bewerterzuverlässigkeit* oder auch *Urteilerübereinstimmung* bezeichnet wird. Dies setzt voraus, dass ein Datenbestand mit einem gegebenen Satz von Kategorien durch mehr als eine*n Codierer*in annotiert wurde. Die entsprechenden Maßnahmen machen es dann möglich zu berechnen, inwiefern die unabhängig voneinander erstellten Codierungen bzw. Annotationen miteinander übereinstimmen. Sehr wichtig dabei ist, dass die Codierungen wirklich unabhängig voneinander entstanden sind, denn die jeweilige Reliabilität der Codierung kann nicht gewährleistet werden, wenn diese Bedingung nicht erfüllt ist. Das bedeutet nicht, dass die Codierer*Innen ihre Unstimmigkeiten oder die bestmöglichen Wege der Analyse nicht diskutieren sollten, aber diese Diskussionen sollten nicht mit einer Zuverlässigkeitsanalyse zusammengebracht werden.

Wenn also einige Codierungen unabhängig voneinander erstellt wurden und diese Codierungen deutlich stärker übereinstimmen als dies durch Zufall möglich zu sein scheint, hat man gute Gründe für die Aussage, dass die Codierungen konsistent oder zuverlässig durchgeführt wurden. Darüber hinaus können unterschiedliche Grade der Übereinstimmung hilfreich sein zur Kennzeichnung von Stellen, an denen es Probleme mit der Codierung gibt, wo also möglicherweise mehr Training oder Anleitung notwendig ist oder wo die theoretischen Grundlagen noch einmal dahingehend überprüft werden sollten, ob sie wirklich in dieser Weise anwendbar sind.

Wenn es um eine ‚stärkere Übereinstimmung als durch Zufall' geht, wird deutlich, dass es sich auch hier um spezifische Anwendungen statistischer Berechnungen handelt. Wir können auch diese in den allgemeinen statistischen Prinzipien wiederfinden, die wir in den vorherigen Abschnitten vorgestellt haben, und müssen sie deswegen nicht jedes Mal neu konsultieren, wenn wir Konsistenzmessungen vornehmen. Es gibt auch hier standardisierte Verfahren, die wir sozusagen gleich ‚von der Stange' nehmen und nutzen können. Wir werden eine der häufig vorkommenden Berechnungen in diesem Abschnitt vorstellen und auch ein wenig den dazu notwendigen Hintergrund erläutern.

Zunächst ist hervorzuheben, dass ein Nachweis von Reliabilität mit Blick auf Übereinstimmung und Konsistenz in der Annotation nicht automatisch Wahrheit mit sich bringt: Was wir dadurch lediglich zeigen, ist, dass die Analysen wieder und wieder von unterschiedlichen Personen vorgenommen werden können und dabei innerhalb bestimmter Grenzen eine immer gleiche analytische Beschreibung erlangt werden kann. Kein statistischer Test wird die Situation verbessern (oder verschlechtern) bzw. Einfluss auf diese analytische Beschreibung nehmen. Andererseits kann allerdings ein eher negatives Ergebnis des Reliabilitätstest durchaus darauf hinweisen, dass diese spezifische Analyse besonders genau geprüft und die Unzuverlässigkeit entsprechend eingegrenzt werden sollte.

Dennoch wird es immer ein Spannungsfeld geben zwischen dem Ziel, Ergebnisse so zuverlässsig wie möglich zu machen und dem Ziel, die Ergebnisse so interessant wie möglich zu gestalten. Wie Klaus Krippendorff, ein prominenter Forscher im Bereich der Inhaltsanalyse, der wesentlich zur Diskussion und Messung von Reliabilität beigetragen hat, sagt:

> "*In the pursuit of high reliability, validity tends to get lost.* This statement describes the analyst's common dilemma of having to choose between interesting but non-reproducible interpretations that intelligent readers of texts may offer each other in conversations and oversimplified or superficial but reliable text analyses generated through the use of computers or carefully instructed human coders." (Krippendorff 2004: 213; original emphasis)[2]

Wenn wir empirische multimodale Analysen betreiben, werden wir immer nach solchen Kompromissen suchen müssen, die Krippendorff hier hervorhebt.

Übereinstimmungen und Konsistenzen zu berechnen kann auf verschiedenen Wegen erfolgen und es gibt keine Methode, die eindeutig heraussticht. Jede der Standardberechnungen hat ihre Eigenheiten und kann auf Besonderheiten in den Daten unterschiedlich reagieren. Dies ist ein Grund dafür, warum es überhaupt unterschiedliche Berechnungen gibt: Jede versucht, die Defizite der jeweils anderen auszugleichen. Bei der Darstellung und Veröffentlichung dieser Berechnungen ist es deswegen üblich, eine Zusammenstellung von Werten darzulegen, die jeweils mit unterschiedlichen Methoden berechnet wurden. Wenn man es schafft, mit allen Methoden hohe Werte zu erlangen, steht man wohl auf sicherem Boden. Verschiedene Statistikprogramme, darunter auch einige Online-Angebote, stellen deswegen auch ganz selbstverständlich die Ergebnisse aus mehreren Berechnungen gleichzeitig zur Verfügung.

Ein erster wichtiger Punkt zum Verständnis korrekter Konsistenzberechnungen ist der folgende: Der wohl einfachste Weg, ‚Übereinstimmung' nachzuweisen, indem gezeigt wird, welcher Anteil der von den Codierer*innen erzeugten Annotationen gleich ist, ist tatsächlich unzureichend. Dies wird in der Regel in Form der *prozentualen Übereinstimmung* angegeben und wird ganz naheliegend folgendermaßen berechnet: Nehmen wir zum Beispiel zwei Codierungssätze und berechnen, zu welchem Prozentsatz diese gleich ausfallen. Der Grund, warum diese Berechnung nicht ausreicht, kann aus unserer Diskussion zu Beginn des Kapitels abgeleitet werden: Jede Stichprobe von Daten wird Abweichungen aufweisen und deshalb reicht es nicht aus, zu wissen, dass zwei oder mehr Codierungen übereinstimmen, sondern dass sie *stärker übereinstimmen als allein durch Zufall.*

Wenn verschiedene Codierungen nur aufgrund zufälliger Entscheidungen gleich sind, gibt dies keinen Hinweis darauf, dass die Codierungen zuverlässig vorgenommen wurden. Wenn es zum Beispiel nur wenige Auswahlkategorien gibt, ist die Wahrschein-

2 „*Im Streben nach hoher Zuverlässigkeit geht Validität tendenziell verloren.* Diese Aussage beschreibt das häufige Dilemma in der Analyse, wählen zu müssen zwischen interessanten, aber nicht reproduzierbaren Interpretationen, die sich intelligente Textleser*innen in Gesprächen gegenseitig anbieten können, und übervereinfachten oder oberflächlichen, aber zuverlässigen Textanalysen, die durch den Einsatz von Computern oder sorgfältig angeleiteten menschlichen Annotierenden erzeugt werden." (Krippendorff 2004: 213; eigene Übersetzung, Hervorhebung im Original)

lichkeit, dass Codierer*innen die gleiche Auswahl treffen, auf jeden Fall höher; es kann auch eine implizite Annahme geben, dass alle Kategorien wahrscheinlich gleich oft auftreten, was ebenfalls falsch sein kann. Unsere Darstellung der Rolle der Abweichungen in Messdaten weiter oben zeigt uns, dass es immer auch ‚Fehler' im technischen Sinne geben wird. Dies hat dann nicht nur Einfluss auf die Codierungen, die als ‚richtig' gelten, sondern auch auf die, die ‚falsch' sind. Den Prozentsatz korrekter Codierungen zu berechnen, bringt uns nicht zu diesen grundlegenden Eigenschaften der Daten und kann daher durchaus zu ungenauen Ergebnissen führen. Es ist deswegen notwendig, genau solche Berechnungen hinzuziehen, die diese Eigenschaften der Daten berücksichtigen.

Beachten müssen wir dabei, dass dies zu einigen scheinbar paradoxen Eigenschaften von Reliabilitätsberechnungen führt. Zuallererst ist es möglich, Daten zu erzielen, die eine sehr gute Übereinstimmung zeigen, aber sehr niedrige Reliabilitätswerte ergeben. Stellen Sie sich zum Beispiel einen Datensatz vor, bei dem zwei Codierer*innen acht Analyseeinheiten codieren und sich auf fünf von acht Optionen einigen. Das sieht generell ganz gut aus, aber bis wir mehr darüber wissen, wie genau sich die Entscheidungen jeweils *verteilen*, ist der spezifische Wert vielleicht doch kein Indikator für zuverlässige Entscheidungen. Es ist daher hilfreich zu bedenken, dass 0% Übereinstimmung genauso unwahrscheinlich auftreten werden wie 100% Übereinstimmung und deshalb müssen wir Wege finden, die Übereinstimmung im Hinblick auf die Wahrscheinlichkeit von Zufallsergebnissen zu berechnen.

Scotts Pi

Dies geschieht in der Regel mithilfe von Berechnungen, die Indizien für die Reliabilität liefern. Viele der Reliabilitätsberechnungen haben sehr ähnliche Formeln, weil sie versuchen, an ähnliche Eigenschaften der Daten zu gelangen. Dabei gibt es eine Berechnung der tatsächlich auftretenden Werte sowie eine Berechnung dessen, was wahrscheinlich durch Zufall auftritt. Der Index berechnet dann ein gewisses Verhältnis dieser Zahlen, um das endgültige Ergebnis zu erhalten. Reliabilitätsmessungen werden üblicherweise mit griechischen Buchstaben und dem Namen des jeweiligen Entwicklers bezeichnet. Die Messung, die wir hier als Illustration verwenden, wird *Scotts Pi* bzw. Scotts π genannt – dies ist auch der Wert, der in der oben genannten Studie von Bell (2001) genutzt wurde. Innerhalb der Linguistik ist seit einiger Zeit eher *Cohens Kappa* beliebt; die Werte bei Scotts Pi und bei Cohens Kappa sind jedoch oft ziemlich ähnlich.

Scotts Pi sowie Cohens Kappa können angewendet werden, wenn wir zwei unabhängige Annotierende haben, die eine Analyse vornehmen, indem sie Daten bestimmten Kategorien zuweisen – es handelt sich also wieder um Tests für *Nominal*daten. Die Formel für Scotts Pi und Cohens Kappa lautet wie folgt:

$$\frac{Pr(a) - Pr(e)}{1 - Pr(e)}$$

wobei $Pr(a)$ die tatsächlich aufgetretene Übereinstimmung ist und $Pr(e)$ die Übereinstimmung ist, die zufällig erwartet wird. Während die Berechnung des ersten Wertes relativ klar ist, klingt es vielleicht auf der anderen Seite doch ein wenig seltsam, dass wir auch herausfinden müssen, was zufällig zu erwarten wäre. Wie kann dieses Maß berechnet werden? Glücklicherweise ist dies überhaupt nicht kompliziert. Es geht im Großen und Ganzen nur darum, zu sehen, wie die Ergebnisse aufgrund der Summen, die wir tatsächlich finden können, *proportional zu verteilen wären*. Scotts Pi und Cohens Kappa verwenden unterschiedliche Berechnungen, um diese Proportionen zu ermitteln; hier werden wir lediglich die Berechnung für Scotts Pi erläutern, weil sie ein bisschen einfacher nachzuvollziehen ist.

Wir erarbeiten dies mit einem einfachen Beispiel. Zunächst schauen wir uns an, wie viele Kategorien wir annotieren. Dies gibt uns einen Hinweis darauf, wie verteilt unsere Ergebnisse prinzipiell sein können. Als nächstes schauen wir uns die *Gesamtzahl der Instanzen* an, die in jeder diese Kategorien gewählt wurden. Dies gibt uns einen Hinweis darauf, wie sich die Codierer*innen verhalten haben und zeigt den jeweiligen Anteil der Daten, die in jeder Kategorie platziert wurden. Wir hätten hier also einen Fall der ‚proportionalen' Verteilung, wenn keine Unterschiede zwischen den Kategorien berücksichtigt würden. Der erforderliche Wert von $Pr(e)$, also die erwartete Übereinstimmung durch Zufall, ist dann für Scotts Pi einfach die Quadratsumme dieser Anteile.

Damit wir einige tatsächliche Zahlen berechnen können, stellen wir uns vor, dass wir eine Studie mit zwei Annotierenden haben, die unabhängig voneinander 20 Beispiele analysieren – und zwar nach einem einfachen Codierungsschema mit drei Kategorien, die für die Beschreibung von visuellen Einheiten von Kress & van Leeuwen (2006: 74) festgelegt wurden: ‚Setting', ‚Means' und ‚Accompaniment', also begleitende Umstände bzw. Elemente, die z. B. narrative Prozesse näher beschreiben. Wir wollen herausfinden, ob die Daten verlässlich mit diesen Kategorien annotiert werden. Normalerweise hätten wir die Codierer*innen geschult, ihnen im Vorhinein die Definitionen für diese Kategorien und einige Beispiel dafür gegeben, Probleme diskutiert, die möglicherweise auftauchen und sie dann auf die Daten losgelassen. Wir hätten natürlich auch viele andere Kategorien hinzunehmen können, solange diese *disjunkt*, also unabhängig voneinander und ohne direkte Überschneidungsmöglichkeiten sind. Nur so können wir nun die Reliabitätsberechnungen vornehmen.

Nach der Annotation durch die beiden Codierer*innen – wir nennen sie hier ganz konkret Emma und Paul – erhalten wir zwei Tabellen, die jeweils die Kategorien zeigen, die die beiden für jedes Beispiel ausgewählt haben. Wir gehen dabei davon aus, dass die beiden immer eine spezifische Wahl getroffen haben, so dass es keine Lücken in den Daten gibt. Um solche Lücken zu vermeiden, kann man auch immer eine Kategorie ‚andere' einfügen, die annotiert werden sollte, wenn die spezifischen Kategorien nicht zustimmen. Man sollte aber auch darauf achten, dass sich die Annotierenden nicht gezwungen fühlen, diese Kategorie zu oft zu verwenden, denn wenn die Menge der Daten, die dieser Kategorie zugeordnet werden, über 10% liegt, muss dass Kategorienschema wahrscheinlich überarbeitet werden. Wir können dann die beiden Tabellen von Emma und Paul zu einer einzigen Tabelle zusammenbringen, so dass diese aus 20 Zeilen für jedes Beispiel und jeweils zwei Spalten besteht, eine für jede*n Codierer*in. Jede Zelle in der Tabelle enthält dann die Kategorie, die der/die jeweilige Codierer*in für das jeweilige Beispiel ausgewählt hat. Dies könnte dann wie Tabelle 6.4 aussehen. Krippendorff (2004: 227) nennt dies eine ‚reliability data matrix', also eine ‚Reliabilitätsdatenmatrix', die bereits alle Informationen beinhaltet, die wir zur Berechnung der Reliabilität benötigen.

Tab. 6.4. Daten von zwei unabhängigen Annotierenden, die mit 20 Beispielen gearbeitet haben

Emma	Paul
Setting	Setting
Setting	Accompaniment
Means	Means
Accompaniment	Accompaniment
Setting	Setting
Means	Accompaniment
Means	Means
Means	Accompaniment
Accompaniment	Accompaniment
Accompaniment	Accompaniment
Means	Means
Setting	Setting
Setting	Means
Means	Accompaniment
Setting	Accompaniment
Means	Means
Setting	Setting
Accompaniment	Accompaniment
Accompaniment	Accompaniment
Setting	Setting

Zunächst berechnen wir die tatsächliche Übereinstimmung, also einfach den Prozentsatz, der sich aus der Division der Anzahl der Übereinstimmungen in einer Kategorie (in dieser Tabelle sind das 14) durch die Anzahl der kategorisierten Datenbeispiele (20) ergibt. Die Übereinstimmung, $Pr(a)$, liegt dann nach der obigen Formel bei 0,7 (d.h. 14/20). Als nächstes soll die erwartete Übereinstimmung berechnet werden, wozu wir die Summe der Male, die eine Kategorie annotiert wurde, durch die Anzahl der Klassifizierungen allgemein (40) teilen, alle Werte miteinander quadrieren und dann addieren.

Wenn wir diese Berechnung vornehmen, stellen wir fest, dass wir 13 Vorkommen der Kategorie ‚Setting', 12 Vorkommen von ‚Means' und 15 Vorkommen von ‚Accompaniment' haben. Die Division durch 40 ergibt die Proportionen 0,325 (13/40), 0,3 (12/40) und 0,357 (15/40). Wenn wir dann die Quadrate dieser Proportionen berechnen und miteinander addieren, erlangen wir den Wert $Pr(e)$. Dieser liegt bei 0,33625 für den vorliegenden Fall. Wir haben damit alle Werte zusammen, die wir für die Formel für Scotts Pi brauchen – also die zwei Werte für $Pr(a)$ und $Pr(e)$:

$$\pi = \frac{Pr(a) - Pr(e)}{1 - Pr(e)} = \frac{0{,}7 - 0{,}33625}{1 - 0{,}33625} = 0{,}548$$

Der resultierende Wert ist eher niedrig; eigentlich würden wir keine Reliabilitätswerte unter 0,7 akzeptieren wollen. Obwohl eine *prozentuale Übereinstimmung* von 70% ganz vernünftig zu klingen scheint, ist dies doch kein überzeugendes Ergebnis. Die Intercoder-Konsistenz sollte also verbessert werden.

Wir können hier veranschaulichen, wie wichtig solche Verbesserungen sind, indem wir unsere Daten etwas verändern. Stellen wir uns vor, dass Paul einen schlechten Tag hatte und deswegen der Einfachheit halber für jede Annotation die Kategorie ‚Setting' gewählt hat. Dies kann ganz leicht in einem weniger extremen Ausmaß in realen Codierungssituationen passieren, wenn zum Beispiel einige Kategorien nicht vollständig verstanden wurden und deswegen systematisch vermieden werden. Selbst wenn Paul in unserem Fall 20 mal ‚Setting' wählen würde, läge die Übereinstimmungsrate immer noch bei 40% bzw. 0,4. Das liegt einfach daran, dass Emma diese Kategorie auch einige Male ausgewählt hat. Wenn wir Scotts Pi mit diesen veränderten Daten berechnen, bekommen wir allerdings ein sehr anderes Ergebnis: Die Proportionen für die drei Kategorien liegen jetzt bei 0,7, 0,175 und 0,125 und ergeben quadriert und summiert den Wert 0,5362. Geben wir dies alles in die Formel, erhalten wir:

$$\pi = \frac{0{,}4 - 0{,}5362}{1 - 0{,}5362} = -0{,}294$$

Nun sind Reliabilitätsberechnungen in der Regel so konzipiert, dass sie einen Wert zwischen 0 (d.h. keine Reliabilität) und 1 (d.h. sehr hohe Reliabilität bzw. perfekte Übereinstimmung) ergeben. Wenn wir also einen negativen Wert erhalten, wissen wir, dass hier etwas sehr falsch sein muss! Das kann nur dann geschehen, wenn die Stichprobe zu klein ist oder wenn es eine *systematische* Verzerrung oder einen Versatz in den Werten gibt, d.h. ein wiederholt auftretender Fehler oder eben der Ausschluss einiger Kategorien zugunsten anderer durch einzelne Codierer*innen, so dass Reliabilität einfach nicht möglich ist. Dies ist hier der (skizzierte) Fall und zeigt erneut, dass die Berechnung von Reliabilität für eine Vielzahl von Anwendungen ungemein wichtig ist. Die Werte, die man dadurch erhält, können sich als sehr nützlich erweisen für die Diagnose von Problemen mit den Annotationen, die wiederum auf Probleme im Annotationschema oder auch mit den Annotierenden hinweisen können.

Krippendorffs α

Wie wir bereits oben erwähnt haben, gibt es mehrere Berechnungsarten für Reliabilität, die häufig angewandt werden, und alle haben ihre eigene Vorteile und Nachteile. Zurzeit spricht viel für die Verwendung von *Krippendorffs* α, weil dieser Test auf eine breitere Palette von Daten anwendbar sein soll, auch auf Fälle, in denen die Antworten Lücken vorweisen oder nur kleinere Datenmengen verfügbar sind (vgl. Krippendorff 2004: 222). Die jeweiligen Werte sind sich jedoch oft weitgehend ähnlich. Für unsere beiden Beispielfälle liegt der Wert für Krippendorffs α bei 0,559 bzw. -0,2615 und ist damit dem Wert für Scotts Pi, den wir oben berechnet haben, sehr ähnlich. Wir haben auch erwähnt, dass mehrere Online-Dienste und Programme ganz selbstverständlich Berechnungen nach allen Kriterien vornehmen. Solange man also nach Werten im Bereich von 0,8 und darüber strebt, kann die Reliabilität der Annotationen relativ sicher angenommen werden.

6.8 Was beeinflusst was? Auf der Suche nach Abhängigkeiten

Bisher haben wir erarbeitet, wie wir statistisch signifikante Unterschiede in Datensätzen herausarbeiten können, unabhängig davon, ob es sich um Korrelationen innerhalb von Daten oder um Übereinstimmungen in der Annotation dieser Daten handelt. Bei größer angelegten Studien ist das gemeinsame Ziel vielleicht eher, nicht nur entsprechende Unterschiede zu finden, sondern vor allem auch Gründe für diese Unterschiede festzustellen. Das heißt, dass wir oft herausfinden wollen, welche Faktoren für die von uns vorgenommenen Beobachtungen verantwortlich sein können. Dies führt uns zu der äußerst nützlichen Sammlung von statistischen Methoden zur Varianzanalyse oder kurz: ANOVA, die wir weiter oben bereits mehrfach erwähnt haben.

ANOVA ist immer dann sinnvoll, wenn in einem Experiment oder in einer Studie mit Intervalldaten *mehrere* qualitative Variablen auftauchen, mit denen die Daten in Gruppen aufteilt werden. Konkrete Beispiele dafür werden wir weiter unten sehen. Die Berechnungen sind den von uns oben vorgestellten Berechnungen sehr ähnlich, insbesondere im Vergleich zum t-Test, aber auch zu vielen anderen Verfahren, weil *Vergleiche* in und für alle Datensätze durchgeführt werden, um zu sehen, wo genau die Effekte herkommen. Ein intuitives Gespür dafür kann man bekommen, wenn man sich eine der grundlegendsten Anwendungen von ANOVA anschaut, nämlich die Suche nach Unterschieden im Vergleich von *mehr als zwei Gruppen bzw. Datensätzen.*

Wir haben weiter oben erklärt, wie der t-Test eine unkomplizierte Berechnung für Intervalldaten mit zwei Gruppen darstellt, aber nicht für mehr als zwei Gruppen anwendbar ist. Wir könnten auf die Idee kommen, diese Schwierigkeit einfach umzugehen, indem wir separate t-Tests für jedes Paar von Gruppen vornehmen: *Dies ist aber im Allgemeinen keine gute Idee*, da jeder einzelne Test die Chance mit sich bringt, die Nullhypothese fälschlicherweise zu verwerfen, d.h. einen Unterschied anzunehmen, wenn gar keiner vorliegt. Und jedes Mal, wenn wir den Test wiederholen, indem wir ein neues Paar von Gruppen wählen, summieren wir auch die Chancen, dass Fehler entstehen. Was eigentlich ein angemessenes Signifikanzniveau für einen einzelnen t-Test wäre, wird durch diesen Schneeballeffekt dann schnell inakzeptabel niedrig.

Um dieses Problem zu umgehen, ist ANOVA das richtige Tool, aber in der Folge auch etwas komplizierter in der Berechnung und Benutzung. Wir werden deswegen auch nicht darauf eingehen, wie diese Berechnungen von Hand vorgenommen werden können – stattdessen sollte ein geeignetes Programm dafür verwendet werden. Hauptaufgabe dafür ist dann: Erstens die Daten in einem solchen Format zu organisieren, dass sie mit dem Programm weiter bearbeitet werden können, und zweitens die resultierenden Ergebnisse entsprechend zu lesen und auszuwerten. Letztere Fähigkeit ist natürlich besonders wichtig und nützlich, auch wenn Sie nicht beabsichtigen, ANOVA-Tests selbst vorzunehmen. In vielen Publikationen werden solche Ergebnisse dargestellt und es ist wichtig, diese richtig zu verstehen und nachvollziehen zu können. Wie bei allen statistischen Tests gibt es feste Formeln und Darstellungen zur Präsentation der Ergebnisse und ein entsprechendes Wissen darüber wird es Ihnen erleichtern, empirische Ergebnisse anderer Studien nachvollziehen zu können.

Um zu wissen, warum bestimmte Werte von einem Programm ausgegeben werden, wenn Sie einen ANOVA-Test durchführen, ist es sinnvoll, eine grundlegende Vorstellung davon zu haben, was der ANOVA-Test genau macht. Wir werden dies so einfach wie möglich beschreiben. Einige der Konzepte sind etwas subtil, aber sie alle bauen dennoch auf dem auf, was wir bisher in diesem Kapitel vorgestellt haben. Wir werden deswegen bei Bedarf auf Konzepte zurückgreifen, die wir zuvor verwendet haben.

Anschließend geht es zur praktischen Anwendung der Tests in einem multimodalen Beispiel.

Der Grundansatz von ANOVA besteht darin, zu vergleichen, wie viel Variation es in mehreren Datensätzen gibt, sowohl *intern* innerhalb einer jeden Gruppe als auch *über die als Ganzes betrachteten Gruppen hinweg*, unabhängig davon, wie viele Gruppen es gibt. Alle auftretenden Unterschiede gelten als signifikant, wenn die gefundene Abweichung (und wir wissen, dass es *immer* eine solche geben wird) in den Gruppen (a) mehr ist als das, was zufällig erwartet wurde *und* (b) sich zwischen den Gruppen ausreichend unterscheidet. Dies alles wird in der so genannten *F-Verteilung* erfasst, wodurch ein Wert berechnet werden kann, indem alle für die beteiligten Gruppen ausgearbeiteten Abweichungen und deren Kombinationen in einer einzigen Messung zusammengefasst werden.

Weiter oben haben wir das Konzept der Abweichung erklärt und wie sie berechnet werden kann, wenn es sich um eine Standardabweichung handelt. Im Wesentlichen ging es dabei darum, herauszufinden, inwieweit sich die einzelnen Datenwerte von den Mittelwerten oder dem Durchschnitt unterscheiden, indem wir das Ergebnis quadrieren, die Quadratsumme durch Addition ermitteln und diese durch den Stichprobenumfang minus eins – d.h., den Freiheitsgrad – dividieren. Der F-Test nimmt eine ähnliche Berechnung vor: Er baut auf dem kumulierten Grad auf, zu dem die Mittelwerte der betrachteten Gruppen sich unterscheiden, und stellt diesen in Beziehung zu den erwarteten Unterschieden. Die kumulative Zusammenführung ist hier notwendig, weil wir nicht einfach einen Unterschied zwischen zwei Mittelwerten ausmachen können, wie dies der Fall für zwei Datensätze wäre (wie beim t-Test). Wir würden genau die Informationen verlieren, die wir hier ermitteln wollen: Während zum Beispiel die Differenz zwischen 10 und 5 relativ einfach zu ermitteln ist, ist der Unterschied zwischen 10 und 5 und 2 weniger klar. Wenn wir lediglich 5 und 2 von 10 abziehen, bleibt ein Wert von 3, was uns nichts sehr Nützliches über die individuellen Differenzen zwischen 10 und 5, zwischen 5 und 2 und zwischen 10 und 2 sagt.

Um diese Schwierigkeit zu umgehen, bildet die Zusammenführung im ANOVA-Test die quadrierten Differenzen der einzelnen Gruppenmittelwerte zum Gesamtmittelwert, multipliziert diese mit den Größen der beteiligten Gruppen und addiert die Ergebnisse. Die manuelle Berechnung dieses Werts würde viele einzelne und sich wiederholende Berechnungen notwendig machen, um die Mittelwerte festzustellen, Subtraktionen vorzunehmen, Quadrate zu bilden, usw. Obwohl dies im Allgemeinen nicht besonders komplex ist, wird der Nutzen eines Computerprogramms für diese vielen Berechnungen doch schnell deutlich. Dies ist schließlich genau die Art von Aufgabe, für die ein Computer ursprünglich konzipiert wurde: für viele Wiederholungen von mehr oder weniger gleich bleibenden Arbeitsabläufen.

Sobald das endgültige F-Verhältnis ermittelt worden ist, wird dieses wie beim t-Test und dem Chi-Quadrat-Test verwendet, um zu sehen, wie unwahrscheinlich es ist, dass dieser Wert durch Zufall entsteht. Dies funktioniert in der gewohnten Weise, indem der jeweilige berechnete Wert gegen eine entsprechende Verteilung (in diesem Fall logischerweise die ‚F-Verteilung') gesetzt wird. Dadurch erhält man einen endgültigen *p*-Wert, mit dem wie gewohnt die statistische Signifikanz angegeben wird. Wenn ein F-Verhältnis ein statistisch signifikantes Ergebnis zeigt, bedeutet dies, dass wir die Nullhypothese ablehnen können, dass es keinen Unterschied zwischen den Mittelwerten der verglichenen Gruppen gibt (unabhängig davon, wie viele Gruppen es waren). Es sagt uns jedoch nicht, zwischen welchen bestimmten Gruppen der Unterschied signifikant ist und zwischen welchen nicht. Dies lässt sich durch andere Tests ermitteln, die sich auf Paare konzentrieren, um die Ursachen der signifikanten Unterschiede zu finden. Da diese Tests in der Regel nach den grundsätzlichen ANOVA-Berechnungen durchgeführt werden, werden sie als *Post-Hoc*-Tests bezeichnet. Der am häufigsten verwendete Post-Hoc-Test ist der Tukey-Test und glücklicherweise gibt es auch hierfür in den meisten Programmen, mit denen Sie auch die ANOVA-Tests durchführen, automatisierte Prozesse.

Eine weitere Ähnlichkeit mit dem t-Test und dem Chi-Quadrat-Test besteht darin, dass die tatsächliche Form der F-Verteilung, mit der die Signifikanz gemessen wird, von den beteiligten Freiheitsgraden abhängt – und somit auch diese gegeben (oder berechnet) werden müssen. Da wir jedoch *zwei* Arten von Informationen vergleichen – die Abweichung innerhalb der Gruppen und die allgemeine Abweichung – kommen jetzt *zwei Freiheitsgrade* ins Spiel. Für die Anzahl der verglichenen Gruppen berechnen wir den ‚Freiheitsgrad zwischen den Gruppen', indem wir die Anzahl der Gruppen nehmen und eine subtrahieren; für die ‚Freiheitsgrade innerhalb der Gruppen' berechnen wir die Gesamtzahl der Stichproben und subtrahieren die Anzahl der Gruppen – d.h., wenn es 4 Gruppen mit jeweils 5 Werten gibt, dann ist der entsprechende Freiheitsgrad $(5 + 5 + 5 + 5) - 4$, d.h. 16. Dies sind also beide immer noch Variationen der von uns oben vorgestellten Berechnungen zum Freiheitsgrad.

Schließlich, wie auch oben für den t-Test erläutert, ist es wichtig, zu entscheiden, ob die gesammelten Berechnungen unabhängig voneinander sind oder nicht. Wenn zum Beispiel völlig unterschiedliche Datensätze miteinander verglichen werden, sind diese unabhängig voneinander. Aber wenn wir sehen wollen, ob das Verhalten einer einzelnen Gruppe Unterschiede in Bezug auf verschiedene Bedingungen aufweist, denen die Gruppe ausgesetzt wurde, dann müssen wir stattdessen eine ANOVA-Berechnung mit ‚Messwiederholungen' anwenden. Da Statistikprogramme diese Variante anbieten, stellt sie kein Problem mehr dar und kann in der Tat sehr nützlich sein, um individuelle Abweichungen zu erkennen. Wenn wir beispielsweise vor und nach einer Intervention einen Wert für jede*n Teilnehmer*in messen, können wir sicher sein, dass jeder gefundene Unterschied auf diese Intervention zurückzuführen ist und nicht auf bereits bestehende individuelle Unterschiede.

Zur Veranschaulichung nehmen wir eine ähnliche Situation an wie in dem Beispiel, das wir oben für den t-Test verwendet haben, bei dem es eine abhängige Variable (die Punktzahl, die die Teilnehmer*innen erarbeitet haben) und zwei Gruppen (trainiert und untrainiert) gab. Verändern wir die Situation nun so, dass wir jetzt drei Gruppen haben, die nicht durch Training, sondern durch eine weitere Variable mit drei möglichen Werten oder ‚Stufen' (engl. ‚Levels') bestimmt werden, nämlich nach dem Ort der Veröffentlichung der zu annotierenden Daten: in einer Zeitung (23 Fällen), auf einer Webseite (25 Fälle) oder in einer Graphic Novel (22 Fälle). Wir können dann herausfinden, ob es einen Unterschied in der Ausführung der Annotation gibt, je nachdem, ob das analysierte Material einer dieser Quellen entstammt. Alle anderen Details der Studie behalten wir bei – mit der Ausnahme, dass wir nur eine Gruppe von Annotierenden haben, von denen wir annehmen, dass sie vergleichbar sind. Wir können dann eine *einfaktorielle*, unabhängige ANOVA-Berechnung vornehmen (weil wir eine unabhängige Variable, den Ort der Veröffentlichung, haben).

Der erste Schritt besteht darin, die Daten in einer Form darzustellen, die von einem Programm gelesen werden kann. Dies ist im Allgemeinen einfach: Die meisten Pakete, die ANOVA-Berechnungen vornehmen, akzeptieren einfach eine Kalkulationstabelle mit Werten, die in Spalten organisiert wurden, wobei jeweils eine Spalte für einen der drei Werte der unabhängigen Variable steht. Entsprechende Tabellenvorlagen finden Sie auch online. Die Durchführung des ANOVA-Tests erfordert dann, dass die Spalten identifiziert werden und das Programm entsprechend ausgeführt werden kann.

Daten

Zeitung	*Webseite*	*Graphic Novel*
87	56	28
54	19	67
54	21	56
56	16	54
68	18	25
79	35	43
49	19	34
68	30	36
…	…	…

ANOVA ⇒

ÜBERBLICK ÜBER DIE DATEN

Gruppen	*n*	*df*	*dfS*	*Summe*	*Mittelwert*	*Abweichung*	*SSW*
Zeitungen	23	22	67	1324	51,57	172,44	11579,36
Webseiten	25	24		798	31,92	173,49	
Graphic Novels	22	21		875	39,78	172,47	

ANOVA-BERECHNUNG

Quelle	*Quadrat-summe*	*% QS*	*df*	*VAR*	*F*	*p-Wert*	*F-kritisch*
zwischen den Gruppen	8175,23	41,38%	2	4087,61	23,652	0,000	4,937
innerhalb der Gruppen	11579,36	58,26%	67	172,83			
Gesamt	19754,59		69				

relevante Freiheitsgrade — *F-Wert* — *p-Wert für F(2, 67)*

Abb. 6.6. Ausgabe der einfaktoriellen, unabhängigen ANOVA-Berechnung für drei Gruppen

Eine Ausgabe einer solchen ANOVA-Berechnung ist in Abbildung 6.6 dargestellt. Links in dieser Abbildung befindet sich ein Auszug aus unserer oben skizzierten Tabelle mit den (erfundenen) Daten. Die Tabellen auf der rechten Seite wurden automatisch erstellt und enthalten viele der oben genannten Werte (Quadratsummen, etc.). Der obere Teil stellt die deskriptive Statistik der Daten dar, einschließlich der Größe jeder Gruppe und der berechneten Freiheitsgrade für jede Gruppe. Wir finden darin auch Summen, Mittelwerte und Abweichungen als nützliche Angaben zur Überprüfung, ob die Daten sich nicht seltsam verhalten, z. B. mit extremen Abweichungen. Eine wichtige Bedingung für die Anwendung von ANOVA-Tests ist zum Beispiel, dass die Abweichungen zwischen den Gruppen ungefähr gleich sind, was hier der Fall ist. Die wichtigsten Werte sind in der Abbildung durch Pfeile hervorgehoben; diese zeigen uns, dass der Unterschied in den Mittelwerten zwischen den Gruppen in der Tat ein statistisch signifikanter Wert ist, weil der F-Wert viel größer ist als der kritische F-Wert (rechts in der Abbildung zu sehen), was einen sehr niedrigen Wert für p ergibt, also für die Wahrscheinlichkeit, dass die Nullhypothese fälschlicherweise abgelehnt wird. Dieses Ergebnis würde dann die These unterstützen, dass die analysierten Seiten einen signifikanten Einfluss auf die Richtigkeit der vorgenommenen Klassifizierungen hat.

Wenn wir dann die Ergebnisse dieser Berechnung schriftlich darstellen oder entsprechende Ergebnisse lesen, sieht das folgendermaßen aus:

> Eine einfaktorielle, unabhängige ANOVA zeigte einen statistisch signifikanten Unterschied in den Gruppenmittelwerten der drei Bedingungen, $F(2,67) = 23{,}652$, $p < 0{,}001$.

‚einfaktoriell' bedeutet, dass man sich *eine einzelne* Hauptvariable ansieht, deren Werte auf drei oder mehr Gruppen verteilt sind. Eine ‚unabhängige Probe' besagt, dass die Stichproben unabhängig voneinander waren, was bei ANOVA-Berechnungen mit Messwiederholungen nicht der Fall ist. Die beiden Zahlen nach dem F geben die beiden Freiheitsgrade an. Der berechnete F-Wert liegt bei 23,652 und ergibt unter Rückbezug auf die für dieses spezifische Paar an Freiheitsgraden geeignete F-Verteilung einen *p*-Wert von weniger als 0,001.

ANOVA-Berechnungen öffnen die Tür zu einer Vielzahl leistungsfähiger empirischer Methoden. Wir können zum Beispiel komplexere Situationen berücksichtigen und dafür ‚zweifaktorielle' oder sogar ‚mehrfaktorielle' ANOVA anwenden, wenn mehr als eine unabhängige Variable im Spiel ist. Zum Beispiel könnten wir die Variable ‚trainiert/untrainiert' mit einer Variable wie ‚Veröffentlichungsort' *kombinieren*. Oder wir könnten untersuchen, ob die Einstellungslänge in Filmen systematisch nach Genre oder Einstellungsgröße varriert, wobei die Einstellungslänge als abhängige Variable und die beiden anderen Kategorien als unabhängige Variablen fungieren würden.

In der Auswertung der Ergebnisse einer solchen zweifaktoriellen ANOVA-Berechnung würden wir zunächst sehen, ob es einen *Haupteffekt* gegeben hat. Dieser zeigt an, ob es einen statistisch signifikanten Unterschied zwischen den Mittelwerten der Datensätze gibt oder nicht. Post-Hoc-Tests würden anschließend herausfinden, welche Werte welcher Variablen Auswirkungen auf die gemessene abhängige Variable haben. Solche Tests können auch *Interaktionseffekte* zwischen den Variablen aufdecken. In der Berichterstattung über solche Ergebnisse wird die Art des verwendeten Post-Hoc-Tests zusammen mit allen Niveaus der statistischen Signifikanz angegeben, die durch die *Kombinationen* unabhängiger Variablenwerte erreicht werden. Zum Beispiel könnte dabei herauskommen, dass eine bestimmte Genrekategorie (z. B. ‚Comedy') und eine bestimmte Einstellungsgröße (z. B. ‚Nahaufnahme') eine Interaktion zeigen (d.h. Unterschiede zu den anderen statistisch signifikanten Werten der Variablen aufweisen), während eine andere Interaktion (z. B. von ‚Thriller' und ‚Totale') dies nicht tut.

Auch dies sind wiederum Standardmethoden, die von (jetzt immer ausgefeilteren) Statistikprogrammen angeboten werden. Wir können hier nicht auf weitere Details eingehen, aber einen Großteil der Informationen, die Sie zum Verständnis statistischer Ergebnisse und zur eigenen Anwendung und Durchführung einiger Tests brauchen, haben wir nun abgearbeitet. Die Tatsache, dass diese Programme alle möglichen Kombinationen der von uns vorgestellten Tests durchlaufen können, um nach signifikanten Wechselwirkungen und Interaktionen in unseren Daten zu suchen, macht deutlich, wie nützlich sie sein können. Einige einführende Statistiklehrbücher, wie zum Beispiel Meindl (2011: Kapitel 10) oder das englischsprachige von Lowie & Seton (2013: insbesondere Kapitel 6 und die praktischen Lehreinheiten), geben weitere Details. Daneben gibt es viele ausführliche Online-Tutorials.

6.9 Zusammenfassung: Viele verschiedene Tests und Möglichkeiten

Wir haben in diesem Kapitel einige der Gründe diskutiert, warum die Durchführung von statistischen Berechnungen eine gute und wichtige Sache für empirische multimodale Analysen ist und gezeigt, wie einige der häufigsten Tests für solche Analysen vorgehen. Außerdem haben wir die wesentlichen Begriffe und Konzepte, die den Funktionsweisen dieser Tests zugrunde liegen, skizziert und hoffentlich zeigen können, dass diese im Allgemeinen keine großen Herausforderungen mit sich bringen. Der wohl zeitintensivste Teil der Arbeit ist es, sicher zu stellen, dass die Versuchsumgebungen angemessen sind und tatsächlich auch entsprechenden Zugang zu den Daten und Phänomenen der Analyse bieten. Dies sollte grundsätzlich immer getan werden und ist nicht nur eine Bedingung für die Berechnung von Statistiken. Allerdings machen statistische Berechnungen, wie wir gesehen haben, viel eher und stärker deutlich, dass zuvor möglicherweise bereits unangemessene analytische Entscheidungen getroffen wurden, die dann zu ungenauen oder problematischen Ergebnissen führen.

Die tatsächlichen Berechnungen sind dann in der Regel unkompliziert, sollten aber nicht unbedingt von Hand vorgenommen werden. Wir empfehlen, dass Sie sich eine gewisse Vertrautheit im Umgang mit Kalkulationsprogrammen oder grundlegenden statistischen Tools aneignen; darüber hinaus werden sich auch Kenntnisse in einfacheren Programmiersprachen zur Bearbeitung von Datensätzen für die statistische Bearbeitung um ein Vielfaches auszahlen.

Auf dem uns hier zur Verfügung stehenden Platz konnten wir nur die Oberfläche dessen ankratzen, was mit statistischen Methoden alles erreicht werden kann. Für diejenigen, die nächste Schritte unternehmen wollen, seien im deutschsprachigen Kontext die Übersetzung von Deborah Rumseys „Statistik für Dummies" (2015), die

Einführung von Kuckartz u. a. (2013) mit einem allgemeinen sozialwissenschaftlichen Schwerpunkt und das praxisorientierte Studienbuch von Bourier (2018) empfohlen. Aus einer eher empirisch-linguistischen Perspektive bieten die Studienbücher von Meindl (2011) und von Albert & Marx (2016: Kap. 7–11) viele Anhaltspunkte und praktische Beispiele. Auch das online verfügbare Skript zur Vorlesung „Statistik für alle" von Prof. Joachim Merz von der Leuphana Universität Lüneburg bietet einige hilfreiche Details zur Berechnung und schließlich Übungsaufgaben mit Lösungen zum Selbsttraining (vgl. Merz 2014); für die weitere Arbeit mit der Computersprache R sind zum Beispiel Gries (2016) und Winter (2020) sehr zu empfehlen.

Für ein etwas tieferes Verständnis der Grundlagen ohne weitere mathematische Kenntnisse empfehlen wir außerdem das englischsprachige Studienbuch von Field (2016), das in Form einer Graphic Novel eine umfangreiche und leicht verständliche Einführung in eine Fülle grundlegender statistischer Konzepte gibt. Ebenfalls sehr zugänglich, mit vielen detaillierten Beispielen, die zeigen, wie man jeden der eingeführten Tests und Methoden berechnet, ist Richard Lowrys Online-Lehrbuch (Lowry 1998–2015); Lowie & Seton (2013) geben ebenfalls einen guten Überblick über statistische Methoden und insbesondere die Gründe für die Verwendung der unterschiedlichen Tests. Schließlich bietet Krippendorff (2004) eine detaillierte Einführung in viele Aspekte, die für die empirische Forschung im Allgemeinen wichtig sind.

Auch ohne weitere Auseinandersetzungen mit den in diesem Kapitel behandelten Daten sollten die nun zur Verfügung stehenden Informationen es möglich machen, die am häufigsten vorkommenden empirischen Fragen multimodaler Analyse zu diskutieren und mögliche Probleme oder Herausforderungen zu identifizieren. Wir empfehlen dennoch, dass Sie Ihr experimentelles Design immer auch mit jemandem besprechen, der*die mit der Durchführung von statistischen Berechnungen vertraut ist. Es ist immer ein sehr lohnenswertes Unternehmen, gerade auch mit Vertreter*innen der Disziplinen zu kommunizieren, die sich in diesen Bereich ganz selbstverständlich bewegen, und Ihr Forscher*innenteam entsprechend interdisziplinär aufzustellen. Solche Teammitglieder bringen nicht nur die entsprechende Expertise im Bereich Statistik mit, sondern vor allem auch wertvolle Erfahrungen in der Gestaltung und Ausarbeitung von Experimenten, die zu interessanten Ergebnissen führen. Eine solche Gestaltung ist keineswegs selbstverständlich und muss von Beginn an sorgfältig durchdacht werden. Wie in vielen anderen Bereichen auch spielt Erfahrung hier eine wichtige Rolle und kann viel Zeit und Mühe einsparen.

7 Der Navigator: Wie plane ich meine multimodale Analyse?

Orientierung

In diesem Kapitel wechseln wir nun zur konkreten Praxis multimodaler Analysen. Wir haben bisher eine Einführung in die allgemeinen Interessensgebiete von Multimodalität in Kapitel 1, Übersichten über Ansätze und Methoden in den Kapiteln 2, 5 und 6 und wichtige theoretische Grundlagen in den Kapiteln 2 und 4 gegeben. Jetzt ist es an der Zeit, genauer zu beleuchten, wie wir Theorie und Praxis miteinander verbinden und anwenden können, um unterschiedlichste Beispiele von Multimodalität in Aktion zu analysieren. Der spezifische Fokus dieses Kapitels liegt daher auf der Kombination der bislang vorgestellten theoretischen Kategorien mit analytischen Entscheidungen darüber, wie wir uns einem bestimmten Thema bzw. multimodalen Phänomen nähern und dann damit umgehen können und sollen. Wir tun dies, indem wir Ihnen einen ‚Navigator' vorstellen, der unsere Aufmerksamkeit auf genau diejenigen Aspekte eines multimodalen Artefaktes oder einer Darbietung lenken wird, die uns bei der Analyse helfen werden. Die folgenden Kapitel stellen dann Fallstudien und Beispielanalysen vor, auf die unser Navigator und der mit ihm einhergehende Leitfaden verweisen. Es könnte hilfreich sein, immer mal wieder zwischen diesen Fallstudien und unseren Ausführungen zu unterschiedlichen Medien in Kapitel 3 hin- und her zu wechseln. Der Navigator in diesem Kapitel wird deutlich machen, wie diese Ausführungen zusammenhängen, so dass Sie ein praktisches Gefühl dafür bekommen, was die theoretischen Kategorien für unsere Analysen leisten können.

7.1 Wie beginnen wir mit der Analyse?

Es kann ein einschüchterndes Erlebnis sein, zum ersten Mal so richtig mit den Daten konfrontiert zu sein, die Sie analysieren möchten. Plötzlich tauchen komplexe Details auf, die vorher nicht ersichtlich waren – und noch schlimmer: sie verschwinden nicht einfach wieder, wenn man sich seinen Weg durch analytische Kategorien und Methoden bahnt! Einen Großteil dieser Herausforderung können wir meistern, indem wir die einzelnen Komponenten und ‚Orte', an denen multimodale Bedeutungskonstruktion stattfindet, systematisch zerlegen und ihre Bestandteile nebeneinander aufschlüsseln. Hierzu gibt es verschiedene Möglichkeiten; einige davon sind hilfreich, andere werfen eher noch Probleme auf als diese zu lösen. Wir empfehlen daher, dass Sie immer einer klaren Methode folgen, die Ihnen hilft, sich auf diejenigen Details zu konzentrieren, die auch wirklich Ziel Ihrer Analyse sind.

Aspekte eines theoretischen Rahmens, der Ihnen dabei helfen kann, haben wir bereits ausführlich in den Kapiteln 3 und 4 dargelegt. In diesem Kapitel werden wir uns der Aufgabe dagegen von einer anderen Seite aus nähern: nicht aus Sicht einer allgemeinen Theorie, sondern aus der Praxis heraus, aus der Perspektive auf konkrete Situationen, also auf Artefakte oder Darbietungen, die grundsätzlich im Interesse multimodaler Analysen stehen und die Sie sich vielleicht anschauen wollen. Dabei werden wir uns letztendlich auch immer an theoretischen Grundlagen orientieren, aber

DOI: https://doi.org/10.1515/9783110495935-007

der Fokus wird stets auf konkreten Einsatzbereichen und Anwendungsfällen liegen. Verlieren Sie bitte nicht bereits im Vorhinein den Mut dafür, wir leiten Sie durch alle komplexen Zusammenhänge durch und zeigen Ihnen, auf welche Details Sie achten müssen, so dass Sie sich später in der Lage fühlen sollten, selbst auch sehr komplexe kommunikative Situationen analysieren zu können.

Um Ihnen zu verdeutlichen, wie Sie eine umfangreiche multimodale Analyse am besten durchführen bzw. sich so positionieren, dass Sie jederzeit in der Lage sind, eine solche vorzunehmen, werden wir deswegen auch gleich mit einem relativ komplexen und realistischen Beispiel beginnen. Ein zu einfaches Beispiel, so denken wir, würde Sie vielleicht in Verlegenheiten bringen, wenn Sie plötzlich mit einer ‚echten' Umgebung oder einem realen Phänomen konfrontiert sind, das viel komplexer ist als alles, was Sie bisher kennen gelernt haben. Die Methode zur Arbeit mit diesem Beispiel ist wiederum so allgemein, dass Sie ein gewisses Vertrauen darin aufbauen müssen, sie auf alle Situationen anzuwenden, ganz gleich wie komplex diese auch sein mögen. Dies ist tatsächlich eine der wichtigsten Fähigkeiten im Umgang mit multimodaler Analyse, die wir Ihnen hier mitgeben möchten!

Beispiel: eine Unterrichtssituation

Bevor wir in den Fallstudien in Teil III des Buchs sehr unterschiedliche Fälle aus verschiedensten Bereichen wesentlich detaillierter besprechen werden, hier nun also unser erstes konkretes Beispiel: Stellen Sie sich vor, Sie wollen analysieren, wie eine Lehrperson in und vor einer Klasse von Schüler*innen eine Tafel und verschiedene Hilfsmittel (wie z.B. Karten) verwendet, um einen geopolitischen Zustand zu erklären. Genaue Details dieser Situation sind für uns nicht weiter wichtig; es geht uns lediglich darum, wie wir die Daten, die eine solche Situation mit sich bringt, organisieren können, um sie dann multimodal analysieren zu können. Ist diese Organisation der Daten einmal klar, ist es wesentlich einfacher, die jeweils erforderlichen Analysen zur Beantwortung entsprechender Forschungsfragen vorzunehmen.

Wie in Kapitel 5 beschrieben, ist für jede Analyse essenziell, Zugang zu den ‚Daten' zu erhalten, die die Grundlage für die Analyse bilden. Die spezifische Form dieser Daten hat erheblichen Einfluss auf das, was analysiert werden kann. Wenn diese Daten nicht bereits in vollständig digitaler oder digitalisierter Form vorliegen (z.B. als elektronische Zeitung oder e-Paper, als Nachricht aus einem sozialen Netzwerk oder als 3D-Computersimulation in einem Computerspiel), muss der Gegenstand der Analyse ‚aufgezeichnet' oder erfasst werden. Dabei gilt: Je mehr sich das Aufzeichnungsmedium in seinen Eigenschaften von den Eigenschaften der zu erfassenden Situation unterscheidet, umso größer ist die Gefahr, Informationen zu verlieren. Es wird also immer auch Dinge geben, die in den Daten schlicht nicht verfügbar sind, obwohl sie in der Situation eine Rolle spielen. Dies ist ein unvermeidbares Problem und Entscheidungen über die Aufzeichnung von Daten sollten stets auf diesem Hintergrund getroffen werden und die Datensammlung dann so erfolgen, dass der potenzielle Verlust vertretbar ist. Wenn sie also Intonationsmuster gesprochener Sprache analysieren wollen, aber nur über eine schriftliche Transkription der gesprochenen Worte verfügen, ist Ihr Analyseziel nicht erreichbar. Wir werden im Folgenden unterschiedliche Wege des

Abb. 7.1. Unser Analysebeispiel: eine typische Unterrichtssituation in einem Klassenzimmer (Quelle: Thinkstock/iStock: Objekt-Nr.: 78253847)

Umgangs mit diesem Problem und der Situation kennen lernen, bei denen die Frage nach der Transkription, die wir ja bereits in Kapitel 5 diskutiert haben, gleichermaßen relevant sein wird.

Für unser Beispiel der Unterrichtssituation nehmen wir an, dass wir eine Videoaufnahme von den Schüler*innen, der Lehrperson und den verwendeten Materialien haben, die vom hinteren Bereich der Klasse aus die Situation erfasst hat. Wir bekommen so Zugang zum Vortrag des Lehrers, zu seinen Gesten und Handlungen beim Schreiben auf der Tafel, zu möglichen Interaktionen mit den Schüler*innen und anderen Elementen in der Situation. Das ist schon eine ganze Menge Material und wie in jeder realen Studie ist es vorteilhaft, bereits im Voraus zu entscheiden, welche Aspekte dieser Situation im Mittelpunkt unserer Analyse stehen sollen. Wenn zum Beispiel der Fokus auf der Art und Weise liegt, wie der Lehrer mit den Schüler*innen interagiert, erfordert dies natürlich eine etwas andere Herangehensweise und Konzentration als die Frage danach, wie der Lehrer die Tafel einsetzt. Vielleicht kommt es auch zu Überlappungen. Eine genauere Vorstellung davon zu haben, was später untersucht werden soll, hilft auch dabei, Fehler zu vermeiden und Entscheidungen über die Datensammlung zu präzisieren. Es ist im Nachhinein sicher fatal, wenn die Videokamera an einer Stelle aufgestellt wurde, die nur einen Teil der Interaktionen einfangen kann. Noch komplexer werden diese Herausforderungen, wenn die Situation dynamischer wird und nicht nur die Teilnehmer*innen, sondern auch die Umgebung sich bewegt.

Genre und Medium

Für unsere Unterrichtssituation und die Aufnahme, die wir davon haben, und tatsächlich für jede andere kommunikative Situation, die wir analysieren wollen, sind zwei Komponenten wichtig, die wir vor allen weiteren Analyseschritten voneinander unterscheiden sollten. Die erste Komponente bezieht sich auf die Frage nach dem **Genre**, d.h. auf die Aktivitäten, die innerhalb der Situation durchgeführt werden, und auf die sozialen Akteure, die durch diese Aktivitäten definiert werden (vgl. van Leeuwen 2005, 2008). Die zweite Komponente betrifft die Frage nach dem **Medium**, das für und in diesen Aktivitäten verwendet wird. Wie wir im Detail in Kapitel 3 gesehen haben, ist ‚Medium' selbst eine komplexe Angelegenheit und wir ersparen uns eine Menge Arbeit, wenn wir es in jeder Analysesituation von vorneherein sehr sorgfältig betrachten. Das Medium in der kommunikativen Situation stellt die (möglicherweise verschachtelten und überlappenden) *virtuellen Canvases* zur Verfügung, auf denen die Aktivitäten ausgeführt werden. Ein erster wichtiger Schritt für jede multimodale Untersuchung und zur Organisation aller weiteren Schritte ist also die Bestimmung der Medien und ihrer Canvases – jede Analyse sollte damit beginnen.

7.1.1 **Medien und ihre Canvases**

In der Bestimmung der Medien und Canvases zur Vorbereitung weiterer Analyseschritte ist es wichtig, vom Allgemeinen zum Spezifischen vorzugehen. Mit dem allgemeinsten und *umfassendsten* Canvas zu beginnen und diesen als besonders leistungsfähig und ausdrucksstark festzustellen, macht alle anderen Canvases und Subcanvases verfügbar. Alle Canvases, die in der übergreifenden Situation verwendet werden, sind insofern also begrenzt, weil sie in den allgemeinen, übergreifenden Canvas eingebettet sind. Am einfachsten verdeutlichen können wir dies, indem wir die Lichter in unserem Klassenzimmer ausschalten, wenn es draußen dunkel ist. Da der Canvas so keinen visuellen Zugang mehr erlaubt, können auch alle anderen Canvases, die einen solchen visuellen Zugang benötigen und die keine eigene Lichtquelle mit sich bringen, nicht mehr genutzt werden.

Canvases, Subcanvases und Scheiben

Eine hilfreiche Denkweise oder Metapher für diesen umfassenden Canvas ist die eines ‚Raums' von Wahrnehmungs- und Handlungsmöglichkeiten. Alle Canvases der spezifischen Situation, die dieser übergeordnete, umfassende Canvas trägt, sind dann ‚Stücke' bzw. ‚Scheiben' (in der englischen Version benutzen wir den Begriff ‚slice'), die aus dem Raum herausgeschnitten werden können. Wir stellen dies graphisch in Abbildung 7.2 dar. Die Kugel in dieser Abbildung stellt den übergreifenden Canvas und damit den gesamten Raum an Möglichkeiten dar, der einige Subcanvases bereitstellt. Ein Subcanvas ist ein limitierter Bereich an Möglichkeiten innerhalb dieses Raumes und somit ein Stück bzw. eine Scheibe (mit beliebigem Winkel und beliebiger Dichte), die wir herausschneiden können. Es ist auch möglich, dass einzelne Subcanvases selbst wieder einen solchen Raum bilden und weitere Subcanvases ermöglichen bzw. zulassen. Es wird etwas Übung erfordern, diese spezifischen Konfigurationen der jeweiligen Canvases für unterschiedlichste Situationen zu erarbeiten, aber im Laufe der Zeit werden Sie ein immer besseres Verständnis darüber erlangen, welche kommunikativen

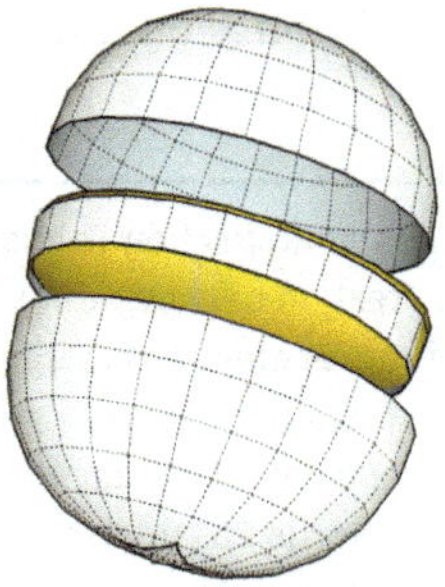

Abb. 7.2. Eine Scheibe im übergeordneten Canvas

Möglichkeiten jeweils relevant sein können und wie Sie daraus die einzelnen Canvases bestimmen.

Für unsere Unterrichtssituation schauen wir uns also zunächst die Situation als Ganzes an: Diese zeigt uns den umfassenden Raum an Wahrnehmungs- und Handlungsmöglichkeiten, der der Kugel in Abbildung 7.2 entspricht. Dieser Raum ist dreidimensional und entfaltet sich in Echtzeit. Er gewärleistet, dass sich die Objekte (auch die semiotischen Objekte) frei in ihm bewegen und sich platzieren können und gibt freie Sicht auf alle Einzelheiten. Auf der allgemeinsten Ebene müssen die Akteure in diesem Raum ihre eigenen kommunikativen Beiträge leisten, um eine kommunikative Situation im Raum zu schaffen. Das Medium ist dann, entsprechend der in Kapitel 3 eingeführten Kategorien, veränderbar ergodisch und dynamisch und beinhaltet Teilnehmende, die kommunikative Aktivitäten verschiedenster Art *ausführen*.

In allen Situationen, in denen unterschiedliche Akteure unterschiedliche Rollen einnehmen, kann es zu Einschränkungen sozialer Natur kommen, die bestimmen, wer in dieser Situation welche Rolle übernimmt und ausführt. Die Unterrichtssituation im Klassenzimmer ist typischerweise asymmetrisch, weil vor allem die Lehrperson die kommunikative Situation steuert und vorantreibt. Hinzu kommt, dass kommunikative Situationen nie in einem Vakuum entstehen, sondern weitere Einschränkungen und Einflüsse aus dem jeweiligen kulturellen und sozialen Kontext, in dem die Situation eingebettet ist, mit sich bringen. So können spezifische Raumaufteilungen und die Anordnung von Tischen und Stühlen oder die Position der Lehrperson im Raum diese Konfigurationen ausmachen und von ihnen vorgegeben sein (vgl. z.B. Laihonen & Szabó 2017). Wir haben dies ausführlicher in Kapitel 3 besprochen, als wir uns das Beispiel der Kinderzimmergestaltung angeschaut haben, das von Kress & van Leeuwen (2001) diskutiert wird. Im Falle unserer Unterrichtssituation könnten wir das gesamte Klassenzimmer als Ausdruck bestimmter pädagogischer Positionen sehen, die in Form von Anordnungen oder auch durch Repräsentation in Materialien ausgedrückt werden. Einzelne Eigenschaften, aus denen der Canvas besteht, können also durch diese Positionen besonders motiviert bzw. begründet sein und es ist eine interessante

Forschungsfrage, das multimodale Design des Klassenzimmers im Hinblick auf diese Positionen zu analysieren.

---

i

Der erste Schritt für multimodale Analysen jeglicher Art ist die Festlegung des analytischen Fokus. Dieser bestimmt, was genau analysiert werden soll, sowie den spezifischen Kontext, in dem das Untersuchungsobjekt entstanden ist. Eine feste, ‚richtige' Antwort auf eine Entscheidung für einen Fokus gibt es nicht: Sie muss immer in Bezug auf die jeweilige Forschungsfrage und die verfolgten -interessen getroffen werden. Die Bestimmung des Fokus kann sinnvollerweise auch mit dem zusammenhängen, was in anderen Kontexten als *higher-level actions* bezeichnet wird (vgl. Bucher 2011, Norris 2011), also als ‚übergeordnete Handlungen'. Auch so genannte *tiers of materiality* (vgl. Pirini 2016), also ‚Materialitätsebenen oder -schichten', können ausschlaggebend sein sowie der ‚Ort des Geschehens', der genauso eine wichtige Grundlage für Interpretationen sein kann – wie in der Linguistic-Landscape-Forschung praktiziert (vgl.z.B. Auer 2010, Warnke 2011, Pappert & Michel 2018). Wir bringen hier alle diese Aspekte unter dem Konzept des Canvas zusammen, in dem sich die unterschiedlichen Handlungen abspielen. Dies lenkt unsere Aufmerksamkeit sehr explizit auf die für die Bedeutungskonstruktion verfügbaren Affordanzen und ermöglicht außerdem eine flächendeckende Anwendung des Instrumentariums auf alle multimodalen ‚Situationen', ganz gleich, ob sie Interaktion beinhalten oder nicht.

Im Folgenden werden wir uns auf den Raum innerhalb des Klassenzimmers konzentrieren und überlegen, wie wir diesen Raum weiter in seine Bestandteile bzw. Canvases zerlegen können. Die Kategorie Genre ist dabei eine Möglichkeit, die verschiedenen Arten von kommunikativen Aktivitäten in einer Situation näher zu beschreiben. Genres nehmen sowohl Bezug auf den sozialen Kontext, z.B. auf eine Reihe von Lehrtätigkeiten, als auch auf die unterschiedlichen Kommunikationsformen, mit denen die Aktivitäten ausgeführt werden. Wir könnten hier gewinnbringend auf bereits bestehende Arbeiten zur Kommunikation im Klassenraum zurückgreifen (vgl. z.B. Ehlich & Rehbein 1986, Thiel 2016, Krause 2019) und fragen, wie Lehrpersonen ihren Unterricht strukturieren, welche Arten von Strategien sie dafür benutzen und so weiter. Beachten sollten wir, dass die ‚Kommunikation von Inhalten' nur eine mögliche Aktivität innerhalb dieser Situation ist. Weitere Aktivitäten können zum Beispiel die Organisation der Redebeiträge oder das Sicherstellen einer bestimmten Geräuschkulisse sein.

Jede dieser Aktivitäten kann sich auf einer eigenen Scheibe des Wahrnehmungsraumes bzw. Canvas entfalten. Zum Beispiel kann die Lenkung der Aufmerksamkeit der Schüler*innen durch gesprochene Sprache (einschließlich Pausen, Intonation, Lautstärke, etc.), aber ebenso durch Gesten, die Körperhaltung der Lehrperson und ihren Gesichtsausdruck erfolgen. Auch das Erklären von Einzelheiten an und mit der Tafel beruht darauf sowie auf einem ganz spezifischen Sortiment an Gesten, das typischerweise zum Anzeigen bestimmter Stellen und Bereiche verwendet wird. Diese Gesten werden wiederum meistens in Kombination mit ‚deiktischen' Ausdrücken (wie ‚hier', ‚dort') genutzt, so dass sowohl visuelle als auch verbale Informationen synchron weitergegeben werden.

Dieser letztere Fall bringt noch einige weitere interessante Eigenschaften mit sich: Insbesondere die visuellen Repräsentationen auf der Tafel sind nicht nur veränderbar ergodisch, weil die Lehrperson sie in der Regel während des Unterrichts auf die Tafel bringt, sondern auch 2D und *nicht-transient*, weil sie solange auf der Tafel bleiben, bis sie wieder abgewischt werden. Wir stellen die beiden Schnitte durch den Canvas in Abbildung 7.3 dar; auf der linken Seite sehen wir die Interaktion mit den Schüler*innen, rechts die Nutzung der Tafel. Unserem Vorschlag zufolge legen diese beiden Subcanvases jeweils einen Fokus auf die verschiedenen Aktivitäten und sie unterscheiden sich vor allem durch die jeweilige Kombination mit den entsprechenden Medien bzw. Akteur*innen.

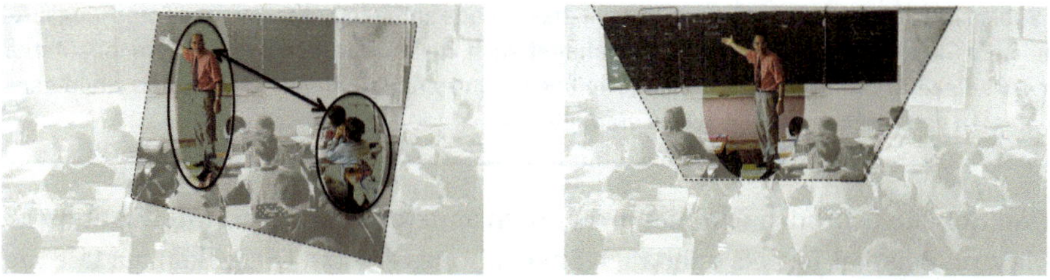

Abb. 7.3. Zwei Beispielschnitte durch den Canvas der Unterrichtssituation: links die Face-to-Face-Interaktion des Lehrers mit den Schüler*innen, rechts die Interaktion des Lehrers mit der Tafel

Wir können relativ leicht weitere Canvases bzw. Subcanvases identifizieren, die dann jeweils einen eigenen Bereich für multimodale Analysen darstellen würden. Beispielsweise kann der Lehrer ja auch mit der Karte rechts im Klassenraum interagieren – diese Situation wäre vergleichbar mit der dargestellten Tafelsituation, der Unterschied bestünde darin, dass die Karte einen zweidimensionalen, statischen, mikroergodischen Canvas mit eigenen Repräsentations- und Darstellungskonventionen bilden würde. Um diesen korrekt und detailliert zu verstehen, ist etwas Erfahrung mit und Wissen über diese Art von Medium und den Zweck, zu dem es normalerweise in verschiedenen Kontexten eingesetzt wird, notwendig. In unseren Fallstudien werden wir ähnliche Beispiele diskutieren und entsprechendes Wissen darüber unterbreiten. Wichtig für uns hier ist die Art und Weise, wie das Medium in die Klassenzimmeraktivitäten eingebettet ist: Ein Zugriff auf das Medium wird normalerweise durch die gesprochene Sprache und die Gesten der Lehrperson gesteuert, die damit eine Art ‚Brücke' zu dem in den übergreifenden Canvas eingebetteten Subcanvas schlägt. Die Kombination von sprachlichen und gestischen Indikatoren übernimmt die grundsätzliche kommunikative Aufgabe, die Aufmerksamkeit auf die Karte zu lenken und diese zu besprechen.

Ein weiteres Beispiel, das eine ganze Menge weiterer Scheiben bzw. Subcanvases mit sich bringt, entsteht, wenn die Schüler*innen sich ihren Lehrbüchern zuwenden. Jede Interaktion der Schüler*innen mit einem Buch kann ein eigener Subcanvas sein und die Seiten des Buchs bilden dann einen zweidimensionalen, statischen, mikroergodischen Canvas (wie auch die oben genannte Landkarte). Von Interesse für die weitere Analyse wären dann zum Beispiel Arbeiten zum Leseverständnis von Schüler*innen (zum Beispiel auch im Zusammenhang mit Lehrbüchern, die eine gewisse Bearbeitung oder Schreibaktivität erfordern) oder zum Design bzw. Layout dieser Bücher im Sinne der Seitenzusammenstellung oder Farbgestaltung. Die unterschiedlichen semiotischen Artefakte nehmen dabei einen mehr oder weniger großen Fokus in der Analyse ein. Von Interesse könnten auch die spezifische Interaktion bzw. die Hinlenkungs- und Aufforderungsstrategien der Lehrperson an die Schüler*innen sein, die diese vermutlich vor allem sprachlich vornimmt oder aber durch ihre Bewegungen im Raum und auf ein Lehrbuch hin gerichtet unterstützt.

---

i Jeder Subscanvas aktiviert spezifisches Wissen, das wir aus anderen Kontexten und Forschungsprojekten in die Situation mit einbringen. Es beinhaltet auch Wissen darüber, wie Zeichenmodalitäten in der jeweiligen Situation bzw. auf dem jeweiligen Canvas funktionieren können und wie dieses Funktionieren entsprechend analytisch zu erarbeiten ist.

Das traditionelle Lehrbuch wird heute oft durch andere Medien bzw. Informationsträger wie zum Beispiel Tablets oder auch Smartphones ersetzt. Oft lenken letztere die Aufmerksamkeit der Schüler*innen gerne auch mal ganz woanders hin. Auch diese Medien können und müssen, wenn im expliziten Gebrauch innerhalb der Kommunikationssituation, in unterschiedlichen Subcanvases berücksichtigt werden, damit die spezifischen kommunikativen Aktivitäten genauer untersucht werden können.

Abbildung 7.4 stellt weitere dieser eingebetteten Canvases dar, die als relevant für die Unterrichtssituation gesehen werden können. Das Diagramm zeigt an, dass wir jeden Canvas aus seiner Vernetzung mit den anderen Canvases ‚herausheben' und in den übergeordneten Canvas einordnen können, der die jeweiligen Aktivitäten als Ganzes unterstützt. Entsprechende Beschreibungen für jeden Canvas finden sich in der Abbildung, wir werden später weiter damit arbeiten. Natürlich sind weitere Canvases möglich, die wir hier aber als nicht weiter vorrangig für die Unterrichtssituation ausgeschlossen haben. Es gibt keine festen Grenzen, welche Canvases Sie in Ihrem Forschungsprojekt als relevant und in den übergreifenden Canvas eingebettet sehen und jeweils in die Analyse miteinbeziehen wollen.

Wenn wir nun eine solche Situation in ihre Canvases zerlegt haben, können wir mit der Analyse voranschreiten. Hier wird dann wird auch der Grund ersichtlich, warum wir jede Situation zunächst in ihre Canvases dekonstruieren: Damit können wir deutlich machen, welche unterschiedlichen Analyseansätze überhaupt notwendig werden. Für die Unterrichtssituation haben wir bereits angedeutet, dass zum Beispiel Untersuchungen zum Leseverständnis oder zur Gestaltung von Lehrbüchern interessant sind. Wir gehen davon aus, dass eine Bestimmung der Canvases einer jeden kommunikativen Situation entsprechend spezifische Forschungsfragen und Kontexte ersichtlich macht, für die wir bestehende Analysemethoden hinzuziehen oder neue entwickeln können. Wir werden weiter unten dann auch sehen, dass uns dies direkt zu fünf Anwendungsfällen führt, für die wir im letzten Teil des Buchs entsprechende Fallstudien diskutieren. Zunächst skizzieren wir im nächsten Abschnitt aber, wie der Schritt von

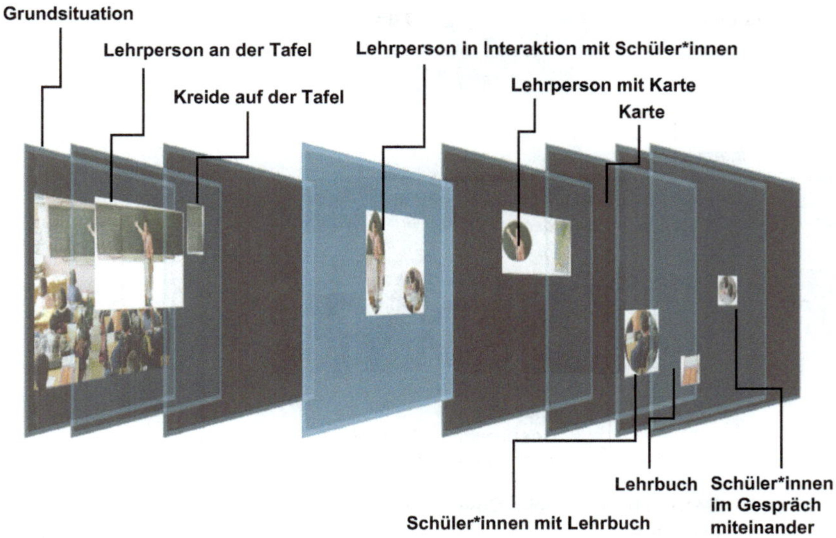

Abb. 7.4. Einige ausgewälte Canvases als aus der grundsätzlichen Unterrichtssituation herausgeschnittene Scheiben

der Canvasbeschreibung zur Analyse funktioniert – auch hier weiterhin im direkten Rückgriff auf unsere Unterrichtssituation.

7.1.2 Von den Canvases zur Analyse

Wir haben im Vorhinein vorgeschlagen, dass eine Klärung der an einer kommunikativen Situation beteiligten Medien ein solider methodischer Schritt zur Entwirrung der oft sehr komplexen kommunikativen Aktivitäten und Handlungen sein kann. Wir verstehen diesen Schritt also als einen wichtigen Ausgangspunkt für die anschließende Analyse, da damit die spezifischen Eigenschaften der identifizierten Medien herausgearbeitet und durch die vorzunehmende Analyse entsprechend genauer beschrieben und verfeinert werden. Für viele Ausdrucksformen gibt es bereits sehr gut entwickelte Beschreibungsschemata und -instrumentarien, z.B. linguistische Parameter für die genaue Analyse von verbalen Formen oder die kunstgeschichtliche Klassifizierung von Zeichen- bzw. Malstilen. Für einige andere Ausdrucksformen können wir noch nicht auf solche Schemata zurückgreifen, streben ja aber durch eine ausführliche multimodale Analyse dieser Formen eine Verbesserung dieser Situation an. Wichtig für alle Analysen ist deswegen, immer offen zu bleiben für die unterschiedlichsten Ressourcen und Ausdrucksformen, die in einer kommunikativen Situation Verwendung finden können. Auch deshalb ist es immer die Mühe wert, die verschiedenen Canvases und Medien so detailliert auseinander zu nehmen, weil nur so die einzelnen Ressourcen

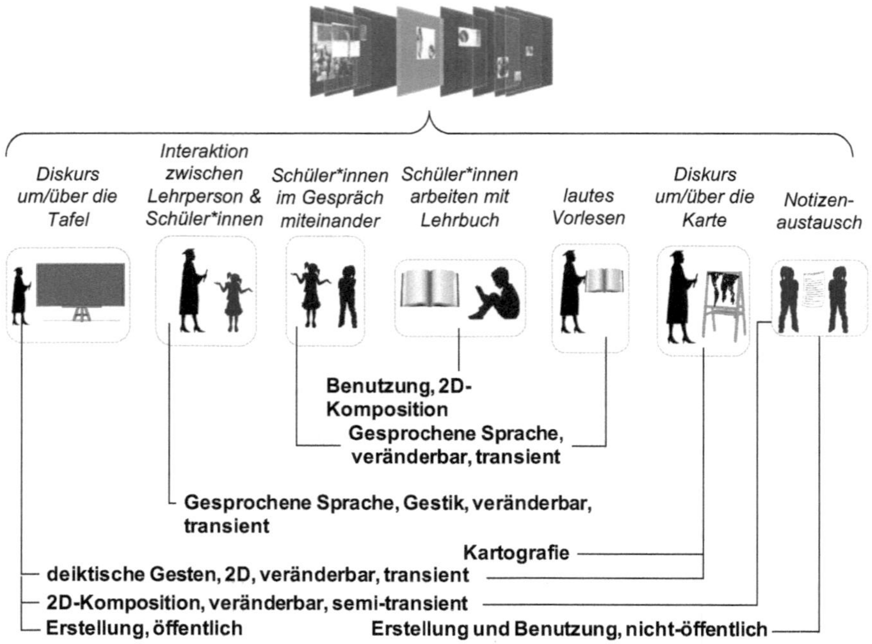

Abb. 7.5. Subcanvases der Unterrichtssituation in Bezug auf die Medien, die sie unterstützen

und Ausdrucksformen zutage kommen und entsprechend in der Analyse berücksichtigt werden können.

Der nächste Schritt in unserem methodischen Vorgehen ist dann die weitere Präzisierung dieser Systematik an Canvases und Medien, um noch mehr Klarheit darüber zu gewinnen, welche unterschiedlichen Wege der Bedeutungskonstruktion uns begegnen (können). Dies führt uns dann zu den verschiedenen Arten detaillierter multimodaler Analyse, die alle notwendig sind, um zu untersuchen, wie Kommunikation in den unterschiedlichen Situationen jeweils funktioniert. Wir stellen diesen Schritt in Abbildung 7.5 dar, in der wir die Kategorien und Terminologie, die wir in Kapitel 3 vorgestellt haben, aktiver nutzen und konkret einsetzen. Viele der Medien, die wir in dieser Situation wiederfinden, sind veränderbar und transient, d.h. sie werden von den Akteur*innen in der Situation selbst bearbeitet oder geschaffen, sind aber nicht weiter zugänglich, nachdem sie einmal aufgetreten sind.

semiotische Ressourcen

Wie wir in den einleitenden Kapiteln vorgeschlagen haben und in den einzelnen Fallstudien später noch viel detaillierter sehen werden, haben Canvases dieser Art spezifische Eigenschaften, die Spuren auf und in allen Formen von semiotischen Ressourcen hinterlassen, die auf und in diesen Canvases genutzt werden. Wenn wir uns über diese Eigenschaften der Medien im Klaren sind, können wir bestimmte semiotische Ressourcen für und in der entsprechenden Situation eher erwarten als andere.

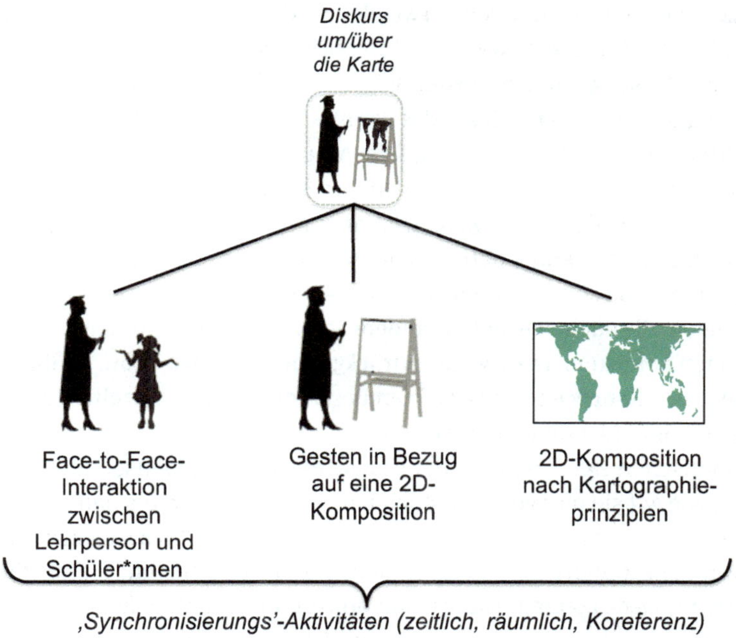

Abb. 7.6. Weitere Subcanvases und ihre Medien in der Interaktion mit der Landkarte im Klassenzimmer

Zum Beispiel sind nicht alle beteiligten Canvases veränderbar. Sowohl das Lehrbuch als auch die Karte, die für die Diskussion im Klassenzimmer genutzt werden, sind unveränderbar und beruhen auf ihrer jeweiligen 2D-Komposition, die einen Beitrag zur Gesamtbedeutung der Situation leistet. Außerdem sind einige der beteiligten Canvases ‚öffentlich', was bedeutet, dass sie der gesamten Gruppe an Akteur*innen zugänglich sind – was zum Beispiel der Fall für die Inhalte auf der Tafel ist, andere dagegen sind nicht-öffentlich bzw. privat – zum Beispiel die kleinen Notizzettel, die möglicherweise heimlich in den Reihen der Schüler*innen verteilt werden.

Und schließlich müssen wir berücksichtigen, dass jeder dieser Subcanvases selbst in der Regel weiter unterteilt und auseinandergenommen werden kann, wodurch weitere Canvases zutage kommen. Auf dieser Ebene wird es normalerweise relevant, Arbeiten aus anderen Disziplinen in Betracht zu ziehen, die sich mit der Organisation und Bedeutungstragweite verschiedener semiotischer Artefakte auseinandergesetzt haben und ihr Wissen darüber zur Verfügung stellen. Auch hier werden wir Details vor allem in unseren Fallstudien sehen – zur Veranschaulichung zeigt Abbildung 7.6 einen Subcanvas der Unterrichtssituation rund um die Diskussion der Landkarte, die bereits selbst sehr komplex ist und mögliche weitere Subcanvases mit sich bringt.

Trotz der Komplexität dieser Aufschlüsselung beginnen wir auf dieser Detailebene dann auch, Strategien und semiotische Ressourcen aufzudecken, die in vielen verschiedenen kommunikativen Situationen wiederverwendet werden. Wie mit der Abbildung ersichtlich wird, können wir beispielsweise die Interaktion mit der Landkarte im Unterricht auf vielfältige Weise beschreiben: zum Beispiel mit Blick auf die Sprache, die verwendet wird, um die Aufmerksamkeit auf das öffentlich ausgestellte 2D-Artefakt zu lenken und es zu beschreiben, oder in Bezug auf die Art und Form der Gesten, die verwendet werden, um den räumlichen Informationen und Konventionen der Karte nicht nur sprachlich Ausdruck zu verleihen. So werden kommunikative Strategien ersichtlich, die sich in den verschiedensten Kontexten, in denen es um Aufmerksamkeitslenkung geht, wiederholen werden. So können systematischere Auseinandersetzungen erfolgen und Arbeiten entstehen, die auch relevant für andere Forschungsbereiche sein werden und auf die in anderen Kontexten dann wieder zurückgegriffen werden kann. Multimodale Analyse bewegt sich dann weg von der reinen Beschreibung von Einzelfällen hin zu allgemeineren und umfassenderen Ergebnissen.

Mit der systematischen Beschreibung der Canvases und der Eigenschaften der beteiligten Medien, wie wir sie hier vorgenommen haben, können wir uns dann spezifischeren Methoden und Beschreibungsinstrumentarien zuwenden. Dies ist genau die ‚Navigator'funktion, die wir in diesem Kapitel in den Vordergrund stellen. Die spezifischen Medien, die wir für jede kommunikative Situation ermitteln, unterstützen jeweils ihre eigene Auswahl an semiotischen Ressourcen und diese wiederum bringen ihre jeweils eigenen Konventionen und Darstellungsweisen mit sich. Die Kategorien, nach denen wir unsere Fallstudien im dritten Teil des Buchs sortiert haben, folgen genau dieser Auseinandersetzung. Wenn wir uns zum Beispiel erneut das Tafelbild im Klassenzimmer anschauen, ist uns klar, dass nur bestimmte semiotische Artefakte durch und in diesem Medium entstehen können: Eine Tafel kann keinen Film zeigen, wenn auch Filme grundsätzlich auf Projektions- und Darstellungsflächen gezeigt werden, die aber andere Medien darstellen. In Abschnitt 7.1.4 unten kommen wir darauf noch einmal zurück. Im Folgenden werden wir vor allem bestimmte Ausdrucksformen hervorheben und deutlich machen, in welchen Medien diese typischerweise auftauchen.

Außerdem werden wir deutlich machen, wie bestimmte Medien sich gegenseitig *ergänzen* oder *einschränken*. So kann ja beispielsweise alles, was gezeichnet oder geschrieben werden kann, grundsätzlich auch auf einer Tafel gezeichnet oder geschrieben werden, wenn auch einige praktische Dinge wie die Farbe oder Stärke der Kreide einige Details unmöglich machen. Wenn die Bedingung dazukommt, dass das Schreiben und Zeichnen ‚in Echtzeit' passieren soll, z.B. begleitet von verbalen Erläuterungen durch die Lehrperson, dann wirkt sich diese zeitliche Festlegung natürlich vor allem zeitlich auf die Realisierungsmöglichkeiten aus und nicht alle Details einer Darstellung können möglicherweise auf der Tafel reproduziert werden, weil dazu eben die Zeit fehlt. So muss eine eigenständige Zeichnung eines Hauses hinreichend genau sein, um erkannt zu werden; auf einer Tafel kann dagegen auch nur ein Kreuz oder ein Kreis gezeichnet werden, der verbal mit „hier ist ein Haus" eindeutig als Darstellung eines Hauses identifiziert werden kann. Es gibt einige kommunikative Situationen, die weitgehend auf dieser Ko-Konstruktion von Bedeutung durch verbale und visuelle

Ressourcen beruhen, wie z. B. Meetings zur architektonischen Bauplanung, in denen auch abstraktere Informationen wie der Menschenstrom in einer Eingangshalle durch kurze Markierungen in einem Gebäudeplan erschlossen werden müssen. Dies kann oft nur aufgrund zusätzlicher verbaler Informationen erfolgen.

Die Tafel in unserem Klassenzimmer ermöglicht – im Gegensatz zu einem gedruckten Buch, einer Karte oder einer PowerPoint-Präsentation – ein schnelles Abändern oder Löschen der geschriebenen oder gezeichneten Inhalte. Die Lehrperson kann diese Affordanz des Mediums aktiv nutzen, um bestimmte Effekte zu erzielen – und nicht nur, um eigene Fehler zu korrigieren. Deswegen haben wir das Medium als veränderlich und nicht-transient beschrieben, was bedeutet, dass Dinge durch das Medium und auf ihm erschaffen werden und dort bleiben, bis sie verändert oder eben gelöscht werden.

In Abschnitt 7.2 schauen wir uns dies auf einer weiteren Detailebene an, die zeigt, welche Unterschiede wir zwischen verschiedenen Medien herausarbeiten können und wie wir diese in einem Triangulierungsprozess nutzen können, um die entsprechend geeigneten Analysemethoden auswählen und mit bereits bestehenden Arbeiten zum Thema verknüpfen zu können.

7.1.3 Wie finden wir einen angemessenen analytischen Fokus?

Bevor wir fortfahren, wollen wir noch einmal kurz betonen, dass wir die kommunikative Situation nicht für alle Analysen dermaßen ausführlich und umfassend auseinandernehmen müssen, um überhaupt in Fahrt zu kommen. Wir haben dies so detailliert beschrieben, um deutlich zu machen, wie wir zu einem analytischen Fokus gelangen. Als multimodale Analytiker*innen müssen wir in der Lage sein, die Prozesse der Bedeutungskonstruktion überall dort zu erkennen, wo sie stattfinden – und dafür ist ein detailliertes Vorgehen und die genaue Trennung bzw. das präzise Herausschneiden der Scheiben oder Stücke notwendig. Allerdings müssen wir auch in der Lage sein, vernünftige Entscheidungen darüber zu treffen, an welchen Punkten wir eigentlich unsere Analyse beginnen und wo wir sie beenden sollten, wo wir also entscheiden, dass weitere Ergebnisse für unsere spezifische Forschungsfrage nicht mehr relevant oder gar überflüssig sind. Dies hängt jeweils von unseren konkreten Forschungsinteressen ab.

Kontext

Betrachten wir hierfür kurz das Beispiel eines Bilderbuchs. Wir werden damit den oben diskutierten Punkt unterstreichen, dass wir in der Analyse immer den gleichen Verfahrensschritten folgen sollten, egal ob es sich um dynamische Situationen wie die im Unterricht oder um statische Artefakte wie Bücher oder andere Dokumente, Bilder, etc. handelt. Auch wenn es offensichtlich erscheint, dass wir uns das Buch selbst und seine Inhalte anschauen, ist dies doch immer abhängig von einer bewussten Entscheidung. Jedes semiotische Artefakt in dem Buch ist die Folge eines Netzes von Kontexten, von denen jeder Kontext eine bedeutende Rolle in der Entstehung und Veröffentlichung des finalen ‚Analyseobjektes‘ gespielt haben könnte. Wir könnten also auch eine grundlegendere Situation der Erstellung von Druckmaterialien annehmen, diesen komplexen Canvas von Aktivitäten schrittweise aufbrechen und das Buch innerhalb einer Vielzahl anderer eingebetteter und sich überlappender Canvases beschreiben. Einige Ansätze zum Beispiel aus der Ethnographie legen einen besonderen Schwerpunkt auf diese ‚kontextuelle Einbettung' – in unserem Fall sehen wir diese als einen inhärenten Bestandteil unserer Methode und wenden diesen methodischen Schritt deswegen auf allen Ebenen an.

Diskurs-interpretation

Ganz unabhängig davon, ob ein Artefakt statisch oder dynamisch oder eher eine Live-Darbietung ohne Skript ist, bei der die Teilnehmenden in die gestaltete Umgebung eintauchen, gibt es immer Interpretierende, die mit der jeweiligen Situation interagieren und sich mithilfe von abduktiven Diskurshypothesen der Bedeutung dieser Situation nähern und sie erschließen. In den Fallstudien werden wir genauer sehen, wie sich diese Prozesse in der Praxis verhalten.

Unser Ansatz ist außerdem offen für allgemeine Fragen zur Medien- und Produktionsgeschichte und den damit einhergehenden Strukturen. Auf das Beispiel des Bilderbuchs bezogen könnte zum Beispiel Interesse daran bestehen, etwas über die Interaktion zwischen Textautor*innen und Illustrator*innen des Buchs herauszufinden und so könnte man einen analytischen Canvas dafür festlegen wollen, für deren Analyse Informationen aus spezifischen Kontexten notwendig wären. Jeder dieser Produktionskontexte eines bestimmten Artefaktes oder einer bestimmten Darbietung kann Spuren in diesen hinterlassen haben – und so kann es daher auch notwendig sein, dass diese für die genauere Beschreibung des Layouts bzw. Designs eine Rolle spielen.

Resemiotisierung & Remediatisierung

In einigen Fällen können die Auswirkungen solcher Kontextualisierungen eine größere Rolle in den Analysen einnehmen als in anderen – die Vielseitigkeit und Flexibilität unserer Entscheidung, was wir genau als analytischen Fokus festlegen, erlaubt es aber, dies je nach Situation und Kontext abzuwägen. So können auch unterschiedliche Methoden und Zugänge notwendig sein, je nachdem, welche Medien eine Rolle spielen. Ein für diese Kontextualisierungen üblicherweise genutzter Begriff ist der der *Resemiotisierung*, der im Deutschen vor allem im Rahmen kultursemiotischer Überlegungen Anwendung findet (vgl. Haverkamp & Lachmann 1993) und sich hier insbesondere von dem englischen Begriff ‚resemiotization' ableitet (vgl. z.B. Iedema 2001, 2003). Der damit beschriebene Prozess ist typisch für fast alle komplexen semiotischen Produktionen und lässt sich in so ziemlich allen Artefakten und Darbietungen wiederfinden: in Gebäuden, in der Oper, in einer Museumsinstallation und im Film. Wenn ein besonderer Fokus auf der Re-Kontextualisierung von Medien liegt, nutzen Bolter & Grusin (2000) den englischen Begriff ‚remediation', den wir hier im Deutschen mit *Remediatisierung* übersetzen und der so auch in medienwissenschaftlichen Kontexten Anwendung findet (vgl. z.B. Seier 2007, Weber 2008, Schemer-Reinhard 2016).

Nichtsdestotrotz ist es möglich und legitim, unseren Fokus auf die spezifische Art des Artefaktes oder der Darbietung zu richten, ohne dabei Rekontextualisierungen oder Remediatisierungen zu berücksichtigen. Auf unserer Bilderbuch bezogen bedeutet dies, dass wir auch nur diejenigen Ausdrucksmittel in den Fokus nehmen sollten, die von dem Medium des gedruckten Buchs unterstützt werden. Das kann dazu führen, dass wir einige Entscheidungen und Informationen zur Produktion des Buchs außen vor lassen, weil wir keine detaillierten Beschreibungen darüber liefern können, warum etwas seinen Weg in das Buch gefunden hat. Wir werden aber definitiv in der Lage sein zu klären, wie ein bestimmtes multimodales Ensemble unterschiedlicher Zeichenmodalitäten Bedeutung konstruiert und so zu der Gesamtsituation beiträgt.

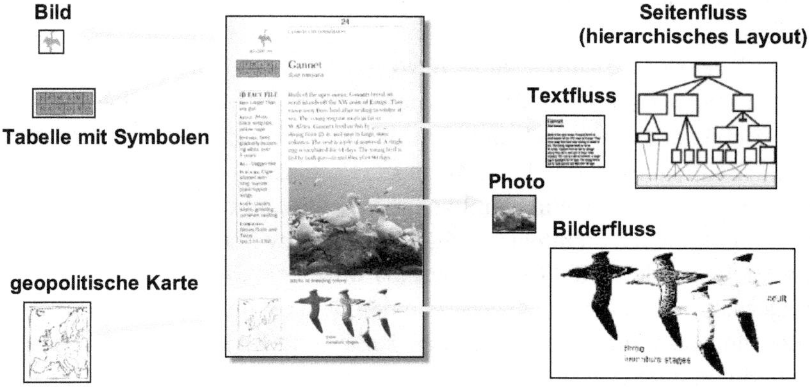

Abb. 7.7. Einige Subcanvases, die von einer Seite eines illustrierten Buchs und deren Zeichenmodalitäten bereitgestellt werden

Schauen wir uns als ein weiteres Beispiel die Buchseite in Abbildung 7.7 an, die ausführlich in Bateman (2008) diskutiert wird. Wir sehen, dass es möglich ist, unterschiedliche Subcanvases auszumachen, die von unterschiedlichen Zeichenmodalitäten genutzt werden: Fließtext, Seitenlayout, Diagramme verschiedener Art, Photographien, etc. Diese existieren und wirken in dem Medium alle nebeneinander. Aber – und darum geht es uns hier – sie können auch getrennt voneinander und mit Blick auf soziohistorische Entwicklungen untersucht werden. Die jeweiligen Bedeutungen, die sie konstruieren, und die Art und Weise, wie sie hier eingesetzt werden, sind jeweils eine Frage praktischer, empirischer und auch historischer Analyse. Dabei ist die Möglichkeit, die einzelnen Bestandteile auch getrennt voneinander zu untersuchen, enorm wichtig, um den Prozess der multimodalen Analyse zu strukturieren und zu vereinfachen; auch hierfür werden wir mehrere Beispiele in unseren Fallstudien diskutieren.

Die Trennung der einzelnen Bestandteile kann durchaus sehr komplex werden, weswegen es besonders wichtig ist, die Entscheidungen über die einzelnen Canvases sehr sorgfältig zu treffen. Wenn dies flüchtig und unüberlegt geschieht, haben wir es oft in der Folge mit einem Sammelsurium an Phänomenen zu tun, die nicht unbedingt in jedes Analyseschema passen und so zu Problemen in der weiteren Untersuchung führen.

Jede Festlegung eines analytischen Fokus bringt also bestimmte Canvases ans Licht, in denen oder auf denen sich die semiotischen Artefakte oder Darbietungen abspielen. Die Identifizierung dieser Canvases ist der erste wichtige Schritt hin zur Wahl des analytischen Instrumentariums für die aus ihnen entstehenden Medien, wie wir im nächsten Abschnitt erläutern werden. Die Analysen der einzelnen Schritte, die zum Artefakt hin- (also mit Blick auf die Produktion und Entstehung) oder auch vom Artefakt wegführen (mit Blick auf seinen Vertrieb und seine Nutzung), befassen sich folglich mit unterschiedlichen Formen multimodaler Ensembles. Eine direkte und einfache Beziehung, die diese Aktivitäten alle zusammenhält, ist normalerweise nicht vorhanden.

Dies ist auch der Grund, warum wir nicht vorschlagen, das Konzept des ‚Designs', wie Kress & van Leeuwen (2001: 20–21) es diskutieren, als Analysekomponente für ein bestimmtes Artefakt oder eine bestimmte Darbietung anzunehmen. Die Darbietung eines Musikstücks und die Partitur dieses Musikstücks stehen nicht in einer Beziehung zueinander, die der Beziehung von Signifikat und Signifikant entspricht, ebenso wenig wie ein Gebäude seinen architektonischen Grundriss symbolisiert oder andeutet. Semiotische Artefakte, die die Rolle eines ‚Designs' oder einer ‚Blaupause' einnehmen, sollten als eigenständige Analyseobjekte gesehen werden, die ihre eigenen Medien und Konventionen einsetzen. Ihr Status als ‚Design' äußerst sich in ihrer spezifischen Aufgabe – also darin, andere Verhaltensweisen so zu motivieren, dass neue Objekte oder Darbietungen entstehen. Auch auf diese besonderen Konfigurationen semiotischer Aktivitäten werden wir in den folgenden Kapiteln noch zuückkommen.

7.1.4 **Medienkonvergenz neu verstanden**

Die Medien und Canvases genau auseinander zu nehmen und ihre Einzelheiten und Bestandteile aufzulisten, ist deswegen so notwendig und gleichermaßen hilfreich, weil es ganz normal für kommunikative Situationen ist, dass sie aus solch ‚kleineren' Einheiten bzw. ‚Komponenten' bestehen. Nur so können wir die ‚Scheiben' bzw. ‚Stücke' in ihren jeweils komplexeren Räumen erkennen und als solche umfangreich behandeln. Es gibt jedoch noch eine andere Möglichkeit, mit der die jeweiligen Canvases weitere, umfassendere kommunikative Situationen bereitstellen. Diskutiert wird dies heute vor allem mit dem Begriff der *Medienkonvergenz*, d.h. mit der Fähigkeit bestimmter Medien, semiotische Artefakte und Darbietungen aus *anderen* Medien zu tragen bzw. darzustellen oder wiederzugeben. Meistens wird Medienkonvergenz vor allem auf die ‚digitale' Wende in und für Medien aller Art sowie auf die Tatsache zurückgeführt, dass heute Bildschirme, technische Geräte und Anwendungen auf diesen Geräten sowohl traditionelle Printmedien wie Zeitungen als auch zeitbasierte Angebote wie Filme, Videos, etc. ‚zeigen' bzw. ‚darstellen' können.

Deswegen werden auch einige der Artefakte, die Sie analysieren möchten, diese Art von Canvaskomplexität ganz automatisch mit sich bringen und es ist dann auch für diese Artefakte unabdinglich, dass Sie die einzelnen Medienbeiträge und -bestandteile so sorgfältig voneinander trennen, wie wir dies für das komplexe Beispiel der ‚natürlichen' Unterrichtssituation oben demonstriert haben. Werden die notwendigen Unterschiede nicht vorgenommen, laufen sowohl der Analyseprozess als auch die daraus erzielten Ergebnisse Gefahr, mehr Verwirrung als Klarheit zu schaffen. Dabei ist die Idee, dass Medien andere Medien ‚zeigen' oder ‚wiedergeben', gar keine neue, sie hat vielmehr durch das Aufkommen so genannter ‚digitaler Medien' erst diese neue Aufmerksamkeit erhalten. Newall (2003) stellt zum Beispiel schon relativ früh in der Entwicklung dieser neuen Medienformen fest:

> "Pictures regularly depict other pictures. Paintings or drawings of galleries, studios, and other interiors, for instance, often depict pictures hanging on walls or propped on easels." (Newall 2003: 381)[1]

Unabhängig davon, ob ein Tablet also eine Zeitung oder ein Gemälde zeigt bzw. darstellt, befinden wir uns immer in einem äußerst breiten Analysekontext und müssen dessen Auswirkungen auf die praktische Untersuchung mitbedenken.

darstellende Medien

Wir wir bereits in Kapitel 4 dargelegt haben, bezeichnen wir die Medien in solchen komplexen Situationen als *darstellende Medien*. Dabei müssen wir uns bewusst sein, dass die in diesen Medien stattfindenden *Remediatisierungen* immer einen gewissen Einfluss auf unsere Analyse nehmen und entsprechende Prinzipien mit sich bringen, die gleichermaßen untersucht werden müssen. Normalerweise überschneiden sich diese Prinzipien oft mit denen, die wir bereits in unseren bisherigen Beispielen gesehen und beschrieben haben. So kann ein dargestelltes Medium lediglich die Möglichkeiten derjenigen Canvases nutzen, die auch das darstellende Medium einsetzt. In unseren Analysen müssen wir eine solche Situation also als dynamische Veränderung oder Transformation von einer umfassenderen kommunikativen Situation zu einer weniger umfassenden erkennen und die einzelnen Canvases, die zu jedem Zeitpunkt involviert sind, voneinander trennen.

Auch andere Formen medialer Darstellungen können für unsere weiteren Analysen nützlich sein bzw. interessant werden. Eine relativ einfache Form ist die verschiedener *Notationen* bzw. *Schreibformen*, wie sie zum Beispiel in der Verwendung von Blindenschrift als spezifisch gedruckte Darstellungsform für geschriebene Sprache eingesetzt wird. Diese Verwendung setzt ein ganz anderes Medium voraus als die Verwendung von gedruckter Alphabetschrift. Die Unterschiede im Material dieser Medien reichen jedoch aus, um die Unterschiede zwischen beiden Schriften deutlich zu machen und ermöglichen so eine einfache Übertragung auf einen anderen materiellen Träger mit anderen Affordanzen. Ob weitere Zeichenmodalitäten durch dieses Medium entstanden

---

1 „Bilder zeigen regelmäßig andere Bilder. Gemälde oder Zeichnungen von Galerien, Studios und anderen Innenräumen zeigen oft Bilder, die an Wänden hängen oder auf Staffeln gestützt werden." (Newall 2003: 381; eigene Übersetzung)

sind, bedarf einer empirischen Untersuchung, die die etablierte Praxis zur Erstellung von Dokumenten in Blindenschrift genauso in Betracht zieht wie die Gemeinschaft an Nutzer*innen, die Blindenschrift aktiv einsetzen und entsprechend gestalten. Es ist anzunehmen, dass bestimmte Details des typographischen Layouts in beiden Schriften dieselben Funktionen übernehmen und so einmal visuell, einmal taktil funktionieren. Weitere Beispiele für Notationssysteme sind die Verwendung einer Lichtquelle zur Darstellung von Morsecode oder die Repräsentation von Musik in Form von Noten. Auch hier entsteht die Frage, ob in diesen medialen Formen zusätzliche Zeichenmodalitäten entstanden sind und auch hier muss diese empirisch beantwortet werden.

7.2 Multimodale Phänomene multimodal untersuchen

In diesem Abschnitt schlagen wir nun eine Brücke zwischen den unterschiedlichsten Medien, die wir für unsere Untersuchungen betrachten wollen, und den Dimensionen, die wir zur Organisation unserer Fallstudien hinzuziehen und die auch für die Organisation Ihrer Analysen als Schema zur Verfügung steht. Der Grundgedanke dabei ist, dass wir die Canvases einer jeden kommunikativen Situation nach spezifischen Schritten und Kategorien organisieren. Diese Schritte und Kategorien werden wir im Folgenden darlegen. Die Unterscheidungen, die wir dabei vornehmen, führen uns dann direkt zu fünf Analysefällen, von denen wir die meisten in unseren Fallstudien wieder aufgreifen. Die einzelnen Analysen sind dann vergleichbar bzw. übertragbar auf Analysen ähnlicher kommunikativer Situationen mit ähnlichen Eigenschaften. Wir werden für alle Beispielfälle und in den Fallstudien dann auch jeweils weitere Verweise auf Arbeiten geben, die sich bereits an solchen Analysen versucht haben – entweder direkt aus dem reichen Kontext multimodaler Forschung oder aus anderen Forschungstraditionen.

Die Unterscheidungen, die wir im Folgenden treffen, sollen also auf jede kommunikative Situation anwendbar sein. Allerdings ist unsere Klassifikation zum jetzigen Zeitpunkt noch nicht vollständig und es wird mehrere weitere Kombinationen geben, die wir hier nicht explizit diskutieren können. Das weite Feld multimodaler Forschung zieht inzwischen so viele unterschiedliche Artefakte und Darbietungen in Betracht, dass wir einfach nicht im Detail auf alle eingehen können. Wir glauben aber, dass unsere Fallstudien wichtige Bereiche abdecken und Ihnen genügend Anleitung bieten, jeweils ähnliche Fälle multimodaler Kommunikation entsprechend ausführlich selbst zu untersuchen. Wichtig für alle Untersuchungen ist, dass die hier vorgeschlagenen Unterscheidungen für jede Situation neu vorgenommen werden; das heißt, dass alle eingebetteten Subcanvases immer in Bezug auf die übergreifenden Canvases beschrieben werden müssen, je nachdem, wie diese gerade arbeiten. Und wie wir gesehen haben: Die spezifischen Unterscheidungen und Festlegungen der Canvases und Subcanvases deuten dann darauf hin, wie diese jeweils analysiert werden müssen.

Es reicht also nicht aus, die hier beispielhaft aufgeführten Situationen als ähnlich zu Ihren eigenen Situationen anzunehmen und lediglich die gleiche Klassifizierung für Ihre Analysen zu übernehmen. Gehen Sie bitte stattdessen immer neu an eine Situation heran und dekonstruieren Sie sie mithilfe des hier angebotenen Schemas. Auch und gerade wenn wir es mit darstellenden Medien zu tun haben, müssen die Canvases und Subcanvases dieser Medien ebenfalls jeweils individuell klassifiziert werden. Nur so gelangen wir zu einer sehr differenzierten Sichtweise auf diese Situationen, die wir analysieren müssen, sowie zugleich zu einer Reihe von Hinweisen und Verbindungselementen zu Analysen in anderen Kontexten und Disziplinen, die sich bereits mit diesen beschäftigt haben und möglicherweise bereits wertvolle Hinweise und Problemstellungen anzubieten haben.

Kommen wir im Folgenden nun zu den Unterscheidungen und Festlegungen, die Sie systematisch für Ihre Analysen vornehmen sollen:

Raum & Zeit

Die **erste Unterscheidung** betrifft die räumliche und/oder zeitliche Dimension des Canvases in der kommunikativen Situation. Das heißt, dass wir uns fragen müssen, ob eine räumliche Organisation z. B. durch eine Art räumliche Distanz, räumliche Form oder räumliche Verbindung zu anderen Elementen gegeben ist, die für die Bedeutungskonstruktion eine Rolle spielt. Auch wenn wir es vornehmlich mit zwei- oder dreidimensionalen Canvases zu tun haben, können auch weitere räumliche Dimensionen in Frage kommen: So sind eindimensionale Canvases möglich, aber entsprechend begrenzt. Mehr-als-dreidimensionale Canvases sind ebenfalls möglich, aber grundsätzlich schwierig zu händeln. Wenn keine räumliche Dimension vorhanden ist, wissen wir, dass der Canvas intrinsisch in seiner Zeit organisiert sein muss, um eine Form von Bedeutung zu konstruieren. Medien, die lediglich eine Veränderung der zeitlichen Organisation aufweisen, sind zum Beispiel Musik- oder Radioprogramme.

---

i

Es ist lohnenswert, zwischen ‚zeitbasierten' Canvases und der Frage nach Dimensionaliät in Bezug auf räumliche Gegebenheiten zu unterscheiden. Musik zum Beispiel ist eine zeitbasierte Ausdrucksform, wie wir bereits in Kapitel 2 dargelegt haben. Allerdings ist es nicht sinnvoll, von Musik als ‚eindimensional' zu sprechen. Stattdessen ist Zeit ein *konstitutives* Element für jegliche Variation, die in und mit Musik ausgedrückt wird. Veränderungen in Tonhöhen, simultan spielende Instrumente, erfahrungsmäßige Reaktionen auf verschiedene Formen von materiellen Klängen (z. B. in Perkussionsformen) und so weiter – all dies entfaltet sich in der Zeit. Ohne Zeit und zeitliche Ausdehnung gäbe es diese Variationen und Veränderungen nicht und wir könnten sie erst gar nicht wahrnehmen. Wenn ein Canvas also zeitbasierte Veränderungen möglich macht, heißt das zugleich, dass auch verschiedene Formen perzeptueller Reaktionen möglich werden.

Wenn allerdings räumliche Details vorhanden sind und manipuliert werden können, muss **in einem zweiten Schritt** entschieden werden, ob auch intrinsische zeitliche Variationen möglich sind oder nicht. Wenn diese zur Bedeutungskonstruktion eingesetzt werden, haben wir es mit dynamischen räumlichen Situationen zu tun; wenn keine zeitliche Veränderung vorliegt, sind es statische räumliche Situationen. Erstere umfassen Film, Tanz, gesprochene Face-to-Face-Interaktion und viele mehr; letztere liegen mit traditionellen gedruckten, seitenbasierten Dokumenten (in 2D) oder auch in Form von Gebäuden (in 3D) vor.

Pläne und Skripte

Wir haben nun also drei verschiedene Analysefälle zur Beschreibung vorgeschlagen, die immer noch sehr unterschiedlich voneinander sind: zeitliche, statisch-räumliche und dynamisch-räumliche Situationen. Eine weitere Spezifizierung dieser Situationen können wir vornehmen, wenn wir unsere Fallstudien genauer vergleichen und gegenüber stellen. Dabei können wir zunächst fragen, ob das eingesetzte Medium *frei* oder *einem bestimmten Design folgend*, also *geplant* genutzt wird. Dies ist zum Beispiel hilfreich zur Unterscheidung von spontanen Telephongesprächen einerseits (ohne Einsatz einer visuellen Ebene wie bei Videotelefonie und ohne einen vorbestimmten Ablauf) und Darbietungen von zuvor komponierter Musik andererseits (mit einem vorbestimmten, geplanten Ablauf). Auf einer noch feineren Ebene können wir dann sogar zwischen einem spontan entstandenen Dialog und einer zuvor geskripteten und geplanten Konversation ähnlich einer Unterhaltung im Theater unterscheiden. Wir bezeichnen diese Unterscheidung folglich auch als diejenige zwischen *geskripteten* und *ungeskripteten* Canvases. Außerdem können wir danach fragen, ob der Canvas Interaktion unterstützt oder nicht, also Situationen, die veränderbar sind, wie wir dies in Kapitel 3 besprochen haben. Wir haben es dann entweder mit *interaktiven* oder *nicht-interaktiven* Situationen zu tun.

Auch das Zusammenspiel dieser Kategorien kann sehr interessant sein. Zum Beispiel können wir Aktivitäten wie das Hören von Musik oder das Hören eines Hörspiels zusammenfassen. Beide sind geskriptet, unveränderbar und nicht-interaktiv, weil die Zuhörer*innen keinen Einfluss darauf haben, wie die kommunikativen Ereignisse sich entfalten. Wenn allerdings ein*e Sprecher*in eine Rolle im Hörspiel einnimmt, ist der spezifische Canvas, der diese*r Sprecher*in miteinschließt, sehr wohl geskriptet und veränderbar. Denn die individuellen Beiträge der Sprecher*innen nehmen Einfluss auf das sich entfaltende Ereignis, auch wenn dies zuvor in einem Skript festgelegt wurde. Beiträge in einer live stattfindenden Radiodiskussion dagegen sind ungeskriptet und veränderbar, während das *Hören* dieser Diskussion wiederum unveränderbar ist, weil Zuhörer*innen eben keinen Einfluss auf den Ablauf der Diskussion nehmen können. Jede Situation mit ihren zu unterscheidenden Feinheiten bringt so andere kommunikative Ressourcen und bedeutungskonstruierende Praktiken mit sich (vgl. auch Martin 1992: 508–546). Canvases sind daher notwendigerweise rollenabhängig.

Abbildung 7.8 fasst unsere Unterscheidungen zusammen und zeigt auf, wie wir mit diesen zu den jeweiligen Beispielfällen und Fallstudien gelangen. Wir können unsere Analyselfälle und die entsprechenden Fallstudien in Teil III unseres Buchs dann folgendermaßen gruppieren. Der Prozess der Unterscheidung und Bestimmung, den wir hier skizziert haben, kann und sollte dann dabei helfen, auch Ihre Beispiele entsprechend der Kategorien einzuordnen und Sie zu den jeweils notwendigen Festlegungen und Analyseschritten zu führen.

- A1: zeitlich ungeskriptet
- A2: zeitlich geskriptet
- A3: räumlich statisch

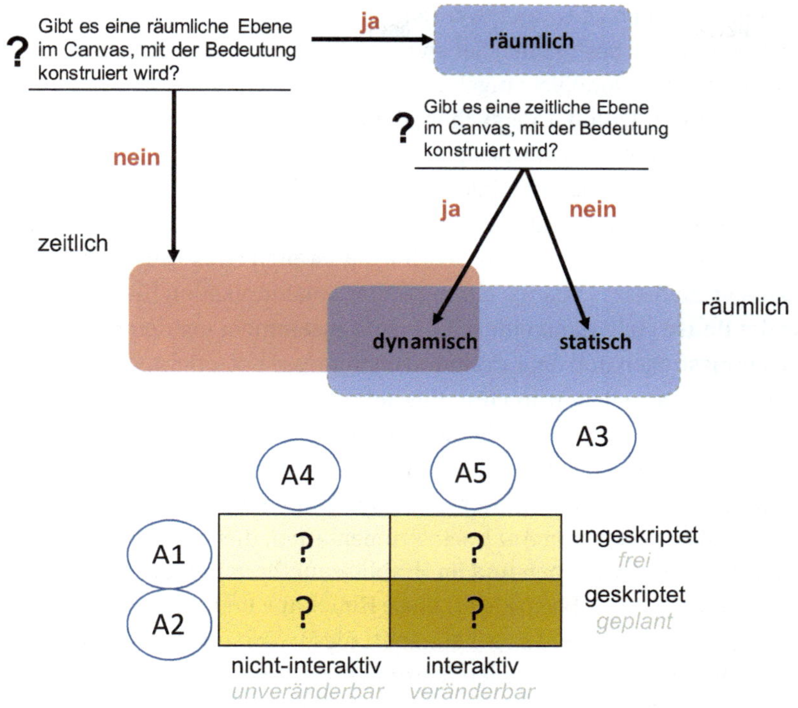

Abb. 7.8. Unser Vorschlag zur Unterscheidung der verschiedenen Canvases und die daraus resultierenden Beispielfälle

- A4: räumlich dynamisch
- A5: räumlich-zeitlich interaktiv.

In allen Bereichen multimodaler Kommunikation werden wir feststellen, dass es eine Vielzahl an Möglichkeiten für kommunikative Situationen gibt, die verschiedenste Praktiken multimodaler Bedeutungskonstruktionen mit sich bringen. Letztere können und müssen wir jeweils genauer diskutieren, indem wir die verwendeten Zeichenmodalitäten in Bezug zu den zu identifizierenden Canvases und Subcanvases analysieren.

7.3 Die grundlegenden Schritte multimodaler Analyse

Aufbauend auf den Ausführungen in diesem Kapitel empfehlen wir für jede multimodale Untersuchung drei konkrete analytische Phasen mit insgesamt acht Schritten, die wir in der Infobox unten zusammenfassen und im Folgenden genauer beschreiben.

Die **erste Phase** betrifft das allgemeine Design und die Vorbereitung der Analyse und fragt danach, welche Materialien für und in der Analyse relevant sind und wie diese

Materialien aus den Daten gewonnen werden. Die dafür notwendigen Festlegungen unterliegen jeweils einem bestimmten Set an Forschungszielen und -fragen. Natürlich kann man auch etwas explorativer vorgehen und zunächst einen bestimmten Bereich multimodaler Kommunikation untersuchen, der einfach aus sich heraus interessant für die eigene Forschung ist, zum Beispiel aufgrund seiner Komplexität oder weil noch kaum andere Forschung dazu betrieben wurde. In diesem Fall entstehen die Analyseform und der -zugang möglicherweise tatsächlich aus der Beobachtung einiger Daten. Es sind dann vermutlich erst die Schritte der zweiten Phase, die zu präziseren Forschungsfragen zu diesem Bereich multimodaler Kommunikation führen werden.

Die **zweite Phase** stellt dann einen Datensatz zusammen, der den bereits bestehenden Forschungsfragen und dem explorativen Interesse entspricht. Außerdem legt sie das analytische Instrumentarium fest, das auf die Daten angewendet werden soll. Wir haben oben vorgeschlagen, dass der beste Weg zur Kontrolle über die komplexen Daten darin liegt, die jeweiligen Medien und kommunikativen Situationen, die diese Medien nutzen, mit Bezug auf ihr Genres zu bestimmen. Diese Bestimmung führt dann zu potenziell anwendbaren Analyseinstrumentarien, die die unterschiedlichen Bedeutungen auseinandernehmen und im Hinblick auf ihren Einfluss auf das Genre untersuchen können. Weitere Beispiele für diese Hinleitung finden sich in den Fallstudien. In jeder dieser Studien werden wir zunächst die Medien und Genres bestimmen und diese dann mit den entsprechenden Instrumentarien zur Analyse verbinden.

Die **dritte und letzte Phase** untersucht und diskutiert dann die Ergebnisse der Analyse, indem sie Muster und Wechselwirkungen herausarbeitet, die vorher nicht erkenntlich waren. Auch experimentellere Ansätze können hier denkbar sein und zu Untersuchungen und Vorhersagen führen, die wir in Kapitel 5 angedeutet haben. Auch korpusbasierte Untersuchungen und statistische Auswertungen finden in dieser Phase statt. Notwendige Vorbedingungen dafür sind allerdings die grundlegenden Schritte aus der ersten und zweiten Phase. Die dritte Phase endet damit, dass die Ergebnisse zusammengefasst und entsprechend veröffentlicht werden – sei es in einer studentischen Hausarbeit zum Bestehen eines Seminars oder in einer internationalen Zeitschrift mit Peer Review zur Erweiterung Ihres wissenschaftlichen Lebenslaufs und der Publikationsliste. Als Hilfestellung zur Veröffentlichung multimodaler Analysen und ihrer Ergebnisse gibt es bereits viele Ratgeber und Arbeiten, die Sie zur Unterstützung heranziehen können.

---

i

Zusammenfassung der Schritte einer vollständigen und effektiven multimodalen Analyse

1. Wahl der kommunikativen Situation und des Schwerpunkts zur Untersuchung dieser Situation
2. Dekonstruktion der Medien in der kommunikativen Situation und Festlegung der hierarchisch organisierten Menge an Canvases und Subcanvases
3. Festlegung des multimodalen Genre-Raums und der ‚auf', ‚in' und ‚mit' dem Canvas vorgenommenen Aktivitäten
4. Selektion der Aktivitäten aus den Daten und Identifizierung der Zeichenmodalitäten, die den Canvas für diese Aktivitäten nutzen
5. Triangulation Ihrer Forschung mit bereits bestehenden Arbeiten zu diesen Zeichenmodalitäten, Genres und Situationen
6. Durchführung der Analyse mit den für die Medien und Genres relevanten Instrumentarien

7. Suche nach Mustern und Erklärungen für diese Muster in den analysierten Daten
8. Zusammenfassung der Ergebnisse in zu veröffentlichender Form

7.4 Zusammenfassende Lektionen für effektive multimodale Forschung

In diesem Kapitel haben wir einige der Grundlagen diskutiert, die wir für eine konkrete multimodale Analyse benötigen. Weil eine solche Analyse auf verschiedenen Ebenen stattfinden kann, haben wir unterschiedliche, aber zueinander komplementäre Kategorien dafür eingeführt. Mit Blick auf ein bereits bestehendes spezifisches Forschungsinteresse, das Sie in das Projekt mit einbringen, ist die erste wichtige Frage die nach der Methode und dem Zugang zu diesem Interesse. Wenn Sie allerdings noch auf der Suche nach einer präzisen Forschungsfrage sind und vielleicht ein anwendungsbasiertes Beispiel multimodaler Forschung erarbeiten wollen, wie im Falle einer Bachelor- oder Masterabschlussarbeit, dann gelten die meisten der üblichen Überlegungen, die wir im Vorhinein skizziert haben. Weitere Vorschläge und Richtlinien zur Erarbeitung einer genauen Forschungsfrage und den dann notwendigen Methoden finden Sie auch in zahlreichen anderen Publikationen rund um das Thema Multimodalität – und auch außerhalb, denn das Finden einer Forschungsfrage, die Auswahl von Daten und die Aus- und Aufarbeitung von Ergebnissen sind tägliches Brot in allen Forschungsbereichen. Wir werden hier nur auf besondere Aspekte multimodaler Forschung eingehen, die eine Herausforderung für die Entwicklung von Forschungsprojekten darstellen.

Die Form der Beschreibung Ihres Forschungsprojekts hängt vor allem davon ab, ob Sie in erster Linie empirisch oder eher theoretisch vorgehen wollen. Auch diese Diskussion ist nicht spezifisch für den Kontext Multimodalität und allgemeine Hilfestellungen für diese Entscheidungen geben immer eine gute Orientierung. Eine der größten Herausforderungen bei der Durchführung multimodaler Analysen ist vielleicht für einige von Ihnen überraschend: Lange Beschreibungen dessen, was man analysieren möchte, stellen noch keine Ergebnisse dar!

! Man sollte in der Analyse vermeiden, sich in ausschweifenden Kommentaren darüber zu verlieren, was vor sich geht oder was gezeigt wird. Viele frühere Arbeiten haben eine solche Tendenz. Die Herausforderung der Analyse besteht nicht darin, zu beschreiben, was man analysiert, sondern zu analysieren, was man untersucht!

Beschreibungen sollten also immer hintergründig bleiben und sparsam eingesetzt werden, zum Beispiel um einen Rahmen für die geplante Analyse zu schaffen und den Leser*innen zu ermöglichen, das Analysierte nachzuvollziehen oder um Anschauungsmaterial für die Analyse bereitzustellen. Die Analyse selbst allerdings muss viel weiter gehen: Sie zielt darauf ab, unser Wissen darüber zu erweitern, wie multimodale Kommunikation ‚funktioniert', d.h. wie sie das tut, was sie tut. Welche Prozesse der Bedeutungskonstruktion beteiligt sind, hängt von den jeweiligen Forschungsfragen ab, aber insgesamt sollten die Ergebnisse immer mehr sein als lediglich das, was unterm Mikroskop im Material zu sehen ist.

Es kann in der Tat schwierig sein, solche ausschweifenden Kommentare zu vermeiden, wenn man sich mit der Komplexität eines multimodalen Artefaktes oder einer Darbietung auseinandersetzt. Deswegen sollte man sich dieser Problematik immer bewusst sein und nach Anzeichen dafür suchen, die andeuten, dass eine Analyse in dieses Muster fällt. Wenn Sie das Gefühl haben, Ihre Arbeit könnte abdriften, ist es an der Zeit, einen genaueren Blick auf Ihre Untersuchung zu werfen und zu schauen, wo Verbesserungen vorgenommen werden können. Lassen Sie sich dabei nicht in eine der folgenden Fallen locken:

- **die Beschreibungsfalle**: Ihr Fokus liegt mehr auf einer Beschreibung der Analyseobjekte als auf einer tatsächlichen Analyse dieser
- **die Pseudotechnizitätsfalle**: Die von Ihnen verwendeten technischen Termini zur Beschreibung können größtenteils ausgelassen werden, ohne dass die Ergebnisse sich groß ändern
- **die Zirkularitätsfalle – oder: Hinterher ist man immer klüger**: Die technische Beschreibung, auf die man die Analyse eigentlich stützen sollte, hängt bereits von den gewünschten Analyseergebnissen ab.

Die Zirkularitätsfalle ist besonders schwerwiegend und einer der Hauptgründe, warum empirische Methoden, wie wir sie in Kapitel 5 beschrieben haben, so wichtig sind. Mit empirischen Vorgehensweisen muss man nämlich sehr ehrlich über die angewendeten analytischen Kategorien nachdenken und überlegen, wie sie mit den jeweiligen Daten abgeglichen werden. Würde ein anderes Projekt bzw. ein*e andere*r Forscher*in zu den gleichen Analysen und Ergebnissen kommen? Würden die Kategorien auch auf andere Daten anwendbar sein?

! Eine Änderung der Kategorien oder ihrer spezifischen Anwendung, damit diese Ihren ganz eigenen Daten entsprechen (oder schlimmer noch: damit diese die gewünschten Ergebnisse bringen) ist in etwa wie der Versuch, die Länge eines Gegenstandes mithilfe eines elastischen Maßbandes zu messen: Wenn Sie ihn länger machen wollen, als er tatsächlich ist, müssen Sie das Band einfach ein bisschen dehnen – das gibt Ihnen dann vielleicht das gewünschte Ergebnis, sagt Ihnen aber nichts darüber, wie lang der Gegenstand tatsächlich ist!

Schließlich gibt es noch eine letzte Situation, die wir zwar nicht als ‚Falle' bezeichnen, vor der wir Sie aber dennoch warnen wollen: Wir nennen sie das **Wiederbeschreibungssyndrom**. Es geht zurück auf die oben genannte Beschreibungsfalle und entsteht, wenn man eine Übersetzung oder Übertragung von Ergebnissen aus einer anderen Disziplin in einen spezifischen Beschreibungsrahmen als Ergebnis an sich betrachtet. Eine solche Neubeschreibung allein ist jedoch in der Regel kein Ergebnis: Man muss stattdessen zeigen, dass man das Verständnis für ein Artefakt oder eine Darbietung weiterentwickelt hat. Oftmals lässt sich dies am besten zeigen, indem man jede Beschreibung zurück in die Begriffe und Konstrukte übersetzt bzw. überträgt, die in den jeweils anderen Disziplinen und Forschungsbereichen bereits verwendet werden und wurden – dies wird dann auch die Chancen erhöhen, dass die Ergebnisse wahrgenommen und genutzt werden.

theoretische Triangulation

Aus diesem Grund sprechen wir uns auch gegen eine der am häufigsten vertretenen ‚methodischen' Positionen interdisziplinärer Arbeit aus: gegen den Versuch, ein gemeinsames Vokabular zu erarbeiten bzw. eine gemeinsame oder dieselbe Sprache zu sprechen. Wir sehen ein solches Vorgehen eher zum Scheitern verurteilt, besonders wenn es nur halbherzig verfolgt wird. Wir finden es stattdessen viel, viel wichtiger, in der Lage zu sein, *die jeweils andere(n) Sprache(n) sprechen zu können*. Dies wirkt sich auf viele Bereiche multimodaler Forschung aus. Nehmen Sie zum Beispiel die folgende, von Kress und van Leeuwen geäußerte Position: "In our view the integration of different semiotic modes is the work of an overarching code whose rules and meanings provide the multimodal text with the logic of integration" (Kress & van Leeuwen 2006 [1996]: 177)[2]. Auch hier verbirgt sich ein weiterer Versuch, ‚die gleiche Sprache zu sprechen'. Wir glauben aber und schlagen deshalb vor, dass andere Konzepte von Wechselbeziehungen uns viel weiter bringen, insbesondere in Form von theoretischen *Triangulationen*, wie wir sie weiter oben für effektive multimodale Forschung vorgeschlagen haben (→ §5.1 [S. 173]). Dabei gilt es, immer zu überprüfen (und zu triangulieren), dass eine Neubeschreibung nicht nur etwas beschreibt, was in anderer Form oder innerhalb eines anderen Kontextes oder innerhalb einer anderen Disziplin schon (besser) über ein Artefakt oder eine Darbietung gesagt wurde.

2 „Aus unserer Sicht ist die Integration verschiedener Zeichenmodalitäten das Werk eines übergreifenden Codes, dessen Regeln und Bedeutungen dem multimodalen Text die Logik der Integration verleihen." (Kress & van Leeuwen 2006 [1996]: 177; eigene Übersetzung)

Teil III: **Fallstudien**

In diesem Teil des Buchs stellen wir eine breite, aber strukturierte Palette an Forschungsobjekten dar, für die Multimodalität heute eine Rolle spielt, und zeigen, wie diese Objekte in der Vergangenheit analysiert und heute mit der in diesem Buch entwickelten methodischen Grundlage neu untersucht werden können.

Struktur und Aufbau dieses Buchabschnitts

Die Kapitel in diesem Teil des Buchs stellen eine Reihe von Artefakten und Darbietungen vor, die nicht nur typische Untersuchungsobjekte multimodaler Analysen sind, sondern auch in den meisten Fällen besondere Herausforderungen an diese mit sich bringen. In vielen unterschiedlichen Kontexten, die sich allgemein mit Multimodalität beschäftigen, können wir ein besonderes Interesse und wachsende Aufmerksamkeit für diese Artefakte und Darbietungen erkennen und es entstehen eine Vielzahl an Veröffentlichungen und Forschungsprojekten, die sich detailliert damit auseinandersetzen.

Während wir in der englischen Version dieses Studienbuchs (vgl. Bateman, Wildfeuer & Hiippala 2017) bereits eine reiche Palette an Fallbeispielen diskutieren, deren Lektüre wir ebenfalls empfehlen, wollen wir auch in den folgenden Kapiteln typische Beispiele multimodaler Analysen, diesmal allerdings vornehmlich aus dem deutschsprachigen Kontext, in den Vordergrund rücken und Ihnen verdeutlichen, wie die von uns unterbreiteten methodischen Grundlagen darauf angewendet werden können. Die einzelnen Fallstudien in den beiden jeweiligen Studienbüchern sollen und können sich dabei jeweils ergänzen und die gesamte Palette entsprechend bereichern und ausfüllen. Auch hier gehen wir schrittweise von weniger komplexeren Medien und Canvases zu deutlich umfangreicheren und umfassenderen Formen vor und werden auch diesmal sehen, dass es manchmal vorteilhaft ist, eine allgemeinere Perspektive einzunehmen und jeweils auf kleinere Variationen und Abweichungen näher einzugehen.

Die übergreifende Struktur der Kapitel folgt den Dimensionen zur Charakterisierung der Canvases, die wir in Kapitel 3 diskutiert haben. Zunächst werden wir die Canvases in bestimmte Interessensbereiche zerlegen, wie wir dies in unserem Navigator-Kapitel (Kapitel 7) erläutert haben. Wir nutzen dann die Möglichkeiten der identifizierten Canvases, um die nachfolgenden Analysen zu strukturieren und zu zeigen, wie die zu identifizierenden Zeichenmodalitäten sowohl von den jeweils verfügbaren Canvases als auch von den angestrebten kommunikativen Zwecken abhängen. Wir werden dabei immer auch wichtige Hinweise auf andere Arbeiten zu den jeweiligen Medien und kommunikativen Situationen geben, die sich bereits mit den betreffenden Artefakten oder Darbietungen befasst haben, so dass wir Vergleiche vornehmen und andere Analysedetails berücksichtigen können.

---

i Mit Blick auf Ihre eigenen Forschungsprojekte sollten auch Sie Ihr(e) Analyseobjekt(e) in die von uns vorgeschlagenen Klassifikationskriterien und -dimensionen einordnen, um dann direkt zu der jeweiligen Fallstudie in diesem Buchteil wechseln und sie mit Ihren Fragestellungen und Zielen abgleichen zu können. Wir hoffen, dass die jeweiligen Kapitel nicht nur entsprechende Beispiele für die Form der Analyse geben werden, die Sie dann ganz ähnlich vornehmen können, sondern auch mögliche ähnliche Probleme sowie Lösungswege für diese Probleme aufzeigen, die Ihnen dabei helfen werden, Ihre eigenen Untersuchungen erfolgreich vorzunehmen bzw. weiterzuführen.

Wir sortieren die einzelnen Fallstudien in Bereiche, die sich an den Klassifikationsdimensionen und der schematischen Überblicksdarstellung am Ende von Kapitel 7 orientieren. Alle Anwendungsfälle können daher sowohl einzeln gelesen oder entsprechend den Anforderungen einer komplexeren kommunikativen Situation mit anderen Fällen kombiniert werden. Wir werden einige Beispiele sehen, bei denen verschiedene Canvases sinnvoll miteinander kombiniert werden können, wodurch wir zu deutlich komplexeren Beschreibungen gelangen.

Nichtsdestotrotz ist die Sortierung dieser Bereiche nicht unwichtig, denn ein immer wiederkehrendes Thema und Ziel in allen unseren Diskussionen wird sein, wie wir ein Schubladendenken und eine strenge Fokussierung auf nur ein Medium oder einen Canvas grundsätzlich vermeiden können. Denn es wird ebenfalls oft der Fall sein, dass sich die Auseinandersetzung mit einem Bereich multimodaler Bedeutungsbildung ganz vorteilhaft auf verwandte oder benachbarte Bereiche stützen und von diesen profitieren kann. Auch deshalb haben wir die in den vorangegangenen Teilen dargelegten Grundlagen so unterbreitet: Nur wenn wir über eine ausreichend robuste und breite Grundlage zur Analyse von Multimodalität in all ihren Facetten zurückgreifen können, können wir auch Wechselwirkungen zwischen den Medien und Zeichenmodalitäten erkennen und behandeln. Unsere Beschreibungen müssen immer in der Lage sein, die Besonderheiten einer bestimmten multimodalen Kommunikationssituation herauszustellen und dabei nach Möglichkeit auf Verallgemeinerungen und systematische Einordnungen zurückgreifen.

Natürlich können wir im Rahmen des Buchs nicht beliebig viele Fallstudien aneinanderreihen und müssen uns auf die folgende kleinere Auswahl beschränken. Alle Beispiele sollten deswegen tatsächlich als Skizzen und konkrete Anwendungsfälle gesehen werden, die nur einen kleinen Einblick in die Vielfalt der Analysen bieten können. Wir werden aber versuchen, zumindest für alle beteiligten Canvases die spezifischen Eigenschaften zu identifizieren, bereits bestehende Arbeiten zum Thema zu erwähnen und diejenigen Aspekte herauszufiltern, die besonders herausfordernd und illustrativ für die von uns vorgeschlagene integrative Darstellung sind.

Unsere Sortierung der Fallstudien sieht dann wie folgt aus – und wir erwähnen hier auch jeweils, auf welche zusätzlichen Fallstudien sie in der englischen Version dieses Studienbuchs außerdem zurückgreifen können, um Ihr Bild von dem jeweiligen Bereich zu erweitern bzw. zu vervollständigen:

– Der erste Anwendungsbereich fasst Canvases zusammen, die sich in der Zeit entfalten und die im Allgemeinen ungeskriptet sind, wie im Falle von **Face-to-Face-Interaktionen**. Wir behandeln diesen recht komplexen Canvas zuerst, weil er in vielerlei Hinsicht die ursprünglichstee Form von Bedeutungskonstruktion innerhalb menschlicher sozialer Gruppen trägt und unterstützt. Die einzelnen Aspekte der Organisation dieses Canvases treten in fast allen anderen Formen multimodaler Kommunikation wieder auf, so dass wir es von Vorteil sehen, zunächst ein breites Verständnis davon zu erlangen, wie diese ursprüngliche Kommunikationsform aussieht und beschrieben werden kann, bevor wir uns anderen Formen widmen.

Weil Face-to-Face-Interaktion immer auch von Gestik und Mimik begleitet wird, werden wir ein Augenmerk auch auf die Bereiche multimodaler Forschung legen, die sich mit **Gesten** auseinandersetzen.

- Der zweite Anwendungsbereich beschäftigt sich mit geskripteten **Darbietungen oder Performanzen**, wie sie uns in Musikdarbietungen, im **Theater** oder im Tanz begegnen. Dieser Bereich geht insofern über den vorherigen hinaus, als dass hier Planung und Design eine wichtige Rolle spielen und entsprechend berücksichtigt werden müssen.
- Der dritte Anwendungsbereich wendet sich dann solchen Canvases zu, die **Raum und räumliche Ausdehnung** nutzen. Dazu gehören typischerweise ‚externalisierte' Medien wie **Printpublikationen, Webseiten, Schulbücher** und andere 2D-Canvases, wie z.B. in **Comics oder Graphic Novels**. Wir werden uns in diesem Buch vornehmlich mit Fragen zum **Seitenlayout** in Schulbüchern auseinandesetzen. Auch in der englischen Version finden Sie ein Kapitel zum ‚layout space' mit Blick auf Fragen des Graphikdesign, also der räumlichen Verteilung und Nutzung von Zeichenmodalitäten im Rahmen von Schulbüchern oder auf Postern. Außerdem gibt es ein Kapitel zu Diagrammen und Infographiken sowie zu Comics und Graphic Novels. Auf letztere verzichten wir in diesem Buch aus Platzgründen, laden Sie aber ein, sich mit den Kapiteln in englischer Sprache gleichermaßen vertraut zu machen. Für eine deutschsprachige Auseinandersetzung mit Comics bzw. visuellen Narrativen und der Analyse von Zeichenmodalitäten empfehlen wir das Kapitel zur multimodalen Comicanalyse in Packard u. a. (2019).
- Der vierte Anwendungsbereich fügt zeitliche Aspekte und Bewegung zu den Affordanzen eines 2D-Canvases hinzu und nimmt so Medien wie **Filme, TV-Serien und audiovisuelle Präsentationen** in den Blick. Solche Medien verwenden meistens seiten- oder bildschirmgestützte Darstellungsformen, entfalten sich in der Zeit und sind mikro-ergodisch. In der englischen Version beschäftigen wir uns mit Film und bewegten Bildern sowie audiovisuellen Präsentationen, hier konzentrieren wir uns auf einige Beispiele aus dem Film *Lola rennt* (Tykwer, 1999).
- Der fünfte und letzte Anwendungsbereich nimmt Aktionen und Reaktionen in der Kommunikation in den Fokus und schaut sich Artefakte wie **Webseiten** und den Gebrauch **sozialer Medien** sowie den Bereich der **Computerspiele** näher an. Diese Artefakte und Darbietungen sind von Natur aus ergodisch. In der englischen Version finden Sie ein ganzes Kapitel zu Webseiten und dynamischen Visualisierungen sowie zu sozialen Medien, auf die wir hier ebenfalls verzichten und uns stattdessen auf ein Beispiel multimodaler Computerspielanalyse konzentrieren. Wir können momentan ein verstärktes Interesse an all diesen Artefakten erkennen, die eine Fülle an Projekten und Publikationen mit sich bringen, die kaum in der Kürze der einzelnen Kapitel zusammenzufassen sind. Wir sehen dies nicht als Nachteil, sondern als großes Potenzial der Multimodalitätsforschung, die sich ständig weiterentwickelt und verändert.

Sie werden also sehen, dass es nicht nur immer Parallelen und Übergänge zwischen den einzelnen Kapiteln sowohl in dieser deutschen als auch der englischen Version geben wird, sondern auch Gemeinsamkeiten und Unterschiede zu vielen anderen Ansätzen multimodaler Analysen. Dies macht einmal mehr deutlich, wie komplex unsere Medienlandschaft momentan ist und wie detailliert wir mit den entsprechenden Artefakten und Darbietungen und den ihnen stattfindenden Kombinationen von Zeichenmodalitäten umgehen müssen, um sie systematisch zu verstehen.

Fallstudien 1: zeitlich ungeskriptete Situationen

8 Face-to-Face-Interaktionen und Gesten

Bereits in Kapitel 2 haben wir festgestellt, dass sich Auseinandersetzungen mit gesprochener Sprache schon sehr früh in Richtung multimodaler Analysen weiterentwickelt haben (vgl. Pike 1967, Birdwhistell 1970, Deppermann 2018). Es ist deswegen nachvollziehbar, dass sich auch heute aus diesem Bereich heraus viele innovativen Forschungsprojekte mit einem multimodalen Schwerpunkt entwickeln – nicht nur, aber oftmals auch im Hinblick auf den Gebrauch von (gesprochener) Sprache in anderen Medien, wie zum Beispiel im Internet und dort insbesondere in den sozialen Medien (vgl. die Beiträge in Marx & Schmidt 2019). Man kann ganz allgemein feststellen, dass die Beschäftigung mit ‚Face-to-Face-Interaktionen' und damit mit natürlichen, kontextualisierten Vorkommen gesprochener Sprache heute von vielen einfach als ‚multimodale Kommunikationsanalyse' bezeichnet wird und der Begriff ‚multimodale Kommunikation' sich dann eben spezifisch allein auf Face-to-Face-Interaktionssituationen bezieht. Wie wir in diesem Buch zeigen, umfasst multimodale Kommunikation natürlich deutlich mehr, aber es ist doch passend, unsere Fallstudien mit einem Fokus auf diese Face-to-Face-Interaktionen zu beginnen. Als zeitlich ungeskriptete kommunikative Situationen stellen sie nicht nur einen der ‚ursprünglichsten' Kontexte für Multimodalität dar, sondern ermöglicht eine detaillierte Analyse mit den dafür entwickelten Methoden aus der Konversations- und Interaktionsanalyse es auch, viele wichtige Facetten für eine breitere Theorie und Praxis multimodaler Analyse herauszuarbeiten.

verbal vs. non-verbal vs. multimodal

Obwohl gesprochene Sprache inhärent multimodal ist, haben sich die meisten früheren Arbeiten zu Face-to-Face-Interaktionen überwiegend auf verbale Aspekte konzentriert und diese den so genannten ‚non-verbalen' Aspekten gegenüber in den Vordergrund gestellt. Das war (und ist) eine irreführende Beschreibung und Unterteilung der Interaktionssituation, weil so zu gerne Sprache als alleiniger Ort für ‚echte' Kommunikation gesehen wird und der non-verbale ‚Rest' als nebensächlich und unwichtig abgetan wird. Obwohl es sicherlich Momente in der Interaktion gibt, in denen Gesten, Intonationen oder auch Blicke sprachliche Äußerungen lediglich begleiten und minimal unterstützen, ist dies doch keine angemessene Beschreibung für Face-to-Face-Interaktionen *im Allgemeinen*. So können wir doch mindestens genauso viele Momente in diesen Interaktionen identifizieren, in denen starke Wechselwirkungen zwischen gesprochener Sprache und anderen Zeichenmodalitäten vorzufinden sind oder Sprache für eine Weile möglicherweise gar keine Rolle mehr spielt. Ein multimodaler Zugang zu Interaktion muss *alle* diese Aspekte berücksichtigen und wir werden sehen, welche Herausforderungen dies vor allem für bisherige Entwicklungen im Rahmen der Konversations- bzw. Gesprächsanalyse mit sich bringt.

Die heutige Forschung zu Face-to-Face-Interaktionen akzeptiert fast grundsätzlich, dass viele weitere Ausdrucksressourcen neben den enger als ‚linguistisch' bzw. sprachlich gesehenen Ressourcen zur Bedeutungskonstruktion beitragen und dass diese dies nicht parasitär, sondern ganz absichtlich tun und so die Kommunikation vorantrei-

DOI: https://doi.org/10.1515/9783110495935-008

ben. Der Interaktionsforscher Arnulf Deppermann hebt in seinem Überblicksartikel zu ‚Sprache in multimodaler Interaktion' hervor, dass hierfür unter anderem auch der *visual turn* in den 1990er Jahren eine wichtige Rolle spielte und die „Entdeckung der Bedeutung des Visuellen für die menschliche Kommunikation" auch den „Stellenwert von Materialität und Medialität für die Kommunikation" vergrößerte. „Damit rücken der Körper und mit ihm die Leiblichkeit des Handelns ins Zentrum des Verständnisses sprachlicher Kommunikation" (Deppermann 2018: 54). Aber nicht nur visuelle Aspekte stehen fortan im Interesse der Interaktionsforschung, sondern auch andere Ausdrucksressourcen fingen Eingang in die Beschreibungssysteme. Burgoon, Guerrero & Manusov (2011) zum Beispiel gehen von den folgenden acht Codierungssystemen aus, die alle analytisch erfasst werden sollten: Kinesik, Parameter der Stimme (z. B. Prosodie), die physikalische Erscheinung, Proxemik, Haptik, Chronematik (also die Verwendung von Zeit), die Umgebung und die darin vorkommenden Artefakte (also Objekte, die eine Rolle spielen) sowie der Bereich der Gerüche. Alle müssen als "essential ingredients in the interpersonal communication mix" (Burgoon, Guerrero & Manusov 2011: 270) gesehen werden.

Eine simple Bezeichnung dieser möglichen Bedeutungsträger als ‚non-verbal' ist dann nicht besonders hilfreich, drückt der Begriff doch nichts anderes aus als die uns längst bekannte Tatsache, dass neben Sprache noch viele andere Ausdrucksformen verwendet werden. Die tatsächliche Komplexität und der Reichtum des Canvases, der Face-to-Face-Interaktionen trägt, ist damit aber nicht hinreichend beschrieben und erfordert deutlich mehr und detailliertere Klassifikationskriterien, die nicht nur ‚Klangsignale', sondern auch Körpercodes, Kontaktcodes und räumlich-zeitliche Codes mit einschließen, die mit unterschiedlichen Materialitäten und entlang mehrerer Dimensionen funktionieren. Die Hauptaufgabe und Herausforderung ist dann, die Kombination dieser Ressourcen und ihre kommunikative Interaktion genauestens zu verstehen.

Auch Deppermann betont, dass sich das allgemeine Interesse an der nicht allein sprachlichen, sondern explizit multimodalen Organisation sozialer Interaktionen bereits seit den 1950er Jahren stetig weiterentwickelte und bereits in den 1970er Jahren Gesichtsausdruck und Gesten mit erforscht wurden. Der kurze geschichtliche Abriss der Erforschung multimodaler Interaktion in Deppermann (2018) sei hier zur Lektüre empfohlen, auch im Hinblick darauf, wie bereits sehr früh Videoaufnahmen von verschiedensten Settings als Methode zur Analyse von Interaktion eingesetzt wurden. In der Folge liegt heute eine enorme Breite an Forschungsliteratur vor, die die unterschiedlichsten Zugänge, Forschungsfragen und Methoden mit sich bringt. Unser folgender kurzer Überblick fasst einige dieser zusammen, konzentriert sich dann aber vor allem auf die Arbeiten, die ganz explizit Interaktion als multimodales Komplex unterschiedlichster Zeichenmodalitäten sehen und Sprache nicht unbedingt mehr in den Vordergrund stellen, Interaktion also von vorneherein als multimodal konzipieren. Wie Reinhold Schmitt festhält, ist eine solche multimodale Konzeption von Interaktion dann

> „in verschiedener Hinsicht die notwendige ‚Korrektur' einer wissenschaftshistorischen, aufnahme- und analysetechnisch bedingten Reduktion. Dies gilt für die technisch erstellten Interaktionsdokumente, welche die empirische Grundlage unterschiedlicher Formen von Interaktionsanalysen darstellen. Das gilt gleichermaßen für die mit der materialen Spezifik der Interaktionsdokumente zusammenhängende Komplexität der Untersuchungsgegenstände und -fragen. Schließlich gilt diese Einschätzung für die mit beiden Komplexitäten zusammenhängende methodische und konzeptionelle Adäquatheit." (Schmitt 2015: 43)

So betonen Schmitt sowie auch Deppermann und andere (vgl. Mondada 2016, Hausendorf, Schmitt & Kesselheim 2016), dass es vielmehr „eine empirische Forschungsfrage [ist], welche Rolle der Sprache in einem konkreten Interaktionskontext in Relation zu anderen Ressourcen zukommt" (Deppermann 2018: 61). Genau diese empirische Frage können wir im Rahmen einer multimodalen Analyse, wie wir sie hier vorschlagen, weiter verfolgen.

8.1 Forschungsüberblick

Wie wir bereits mehrfach erwähnt haben, ist der Forschungsbereich zur Face-to-Face-Interaktion sehr breit und vereint Bemühungen aus den unterschiedlichsten Orientierungen und Disziplinen. Viele Ansätze stellen dabei die *situationsbedingte soziale Interaktion* in den Vordergrund, d.h. sie konzentrieren sich auf die Situation, in der die Interaktion tatsächlich in all ihrer Komplexität und kontextuellen Einbettung stattfindet. Die meisten dieser Ansätze können mit dem Begriff ‚interaktionistisch' beschrieben werden, der andeutet, dass Interaktion von ihnen als primärer Ort der Bedeutungskonstrukton angesehen wird. Einige der Hintergründe für diese Ansätze haben wir bereits in Kapitel 2 diskutiert, als wir uns mit dem Verhältnis von Multimodalität, Medien und Gesellschaft beschäftigt haben. Wir werden hier einige dort angesprochene Forschungsrichtungen noch einmal kurz aufgreifen, können allerdings keinen vollständigen Überblick und damit auch keine allgemeine Einführung in den Forschungskontext um multimodale Face-to-Face-Interaktionen geben – dafür stehen aber die hier angegebenen Querverweise als erste Anhaltspunkte.

Konversationsanalyse

Der sich wohl am längsten etablierte interaktionistische Ansatz ist der der *Konversationsanalyse*, die sich seit den 1960er Jahren mit der Frage beschäftigt, wie Interaktionsteilnehmer*innen durch ihre (Sprech-)Handlungen in alltäglichen Gesprächen und Interaktionen soziale Ordnung herstellen (vgl. Sacks 1963, Garfinkel 1972 [1967], Dittmann 1979, Streeck 1983). Bedeutung entsteht dabei in und durch eine erfolgreiche Interaktion, in der die Interagierenden reibungslos und unproblematisch miteinander kommunizieren bzw. agieren und die jeweiligen Äußerungen *verstehen*. Bei Problemen werden diese im Verhalten der Beteiligten sichtbar und dieses *direkt beobachtbare Verhalten* wird dann als Strategie gesehen, wie soziale Ordnung durch die Handlungen der Beteiligten entsteht.

Sprecherwechsel

Ein spezifisches Beispiel für einen solchen Prozess der Entstehung ist das Phänomen des *turn taking* bzw. des *Sprecherwechsels*, für den die Konversationsanalyse einen detaillierten Beschreibungszugang entwickelt hat (vgl. Sacks, Schegloff & Jefferson 1974). Dazu wurden Menschen in Interaktionen beobachtet, die versuchten, in einem Gespräch an bestimmten Stellen mit einer grammatischen und intonatorischen Phrasierung ihres Gesprächsbeitrags (turn) das Wort zu ergreifen. Auch Signale wie z. B. ein Zögern, Entschuldigungen oder die Wiederholung von Worten wurden in die Beobachtung mit einbezogen, vor allem auf Grundlage von Audioaufnahmen und Verbaltranskripten (vgl. Deppermann 2018). Das insgesamt beobachtbare Verhalten der Sprecher*innen wird in der Konversationsanalyse als Beweis dafür genommen, dass es die *Sprecher*innen selbst* sind, die den Interaktionsfluss weiterbringen und aufrecht erhalten. In anderen Kontexten wiederum kann der Sprecherwechsel auch eine explizite Aufforderung einiger Sprecher*innen an andere sein, z.B. indem eine Frage gestellt oder eine Hand gehoben wird, um einen Sprecherwechsel zu initiieren.

! Fragen zum Sprecherwechsel können noch detaillierter beantwortet bzw. untersucht werden, wenn dazu die jeweiligen Affordanzen des in Rede stehenden Canvases genauer in Betracht gezogen werden. Nehmen wir als Beispiele die Interaktionen in Kontext der Flugsicherung, für die ein extrem eingeschränkter Canvas verwendet werden muss, oder aber computervermittelte Interaktionen in Form von Chats oder in Computerspielen, wo der Sprecherwechsel ganz anders gesteuert werden muss. Manchmal erfordert der Canvas vielleicht auch eine ‚künstliche' oder besonders geplante Einschränkung, zum Beispiel in der Interaktion im Cockpit eines Flugzeugs, die nach strengen Regeln organisiert ist. All diese Anwendungsbereiche von Sprecherwechseln können wir als *mediale Darstellungen* von gesprochener Sprache in spezifischen Situationen bezeichnen.

Genau an diesen Stellen, an denen andere Ausdrucksformen neben Sprache ins Spiel kommen, wird die konversationsanalytische Arbeit inzwischen zu einer multimodalen Analyse sozialer Interaktion ausgedehnt. Wie wir schon in Kapitel 1 gesehen haben, ist selten Sprache alleinige Ausdrucksform, sondern beziehen sich viele Situationen sowohl im Alltag als auch z.B. in hochspezialisierten beruflichen Kontexten direkt und unwiederbringlich auf visuelle (und andere) Kommunikationsformen. Diese können sich nicht nur direkt auf sprachliche Formen auswirken, sondern auch anstelle dieser sprachlichen Formen handeln bzw. sie ganz ersetzen.

Deppermann (2018: 55) zählt eine Reihe von kommunikativen Situationen auf, die von den Pionieren der multimodalen Analyse sozialer Interaktion (vgl. Goodwin 2000, Heath 1986) bereits untersucht wurden und von denen auch wir schon einige genannt haben: „Tischgespräche, Kinderspiele, archäologische Ausgrabungen, Flughafenüberwachung, ozeanographische und geographische Expeditionen, [...], Arzt-Patienten-Gespräche, U-Bahn-Überwachung, Börsenhandel, Kunstauktionen, Museumsbesuche". Einige aktuelle Arbeiten sind zum Beispiel auch mit besonderem Fokus auf narrative und dabei nicht nur sprachlich-hörbare, sondern auch kinesisch-sichtbare Praktiken (vgl. z.B. Zima 2017, König & Oloff 2018) oder auf dem Gebrauch von spezifischen Medien als Bestandteile der Interaktion, z. B. mit Blick auf das Smartphone (vgl. z.B. Oloff 2019) oder in Bezug auf Computerspiele (vgl. z.B. Baldauf-Quilliatre & Colon de Carvajal 2019) entstanden.

Grundsätzlich ist erkannt worden, dass adäquate Beschreibungen des kommunikativen Verhaltens in diesen Situationen nur möglich ist, indem alle kommunikativen Zusammenhänge und alle beteiligten Ausdrucksformen berücksichtigt werden (vgl. Goodwin 2000, Poncin & Rieser 2006, Mondada 2007, Deppermann 2013). Diese multimodale Erweiterung der Konversationsanalyse findet fortlaufend statt und hat inzwischen auch Eingang in mehrere Einführungen in die multimodale Analyse gefunden (vgl. z.B. Jewitt, Bezemer & O'Halloran 2016). Eine weitere detaillierte Übersicht über das Feld und viele Referenzen finden sich in Stivers & Sidnell (2005) oder Machin & Mayr (2012). Einen spezifischen Schwerpunkt auf multimodale Ressourcen legen auch Deppermann & Streeck (2018).

Videoaufzeichnungen

Eine besondere Herausforderung der Analyse einer solchen breiten Situation, die den gesamten Canvas mit all seinen Facetten und Zeichenmodalitäten in den Blick nimmt, ist die, entsprechenden Zugriff auf all diese Daten zu erhalten. Eine Verbaltranskription oder ein schriftliches Beobachtungsprotokoll sind dafür nicht ausreichend und viele Ansätze sehen deswegen heute Videoaufzeichnungen der Interaktionen als wichtigste Methode zur Analyse an (Mondada 2007, 2016).

> „Dies ergibt sich aus dem Imperativ der ‚konstitutionslogischen Vollständigkeit des Datums': Für eine gegenstandsangemessene Analyse ist es erforderlich, dass wir als AnalytIker*innen Zugang zu den gleichen Handlungen und Ereignissen wie die Interaktionsbeteiligten haben, um nachvollziehen zu können, worauf sie in der untersuchten Situation reagieren und welche Ressourcen sie zur Organisation ihres Handelns benutzen. Können die Interaktionsteilnehmer*innen einander visuell wahrnehmen, benötigen wir also Videodaten, wenn wir nicht Fehlanalysen, Verständnislücken und das Übersehen relevanter Konstitutionsbedingungen und Vollzüge des Handelns riskieren wollen." (Deppermann 2018: 56)

Viele der hier von Deppermann aufgeführten Probleme bzw. Herausforderungen haben wir im Verlaufe unseres Buchs bereits mehrfach hervorgehoben, vor allem im Hinblick auf die Tatsache, dass Sprache in den meisten kommunikativen Situationen eben nicht mehr die zentralste Rolle spielt.

Nexusanalyse

Ein weiteres Forschungsgebiet mit Bezug auf Interaktion ist der Ansatz von Ron und Suzie Scollon, der im Englischen vor allem als *mediated discourse analysis* bezeichnet wird und im Deutschen als nexusanalytischer Ansatz bekannt ist (vgl. Scollon 2001, Scollon & Scollon 2003). Interaktion wird darin als Geschehen in und durch materielle Zusammenhänge und ihre Umgebung gesehen, in denen Zeichen oder semiotische Ressourcen in ihrer Situiertheit betrachtet werden müssen. Sprache ist auch hier nur eine von vielen Ressourcen in einer materiellen Welt und Gesten und Körperbewegungen spielen eine ebenso wichtige Rolle (vgl. auch de Saint-Georges 2004).

Explizit in Richtung multimodaler Analysen getrieben wird das Konzept in den Arbeiten von Sigrid Norris (2004). Norris bietet einen detaillierten methodischen Ansatz zur Analyse von naürlicher Interaktion im Kontext, mit dem im Rückgriff auf die Aufmerksamkeit und die Handlungen der Interagierenden bestimmt wird, welche Aspekte einer Situation in die Analyse einfließen. Norris führt aus:

> "One challenge for the analysis of multimodal interaction is that the different communicative modes of language, gesture, gaze, and material objects are structured in significantly different ways. While spoken language is sequentially structured, gesture is globally synthetically structured, which means that we cannot simply add one gesture to another gesture to make a more complex one. [...] Gaze, however, may be sequentially structured, and during conversation it often is. But, during other interactions, gaze can be quite random. [...] There are other communicative modes, which are structured even more differently. [...] [F]urniture is a mode, and when thinking about it, we find a functional structure. Chairs are usually located around a table, or a reading lamp is located next to an easy chair. Thus different modes of communication are structured in very different ways." (Norris 2004: 2–3)[1]

Auch dieser Ansatz geht einher mit mehreren Vorschlägen in der Literatur, dass materielle Objekte in die Analyse mit einbezogen werden müssen (vgl. z.B. Kress & van Leeuwen 2001: 31–32)

Um jedoch der Gefahr zu entgehen, dass eine Analyse zu weit gefasst wird, stützt sich Norris (2004) auch auf den wesentlichen Grundsatz der Konversationsanalyse, dass das, *worauf die Teilnehmer*innen in einer Interaktion selbst die Aufmerksamkeit lenken*, im Vordergrund der Analyse steht und deswegen bestimmte Details einbezogen werden, andere nicht. Darüber hinaus verfeinert Norris ihren Zugang, indem sie so genannte *mediated actions*, also ‚vermittelte Handlungen' einführt, bei denen sich die Interaktionsteilnehmer*innen selbst als die primäre analytische Einheit verstehen. Dies ermöglicht es, auf das zu reagieren, was die Interagierenden selbst als Tun konstruieren, ohne dafür ihre Sprache in den Mittelpunkt zu stellen. Norris sieht diese als eine wesentliche Strategie für die Arbeit mit kommunikativen Modalitäten (vgl. Norris 2016).

Diskurs-analyse

Eine noch breitere Ausrichtung der traditionelleren Gesprochene-Sprache-Forschung lässt sich dann mit dem Konzept der *Diskursanalyse* fassen, die ihren Ursprung in der Konversationsanalyse hat und inzwischen deutlich abstraktere Modelle und Zugänge mit einbezieht, die unterschiedlichste Ausdrucksformen berücksichtigen, sich zum Beispiel auf medial vermittelte Diskurse bezieht wie in der *Mediendiskursanalyse*

---

1 „Eine Herausforderung bei der Analyse multimodaler Interaktionen besteht darin, dass die verschiedenen kommunikativen Modalitäten von Sprache, Gestik, Blick und materiellen Objekten auf sehr unterschiedliche Weise strukturiert sind. Während die gesprochene Sprache sequenziell strukturiert ist, sind Gesten synthetisch strukturiert, was bedeutet, dass wir nicht einfach eine Geste zu einer anderen Geste hinzufügen können, um sie komplexer zu gestalten. Blicke können jedoch sequenziell strukturiert sein und gerade im Gespräch sind sie dies oft. In anderen Interaktionen wiederum kann ein Blick ganz zufällig sein. Es gibt andere kommunikative Modalitäten, die noch unterschiedlicher strukturiert sind. [...] Möbel sind eine Zeichenmodalität, und wenn wir darüber nachdenken, finden wir eine funktionale Struktur in ihnen. Stühle befinden sich in der Regel um einen Tisch herum, eine Leselampe neben einem Sessel. So sind die verschiedenen Kommunikationsformen sehr unterschiedlich strukturiert." (Norris 2004: 2–3; eigene Übersetzung) (vgl. Dreesen, Kumiega & Spieß 2012) oder auch die kognitiven Fähigkeiten der Interagierenden in den Vordergrund stellt. Bedeutende Arbeiten in diesem Bereich haben sich mit den Besonderheiten von Gesten als eine der am weitesten entwickelten ‚zusätzlichen' Ressourcen, die gesprochene Sprache in natürlichen Interaktionssituationen begleitet, auseinandergesetzt (vgl. Müller 1998, Duncan, Cassell & Levy 2007). Adam Kendon, einer der zentralen Protagonisten der Gestenforschung, beschreibt Gesten wie folgt:

> "[...] this bodily activity is so intimately connected with the activity of speaking that we cannot say that one is dependent upon the other. Speech and movement appear together, as manifestations of the same process of utterance." (Kendon 1980: 208)[2]

Kendons Position nimmt eine extrem multimodale Perspektive ein und Face-to-Face-Interaktion wird in diesem Sinne gar nicht primär als linguistisch gesehen, sondern vielmehr als Mobilisierung einer Vielzahl an synchronisierten und integrierten Ausdrucksformen. Die Herausforderung für eine multimodale Analyse ist dann, diese kommunikativ-effektive Integration dieser regelmäßig auftretenden Vielzahl an Ressourcen zu beschreiben.

Eine so verstandene multimodale Diskursanalyse mit einem Schwerpunkt auf Face-to-Face-Interaktionen unterscheidet sich von der im englischsprachigen Raum entstandenen *multimodal discourse analysis* (oft auch mit MDA abgekürzt) auf theoretischer und methodologischer Ebene, wie Lorenza Mondada und Reinhold Schmitt ausführen:

> „Multimodalität ist also keine neue Analysemethode oder eine neue Methodologie, sondern bezeichnet eine konstitutive Qualität von Interaktion. [...] Multimodalität ist [...] ein theoretischer Bezugsrahmen, der – in unserem Verständnis – auf eine Form der Interaktionsanalyse verweist, die auf der Basis von Videodokumenten authentischer Interaktionssituationen auf der Grundlage der konstitutionsanalytischen Methodologie der Konversationsanalyse durchgeführt wird." (Mondada & Schmitt 2010: 23)

multimodale Interaktionsanalyse

So ist es nachvollziehbar, dass Reinhold Schmitt zum Beispiel klar zwischen der klassischen Konversationsanalyse, einer so genannten modalitätsspezifisch erweiterten (multimodalen) Konversationsanalyse und der multimodalen Interaktionsanalyse unterscheidet. In seinem Positionspapier von 2015 betont Schmitt dabei vor allem die empirische Ausrichtung der multimodalen Interaktionsanalyse mit dem Schwerpunkt auf der Überprüfung von monomodalen Konzepten und ihrer Übertragung bzw. Anwendung auf alle Aspekte von Interaktion (vgl. Schmitt 2015: 46). Sein eigener Untersuchungsschwerpunkt liegt in diesem Beitrag auf der Analyse von Ko-Konstruktionen

2 „Diese körperliche Aktivität ist so eng mit der Aktivität des Sprechens verbunden, dass wir nicht sagen können, dass die eine von der anderen abhängig ist. Sprache und Bewegung erscheinen zusammen, als Manifestationen des gleichen Äußerungsprozesses." (Kendon 1980: 208; eigene Übersetzung)

und genauer Ko-Orientierungen, die in multimodaler Interaktion und hier im spezifischen Fall des ‚gemeinsamen Gehens' zum Beispiel durch Blickrichtungen, deiktische Gestikulationen und Körperbewegungen bzw. -positionierungen erfolgen.

Wir werden uns im Folgenden solchen komplexen Face-to-Face-Interaktionen widmen, um die jeweiligen Ausdrucksmöglichkeiten genauer in den Blick zu nehmen. Dabei werden wir uns der Einfachheit halber an zwei Beispielen orientieren, die in der deutschsprachigen Literatur zu finden sind und die unter anderem auch den Gebrauch von Gesten diskutieren, den wir dann noch einmal genauer besprechen werden.

8.2 Beispiele multimodaler Interaktionsanalyse

Wie Deppermann, Feilke & Linke (2016: 2) betonen, fordert Jürgen Streeck bereits im Jahre 2001, „Interaktion als multimodale Praxis leiblichen Handelns im Raum und mit Objekten" zu untersuchen, bei denen Interaktionen mit „gestalthaft organisierten leiblichen Praktiken" hervorgebracht werden. Wir werden uns im Folgenden zwei solcher leiblichen Praktiken anschauen, die jeweils unterschiedliche Kombinationen von Ausdrucksformen einsetzen und die wir entsprechend unserer vorgeschlagenen Methodologie untersuchen können.

8.2.1 Zeigegesten und Deixis

In seinem Überblicksartikel zu Sprache in der multimodalen Interaktion (vgl. Deppermann 2018) diskutiert Deppermann selbst diese Praxis leiblichen Handelns an unterschiedlichen Interaktionen, zum Beispiel mit einer Rettungsübung mit Sanitätern, in einem Gespräch zum Casting neuer WG-Bewohner*innen, in einem Bewerbungsgespräch sowie in einer Unterrichtssituation. Der Ausschnitt in Abbildung 8.1 entstammt seiner Analyse der Rettungsübung, die wir nun mit den von uns vorgeschlagenen methodischen Schritten nachvollziehen und erweitern wollen.

Das Transkript FOLK_E_00138, aus dem wir einen Ausschnitt von Minute 11 sehen, entstammt dem Forschungs- und Lehrkorpus für gesprochenes Deutsch, das vom Leibniz-Institut für deutsche Sprache (IDS) Mannheim bereitgestellt wird und in diesem Fall Videoaufnahmen sowie Tonkopien einer Trainingssituation zur Anamneseerhebung bei der Behandlung einer Notfallpatientin beinhaltet. Das Transkript sowie das dazugehörige Video sind nach kostenloser Registrierung auf der Webseite der Datenbank für gesprochenes Deutsch (DGD)[3] frei verfügbar. Die Wiedergabe der Interaktion erfolgt nach den Konventionen des Gesprächsanalytischen Transkriptionssystems (GAT

3 https://dgd.ids-mannheim.de/

(1) FOLK_E_00138_SE_01_T_01, c842, 11:12–11:28: Rettungssanitäterübung

```
02 AS1:  +(0.5) d_%RINger %liegt #da*neben +*%da#+*%[unten.]
   as1:  +Blick->Ringer--------------------+.....+Blick->
         Strips-->
   as1:                                *.......*zeigt*,,,
03 EL:                                                [ah-   ]
   el:   gradeaus-%.......%Blick->links------%.....%Blick->
         Ringer---->
                                  #Abb.3.2        #Abb.3.3
```

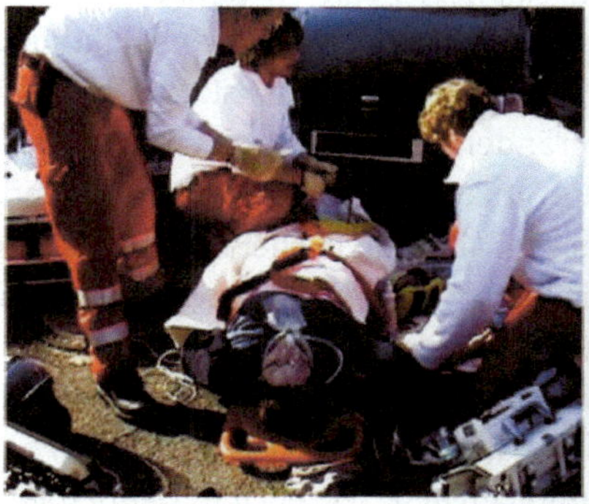

Abb. 3.2: AS1 bereitet Strip vor, OC sucht Ringerlösung.

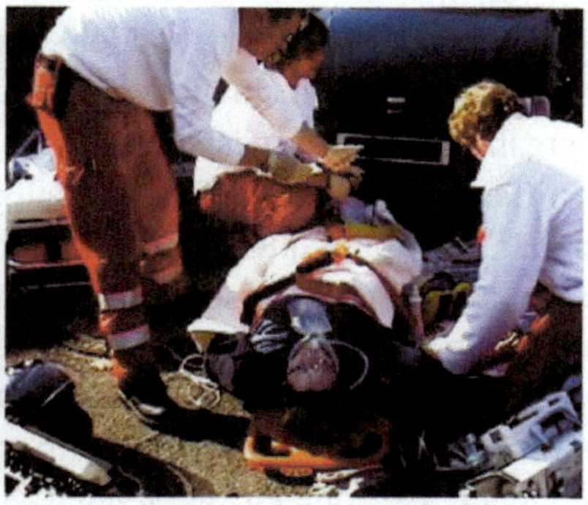

Abb. 3.3: AS2 zeigt auf Ringerlösung mit linkem Daumen, OC schaut auf Ringerlösung.

Abb. 8.1. Ausschnitt aus dem von Deppermann (2018) genutzten Transkript aus dem Forschungs- und Lehrkorpus für gesprochenes Deutsch, das eine Trainingssituation im Rahmen eines Fortbildungsseminars in einer Hilfsorganisation wiedergibt. Die Bilddateien entstammen dem dazugehörigen Video. Transkript FOLK_E_00138_SE_01_T_01 mit insgesamt 2251 Tokens und einer Videoaufnahme von ca. 12 Minuten.

2) (vgl. Selting u. a. 2009), das typischerweise in solchen Kontexten zur Transkription von Sprache eingesetzt wird.

Bei dieser kommunikativen Situation handelt es sich um einen simulierten Rettungseinsatz nach einem Verkehrsunfall, bei dem eine Motorradfahrerin nach einem Zusammenstoß mit einem PKW am Boden liegt und von den Rettungssanitäter*innen versorgt wird. So ist die Situation zwar in gewisser Weise konstruiert, weil es sich um eine Trainingssituation handelt, und auch die Kommunikationsabläufe folgen einem spezifischen Schema, das für solche Notfallsituationen üblicherweise angewandt wird (Anamnese – Erstmaßnahmen – Weiterbehandlung, etc.); die tatsächlichen Gesprächs- und Interaktionsdetails allerdings sind nicht vorher durchgeplant bzw. geskriptet. Die Sanitäter*innen suchen nach bzw. sprechen über eine Ringerlösung, auf die der Rettungsassistent AS1 in Zeile 2 mit gesprochener Sprache und der abgekürzten Form

‚Ringer' referiert und auf die er dann auch noch einmal zeigt. Der Einsatzleiter EL reagiert auf diese Zeigegeste mit Blickbewegungen, siehe Zeile 03.

Deppermann (2018) führt aus, dass die Wiedergabe des Transkripts zwar eine grobe Idee der Interaktionssituation vermittelt, jedoch wenig über die konkrete Wahl von Begriffen bzw. spezifischen Gesprächsbeiträgen oder den Gebrauch von Gesten und Blicken sagt. Ein spezifischer Fokus bzw. eine Fragestellung dazu bezieht sich zum Beispiel auf die Organisation der lokalen Referenz mit deiktischen Mitteln (vgl. Fricke 2007, Stukenbrock 2015), die aber erst mit einer multimodalen Interaktionsanalyse im notwendigen umfangreichen Maße beantwortet werden kann. Wir wollen diese nun gemäß der von uns vorgeschlagenen Schritte in Kapitel 7 nachvollziehen.

Zeigegesten

Wie oben bereits angedeutet, handelt es sich bei der kommunikativen Situation um eine zeitlich ungeskriptete Situation, die grundsätzlich veränderbar ist. Das Transkript als Wiedergabe der Situation ist dagegen unveränderbar; es dient uns hier ja aber lediglich zur Dokumentation. Als Ganzes stellt die Situation an sich den übergreifenden Canvas dar, in dem die Sequenz aus dem Transkript als analytischer Subcanvas eingebettet ist, der in diesem spezifischen Fall auf die Verwendung der Zeigegeste fokussiert. Damit ist es möglich, auf die in bzw. auf diesem Canvas genutzten Zeichenmodalitäten von Gestik, Blicken und gesprochener Sprache sowie zum Beispiel präziser auch Intonation zu fokussieren und sie im Hinblick auf ihren Gebrauch und ihre jeweilige Kombination mit den anderen Modalitäten zu untersuchen. Wie auch in Deppermanns Analyse können wir dabei auf bereits bestehende Untersuchungen zu Zeigegesten zurückgreifen, z.B. auf die umfangreiche Arbeit von Anja Stukenbrock (2015) zu Deixis in der Face-to-Face-Interaktion sowie den grundsätzlichen Arbeiten von Adam Kendon (1980, 2004). Mit den in diesen Arbeiten verfügbaren Instrumentarien mit Parametern zur näheren Bestimmung von Zeigehandlungen lässt sich die Zeigegeste im Transkript als Präzisierung der Referenz durch die deiktischen Ausdrücke ‚daneben' und ‚da unten' verstehen. Im weiteren Verlauf wird ersichtlich, dass diese Präzisierung durch den Adressaten (den Einsatzleiter) wahrgenommen bzw. nachvollzogen wird: „Der Adressat folgt der Zeigehandlung mit seinem Blick (*gaze-following*) und verdeutlicht mit einer anschließenden Verstehensdokumentation, dass erfolgreich geteilte Aufmerksamkeit (*joint attention*) hergestellt und der Referent identifiziert wurde" (Deppermann 2018: 59–60).

Koordination

Deppermann (2018: 60) führt außerdem aus, dass es sich in dieser Situation um eine koordinierte interpersonale und intrapersonale Koordination handelt, in der unterschiedliche Ressourcen in ihrem Gebrauch fortlaufend an die Reaktionen der Interaktionsteilnehmer*innen angepasst werden. Er bezieht sich damit auf seine eigenen Arbeiten zur Koordination unterschiedlicher Ressourcen in multimodaler Interaktion, die auch wir für die Behandlung weiterer Forschungsfragen in unsere Analyse miteinbeziehen könnten (vgl. Deppermann & Schmitt 2007, Deppermann 2014). In diesem Fall reagiert der referierende Rettungsassistent AS1 in der Situation direkt auf das Suchen des Einsatzleiters und präzisiert seine Aussage ‚daneben' noch einmal weiter mit ‚da unten'. So wird der Suchraum, der durch die Zeigegeste hergestellt wird, eingeschränkt und das Zeigeziel kann besser aufgefunden werden (vgl. Stukenbrock 2015: 265). Stukenbrock (2015: 265–272) verdeutlicht in ihrer Arbeit anhand mehrerer ähnlicher Beispiele aus empirischen Untersuchungen, dass eine solche Zeigegeste eine „funktional spezifizierte Ressource [...] in enger Korrelation mit dem dazugehörigen deiktischen Ausdruck" ist.

Die oben genannte Datenbank des IDS Mannheim enthält noch sieben weitere Transkripte von Rettungssituationen, die zu Trainingszwecken geprobt wurden, zu denen es jeweils auch Videoaufnahmen gibt, und so könnten wir daraus ein kleines Korpusprojekt gestalten, das wir auf den Einsatz von Gesten, Blickbewegungen und sprachlichen Ausdrücken in diesen Situationen hin untersuchen könnten. Dabei könnten wir den Schwerpunkt zum Beispiel wie oben auf Zeigegesten legen, wir könnten uns aber auch anschauen, inwiefern die Rettungssanitäter*innen mit entsprechenden Objekten interagieren und über diese mit visuell-haptischen und sprachlichen Referenzen kommunizieren. In den Arbeiten von Deppermann (2014) finden wir dazu bereits einen methodischen Vorschlag zur Herangehensweise sowie erste Ergebnisse vor allem in Bezug auf das Thema der Koordination verschiedener Handlungen, die wir entsprechend um unsere eigenen Interessen und Fragen erweitern könnten.

Ein weiterer interessanter Aspekt mit Blick auf dieses Forschungsprojekt ist sicherlich auch die Frage nach der Transkriptionsweise. In Abbildung 8.1 sowie auch in den Beispielen in Deppermann (2014) nutzt der Autor meistens eine schriftliche Transkription mit zusätzlicher Beschreibung der Blickrichtungen und Gesten sowie Screenshots aus den Videos. Denkbar wäre auch eine Transkription mithilfe von ELAN, das wir in Kapitel 5 vorgestellt haben. Die flexiblen Anpassungsmöglichkeiten der Beschreibungsebenen des Programms würden es erlauben, Tiers für die unterschiedlichsten Zeichenmodalitäten zu nutzen und zur Beschreibung dann das entsprechende Vokabular der Instrumentarien aus der Literatur zu nutzen. Hier können wir dann je nach Schwerpunkt auch viele weitere Ansätze zur Beschreibung bzw. Annotation von Gesten hinzuziehen (vgl. z.B. Müller & Cienki 2009, Bressem 2013, Bressem, Ladewig & Müller 2013, Fricke, Bressem & Müller 2014). Wenn dann alle Videos entsprechend annotiert würden, könnte man sehr einfach erste statistische Auswertungen darüber vornehmen, ob sich die eingesetzten Zeigegesten ähneln, ob die sprachlichen Referenzen möglicherweise identisch sind, etc. und so entsprechende Muster in den Daten finden.

8.2.2 Turn-Taking und Aufmerksamkeitslenkung

Das besondere Interesse an narrativen Praktiken in der Interaktion haben wir bereits oben kurz erwähnt und wollen wir hier erneut mit einem Beispiel erläutern. Hierzu bedienen wir uns eines Ausschnittes aus einer Transkription von Elisabeth Zima zur Analyse von multimodalen Dynamiken in der Kooperation von Interaktionspartner*nnen im Gespräch. Zimas Arbeit konzentriert sich auf Mittel bzw. Praktiken der

Rederechtsaushandlung im gemeinsamen Erzählen und somit auf die von uns weiter oben angesprochenen Aspekte des Sprecherwechsels in der Interaktion. In dem konkreten Beispiel, das das Transkript wiedergibt, geht es um subtilere Turnübernahme und -abgabesignale, die in ‚multimodalen Gesamtpaketen' (Zima 2017: 256) aus Syntax, Prosodie, Blick und Handgestik erfolgen.

Der durch das Transkript festgelegte Canvas fokussiert auf den Gebrauch von genau diesen Zeichenmodalitäten (wobei Beschreibungen der Syntax einer Redeäußerung funktionale Darstellungen von Strukturen und keine Zeichenmodalitäten sind und wir hier nicht im Detail auf die vorgenommenen Beschreibungen eingehen werden). Insgesamt haben wir es erneut mit einer ungeskripteten, unveränderbaren Situation zu tun, weil wir Beobachtende einer Aufnahme von Erzählsequenzen sind.

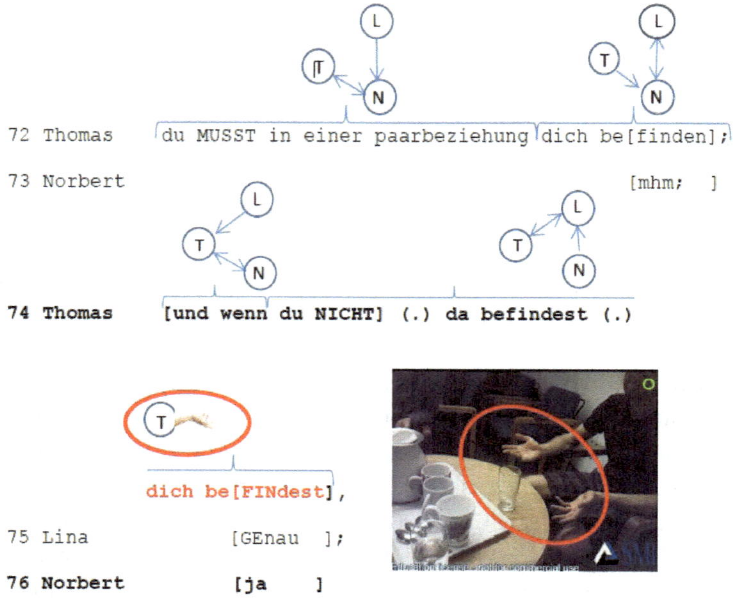

Abb. 8.2. Multimodal-interaktionsanalytische Transkription aus Zima (2017: 256), die Einzelheiten einer erzählenden Interaktion wiedergibt

Die im Transkript genannten Sprecher*innen Thomas und Lina erzählen über einen Film, in dem von einer Gesellschaft die Rede ist, in der der Zwang bestehe, sich in einer Paarbeziehung zu befinden. Norbert, der primäre Zuhörer in dieser Situation, hatte zuvor eine Frage gestellt, auf die Thomas als erstes antwortet, obwohl er zuvor nicht primärer Erzähler war. Er übernimmt hier den Turn selbstinitiiert und adressiert seine Antwort direkt an Norbert.

Turnübernahme

Das Transkript verdeutlicht, dass Thomas' selbstinitiierte Turnübernahme vor allem auch durch eine Adressierung des Blicks an den Zuhörer Norbert erfolgt. Im Transkript werden diese Blickrichtungen nicht wie in Deppermanns Beispiel durch Beschreibungen und Pfeile im Text, sondern durch die schematische Darstellung mit Pfeilen zwischen Zeile 73 und 74 wiedergegeben. Zima erläutert dies folgendermaßen:

> „Der in Zeile 72, zu Beginn des Transkriptausschnitts, widergegebene (sic!) Teil seiner Antwort ist über den Blick an Norbert adressiert. Er sieht ihn an, Norbert sieht zurück und auch Lina sieht den Rezipienten Norbert an. Zu Ende der TCU [Turnkonstruktionseinheit] wendet Norbert jedoch seinen Blick zurück zu Lina, an die seine Nachfrage eigentlich auch adressiert war." (Zima 2017: 257)

Sie beruft sich dabei auf Aufnahmen mit Eyetracking-Brillen sowie einer externen Kamera, die gemeinsam die gesamte Situation einfangen und deren Daten später synchronisiert und schließlich mit ELAN gemäß der Instrumentarien von Rossano (2012) und Auer (2017) annotiert wurden (vgl. Zima 2017: 250). Das Transkript beinhaltet diese Annotationen nicht.

Handflächengeste

So ist auch die von Thomas ausgeführte ‚offene Handflächengeste' (die von Kendon (2004: 275–277) als ‚open hand supine' bezeichnet wird) lediglich schematisch sowie durch einen Screenshot aus der Videoaufnahme dargestellt und wird im Volltext differenzierter beschrieben. Zima führt dazu aus, dass dieser Geste oft die Funktion des Präsentierens und der Aufmerksamkeitlenkung zugeschrieben wird, wie Müller (2004) mit Bezug auf die Organisation des Diskurses in der Interaktion herausgearbeitet hat. „In diesem konkreten Fall fungiert sie klar im Zusammenspiel mit Syntax, Prosodie und Blickrichtung als eine an Lina gerichtete Einladung zur Ko-Konstruktion und Turnübernahme" (Zima 2017: 258), die auch der Zuhörer Norbert entsprechend wahrnimmt und auf die er mit einem Blick auf Lina reagiert. Mit einem weiteren, von uns hier nicht näher diskutierten Beispiel erläutert Zima dann, wie Lina diese Einladung versteht und entsprechend weiter erzählt.

Bereits der kurze Ausschnitt aus dem Transkript macht deutlich, mit welchen unterschiedlichen Ausdrucksmitteln sowohl das Erzählrecht in der Interaktion verteilt als auch die Aufmerksamkeit der Interaktionsteilnehmer*innen auf unterschiedliche Aspekte oder Erzähler*innen gelenkt wird. Allerdings spiegelt das Transkript auch in diesem Fall nicht alle Ergebnisse wieder und die genauere Analyse wurde zuvor mit ELAN vorgenommen, wie wir es für die Beispiele von Deppermann ebenfalls vorgeschlagen haben. Nur durch eine solche komplexe Analyse aller dieser Ausdrucksmittel werden die explizit multimodalen Praktiken des Sprecherwechsels sichtbar. Die Analyse einiger weiterer Beispiele veranlasst Zima (2017: 269) dann zu der Hypothese, „dass Handgesten eine möglicherweise größere Rolle im Turn-Taking-Prozess spielen könnten als bisher angenommen". Sie verweist auf erste Arbeiten und Ergebnisse dazu bei Schmitt (2005) und Mondada (2007), die sich aber mehr auf Zeige- und raumfüllende Gesten konzentrieren, während ihre eigenen Untersuchungen explizit offene Handflächengesten und auf die Erzählpartner*innen gerichtete Gesten untersuchen. Eine umfangreichere empirische Analyse, die auf einem spezifischen Korpus von Interaktionen mit solchen Gesten beruht, könnte dann die von Zima aufgestellte Hypothese weiter überprüfen.

8.3 Zusammenfassung: Interaktion und Gesten

Wir haben nun zwei Beispiele einer multimodalen Interaktionsanalyse gesehen, die einen besonderen Fokus auf spezifische Arten von Gesten gelegt hat. Weitere solche Beispiele finden sich auch in der englischen Version dieses Studienbuchs (vgl. Bateman, Wildfeuer & Hiippala 2017: Kap. 8), in der wir unter anderem auch auf den metaphorischen Gebrauch solcher Gesten eingehen, wie ihn zum Beispiel Müller (2008) und Müller & Cienki (2009) diskutieren. Wir geben dort auch einen sehr kleinen Überblick in die Arbeiten von Adam Kendon (1972) und David McNeill (1992, 2006).

Gestenforschung

Diese Arbeiten stellen nur einen kleinen Anteil des sehr breiten Forschungskontextes zu Gesten dar, der eine systematische Beschreibung und Kategorisierung dieser zu erzielen sucht. Besonderes Interesse besteht momentan auch aus korpusanalytischer Sicht daran, die Bedeutung von Gestern weiter zu verallgemeinern. In den oben genannten Beispielen ist bereits deutlich geworden, dass es besonders wichtig ist, sich die Kombination von Sprache und Gestik als komplexes Ausdrucksmittel anzuschauen, um mehr darüber sagen zu können, welche diskursrelevanten Aufgaben in der Interaktion damit geleistet werden. Zum Beispiel wissen wir noch gar nicht, auf welchen ‚Ebenen' des Sprachsystems die Synchronisation von Gesten und Sprache genau stattfindet. In einigen Fällen deutet der Gebrauch einer spezifischen Geste auf eine enge Verflechtung der physischen Manifestationen von Sprache und Gestik hin – in dem Maße, dass die Syntax und Semantik von Äußerungen beide Ausdrucksformen abdecken muss. In anderen Fällen erfolgt eine deutlich lockerere Anwendung. Umfangreiche empirische Analysen von Gesten in verschiedensten Interaktionskontexten können hier helfen, verallgemeinernde Aussagen über diese Synchronisation bzw. Integration zu treffen.

multimodale Grammatik?

Nichtsdestotrotz tendieren einige Kolleg*innen bereits auf der Grundlage erster hypothetischer bzw. exemplarischer Ergebnisse dazu, das Grammatik-Konzept oder grammatische *Konstruktionen* so zu erweitern, dass gestische Elemente mit einbezogen werden können (vgl. u.a. Steen & Turner 2013, Mittelberg & Waugh 2014, Bergs & Zima 2017). Wie wir oben ausgeführt haben, spricht Elisabeth Zima von einem multimodalen Gesamtpaket aus Syntax, Gesten und Prosodie und in vielen ihrer Beispielanalysen in Zima (2017) nimmt sie syntaktische Beschreibungen vor, in denen eine Geste einen Teil einer Satzkonstruktion vollständig übernimmt bzw. den sprachlichen Anteil ersetzt.

Kodemanifestation und -integration

Einen sehr umfangreichen Ansatz verfolgt Ellen Fricke, mit dem sie für eine multimodale Perspektive innerhalb der Syntax argumentiert und die Integration von Gesten in die syntaktische Struktur von Äußerungen beschreibt, indem diese entweder eine syntaktische Lücke einnehmen, sich zeitlich mit der verbalen Äußerung überschneiden oder bestimmte Äußerungen istanziieren (vgl. Fricke 2013). Wie in Kapitel 4 bereits erwähnt, diskutiert Fricke dies aus einer allgemeineren Perspektive, indem sie in ihren

Arbeiten (vgl. Fricke 2007, 2012, 2013) zwischen Multimodalität in einem weiteren und einem engeren Sinne unterscheidet. Inwieweit eine solche Integration der multimodalen Perspektive in eine Grammatiktheorie auch als ausreichende Grundlage für das gesamte Feld der Multimodalitätsforschung hilfreich sein kann, bleibt jedoch fraglich.

Gesten veranschaulichen dies sehr deutlich. Wenn Gesten und gesprochene Sprache sich lediglich als eigenständige, aber korrelierte Aktivitäten ‚begleiten' würden, läge damit ein Fall von Multimodalität im weiteren Sinne vor. Wenn jedoch Gestik und gesprochene Sprache so stark aufeinander abgestimmt sind, dass die Beschreibung spezifischer sprachlicher Organisationen oder Konstruktionen (z.B. auf Ebene des Satzes) sowohl vom phonetischen als auch vom gestischen Material abhängt, wäre dies ein Fall von *Codeintegration*. Um Gesten als Teil sprachlicher Kommunikation zu analysieren, ist der Grundgedanke von Codemanifestation und -integration durchaus hilfreich. Allerdings kann Frickes Ansatz nicht als allgemeingültiger Begriff für die vielen anderen komplexen Beispiele von Multimodalität übernommen werden. Ein Film zum Beispiel kann nicht mit den Eigenschaften multimodaler Sprache gleichgesetzt werden, da er keine übergeordnete Modalität ist, die sich in unterschiedlichen Realisierungen zeigt, wie dies der Fall für Sprache ist.

Gesten sind offensichtlich weit mehr als nur redundante Signale und sollten in multimodalen kommunikativen Situation gleichwertig zu anderen Ausdrucksformen behandelt werden. Hier bestehen jedoch noch viele offene Fragen, vor allem im Hinblick darauf, wie Gesten in Kombination mit anderen Quellen kommunikativer Information in der Face-to-Face-Interaktion in größere Kommunikationsmodelle und Ansätze zur Sprachbeschreibung integriert werden können.

Wie wir bereits mehrfach in diesem Buch deutlich gemacht und auch mit den Beispielanalysen in diesem Kapitel gezeigt haben, ist zur Beantwortung dieser Fragen wesentlich mehr *empirische* Arbeit notwendig, die bereits bestehende Beschreibungen und Theorien zu vereinheitlichen und zu konkretisieren sucht. Systematische Zugänge auf der Grundlage größerer Datenmengen sollten deswegen im Vordergrund stehen. Einige aktuelle Arbeiten in diesem Bereich haben zum Beispiel feinkörnige Beschreibungen sowie korpusbasierte Analysen von Gesten und Sprache in der Mensch-Computer-Interaktion zum Ziel (vgl. dazu auch die Ausführungen in Abschnitt 2.4.2) oder aber die Ausweitung des Gebrauchs computergestützter Werkzeuge zur automatischen Erkennung und Beschreibung von Gesten, Mimik, Körperhaltung, etc. (vgl. u.a. Kipp, Neff & Albrecht 2007, Allwood u. a. 2007, Kopp & Wachsmuth 2009, Sowa & Wachsmuth 2009, Escalera, Athitsos & Guyon 2016).

Unwahrscheinlich erscheint es jedoch, dass die Fülle an Daten zu gesprochener Sprache und Face-to-Face-Interaktion, von der wir nur einen Bruchteil hier besprechen konnten, ohne fundiertes Verständnis von oder eine grundlegende methodologische Herangehensweise an Multimodalität vollständig erfasst werden kann. Die engen Grenzen von Sprache und sprachlichen bzw. linguistischen Beschreibungen müssen dabei erheblich theoretisch erweitert bzw. zugunsten eines allgemeinen multimodalen Konzeptes ersetzt werden. Genau aus diesem Grund haben wir in diesem Kapitel sowohl die Herausforderungen hervorgehoben, die sich aus der *Kombination* von Gesten und anderen Körperbewegungen mit Sprache und anderen Ressourcen ergeben, als auch ihre Einbettung in die Interaktion in breiteren multimodal-kommunikativen Kontexten betont. Nicht zuletzt unterstreicht dies die grundsätzliche und im Multimodalitätskontext essenzielle Annahme, dass Sprache nicht mehr die zentrale Ressource von Kommunikation ist (vgl. Kress & van Leeuwen 2001).

Fallstudien 2: zeitlich geskriptete Situationen

9 Performances, Darbietungen und darstellende Kunst

Der Begriff *Performance*, der tatsächlich eher selten direkt mit der deutschen Entsprechung ‚Performanz' übersetzt wird, wird heute in unterschiedlichsten Disziplinen, u.a. in der Psychologie, Soziologie, Philosophie, Linguistik, Literaturtheorie, Geschichte, Anthropologie u.v.a., zur Beschreibung und Analyse einer Vielzahl von sozialen und kulturellen Aktivitäten eingesetzt. Parallel dazu gibt es auch das heterogene Feld der *Performance Studies*, das mit seinen eigenen Analysen eine Vielzahl von Situationen untersucht, die als ‚performativ' gesehen werden. Performances werden dabei als von einer oder mehreren Künstler*innen dargebotene Aktionen gesehen. Richard Schechner (1988) zum Beispiel sieht Aktionen, Verhaltensweisen und künstlerische Praktiken als Hauptanliegen der Performance Studies und schließt alle Arten von beabsichtigen und oft, aber nicht immer geskripteten Arbeiten mit ein, die unterschiedlichste Ressourcen wie Sprache, Bilder, Gesten, Töne, Musik, usw. nutzen.

Performance Studies

Diese Ressourcen werden nicht nur in Kontexten der bildenden Kunst, wie z.B. im Theater oder in der Oper, sondern auch in mehr oder weniger spontanen Situationen auf der Straße, in halbkontrollierten Situationen im Klassenzimmer oder in Beratungssituationen eingesetzt – all dies sind dann Momente der so genannten Live-Performance. Inklusivere Ansätze berücksichtigen heute auch aufgezeichnete Aufführungen der bildenden Kunst, wie z.B. gefilmte Proben und Opern- oder Ballettfilme. Ebenso bietet das Internet mit seinen vielfältigen Möglichkeiten, Quasi-Live- oder ‚As-If-Performances' zu schaffen, erhebliches Diskussionsmaterial (vgl. Schechner 2013). Jedes grundlegende Verständnis von Performance im weitesten Sinne beinhaltet daher:

> "a 'broad spectrum' or 'continuum' of human actions ranging from ritual, play, sports, popular entertainments, the performing arts (theatre, dance, music), and everyday life performances to the enactment of social, professional, gender, race, and class roles, and on to healing (from shamanism to surgery), the media, and the internet." (Schechner 2013: 2–3)[1]

Diese Definition und Gegenstandsbestimmung spiegelt die radikale Umorientierung und Neubetrachtung der zugrunde liegenden Instrumentarien und Ansätze der Performance Studies wider, die in den letzten drei Jahrzehnten zu beobachten war. Unter den vielseitigen, teilweise neuen oder wiederbelebten Herangehensweisen finden sich auch einige semiotische Perspektiven, die uns im Folgenden dabei helfen werden, entsprechende Brücken zur Multimodalitätsforschung zu schlagen. Die ‚Semiotik der

1 „ein ‚breites Spektrum' oder ‚Kontinuum' menschlicher Handlungen, das von Ritualen, Spielen, Sport, populären Unterhaltungen, den darstellenden Künsten (Theater, Tanz, Musik) und Alltagsaufführungen über die Inszenierung sozialer, professioneller, geschlechtsspezifischer, Rassen- und Klassenrollen bis hin zu Heilung (von Schamanismus bis Chirurgie), den Medien und dem Internet reicht" (Schechner 2013: 2–3; eigene Übersetzung)

DOI: https://doi.org/10.1515/9783110495935-009

Theateraufführung' oder des Theaters zum Beispiel hat sich bereits in den 1970er und 1980er Jahren zu einem festen Zweig der Theaterwissenschaft entwickelt und Analysen von Inszenierungsformen sowie Fragen zur Rolle des Raums im Theater vorangetrieben (vgl. z.B. Fischer-Lichte 1998, Eco 2002). In neueren Arbeiten honoriert zum Beispiel Gay McAuley die vielfältigen, unter dem Begriff ‚Performance' zusammengefassten Aktivitäten und argumentiert für die Anwesenheit von Künstler*innen, Performer*innen oder sozialen Akteur*innen sowie einer Öffentlichkeit oder Zuschauerschaft als kleinstem gemeinsamen Nenner zur Definition einer performativen Situation (vgl. McAuley 2007, McAuley 2010). Eine solche Beschreibung spiegelt zugleich die wesentlichen Aspekte einer kommunikativen Situation wieder, wie wir sie in Kapitel 3 dargelegt haben. Performances schaffen einen semiotischen Raum, der sowohl einen Akt der Performance als auch Akte des Sehens und Verstehens hervorruft. Dies ebnet dann den Weg für analytische Herangehensweisen, die das Potenzial zur Bedeutungskonstruktion auf unterschiedlichen Canvases und im Hinblick auf die spezifischen Affordanzen untersuchen, wie wir dies in unserem Navigatorkapitel ausgeführt haben (vgl. Kapitel 7).

Dieses Kapitel beschäftigt sich mit Situationen dieser Art und betrachtet Performances und Darbietungen aller Art als multimodale Interaktionen, die ein produktives Zusammenspiel von verbalem und musikalischem Diskurs in Verbindung mit Mimik, Gestik, Körperhaltungen und -bewegungen, räumlichen Positionen und anderen Ressourcen zeigen.

---

i

In der englischen Version unseres Studienbuchs haben wir immer dann, wenn wir die Komplexität und Vielfalt multimodaler Untersuchungsobjekte beschreiben wollen, die Ausdrücke ‚artefacts and performances' genutzt. In dieser deutschen Version arbeiten wir mit ‚Artefakten und Darbietungen', um den englischsprachigen Begriff ‚performance' nicht zu sehr zu belasten. In diesem Kapitel stehen nun diese Darbietungen bzw. Performances im Vordergrund, so dass wir das Kapitel auch entsprechend so betitelt haben. Um aber alle Formen und Arten von Multimodalität vollständig in Betracht ziehen zu können, bleiben wir außerhalb des Kapitels bei dem Begriff ‚Darbietungen'.

9.1 Performances und geskriptetes Verhalten

Die Auseinandersetzung mit Performances ist im Rahmen multimodaler Analysen bereits gut verankert. Ron und Suzie Scollon zum Beispiel argumentieren, dass frühere Untersuchungsansätze, die eher sprachbasiert sind, vor allem an aktiven dialogischen Echtzeitdarbietungen interessiert waren und stärker multimodal ausgerichtete Herangehensweisen sich dann vor allem mit "the design of objects, the built environment, works of art and graphics, film, video, or interactive media productions" (Scollon & Scollon 2003: 171).

Performance vs. Performanz

Diese Perspektive ist weitaus umfangreicher gefasst als ein Verständnis von Performances im Sinne darstellender Kunst, das allgemein versucht, traditionelle Genres der bildenden Kunst, die vor einem Publikum aufgeführt werden, also Theater, Tanz, Oper, Musik beinhalten, zusammenzufassen. In dieses breitere Verständnis fallen dann auch Beschreibungen von Interaktionen im Klassenzimmer, die durch eine Lehrperson geführt werden, als Fall einer semi-geskripteten Performance, bei der die soziale Interaktion über Themen und Texte in einer geplanten und konstruierten Konfiguration geschieht (siehe Kapitel 7). So werden auch Vortragspräsentationen und der dabei vorgenommene Einsatz von Medien wie interaktiven Karten, Bildern oder Videos als Performances bzw. Performanzen verstanden, vor allem dem Performanz-Konzept von Erika Fischer-Lichte (2002) folgend, wie Krause (2019: 95) erläutert: „Eine Präsentation wird damit als Performance betrachtet, in der es die Wissensvermittlung zu inszenieren gilt und die Rede und die PPT [Power-Point-Präsentation] zu orchestrieren sind". Krause erwähnt in diesem Zuge auch die Arbeiten von Lobin (2007) und Schnettler, Knoblauch & Pötzsch (2007: 20); letztere führen aus: „Unter Performanz verstehen wir die zeitliche, körperliche und multimodale Durchführung kommunikativer Aktivitäten, wie sie realzeitlich beobachtbar sind". Alle diese Arbeiten beschäftigen sich mit Fragen danach, ob diese Art der performativen Präsentation eine Kommunikationsform oder Textsorte ist.

Gesundheitskommunikation

Ähnlich nah liegen andere semi- oder vollständig geskriptete Performances wie z. B. kontrollierte Abläufe in der Gesundheitskommunikation im OP, wo spezifische Funktionen des Haltens eines Skalpells auch kommunikativen Zwecken dienen, wie Bezemer u. a. (2012, 2014) nachweisen. Ihre Forschung konzentriert sich vor allem auf Fragen danach, wie Performances in solchen spezifischen Umgebungen mit Blick auf die vertretenen sozialen Rollen verallgemeinert werden können, z. B. im Rahmen chirurgischer Operationen. Mondada (2007) und Heath, Knoblauch & Luff (2000) thematisieren ähnliche Zusammenhänge aus gesprächsanalytischer Sicht und berücksichtigen dabei insbesondere die Zusammenhänge zwischen Interaktionsmustern und Gesten und anderen Körperbewegungen. Im Grunde lassen sich auch die von uns im vorherigen Kapitel erwähnten Arbeiten von Deppermann (2014, 2018) in diesen Kontext einordnen, wobei der Grad an Geskriptetheit darin deutlich niedriger ist. Insgesamt lassen sich diese Arten von Performances mit Bezug auf die Veränderbarkeit des Canvases beschreiben und voneinander unterscheiden.

Für das vorliegende Kapitel werden wir eine weitere Art der ‚Einschränkung' vornehmen und die damit verbundenen Herausforderungen für die multimodale Analyse näher betrachten. Dabei geht es um den Raum zwischen vollständig veränderbaren Canvases, in denen die Beiträge der Interaktionspartner durch ihre unmittelbaren ‚kommunikativen' Anliegen angetrieben werden, und feiner strukturierten Canvases, die ‚freie' Beiträge nur entlang einiger spezifischer Dimensionen unterstützen. So kann beispielsweise die Darbietung eines Songs den Songtext und die Melodie festlegen, zugleich aber Variation in Stimme und Klangqualität sowie Blicken, Bewegung und Haltung zulassen. Es ist die Konfiguration als Ganzes, die die Performance konstituiert und leistet. Dies macht einen wichtigen Unterschied zu solchen Darbietungen deutlich, die wir bisher beschrieben haben. Schechner hebt hervor: "[p]erforming arts frame and mark their presentations, underlining the fact that artistic behaviour is 'not for the first time' but enacted by trained persons who take time to prepare and rehearse" (Schechner 2013: 52).

Die daraus entstehenden Kunstformen bringen in der Regel einen hohen ästhetischen Standard mit sich, der sich auf eine lange Tradition ritueller und spielerischer Unterhaltung stützt und vom mehr oder weniger fachkundigen Publikum geschätzt und bewertet wird. Verschiedene Kulturen sind unterschiedliche historische Entwicklungen durchlaufen und haben so verschiedenste Formen kulturspezifischer Künste entwickelt, die sich teilweise erheblich voneinander unterscheiden. Schechner erwähnt diesbezüglich, dass Improvisation, d.h. die tatsächliche Abweichung von "strict choreography, precise scenes, and fixed mise-en-scènes" (2013: 111), ein grundlegendes Element in der darstellenden Kunst in Afrika ist und sie sich damit von solcher aus europäischen Kulturen grundsätzlich stark unterscheidet, jedoch auch erheblichen Einfluss darauf genommen hat und inzwischen Spuren der einen in der anderen Kultur zu finden sind.

9.2 Forschungsüberblick

bildende Kunst

Die darstellende Kunst umfasst mehrere traditionelle Genres der bildenden Kunst, die vor einem Publikum aufgeführt werden, darunter Theater, Tanz, Oper, Musik, Zirkus, etc. Viele traditionelle Ansätze zur Beschreibung und Analyse dieser Künste, insbesondere im Rahmen der Performance Studies, sind dabei dem traditionellen Verständnis der Disziplinen gefolgt, wie wir es in Kapitel 2 dargestellt haben, d.h. ihre Vertreter*innen haben einer Ressource oder Ausdrucksform Vorrang vor anderen gegeben – der Musik in der Oper in der Musikwissenschaft zum Beispiel oder der gesprochenen Sprache in Theaterstücken in den Literatur- und Sprachwissenschaften. Wenig bis gar keine Aufmerksamkeit wurde dagegen der Kombination mehrerer Ressourcen geschenkt.

Darüber hinaus ist es auch üblich, dass Künste wie Theater oder Oper jeweils in ihren eigenen spezifischeren Teil-Disziplinen, also im Rahmen der Theaterwissenschaft oder Opernforschung studiert werden, wobei dabei sowohl eine praktische Produktionsperspektive als auch eine rezeptions- oder textorientierte Perspektive eingenommen werden, wenn auch mit einer weniger expliziten Fokussierung auf die tatsächlichen Prozesse der Bedeutungskonstruktion. Die darstellenden Künste werden in diesen Kontexten eher aus dem Blickwinkel einer Kultur- und Geschichtskritik oder mit einem besonderen Fokus auf Genres, historische Epochen, einzelne Autor*innen bzw. Komponist*innen, etc. betrachtet.

semiotische Zugänge

Wenn aber die Menge und Vielfalt der Ressourcen innerhalb der Oper, des Theaters, Balletts, Zirkus, etc. in den Vordergrund rückt, nimmt auch eine semiotische Orientierung eine größere Rolle ein (vgl. z.B. Helbo 1987, Fischer-Lichte 1992, de Marinis 1993, de Toro 1995, Boussiac 2010, Kornhaber 2015, Boussiac 2015). Dabei geht die in André Helbos *Theory of Performing Arts* von 1987 dargelegte Position in vielerlei

Hinsicht mit der in diesem Buch vorgeschlagenen Herangehensweise überein. Helbo positioniert die Rolle der Semiotik für die darstellende Kunst "not only at the levels of the expressive phenomenon, of the message, and of the relation text/representation, but especially at that of the analysis of codes and of the matrix of codes" (Helbo 1987: 35). Indem er den Blick auf Prozesse der *Semiose* sowie auf die Komplexität der in Rede stehenden semiotischen Objekte richtet, ebnet er den Weg für eine umfassende Analyse aller beteiligten Elemente, die unserer Darstellung multimodaler Analyse in unserem Navigator-Kapitel (Kapitel 7) sehr ähnlich ist.

Eine noch stärker multimodal ausgerichtete Perspektive auf Performances und darstellende Künste verfolgen die Beiträge in Sindoni, O'Halloran & Wildfeuer (2016), die sich der Frage widmen,

> "how different social actors (auteur, artist, producer, performer, etc.) produce artwork (object, practice, event, display, etc.) and grapple with tradition (e.g. continuity and stability of codes vs. innovation and experimentation), also in relationship with other social actors, be they spectators or collaborators (e.g. audience, listeners, and co-artists) and/or providing other forms of professional or financial participation (e.g. producers, agents, directors, event organisers, etc.)." (Sindoni, O'Halloran & Wildfeuer 2016: 333)[2]

Eine solche Herangehensweise an kommunikative Situationen mit koordiniertem, konzertiertem Handeln wirft zwangsläufig Fragen nach der Abfolge und Gleichzeitigkeit dieser Handlungen sowie nach den köperlichen Anordnungen und ihren Kombinationen mit gesprochener (oder teilweise auch geschriebener Sprache) auf. Außerdem entstehen Fragen nach der ‚Präsenz' von Körpern, Objekten, etc. auf, d.h. nach den bedeutungstragenden Effekten physischer Körperlichkeit der Akteur*innen, die etwas darbieten.

experimentelle Semiotik

Helbo selbst nimmt diese Fragen als Ausgangspunkt für die Entwicklung einer *experimentellen Semiotik*, die den Fokus auf die *Erfahrungen* der Zuschauer*innen beim Betrachten einer Performance einerseits und denen der Schöpfer*innen bzw. Gestalter*innen beim Tun und Zeigen der Performance andererseits legt. Daraus ergeben sich Forschungsfragen, die für einen multimodalen Zugang zur darstellenden Kunst ähnlich wichtig sind: "How can one record a set of complex and protean practices (performing arts: theatre, dance, opera, circus, street performances, concerts, etc.)? What paradigms and mechanisms are used? Does the spectacle exist as objects?" (Helbo 2016: 349). Diese Fragen gehen einiger mit einigen der von uns im Kapitel 5 dargeleg-

2 „wie verschiedene soziale Akteure (Autor*innen, Künstler*innen, Produzent*innen, Performer*innen usw.) Kunstwerke (Objekte, Praxen, Ereignisse, Ausstellungen usw.) produzieren und sich mit Traditionen auseinandersetzen (z.B. mit Kontinuität und Stabilität von Codes vs. Innovation und Experimentierungen), auch im Verhältnis zu anderen sozialen Akteur*innen, seien es Zuschauer*innen oder Kollaborateur*innen (z.B. Publikum, Zuhörer*innen und Co-Künstler*innen) und/oder andere Formen der beruflichen oder finanziellen Beteiligung (z.B. Produzent*innenen, Agent*innen, Regisseur*innen, Eventveranstalter*innen usw.). " (Sindoni, O'Halloran & Wildfeuer 2016: 333; eigene Übersetzung)

ten methodischen Ansätze zur multimodalen Analyse und sind für eine Analyse aller semiotischen Ressourcen in den darstellenden Künsten unerlässlich – insbesondere im Hinblick auf den Status ihrer Materialität, Medialität und insbesondere Textualität.

Jüngere Arbeiten im Rahmen der Performance-Philsophie zum Beispiel führen viele Darbietungen und ihre Handlungen und Ereignisse explizit auf ihre ursprüngliche Textgrundlage zurück, z. B. auf die zugrunde liegenden Drehbücher oder Bühnenanweisungen. Dies ist in vielen Fällen darstellender Kunst sehr einfach möglich, weil diese Art der Textgrundlage in vielen Fällen verfügbar und es so sehr unkompliziert ist, die bedeutungstragenden Elemente und ihre Funktion im und mit dem Text als wesentlichem analytischen Objekt zu untersuchen (vgl. z.B. Kornhaber 2015, Saltz 2015). Auch im Rahmen textlinguistisch-semiotischer Untersuchungen stehen die Textsorte bzw. das ‚Textsortennetz' Theater mit seinen begleitenden Texten im Fokus der Untersuchung und werden die multimodalen und materialitätsbegzogenen Artefakte dieser kommunikativen Situation untersucht (vgl. Skerlavaj 2018). Die Analyse bezieht sich dann vornehmlich auf Texte wie das Programmheft, den Spielplan oder die Eintrittskarte und bisher nur selten auf die Theaterinszenierung an sich und die eigentliche, zeitlich geskriptete kommunikative Situation steht nicht im Vordergrund. Einen Überlick über die Ressource Sprache in der Kunstkommunikation mit teilweise textlinguistisch-semiotischen Fokus geben Hausendorf & Müller (2016), ohne allerdings dabei eine multimodale Perspektive einzunehmen.

Anders verhält es sich, wenn darstellende Kunst als dynamischer Prozess multimodaler Semiose gesehen wird und sowohl produktions- als auch rezeptionsorientierte Herangehensweisen an die bedeutungskonstruierenden Muster dieser Texte und Darbietungen in den Fokus rücken. Jüngste Instrumentarien, die diese Perspektive einnehmen, entstehen zum Beispiel mit Blick auf transmediale Strategien des Erzählens im Theater (vgl. Baumgartner 2012) oder im kunstwissenschaftlichen Diskurs (vgl. Müller 2016) oder explizit im Rahmen der *Multimodal Performance Studies* (vgl. z.B. Fernandes 2016, Sindoni, O'Halloran & Wildfeuer 2016, Sindoni, Wildfeuer & O'Halloran 2017). Die dynamische Produktion und Rezeption von Performances werden zum Beispiel mit der Anwendung einer funktionalen Grammatik von Tanz und Ballett zur Erfassung bewegungsbasierter Kommunikation (vgl. Maiorani 2017), in der Auseinandersetzung und Anwendung der linguistischen *Appraisal-Theorie* auf Dauerperformances wie ‚The Artist is presence' von Marina Abramovic im Museum of Modern Art in New York (vgl. Stenglin 2017) oder in der Beschreibung verschiedener kombinierter Bedeutungssysteme wie Sprache, Musik, Mise-en-Scène zusammen mit Performance und Bühnenbild in der Oper analysiert. Herangehensweisen dieser Art zielen zunächst auf die qualitative Untersuchung der multimodalen Bedeutungskonstruktion in darstellender Kunst ab, unterbreiten aber oftmals bereits Instrumentarien, die auch quantitativ orientierte Studien ermöglichen.

Noch stärker rezeptionsorientiert richten jüngste Arbeiten ihr Interesse auf die inszenierten Interaktionspraktiken im Theater, Rollenspiel oder in Orchesterproben, bei denen die Mono- und Dialoge in Kombination mit Gesten, Körperbewegungen und ggf. auch Musik oder Gesang als multimodale Leistungen analysiert werden (vgl. Krug 2018). Dabei stehen auch die besonderen Anforderungen dieser Interaktionssettings im Vordergrund, für die zum Beispiel im Rahmen multimodal-ethnographischer Studien die entsprechende Ausstattung zur Videoaufzeichnung zur Verfügung stehen muss (vgl. Krug 2018). Hier sind in den kommenden Jahren spannende Ergebnisse zu erwarten, die einen neuen Blick auf die jeweiligen Performance-Kontexte werfen und viele neue Fragestellungen mit sich bringen werden.

9.3 Beispielanalyse: Das Theater und seine Canvases

Theaterwissenschaften

Auch in unserer Fallstudie wollen wir den Fokus auf die darstellenden Künste beibehalten und werden deswegen die Aufführung eines Theaterstücks diskutieren und ggf. vergleichende Perspektiven auf andere darstellende Künste einbringen. Die Theaterwissenschaften sowie auch die Performance Studies bringen in der Tat oft ihre eigenen Studiengänge und Institute mit sich und diese sind an vielen internationalen Universitäten fest verankert; Schechner (2013: 6–11) bietet einen umfassenden Überblick für die USA, Großbritannien und darüber hinaus. In Deutschland gibt es lediglich einen Studiengang mit dem Titel ‚Performance Studies' an der Universität Hamburg, allerdings zahlreiche Programme im so genannten Fachbereich Theaterwissenschaften, die sich auf einzelne Aspekte beziehen (z. B. Dramaturgie oder Schauspiel) oder einen größeren Kontext (wie Kunst – Musik – Theater) umfassen oder Theaterwissenschaft transdisziplinär (z. B. an der Universität Leipzig) oder inter- bzw. transkulturell anbieten (z.B. in Leipzig und Trier). Die langjährige Tradition der Theaterforschung wird daher oft in sehr breiten und unterschiedlichen Ansätzen mit anderen Zugängen zu Darbietungen kombiniert, teilweise auch mit ‚Medien' allgemein. Generell ist eine Verschiebung "from oral interpretation and theatre to performance studies" (Schechner 2013: 21) sichtbar, die das Interessengebiet weit geöffnet hat. Performance Studies sind heute deswegen ein hochgradig interaktives und interdisziplinäres Feld und veranschaulichen ein weiteres Mal das von uns bereits in Kapitel 2 diskutierte Phänomen der ‚Disziplinenöffnung bzw. -erweiterung'.

Ungeachtet dessen stellt das Theater nach wie vor eine sehr dominante Kunstform dar, die in den Performance Studies umfangreich diskutiert und analysiert wird. Für eine multimodale Theateranalyse, die die gesamte kommunikative Situation im Theater sowie die beteiligten Medien berücksichtigt, ist es wichtig zu beachten, dass der Quelltext eines Theaterstücks nicht als einzige Grundlage zur Analyse dienen kann, auch wenn – wir wir oben ausgeführt haben – diese und weitere schriftliche Texte rund ums Theater ein Analyseobjekt multimodaler Forschung sind. Obwohl auch David Birch zum Beispiel erläutert, dass die tatsächliche Aufführung des Stückes das inszenierte Äquivalent "with all of its written meanings kept intact" (Birch 1991: 190) ist, ist doch genau der Prozess des Inkraftsetzens und Darbietens dieses Skripts mit allen erdenkbaren Abweichungen sowie die vielen Wege der Repräsentation und Reali-

Abb. 9.1. Photo der Bühne und des Auditoriums des Globe-Theaters in London, Großbritannien ©Tracy Ducasse, Flickr Creative Commons Licence, https://www.flickr.com/photos/teagrrl/17574687/

sierung des Skripts wichtig für die Konstruktion von Bedeutung *qua Performance*, also im Zuge der Darbietung und des aktiven Prozesses des ‚Auf-die-Bühne-Bringens'. Tan, Wignell & O'Halloran (2017: 14) heben besonders die Menge an weiteren semiotischen Ressourcen hervor, die im verbal-schriftlichen Text nicht zur Bedeutungskonstruktion zur Verfügung stehen, in der Aufführung aber unterschiedlich zur Wirkung kommen können.

Die kommunikative Situation im Theater besteht also nicht darin, das Drehbuch oder die verschiedenen Rollen eines Stücks zu verlesen, sondern darin, dass mehrere Künstler*innen oder Performer*innen auf einer Bühne (oder einem ähnlichen begrenzten und gerahmten Ort) vor einem Live-Publikum agieren und Handlungen und Ereignisse präsentieren, die oft eine bestimmte fiktive Welt schaffen. Das Publikum, d.h. die Zuschauer*innen oder Rezipierenden, beobachten und interpretieren die auf der Bühne aufgeführten Handlungen in einer Gemeinschaft von Konsument*innen. Schauen wir uns zum Beispiel Abbildung 9.1 an, die Bühne und Auditorium des berühmten Globe-Theater in London und damit sowohl Akteur*innen (in der Mitte des Bildes) als auch Zuschauer*innen in ihrer aktuellen kommunikativen Situation zeigt.

Da eine Performance immer ein Live-Ereignis ist, werden die Zeichen und Handlungen immer nur einmal ausgeführt und dauern nicht lange an – der Canvas ist also *transient*. Dies stelle eine klare Herausforderung für jede Analyse dar, denn das Genre des Theaters ist in hohem Maß vergänglich und damit bei jeder Aufführung anders und wird auch von den verschiedenen Zuschauer*innen unterschiedlich ausgelegt (vgl. Sindoni, Wildfeuer & O'Halloran 2017). Bei anderen darstellenden Künsten wie Oper, Ballett oder Musikdarbietungen, die in Konzerten aufgeführt werden, ist die kommunikative Situation ähnlich, da die Zuschauer die jeweilige Darbietung in einem bestimmten Gebäude, beispielsweise in einem Konzertsaal, Opernhaus oder vor einer Freilichtbühne hören oder sehen. Die Interpreten, d.h. Künstler*innen, Sänger*innen, Spieler*innen, Musiker*innen (auch Orchestermusiker*innen im Orchestergraben) haben einen begrenzten Raum, um ihre Aktionen nach dem vorgegebenen und zuvor einstudierten Drehbuch bzw. Skript durchzuführen.

Abbildung 9.2 zeigt zum Vergleich den Orgel- und Innenraum der St. Michaelis-Kirche in Hamburg, die auch regelmässig für Orgel- und andere Musikkonzerte genutzt wird. Die Zuschauer*innen sitzen in unterschiedlichen Reihen im Innenraum der Kirche bzw. auf den Emporen oberhalb des Innenraums; sie befinden sich damit zwischen dem Spieltisch der Orgel auf der Konzertempore und den Registern und Pfeifen auf der Westempore und vernehmen die Musik teilweise auch von hinten bzw. im gesamten Raum.

Mise-en-Scène

Mise-en-Scène ist daher ein zentrales Merkmal der darstellenden Künste, da sie ein spezifisches Bühnenbild, verschiedene Requisiten, Kostüme und weitere Objekte und Details oder auch eine spezifische im Theatersaal genutzte Beleuchtung mit sich bringt. Der Canvas für die gesamte kommuniktive Situation im Theater beinhaltet all diese Details und ist somit eine 3D-Umgebung, in der sich Handlungen und Darbietungen in der Zeit mit geskripteten Bewegungen der Akteur*innen und Requisiten entfalten. Allerdings sind nicht alle Bewegungen und Handlungen vorbestimmt bzw. festgelegt, da es den Akteur*innen oft freisteht, sich in dem begrenzten Raum relativ frei zu bewegen oder die jeweiligen Handlungen individuell und in einem dem Stück angemessenen Ausmaß zu ändern. Die Situation einer Theateraufführung ähnelt damit in vielerlei Hinsicht der Unterrichtssituation, die wir in Kapitel 7 beschrieben haben – mit dem wichtigen Unterschied, dass ein Theaterstück typischerweise vollständig geskriptet ist und auf einem Drehbuch oder dramaturgischen Beschreibungen basiert. Die Akteur*innen und Darsteller*innen folgenden spezifischen Anweisungen, die oft in schriftlicher Form vorliegen. Die Planung und Gestaltung dieses Drehbuchs stellen wichtige Aspekte für die Analyse dar, vor allem im Vergleich zur tatsächlich erfolgten Darbietung und insbesondere erstere,

Abb. 9.2. Blick vom Zentralspieltisch auf der Konzertempore auf die Steinmeyer-Orgel sowie den Innenraum der St. Michaelis-Kirche in Hamburg. ©Alexander Lampl, relink Bremen

die Planung und Zusammenstellung der Anweisungen, gehört als spezifische Eigenschaft zu multimodalen Theateraufführungen dazu. Ähnlich der Unterrichtssituation ist auch die Tatsache, dass die Akteur*innen im Theaterraum ihre jeweiligen kommunikativen Beiträge leisten müssen, um das darzubietende Stück ins Leben zu rufen. Das Medium des Theaterspiels ist daher ebenso veränderbar ergodisch und dynamisch und bezieht Akteur*innen ein, die kommunikative Aktivitäten durchführen, die alle dazu dienen, das vorgegebene und sich neu entwickelnde Spiel zu rekonstruieren.

Die anderen Teilnehmer*innen der kommunikativen Situation, also die Zuschauer*innen oder Rezipierenden, sind – ähnlich wie die Schüler*innen im Klassenzimmer – eher inaktiv, da sie (in der Regel) keine spezifischen Aktivitäten durchführen, die die kommunikative Situation des Theaterspiels beeinflussen. Im Gegensatz zur Unterrichtssituation allerdings, in der die Schüler*innen jedoch auf die Lehrperson reagieren und mit ihr in Diskussion treten können, werden die Zuschauer*innen im Theater von den Darsteller*innen eher nur in einer sehr einseitigen Art und Weise ‚angesprochen', die stark eingeschränkt (und oft ritualisiert) ist. Die Darstellenden können zum Beispiel mit den Zuschauer*innen in Augenkontakt treten und ein*e Zuschauer*in kann durch bestimmte Gesichtsausdrücke darauf antworten.

Die wesentliche Aufgabe, die das Publikum in seiner Interaktion mit dem Stück allgemein und besonders mit den verschiedenen Aktivitäten und Aufführungen übernimmt, bleibt jedoch das Verstehen und Interpretieren der aufgeführten Ereignisse und der Beziehungen zwischen den dargestellten Figuren als konstitutiv für die Geschichte oder Handlung des Dramas.

Unsere Herangehensweise macht es möglich, jede dieser Aktivitäten – sowohl produktions- auch rezeptionsorientiert – als eigene Scheibe oder Stück des übergreifenden Canvas zu beschreiben und im Hinblick auf die verschiedenen semiotischen Ressourcen, die an den Bedeutungsprozessen beteiligt sind, zu analysieren. Natürlich können wir auch den Blick auf das große Ganze werfen und den übergreifenden Canvas mit den verschiedenen Subcanvases genauer betrachten. Auch wenn beispielsweise das Drehbuch selbst in seiner schriftlichen Form nicht Teil des unmittelbaren Performance-Canvases ist, spielt seine Umsetzung in einem Monolog oder Dialog durch die Akteur*innen eine wichtige Rolle für die Darbietung des Theaterstücks. Tatsächlich werden ja viele Informationen über die einzelnen Charaktere, ihre Namen und Beziehungen sowie ihre Emotionen oft durch gesprochene Sprache und Ressourcen wie Intonation oder Lautstärke vermittelt, auch wenn innerhalb der Performance selbst keine weiteren verbalen Informationen verfügbar sind. Darüber hinaus geben dann die Broschüren und Begleithefte zum jeweiligen Theaterstück eine Zusammenfassung der Geschichte sowie Informationen über Schauspieler*innen, Regisseur*innen oder andere Details.

Aus multimodaler Sicht sind diese Informationen jeweils Teil unterschiedlicher kommunikativer Situationen, nämlich der des Lesens dieser Broschüren durch die Zuschauer*innen während oder vor/nach einem Theaterstück. Der analytische Canvas ändert sich dann jeweils und muss entsprechend anders beschrieben werden. Wenn die Broschüre im Vordergrund steht, ist er statisch und zweidimensional, während die Performance mit den spezifischen Gesten, Körperbewegungen und Gesichtsausdrücken immer dreidimensional und dynamisch ist. Die Interaktion der Akteur*innen untereinander oder mit Objekten stellt jeweils einen weiteren Subcanvas dar, der verschiedene Aktivitäten bewirkt. Jeder dieser Canvases kann mit einer detaillierte Analyse und auf der Grundlage einer spezifischeren Forschungsfrage genauer betrachtet werden.

Spannung

Eine mögliche Forschungsfrage ist zum Beispiel die nach der Erzeugung von Spannung innerhalb bestimmter Genres, wie Tan, Wignell & O'Halloran (2017) sie mit der Untersuchung zweier Darbietungen des Horrortheaterstücks *The Woman in Black* (Hill 1983, Mallatratt 1989) verfolgen. Die Autor*innen fragen vor allem nach dem spezifischen Genre dieses Stücks und zeigen auf, dass die besondere Spannung vor allem durch spezifische Kombinationen mehrerer semiotischer Ressourcen entstehen, nämlich von gesprochener Sprache bzw. Erzählung, Mise-en-Scène und Sound. Diese schaffen in einem spezifischen Dialog sowie mit einer Voice-Over-Erzählung durch einen Sprecher einen dialogischen Raum, wärend Beleuchtung und die besondere Platzierung der Charaktere auf der Bühne die Rollen der Protagonist*innen und Antagonist*innen hervorheben. Verschiedene Geräusche wie menschliches Flüstern oder das Knarren von Türen interagieren mit diesen Ressourcen und realisieren so bestimmte Genrekonventionen, die als typisch für das Horrorgenre beschrieben werden können (vgl. Tan, Wignell & O'Halloran 2017).

In ihrer Studie untersuchen die Autor*innen Schlüsselszenen der beiden Aufführungen und zeigen auf, wie die jeweiligen Realisierungen unterschiedliche Ressourcen einsetzen, um unterschiedliche Bedeutungen zu konstruieren. Sie heben hervor, dass die Geschichte zwar die gleiche ist, aber die gruseligen Erlebnisse, die für das Publikum mit jeder Aufführung konstruiert werden, einzigartig sind (Tan, Wignell & O'Halloran 2017: 35).

Theater vs. Oper

Auch andere Untersuchungen von Theaterstücken verschiedener Genres oder Kulturen, wie z. B. des chinesischen Musiktheaters oder des polnischen Labortheaters, die von Schechner (2013: 183, 226) als Beispiele genannt werden, könnten mit einer solchen Analyse weitere Genremuster aufzeigen – sowohl für das zeitgenössische Theater als auch in einem historischen Überblick. In diesem Zusammenhang sind Vergleiche mit anderen darstellenden Künsten möglich, zum Beispiel mit der Oper. Analog zu Tan, Wignell & O'Halloran (2017) beschreiben und analysieren zum Beispiel Rossi & Sindoni (2017) Ressourcen wie gesprochene Sprache, Musik und Mise-en-Scène, die Libretto, Partitur und Inszenierung einer Oper zur Verfügung stellen, um Bedeutung zu konstruieren. In einem vergleichenden Blick auf die Canvases von Theater und Oper wird es dann interessant zu fragen, wie sich diese semiotischen Ressourcen voneinander unterscheiden und welche medienspezifischen Details für jeden Canvas zur Verfügung stehen. Moderne Theaterstücke beinhalten oft Musik- oder Videoinstallationen, die mit den Aktionen und Aktivitäten auf der Bühne interagieren und so weitere potenzielle Analyseobjekte darstellen, die wiederum einen umfassenderen Zugang zu multimodaler Bedeutungskonstruktion erfordern.

9.4 Zusammenfassung

Wir haben in diesem Kapitel argumentiert, dass Performances eine ganz besondere Art von Aktivitäten darstellen, die ein reflexives (und selbstreflexives) Bewusstsein für die spezifische Art und Weise, wie expressive Ressourcen eingesetzt werden können, notwendig macht. Oft stehen dabei auch Effekte von Manipulationen des Materials durch ästhetisch fein abgestimmte sensorische Einbindungen im Vordergrund. Somit unterscheidet sich diese Art der Darbietung sehr stark von anderen halb-geskripteten Kontexten wie der Unterrichtssituation oder dem Operationssaal und stellt die multimodale Analyse vor einige neue Herausforderungen. Da experimentellere Performances kontinuierlich versuchen, die Grenzen zwischen Publikum und Darstellenden zu verwischen, wird es zudem immer wichtiger, auf umfangreichere multimodale Instrumentarien zurückzugreifen, um eine ganzheitliche Analyse zu ermöglichen. Wir haben in diesem Kapitel bereits auf neuere Herangehensweisen mithilfe von Eyetracking-Verfahren und der Aufzeichnung von Körperbewegungen, etc. hingewiesen. Auch Verbindungen zu anderen Medien, zum Beispiel zu immersiven Spielen oder interaktiven Erzählungen, werden eine Rolle spielen. Für all dies ist es notwendig und hilfreich, die spezifischen Bedeutungspraktiken auf den jeweiligen Canvases nachvollziehen zu können.

Fallstudien 3: räumlich statische Situationen

10 Layout

In diesem Kapitel werden wir das im Buch dargelegte Instrumentarium auf die Analyse von Seiten bzw. des Layouts dieser Seiten anwenden. Unter ‚Seite' verstehen wir dabei erst einmal alle möglichen Formen zweidimensionaler Dokumentseiten in unterschiedlichen Medien. Im Kontext multimodaler Forschung beobachten Baldry & Thibault (2006: 57), dass die Seite in der modernen Gesellschaft eine wichtige Texteinheit ist, deren kommunikative Aufgaben in unterschiedlichen Medien sich im Laufe der Zeit vor allem durch den technologischen Fortschritt erweitert und vervielfältigt haben. Die Autoren betonen, dass sich dies in den unterschiedlichen Begriffen widerspiegelt, in denen der Terminus ‚Seite' bzw. engl. ‚page' heute verwendet wird, zum Beispiel in den englischen Begriffen "index pages, glossy pages, financial pages, yellow pages, teletext pages and [...] web pages" (Baldry & Thibault 2006: 58). Auch im Deutschen sind etliche Ausdrücke bzw. Komposita mit dem Bestandteil ‚-seite' zu finden, die ähnlich komplexe Artefakte beschreiben, z.B. ‚Webseite' oder ‚Comicseite'.

Vielfalt an Seiten

Während eine solche Aufzählung sicherlich einerseits das breite Spektrum an kommunikativen Situationen veranschaulicht, in das Seiten in all ihren Facetten und Ausformungen involviert sind, zeigt es andererseits auch, dass derselbe Begriff verwendet wird, um verschiedenste Arten von semiotischen und materiellen Entitäten zu bezeichnen, die von einzelnen Medientypen (wie Videotext, gelbe Seiten) über bestimmte Genres (Finanz- und Indexseiten) bis hin zu physischen Materialitäten (z.B. in Form von Seiten in Hochglanzmagazinen) reichen.

Wie wir bereits mehrfach in diesem Buch argumentiert haben, sind es genau diese Phänomene, die wir als multimodale Forscher*innen während der Analyse auseinander nehmen und voneinander unterscheiden müssen. Außerdem müssen die potenziellen Beziehungen und Wechselwirkungen zwischen diesen Phänomen bestimmt und dargelegt werden, bevor eine individuelle Analyse der textuellen Organisation dieser Seiten erfolgen kann. Gemeinsam ist allen zuvor genannten Beispielen, dass sie alle den zweidimensionalen Raum nutzen, den der jeweilige Canvas bereitstellt, um Zeichenmodalitäten miteinander zu verbinden und Bedeutung zu konstruieren. Das heißt, dass alle diese Beispiele mit dem metaphorischen Gebrauch des Begriffs ‚Seite' arbeiten, unabhängig davon, ob es sich bei der Materialität dieser Seite um ein Blatt Papier oder einen Bildschirm handelt. Jede Seite ist mithilfe der zwei Dimensionen Höhe und Breite organisiert (Bateman 2008: 9).

layout space

Der Gebrauch der Metapher ist dann insofern angebracht, als ein Bildschirm nicht an die physikalischen Einschränkungen gebunden ist, die ein Blatt Papier mit sich bringt: Eine auf dem Bildschirm dargestellte Seite kann mithilfe einer Schnittstelle über ihre unmittelbar sichtbaren Dimensionen hinausgehen. Trotz dieser Möglichkeit, das verfügbare Layout auszuweiten und gleichzeitig zum Beispiel dynamische Inhalte wiederzugeben, organisieren sich viele bildschirmbasierte Medien allerdings lieber auf einem begrenzten, durch zwei Achsen definierten Raum. Diese Achsen beschreiben das,

DOI: https://doi.org/10.1515/9783110495935-010

was im Bereich des Graphik- und Informationsdesigns oft als *layout space* verstanden wird und dort sehr detailliert theoretisiert worden ist (für einen umfassenden Überblick und entsprechende Terminologiedetails im Englischen vgl. Black u. a. 2017). Im Deutschen gibt es keine direkte Übersetzung für diesen Begriff; wir werden vornehmlich mit dem Begriff ‚Layout' allgemein arbeiten und entsprechende Details zu spezifischen ‚Layoutbereichen' jeweils näher ausführen.

10.1 Forschungsüberlick: Graphikdesign

Nähe und Ähnlichkeit

In einem umfangreichen Überblick über Layout in Print- und digitalen Medien stellt der Informationsdesigner und Typograph Robert Waller (2012) verschiedene Ansätze zur Annäherung an Layout aus dem Kontext des Graphikdesigns vor, die auch aus einer multimodalen Perspektive heraus näher beleuchtet werden können. Der erste Ansatz basiert auf ursprünglich innerhalb der Gestaltpsychologie etablierten und diskutierten *Wahrnehmungsprinzipien*. Diese Prinzipien beziehen sich zum Beispiel auf das Konzept der *Proximität*, das darlegt, wie Elemente, die nahe beieinander liegen, als zusammengehörig betrachtet werden. Das *Ähnlichkeit*sprinzip wiederum besagt, dass visuell ähnliche Elemente zusammengehören. Für Graphikdesigner dienen diese Prinzipien als relativ loses Regelwerk zur Darstellung von Beziehungen zwischen Elementen innerhalb eines Layoutbereichs. Bateman (2008: 59), der diese und andere Gestaltungsprinzipien aus einer multimodalen Perspektive betrachtet, stellt fest, dass sie tatsächlich einen wesentlichen Beitrag zur visuellen Wahrnehmung und der Unterteilung eines Layouts in sinnvolle Elemente leisten (für eine Diskussion der Gestaltprinzipien vgl. Pettersson 2017). Wie unsere Diskussion im Folgenden zeigen wird, stellt diese Unterteilung auch für multimodale Analysen eine wesentliche Hauptaufgabe dar.

Ästhetik und Diagrammatik

Der zweite von Waller hervorgehobene Ansatz beschäftigt sich mit den *ästhetischen* Qualitäten eines Layouts im Hinblick auf Details wie Rhythmus, Kontrast, Spannung oder Balance. Waller (2012: 242) weist jedoch darauf hin, dass ästhetische Ansätze oft dazu neigen, Layout als visuelles Äquivalent zum kreativen Gebrauch von Sprache zu behandeln, wie z.B. im Falle von Poesie. Folglich orientieren sich diese Ansätze an der Kritik an einzelnen Werken und tragen weniger dazu bei, Einblicke in die allgemeinen Prinzipien von Layout und seiner Verwendung zu gewinnen. Der dritte Ansatz besteht darin, Layout als *diagrammatisch* zu betrachten und graphische Qualitäten hervorzuheben, um Beziehungen zwischen den einzelnen Inhaltselementen artikulieren zu können. Twyman (1979) zum Beispiel untersucht die Prinzipien der Organisation hinter verschiedenen Layouts, die er entlang eines Kontinuums beschreibt, das sich von ‚wirklich linear' bis ‚nicht-linear' erstreckt. Um dies zu verdeutlichen, kann das Layout eines Buchs als semi-linear angesehen werden, da die Zeilen der geschriebenen Sprache an bestimmten Punkten auf der horizontalen Achse enden, um Absätze zu bilden. Titelseiten von Zeitungen hingegen sind aufgrund ihrer gegliederten Struktur, die mehrere Zugangspunkte zum Layout bietet, nicht-linear (Bateman, Delin & Henschel 2007).

Die vierte und letzte Perspektive umfasst die *generischen Merkmale* eines Layouts. Waller führt dazu aus:

> "Layout is the main signifying feature of many familiar document genres: for example, newspapers, magazines, textbooks, user guides, packaging, and reference books. These everyday genres owe their very being to their layout. When readers see them, they know what they are, and what to do with them." (Waller 2012: 212)[1]

Genre

Die Bedeutung dieser generischen Merkmale für unsere tägliche Interaktion mit verschiedenen Layouts ist möglicherweise nicht immer klar, da sie oft im Hintergrund bleibt, solange die jeweiligen kommunikativen Ziele erreicht werden. Ohne ein Wissen über diese generischen Merkmale müsste allerdings jedes Layout individuell erkannt und interpretiert werden und dabei Hypothesen über die Organisation aufgestellt werden. Normalweise aber sind wir in der Lage, Zeitungsseiten als solche zu erkennen und auch die spezifische Organisation von Webseiten zu durchblicken und zu navigieren, weil wir das Genre bereits kennen. Aus diesem Grund beschreibt Waller (1987) diese uns allgemein bekannten Merkmale als ‚access structure', also als *Zugriffsstruktur*, deren Layout uns Leser*innen Hinweise auf die spezifische Organisation liefert und so den Zugang zu den Inhalten erleichtert. Diese Sichtweise findet sich auch in der Leseforschung wieder: Cohen & Snowden (2008) gehen so weit, zu argumentieren, dass die erfolgreiche Interpretation eines Layouts in erster Linie davon abhängt, ob diese allgemeinen Merkmale als erstes erkannt werden und dieses Erkennen der Betrachtung der im Layout präsentierten Inhalte vorausgeht.

Dekomposition

Mit Blick auf diese recht ausführliche Diskussion von Layout im Bereich des Graphikdesigns wäre anzunehmen, dass das Thema auch innerhalb des Multimodalitätsforschungskontextes größere Aufmerksamkeit erlangt hat. Dies ist jedoch nicht der Fall. Tatsächlich hat der Umgang mit Hypothesen, die nicht empirisch überprüft wurden, wie z.B. solche in Kress & van Leeuwen (2006) zum Konzept der Verteilung eines spezifischen Informationswertes (→ §6 [S. 209]), eher missliche Folgen für die Untersuchung von Layout (Thomas 2014). So verlor ein Kernproblem multimodaler Analysen zum Layout erheblich an Aufmerksamkeit und wurde nicht weiter untersucht: der Prozess der *Dekomposition*. Dieser nimmt eine Zerlegung einer Seite in ihre unterschiedlichen Inhalte vor, um so eine Reihe von Analyseeinheiten festzulegen. Dabei muss auch die jeweilige Granularität bestimmt werden, also der Grad an Feinheit, mit der das Layout zerlegt werden soll. Hierfür bedarf es unterschiedlicher Blickwinkel, um die unterschiedlichen Zeichenmodalitäten und ihre Kombinationen ganzheitlich

---

1 „Layout ist das Hauptmerkmal vieler bekannter Dokumentengenres: z.B. Zeitungen, Zeitschriften, Lehrbücher, Bedienungsanleitungen, Verpackungen und Fachbücher. Diese Alltagsgenres verdanken ihr Wesen vor allem ihrem Layout. Wenn Leser*innen sie sehen, wissen sie, was für Dokumente es sind und was sie mit ihnen machen sollen." (Waller 2012: 212; eigene Übersetzung) einfangen zu können und alle möglichen Bedeutungen, die sich aus der Nutzung des Layouts ergeben, herauszufiltern.

Schauen wir uns zum Beispiel das Layout eines Lehrbuchs an, das hauptsächlich um verschiedene Absätze verbalen Texts herum organisiert ist, aber gelegentlich Diagramme und andere graphische Elemente integriert. Ein sehr breiter Blickwinkel auf das Layout macht deutlich, dass die *Seite als Ganzes* gar nicht den gesamten Layoutbereich nutzt, um zusätzliche Bedeutungen neben den sprachlichen zu konstruieren. Graphische Elemente werden einfach in die lineare Struktur eingebettet, die von dem verbalen Text bzw. der geschriebenen Sprache eingenommen wird. Mit genauerem Blick auf ein einzelnes *Diagramm* wird aber deutlich, dass die räumliche Platzierung des verbalen Textes in Bezug auf dieses graphische Element zum Beispiel durchaus entscheidend für die Interpretation von Text-Bild-Relationen ist. Je weiter der dazugehörige Text vom Diagramm entfernt ist, umso schwerer müsste es fallen, eine kohärente Verbindung zwischen den Elementen zu ziehen. Wir werden deswegen im Folgenden einen Standpunkt zur Analyse von Layout skizzieren, der mehrere dieser Perspektiven bzw. Blickwinkel kombiniert.

grid / Raster

Welche Analysewerkzeuge stehen uns dafür zur Verfügung und ermöglichen uns, das Layout von Seiten genauestens zu beschreiben und zu zerlegen? Wie können wir die räumlichen, formalen und generischen Qualitäten aus einer multimodalen Perspektive besser verstehen (vgl. auch Waller 2012)? Um die räumliche Organisation besser zu begreifen, d.h. nachzuvollziehen, wie sich ein 2D-Canvas in eine Seite mit kohärentem Layout verwandelt, können wir auf das so genannte *grid*, also das *Raster* eines Raumes, zurückgreifen, das als Design-Tool zur Strukturierung eines zweidimensionalen Raumes etabliert wurde (vgl. Williamson 1986). Ein solches Raster, das oft im Voraus geplant wird, um den Entwurfsprozess einer Seite oder eines Raumes zu erleichtern, besteht aus sich überschneidenden horizontalen und vertikalen Linien. Diese Linien gelten als Orientierhungshilfe für die Positionierung von Inhalten in dem spezifischen Layoutbereich. Zugleich gibt das Raster durch diese Art der Orientierung Einschränkungen für die Nutzung des Layoutbereichs vor, die bei der Zerlegung und Analyse ebenfalls berücksichtigt werden müssen (vgl. Bateman 2008: 84). Es sind genau diese Einschränkungen, die einen krassen Gegensatz zu dem sehr hohen Grad an Gestaltungsfreiheit bilden, den Kress & van Leeuwen (2006) für die Gestaltung von Bildern und Dokumenten annehmen und die eine Überprüfung der von ihnen aufgestellten Hypothesen ermöglichen.

Fassen wir zusammen: Das Werkzeug des Rasters, das innerhalb des Graphikdesigns eine wichtige Rolle spielt, ermöglicht auch uns, Details eines spezifischen Layouts genauer zu beleuchten und einer multimodalen Analyse zu unterziehen. Dieses Layout entsteht in bzw. auf einem zweidimensionalen Canvas, indem das Raster dem jeweils zu gestaltenden Raum oder der Seite Struktur verleiht, die wir mit unseren multimodal-analytischen Instrumentarien genauer untersuchen können.

10.2 Beispielanalyse: Layout in einem Biologie-Lehrbuch

Abbildung 10.1 zeigt eine Doppelseite aus einem Biologie-Lehrbuch der Sekundarstufe 1, die den jährlichen Wachstumszyklus von Pflanzen erklärt (vgl. Bergau u. a. 2005: 104–105). In Bezug auf das in diesem Buch vorgeschlagene Instrumentarium können wir sagen, dass die *Materialität* des Lehrbuchmediums einen 2D-Canvas bietet, der eine Reihe von Zeichenmodalitäten zur Verfügung stellt, die diese materielle Voraussetzung mit sich bringen. Einige dieser Zeichenmodalitäten werden dann mobilisiert, um eine gewisse kommunikative Arbeit als Teil des Genres des Biologie-Lehrbuchs zu leisten. Tatsächlich zeigt bereits ein kurzer Blick auf die Doppelseite, dass Schriftsprache bzw. verbaler Text, Photos und Illustrationen ganz klar koordiniert zu- bzw. miteinander arbeiten, um das Thema zu behandeln und zu erklären. Darüber hinaus sind diese Zeichenmodalitäten in einem Layout im zweidimensionalen Raum organisiert, was genau die Funktion von *Layout als Zeichenmodalität* ist: Es entstehen Subcanvases auf dem übergeordneten 2D-Canvas, der Zugriff auf weitere Zeichenmodalitäten auf der Seite ermöglicht. Um die dargestellte Doppelseite zu verstehen, nehmen die Leser*innen die Rolle der *Betrachtenden* ein und führen eine Form von ergodischer Arbeit aus, die wir mit dem Begriff *Komposition* bezeichnen. Das bedeutet, sie identifizieren die bedeutungstragenden Teile des Layouts und setzen sie in der Rezeption und Interpretation der Seite wieder zusammen (vgl. Abbildung 3.9).

Die Frage ist nun, wie man das Layout der Doppelseite in Abbildung 10.1 auseinanderzieht, um zu verstehen, welche Inhalte es wie zu kommunizieren versucht. Abbildung 10.2 zeigt zwei Versuche, diese Frage zu beantworten. Der obere Teil geht davon aus, dass wir bereits eine Bestandsaufnahme der ‚typischen' Zeichenmodalitäten auf der Seite vorgenommen haben, die vielleicht auf unseren bisherigen Erfahrungen mit Biologie-Lehrbüchern aufbaut und auf gängige Inventarlisten von Zeichenmodalitäten in seitenbasierten Dokumenten zurückgreift. Auf einer solchen Grundlage wäre die Markierung der jeweiligen Bereiche von verbalem Text, Illustrationen und Photos für die Analyse des Layouts ausreichend. Wir haben allerdings bereits häufig in diesem Buch genau vor diesem Ansatz gewarnt, da das Vorhandensein oder Fehlen einer bestimmten Zeichenmodalität in einer kommunikativen Situation immer eine offene Frage ist und als solche empirisch behandelt werden sollte. Mit einem so vordefinierten Ansatz an die Seite heranzugehen führt schnell in eine Sackgasse – nicht nur weil wir an unserem vordefinierten Bestand an Zeichenmodalitäten festhalten müssten, sondern weil alle Beobachtungen, die wir zum Layout machen können, immer auf das *Layout als Ganzes* beschränkt wären und keine Detailanalysen einzelner Bereiche oder Kombinationen von Modalitäten zuließen.

Eine solche Top-Down-Ansicht auf die Seite erlaubt es uns dann, nur sehr allgemeine Beobachtungen zum Layout aufzustellen. Einige der Photos und Illustrationen auf der linken Seite scheinen zum Beispiel in unmittelbarer Nähe zueinander zu stehen, ebenso wie einige der Illustrationen und kurzen Textpassagen in der Mitte der rechten Seite. Wir könnten dann versuchen, ein Instrumentarium zur Beschreibung von

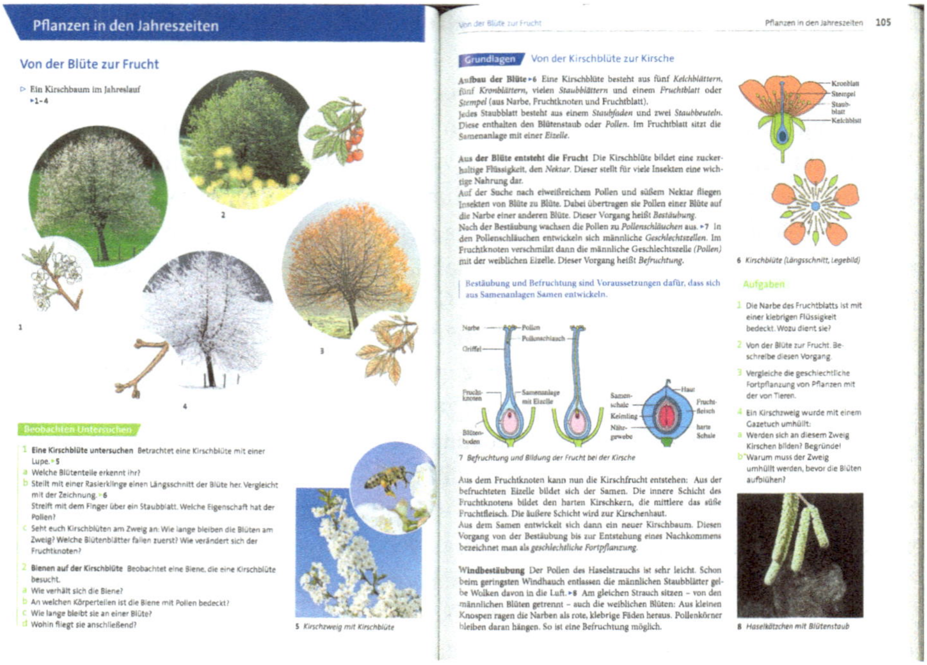

Pflanzen in den Jahreszeiten

Von der Blüte zur Frucht

▷ Ein Kirschbaum im Jahreslauf ▸1-4

1

2

3

4

Beobachten Untersuchen

1 **Eine Kirschblüte untersuchen** Betrachtet eine Kirschblüte mit einer Lupe. ▸5
a Welche Blütenteile erkennt ihr?
b Stellt mit einer Rasierklinge einen Längsschnitt der Blüte her. Vergleicht mit der Zeichnung. ▸6
Streift mit dem Finger über ein Staubblatt. Welche Eigenschaft hat der Pollen?
c Seht euch Kirschblüten am Zweig an: Wie lange bleiben die Blüten am Zweig? Welche Blütenblätter fallen zuerst? Wie verändert sich der Fruchtknoten?

2 **Bienen auf der Kirschblüte** Beobachtet eine Biene, die eine Kirschblüte besucht.
a Wie verhält sich die Biene?
b An welchen Körperteilen ist die Biene mit Pollen bedeckt?
c Wie lange bleibt sie an einer Blüte?
d Wohin fliegt sie anschließend?

5 *Kirschzweig mit Kirschblüte*

Von der Blüte zur Frucht — Pflanzen in den Jahreszeiten 105

Grundlagen — Von der Kirschblüte zur Kirsche

Aufbau der Blüte ▸6 Eine Kirschblüte besteht aus fünf *Kelchblättern*, fünf *Kronblättern*, vielen *Staubblättern* und einem *Fruchtblatt* oder *Stempel* (aus Narbe, Fruchtknoten und Fruchtblatt).
Jedes Staubblatt besteht aus einem *Staubfaden* und zwei *Staubbeuteln*. Diese enthalten den Blütenstaub oder *Pollen*. Im Fruchtblatt sitzt die Samenanlage mit einer *Eizelle*.

Aus der Blüte entsteht die Frucht Die Kirschblüte bildet eine zuckerhaltige Flüssigkeit, den *Nektar*. Dieser stellt für viele Insekten eine wichtige Nahrung dar.
Auf der Suche nach eiweißreichem Pollen und süßem Nektar fliegen Insekten von Blüte zu Blüte. Dabei übertragen sie Pollen einer Blüte auf die Narbe einer anderen Blüte. Dieser Vorgang heißt *Bestäubung*.
Nach der Bestäubung wachsen die Pollen zu *Pollenschläuchen* aus. ▸7 In den Pollenschläuchen entwickeln sich männliche *Geschlechtszellen*. Im Fruchtknoten verschmilzt dann die männliche Geschlechtszelle *(Pollen)* mit der weiblichen Eizelle. Dieser Vorgang heißt *Befruchtung*.

Bestäubung und Befruchtung sind Voraussetzungen dafür, dass sich aus Samenanlagen Samen entwickeln.

7 *Befruchtung und Bildung der Frucht bei der Kirsche*

Aus dem Fruchtknoten kann nun die Kirschfrucht entstehen: Aus der befruchteten Eizelle bildet sich der Samen. Die innere Schicht des Fruchtknotens bildet den harten Kirschkern, die mittlere das süße Fruchtfleisch. Die äußere Schicht wird zur Kirschenhaut.
Aus dem Samen entwickelt sich dann ein neuer Kirschbaum. Diesen Vorgang von der Bestäubung bis zur Entstehung eines Nachkommens bezeichnet man als *geschlechtliche Fortpflanzung*.

Windbestäubung Der Pollen des Haselstrauchs ist sehr leicht. Schon beim geringsten Windhauch entlassen die männlichen Staubblätter gelbe Wolken davon in die Luft. ▸8 Am gleichen Strauch sitzen – von den männlichen Blüten getrennt – auch die weiblichen Blüten: Aus kleinen Knospen ragen die Narben als rote, klebrige Fäden heraus. Pollenkörner bleiben daran hängen. So ist eine Befruchtung möglich.

6 *Kirschblüte (Längsschnitt, Legebild)*

Aufgaben

1 Die Narbe des Fruchtblatts ist mit einer klebrigen Flüssigkeit bedeckt. Wozu dient sie?

2 Von der Blüte zur Frucht. Beschreibe diesen Vorgang.

3 Vergleiche die geschlechtliche Fortpflanzung von Pflanzen mit der von Tieren.

4 Ein Kirschzweig wurde mit einem Gazetuch umhüllt:
a Werden sich an diesem Zweig Kirschen bilden? Begründe!
b* Warum muss der Zweig umhüllt werden, bevor die Blüten aufblühen?

8 *Haselkätzchen mit Blütenstaub*

Abb. 10.1. Doppelseite aus einem Biologie-Lehrbuch der Sekundarstufe 1. Eine Nebenbemerkung: Der Bereich zwischen den beiden Seiten und der Rand an der rechten Seite der Abbildung machen deutlich, wie schwierig es ist, eine solche Abbildung einer Seite aus einem Lehrbuch in ein anderes Lehrbuch, nämlich das, mit dem Sie gerade arbeiten, zu integrieren. Nur durch die im Scan der Seite entstehenden Details der Abbildung ist eine Darstellung als Seite möglich, ohne die Materialität des Mediums zu manipulieren. Aus dem gleichen Grund bringt auch die Materialität des Lehrbuchs für die Gestaltung der einzelnen Seiten gewisse Grenzen mit sich: Der Bereich in der Mitte, zwischen den Seiten, wird selten zur Darstellung von Inhalten verwendet, da er durch die Faltung und Bindung des Buchs oft nur eingeschränkt sichtbar ist. Der Rand dagegen muss Platz für die Hände der Leser*innen, mit denen das Buch gehalten wird, frei lassen.

Text-Bild-Beziehungen auf diese nahe beieinander liegenden Elemente anzuwenden, aber auch dies würde nur sehr eingeschränkt dazu beitragen, herauszufinden, wie das Layout durch die Kombination der unterschiedlichen Zeichenmodalitäten zur multimodalen Kommunikation auf der Doppelseite beiträgt. Wir können dann lediglich sagen, *dass* einige unserer vermeintlichen Zeichenmodalitäten nahe beieinander zu liegen scheinen, aber der Grund dafür bleibt unklar. Natürlich können wir auf umfassende Bemerkungen zur Organisation der Inhalte auf der Doppelseite zurückgreifen, die offenbar weitgehend in Gruppen und Spalten organisiert sind. Dieses Muster ist zumindest ganz typisch für das Medium Lehrbuch und viele andere seitenbasierte Medien.

Diagramm als Zeichenmodalität

Wenn wir jedoch einen alternativen Ansatz verfolgen, der im unteren Teil von Abbildung 10.2 dargestellt ist, und zunächst einmal alle konkret realisierten Layoutstrukturen und Zeichenmodalitäten identifizieren, die auf der Doppelseite aktiv sind, gibt es noch viel mehr über die Kommunikation auf und mit der Seite zu sagen. Wir können und sollten dies tun, indem wir uns das Material selbst und die darin verfügbaren Modalitäten und Anordnungen anschauen und diese eben nicht einer zuvor angefertigten Liste entnehmen und lediglich auf der Seite markieren. Dann nämlich erkennen wir, dass die Zusammenstellung auf der linken Seite aus vier Text- bzw. Zahlenelementen, Photos und Illustrationen besteht, die Bedeutung konstruiert, wenn sie als eine Instanz der *Zeichenmodalität Diagramm* behandelt wird. Diese Zeichenmodalität Diagramm nutzt das Layout häufig für unterschiedliche kommunikative Zwecke – und unser Beispiel veranschaulicht zwei solcher Zwecke, die häufig in naturwissenschaftlichen Diagrammen und Informationsgraphiken in Lehrbüchern vorkommen (vgl. Hiippala u. a. 2019).

Call-Outs

Der erste Zweck, der im unteren Teil von Abbildung 10.2 mit der Nummer 1 versehen ist, ist das, was in der Literatur zum Graphikdesign als ‚Call-Out' bezeichnet wird und zum Ziel hat, Informationen über die zu beschreibende Entität hinzuzufügen. In diesem Fall geschieht dies durch den Gebrauch einer Illustration, die eine Vergrößerung des auf dem Foto dargestellten Objektes ermöglicht. Call-Outs können explizit durch graphische Elemente wie Linien und Pfeile oder alternativ durch das Platzieren bestimmter Diagrammelemente in der Nähe oder überlagert eingesetzt werden, wie in Abbildung 10.1 dargestellt.

Der zweite Zweck, Nummer 2 in Abbildung 10.2, dient dazu, Diskursrelationen zwischen den jeweiligen Komponenten zu finden. Die Abbildungen im oberen Bereich der linken Seite aus dem Biologiebuch veranschaulichen dies mit ihren jeweiligen Call-Outs und den dazugehörigen Nummerierungen. Eine häufige Verwendung von Layout dient zum Beispiel dazu, eine zeitliche Dimension in Zyklen oder Abfolgen darzustellen, indem bestimmte Layoutbereiche entsprechend dargestellt werden. In unserem Fall wird eine solche zeitliche Diskursrelation mithilfe der Zahlen neben den Photos realisiert und erklärt so die Platzierung jedes der vier Informationsbündel im zeitlichen Verlauf des Jahreszyklus. Die Vergrößerung durch Call-Outs unterstützt dagegen eine genauere Darstellung bzw. Ausgestaltung der in den Fotos gegebenen Information und somit eine weitere Diskursrelation, die oft als ‚Elaboration' bezeichnet wird.

Ganz allgemein veranlasst uns unser Wissen darüber, dass Diagramme oft einem bestimmten Layout folgen, um eine spezifische Bedeutung hervorzurufen, zu der Annahme, dass dieses Layout dann auch verwendet wird, um spezifische Diskursrelationen zwischen einzelnen Teilen dieser Diagramme herzustellen – und unser Beispiel veranschaulicht dies ganz eindeutig. Es ist die *Diskurssemantik* der Zeichenmodalität Diagramm, die dieses Wissens bzw. die Interpretationsmechanismen mit sich bringt.

Auf der Doppelseite gibt es noch weitere Vorkommen der Zeichenmodalität Diagramm, die mit 3, 4 und 5 nummeriert sind. Während Nummer 3 ein Photo verwendet, um ein anderes Photo mit einem Call-Out visuell ausführlicher darzustellen, indem auch hier der Layoutbereich so verwendet wird, dass eine Diskursrelation interpre-

Abb. 10.2. Zwei alternative Zerlegungen der Doppelseite aus dem Biologie-Lehrbuch

tierbar wird, verwenden 4 und 5 diagrammatische Linien, um die visuell-räumliche Beziehung zwischen den verbalen Beschreibungen und den von ihnen beschriebenen Objekten, die jeweils als Querschnitte und Draufsichten dargestellt sind, zu verstärken. Dieser Unterschied kann auf die kommunikative Funktion dieser Art von Diagrammen zurückgeführt werden: Elemente eines Diagramms, wie in diesem Fall Linien, stellen eine Teil-Ganzes-Struktur dar, indem sie aufzeigen, worauf sich die sprachlichen Beschreibungen genau beziehen.

Durch die Identifizierung der Zeichenmodalität Diagramm und der Triangulierung dessen, was wir bereits über seine Eigenschaften aus anderen Untersuchungen wissen (vgl. Bateman 2017), haben wir also bereits erhebliche Fortschritte darin gemacht, die Nutzung der unterschiedlichen Layoutbereiche durch diese spezielle Zeichenmodalität zu erklären. Wir können sogar ein sehr vorhersehbares Verhalten dieser Zeichenmodalität in Bezug auf den Layoutbereich auf der Seite entdecken.

Textfluss, Bilderfluss, Seitenfluss

Aber was können wir über das ‚globale' Layout der Doppelseite sagen, nachdem wir nun zunächst die ‚lokale' Nutzung einiger Layoutbereiche durch Diagramme thematisiert haben? Bateman (2009, 2011) identifiziert drei Zeichenmodalitäten, die immer wieder in alltäglichen Dokumenten zu finden sind und das Layout auf 2D-Canvases entsprechend unterschiedlich nutzen: *Textfluss* (engl. ‚text-flow'), *Bilderfluss* (engl. ‚image-flow') und *Seitenfluss* (engl. ‚page-flow'). Bei Textfluss handelt sich es um verbalen, geschriebenen Text, der sich linear entfaltet und gelegentlich durch Beiträge anderer Zeichenmodalitäten unterbrochen werden kann. Wenn Sie dieses Buch lesen und sich von Seite zu Seite durcharbeiten, erleben Sie diesen Textfluss in Aktion. Der Bilderfluss wiederum stellt Beziehungen zwischen Bildsequenzen her und ist ein Schlüsselelement in Medien wie Comics. Seitenfluss ist eine Zeichenmodalität, die Diskursrelationen im Layout von 2D-Canvases konstruiert. Diese Zeichenmodalität kommt immer dann ins Spiel, wenn die Frage aufkommt, ob in einem Layout Diskursrelationen zwischen Zeichenmodalitäten bestehen: Der Seitenfluss ist von Natur aus darauf ausgerichtet, Leser*innen zu der ergodischen Arbeit der Komposition einer Seite anzuleiten. Wie wir weiter oben gesehen haben, nutzt in unserem Beispiel die Zeichenmodalität Diagramm den Seitenfluss auf einer lokalen Ebene mit den Elementen, die wir mit 1 bis 3 nummeriert haben (vgl. Abbildung 10.2), und greift dabei gelegentlich auf die Unterstützung durch expressive Ressourcen wie die diagrammatischen Linien in 4 und 5 zurück.

Ob der Seitenfluss auch eine dominante Zeichenmodalität auf der gesamten Doppelseite ist, ist eine weitere offene Frage, die wir im Hinblick auf die uns verfügbaren Details der Seite beantworten können. Dabei ist zu bedenken, dass Seitenfluss auf Diskursrelationen beruht, die sich über das Layout erstrecken. Unter Diskursrelationen verstehen wir hier weder kohäsive Verbindungen oder Verweise noch lose, implizite Bezüge zwischen Zeichenmodalitäten, die natürlicherweise in jedem multimodalen Artefakt auftauchen (Hiippala 2015: 18), noch explizite Bezüge wie ‚siehe Seite 5', die eher als *Navitationsstrukturen* zu sehen sind (Hiippala 2015: 52–53). Um als Beispiel für Seitenfluss zu gelten, sollten die auf der Doppelseite vorhandenen Zeichenmodalitäten in ein hierarchisches Layout organisiert werden können, in dem verschiedene Teile des Layouts unterschiedliche, durch das Genre definierte Kommunikationsstrategien übernehmen, die alle auf ein gemeinsames Kommunikationsziel hin ausgerichtet sind.

Layout-hierarchie

Abbildung 10.3 stellt die Hierarchie des Layouts, die Navigationsstruktur sowie die Genrestruktur der Doppelseite dar und wir können so analysieren, ob der Seitenfluss diejenige Zeichenmodalität ist, die die Nutzung des Layouts auf der Doppelseite regelt. Zunächst zeigt die Hierarchie an, dass der 2D-Canvas der Doppelseite mehrere Subcanvases mit sich bringt, die verschiedene Kombinationen von Zeichenmodalitäten wie Textfluss oder Diagramme beinhalten (siehe z. B. Objekt Nr. 4 auf der rechten Seite). Diese Kombinationen werden auf den Subcanvases abgebildet, die im rasterbasierten Layout definiert sind, das im unteren Teil von Abbildung 10.2 dargestellt ist. Sie übernehmen verschiedene kommunikative Funktionen, die bestimmten Phasen der Genre-Struktur der Seite entsprechen: die Einleitung in das behandelte Thema, erste zu lösende Übungsaufgaben, die Erklärung der dargestellten Phänomene und die Nachbearbeitung mit einem weiteren Aufgabenpaket (vgl. dazu auch Martin & Rose 2008: 167–179). Diese Phasen, die sich auf mehrere Zeichenmodalitäten stützen und über die gesamte Doppelseite verteilt sind, arbeiten auf ein gemeinsames pädagogisches Ziel hin. Dies deutet bereits darauf hin, dass die auf der Doppelseite aktive Zeichenmodalität tatsächlich der Seitenfluss ist.

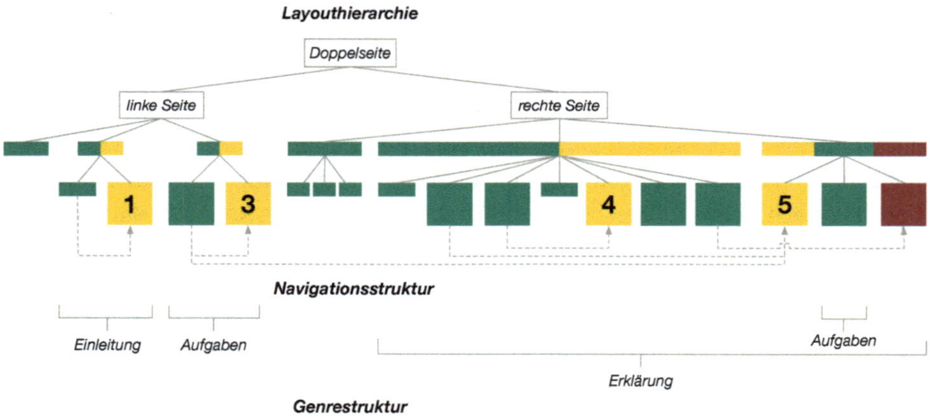

Abb. 10.3. Layouthierarchie und Navigationsstruktur für die Doppelseite aus dem Biologie-Lehrbuch. Die Nummerierungen entsprechenden denen in Abbildung 10.2.

Navigations-struktur

Auch die Navigationsstruktur unterstützt diese Annahme, indem sie mit kleinen, nach rechts gerichteten Dreiecken innerhalb der Textpassagen sowie einer fortlaufenden Nummerierung der Abbildung über beide Seiten hinweg realisiert wird. Mehrere Bildunterschriften werden jeweils von Zahlen begleitet, die die Diagramme und Photos auf der Seite nummerieren. So erstrecken sich die Bezüge der einzelnen Elemente untereinander nicht nur auf jeweils benachbarte Elemente, sondern über die gesamte Doppelseite. Obwohl wir oben darauf hingewiesen haben, dass das Vorhandensein einer Navigationsstruktur nicht unbedingt bedeutet, dass Diskursrelationen zwischen den durch diese Struktur verbundenen Elemente bestehen, leitet die Struktur die Leser*innen in diesem Fall nachdrücklich dazu an, solche Beziehungen zwischen den Elementen zu finden und so den Zusammenhang zwischen Elementen und Aufgaben nachzuvollziehen. Wenn wir Instrumentarien zur Analyse der Diskursstruktur dieser Seite hinzuziehen würden, wie sie zum Beispiel bei Bateman (2008) oder Hiippala (2015) vorgeschlagen werden, würden diese sehr wahrscheinlich entsprechende Diskursrelationen offenbaren, die sich über die Doppelseite erstrecken. Dies ist ein weiteres Kriterium für das Vorliegen der Zeichenmodalität Seitenfluss bzw. genauer ihrer Diskurssemantik.

10.3 Zusammenfassung

Unsere kurze Analyse hat gezeigt, dass die Identifizierung der beteiligten Zeichenmodalitäten in einem multimodalen Artefakt wie einer Lehrbuchseite ein entscheidender Schritt ist, um zu verstehen, wie das Layout einer solchen Seite zur multimodalen Kommunikation beiträgt. Denn die räumliche Organisation einer Seite kann sowohl auf einem einzelnen, lokalen Subcanvas als auch auf der Gesamtfläche bzw. dem Hauptcanvas, der die anderen Subcanvases einbettet, vorhanden sein. Das heißt, dass oft ein Bottom-Up-Ansatz erforderlich ist, um zu verstehen, was ein bestimmtes Layout mit dem eingebetteten Canvas macht – und ein solcher Ansatz kann natürlich nicht zu viele anfängliche Hypothesen über die spezifischen Zeichenmodalitäten und ihre Nutzung im jeweiligen Layoutbereich aufstellen.

Wie wir ausgeführt haben, hat die Analyse von Layout in der multimodalen Forschung bisher meistens eine Außenseiterrolle gespielt und entsprechend zu eher simplen Erklärungen komplexer Kommunikations- und Ausdrucksformen geführt (vgl. Thomas 2014: 166–169). Aus diesem Grund besteht ein enormer Bedarf an detaillierten empirischen Analysen von Layout in verschiedensten Medien und unsere Beispielanalyse hat anhand einer Seite vorgeführt, wie diese gestaltet werden kann. Ein Korpus mit einer größeren Menge von Lehrbuchseiten könnte dann mithilfe dieses Analyseschemas ausführlich annotiert und untersucht werden und zum Beispiel umfangreichere Ergebnisse zum Einfluss von Layout auf das Genre von Lehrbüchern liefern.

Fallstudien 4: räumlich dynamische Situationen

11 Film und bewegte (audiovisuelle) Bilder

Das Medium Film stellt sowohl für theoretische und methodologische Überlegungen als auch für ganz praktische Analysen innerhalb der Multimodalitätsforschung eine enorme Herausforderung dar. Denn es bietet Darstellungsmöglichkeiten für zahlreiche visuelle und auditive Informationen – aus anderen Medien sowie aus der realen Welt. Im Regelfall sind diese Ausdrucksmöglichkeiten sehr eng miteinander verknüpft und weisen einen sehr hohen Grad an synchronisierter *Integration* auf. Wenn wir außerdem bedenken, dass alles, was auf einer Leinwand (oder einem Computermonitor, Fernsehbildschirm oder Tablet) zu sehen und zu hören ist, geplant und entworfen wurde, können wir uns vorstellen, wie hochkomplex das daraus resultierende Produkt werden kann. Jedes noch so kleine Detail – von jemandem, der*die blinzelt, über eine Handlung, die sich offenbar nur im ‚Hintergrund' abspielt, bis hin zu einem Vogel, der im ‚Off' zwitschert (d. h., der nicht einmal im Bild zu sehen ist) – kann Teil eines Films sein, um dessen kommunikativen Ziele voranzutreiben. Deswegen ist es keineswegs übertrieben, zu behaupten, dass Filme einige der anspruchsvollsten und am weitesten entwickelten multimodalen Artefakte sind.

Diese Komplexität macht es einerseits unabdingbar, für eine multimodale Analyse des Mediums Film immer auch die volle Breite an Erfahrungen aus den verschiedenen Bereichen der Filmwissenschaft zu berücksichtigen. Die wissenschaftliche Auseinandersetzung mit Filmen, dem Medium Film und der Institution Kino stellt ein sehr großes, eigenständiges Forschungsgebiet dar, das aber tatsächlich weitgehend orthogonal zur multimodalen Forschung liegt.

Andererseits macht es diese Komplexität nicht weniger unabdingbar, die strengen methodologischen Prinzipien, die wir in Kapitel 7 aufgelistet haben, einzuhalten. Allzu oft findet man Analysen, die sich zur Multimodalitätsforschung gehörig deklarieren, aber die stringenten Anforderungen einer robusten Methodologie nicht erfüllen. Solche ‚Analysen' bleiben dann – trotz ihres oftmals vorgenommenen Gebrauchs ‚technischer' Termini und eines durchaus hohen Aufwands – relativ oberflächig. Oft sind nur eher einfache Aussagen über den Analysegegenstand möglich, weil die Analyseansätze einfach nicht der Komplexität des Mediums gewachsen sind.

Filmtheorie

Auch wenn die bestehende Literatur zur Filmtheorie und -analyse überaus wichtig für unsere multimodalen Analysen ist, kann das Ziel dieses Kapitels nicht sein, eine allgemeine Einführung in die Filmanalyse zu bieten. Dafür gibt es aber glücklicherweise eine ganze Reihe ausgezeichneter Lehrbücher, die wir hier mit Nachdruck als *notwendige* Voraussetzungen für Filmanalyse empfehlen, unter anderem Prince (2007), Lapsley & Westlake (2006), Monaco (2009) sowie die unentbehrliche Einführung von David Bordwell und Kristin Thompson (Bordwell & Thompson 2013). Überhaupt gilt die Faustregel, dass David Bordwell wahrscheinlich zu den meisten Phänomenen, denen man im Film begegnen wird, bereits etwas Hilfreiches geschrieben hat! Grundlegende Einführungstexte auf Deutsch gibt es ebenso in umfangreichen Maße (z.B. Hickethier

DOI: https://doi.org/10.1515/9783110495935-011

2007, Borstnar, Pabst & Wulff 2008) und auch einige Beiträge von Bordwell sind auf Deutsch verfügbar (Bordwell 2001).

Darüber hinaus wurden und werden Filme von vielen Standpunkten und Perspektiven aus erforscht und jede dieser Richtungen bringt grundsätzlich ihre eigene, oft umfangreiche Literatur mit sich. Diese Richtungen reichen von den psychoanalytischen Lesarten, die in den 1960er und 1970er Jahren vorherrschten, bis hin zu vielen weiteren kulturellen, ästhetischen und politischen Ansätzen, die heute üblich sind. Dazu kommt eine Reihe von Studien, die sich mit der Anwendung des Medium Films in der Lehre beschäftigen; im deutschen Forschungskontext findet man hier Arbeiten wie Kepser (2010) sowie die umfangreiche webbasierte Einführung des Vereins ‚Neue Wege des Lernens e.V. ‘, die wir uns im Folgenden noch genauer anschauen werden. Ebenfalls besonders etabliert im deutschen Kontext sind Ansätze aus der Narratologie (→ §2.4.3 [S. 54]); hierzu bietet Markus Kuhn (2011) das bis jetzt ausgefeilteste Modell. Es ist immer ratsam, sich genauer über die diversen Analysemöglichkeiten für unterschiedliche Analysezwecke und Forschungsfragen zu informieren, bevor mit der tatsächlichen multimodalen Analyse audiovisueller Medien begonnen wird.

Bevor wir mit der Diskussion richtig loslegen, ist noch Folgendes anzumerken: Auch wenn wir unsere Beispiele größtenteils aus dem Bereich des narrativen Films nehmen, bedeutet dies keineswegs, dass die eingeführten Analysemethoden sich nur für audiovisuelle Medien dieser Art eignen. Die allgemeinen Methoden aus der Filmtheorie und die multimodalen Erweiterungen, die wir hier skizzieren, sind in ihren Anwendungsmöglichkeiten viel breiter. Audiovisuelle Artefakte können einer Vielzahl von Zwecken dienen und reichen von den relativ einfachen Erzählungen des (frühen!) Hollywood-Blockbusters über kritische Dokumentarfilme, die auf Verhaltens- und Einstellungsänderungen bei den Zuschauer*innen abzielen, über Videos zur Informationsvermittlung bzw. Lehre und Werbung, bis hin zu experimentellen Kunstfilmen, die die Wahrnehmung, die Vorstellungen von Erzählung, die Vorstellungen von Wahrheit und mehr herausfordern. Nichtsdestotrotz sind bei fast allen audiovisuellen Medien in gewisser Weise ‚filmtheoretische‘ Prinzipien am Werke. Film ist also weit mehr als der ‚Spielfilm‘. Ausführliche Erörterungen all dieser Aspekte finden sich auch in der Literatur: Nichols (2010) bietet eine umfangreiche Einführung in den Dokumentarfilm und Bordwell & Thompson (2013) geben wiederum einen hervorragenden Ausgangspunkt für die Analyse auch anderer Filmarten. *Alle* diese unterschiedlichen Verwendungen des Films können gleichermaßen die Bandbreite an Ausdrucksmöglichkeiten des Mediums nutzen und sind daher auch als Objekte multimodaler Analysen geeignet. Sich mit den Erfahrungen aus dem so großen Bereich Film vertraut zu machen, ist deswegen sinnvoll.

11.1 Der Canvas des Mediums ‚Film'

Die oben erwähnte Eigenschaft filmischer Artefakte, dass fast *alles*, was filmtechnisch aufnehmbar ist, auch der Erfüllung kommunikativer (und ästhetischer) Zwecke dient, hat einige frühere Theoretiker*innen des Films und des Visuellen dazu verleitet, zu suggerieren, dass das eigentliche Medium Film nichts anderes ist als die ‚Realität selbst' (Pudovkin 1926, Panofsky 2004 [1934]). Das bedeutet, dass die reale Welt genommen und geformt wird, um als manipulierter Stoff des Mediums zu dienen. Dies könnten wird dann als einen ersten Versuch sehen, den *Canvas* (→ §3.2.5 [S. 103]) des Mediums Film zu definieren.

Eine solche Auffassung von Canvas ist allerdings gleichermaßen zu weit wie zu eng. Und zwar ist sie insofern zu weit, als dass es sicherlich Aspekte unserer Auseinandersetzung mit der Realität gibt, die (noch) nicht erfasst oder manipuliert wurden, auch wenn wir in der gesamten Geschichte der technologischen Entwicklung des Films Anstrengungen sehen, diese Grenzen zu überwinden. Wir können dies zum Beispiel in der momentanen Diskussion einer immersiven virtuellen Realität als potentielles Medium für den Film sehen. Zugleich ist die Auffassung auch zu eng, weil es vieles gibt, was im Film geschieht oder der Film als kommunikatives Artefakt dermaßen strukturiert und organisiert ist, wie wir dies in der Realität *nicht* finden (z.B. in Form von Einstellungsgrößen, Schnitten usw., siehe unten) – und genau diese Aspekte tragen in erster Linie zur besonderen Macht des Films als *kommunikatives* Medium bei. So springen wir in der Realität nicht plötzlich in eine extreme Nahaufnahme des Gesichts eines Menschen, um scheinbar unvermittelte emotionale Hinweise zu erhalten, während gleichzeitig ohrenbetäubende Orchestermusik die Intensität des Moments noch erhöht. Auch wird in der Realität unsere Wahrnehmung nicht scheinbar entlang paralleler oder gar alternierender Stränge gezogen, weil sich konkurrierende oder kontrastierende Ereignisse vor uns abspielen. All diese Möglichkeiten und noch viele mehr sind für den Film Alltagsgeschäft und keine Besonderheit. Der Canvas Film hat also einige ganz spezifische Eigenschaften, die konstitutiv dafür sind, dass der Film (mit uns) tun kann, was er tut.

Unser Fokus in diesem Kapitel wird dementsprechend insbesondere auf der aus unserer Sicht vorrangigen *multimodalen* Herausforderung des Films und seines Canvas liegen. Wie bereits angedeutet liegt diese Herausforderung in dem extremen Grad der Orchestrierung und Integration verschiedenster Ausdrucksformen, aus denen ein kohärentes audiovisuelles Artefakt konstruiert wird. Der Film verfügt nicht nur über eine enorme Vielfalt an visuellen ‚Cues' (wie naturalistische Bilder, Animation, Schriftsprache und mehr), sondern auch über eine fast ebenso reiche Vielfalt an *hörbaren* Cues (wie Ton, Musik und gesprochene Sprache). Diese ganze Palette wird dann organisiert und integriert, um Rezipierenden als ein scheinbares Ganzes gegenüber zu stehen. Es sind genau diese Zusammenwirkungen der Cues, die Film so mächtig, ihn als Analysegegenstand aber gleichzeitig so schwer greifbar machen. Bordwell und anderen zufolge sind Filme und insbesondere Filme in der Hollywood-Tradition aber so gebaut,

Orchestrierung

dass ihre eigene Komplexität weitgehend unsichtbar gemacht wird (wenn sie denn wie intendiert funktionieren). Deswegen scheinen Filme häufig alles andere als komplex zu sein! Aber dieser Eindruck täuscht. Wie Christian Metz, der in den 1960er Jahren bahnbrechende Arbeiten zur Semiotik des Films veröffentlichte, pointiert bemerkt:

> „Gerade weil der Film leicht zu verstehen ist, ist er so schwer zu erklären." (Metz 1972: 101)

Um die Komplexität produktiv wieder sichtbar (und dann analysierbar) zu machen, sind viele der orientierenden Fragen, die in den anderen, durch unseren multimodalen Navigator motivierten Fallstudienkapiteln aufgeworfen werden, auch hier von Relevanz. Komplexität wird erst analysierbar, wenn sie systematisch angegangen wird. Daher müssen wir uns diese methodischen Zugänge immer wieder deutlich machen.

Wie bei allen Medien haben wir es im Falle des Films mit besonderen, oft institutionalisierten Rezeptionsverhältnissen zu tun. Wenn wir einen breiten Fokus auf den Canvas legen, mit dem der Film operiert, führt dies zwangsläufig zu Überlegungen über Rezipierenden- und Zuschauer*innenstudien und zu Auswirkungen des gemeinsamen Sehens des (oft emotional ansprechenden) Materials zusammen mit anderen Mitgliedern des Zuschauer*innenkreises z. B. im Kinosaal. Dazu gibt es heute beachtenswerte Forschungsarbeiten, die bei einer solchen Fokussierung zu Rate gezogen werden sollten. Weitere umfangreiche Arbeiten gibt es auch zum praktischen Prozess des Filmemachens. In jedem dieser Bereiche sind ganz unterschiedliche kommunikative Situationen involviert, die wir graphisch in Abbildung 11.1 in Beziehung zueinander stellen. Die Existenz eines Films fängt in der Regel bereits in Diskussionen und Planungen an, die bereits notwendig sind, bevor es überhaupt zum (Ver-)Filmen kommt. Das Filmen selbst, d.h. die Aufnahme und das Zusammenmischen sowie Zuschneiden von Beiträgen, unterliegt einer gänzlich anderen kommunikativen Situation und erst danach haben wir ein Artefakt, den Film ‚selbst', der formal analysiert werden kann. Dieses Artefakt ist üblicherweise dann von tatsächlichen Rezipierenden wahrzunehmen – wieder eine besondere Situation, in der es zu kritischen Diskursen über das ‚Werk' kommen kann.

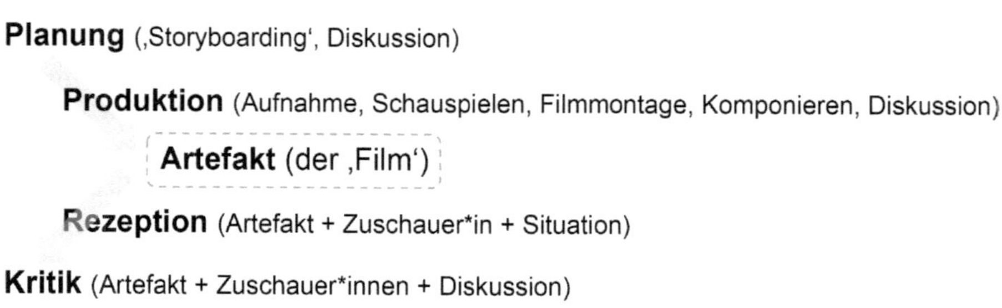

Abb. 11.1. Die unterschiedlichen kommunikativen Situationen um den Film (und seine Canvases) herum

Obwohl es manchmal sicherlich sinnvoll ist, die Beziehungen zwischen diesen in sich verschachtelten kommunikativen Situationen genauer anzuschauen – z.B. in einer Aufgabe für Schüler*innen, einen Film zu drehen –, sind diese Beziehungen trotzdem multimodal und analytisch klar voneinander zu trennen. Eine unbeabsichtigte Vermischung der Situationen führt leicht zu analytischer Verwirrung. Genau wie in unserem Navigator-Kapitel beschrieben ist der erste Schritt einer Analyse immer, den Gegenstand der Analyse festzulegen und eine genaue Betrachtung der kommunikativen Situation und der dabei aktivierten Canvases als Ausgangspunkt zu nehmen. Andernfalls laufen Analysen immer Gefahr, Beschreibungen überkompliziert zu gestalten, weil unbemerkt völlig unterschiedliche Canvases im Spiel sind.

Für den Rest des Kapitels konzentrieren wir uns nun auf das in der Mitte von Abbildung 11.1 dargestellte filmische Artefakt selbst. Hier handelt es sich um einen mikro-ergodischen, unveränderlichen, zweidimensionalen, dynamischen Canvas (→ §3.2.8 [S. 121]), der in der Lage ist, jedes visuelle und akustische Material darzustellen, und der in erster Linie ‚photographische' oder anderweitige bildliche Darstellungen von beliebig ausgewählten Themen beinhaltet. Wie geht es dann weiter?

11.2 Die technischen Details des virtuellen Canvas filmischer Artefakte

Weil wir unseren Canvas zur Analyse des Films präzise festgelegt haben, können wir jetzt (und tatsächlich erst jetzt) konkreter werden. So können wir bestimmte Eigenschaften unseres Analyseobjektes jetzt so ‚fixieren', wie wir es in unseren Methodenkapiteln erläutert haben. Glücklicherweise sind viele der Kategorien, die zur Beschreibung des Filmcanvas notwendig sind, bereits ausführlich durch filmwissenschaftliche Arbeiten herausgearbeitet worden und daher fangen wir mit diesen an.

Einstellung

Die vielleicht wichtigste Grundeinheit für präzise Filmanalyse ist die *Einstellung*. Aus Produktionssicht beschreibt man eine Einstellung als eine einzelne kontinuierliche Aufnahme – oder einen ‚Take' – und damit das, was zwischen dem Starten und Anhalten der Kamera aufgezeichnet wird. Für multimodale Analysen ist jedoch eine Einstellung vor allem als *perzeptuelle* Einheit zu sehen – d.h. als ein Ausschnitt eines Films, der kontinuierlich zu sein *scheint* (unabhängig davon, ob er tatsächlich auf dieser Weise produziert wurde oder ob überhaupt eine Kamera verwendet wurde). Mit Blick auf digital produzierte Filme unter Einsatz des so genannten ‚computer-generated imagery' (CGI) wird ersichtlich, dass man über die genaue Produktionsgeschichte einer Filmsequenz allein aufgrund ihres Aussehens eigentlich wenig sagen kann.

Es wird also immer wichtiger, einen Unterschied zwischen Produktions- und Perzeptionsaspekten zu machen. Denn es ist heute vollkommen üblich, computergenerierte Effekte zur Gestaltung von natürlichen und photorealistischen, aber trotzdem völlig künstlich erzeugten Szenen einzusetzen. Darüber hinaus weisen Filme immer mehr auch Einstellungen vor, die während der Produktion noch individuell und separiert voneinander erstellt, dann aber zu kontinuierlichen Einheiten zusammengeschmolzen wurden. Aus multimodaler Perspektive ist es dann generell ratsam, *nur* mit Wahrnehmungseinheiten zu arbeiten, da nur diese die materiellen Unterscheidungen liefern, mit denen eine Zeichenmodalität arbeiten muss (→ §4.1.1 [S. 142]).

visuelle Merkmale

Wenn wir die Einstellung als Einheit festgelegt und identifiziert haben, gibt es dann eine Reihe von weiteren Eigenschaften, die es zu betrachten gilt. Die überwiegende Mehrheit dieser Eigenschaften sind manipulierbar und deswegen höchstwahrscheinlich relevant für unsere Analyse. Zum Beispiel ist festzustellen, aus welcher Distanz die im Bild ersichtlichen Motive aufgenommen wurden: haben wir es mit einer Nahaufnahme, einer halbnahen Einstellung oder mit einer Totalen zu tun? Häufig wird angenommen, dass diese Unterscheidungen unterschiedliche Wirkungen auf die Rezipierenden des Films haben und deswegen in der Analyse berücksichtigt werden sollten. Genauso müssen die Kamerahöhe sowie der Winkel bestimmt werden und Aspekte der Beleuchtung oder der Farbabstimmung berücksichtigt werden.

akustische Merkmale

Parallel dazu gibt es akustische Eigenschaften, die in einer Einstellung vorkommen können. Diese schließen Umgebungsgeräusche, Musik, gesprochene Dialoge usw. ein. All diese Eigenschaften können auch subtil oder weniger subtil akustisch ‚verformt' werden, um neue Klangqualitäten zu erzeugen. Dieser gesamte Bereich des *Sounddesign* bekommt heutzutage immer mehr Gewicht (vgl. Flückiger 2001, Chion 2009, Ward 2015). Die damit einhergehende Reichweite können wir mit den Korpuswerkzeugen, die wir in Kapitel 5 vorgestellt haben, durchaus erfassen – einen breiteren Überblick über solche Werkzeuge für Film finden sich auch in Bateman (2014).

Viel schwieriger zu fassen sind Szenen, in denen sich eine oder mehrere Einstellungseigenschaften innerhalb einer Einstellung ändern. So muss eine Einstellung nicht die ganze Zeit nur eine Nahaufnahme sein, die mit einer stationären Kamera aufgenommen wurde, sondern kann sich durchaus dynamisch ändern, auch in Lautstärke, Tonqualität, etc. Diese Dynamizität ist besonders bei neueren Filmen eine Herausforderung, da moderne Technologien es immer einfacher machen, hochdynamische Filmkompositionen mit Kamerabewegungen umzusetzen, die früher sowohl technisch als auch finanziell deutlich schwieriger zu realisieren waren. Mithilfe von CGI kommen jetzt sogar ‚unmögliche' Kamerabewegungen dazu, die in der echten Welt von realen Kameras nicht erfasst werden könnten.

Zudem bewirken angemessene Kamerabewegungen anscheinend eine Zunahme der ‚Immersion', des Eintauchens der Rezipierenden in den Film: Selbst relativ kleine Bewegungen in einer sonst statischen Szene erhöhen bereits das Gefühl des ‚Da-Seins' bzw. ‚Dabei-Seins'. In vielen Filmen steht die Kamera heutzutage kaum noch still und die physiologischen, wahrnehmbaren und interpretativen Effekte solch ständiger Bewegungen machen umfangreiche und sicherlich sehr interessante Untersuchungen notwendig.

Dabei stellt sich dann auch die Frage, wie solche Einheiten zu umfangreicheren Struktursequenzen zusammengesetzt bzw. geschnitten werden. Hier gibt es Überlegungen darüber, welche Art von ‚Schnitten' oder Übergängen zwischen den Aufnahmen und welche Beziehungen (zeitliche Abfolge, Gleichzeitigkeit, Rückblende etc.) der Film für die Betrachter*innen bereitstellen kann. Diese Beziehungen bilden das Rückgrat für die Konstruktion immer komplexerer Struktureinheiten, die von einfachsten Schuss-/Gegenschuss-Sequenzen für Dialoge und Verfolgungsjagden bis hin zu ganzen Filmen mit komplexen Erzählstrategien reichen. Diese größeren Organisationen sind dann selbst Gegenstand umfangreicher Untersuchungen – wir werden weiter unten darauf zurückkommen.

Eine formale Filmanalyse, d.h. eine Analyse auf der technischen Ebene der Einstellungen, beginnt normalerweise mit der Entscheidung, welche technischen Merkmale transkribiert oder kommentiert werden sollen. Diese Auswahl wird meistens im Hinblick auf die gestellten Forschungsfragen und das zu untersuchende Material getroffen. Im Sinne der (multimodalen) Korpusanalyse bildet die Menge an ausgewählten Eigenschaften ein Kodierungsraster, mit dem man die Daten, d.h. den zu analysierenden filmischen Materialbestand, klassifizieren kann (→ §5.2.1 [S. 174]).

In der Filmtheorie und -analyse wird eine solche detaillierte Beschreibung *Filmprotokoll* oder *Sequenzprotokoll* genannt. Typischerweise werden diese Protokolle als Tabellen dargestellt, die repräsentative Standbilder zusammen mit den Beschreibungen dieser Bilder beinhalten; wie wir gesehen haben, sind solche Transkriptionen inzwischen auch in der Multimodalitätsforschung ziemlich verbreitet. Zur besseren Übersichtlichkeit zeigt Tabelle 11.1 eine (bei weitem nicht erschöpfende!) Liste der in der Literatur gebräuchlichen Fachbegriffe für filmtechnische Merkmale.

Wie diese Liste wahrscheinlich bereits suggeriert, kann das Ergebnis einer Transkription und Annotation einer Filmszene sehr schnell beträchtliche Herausforderungen für die weitere Analyse mit sich bringen. Die schiere Menge an Material, das es zu erfassen gilt, erfordert praktische und methodische Zugangsweisen, um überhaupt sinnvolle, d.h. bedeutungstragende Muster sichtbar machen zu können. Dabei können für einige filmtechnische Merkmale zunehmend maschinelle Methoden eingesetzt werden, z.B. für die automatische Einteilung in Aufnahmen bzw. Einstellungen, für die Ermittlung des Kamerawinkels und -abstands, für die Beschreibung von Bewegungen und so weiter.

Solche Techniken sind sehr wertvoll, um effizient über die grundlegenden Details des Filmmaterials hinauszukommen. Sie sollten daher so oft wie möglich eingesetzt werden. Die grundlegende Forschungsfrage bleibt jedoch: *Welche* Merkmale sind für die angestrebte Analyse aufschlussreich? Muss alles notiert und transkribiert werden? Wie wissen wir, ob etwas Wichtiges übersehen wurde? Wegen solcher Unsicherheiten wird in der gegenwärtigen filmtheoretischen Forschung auf formale Beschreibungen auf technischen Ebenen häufig eher verzichtet. Faulstich schlägt zur Beantwortung der Frage, welche Merkmale in eine Analyse aufzunehmen sind, in seiner Einführung Folgendes vor:

welche Merkmale?

Tab. 11.1. Einige der standardmäßig verwendeten Begriffe und Beschreibungen für ‚technische Eigenschaften' des Films

Bereich	Technisches Merkmal	Kurzbeschreibung
Einstellungsskala	Supertotale *Extreme Long Shot (ELS)*	Aufnahme, die aus einer beträchtlichen Entfernung aufgenommen wurde und ein allgemeines Gefühl für das Setting vermittelt (vgl. ‚establishing shot')
	Totale *Wide Shot* od. *Long Shot (LS)*	Aufnahme, die eine ganze Handlung oder Örtlichkeit zeigt
	Halbtotale *Full Shot* od. *Medium Long Shot (MLS)*	Aufnahme, die eine ganze Figur zeigt
	Halbnahe *Medium Shot (MS)*	Aufnahme, die typischerweise einen Charakter von der Taille aufwärts umrahmt, das Gesicht und die Gesten der Figur zeigt
	Nahe *Head & Shoulder (H&S)*	Aufnahme, die Kopf und Schulter eines Charakters zeigt
	Kopf *Close-Up (CU)*	Aufnahme, die nur das Gesicht eines Charakters zeigt, die Aufmerksamkeit auf Ausdruck und Emotionen lenkt
	Großaufnahme *Extreme Close-Up (ECU)*	Aufnahme, die ein feines Detail oder einen Teil eines Gesichtes zeigt, Fokussierung speziell auf das Gezeigte
Kamerawinkel	Neigen	Kamera wird um eine horizontale Achse parallel zur Aktion gedreht, um entweder nach oben oder nach unten auf die Handlung zu schauen
	Rollen	Kamera wird um eine horizontale Achse orthogonal zur Handlung gedreht, um das gesamte Bild zu kippen (*slanting*)
	Schwenken	Kamera wird um eine vertikale Achse gedreht, z.B. beim Verfolgen einer Bewegung
	Untersicht	Neigung, die auf eine Figur oder ein Objekt hinaufschaut
	Aufsicht	Neigung, die auf eine Figur oder ein Objekt hinabschaut
	Vogelperspektive	Aufnahme, die auf die Handlung aus einer weiten Höhe hinabschaut
Kamerafahrten	Tracking	fließende Kamerafahrt parallel zur Handlung (typischerweise entlang festgebauter Schienen)
	Dolly	geschmeidige Kamerabewegung zur Handlung hin oder von ihr weg
	Kran	geschmeidige, großflächige Kamerabewegung, die von einem Ausrüstungsteil, das die Kamera hält, unterstützt wird
	Steadycam	Kamera ist für eine geschmeidige und komplexe Bewegung an der Kameraperson angebracht

Tab. 11.2. Standardmäßig verwendete Begriffe und Beschreibungen für die ‚technischen Eigenschaften' des Films (fortgesetzt)

Bereich	Technisches Merkmal	Kurzbeschreibung
Einstellungs-übergänge	Schnitt	Eine Aufnahme folgt ohne visuelle Unterbrechung auf die nächste
	Abblende	Das Bild einer Aufnahme wird ausgeblendet (typischerweise auf Schwarz, aber auch auf andere Farben) oder aus einem leeren Bild eingeblendet
	Überblendung	Das Ende einer Aufnahme wird nach und nach visuell durch die nächste ersetzt, zeigt beide Bilder für einen kurzen Zeitraum
	Wischblende	Das Bild der folgenden Aufnahme bewegt sich über das Bild der vorhergehenden Aufnahme und ersetzt es
Ton	diegetisch	Töne, die in Bezug auf die dargestellte Handlung ‚naturalistisch' sind
	nicht-diegetisch	Töne, die nicht durch irgendwelche Handlungen oder Ereignisse, die dargestellt werden, ‚verursacht' werden
	Musik	Musikkompositionen, die ebenfalls entweder diegetisch (in der Handlung des Films gespielt) oder nicht-diegetisch (Teil der Tonspur oder begleitende Filmmusik) sein können

„Häufig stellt sich die Frage, ob und welche Details im Filmprotokoll auftauchen müssen und welche weggelassen werden können. Als Faustregel kann hier exemplarisch das Gewehr benannt werden, dass in den ersten Sequenzen eines Films typischerweise an der Wand im Wohnzimmer hängt. Wenn es etwa den Beruf des Wohnungsbesitzers verrät, wenn damit später jemand erschossen wird oder wenn es sonst eine explizite Bedeutung hat, muss es erwähnt werden. Ansonsten kann es als Teil einer allgemeinen Zimmerbeschreibung bleiben." (Faulstich 2013: 71–72)

Für informelle Analysen mag dies ausreichend sein – aber eigentlich sagt der Autor damit nicht viel mehr aus, als dass etwas ‚Relevantes' einbezogen werden soll, was wiederum methodisch eher ungenau ist und zu viel Raum für subjektive Variation lässt.

Für den Film kann dies besonders entscheidend sein, da bestimmte technische Merkmale nicht immer für bestimmte kommunikative Effekte genutzt werden, wie mehrere Wissenschaftler*innen deutlich gemacht haben (z.B. Branigan 1984: 29). Das Verhältnis zwischen materiellen Gesetzmäßigkeiten und ihren Deutungsabsichten ist weitaus flexibler und kann sich sogar über eine ganze Menge von sehr unterschiedlichen Ausdrucksmitteln erstrecken. Das heißt: Was in einer Szene durch Kameradistanz erreicht werden kann, kann in anderen Szenen durch Musik oder Ton ausgedrückt werden; oder was in einer Szene durch eine Kombination von Schnitt und Musik gezeigt wird, kann in einer anderen Szene durch Split-Screens und Kamerabewegungen entstehen. Das bedeutet, dass wir zwar ein sehr detailliertes Protokoll über diese Feinheiten erstellen können, vielleicht auch mithilfe automatischer Verfahren, aber dass wir dann immer noch nicht wissen, in welchem Verhältnis diese Eigenschaften zu möglichen Interpretationen stehen. Für die Multimodalitätsforschung ist aber genau diese Frage ein zentrales Anliegen.

Diese Art von Flexibilität ist auch der Grund, warum viele der Faustregeln, die in der visuellen Analyse geäußert werden, oft einfach falsch sind – wie z.B. Aussagen wie ‚die Kamera nach oben zu richten gibt dem betrachteten Charakter Macht' oder ‚eine lose Rahmung erzeugt Unbehagen und Gefahr' und viele andere. In der Filmtheorie ist diese Tatsache gut bekannt und Theoretiker*innen wie Praktizierende fügen oft scherzhaft hinzu, dass Regeln gemacht werden, um gebrochen zu werden oder dass es „keine Regeln gibt" – abgesehen natürlich von der Regel, dass ‚funktionieren' muss, was immer man gerade selbst tut! Für die Analyse ist dies alles nicht besonders hilfreich: unser Ziel muss es sein, herauszufinden, wie einige *Kombinationen* von Ausdrucksressourcen in bestimmten Nutzungskontexten wirken – das heißt, wenn etwas funktioniert (oder nicht), wollen wir in der Lage sein, zu erklären, warum es funktioniert. Das macht den Film natürlich zu einem überaus interessanten Gegenstand für detaillierte multimodale Analysen.

Letztlich ist dann festzuhalten, dass Listen von einzelnen Einstellungen und ihren Eigenschaften einen wichtigen Ausgangspunkt für Analysen bilden, aber tatsächlich nur ein Anfang sind. Sie entsprechen der *Form*-Ebene einer Beschreibung nach der Definition der Zeichenmodalität aus Abbildung 4.1 oben, sagen uns jedoch noch nicht viel über die Interpretation dieser Einheiten. Für visuelle Medien wie Film ist es sogar fragwürdig, ob Form-Beschreibungen ohne interpretatorische Absicherung überhaupt angemessen sind. Gerade weil wir es bei visuellen Medien wie Film selten mit ‚grammatikalisierten' Formen (→ §4.1.1 [S. 140]) zu tun haben, wird die Diskursebene noch zentraler. Zwar ist es immer *möglich*, Einheiten wie Kamerawinkel, -abstand, Farbabgleich, usw. zu messen, aber das bedeutet keineswegs, dass diese Eigenschaften notwendig für die Interpretation einer konkreten Filmsequenz sind.

Hier kann die multimodale Perspektive besonders nützlich sein: Wenn wir, wie wir es in diesem Buch immer wieder getan haben, die Position einnehmen, dass alle verwendeten Ausdrucksressourcen *gemeinsam* eingesetzt werden, um kommunikative Effekte verschiedener Art *diskursiv* zu erzielen, bietet dies eine Möglichkeit, die wahrscheinliche *Relevanz* von im Artefakt vorhandenen Regelmäßigkeiten zu bestimmen und für die Analyse handhabbar zu machen. Die relevanten formalen Eigenschaften sind dann genau die, die eine Diskursinterpretation fördern. Das bedeutet, dass es viel wichtiger ist, zu verstehen, wie filmische Sequenzen diverser Art zu erkennen sind, um den jeweiligen *Beitrag* der einzelnen Einstellungen (und ihrer Eigenschaften) richtig einzuordnen.

11.3 Kernherausforderungen der präzisen Filmanalyse, oder: Achtung! Es geht wieder um Diskurssemantik!

Die technischen Merkmale aus Tabelle 11.1 oben werden für die Beschreibung von Filmen allgemein verwendet, sie können aber bereits direkt aus dem eigentlichen Filmmaterial ‚gelesen' werden. Es ist also normalerweise keine Frage der ‚Interpretation', dass z.B. ein niedriger Kamerawinkel verwendet wird; dieser kann anhand des vorhandenen Bildmaterials gesehen oder sogar gemessen werden. Aus diesem Grund kann die Verwendung eines solchen Vokabulars bei der Beschreibung von Filmsequenzen oder deren Analysen sehr hilfreich sein – auch wenn man kein detailliertes Filmprotokoll erstellt. Die eigentliche Analyse muss dann allerdings tiefer gehen, um nicht allein auf Ebene der Beschreibung zu bleiben (siehe die *Beschreibungsfalle*: (→ §7.4 [S. 278])). Selten wird es ausreichen, zu sagen, dass eine Filmsequenz aus mehreren Totalen, einem Zoom und einer Nahaufnahme besteht. Stattdessen muss man Wege finden, Analysen zu unterstützen, die Interpretationen darüber erlauben, was mit den ausgewählten technischen Merkmalen kommuniziert wird und warum.

Infolgedessen finden sich in der Filmanalyse häufig auch Merkmale, die nicht so einfach aus dem Filmmaterial ablesbar sind, und diese führen zu Interpretation ganz unterschiedlicher Art. Einige Beispiele für solche Interpretationen werden wir gleich sehen, wollen aber zuerst deutlich vor ihnen warnen. Das Kernproblem solcher interpretativer Methoden besteht meist darin, dass man einfach nicht weiß, ob eine Behauptung bloß auf einer plausiblen Lesart eines Einzelfalles beruht oder ob zwischen einer Kombination von Hinweisen und einer wahrscheinlichen Interpretation eine zuverlässig vorhersagbare Verbindung besteht.

Bei einer kulturwissenschaftlichen Analyse reicht es zum Beispiel oft schon aus, Aspekte eines spezifischen Filmdesigns hervorzuheben, die in gewisser Hinsicht auffällig sind und zugleich eine interessante ‚Geschichte' erzählen lassen, die das Verständnis und die Wertschätzung dessen, was analysiert wird, vertieft. Solche Ansätze können sehr informative und aufschlussreiche Ergebnisse liefern. Ihre Anwendung in bzw. für multimodale Analysen ist jedoch insofern problematisch, als die Art Muster, die Erklärungen benötigen, oft ohne detaillierte technische Analyse schwer zu finden sind. Ohne technische Untermauerung scheitern informelle Analysen leicht an der methodologischen Falle, die wir als die *Pseudotechnitzitätsfalle* beschreiben haben (→ §7.4 [S. 278]). In solchen Arbeiten werden Beobachtungen, die man ohnehin machen wollte, technisch verbrämt. Meistens ist dies keine Absicht, sondern eine Nebenwirkung eines empirisch ungetesteten Vokabulars, das für diese Beobachtungen verwendet wird.

Beispiele für solche potenziell problematischen Beschreibungen finden wir sowohl in bestehenden Arbeiten zum Film als auch in Ansätzen aus der Multimodalitätsforschung. Das Problem ist in allen Fällen im Wesentlichen aber das gleiche und beruht auf der grundlegenden Tatsache, die wir in Kapitel 4 bereits ausführlich für multimo- Diskurssemantik des Films dale Analysen diskutiert haben: Es bedarf einer *Diskurssemantik*, um zu wissen, was spezifische Anreihungen von Formen in einer Zeichenmodalität *bedeuten können*!

In multimodalen Analysen ist es keine gute Strategie, Beschreibungen mithilfe eines empirisch ungetesteten Vokabulars vorzunehmen. Der Hauptgrund dafür liegt darin, dass es dann kaum eine Garantie dafür geben kann, dass die beschriebenen Bedeutungen *mehr sind als Lesarten, die der Analytiker ohnehin produzieren wollte, auch ohne den Vorteil einer ‚technischen' Analyse*. Wenn die entsprechenden Beobachtungen aufschlussreich sind, können sie durchaus wertvoll sein; wenn sie es aber nicht sind, gibt es keinen Rückgriff auf die ‚Daten' – in diesem Fall einen Film, um die Aussagen überprüfen zu können. Die scheinbare Technizität hält ein Gefühl der Präzision aufrecht, das in den meisten Fällen einfach nicht gerechtfertigt ist.

Ein klassisches Beispiel für den empirisch unausgewogenen Gebrauch von interpretatorischen Begriffen haben wir bereits erwähnt: die immer wiederkehrende Behauptung, dass eine filmische Einstellung, in der etwas oder jemand nach oben schaut, dem Betrachteten eine ‚Machtposition' zuschreibt. Umgekehrt aber genauso problematisch ist die Annahme, dass ein Blick nach unten einen Mangel an Macht ausdrückt.

male gaze

Ein weiteres klassisches Beispiel, diesmal aus der (feministischen) Filmtheorie, ist der so genannte ‚männliche Blick' (engl. *male gaze:* Mulvey 1975, Doane 1988). Dabei sollen gewisse Kamerabewegungen und -führungen eine fragmentierende Sichtweise auf Frauen darstellen, die gleichzeitig Aggressivität ausdrückt und die Unabhängigkeit und Autonomie der Frau vernachlässigt. Ähnlich den Zuschreibungen von Macht ist hier das Problem *nicht*, dass es solche Kameraführungen nicht gibt. Es ist sogar ziemlich leicht, Filmausschnitte zu finden, die die erbrachten Aussagen klar zu veranschaulichen scheinen.

Das analytische Problem ist viel eher, dass man *genauso leicht* Gegenbeispiele finden kann: d.h., visuelle Rahmungen und Kameraführungen, die zwar die identifizierten technischen Eigenschaften haben, aber trotzdem ganz anders wirken. Dies führt uns zu unserer Grundfragestellung zurück: Woher können wir wissen, welche Interpretationen aus einer Menge von formalen Merkmalen in spezifischen Fällen angemessen sind? Es ist enorm wichtig, sich im Klaren darüber zu sein, dass technische Merkmale lediglich als eine Basis für Diskursinterpretationen dienen können. Die Durchführung dieser Diskursinterpretation muss ebenso explizit mitberücksichtigt werden, um analytische Kurzschlüsse soweit wie möglich auszuschließen. Dann werden auch kritische Analysen sozialer Verhältnisse aussagekräftiger, weil sie empirisch belegt werden können und nicht ‚nur' als illustrative Beispiele dienen.

Empirische Belege sind unabdingbar, weil manchmal die Motivation zur Deutung einer Situation bzw. eines Ausschnittes so stark sein kann, dass unsere Wahrnehmung selbst überlistet und in ganz bestimmte, ‚erwünschte' Richtungen gedrängt wird. Betrachten wir als Beispiel eine von Thomas Kuchenbuch (2005) angebotene Analyse einer kurzen Szene aus dem Western-Klassiker *Zwölf Uhr mittags* (engl. *High Noon*; Zimmermann 1952). Obwohl Kuchenbuch zurecht eine sehr genaue Analyse fordert, die präzise Angaben über die technischen Details des Films beinhalten soll, ist auch in seinen Ausführungen immer noch ein Hang zur Überinterpretation festzustellen. Dies passiert trotz (oder besser gesagt: gerade wegen) der Tatsache, dass die von Kuchenbuch angesetzte Interpretationsrichtung im Großen und Ganzen sicherlich angemessen ist. Schauen wir uns dies im Folgenden genauer an:

Es geht um die Szene, in der drei der wichtigsten ‚Bösewichte' des Films zum Bahnhof der Ortschaft des Geschehens gehen, um den Anführer ihrer Bande zu treffen, der mit dem nächsten Zug ankommen soll. Die drei gehen zum Bahnwärter und fragen, ob der Zug pünktlich ist. Wie Kuchenbuch richtig erfasst, ist die Szene filmisch sehr klar gestaltet, so dass die Anspannung des Bahnwärters deutlich wird, wenn er erkennt, wer nach dem Zug fragt. Denn er zeigt erhebliche Angst, die offensichtlich mit der unvorhersehbaren Gewalttätigkeit der betreffenden Bande zusammenhängt. Die Hauptaufgabe für eine Filmanalyse besteht dann an dieser Stelle darin, zu erklären, wie genau der Film die Situation als dermaßen angespannt konstruiert. Dies ist in der Tat die Art von Analyse, die wir auch durch eine multimodale Analyse unterstützen möchten – d.h. es geht uns nicht nur darum, welche technische Merkmalen eingesetzt werden, sondern wir möchten auch und vor allem ihre *kommunikative Wirkung* feststellen und erklären.

Kuchenbuch kommt zu dem Schluss, dass die Kamera und die entsprechenden Blickachsen es schaffen, die Angst und das Unbehagen des Bahnwärters auszudrücken. So wird gleich, nachdem die drei Banditen den Bahrwärter bezüglich der Ankunftszeit des erwarteten Zuges gefragt haben, eine Einstellung auf den Bahnwärter gezeigt; sie ist als E2 in Abbildung 11.2 zu sehen. Dazu schreibt Kuchenbuch:

> „[Die Kamera] konfrontiert sich mit dem Bahnwärter (dem Gegenstand also, den die Banditen nun zu sehen bekommen werden). Die Blickachse des Bahnwärters und die Blickachse der Kamera treffen aufeinander, sie sind nur leicht schräg gegenüber versetzt." (Kuchenbuch 2005: 56)

Hier ist vor allem die Interpretation der Blickachsen auffällig. Kuchenbach will argumentieren, dass je näher die Blickachse einer Figur der Kamera kommt, desto näher die Figur dem Zuschauer kommt. Wir sollten daher eine gewisse ‚Sympathie' mit dem Bahnwärter aufbauen. Im Bild aber führt die Blickachse des Bahnwärters nicht annähernd an der Kamera entlang. Der Winkel entspricht eher dem, der für den Erhalt der räumlichen Beziehung zwischen Bahnwärter und Banditen bereits in früheren Einstellungen etabliert worden ist. Kuchenbuch dazu genauer: In E2 „sieht man ihn noch aus normaler Sicht (eventuell mit leichter Tendenz zur Untersicht)" (Kuchenbuch 2005: 53).

Nach einer weiteren Einstellung, in der die Banditen zu sehen sind, kommt dann die in der Abbildung als E4 gekennzeichnete Einstellung: Hier „sieht die Kamera den Bahnwärter aus der Perspektive eines der Banditen (frontal aufeinandertreffende Achsen)" (Kuchenbuch 2005: 56). Leider trifft dies aber wieder nicht zu – die Kamera ist viel zu niedrig, um der Perspektive eines der Banditen zu entsprechen. Trotzdem weist Kuchenbuch hier auf mögliche Dominanzbeziehungen auf der vertikalen Achse hin, um die Einstellung zu motivieren; die wirklichen Kamerapositionen aber belegen dies gerade nicht. Einstellung E4 steht in direkter Beziehung zu Einstellung E2, weil sich zwischen den beiden nur die Kamera*distanz* geändert hat. Dies wird durch die von uns vorgenommene Konstruktion rechts in Abbildung 11.2 veranschaulicht; dieses Bild passt einfach Einstellung E4 der Größe von E2 an und legt die beiden Bilder übereinander. Kuchenbuch behauptet jedoch für E4, dass der Bahnwärter „dagegen leicht von oben gesehen [wird], quasi aus dem Blickwinkel der an Machtpositionen überlegenen Banditen“ (Kuchenbuch 2005: 53).

E2: "sieht man mit ihn noch aus normaler Sicht (eventuell mit leichter Tendenz zur Untersicht)" (S. 53)

E4: "wird er dagegen leicht von oben gesehen, quasi aus der Blickwinkel der an Machtposition überlegenen Banditen" (S. 53)

Kompositbild,woraus es ersichtlich wird, dass die Blickachse in beiden Einstellungen gleich bleibt

Abb. 11.2. Vergleich zweier Einstellungen aus dem Film *Zwölf Uhr mittags* (1952)

Wenn Kuchenbuch also versucht, das Unbehagen des Bahnwärters auf die durch die Einstellungen konstruierten Machtdifferenzen zurückzuführen, geht dieses Argument nicht auf. Die psychologisierten Bedeutungen, die er den Kamerapositionen und Blickachsen zuschreibt, können zwar alle zutreffen, können aber genauso falsch sein, *wenn die notwendigen textuellen – d.h. diskurssemantischen – Bedingungen nicht erfüllt sind.* Ein vergleichbares Argument bringt James Wulff mit Blick auf die Analyse von so genannten ‚Point-of-View‘-Strukturen durch Edward Branigan (1984). Wulff schreibt dazu:

> „Das Beispiel zeigt, dass sich die Strukturen, die die Einstellungen einer solchen minimalen Kette wie einer Blickmontage miteinander zu einer kaum noch auflösbaren Einheit des Gedankens oder der Aussage verbindet, nicht an der anschaulich-konkreten Oberfläche der Bilder abgelesen werden können [...].“ (Wulff 1999: 40)

Wulff gründet diese Interpretationsmöglichkeit auf dem von ihm entwickelten Konzept der Handlungsstruktur, um das Ganze zusammenzuführen. Wir stützen uns entsprechend komplementär auf den Begriff einer Diskurssemantik und ihrer Mechanismen. Mit dem *High Noon*-Beispiel sehen wir, wie die Analyse der filmischen Diskursstruktur die aus der Handlung gewonnenen Informationen sinnvoll ergänzen kann. Eine ausführlichere Diskussion dieses Beispiels findet sich in Bateman (2013).

Die filmische Konstruktion des Unbehagens des Bahnwärters kann in diesem Falle dann viel einfacher und sogar traditioneller nachvollzogen werden. Das Gesicht, die

Stimme und die Körperbewegungen des Bahnwärters drücken bereits Unbehagen aus, ikonisch und unvermittelt. Die Aufgabe des Films ist dann, dies ausreichend ins Bild zu setzen und zu untermauern. Nahaufnahmen sind hierfür ein viel gewähltes Mittel. Eine weitere *mögliche* Ressource zur Betonung, die hier aber nicht eingesetzt wird, wäre der Ausdruck einer genauen Machtdifferenz durch die vertikale Achse. In Einstellungen, die die Banditen zeigen, wird diese Strategie dann aber doch genutzt, wenn auch immer noch zusammen mit einer entsprechenden Stimmqualität, Blickwechseln und spezifischen Gesichtsausdrücken der drei. Wer den Film halbwegs aufmerksam anschaut, wird diese nahezu offensichtlichen Details erkennen – und so stellt sich die Frage, warum eine solche, doch sehr zeitraubende Analyse überhaupt notwendig ist. Genau diese Frage und die Schwierigkeit der Zuschreibung von Interpretationen auf Basis einzelner technischer Merkmale hat dazu geführt, dass Filmprotokolle heutzutage viel seltener erstellt werden. Für viele Filmforscher*innen scheint sich dieser Aufwand kaum zu lohnen.

Nutzen und Vorteil einer multimodalen Analyse werden hier jedoch einmal mehr deutlich. Es ist durchaus notwendig, größere strukturelle Einheiten zu identifizieren, die durch technische Beschreibungen unterstützt werden, aber nicht auf technische Beschreibungen allein reduziert werden können. Dies ist genau der Unterschied zwischen einer formalen Zuschreibung von Mustern (auf Ebene einer ‚Lexikogrammatik') und der diskursiven Hypothesenbildung mithilfe einer Diskurssemantik (→ §4.1.1 [S. 142]). Genau die gleiche Problematik lässt sich in vielen Bereichen der Multimodalitätsforschung ähnlich beobachten. Der Einsatz von Diskurssemantik ist dann unabdingbar, damit die Lücke zwischen Transkriptionen und plausiblen Interpretationen nicht zu groß wird. Im folgenden Abschnitt werden wir diese Vorgehensweise mit einem etwas komplexeren Beispiel veranschaulichen.

11.4 Filmanalyse, multimodal: ein Beispiel

In diesem Abschnitt werden wir ein Beispiel für die Analyse von Filmsegmenten geben, das insbesondere die multimodale Perspektive auf und innerhalb dieser Analyse hervorheben wird. Wir wollen dabei auch aufzeigen, an welchen Stellen einige traditionellere Filmanalysemodelle an ihre Grenzen stoßen.

Das von uns ausgewählte Segment stammt aus dem bekannten Film *Lola rennt*, der von Tom Tykwer gedreht und geschrieben wurde und 1998 in die Kinos kam. Der Film ist in vielerlei Hinsicht interessant, insbesondere mit Blick auf die formalen Merkmale seines Designs und seiner Erzählweise. Die ‚Geschichte' des Films, das Narrativ, werden wir hier allerdings nicht weiter beschreiben – nicht nur, um ‚Spoiler' zu vermeiden, sondern auch, weil sie für die Punkte, die wir ansprechen wollen, gar nicht wirklich relevant ist.

Lola rennt ist ein sehr populärer Film, der sich gerade wegen seiner innovativen Eigenschaften für eine Einführung in die Filmanalyse sehr gut eignet. Schon in den *Lola rennt* ersten Sekunden des Films wird deutlich, dass es sich nicht um ein traditionelles Stück filmischer Erzählung handelt; sehr schnell wird den Zuschauer*innen eine Vielzahl von Darstellungsformen präsentiert, die sowohl naturalistische Aufnahmen und Videoaufnahmen als auch Elemente des Zeichentrickfilms beinhalten und alle durch dynamische und den Film vorantreibende Musik und eine sehr schnelle Kameraführung begleitet werden. Dies ist zweifellos einer der Hauptgründe dafür, dass der Film auch im Schulunterricht eine beliebte Wahl zur Vermittlung von Filmanalyse und -kritik ist. Fast alle vorstellbaren filmtechnischen Mittel kommen irgendwann in diesem Film vor.

Anlässlich des 20-jährigen Jubiläums des Films veröffentlichte der Verein *Neue Wege des Lernens e.V.* eine kostenlose Webseite mit umfangreichem Material, das auf Basis von *Lola rennt* zeigt, wie Film analysiert werden kann.[1] Diese Webseite nutzt selbst alle medialen Möglichkeiten moderner, browserbasierter und so genannter ‚digitaler' Artefakte und würde sich selbst bestens für eine multimodale Analyse anbieten. Wir empfehlen sie allen, die mit Film zu arbeiten beginnen: Es werden Standardbegriffe, Techniken und Analysestile des Films gezeigt und direkt mit entsprechenden Auszügen aus dem Film verknüpft. Es ist sogar möglich, ausgewählte Szenen selbst umzuschneiden, um über die jeweilige Wirkung dieser Veränderungen besser nachdenken zu können.

Wenn man Film multimodal analysieren möchte, sollten die Begriffe und Techniken, die die Webseite vorstellt, allerdings bereits vertraut sein. Wie wir bereits oben erläutert haben, können wir viele dieser Grundlagen hier nicht wiederholen, sondern werden uns stattdessen auf die Notwendigkeit konzentrieren, Standardtheorien zum Film in Frage zu stellen. Methoden und Theorien der Multimodalitätsforschung können viel zu dieser Notwendigkeit beitragen; betonen wollen wir aber auch, dass sie eben einen *Beitrag* zu der Diskussion leisten, aber die jeweiligen Theorien nicht ersetzen!

Als ein Beispiel nehmen wir im Folgenden ein Thema auf, das gewissermaßen eine Fortsetzung der obigen Diskussion zu *Zwölf Uhr mittags* ist, nämlich die Annahme der Kamera und Kameraführung als Erzähler*in. Besonders im Kontext einer Filmnarratologie wird die Kamera häufig als ein direktes Indiz für eine spezifische Erzählperspektive gesehen. In der Analyse von Kuchenbuch haben wir dies bereits gesehen, wenn er das Zusammenwirken von Kamera-Blickachsen und Filmfiguren erläutert. Eine sehr typische Beschreibung dieses Phänomens ist die folgende:

> „Wir als Zuschauer sehen das inszenierte Geschehen immer durch das Auge der Kamera. Dabei kann der Kamerablick mit dem Blick einer Figur identisch sein oder die Kamera ist ein für uns unsichtbarer Beobachter und somit unser ‚Stellvertreter' im filmischen Geschehen. In LOLA RENNT gibt es wie in den meisten Spielfilmen beide Sichtweisen…" (https://lola-rennt.neue-wege-des-lernens.de/lola/erzaehlperspektive/index.html)

1 https://lola-rennt.neue-wege-des-lernens.de/lola/index.html

Erzählperspektiven

Aus narratologischer Sicht werden dann unterschiedliche Typen von Perspektiven diskutiert, z. B. die *subjektive Sicht* (engl. *Point of View*, abgekürzt als POV) und die ‚auktoriale' bzw. *allwissende Kamera*. Außerdem kann die Sicht eher ‚internalisiert' sein, d.h. eine Visualisierung der Gedankenwelt einer Figur und nicht einer dargestellten (diegetischen) Welt sein. Diese Perspektive nennt sich *Mindscreen*. Die Auffassung, dass die Kamera als Erzählerin fungiert, ist aus narratologischer Sicht, die im Allgemeinen eine erzählende Instanz voraussetzt, nachvollziehbar. Aus Sicht der Multimodalitätsforschung scheint dies jedoch gar nicht mehr so zwingend notwendig zu sein. Wer ‚erzählt' dann in einer Infographik (siehe Kapitel 10) oder in einem Computerspiel (siehe Kapitel 12)?

Wichtige Fragen für genauere Analysen des Films sind deswegen die folgenden: Inwiefern ist die Idee einer erzählerischen Funktion der Kamera tragbar? Und bietet sie ein ausreichendes und zuverlässiges Beschreibungsinstrumentarium für Film? Wir werden hier kurz schildern, wie die Annahme, dass der Kamerablick stellvertretend für eine*n ‚unsichtbare*n' Beobachter*in stehen kann, eigentlich einen sehr ähnlichen Status hat wie die oben erwähnten Begrifflichkeiten des ‚männlichen Blicks' oder wie dargestellte Machtpositionen. Solche Interpretationen *können* diskursiv, d.h. über eine Diskurssemantik, konstruiert werden, eine solche Konstruktion muss aber nicht unbedingt vorgenommen werden. Genau deswegen laufen Versuche, die vorgegebenen Kategorien zur Beschreibung von Perspektive einfach als gegeben anzuwenden, immer Gefahr, Filminterpretationen in völlig unmotivierte Richtungen zu lenken.

E1 E2 E3 E4

Abb. 11.3. Standbilder für vier Einstellungen (E1–E4) aus einem Ausschnitt von Tom Tykwers *Lola rennt* (00:59:19–00:59:34) © X Filme Creative Pool GmbH, 1998

Probleme mit einer solchen Anwendung dieser Kategorien für Perspektive können wir mit einer auf der *Lola rennt*-Webseite gegebenen Aufgabe verdeutlichen. Im Abschnitt ‚Erzählperspektive' zeigt Aufgabe 1 einen Ausschnitt des Films mit vier Einstellungen. Abbildung 11.3 zeigt für jede dieser Einstellungen jeweils ein Standbild. [2] In der vorliegenden Szene bedankt sich eine der beiden Hauptfiguren (Manni, von Moritz Bleibtreu gespielt) bei einer blinden Frau dafür, dass sie ihn die Telefonzelle benutzen

2 Hier wird übrigens besonders deutlich, welche Vorteile digitale Medien aufweisen, wenn es um die Diskussion von Filmen geht: Auf der Webseite kann man den Ausschnitt direkt anschauen, hier im Buch können wir nur auf die genaue Sequenz verweisen und sie mit den Standbildern illustrieren.

lässt, die in den ersten beiden Aufnahmen (erst rechts und dann links) zu sehen ist; als er gerade gehen will, sagt die Frau „warte!“, schaut sich um und hört offensichtlich etwas (E1). Manni und die Frau wenden sich dann zur Straße und er sieht einen Mann auf einem Fahrrad vorbeifahren (E2, E3); auf dem Fahrrad befindet sich die Tasche (E4), die Manni vor kurzem verloren hat und die er dringend wiederfinden muss.

Trotz seiner Kürze ist dieser Ausschnitt gar nicht so leicht präzise zu beschreiben, weil die Kameraführung äußerst dynamisch ist. Tatsächlich ist diese aber sehr typisch für die meisten ‚neueren‘ Filme – und für *Lola rennt* schauen wir uns sogar nur einen eher einfacheren Ausschnitt an. Im ersten Teil der Webseite gestellten Aufgaben sollen dann bewegliche Symbole, die die Kamera und Kamerarichtungen darstellen, graphisch so positioniert werden, dass sie dem Ausschnitt entsprechen. Zweitens soll die Art der aufgenommenen Erzählperspektive für jede Einstellung bestimmt werden. Der erste Teil der Aufgabe ist eine gute Übung für alle, die vielleicht noch nicht oft explizit über die Positionierung einer Kamera nachgedacht haben. Außerdem können mögliche Kamerabewegungen innerhalb einer Einstellung markiert werden. Weil diese Kamerabewegungen häufig in Beziehung zu Figurenperspektiven gesetzt werden, bietet sich hier dann auch an, explizit nach der Erzählperspektive in jeder Einstellung zu fragen. Die Aufgabe stellt dafür zwei Alternativen zur Auswahl: subjektive Einstellungen (POV) oder Einstellungen der allwissenden/auktorialen Kamera.

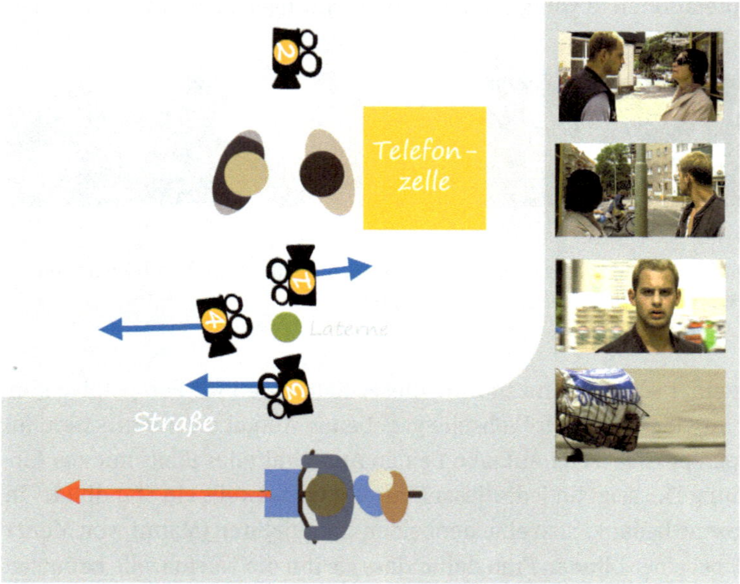

Abb. 11.4. Eine mit den auf der Webseite zu *Lola rennt* zur Verfügung gestellten Werkzeugen erstellte Darstellung der Kameraführung für den Ausschnitt aus Abbildung 11.3

Eine mögliche Lösung für den ersten Teil der Aufgabe ist in Abbildung 11.4 zu sehen; diese haben wir selbst mit den Werkzeugen der Webseite erstellt. Die abgebildeten Kameras sind nach der Einstellungsreihenfolge nummeriert. Die Skizze zeigt, dass sich die Telefonzelle an einer Straßenkreuzung befindet. Von rechts nach links unten wird das vorbeifahrende Fahrrad mit der Tasche gezeigt.[3] Wir mussten noch einige Vereinfachungen gegenüber dem Originalfilm vornehmen: Insbesondere wird kein Unterschied zwischen Kamerabewegungen und Kameraschwenks gezeigt. Ein Kameraschwenk liegt dann vor, wenn die Blickrichtung der Kamera geändert wird – mit oder ohne eine Änderung der Positionierung der Kamera (vgl. Tabelle 11.1). In Einstellung E3 erfolgt ein solcher Kameraschwenk *zusammen* mit einer horizontalen Kamerabewegung, wenn Manni noch zentral im Bild gehalten wird. Diese Art graphischer Darstellung wird oft zur Vorbereitung der dann später erfolgenden, echten Dreharbeit verwendet; so können im Vorhinein genauere Kamerapositionen und -bewegungen konzipiert werden, um abzusichern, dass alles, was sichtbar sein soll, auch während der Einstellung sichtbar bleibt.

Blocking

Dieser Arbeitsschritt nennt sich *Blocking* (vgl. Bordwell 1985: 11–12). Heutzutage gibt es Werkzeuge dieser Art mit fast professionellem Niveau frei verfügbar im Netz. Eine der Hauptfunktionen solcher Werkzeuge ist die Erstellung von Einstellungslisten, in denen genaue Positionen und Bewegungen von Kameras und Figuren sowie die dafür notwendigen Kameraobjektive und andere Aufnahmeeigenschaften festgehalten werden. Bewegungspfade für Kamera(s) und Figuren können gleichermaßen eingegeben und nach Belieben editiert, animiert und dabei auf ihre Richtigkeit und Wirkung überprüft werden. Solche Listen können dann als Anweisungen für die tatsächliche Dreharbeit dienen. Mit diesen Werkzeugen wäre es also relativ leicht, Beschreibungen von Szenen wie in unserem Beispiel absolut genau und zeitgetreu zu konstruieren. *Trotzdem sagen sie uns nichts über die ‚Bedeutung' oder Wirkung einer solchen Szene!* Eine Zuweisung von narrativen Erzählperspektiven ist dann ein Versuch, mehr über die intendierte Wirkung und Bedeutung einer Szene zu sagen. Allerdings ist es häufig gar nicht so leicht, zuverlässige Hinweise auf solche Perspektiven zu identifizieren – besonders wenn zu eng an einzelnen Einstellungseigenschaften festgehalten wird.

Die formalen Bedingungen für die Annahme einer ‚Point-of-View'-Struktur hat Edward Branigan (2007) genau aufgeschlüsselt. Dabei besteht eine Struktur laut Branigan aus sechs Elementen, die alle dazu beitragen, eine plausible Annahme dieser spezifischen Struktur zu treffen. Branigan (2007: 46) schreibt dazu: „In der Point-of-View-Einstellung nimmt die Kamera die Perspektive einer wahrnehmenden Figur ein, um uns zu zeigen, was diese Figur sieht." Dass diese Struktur aber letztlich lediglich als Diskurshypothese zu sehen ist, wenn auch Branigan selbst dies nicht explizit so

3 In unserer Abbildung wird ein roter Pfeil verwendet, um die Fahrtrichtung des Fahrrads zu verdeutlichen; die Webseite sieht einen anderen Gebrauch für diese Pfeile vor, der hier aber keine Rolle spielt.

formuliert, wird aus seiner Definition des sechsten formalen Elements ersichtlich: „Ort und Zeit der [...] aufgelisteten Elemente werden durch Anwesenheit und bewusste Wahrnehmungen einer Figur begründet – oder darauf bezogen“ (Branigan 2007: 46). Branigan schreibt dazu, dass es sich dabei um eine ‚narrative Konstruktion‘ handelt und bietet eine ganze Reihe von Beispielen für diese Struktur mit vielen interessanten Variationen an. Für unser Beispiel oben liegt dann nahe, dass in E4 eine Point-of-View-Einstellung konstruiert wird: Zuerst sehen wir in E3, dass Manni irgendetwas sieht und in E4 sehen wir dann, was genau er sieht, obwohl dies viel näher gezeigt wird, als Manni selbst es sieht.

Zwar weist Einstellung E3 eine Reihe sehr ähnlicher formaler Eigenschaften auf, im Gegensatz zu Einstellung E4 ist aber in diesem Fall ziemlich klar, dass die formalen Bedingungen einer Point-of-View-Einstellung *nicht* erfüllt sind. Es ist zum Beispiel ganz offensichtlich, dass die Kamera die Fahrt des Fahrrads aufnimmt und wiedergibt und dann zu Manni zurückblickt. Allerdings gibt es keine beobachtende Figur – also keine Hinweise darauf, dass der Fahrer Manni sieht. Außerdem ist anzunehmen, dass weder das Fahrrad noch die Tasche plötzlich irgendwie mit perzeptuellen Fähigkeiten ausgestattet sind. Trotzdem wirkt die Einstellung höchst ‚subjektivierend‘, wir müssen uns jedoch dann fragen: durch welches Subjekt? Die Antwort darauf ist am wahrscheinlichsten wieder Manni, obwohl Manni selbst im Bild steht. Wie aber funktioniert das? Die Gründe dafür sind nicht aus der einzelnen Einstellung zu gewinnen, sondern – Branigan zufolge – aus der *multimodalen* Struktur der gesamten Sequenz. Schauen wir uns genauer an, wie sich diese Struktur zusammenstellt. Ziel dabei wird sein, aufzuzeigen, wie *der Film selbst* diese Zusammenstellung steuert.

Vorerst lässt sich feststellen, dass die oben diskutierte Sequenz E1–E4 nur ein Teil einer längeren zusammenhängenden Sequenz ist. Dies lässt sich daraus schliessen, dass es sich um ein kontinulerliches Raum-Zeit-Intervall handelt. Die zu analysierende Sequenz ist also von ihrem eigentlichen Kontext losgelöst; dies kann, wenn nicht sorgfältig behandelt, immer Schwierigkeiten für eine Analyse mit sich bringen.

In Abbildung 11.5 sehen wir eine etwas detailliertere Darstellung der diskutierten Szene. Vor diesem Ausschnitt und danach spielt die Handlung sich an anderen Orten ab. Die Szene fängt einige Sekunden früher an als auf der Webseite gezeigt und schließt weitere vier Einstellungen mit ein. Die letzten drei Einstellungen ähneln der traditionellen ABAB-Struktur einer Verfolgungsjagd und sind daher relativ einfach nachzuvollziehen. Einstellung E5 ist dagegen ziemlich wichtig für den strukturellen Aufbau des Ganzen und hätte wahrscheinlich lieber nicht abgeschnitten werden sollen.

Wenn ein ‚sinnvoller‘ Filmabschnitt für die Analyse isoliert wurde – wobei ‚sinnvoll‘ bedeutet, dass die Sequenz zumindest einen gewissen Grad an interner Kohärenz aufweist und sich von anderen Sequenzen um sie herum abgegrenzen lässt, kann die Analyse genau das verfolgen bzw. identifizieren, was der Film selbst als relevant konstruiert. Die relevanten Komponenten werden typischerweise die gesamte Bandbreite der dem Medium zur Verfügung stehenden Ausdrucksmittel nutzen. Deshalb ist eine vorherige Trennung in visuelle und auditive ‚Spuren‘ usw. oft kontraproduktiv

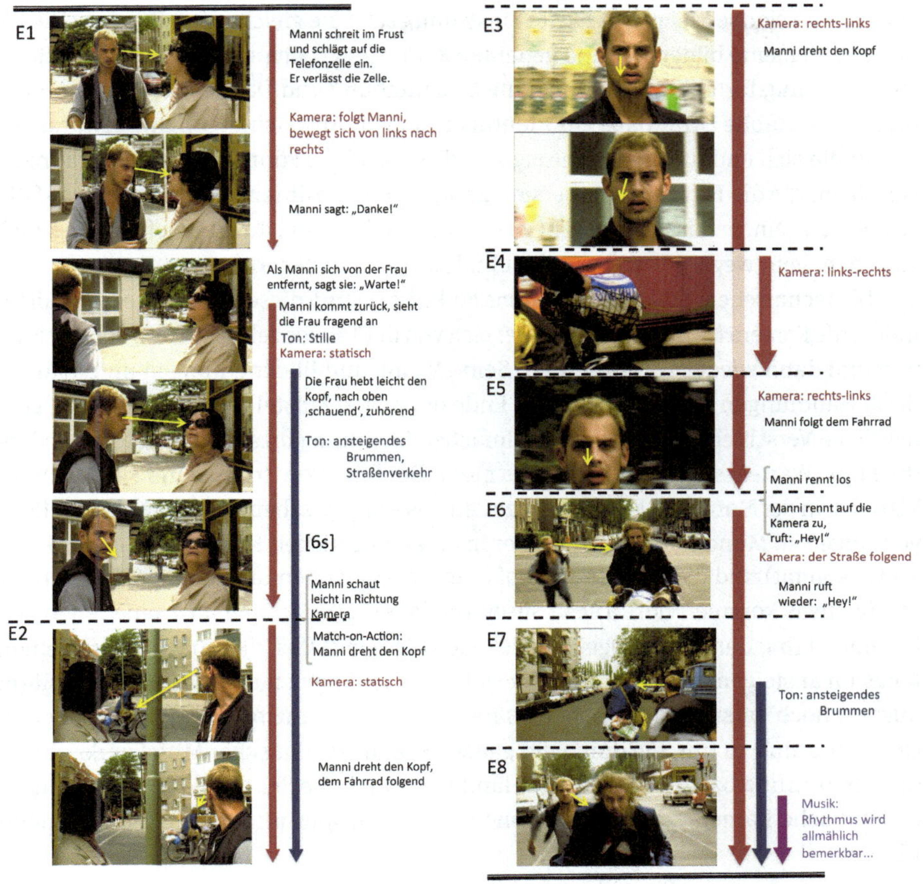

Abb. 11.5. Multimodale Sequenzdarstellung des Beispielauschnittes aus *Lola rennt*

und führt zu einer beträchtlichen Menge an unnötigen Details. Eine Methode, die wir regelmäßig für verschiedene Zeichenmodalitäten anwenden, um zu zeigen, was als relevant für die Bedeutungskonstruktion angesehen werden kann, ist die Analyse multimodaler Kohäsion. Chiao-I Tseng (2013) hat hierfür erstmals einen umfangreichen Ansatz vorgelegt.

Kohäsion greift alle Elemente einer Kommunikation auf, die wiederholt auftreten – unabhängig davon, ob es sich dabei um visuelle, akustische oder technische Merkmale des Mediums (wie Zoom, Nahaufnahmen usw.), bestimmte Winkel oder Einstellungen handelt. So kann untersucht werden, wie ein kommunikatives Artefakt diese Elemente in Beziehung zueinander setzt. Mittel der Kohäsion können auch aufzeigen, welche Beziehungen innerhalb und zwischen den Einstellungen einer Filmsequenz bestehen. In unserem aktuellen Beispiel können wir demnach sehen, dass die erste Einstellung zwei Charaktere, einige spezifische Handlungen und eine Verortung in den aktuellen

Stand des Diskurses zeigt. Die zweite Einstellung setzt die gleiche Situation fort: Die kohäsiven Elemente bilden dann so genannte *Ketten* (engl. ‚chains'), die von Einstellung zu Einstellung fortgeführt werden. Eine Beschreibung und Darstellung dieser Ketten bietet eine stabile Grundlage zur Identifikation von Abweichungen und Kontrasten, die für die sich entfaltende Erzählung spezifisch sind. So können wir die Handlungen verfolgen, die die Figuren in der ersten Einstellung ausführen: Manni schlägt auf die Telefonzelle ein, verlässt diese, geht zu der blinden Frau, um ihr die Telefonkarte zuück zu geben, geht weg und wird von der blinden Frau zurückgerufen.

Die technischen Merkmale des Films ko-konstruieren diese Handlungen, vor allem indem die Kamera Manni verfolgt, wie er sich von der Telefonzelle zur Frau, von der Frau weg und dann wieder zurückbewegt. Seine Mimik und Blickrichtungen unterstützen diese Handlungen entsprechend. Am Ende der ersten Einstellung gibt es jedoch eine deutliche Verschiebung weg von der einfachen Entfaltung dieser Ereignisse: Nachdem die Frau „Warte!" sagt, passiert nichts mehr. Der Film konstruiert eine Situation des Wartens, in der Manni die Frau die ganze Zeit ansieht (mit scheinbar wechselndem Blick von Augen zu Mund und zurück, wie es in einer natürlichen Face-to-Face-Interaktion oft vorkommt) und die Frau ihren Kopf langsam nach oben und zur Seite bewegt, als ob sie etwas kommen hört. Diese Situation dauert 6 Sekunden an – eine lange Zeit für einen Film, der so tempogeladen ist wie *Lola rennt*! Das Warten wird durch einen langsam ansteigenden tiefen Ton, der sich nach und nach auch in den Verkehrslärm mischt, noch verstärkt. Wir haben es hier mit einem ganz typischen Beispiel einer Orchestrierung zu tun, die durch ein ganzes Spektrum filmischer Mittel wirkt: durch die Verzögerung bzw. den Stopp der Handlung durch die Schauspieler*innen, durch die statische Kamera, durch Variationen in der Tonspur und durch den fehlenden Dialog.

Ganz am Ende der Einstellung bereitet sich der Film dann auf den nächsten Schritt der Handlung vor, indem Manni seinen Kopf und seinen Blick in Richtung Kamera dreht: So entsteht die Erwartung, dass er vielleicht auch tatsächlich etwas sehen wird und dies im Folgenden gezeigt wird. Der Schnitt zur nächsten Einstellung (E2) baut diese Erwartung weiter aus, indem die bisher etablierten Kohäsionsketten fortgeführt werden, die Kamerarichtung jedoch wechselt (180°), so dass nun der Straßenbereich, in den Manni in der vorherigen Einstellung zu schauen begann, auch in der Einstellung sichtbar wird. Dann fährt das Fahrrad mit Mannis verlorener Tasche darauf ins Bild und die Straße entlang. Auch hier ist der Schnitt von einer Einstellung zur anderen genau geplant und setzt ein, wenn Manni beginnt, den Kopf zu drehen. Dies ist ein klares Zeichen dafür, dass er das Fahrrad weiterhin mit den Augen verfolgt – und genau dies sehen wir in der nächsten Einstellung (E3).

Die technischen Eigenschaften dieser Einstellungen sind besonders interessant: In beiden Einstellungen gibt es eine Kamerabewegung nach links sowie einen Kameraschwenk nach rechts, um Manni zentral im Bild zu behalten. Rein formal wäre dies ein klassisches Indiz für eine Point-of-View-Einstellung. Stattdessen ist aber in der nächsten Einstellung (E4) wieder die Tasche zu sehen, wodurch die kohäsiven Ketten des Fahrrads und der Tasche fortgesetzt werden. Da die Tasche bereits im gesamten Film eine zentrale Rolle spielt(e) und deswegen ihre kohäsive Kette beständig fortgeführt wird, ist sie auch für die Zuschauer*innen gleich prominent. In E4 wird deswegen die Kamera stets nach rechts bewegt, um Mannis Blick aus E3 angemessen zu spiegeln und die Tasche zentral im Bild zu behalten. Dabei wird dann auch deutlich, dass es sich bei E2 nicht um eine Point-of-View-Einstellung handeln kann, weil niemand zurückblickt. Einstellung E5 ist dann wieder aus Perspektive Mannis gedreht und setzt Einstellung E3 fort. Auch hier unterstützen die technischen Eigenschaften die kohäsive Kette: Die Kamera bewegt sich immer noch nach links mit einem Schwenk nach links.

E3 und E5 bilden deswegen eine strukturelle Einheit, die mit ‚Manni sieht das Fahrrad' beschrieben werden kann. E4 ist eine Art Einfügung, die das genaue Objekt von Mannis Aufmerksakeit zeigt: die Tasche. Zusammen sind E3, E4 und E5 dann eine Konstruktion, die sich speziell auf Manni konzentriert und seine Reaktion auf die veränderten Umstände zeigt. Ganz am Ende von E5 beginnt Manni sich vorwärts zu bewegen, was in E6 insofern aufgenommen wird, dass er ins Bild läuft und das Fahrrad entlang der Straße verfolgt (E6–E7–E8).

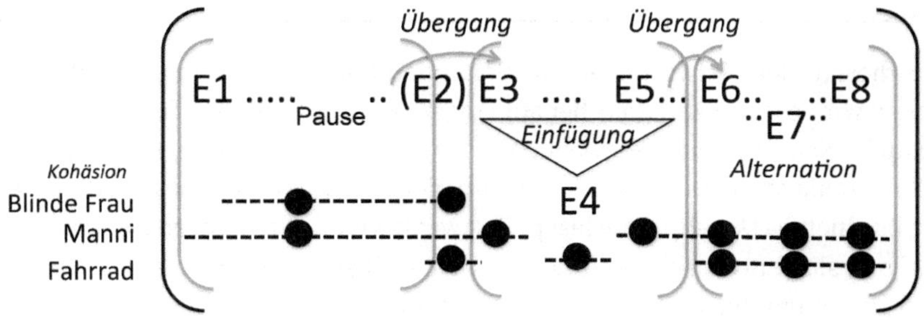

Abb. 11.6. Filmstruktur der Beispielszene aus *Lola rennt* zusammen mit unterstützenden kohäsiven Ketten

Die acht Aufnahmen der Sequenz bilden somit ein einheitliches Ganzes und zeigen Mannis Wechselbad der Gefühle, das von Frustration (in der Telefonzelle) über Resignation, einen Moment des Wartens und der Erstarrung bis hin zu neuer Hoffnung und weiteren Handlungen wie der Verfolgung der wiedergefundenen Tasche reicht. Dabei handelt es sich grundsätzlich um eine Diskurskonstruktion, bei der Hinweise filmisch so gegeben werden, dass sie die Zuschauer*innen entlang der beabsichtigten Interpretationslinien führen. Wir veranschaulichen diese lokale Filmstruktur in Abbildung 11.6 und zeigen auch einige der kohäsiven Ketten, die sich durch die Struktur ziehen und die zur Textur der sich entfaltenden Ereignisse beitragen, indem die verschiedenen Komponenten nach und nach zusammengebracht werden.

Beachten Sie bitte, dass es keine etablierte Notation für filmische Strukturen gibt. Es ist daher Kreativität gefragt! Weitere Möglichkeiten der Gestaltung sind in Bateman & Schmidt (2012) zu sehen, wo wir auch eine Reihe von formalen Bedingungen für die Konstruktion solcher Strukturen diskutieren.

Daraus wird ersichtlich, dass es eigentlich nur eine mögliche Subjektivierungsposition in diesem Ausschnitt geben kann: die von Manni. Die Sequenz folgt seinem Gefühlszustand und seinen Reaktionen mit höchster Präzision und lenkt darüber hinaus die Aufmerksamkeit der Zuschauer*innen, diese Zustände und Reaktionen auch genauestens wahrzunehmen. Das hat wenig mit den Eigenschaften einzelner Einstellungen zu tun, sondern ergibt sich aus der Struktur des Ganzen, der wegen ihres hoch kohäsiven Aufbaus ohne große Schwierigkeiten – sogar *ohne spezifisches Bewusstsein* darüber – zu folgen ist.

> Now a classical theorist may reply that we [...] are trailing a solid independently existing world. To which one can agree, with the proviso that this impression of an invisible observer facing an autonomous world is an effect of the film's construction. The invisible observer is not the *basis* of film style but one *figure* of style. The observer's ubiquity, the verisimilitude of perception, and the very sense that this filmed world could be known independently – all are formal effects.
>
> — *Bordwell (1985: 12)*[4]

Selbst aus diesem Beispiel von knapp 45 Sekunden Film ließe sich noch viel mehr herausholen; wir beschränken uns aber auf Folgendes: Alle in diesem Segment eingesetzten Mittel – Schnitt, Kamerabewegung, Tonspur, Naturgeräusche, Rahmung der Figuren, Kameradistanz usw. – wurden so kombiniert, dass sie als Ganzes der Beschreibung der einzelnen Merkmale überwiegen. Erst wenn wir alle Ressourcen als Ausdruck eines einzigen, sich entwickelnden und kohärenten Diskursstranges sehen, werden wir sowohl zu bestimmten einzelnen Aspekten des Films geführt, die wir analysieren müssen, als auch dazu, diese Aspekte in angemessener Kombination mit anderen zu sehen. Diese Analyse kann nur multimodal durchgeführt werden.

11.5 Filme und andere Medien: Adaptation und Transmedialität

Wie eingangs erwähnt haben wir uns zwar zum Zwecke der Veranschaulichung von Aspekten der multimodalen Analyse des Films auf den narrativen Film konzentriert, die

---

4 „Nun mag ein*e klassische*r Theoretiker*in antworten, dass wir [...] einer soliden, unabhängig existierenden Welt hinterherlaufen. Dem kann man zustimmen, mit dem Vorbehalt, dass dieser Eindruck eines*einer unsichtbaren Beobachter*in, der*die einer autonomen Welt gegenübersteht, ein Effekt der Konstruktion des Films ist. Der*die unsichtbare Beobachter*in ist nicht die *Grundlage* für den filmischen Stil, sondern selbst eine *Stilfigur*. Die Ubiquität des*der Beobachter*in, die Plausibilität der Wahrnehmung und das Gefühl, dass diese gefilmte Welt bekannt sein könnte, sind alles formale Effekte." (Bordwell 1985: 12; eigene Übersetzung)

diskutierten Methoden bieten jedoch viel breitere Anwendungsmöglichkeiten. Dies ist vor allem der Fall, weil sich viele Zeichenmodalitäten aus verwandten Medien auch im Film wiederfinden und andersherum. Wie wir mit Blick auf die Beziehungen zwischen Medien und Zeichenmodalitäten, die wir in Kapitel 4 diskutiert haben, vorhersagen konnten, sind analytische Methoden (und Ergebnisse) bis zu einem gewissen Grad auch übertragbar, wenn Medien Überschneidungen in den von ihnen verwendeten Zeichenmodalitäten aufweisen. Diese Eigenschaft ist angesichts des aktuellen Trends der *Medienkonvergenz* besonders nützlich. Einerseits weisen viele Medien zunehmende Ähnlichkeiten und Überschneidungen auf, andererseits erscheinen die Produkte eines Mediums heute häufig in anderen Medien, die mehr oder weniger verwandt sind.

Ein weiterer Bereich, der für viele aktuelle Arbeiten zur Multimodalität von besonderer Bedeutung ist, behandelt deswegen explizite ‚Transfers' oder Rekonstruktionen über verschiedene Medien hinweg. Untersuchungen dieser Art stehen in direktem Kontakt mit umfangreichen Diskussionen zu Adaptionen und ganz allgemein zur *Transmedialität*. In Kapitel 3 haben wir feststellen können, dass Forschung, die sich auf Medien konzentriert, sicherlich interessante Fragen multimodaler Natur aufwirft, aber selten Multimodalität an sich theoretisiert (vlg. dazu aber Elleström 2014), um herauszufinden, was Transmedialität dabei ermöglicht. Hier können dann Multimodalitätstheorie und -praxis wieder eine wichtige Rolle spielen.

Film und Comics

Ein aktueller und in vielerlei Hinsicht beliebter Bereich der Adaption ist zum Beispiel die Beziehung zwischen (meist) erzählendem Film auf der einen Seite und Comics und Graphic Novels auf der anderen. Obwohl es schon lange Filmversionen von ursprünglich aus Comics stammendem Material gibt, ist die Adaption von Comic-Büchern für extrem aufwendige und entsprechend teuere Blockbuster-Filme, die wir heute sehen, noch relativ neu. Die Hollywood-Studios scheinen jetzt einen Superheld*innenfilm nach dem anderen zu produzieren. Während Burke (2015: unsere Übersetzung) dies als „Nach-2000-Trend, der das Hollywood-Kino weiterhin dominiert" beschreibt, hat tatsächlich nicht nur Hollywood zu diesem Trend beigetragen. Es gibt auch Adaptionen, die von anderen internationalen Filmemacher*innenn produziert wurden, wie *Persepolis* oder *Oldboy*, sowie Adaptionen von TV-Serien wie *Smallville*, *The Walking Dead*, *Agents of S.H.I.E.L.D* oder *Jessica Jones*. Obwohl diese Medien auf Basis ihrer Canvases einige sehr unterschiedliche Eigenschaften aufweisen, zeigen sie auch viele Ähnlichkeiten und Überlappungen, die ganz offensichtlich günstige Bedingungen für eine Umsetzung in einem anderen Medium bieten. Das macht es gleichermaßen interessant wie auch herausfordernd, genauer zu untersuchen, was passiert, wenn Effekte, die mit den in einem statischen Medium verfügbaren Zeichenmodalitäten erzeugt werden, in einem dynamischen Medium nachgebildet werden (oder umgekehrt).

Zur Analyse dieser Adaptionen sind mehrere Studien veröffentlicht worden, die bereits in den 1970er Jahren mit einigen Diskussionen (vgl. Lacassin 1972, Barthes 1977), begannen und narratologische und philosophische sowie übersetzungsrelevante und kulturwissenschaftliche Perspektiven beinhalten (vgl. z.B. Christiansen 2000, Wandtke 2007, Gordon, Jancovich & McAllister 2010, Cook 2012, Pratt 2012, Sina 2014). Aus einer multimodalen Perspektive stellen diese Adaptionen einen weiteren interessanten analytischen Aspekt dar, vor allem im Hinblick auf die Übertragung von Bedeutungen von den in einem Medium verfügbaren semiotischen Ressourcen auf die eines anderen Mediums. Auch die weitaus allgemeinere Frage aus dem Transmedialitätskontext, ob verschiedene Medien ähnliche Bedeutungsmechanismen, Prinzipien oder sogar narrative Strukturen aufweisen, ist von besonderem Interesse. Die Diskussionen und Beispiele, die Ludwig (2015) anbietet, sind in dieser Hinsicht besonders nützlich, da er Film- und Comicversionen ausgewählter Szenen aus verschiedenen Werken anspricht und deutlich macht, was sich bei einer Adaption jeweils ändert und was nicht. Solche Vergleiche können natürlich durch eine explizit multimodale Analyse der beteiligten Medien erweitert werden; in der englischen Fassung dieses Buches geben wir einige weitere Hinweise dazu.

Fernsehen

Ein in direkter Nähe zum Film zu betrachtendes Medium ist das Fernsehen – oder besser gesagt das, was früher Fernsehen genannt wurde! Insbesondere mit dem Aufkommen von Serien, die eine ausgedehnte Entwicklung eines einzigen Erzähluniversums über viele ‚Episoden‘ und sogar mehrere Staffeln hinweg thematisieren, ist die Rede davon, dass sich die Art und Weise, wie audiovisuelle Geschichten erzählt werden können, wesentlich ändert. Eine ausführliche Darstellung einiger Auswirkungen dieser medialen Veränderung findet sich in Mittell (2015). Auch anzumerken ist die erhöhte Bereitschaft des Publikums, Zeit und Energie für die Rezeption dieser Serien zu investieren. Ein Teil dieser verstärkten Investitionen seitens der Zuschauer*innen wird besonders in transmedialen Franchise-Angeboten deutlich, in denen der ‚traditionelle‘ Teil der Geschichte vielleicht nur ein kleines Fragment eines inklusiveren Erzähluniversums ist, das in einer Vielzahl von Formen präsentiert wird, für die Webvideos, Blogs, Spielzeuge, Kleidung und weitere Ressourcen genutzt werden. Auch hier ist es wertvoll, multimodal zu betrachten, wie solche medial komplexen Produktionen ihre vielfältigen Beiträge so gestalten, dass sie sinnvollerweise im Erzähluniversum zusammenhängen.

Wenn sich die Grenzen der Medien derart vermischen und aufzulösen scheinen, hat dies auch die praktische Folge, dass die von uns hier für den Film vorgenommenen Beschreibungen gleichermaßen auf diese ähnlichen anderen Medien angewendet werden können. Wir können dies hier nicht im Detail verfolgen, es sollte aber deutlich werden, dass Analysen dieser Art auch für Musik- und Erklärvideos, audiovisuelle Präsentationen (im Unterricht oder in Vorträgen), dynamische Infographiken und viele andere ähnliche Medien aufgegriffen werden können. Alle diese Formen bieten ein reiches Feld für mögliche Forschungsprojekte, die sich auf Aspekte der Multimodalität konzentrieren könnten.

11.6 Zusammenfassung und Ausblick

In diesem Kapitel haben wir betont, wie sehr die Ausdrucksmöglichkeiten des Mediums Film voneinander abhängen: Eigenschaften von Filmsequenzen tragen Bedeutungen nur im Zusammenhang mit den jeweiligen diskursiven Zwecken, die sie verfolgen. Nichtdestotrotz können spezifische Eigenschaften diese Bedeutungen immer ‚verfärben' oder in gewisse Richtungen lenken, besonders wenn sie gehäuft auftreten. Wenn ein Film zum Beispiel überwiegend langsam und mit Grautönen gedreht wird, sind eher traurige oder introspektive Interpretationen wahrscheinlicher. Im Gegensatz dazu wird eine hohe Schnittgeschwindigkeit eher mit Aufregung assoziiert. Einige Forscher*innen versuchen diese Verteilungen von formalen Filmeigenschaften zu nutzen, um solchen ‚atmosphärischen' bzw. emotiven Wirkungen genauer auf die Spur zu kommen (vgl. z.B. Kappelhoff & Müller 2011, Scherer, Greifenstein & Kappelhoff 2014, Schmitt & Greifenstein 2014).

Formale Beschreibungen von Filmen eignen sich auch für Ansätze in den digitalen Geisteswissenschaften, besonders wenn die analysierten Filme selbst formal konstruiert sind. Heftberger (2015) analysiert zum Beispiel die formalen Aspekte von klassischen Filmen wie Dziga Vertovs *Der Mann mit der Kamera* (SU, 1929). Sie schreibt:

> „Für eine formale Untersuchung eignet sich Vertovs Werk deshalb besonders gut, weil der Regisseur seine politischen Botschaften und künstlerischen Ideen in formalen Verfahren wie Einstellungslänge, Einstellungsgröße, Bildkomposition oder Bewegungsintensität konzipierte." (Heftberger 2015: 231)

Die meisten Filme operieren aber anders und drücken trotzdem politische und ideologische Positionen aus – hier wird eine Betrachtung auf der diskursiven Ebene unvermeidbar.

Ein weiterer *multimodaler Mehrwert* solcher Analysen, die konsequent eine Brücke zwischen formalen Eigenschaften und Interpretationen zu schlagen versuchen, ist die verstärkte Orientierung zur Empirie bzw. empirischen Verfahren. Auf Grundlage präziser Transkriptionen der in einem Film oder in einer Filmsequenz verwendeten Ausdrucksressourcen und in Verbindung mit der Analyse größerer Diskursstrukturen kann ein breiteres Spektrum an kontrastierenden Stimuli für experimentelle Studien erlangt werden. Solche Untersuchungen eröffnen eine Reihe weiterer Fragen, was genau im physikalischen Medium die eine oder andere Art von Effekt auslöst. Empirie

Andere empirische Methoden, die immer mehr Anwendung bei Film und anderen audiovisuellen bewegten Medien finden, schließen die des Eyetracking ein (vgl. unser Methodenkapitel). Inzwischen gibt es eine beachtliche Anzahl von Arbeiten, die sich damit befassen, wie die Aufmerksamkeit in vielen Arten von audiovisuellen Materialien (u.a. auch in narrativen Filmen) gelenkt wird. Die bisherigen Ergebnisse sind faszinierend und zeigen, dass audiovisuelle Medien in ihrer Aufmerksamkeitslenkung äußerst Eyetracking effektiv sind (vgl. Smith 2012, Loschky u. a. 2015). Auch für wissenschaftliche Vorträge (vgl. Bucher, Krieg & Niemann 2010), TV-Werbespots (vgl. Schneider & Stöckl 2011) und ähnliche Artefakte gibt es jetzt viele überzeugende und spannende Ergebnisse dieser Art.

wieder Triangulation

Schließlich können wir auch Medienvergleiche empirisch unternehmen. Während der Blick aus einem einzelnen Medium heraus noch eine Reihe möglicher Beschreibungen oder Erklärungen offen lassen mag, kann eine medienübergreifende Gegenüberstellung einen produktiven zusätzlichen Standpunkt bieten, der es erlaubt, jedes Medium und seine spezifischen Wege für besondere kommunikative Herausforderungen im Licht anderer Medien zu sehen. Diese methodische Vorgehensweise wird (in Analogie zur Berechnung von Entfernungen durch die Messung von Winkeln aus verschiedenen Positionen) als theoretische sowie methodologische *Triangulation* bezeichnet (→ §5.1 [S. 173]). Stellen Sie sich vor, unsere empirischen Studien hätten gezeigt, dass ein bestimmter Punkt innerhalb einer Filmszene eine besonders starke Reaktion bei den Zuschauer*innen hervorruft. Wir können dann fragen, ob bei Leser*innen an der entsprechenden Stelle ein ähnlicher ‚Peak' auftritt, wenn sie eine comicbasierte Version der gleichen Szene lesen. Mit Hilfe detaillierter multimodaler Transkriptionen können wir versuchen, *genau zu bestimmen*, welche Wirkung jeweils vorliegt. Experimente dieser Art werden sicherlich zu neuen Erkenntnissen über die Funktionsweise von Multimodalität als auch der betroffenen Medien führen. Auch hier gibt es viel zu tun!

Fallstudien 5: räumlich-zeitlich interaktive Situationen

12 Computer- und Videospiele

In diesem Kapitel richten wir unser Augenmerk auf Computer- und Videospiele. Diese werden schon seit langem und für sich genommen im Bereich der *Game Studies* untersucht, aber nun auch immer mehr in Bereichen diskutiert und analysiert, die sich explizit mit einer multimodalen Analyse beschäftigen. In der Einleitung zu seinem Buch ‚Unified Discourse Analysis', das sich mit einem diskursanalytischen Zugang zu unterschiedlichen Medien und eben auch Videospielen auseinandersetzt, stellt Gee (2015: 1) zum Beispiel fest, dass die Game Studies kein großes Interesse an einem solchen Zugang und damit zu Spielen als Kommunikationsform gezeigt haben. Ebenso sei das Interesse der Diskursanalyse an Computerspielen gleichermaßen eher begrenzt. Allerdings scheint dieses Interesse – auch Gee zufolge – in jüngster Zeit deutlich zu wachsen und wir können zum Beispiel vermehrt beoachten, dass Monographien zum Thema erscheinen, die einen explizit multimodalen Fokus einnehmen (vgl. Stertkamp 2017, Toh 2018, Hawreliak 2019). Dies stellt einen wertvollen Ausgangspunkt für unsere eigene Auseinandersetzung mit Computer- und Videospielen in diesem Kapitel dar.

Welche Perspektive?

Ähnlich wie in den anderen Fallstudien schlagen wir auch hier vor, uns dieser Spiele aus einer klaren analytischen Perspektive anzunähern, wie es auch Gee und andere tun. Besonders mit Blick auf den breiten Kontext der Game Studies, in dem Aspekte rund um Multimodalität auch aus Sicht der Mensch-Computer-Interaktion betrachtet werden, ist dies besonders vorteilhaft, weil eine solche Perspektive sich auf die verschiedene Sinne konzentriert, die für den In- und Output auf und mit den jeweiligen Geräten und Schnittstellen eingesetzt werden (vgl. Deng u. a. 2014). Alternativ kann das Thema Multimodalität aus einer Perspektive diskutiert werden, die unserem Ansatz in diesem Buch näher kommt und die Medien, Zeichenmodalitäten und Genres untersucht, die in den Spielen eingesetzt werden (vgl. Dunne 2014, Toh 2018). Um beiden Perspektiven und den jeweiligen Forschungsinteressen gerecht zu werden, sehen wir einen besonderen Vorteil darin, die kommunikativen Situationen, die mit dem Prozess des *Spielens* an sich verbunden bzw. darin repräsentiert sind, auseinander zu nehmen.

12.1 Forschungsüberblick

Da Computer- und Videospiele in der multimodalen Forschungslandschaft gerade erst vermehrt Aufmerksamkeit erlangen – zumindest im Vergleich zu einigen anderen, sehr beliebten Artefakten und Darbietungen wie Filme oder Webseiten –, sind die bisherigen Arbeiten schnell zusammengefasst. Einen aktuellen Überblick geben z.B. Wildfeuer & Stamenković (2020), wir werden hier vor allem auf einzelne Auseinandersetzungen eingehen, die sich explizit mit der Multimodalität von Computerspielen beschäftigen, und die theoretischen und praktischen Elemente aus dem Bereich der

DOI: https://doi.org/10.1515/9783110495935-012

Game Studies hervorheben, die sich in diesen Ansätzen wiederfinden lassen. Dabei bleibt es ein langfristiges Unternehmen, das noch begrenzte Spektrum an Arbeiten aus der multimodalen Forschung mit solchen aus dem bereits etablierten Feld der Game Studies zusammen zu bringen.

Erste wichtige Versuche zur Anwendung multimodal-analytischer Instrumentarien auf Computer- und Videospiele finden sich in einzelnen Beiträgen in Einführungs- und Handbüchern, die ein breites Spektrum an Medienanalysen abzudecken versuchen, z.B. in David Machin und Theo van Leeuwens ‚Global Media Discourse: A Critical Introduction' (vgl. Machin & van Leeuwen 2007: 74–104) oder in Kevin Leander und Lalitha Vasudevans Beitrag in Jewitt (2009) zur ‚mobile culture', der das Online-Spiel *Star Wars Galaxies* (2003) diskutiert, während Ivarsson, Linderoth & Säljö (2009) sich mit Blick auf das Design von Computerspielen auf Interaktionen in interaktiven Spielen konzentrieren. Während diese kleineren Analysen sich mit einzelnen Details der multimodalen Komplexität von Computerspielen beschäftigen, nehmen explizit multimodal-theoretische bzw. praktisch-analytische Herangehensweisen die Gesamtheit dieser Details in den Blick.

Interface

Mit Blick auf die Spieloberfäche bzw. das *Interface* als sehr offensichtliche Art der Kommunikation mit dem Spiel diskutiert zum Beispiel Kristine Jørgensen (2013) die signifikanten Elemente, die in der Spielwelt selbst zu finden sind und mit den traditionellen WIMP-Funktionen (engl. WIMP = Windows, Icons, Menus, Pointer; dt.: Fenster, Symbole, Menüs, Zeiger) einhergehen. Zu diesen Elementen gehören Farbschemata, Animationen, Zeichnungen, verschiedene Objekte und interaktive Elemente, die ludische Aktivitäten auslösen bzw. möglich machen. Eine Schnittstelle bzw. ein Interface innerhalb einer Spielwelt ist damit ein Informationssystem multimodaler Bedeutungskonstruktion, das von den Spielenden durch ihre spielerische Aktivtät erlebt wird. Diese Herangehensweise ähnelt bereits sehr stark der von uns hier fokussierten Perspektive auf die kommunikativen Situationen in einem Spiel und berücksichtigt alle Arten von Zeichenmodalitäten. Der Ansatz, Spielwelten als virtuelle Umgebungen mit mehreren Bedeutungsstufen zu beschreiben, ist somit ein wichtiger Anknüpfungspunkt für unsere multimodalen Analysen und auch der von Jørgensen (2013) eingenommene Blick auf den Prozess der Bedeutungskonstruktion lässt eine Erweiterung des analytischen Fokus auf alle im Prozess des Spielens enthaltenen Elemente zu.

Ähnlich ambitioniert holistisch geht auch Hawreliak (2019: 45–79) in seinem Buch ‚Multimodal Semiotics and Rhetorics in Videogames' vor, wenn er neben den Zeichenmodalitäten Text, Bild, Sound drei weitere Elemente als Zeichenmodalitäten hervorhebt: haptisches Feedback, räumliches Empfinden (Propriozeption) und Gesten. Die Funktionsweise dieser Modalitäten stellt der Autor mit einer Analyse mehrerer Computerspiele dar, indem er für jede Modalität Beispiele gibt und mögliche Bedeutungen bzw. Auswirkungen diskutiert. Diese qualitative Herangehensweise leistet noch keine empirisch-tragbare Überprüfung des Status dieser Zeichenmodalitäten, wie wir sie in diesem Buch fordern, allerdings bietet die theoretisch-methodologische Herangehensweise eine erste Grundlage zur näheren Untersuchung einer größeren Menge dieser Modalitäten.

Ein separates Kapitel widmet Hawreliak dem Konzept der *Prozeduralität* (engl. ‚procedurality'), das ihm zufolge eine weitere (Zeichen-)Modalität darstellt, weil es zu den medienspezifischen Affordanzen von Computermedien gehört und deswegen in jede semiotische Analyse miteinbezogen werden muss. Der Autor beruft sich dabei auf verschiedene Zugänge zum Konzept der Prozeduralität in den Game Studies (vgl. z.B. Murray 1997, Bogost 2007), die Prozeduralität vor allem als prozedurales Schreiben und Erzeugen eines Computerspielcodes sehen, bei dem Regeln durchgesetzt werden, um eine bestimmte Repräsentation zu erzeugen anstatt die Repräsentation selbst zu erstellen. Das jeweilige Programm bzw. die Anwendung stellt also etwas dar, indem virtuelle Prozesse reale Prozesse repräsentieren (vgl. Bogost 2007: 9). Ian Bogost kommt in seinen Ausfürungen deswegen zu dem Schluss, dass Prozeduralität ein "core representational mode" (Bogost 2007: 36) darstellt. Hawreliak überträgt diese Festlegung ohne kritische Auseinandersetzung unmittelbar auf das Konzept der Zeichenmodalität, was wir jedoch äußerst kritisch betrachten. Prozeduralität

Entsprechend unserer Definition von Zeichenmodalitäten (vgl. Kapitel 4) ist Prozeduralität selbst keine materielle Erscheinung in spezifischer Form, die eine eigene Diskurssemantik mit sich bringt, und kann so nicht hinreichend als Zeichenmodalität bestimmt werden! Stattdessen kann sie lediglich eine Funktion oder Repräsentation innerhalb eines Computerspiels sein, die durch Zeichenmodalitäten instantiiert und durch die jeweiligen Affordanzen, die wir sehen, hören oder fühlen können, erlebbar gemacht wird. Hier kommt vielmehr das Konzept der *partizipatorischen Multimodalität* ins Spiel, das in medienwissenschaftlichen Auseinandersetzungen neben dem in diesem Buch vornehmlich behandelten semiotischen Verständnis von Multimodalität Aufmerksamkeit erlangt. Dieses Konzept stellt ganz konkret Prozesse situierten Spielens in den Vordergrund und ermöglicht so „Zugriff auf relationale Existenzweisen medialer Konfigurationen, die anhand konkreter, situierter Gebräuche bestimmt und analysiert werden können" (Sachs-Hombach u. a. 2018: 19). Eine solche Perspektive kann dann auch Prozeduralität als eine Existenzweise medialer Konfigurationen behandeln, ohne dass ihr direkte semiotische Eigenschaften zugeschrieben werden.

partizipatorische Multimodalität

Einen Fokus auf partizipatorischer Multimodalität verfolgt auch Weimin Toh in seiner Monographie ‚A Multimodal Approach to Video Games and the Player Experience' von 2018. Der Autor entwickelt darin ein qualitativ-exploratives sowie zugleich auf empirischen Studien beruhendes ‚ludo-narratives Modell', das das Spielerlebnis in den Vordergrund stellt und sich auf "the implied ‚whole' of every video game" bezieht (Toh 2018: 2). Entsprechend verfolgt er mit multimodal-semiotischen Analysen von "the gameplay (ludo), the story (narrative), and the player" (Toh 2018: 2) das Ziel, die ludonarrativen Beziehungen zwischen den einzelnen Elementen eines Computerspiels zu beleuchten und so die Beziehung zwischen der im Spiel erzählten Geschichte und dem Spiel bzw. den Spielerhandlungen darzustellen. Letztere sind dabei als multimodale Module definiert, die Einheiten und Zeichenmodalitäten beinhalten (Toh 2018: 22), für die allgemeine semiotische Prinzipien aus dem Multimodalitätskontext (z.B. nach Stöckl 2004) gelten. Mithilfe multimodaler Diskursanalysen werden diese semiotischen Prinzipien qualitativ auf unterschiedliche Computerspielszenen angewendet.

Einen stärkeren Blick auf Computerspiele als multimodale Artefakte in kommunikativen Situationen nimmt Wolf Stertkamp ein, der die Komplexität und Mehrdimensionalität des Artefakts als „Kommunikationsgefüge“ bezeichnet, das

> „unterschiedliche Interaktionsräume eröffnet, in denen verschiedene spielbezogene Kommunikationshandlungen vollzogen werden, die sich im weiten pragmatischen Spektrum zwischen der Produktion sprach- und ausdrucksökonomischer Beiträge und der (tendenziell gegenläufigen) Ästhetisierung des Ausdrucks bewegen“ (Stertkamp 2017: 8).

In der weiteren Auseinandersetzung beschäftigt sich der Autor vornehmlich mit so genannten MMORGP (Massively Multiplayer Online Role-Playing Games; dt.: ‚Massen-Mehrspieler-Online-Rollenspiele‘), für die er drei Kommunikationsformen hervorhebt, die es in einer multimodalen Analyse zu berücksichtigen gilt: den textbasierten Spielchat, die Spielegraphik und das VoIP (Voice over Internet Protocol) als Internettelefonie zur Kommunikation der Spielenden untereinander (vgl. Stertkamp 2017: 9). Weitere Kommunikationsformen oder Zeichenmodalitäten wie Sound oder Animation bleiben außen vor, allerdings betont Stertkamp immer wieder, dass die jeweiligen Kommunikationsformen nicht separat, sondern immer mit Blick auf ihre Rolle im multimodalen Gefüge betrachtet werden müssen (vgl. Stertkamp 2017: 106).

Bevor wir uns nun diesem Gefüge in allen Details widmen, müssen wir einen Vorbehalt aussprechen, der für alle erwähnten Auseinandersetzungen gilt: Das Medium Buch schränkt unsere Fähigkeit ein, alle Details eines Computer- oder Videospiels und der jeweiligen Spielprozesse darzustellen. So beruhen die Darstellungen einzelner Computerspielszenen in Toh (2018) und Hawreliak (2019) zum Beispiel größtenteils auf verbalen Beschreibungen der Autoren und zeigen nur wenige Abbildungen mit Screenshots der jeweiligen Szenen im Spiel. Wir haben auf das Problem der Transkription solch komplexer Artefakte bzw. Darbietungen ausführlich in Kapitel 5 hingewiesen und müssen auch in unserer Analyse selbst auf diese einschränkenden Darstellungsweisen zurückgreifen.

Let's Plays

Um einen besseren Eindruck von ihrer Multimodalität zu bekommen, empfehlen wir Ihnen jedoch, sich Videos und Aufnahmen von Spielenden anzuschauen, die auf vielen Videoplattformen bereit gestellt werden und das Spielen eines Computer- oder Videospiels näher bringen. Noch besser ist es natürlich, einige Spiele selbst zu spielen, da die Aktivität des Spielens immer subjektiv und in einen spezifischen Kontext eingebettet ist und daher am besten aus erster Hand selbst erlebt werden sollte (vgl. Stenros 2015). Eine weitere spezifische Möglichkeit des Erlebens bieten so genannte *Let's Plays* (vgl. Marx & Schmidt 2019, Schmidt & Marx 2019):

> „Bei diesem in kürzester Zeit sehr populär gewordenen Genre handelt es sich um vorgeführtes und sprachlich sowie mimisch kommentiertes Computerspielen, das mittels Screencast-Tools

aufgenommen und auf Videoportalen wie YouTube oder Twitch hochgeladen (bzw. gestreamt) wird." (Marx & Schmidt 2019: 319).

Konstanze Marx und Axel Schmidt heben insbesondere das „fortwährende *accountable*-Machen des Spielgeschehens durch die Spielenden selbst" hervor, das die Interaktvität des Videospiels „stellvertretend erlebbar" macht (Marx & Schmidt 2019: 320–321).

Aus multimodaler Perspektive stellen Let's Plays eine noch einmal komplexere kommunikative Situation dar, weil zusätzlich zum Spiel selbst dieses Spielen aufgezeichnet und kommentiert wird und so weitere Zeichenmodalitäten bzw. kommunikativen Handlungen hinzukommen, so dass ein „reflexiv aufeinander bezogenes Gesamtgeschehen" (Marx & Schmidt 2019: 321) entsteht. Eine multimodal-analytische Untersuchung dieser komplexen Darbietung nehmen Marx und Schmidt vornehmlich aus einer ethmomethodologisch-konversationsanalytischen sowie multimodal-interaktionsanalytischen Perspektive vor und folgen damit zum Beispiel den auch von uns in Kapitel 5 und 8 erwähnten Arbeiten von Deppermann (2018) und Mondada (2008).

In der folgenden Beispielanalyse werden wir uns darauf konzentrieren, die multimodalen Grundlagen von Computer- und Videospielen zu beleuchten und zu zeigen, wie man analytische Kontrolle über diese räumlich-zeitlichen und interaktiven Medien erhalten kann. Wir werden uns also nicht mit den umfangreichen Debatten innerhalb der Game Studies über die Natur oder Narrativität von Computerspielen beschfäftigen, sondern verweisen dafür zum Beispiel auf Aarseth (1997), Wolf (2001), Wardrip-Fruin & Harrigan (2004), Carr u. a. (2006). In der englischen Version dieses Studienbuchs gehen wir auf zwei verschiedene Arten von Computer- und Videospielen ein: rundenbasierte Strategiespiele sowie Echtzeit-Actionspiele aus der Ego-Perspektive (vgl. Bateman, Wildfeuer & Hiippala 2017: Kap. 17); letztere stehen auch im Vordergrund der folgenden Auseinandersetzung.

12.2 Beispielanalyse

Mit der folgenden handlungspraktischen Analyse wollen wir versuchen, die unterschiedlichen Blickwinkel multimodaler Computerspielanalyse, die wir im vorangegangenen Abschnitt dargestellt haben, an einem Beispiel nachzuvollziehen und Parallelen und Berührungspunkte zwischen den unterschiedlichen Ansätzen hervorzuheben. Hierfür wählen wir das Computerspiel *Grand Theft Auto V* (GTA V; Rockstar North 2013), das unserer Meinung nach besonders reich an multimodaler Komplexität ist, da es unterschiedliche Spielebenen mit jeweils spezifischen Spieldesigns miteinander vereint.

Grand Theft Auto V ist ein Action-Adventure-Spiel, in dem die Spielenden zwischen drei Hauptprotagonisten wechseln, eine offene Welt, die der Region Südkaliforniens ähnelt, frei erkunden und Missionen erfüllen können. Nicht nur, aber häufig wird das Spiel durch regelmässige Schießereien dynamisch gestaltet und vorangetrieben. Ausserdem können die Spielenden sich in einer Reihe von Nebenmissionen engagieren und mit Aktivitäten wie Golf, Darts oder Tennis beschäftigen. Jede dieser Tätigkeiten bringt ihre eigenen Regeln und Strukturen mit und ist multimodal spezifisch gestaltet, z.B. durch den Einsatz bestimmter Farben, Töne, Szenerien, etc.

Die kommunikative Situation, die wir für unsere Analyse zugrunde legen, ist demnach die komplexe Umgebung, in der ein oder auch mehrere Spielende das Spiel vor einem Computerbildschirm sitzend spielen. Der Computer ist dabei das Medium, das das Spielen möglich macht, die Spielenden sind aktive Teilnehmende an der Situation und am Spiel. Das so entstehende Kommunikationsgefüge beinhaltet unterschiedliche Interaktionsebenen: die Interaktion der Spielenden mit dem Medium allgemein und spezifischer dem Spiel, die Interaktion der Spielenden untereinander sowie die Interaktion der Einheiten im Spiel selbst. Alle diese Interaktionsebenen können ein Canvas für unsere Analyse sein – je nach konkreter Fragestellung.

Da wir für die folgende Analyse aber nicht, wie zum Beispiel denkbar, auf eine Aufnahme oder Transkription des Spielens und damit eines Zusammenspiels aller dieser Ebenen in einem konkreten Spielablauf zurückgreifen können, werden wir uns auf die Ebene des Spiels selbst konzentrieren und uns genauer mit den darin vorhanden und in Interaktion tretenden Zeichenmodalitäten und den daraus resultieren Handlungsmöglichkeiten befassen. Zwar zielt eine multimodale Analyse auch immer darauf ab, diese hypothetisch im Hinblick auf eine mögliche Rezeption und Interpretation durch die Spielenden zu untersuchen, allerdings bräuchten wir für zuverlässige Aussagen darüber empirisch-tragbare Ergebnisse rezeptionsorientierter Untersuchungen wie zum Beispiel Eyetracking oder die Messung von Körperreaktionen wie Herzschlag, Hirnbewegungen, etc. (vgl. Kapitel 5).

ergodische Arbeit

Wir beginnen die Analyse mit einem Blick auf das materielle Medium bzw. auf die Materialität der Spielwelt, um unseren gewählten Canvas mit den von uns bereitgestellten Beschreibungskategorien näher zu beschreiben: nämlich als einen räumlich-zeitlichen, zweidimensionalen Canvas, der vom Computerspiel als Medium bereitgestellt wird. Innerhalb dieses Mediums begegnen die Spielenden einem weiteren Subcanvas, dem Hauptspielcanvas, der eine 3D-Umgebung simuliert, in die die Spielenden immersiv eintauchen sollen, um sich in der offenen Welt des Spiels zu bewegen (vgl. 12.1). Dieser Hauptspielcanvas wird begleitet von einem überwiegend diegetischem Soundstream, der die Simulation einer Real-Life-Umgebung unterstützen soll und den wir als einen weiteren Subcanvas für unsere Analyse festlegen können. Der Subcanvas legt die veränderbare ergodische Art des Computerspiels (vgl. Kapitel 7) vollständig dar: Die Spielenden müssen sich ihren Weg durch die Welt suchen, um im Spiel voranzuschreiten; und nicht nur die dargestellte Geschichte, sondern auch die Spielwelt ändern sich aufgrund der jeweiligen Handlungen der Spielenden (manchmal sogar in besonderem Maße). Die ergodische Arbeit, die hier erforderlich ist, verteilt sich also auf unterschiedliche Subcanvases, die ineinander verschachtelt sind. Im Rückgriff auf ein konkretes Spieltranskript könnte an dieser Stelle dann eine genauere Analyse

Abb. 12.1. Screenshot (entsättigt) aus dem Computerspiel Grand Theft Auto V mit unterschiedlichen Interface-Elementen, rechts das Mobiltelefon-Feature

der ludo-narrativen Erfahrungen der Spielenden in Bezug auf bzw. in Wechselwirkung mit den unterschiedlichen Modalitäten erfolgen.

Die simulierte 3D-Umgebung arbeitet außerdem mit dynamischen Hervorhebungen, die in der Spielwelt verteilt sind (und so Teile der Interface-Aktivitäten in die Welt selbst übertragen) und die es den Spielenden möglich macht, die spezifischen Stellen zu identifizieren, an denen sie durch die erzählte Handlung Fortschritte machen können, zwischen den einzelnen Spielmodifikationen zu wechseln oder sich in weiteren Aktivitäten und Mini-Spielen zu engagieren. So gestalten sich für die Analyse Anknüpfungspunkte zum Konzept der Prozeduralität und es wird interessant zu hinterfragen, inwiefern die einzelnen Hervorhebungen die Spieler*innen davon überzeugen, gewisse Aktivitäten auszuführen bzw. zu favorisieren.

Wie oft in Computerspielen der Fall liegt über dem Hauptcanvas auch in unserem Beispiel ein zweidimensionales User Interface mit weiteren Details: (1) eine mehr oder weniger dauerhafte Karte in der unteren linken Ecke mit drei Balkendiagrammen, die den Status der Spielenden anzeigt (Gesundheit/Fitness, Bewaffnung sowie spezielle Skills oder Konditionen); (2) ein nur temporär sichtbares Feld im unteren rechten Bereich, das den Ort und die Auswahl der jeweiligen Figur anzeigt und jeweils dann erscheint, wenn sich eines dieser Details ändert; (3) spezifische Hinweise, die im oberen linken Bereich erscheinen; sowie (4) Angaben im oberen rechten Bereich, die die Menge der Munition und den ‚Gesuchtgrad' spezifieren; letzterer informiert die Spielenden darüber, in welchem Maße sie gerade von der Polizei gesucht werden und wie stark der Polizeieinsatz diesbezüglich ist.

Im Wesentlichen handelt es sich hier um verschiedene Arten von Objekten, die mit den 2D-Canvases auf dem Bildschirm synchronisiert werden: Zum einen sind dies Ereignisse, die sich auf Ereignisse in der Welt beziehen, die in der virtuellen 3D-Umgebung dargestellt werden (das Fahren oder Laufen durch eine bestimmte Landschaft oder Umgebung, die zusätzlich in Form einer Karte dargestellt wird); zum anderen sind dies Ereignisse, die ihren Ursprung auf dem Interface haben (z.B. die spezifischen Hinweise und Instruktionen, wie weiter vorzugehen ist). Auch Elemente auf der Soundebene lassen sich so unterscheiden und wir können untersuchen, wie sich die semiotische Arbeit der Spielenden zwischen der 3D-Umgebung und dem auf dem 2D-Canvas realisierten Interface aufteilt.

darstellende Medien im Spiel

Indem das Spiel ein anderes darstellendes Medium aufruft, nämlich das Mobiltelefon mit seinen eigenen Zeichenmodalitäten und Darstellungsebenen, werden Äußerungen auf einem Informationsdisplay in geschriebener Sprache und in Piktogrammen oder Bildern wiedergeben. Die Darstellung eines solchen Mediums beinhaltet dann auch die gesamte Bandbreite von Synchronisierungsakten, die in der jeweiligen kommunikativen Situation möglich oder erforderlich sind. Wichtig zu verstehen ist dabei, dass die Spielenden die entsprechende ergodische Arbeit leisten müssen, um das dargestellte Medium zu verstehen. Sie müssen die durch die visuellen Elemente präsentierten Inhalte mit den Soundelementen, die synchron zur Einblendung des Mobiltelefons eingesetzt werden, kombinieren und dabei nachvollziehen, dass diese Soundelemente genau diesem Canvas zuzuordnen sind. Durch diese ergodische Arbeit wird wahrscheinlich das immersive Gefühl des Eintauchens in die in der 3D-Umgebung dargestellte Welt verstärkt. Auch dies ist eine Hypothese, die wir mithilfe empirischer Methoden überprüfen können.

Mit Blick auf die Handlungen, die mit und auf dem Hauptcanvas möglich sind, sowie auf die Informationen, die durch das User Interface zur Verfügung gestellt werden, werden auch die Verfahren, Regeln und Einschränkungen innerhalb des gesamten Spieldesigns deutlich. Die unterschiedlichen Level des Spiels werden jeweils verschiedene Kombinationen der simulierten 3D-Umgebung mit den Interface-Einzelheiten bereitstellen. Wenn die Spielenden sich also dafür entscheiden, Tennis zu spielen, wird sich das Spiel in ein Tennissimulationsspiel verwandeln und die Sicht auf den Bildschirm wird einer Situation ähneln, in der man zum Beispiel ein Tennisspiel im Fernsehen verfolgt. Wenn die Spielenden ein Fahrzeug benutzen, wird der dabei möglicherweise ausgewählte Radiosender mit Musik, Werbung und Ankündigungen dem bereits sehr umfangreichen kommunikativen Kontext ein ganz neues Level semiotischer Komplexität hinzufügen, das auf Ebene eines weiteren Subcanvases untersucht werden kann. Dies gilt auch für das in Abbildung 12.1 sichtbare Mobiltelefon-Feature mit den ihm eigenen Piktogrammen, den Tönen bzw. dem eigenen kleinen Interface, die alle zur Veränderbarkeit des Spiels beitragen und es den Spielenden ermöglicht, mit dem dem Spiel inhärenten Internet zu interagieren. Hier wäre es interessant, die unterschiedlichen Signifikationsebenen der jeweiligen Spielwelten näher zu klassifizieren, wie Jørgensen (2013) dies in ihren Arbeiten verfolgt.

Für die von uns gewählte kommunikative Ausgangssituation können wir festhalten, dass unterschiedliche kommunikative Situationen ineinander verschachtelt sind, in denen die Spielenden als aktivierte und involvierte Teilnehmende viele verschiedene ergodische Aktivitäten über unterschiedliche Subcanvases des Spiels hinweg verfolgen, die wiederum den jeweils spezifischen Regeln dieser Canvases folgen. Auf allen Ebenen sind komplexe Fragestellungen sowohl zur fortschreitenden Handlung als auch zum dynamischen Spiel selbst möglich, die durch eine multimodale Analyse und die von uns in diesem Beitrag skizzierten Perspektiven detailliert verfolgt werden können. Für GTA V gilt dies vor allem auf einer qualitativ-methodischen Ebene, auf der es interessant wird, konkrete Prozesse und Spieler*innenhandlungen nachzuvollziehen und systematisch zu beschreiben.

Genre

Viele der zur Verfügung stehenden Beschreibungsinstrumentarien und Analyseansätze eignen sich aber ebenso für die Untersuchung größerer Datenmengen auf einer stärker empirisch ausgerichteten Ebene, für die beispielsweise ein Zugriff auf eine Menge von zeitlich und räumlich organisierten Spielfeldabbildungen denkbar ist. So könnte dann zum Beispiel für das gesamte Spiel ein semiotisches Repositorium aller Zeichenmodalitäten erstellt werden, die in den jeweiligen Missionen des Spiels eine spezifische Funktion einnehmen und so unter anderem auch das Genre des Spiels konstruieren. Mit Blick auf ähnliche Spiele dieses Genres oder aber im direkten Vergleich zu anderen Genres ließe sich dann durch eine solche korpusbasierte Analyse mehr darüber herausfinden, wie unterschiedliche Zeichenmodalitäten diese Genres charakterisieren und voneinander abgrenzen. Tatsächlich ist das Konzept von Genre innerhalb der Computerspielforschung noch unterrepräsentiert oder sogar "incredibly undertheorised" (Voorhees 2009: 263). Wie wir hier darlegen, könnte also eine Analyse der Spielcanvases und ihrer Zeichenmodalitäten sowie eine genauere Überprüfung ihrer Interaktionen und Wechselwirkungen den Grundstein für empirisch fundiertere Kategorien von Spielgenres legen (vgl. auch Elverdam & Aarseth 2007).

12.3 Zusammenfassung

Wie in den anderen Anwendungsbeispielen zuvor konnten wir auch mit der hier vorgenommenen Analyse erneut die Komplexität multimodaler Artefakte hervorheben, die bei Computer- und Videospielen ähnlich hoch ist wie zum Beispiel bei Filmen oder in der Face-to-Face-Interaktion. Eine multimodale Analyse aller Einzelheiten eines Computerspiels kann nicht nur die unterschiedlichsten darstellenden Medien herausarbeiten, die in einem Spiel zur Anwendung kommen können, wie z.B. die variierenden Anzeigen in *Grand Theft Auto V* und den anderen Versionen dieser Spielserie, sondern sie kann auch den signifikant hohen Aufwand an ergodischer Arbeit sichtbar machen, der im Zuge des Spiels notwendig wird, um aus den unterschiedlichen Zeichenmodalitäten Bedeutung zu konstruieren.

Da die multimodale Computerspielanalyse sich auf beiden Ebenen beständig weiterentwickelt, sind neue und präzise weiterentwickelte Instrumentarien zu erwarten, die den Bereich der Game Studies um wertvolle Perspektiven erweitern und Potenzial für umfangreiche Analysen schaffen werden. Wie wir dargestellt haben, ist das gemeinsame Ziel dieser Unternehmungen, das raum-zeitliche und interaktive Medium Computerspiel analytisch kontrollieren zu können. Sowohl aus Sicht der Multimodalitätsforschung als auch aus einer medien- und sprachwissenschaftlichen Perspektive ist dies ein entscheidender Schritt, um die Spezifika dieses Mediums herauszuarbeiten, wie Carr festhält: "adapting theory for games analysis involves considering how games differ from other media forms" (Carr 2014: 505).[1]

1 „Die Anpassung von Theorie an Spielanalyse muss auch berücksichtigen, inwiefern sich Spiele von anderen Medienformen unterscheiden." (Carr 2014: 505; eigene Übersetzung).

13 Schlusswort: Legen Sie los!

In diesem letzten Kapitel werden wir unsere Diskussionen zu einem vorläufigen Abschluss bringen und Ihnen einige Hinweise mit auf den Weg geben, wie wir unsere multimodalen Analysen in Forschung und Praxis weiterführen können. Vor allem in den einleitenden Kapiteln zu Beginn des Buchs haben wir gesehen, dass das Thema Multimodalität sich in einer sehr breiten und vielfältigen Palette von Disziplinen ansiedelt, die sich mit Kommunikation ganz allgemein beschäftigen. Wir haben allerdings auch gesehen, dass sich diese Diversität der Ansätze bisher nicht zu einer breiteren Arbeitspraxis mit etablierten Methoden und Paradigmen zusammengeschlossen hat. Etwas detaillierter stellen wir diese Problematik in Wildfeuer u. a. (2019) dar und heben hervor, dass es stärkerer disziplinärer Bemühungen bedarf, um multimodale Forschung erfolgreich und systematisch voranzutreiben.

Die zentralen Kapitel unseres Buches haben genau diese Funktion: sie sollen eine solidere Grundlage schaffen für ein echtes ‚Forschungsfeld' bzw. vielleicht sogar eine *Disziplin* Multimodalität (vgl. noch einmal Wildfeuer u. a. 2019). Die Fallstudien im letzten Teil unseres Buches veranschaulichen dann, wie ein solch solider und breiter Rahmen für multimodale Analysen uns helfen kann, komplexe Kommunikationssituationen systematisch zu organisieren und dabei sicher zu stellen, dass die Ergebnisse auf andere Beispiele übertragen und wiederverwendet werden können. Natürlich müssen dafür jeweils die Besonderheiten der einzelnen Zeichenmodalitäten, Medien und kommunikativen Situationen berücksichtigt werden.

13.1 Welche Erkenntnisse haben wir gewonnen?

Lassen Sie uns im Folgenden die wichtigsten Erkenntnisse zusammenfassen, die wir in der Arbeit mit diesem Buch gewonnen haben. Diese sollen nicht nur eine Anleitung geben für Ihre ganz individuellen praktischen Studien und Analysen, sondern uns allen auch einen allgemeineren Ansatz bieten zur Lösung der vielen unterschiedlichen Aufgaben und Herausforderungen, die Multimodalität in all ihren Ausmaßen mit sich bringt.

Zusammenarbeit ist wichtig!

Zunächst ist es gut und wichtig, noch einmal zu betonen, dass multimodale Forschung und ihre Analysen aus unserer Sicht *grundsätzlich kollaborative Unternehmungen* sind. Das bedeutet, dass wir in unseren Zielen und Fragestellungen nie nur auf uns selbst gestellt sind, sondern auch mit dem arbeiten sollen und können, was bereits in einem oder mehreren der vielen Bereiche geleistet wurde, mit denen multimodale Forschung zwangsläufig in Kontakt kommt. Dies hat weitere, sehr praktische und methodische Konsequenzen: Am wichtigsten ist vielleicht, dass man *alle Versuche, das Rad neu zu erfinden, vermeiden* sollte. Die Begeisterung für ein neues Studiengebiet und die sich oft daran anschließende Eile, sich weiter mit diesem Gebiet auseinander

DOI: https://doi.org/10.1515/9783110495935-013

zu setzen, kann zu übereilten Erkenntnissen führen, die nur selten ein ausreichendes Verständnis des gesamten Kontextes mit sich bringen und oft vor allem empirische Ergebnisse noch gar nicht mit einschließen. Wir haben deswegen versucht, den Wert eines empirisch fundierten Wissens gegenüber vorläufig aufgestellten Hypothesen und Ideen, die vornehmlich auf theoretischen Annahmen beruhen, hervorzuheben.

Allgemeiner und vor allem methodisch betrachtet ähnelt die Situation gelegentlich dem, was David Machin einmal in Bezug auf das wachsende Interesse an visueller Kommunikation beobachtet hat:

> "As it happens in other fields where a 'new' realm of investigation is 'discovered' it can then herald a new flurry of activity that can, to those outside looking in, appear rather arbitrary. New network leaders will emerge in this pioneering area of research. New terminologies will appear to account for the very same things already documented decades before in a different field." (Machin 2014: 5)[1]

Wir haben auf diese Gefahr bereits am Ende von Kapitel 7 hingewiesen und sie als Wiederbeschreibungssyndrom dargestellt. Wenn diese Wiederbeschreibung ‚außerhalb' einer Disziplin vorgenommen wird, in der man bereits auf sehr umfangreiche Arbeiten zurückgreifen kann, läuft eine solche Umetikettierung immer Gefahr, oberfächlich zu wirken und lediglich die Phänomene herauszufiltern, die die ältere Disziplin bereits als ‚naheliegend' dargestellt hat. Der Wunsch nach Um- oder Neubenennung und Verfeinerung ist jedoch oft sehr stark und ein nicht selten wirksames Mittel, sich einen neu gefundenen Untersuchungsbereich anzueignen:

> "Often more effort is expended in trying to 'appropriate' a field (through renaming it, by relabeling its techniques, and by imposing particular theoretical perspectives and themes) than in developing a more cumulative and integrative stance." (Pauwels 2011: 4)[2]

Meistens beginnen so die typischen Grabenkämpfe um ein Studienfach.

In Kapitel 2 haben wir bereits darauf hingewiesen, dass das Label ‚multimodality' bzw. ‚Multimodalität' desöfteren schon als abgegriffen bezeichnet wurde, weil es heutzutage in so vielen Disziplinen Gebrauch findet (vgl. auch Deppermann 2013). Interessanterweise hat dies gerade nicht dazu geführt, dass sich etwaige disziplinäre Strukturen des Feldes verstärkt haben. Als Umbenennungen oder Neu-Etikettierungen, die auch als solche gesehen werden, haben sich dann höchstens Grenzen einiger

---

1 „Wie in anderen Bereichen, in denen ein ‚neuer' Forschungsbereich ‚entdeckt' wird, kann dieser dann eine neue Welle von Aktivitäten mit sich bringen, die für Außenstehende zunächst eher willkürlich erscheinen können. Es werden neue Marktführer in diesem zukunftsweisenden Forschungsgebiet entstehen. Neue Terminologien werden genau das berücksichtigen, was bereits Jahrzehnte zuvor in einem anderen Bereich dokumentiert wurde." (Machin 2014: 5; eigene Übersetzung)

2 „Oftmals werden mehr Anstrengungen unternommen, um ein Feld anzupassen (durch Umbenennung, Umetikettierung seiner Techniken und Auferlegung bestimmter theoretischer Perspektiven und Themen) als durch die Entwicklung einer kumulativeren und integrativeren Haltung." (Pauwels 2011: 4; eigene Übersetzung)

Forschungsbereiche weiter gefestigt, die ursprünglich mehr oder weniger zufällig entstanden sind, aber keine Vereinheitlichung oder systematische Triangulierung von Theorien und Methoden mit sich bringen.

Neue Kombinationen wagen!

Hierfür bedarf es, so wollen wir noch einmal betonen, vor allem der Bereitschaft, den unterschiedlichsten Disziplinen und Forschungsbereichen zuzuhören und sich kritisch mit ihren Erkenntnissen und Vorschlägen auseinanderzusetzen. Ein solches Engagement fordert auch, direkt in die Forschungstraditionen der jeweiligen Medien und Zeichenmodalitäten einzutauchen, die für das eigene Projekt von Interesse sind. Dies kann auf der einen Seite einen erheblichen Aufwand bedeuten, gleichzeitig aber auch sehr unterhaltsam sein, wenn man sich wirklich für den jeweiligen Forschungsbereich interessiert und Gemeinsamkeiten und Parallelen zwischen den unterschiedlichen Bereichen sichtbar werden. Wenn wir in der Lage sind, diese Gemeinsamkeiten sowie den breiteren Hintergrund zu erkennen und von dort aus unsere Analysen anzusetzen, können wir den Kontext und das Feld viel erfolgreicher navigieren.

Turns?

Außerdem haben wir hervorgehoben, dass es manchmal notwendig sein wird, etablierte Praktiken und Forschungswege neu zu überdenken. Im Umgang mit spezifischen Methoden haben wir Sie dazu ermutigt, neue und unbekannte Methoden mit in Ihren Forschungskontext einzubeziehen und sie mit den Ihnen bekannten zu kombinieren. Wir wollen damit keine Revolution auslösen oder Sie aus Ihren bekannten Kontexten heraus in ganz andere Gefilde aussenden. Allerdings ist es doch in vielerlei Hinsicht ein sehr trauriges Merkmal der jüngsten Geschichte wissenschaftlicher Forschung – insbesondere in Bereichen, in denen empirische Methoden nur selten oder gar nicht eingesetzt werden –, dass Fortschritt normalerweise damit einherzugehen scheint, dass ‚andere', unbekannte Methoden erst einmal abgelehnt werden. So ist es dann auch zu den zahlreichen *Turns* oder *Wenden* in der Wissenschaftsgeschichte gekommen, mit denen wir immer noch und immer wieder zu tun haben: Der *linguistischen Wende* in der Mitte des 20. Jahrhunderts (Rorty 1979) zum Beispiel folgte eine ausgleichende Bewegung, die dem Visuellen als Teil der *ikonischen Wende* oder dem *pictorial turn* Gewicht verleiht (vgl. Mitchell 1992, Mitchell 1994, Boehm 1995, Moxey 2008). Diesen folgten die *kulturelle* (vgl. Jameson 1998, Jacobs & Spillman 2005) sowie die *performative Wende* (vgl. Kapchan 1995). Diese ‚Turns' eignen sich leicht dazu, revolutionäre ‚Momente' zu markieren, die entstanden sind, wenn Disziplinen versuchen, eine gewisse ‚Dominanz' gegenüber anderen Disziplinen zur Bearbeitung bestimmter Phänomene zu behaupten bzw. für sich geltend zu machen. Wir haben die Frage nach einem *multimodalen Turn* entsprechend in Kapitel 1 diskutiert.

Zurück zu den Kernfragen!

Wichtig ist vor allem, dass der Diskurs über diese Wenden oder Turns unsere Aufmerksamkeit nicht von den unveränderlichen Eigenschaften multimodaler Phänomene weglenkt. Denn tatsächlich haben die Kernfragen multimodaler Forschung (z. B. nach der Komplexität der beteiligten Medien, nach der Kombination von Ressourcen sowie nach der Definition von Zeichenmodalitäten) auch unbeirrt dieser Turns Bestand und sich nicht von Dominanzen innerhalb einiger Disziplinen beirren lassen. Genau deswegen haben wir in diesem Buch auch keine historische oder diachrone Sichtweise auf die Entwicklung multimodaler Forschung eingenommen, bei der für jede Wende die jeweils eigenen Praktiken – oft auf Kosten anderer Disziplinen – hervorgehoben werden. Wir haben uns vielmehr darauf konzentriert, zu verdeutlichen, dass ganz unterschiedliche Disziplinen in der Lage sind, über ihre traditionellen Anliegen und ggf. auch Grenzen hinaus zu gehen und sich diesen allgemeinen multimodalen Fragen zu widmen.

In vielerlei Hinsicht und ganz unabhängig davon, von welcher Disziplin wir ausgehen, bleibt deswegen auch unser Ziel, multimodale Forschung voranzutreiben, das gleiche: Sowohl praktische als auch theoretische Fortschritte – ob für wissenschaftliche Zwecke oder für die tatsächliche Produktion bestimmter Materialien oder Medien – sollten jetzt und auch in Zukunft immer über die Grenzen einzelner Kommunikationsformen hinaus und unabhängig von diesen Grenzen gemacht werden. Multimodalität ist ein fester Bestandteil unseres Alltags, der (Weiter-)Entwicklung unserer Kommunikationstheorien und -instrumentarien und der Berufe, die mit der Erstellung und dem kreativen Umgang von kulturellen Artefakten und Darbietungen aller Art zu tun haben. Ein umfangreiches Verständnis von Multimodalität in all ihren Facetten ist daher ebenso wichtig wie ein Verständnis von Kommunikation und Kultur im Allgemeinen.

13.2 Welche Ziele haben wir verfolgt?

Neben den grundsätzlichen Erkenntnissen wollen wir auch wiederholen, was wir in und mit diesem Buch erreichen wollten:

An erster Stelle steht hier erneut das Motto *Kollaboration statt Konkurrenz!*, das für uns einen viel nützlicheren und praktischen Umgang mit dem Thema mit sich bringt als der oben erwähnte Ansatz, Turns bzw. Wenden auszurufen und revolutionär vorzugehen. Tatsächlich wird mit Blick auf diese Turns manchmal (aber doch eher selten) betont, dass sie eben gerade keine Wende sein sollen, die sich abwendet von dem, was vorher geschehen ist, sondern dass sie als eine Erweiterung dessen fungieren soll, was zuvor im Vordergrund stand. Aus dieser Perspektive heraus bringt jede der oben genannten Wenden wichtige neue Erkenntnisse, Theorien und Methoden mit sich. Und mit genau diesen Erweiterungen und Neuerungen haben wir uns in diesem Buch beschäftigt und sichergestellt, dass kein Aspekt von Multimodalität ausgelassen wird. Wie wir an mehreren Stellen betont haben, sollen die in diesem Buch dargelegten Ideen bestehende disziplinäre Ansätze ergänzen und nicht ersetzen. Wenn einige Zugänge zu multimodalen Phänomenen tatsächlich den Eindruck erwecken sollten, bisherige Ansätze zur Analyse dieser Phänomene eher ablösen zu wollen als sie zu erweitern, sollten diese zurecht kritisiert werden!

Nachdem wir zunächst ein breites Spektrum an Merkmalen für die verschiedenen Ausdrucksformen beschrieben haben, die in multimodaler Kommunikation immer wieder auftauchen, haben wir dann versucht, eine *solide Grundlage für multimodale Forschung* aller Art zu schaffen. Wir haben argumentiert, dass jede multimodale

Analyse – wo auch immer sie vorgenommen wird – auf eine solche Grundlage gestellt werden muss, um nicht von Details überwältigt zu werden und gleichzeitig bestehende Arbeiten in anderen Bereichen optimal nutzen zu können. Deshalb haben wir das Konzept der kommunikativen Situation in den Vordergrund gestellt; dies macht es uns möglich, verschiedene Ausdrucksformen mit- und nebeneinander zu betrachten und je nach Kontext auch verschiedene Disziplinen zu ihrer Untersuchung heranzuziehen. Wir haben so versucht, theoretische Grundlagen und praktische Methoden bereitzustellen, die notwendig sind, um kommunikative Artefakte, Materialien, Ereignisse und Darbietungen jeweils im Hinblick auf ihre individuellen Besonderheiten zu analysieren und sie nicht in Kategorien einzuordnen, die ursprünglich für andere Untersuchungsobjekte konzipiert wurden.

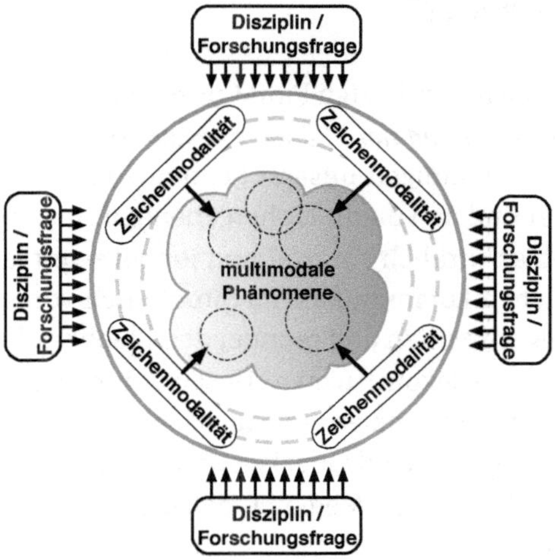

Abb. 13.1. Finale Version unseres Multimodalitätsdiagramms (vgl. auch die Abbildungen in Kapitel 1). Wir sehen jetzt, dass die Definition von Zeichenmodalität als eine Art Puffermechanismus fungiert, der zwischen einzelnen Disziplinen und Forschungsfragen, die sich in der Regel mit mehreren Modalitäten und deren Kombinationen befassen, vermittelt. Multimodalität an sich (im inneren Kreis) beschäftigt sich vornehmlich damit, wie diese Zeichenmodalitäten zu definieren sind, damit sie miteinander interagieren und genutzt werden können.

Der von uns vorgeschlagene Rahmen kann und sollte nun für die Untersuchung aller dieser Vorkommen im Geltungsbereich Multimodalität genutzt werden. Allerdings ist dieser Rahmen gerade keine Landkarte oder ein Lageplan, der uns ein gutes Gefühl für die Landschaft, Struktur und Merkmale von Multimodaltät geben soll – erinnern Sie sich an unsere Ausführungen zur Navigation des Feldes in Kapitel 1, wie sie von Kolleg*innen vorgeschlagen wurde. Stattdessen ist unser Rahmen eher ein Werkzeug zur Erstellung detaillierter Skizzen und Überblicksdarstellungen dieses Bereichs. Bereichert wird dieser dann durch die jeweilige Sachkenntnis und den Enthusiasmus derjenigen, die das Gebiet erkunden und erforschen wollen, indem sie Forschung und praktische Analysen tatsächlich in den von uns vorgeschlagenen Formen vornehmen.

Mit Abbildung 13.1 visualisieren wir diese ‚interventionelle' oder ‚vermittelnde' Rolle, die wir einem detaillierten und profunden Zugang zu Multimodalität zuschreiben und die wir in diesem Buch unterbreitet haben. Anstatt einzelne Disziplinen oder Forschungsfragen immer wieder aus ihrer jeweils eigenen Perspektive mit den Problemen und Herausforderungen, die Multimodalität mit sich bringt, zu konfrontieren, haben wir argumentiert, dass ein methodischer Ansatz, der sich auf die Rolle von Zeichenmodalitäten und ihre Interaktion konzentriert, einen systematischeren Zugang zu multimodalen Phänomenen aller Art bietet.

13.3 Wie geht es weiter?

Dies bringt uns schließlich zum letzten Punkt unserer Zusammenfassung: *Haben Sie Spaß in der Erkundung multimodaler Phänomene und Analysen*!

Studierende, die nach einigen unserer Seminare relativ vertraut mit dem Phänomen Multimodalität und den damit einhergehenden Analysen waren, haben uns desöfteren gefragt, ob es wirklich sinnvoll und lohnenswert ist, so detaillierte Analysen unserer alltäglichen kommunikativen Situationen vorzunehmen. Worin liegt der Sinn, WhatsApp-Nachrichten an Freunde, den Lieblingsfilm oder die aktuellste Graphic Novel dermaßen zu dekonstruieren? Unsere Antwort darauf: Diese Situationen genauestens unter die Lupe zu nehmen ermöglicht es uns, wichtige Aspekte unser ganz außergewöhnlichen Fähigkeiten aufzudecken, in unserem Alltag mit den komplexesten multimodalen Situationen und Medien umzugehen. Das ist eine spannende und unterhaltsame Aufgabe!

Egal ob Sie Studierende, Forscher*innen oder Praktizierende sind: Ein umfassendes Verständnis von Multimodalität wird Ihnen viele neue Möglichkeiten eröffnen, Forschung zu betreiben, neues Wissen zu erlangen und dieses sogar praktisch anzuwenden! Für Studierende und Wissenschaftler*innen können diese Möglichkeiten beispielsweise darin bestehen, Interessen zu verfolgen, die traditionell über eine Disziplingrenze hinausgehen, während Praktizierende wie zum Beispiel Lehrer*innen Multimodalität als nützlich empfinden können, die Kluft zwischen den kommunikativen Situationen und ihren Medien im Unterricht zu überwinden. Und es gibt so viele andere Möglichkeiten… Wenn Sie die von uns vorgeschlagenen methodischen Schritte auch in Ihren Analysen und Projekten verfolgen, werden Sie selbst eine Grundlage dafür schaffen, die in Ihrem Zentrum stehenden multimodalen Phänomene systematisch zu untersuchen, diese Untersuchung immer wieder von unterschiedlichen Ausgangspunkten aus voranzutreiben und entsprechend spannende Fortschritte und neue Erkenntnisse zu gewinnen. Wir wünschen Ihnen dafür viel Freude und Faszination!

Literatur

Aarseth, Espen J. 1997. *Cybertext: perspectives on ergodic literature*. Baltimore, MD: Johns Hopkins University Press.

Aarseth, Espen J. 2004. Genre trouble: narrativism and the art of simulation. In Noah Wardrip-Fruin & Pat Harrigan (Hrsg.), *FirstPerson: New Media as Story, Performance, and Game*, 45–55. Cambridge, MA: MIT Press.

Adams, Austin, Theo Boersema & Meijer Mijksenaar. 2010. Warning symbology: difficult concepts may be successfully depicted with two-part signs. *Information Design Journal* 18(2). 94–106.

Adamzik, Kirsten. 2008. Textsorten und ihre Beschreibung. In Nina Janich (Hrsg.), *Textlinguistik. 15 Einführungen*, 145–175. Tübingen: Narr.

Aguado, Karin. 2015. Triangulation: Möglichkeiten, Grenzen, Desiderate. In Daniela Elsner & Britta Viebrock (Hrsg.), *Triangulation in der Fremdsprachenforschung*, 203–220. Frankfurt am Main: Peter Lang.

Albert, Ruth & Nicole Marx. 2016. *Empirisches Arbeiten in Linguistik und Sprachlehrforschung*. 3. Aufl. Tübingen: Narr Francke Attempto Verlag.

Allwood, Jens. 2008. Multimodal corpora. In A. Lüdeling & M. Kytö (Hrsg.), *Corpus Linguistics. An International Handbook*, Bd. 1, 207–225. Berlin: de Gruyter Mouton.

Allwood, Jens, Stefan Kopp, Karl Grammer, Elisabeth Ahlsén, Elisabeth Oberzaucher & Markus Koppensteiner. 2007a. The analysis of embodied communicative feedback in multimodal corpora: a prerequisite for behavior simulation. *Journal on Language Resources and Evaluation* 41(2–3). Special Issue on Multimodal Corpora for Modeling Human Multimodal Behaviour, 325–339.

Allwood, Jens, Loredana Cerrato, Kristiina Jokinen, Costanza Navarretta & Patrizia Paggio. 2007b. The MUMIN coding scheme for the annotation of feedback, turn management and sequencing phenomena. *Language Resources and Evaluation* 41(3). 273–287. https://doi.org/10.1007/s10579-007-9061-5.

Altman, Rick. 1999. *Film/Genre*. London: British Film Institute.

Altman, Rick. 2008. *A theory of narrative*. New York: Columbia University Press.

American Psychological Association. 2016. *APA Style Blog*. http://blog.apastyle.org/apastyle/social-media/.

Andersen, Peter Bøgh. 1997. *A Theory of Computer Semiotics*. Cambridge: Cambridge University Press.

Andersson, Helen & David Machin. 2016. A Multimodal Approach to Song. In Nina-Maria Klug & Hartmut Stöckl (Hrsg.), *Handbuch Sprache im multimodalen Kontext* (Handbooks of Linguistics and Communication Science (HSK) 7), 372–391. Berlin: de Gruyter Mouton.

Androutsopoulos, Jannis. 2014. *Medienlinguistik. Sprachwissenschaftliche Zugänge zur Medienanalyse*. Tübingen: Narr.

Androutsopoulos, Jannis, Jens Runkehl, Peter Schlobinski & Torsten Siever (Hrsg.). 2004. *Neuere Entwicklungen in der Internetforschung*. Hildesheim: Georg Olms Verlag.

Archer, Arlene & Esther Breuer (Hrsg.). 2015. *Multimodality in Writing: The state of the art in theory, methodology and pedagogy*. Leiden, The Netherlands: Brill N.V.

Arens, Yigal & Eduard H. Hovy. 1990. How to describe what? Towards a theory of modality utilization. In *The Twelfth Annual Conference of the Cognitive Science Society*, 487–494. Hillsdale, NJ: Lawrence Erlbaum Associates.

Asher, Nicholas & Alex Lascarides. 2003. *Logics of conversation*. Cambridge: Cambridge University Press.

Auer, Peter. 2010. Sprachliche Landschaften. Die Strukturierung des öffentlichen Raums durch die geschriebene Sprache. In Arnulf Deppermann & Angelika Linke (Hrsg.), *Sprache Intermedial. Stimme und Schrift, Bild und Ton* (Jahrbuch des Instituts für Deutsche Sprache), 271–298. Berlin & New York: de Gruyter.

Auer, Peter. 2013. *Sprachliche Interaktion. Eine Einführung anhand von 22 Klassikern. Zweite Auflage.* Berlin & Boston: De Gruyter.

Auer, Peter. 2017. Gaze, addressee selection and turn-taking in three-party interaction gaze. *Interaction and Linguistic Structures* 60. http://www.inlist.uni-bayreuth.de/issues/60/index.htm.

Azcárate, Asunción López-Varela & Ananta Charan Sukla (Hrsg.). 2015. *The Ekphrastic Turn: Inter-art Dialogues*. Champaign, IL: Common Ground Publishing.

Baldauf-Quilliatre, Heike & Isabel Colon de Carvajal. 2019. Interaktionen bei Videospiel-Sessions: Interagieren in einem hybriden Raum. In Konstanze Marx & Axel Schmidt (Hrsg.), *Interaktion und Medien. Interaktionsanalytische Zugänge zu medienvermittelter Kommunikation*, 219–256. Heidelberg: Universitätsverlag Winter.

Baldry, Anthony & Paul J. Thibault. 2006. *Multimodal Transcription and Text Analysis: a multimedia toolkit and coursebook with associated on-line course* (Textbooks and Surveys in Linguistics). London & New York: Equinox.

Barthes, Roland. 1977. *Image – Music – Text*. Herausgabe und Übersetzung: Stephen Heath. London: Fontana Press.

Bateman, John A. 2007. Towards a *grande paradigmatique* of film: Christian Metz reloaded. *Semiotica* 167(1/4). 13–64.

Bateman, John A. 2008. *Multimodality and Genre: a foundation for the systematic analysis of multimodal documents*. Basingstoke: Palgrave Macmillan.

Bateman, John A. 2009. Discourse across semiotic modes. In Jan Renkema (Hrsg.), *Discourse, of course: an overview of research in discourse studies*, 55–66. Amsterdam & Philadelphia: John Benjamins.

Bateman, John A. 2011. The Decomposability of Semiotic Modes. In Kay L. O'Halloran & Bradley A. Smith (Hrsg.), *Multimodal Studies: Multiple Approaches and Domains* (Routledge Studies in Multimodality), 17–38. London: Routledge.

Bateman, John A. 2013. Filmische Textualität jenseits der narrativen Instanz. In John Bateman, Matthis Kepser & Markus Kuhn (Hrsg.), *Film, Text, Kultur: Beiträge zur Textualität des Films* (Textualität des Films 1), 88–115. Marburg: Schüren.

Bateman, John A. 2014a. *Text and Image: A Critical Introduction to the Visual/Verbal Divide*. London & New York: Routledge.

Bateman, John A. 2014b. Using Multimodal Corpora for Empirical Research. In Carey Jewitt (Hrsg.), *The Routledge Handbook of multimodal analysis*, 2. Aufl., 238–252. London: Routledge.

Bateman, John A. 2016. Methodological and theoretical issues for the empirical investigation of multimodality. In Nina-Maria Klug & Hartmut Stöckl (Hrsg.), *Handbuch Sprache im multimodalen Kontext* (Handbooks of Linguistics and Communication Science (HSK) 7), 36–74. Berlin: de Gruyter Mouton.

Bateman, John A. 2017a. Multimodale Semiotik und die theoretischen Grundlagen der Digital Humanities. *Zeitschrift für Semiotik* 39(1–2). 11–50.

Bateman, John A. 2017b. The place of Systemic-Functional Linguistics as a linguistic theory in the 21st Century. In Tom Bartlett & Gerard O'Grady (Hrsg.), *The Routledge Handbook of Systemic Functional Linguistics*, 11–26. London: Routledge.

Bateman, John A. 2017c. Triangulating transmediality: a multimodal semiotic framework relating media, modes and genres. *Discourse, Context & Media* 20(Supplement C). 160–174. https://doi.org/10.1016/j.dcm.2017.06.009.

Bateman, John A. 2018. Peircean Semiotics and Multimodality: Towards a New Synthesis. *Multimodal Communication* 7(1). https://doi.org/10.1515/mc-2017-0021.
Bateman, John A. 2019. Afterword: Legitimating Multimodality. In Janina Wildfeuer, Jana Pflaeging, John Bateman, Ognyan Seizov & Chiao-I Tseng (Hrsg.), *Multimodality: Disciplinary Thoughts and the Challenge of Diversity*, 297–321. Berlin: de Gruyter.
Bateman, John A., Judy L. Delin & Renate Henschel. 2004. Multimodality and empiricism: preparing for a corpus-based approach to the study of multimodal meaning-making. In Eija Ventola, Cassily Charles & Martin Kaltenbacher (Hrsg.), *Perspectives on Multimodality*, 65–87. Amsterdam: John Benjamins.
Bateman, John A., Judy L. Delin & Renate Henschel. 2007. Mapping the multimodal genres of traditional and electronic newspapers. In Terry D. Royce & Wendy L. Bowcher (Hrsg.), *New Directions in the Analysis of Multimodal Discourse*, 147–172. Mahwah, NJ: Lawrence Erlbaum Associates.
Bateman, John A. & Karl-Heinrich Schmidt. 2012. *Multimodal Film Analysis: How Films Mean* (Routledge Studies in Multimodality). London: Routledge.
Bateman, John A., Chiao-I Tseng, Ognyan Seizov, Arne Jacobs, Andree Lüdtke, Marion G. Müller & Otthein Herzog. 2016. Towards next-generation visual archives: image, film and discourse. *Visual Studies* 31(2). 131–154. https://doi.org/10.1080/1472586X.2016.1173892.
Bateman, John A. & Janina Wildfeuer. 2014. A multimodal discourse theory of visual narrative. *Journal of Pragmatics* 74. 180–218. http://dx.doi.org/10.1016/j.pragma.2014.10.001.
Bateman, John A., Janina Wildfeuer & Tuomo Hiippala. 2017. *Multimodality – Foundations, Research and Analysis. A Problem-Oriented Introduction*. Berlin: de Gruyter Mouton.
Bateman, John A., Janina Wildfeuer & Tuomo Hiippala. 2020. A question of definitions: foundations for multimodality. A response to Charles Forceville's review. *Visual Communication* 19. 317–319.
Baumgartner, Eva. 2012. *Transmedia Storytelling im zeitgenössischen Theater*. University of Vienna Diss.
Beck, Klaus. 2006. *Computervermittelte Kommunikation im Internet*. München: Oldenbourg Wissenschaftsverlag.
Beißwenger, Michael. 2009. Multimodale Analyse von Chat-Kommunikation. In Karin Birkner & Anja Stukenbrock (Hrsg.), *Die Arbeit mit Transkripten in Fortbildung, Lehre und Forschung*, 117–143. Mannheim: Verlag für Gesprächsforschung.
Beißwenger, Michael (Hrsg.). 2017. *Empirische Erforschung internetbasierter Kommunikation*. Berlin & Boston: de Gruyter.
Beißwenger, Michael & Steffen Pappert. 2019. *Handeln mit Emojis. Grundriss einer Linguistik kleiner Bildzeichen in der WhatsApp-Kommunikation*. Duisburg & Essen: Universitätsverlag Rhein-Ruhr OHG.
Bell, Philip. 2001. Content analysis of visual images. In Theo van Leeuwen & Carey Jewitt (Hrsg.), *Handbook of visual analysis*, Kap. 2, 10–24. London: Sage.
Bellour, Raymond. 2000 [1976]. To segment / to analyze (on *Gigi*). In Constance Penley (Hrsg.), *The analysis of film*, 193–216. Originally published in *Quarterly Review of Film Studies* 1(3), August 1976. Bloomington & Indianapolis: Indiana University Press.
Benyon, David. 2014. *Designing Interactive Systems: A comprehensive guide to HCI, UX and interaction design*. 3. Aufl. Harlow, England: Pearson.
Bergau, Manfred, ANke Beuren, Irmgard Bohm, Günther Ganz & Gerda Hagen. 2005. *Prisma Biologie 1 Nordrhein-Westfalen*. Stuttgart: Klett.
Berger, Peter L. & Thomas Luckmann. 1966. *The social construction of reality: a treatise in the sociology of knowledge*. Garden City, NY: Anchor Books.
Bergs, A. & E. Zima (Hrsg.). 2017. *Towards a multimodal construction grammar*. Linguistic Vanguard. A Multimodal Journal for the Language Sciences: Special Issue. Berlin: de Gruyter Mouton.

Bernhart, T., M. Willand, A. Albrecht & R. Sandra (Hrsg.). 2018. *Quantitative Ansätze in den Literatur- und Geisteswissenschaften: Systematische und Historische Perspektiven*. Berlin & New York: de Gruyter.

Bernsen, Niels Ole. 1997. Defining a taxonomy of output modalities from an HCI perspective. *Computer Standards and Interfaces* 18. 537–553.

Bernsen, Niels Ole. 2002. Multimodality in language and speech systems – from theory to design support tool. In Björn Granström, David House & Inger Karlsson (Hrsg.), *Mutlimodality in language and speech systems*, 93–148. Dordrecht: Kluwer Academic Publishers.

Bertin, Jacques. 1983. *Semiology of graphics*. Translated *Sémiologie graphique* (1967) by William J. Berg. Madison, WI: University of Wisconsin Press.

Bezemer, J., A. Cope, O. Faiz & R. Kneebone. 2012. Participation of Surgical Residents in Operations: Challenging a Common Classification. *World Journal of Surgery* 36(9). 2011–2014.

Bezemer, J., A. Cope, G. Kress & R. Kneebone. 2014. Holding the Scalpel: Achieving Surgical Care in a Learning Environment. *Journal of Contemporary Ethnography* 43(1). 38–63.

Bezemer, Jeff. 2014. Multimodal transcription: a case study. In Sigrid Norris & Carmen Daniela Maier (Hrsg.), *Interactions, Images and Texts: A Reader in Multimodality*, 155–170. Berlin: de Gruyter Mouton.

Bezemer, Jeff & Diane Mavers. 2011. Multimodal transcription as academic practice: a social semiotic perspective. *International Journal of Social Research Methodology* 14(3). 191–206.

Birch, David. 1991. Drama, performance, praxis. *Social Semiotics* 1(2). 170–193.

Birdwhistell, R.L. 1970. *Kinesics and Context: Essays on Body Motion Communication*. New York: Ballentine Books.

Birkner, Karin & Anja Stukenbrock (Hrsg.). 2009. *Die Arbeit mit Transkripten in Fortbildung, Lehre und Forschung*. Mannheim: Verlag für Gesprächsforschung.

Black, Alison, Paul Luna, Ole Lund & Sue Walker. 2017. *Information Design: Research and Practice*. London: Routledge.

Böck, Margit & Gunther Kress. 2010. Soziale Kontexte der digitalen Kommunikation und Probleme der Begrifflichkeiten: ‚New Literacy Studies', ‚Multiliteracies' und ‚Multimodality' als Beispiele. *Medienimpulse. Beiträge zur Medienpädagogik* 4/2010. 1–9. http://www.medienimpulse.at/articles/view/271.

Boehm, Gottfried. 1995. Die Wiederkehr der Bilder? In Gottfried Boehm (Hrsg.), *Was ist ein Bild?*, 2. Aufl., 11–38. München: Wilhelm Fink Verlag.

Boehm, Gottfried. 2004. Jenseits der Sprache? Anmerkungen zur Logik der Bilder. In Christa Maar & Hubert Burda (Hrsg.), *Iconic Turn. Die neue Macht der Bilder*, 28–43. Köln: DuMont.

Boeriis, Morten & Jana Holsanova. 2012. Tracking visual segmentation: connecting semiotic and cognitive perspectives. *Visual Communication* 11(3). 259–281. https://doi.org/10.1177/1470357212446408.

Bogost, Ian. 2006. *Unit Operations: An Approach to Videogame Criticism*. Cambridge, MA: MIT Press.

Bogost, Ian. 2007. *Persuasive Games. The Expressive Power of Video Games*. Cambridge, MA: MIT Press.

Bolter, Jay David & Richard Grusin. 2000. *Remediation: Understanding New Media*. Cambridge, MA: MIT Press.

Bordwell, David. 1985. *Narration in the fiction film*. Madison, WI: University of Wisconsin Press.

Bordwell, David. 2001. *Visual style in cinema: Vier Kapitel Filmgeschichte*. Frankfurt am Main: Verlag der Autoren.

Bordwell, David & Kristin Thompson. 2013. *Film Art: An Introduction*. 10. Aufl. New York: McGraw-Hill.

Borstnar, Nils, Eckhard Pabst & Hans Jürgen Wulff. 2008. *Einführung in die Film- und Fernsehwissenschaft*. 2. Aufl. (UTB 2362). Konstanz: UVK.
Bortz, Jürgen & Nicola Döring. 2009. *Forschungsmethoden und Evaluation*. 4. Aufl. Berlin: Springer.
Bourier, Günther. 2018. *Wahrscheinlichkeitsrechnung und schließende Statistik. Problemorientierte Einführung – Mit Aufgaben und Lösungen. 9., aktualisierte Auflage*. Wiesbaden: Springer Gabler.
Boussiac, Paul. 2010. *Semiotics at the Circus*. Berlin: de Gruyter Mouton.
Boussiac, Paul. 2015. *The Semiotics of Clown and Clowning. Rituals of Transgression and the Theory of Laughter*. London: Bloomsbury.
Branigan, Edward. 1984. *Point of view in the cinema: a theory of narration and subjectivity in classical film* (Approaches to semiotics 66). Berlin: de Gruyter Mouton.
Branigan, Edward. 2007. Die Point-of-View-Struktur. *montage av. Zeitschrift für Theorie & Geschichte audiovisueller Kommunikation* 16(1). Übersetzung aus Branigan (1984: S. Kap.5) von Christine N. Brinckmann, 45–82.
Brenger, B. & Irene Mittelberg. 2015. Shakes, nods and tilts. Motion-capture data profiles of speakers' and listeners' head gestures. In *Proceedings of the 3rd Gesture and Speech in Interaction (GESPIN) Conference*, 43–48. Nantes.
Bressem, Jana. 2013. A linguistic perspective on the notation of form features in gestures. In Cornelia Müller, Alan Cienki, Ellen Fricke, Silva Ladewig, David McNeill & Sedinha Tessendorf (Hrsg.), *Body–Language–Communication. An International Handbook on Multmodality in Human Interaction* (Handbücher zur Sprach- und Kommunikationswissenschaft / Handbooks of Linguistics and Communication Science (HSK) 38/1), 1079–1098. Berlin & New York: de Gruyter Mouton.
Bressem, Jana, Silva H. Ladewig & Cornelia Müller. 2013. Linguistic annotation system for gestures (LASG). In Cornelia Müller, Alan Cienki, Ellen Fricke, Silva Ladewig, David McNeill & Sedinha Tessendorf (Hrsg.), *Body–Language–Communication. An International Handbook on Multmodality in Human Interaction* (Handbücher zur Sprach- und Kommunikationswissenschaft / Handbooks of Linguistics and Communication Science (HSK) 38/1), 1098–1125. Berlin & New York: de Gruyter Mouton.
Brill, J.M., D. Kim & R.M. Branch. 2007. Visual literacy defined – The results of a Delphi study. *Journal of Visual Literacy* 27. 47–60.
Brinker, Klaus & Sven F. Sager. 2001. *Linguistische Gesprächsanalyse. Eine Einführung. 3. Auflage*. Berlin: Erich Schmidt Verlag.
Bubenhofer, Noah & Marc Kupietz (Hrsg.). 2018. *Visualisierung sprachlicher Daten: Visual Linguistics – Praxis – Tools*. Heidelberg: Heidelberg University Publishing. https://doi.org/10.17885/heiup.345.474.
Bucher, Hans-Jürgen. 2007. Textdesign und Multimodalität. Zur Semantik und Pragmatik medialer Gestaltungsformen. In Kersten Sven Roth & Jürgen Spitzmüller (Hrsg.), *Textdesign und Textwirkung in der massenmedialen Kommunikation*, 49–76. Konstanz: UVK.
Bucher, Hans-Jürgen. 2010. Multimodalität – eine Universalie des Medienwandels. Problemstellung und Theorien der Multimodalitätsforschung. In Hans-Jürgen Bucher, Thomas Gloning & Kartin Lehnen (Hrsg.), *Neue Medien – neue Formate. Ausdifferenzierung und Konvergenz in der Medienkommunikation* (Interaktiva. Schriftenreihe des Zentrums für Medien und Interaktivität (ZMI), Gießen 10), 41–79. Frankfurt & New York: Campus Verlag.
Bucher, Hans-Jürgen. 2011. Multimodales Verstehen oder Rezeption als Interaktion. Theoretische und empirische Grundlagen einer systematischen Analyse der Multimodalität. In Hans-Joachim Diekmannshenke, Michael Klemm & Hartmut Stöckl (Hrsg.), *Bildlinguistik. Theorien – Methoden – Fallbeispiele*, 123–156. Berlin: Erich Schmidt.
Bucher, Hans-Jürgen, M. Krieg & Phillip Niemann. 2010. Die wissenschaftliche Präsentation als multimediale Kommunikationsform. In Hans-Jürgen Bucher, Thomas Gloning & Kartin Lehnen

(Hrsg.), *Neue Medien – neue Formate. Ausdifferenzierung und Konvergenz in der Medienkommunikation* (Interaktiva. Schriftenreihe des Zentrums für Medien und Interaktivität (ZMI), Gießen 10), 381–412. Frankfurt & New York: Campus Verlag.

Bucher, Hans-Jürgen & Philipp Niemann. 2012. Visualizing science: the reception of PowerPoint presentations. *Visual Communication* 11(3). 283–306.

Bucher, Hans-Jürgen & Peter Schumacher (Hrsg.). 2011. *Interaktionale Rezeptionsforschung. Theorie und Methode der Blickaufzeichnung in der Medienforschung*. Wiesbaden: VS Verlag für Sozialwissenschaften.

Bullerjahn, Claudia. 2001. *Grundlagen der Wirkung von Filmmusik*. Hannover: Wissner.

Burger, Harald & Martin Luginbühl. 2014. *Mediensprache. Eine Einführung in Sprache und Kommunikationsformen der Massenmedien*. 4. Aufl. (De Gruyter Studium). Berlin: de Gruyter.

Burgoon, Judee K., Laura K. Guerrero & Valerie Manusov. 2011. Nonverbal signals. In Mark L. Knapp & John A. Daly (Hrsg.), *Sage Handbook of Interpersonal Communication*, 4. Aufl., Kap. 8, 239–281. Los Angeles: Sage Publications, Inc.

Burke, Liam. 2015. *The Comic Book Film Adaptation*. Jackson: University Press of Mississippi.

Butz, Andreas & Antonio Krüger. 2017. *Mensch-Maschine-Interaktion*. 2. Aufl. Berlin: de Gruyter.

Caldwell, David & Michele Zappavigna. 2011. Visualizing multimodal patterning. In Shooshi Dreyfus, Sue Hood & Maree Stenglin (Hrsg.), *Semiotic Margins: reclaiming meaning*, 229–242. London: Continuum.

Carr, Diana. 2014. Interpretation, representation and methodology: issues in computer game analysis. In David Machin (Hrsg.), *Visual Communication*, 501–516. Berlin: de Gruyter Mouton.

Carr, Diane, David Buckingham, Andrew Burn & Gareth Schott (Hrsg.). 2006. *Computer Games: Text, Narrative and Play*. Cambridge: Polity Press.

Charnavel, Isabelle. 2019. Steps Toward a Universal Grammar of Dance: Local Grouping Structure in Basic Human Movement Perception. *Frontiers in Psychology* 10(1364). 1–19.

Chion, Michel. 2009. *Film: a sound art*. New York: Columbia University Press.

Choi, Y. Susan, Heather M. Gray & Nalini Ambady. 2006. The Glimpsed World: Unintended Communication and Unintended Perception. In Ran R. Hassin, James S. Uleman & John A. Bargh (Hrsg.), *The New Unconscious*, 309–333. Oxford & New York: Oxford University Press.

Christiansen, Hans-Christian. 2000. Comics and film: a narrative perspective. In Anne Magnussen & Hans-Christian Christiansen (Hrsg.), *Comics & culture: Analytical and theoretical approaches to comics*, 107–122. Copenhagen, Denmark: Museum Tusculanum Press University of Copenhagen.

Cohen, Dale L. & Jessica L. Snowden. 2008. The Relations Between Document Familiarity, Frequency, and Prevalence and Document Literacy Performance Among Adult Readers. *Reading Research Quarterly* 43(1). 9–26. https://doi.org/10.1598/RRQ.43.1.2.

Cohen, Jacob. 1988. *Statistical power analysis for the behavioral sciences*. 2. Aufl. Hillsdale, NJ: Erlbaum.

Cohn, Neil. 2016. A multimodal parallel architecture: A cognitive framework for multimodal interactions. *Cognition* 146. 304–323.

Collier, Malcolm. 2001. Approaches to analysis in visual anthropology. In Theo van Leeuwen & Carey Jewitt (Hrsg.), *Handbook of visual analysis*, Kap. 3, 35–60. London: Sage.

Cook, Roy T. 2012. Why Comics Are Not Films. Metacomics and Medium-Specific Conventions. In Aaron Meskin & Roy T. Cook (Hrsg.), *The Art of Comics: A Philosophical Approach*, 165–187. Maiden & Oxford: Blackwell.

Cope, Bill & Mary Kalantzis. 2000. Designs for social futures. In Mary Kalantzis & Bill Cope (Hrsg.), *Multiliteracies: Literacy Learning and the Design of Social Futures*, Kap. 10, 203–234. London: Routledge.

Couldry, Nick & Andreas Hepp. 2013. Conceptualizing Mediatization: Contexts, Traditions, Arguments. *Communication Theory* 23(3). 191–202.
Couldry, Nick & Andreas Hepp. 2017. *The Mediated Construction of Reality*. Cambridge, UK & Malden, MA: Polity.
Crawford, Larry. 1985. Monstrous criticism: finding, citing – analyzing film. *Diacritics* 15(1). 58–70. http://www.jstor.org/stable/464631.
Davidson, Judith & Silvana di Gregorio. 2011. Qualitative Research and Technology. In the Midst of a Revolution. In Norman K. Denzin & Yvonne S. Lincoln (Hrsg.), *The Sage handbook of qualitative research*, 4. Aufl., 627–643. Los Angeles: Sage.
de Marinis, Marco. 1993. *The semiotics of performance*. Bloomington, IN: Indiana University Press.
de Saint-Georges, Ingrid. 2004. Materiality in discourse: the influence of space and layout in making meaning. In Philip LeVine & Ron Scollon (Hrsg.), *Discourse and technology: multimodal discourse analysis*, 71–87. Washington, D.C.: Georgetown University Press.
de Toro, Fernando. 1995. *Theatre Semiotics: Text and staging in modern theatre*. Toronto: Toronto University Press.
Dehn, Mechthild. 2014. Visual Literacy, Imagination und Sprachbildung. In J. Knopf & U. Abraham (Hrsg.), *Bilderbücher. Band 1: Theorie*, 125–134. Baltmannsweiler: Schneider Verlag Hohengehren.
Deng, Shujie, Julie A. Kirkby, Jian Chang & Jian Jun Zhang. 2014. Multimodality with Eye tracking and Haptics: A New Horizon for Serious Games? *International Journal of Serious Games* 4(1). 17–34.
Deppermann, Arnulf. 2000. Ethnographische Gesprächsanalyse: Zu Nutzen und Notwendigkeit von Ethnographie für die Konversationsanalyse. *Gesprächsforschung – Online-Zeitschrift zur verbalen Interaktion* 1. 96–124.
Deppermann, Arnulf. 2013. Multimodal interaction from a conversation analytic perspective. *Journal of Pragmatics* 46(1). 1–7.
Deppermann, Arnulf. 2014. Multimodal participation in simultaneous joint projects: Interpersonal and intrapersonal coordination of paramedics in emergency drills. In Pentti Haddington, Tina Keisanen, Lorenza Mondada & Maurice Nevile (Hrsg.), *Multiactivity in social interaction: Beyond multitasking*, 247–281. Amsterdam: John Benjamins.
Deppermann, Arnulf. 2015. Pragmatik revisited. In Ludwig M. Eichinger (Hrsg.), *Sprachwissenschaft im Fokus. Positionsbestimmungen und Perspektiven*, 323 –352. Berlin [u.a.]: De Gruyter. https://doi.org/10.1515/9783110401592.323.
Deppermann, Arnulf. 2018a. Multimediale Narration im Angesichts des Todes. Zeugnisse terminaler KrebspatientInnen im Internet. In Simon Peng-Keller & Andreas Mauz (Hrsg.), *Sterbenarrative. Hermeneutische Erkundungen des Erzählens am und vom Lebensende* (Studies in Spiritual Care 4), 115–137. Berlin & Boston: de Gruyter. https://doi.org/10.1515/9783110600247-007.
Deppermann, Arnulf. 2018b. Sprache in der multimodalen Interaktion. In Arnulf Deppermann & Silke Reineke (Hrsg.), *Sprache im kommunikativen, interaktiven und kulturellen Kontext*, 51–86. Berlin & Boston: de Gruyter. https://doi.org/10.1515/9783110538601-004.
Deppermann, Arnulf, Helmuth Feilke & Angelika Linke. 2016. Sprachliche und kommunikative Praktiken: Eine Annäherung aus linguistischer Sicht. In Arnulf Deppermann, Helmuth Feilke & Angelika Linke (Hrsg.), *Sprachliche und kommunikative Praktiken*, 1–23. Berlin & Boston: de Gruyter.
Deppermann, Arnulf & Reinhold Schmitt. 2007. Koordination. Zur Begründung eines neuen Forschungsgegenstandes. In Reinhold Schmitt (Hrsg.), *Koordination. Analysen zur multimodalen Interaktion*, 15–54. Tübingen: Narr.
Deppermann, Arnulf & Jürgen Streeck (Hrsg.). 2018. *Time in Embodied Interaction: Synchronicity and Sequentiality of Multimodal Resources*. Amsterdam: John Benjamins.
Derrida, Jacques. 1980. The Law of Genre. *Critical Inquiry* 7(1). 55–81.

Dittmann, Jürgen (Hrsg.). 1979. *Arbeiten zur Konversationsanalyse*. Tübingen: Max Niemeyer Verlag.
Doane, Mary Ann. 1988. Woman's stake: filming the female body. In Constance Penley (Hrsg.), *Feminism and Film Theory*, Kap. 13, 216–228. London: Routledge & British Film Institute Publishing.
Dreesen, Philipp, Lukasz Kumiega & Constanze Spieß (Hrsg.). 2012. *Mediendiskursanalyse. Diskurse – Dispositive – Medien – Macht*. Wiesbaden: VS Verlag für Sozialwissenschaften.
Drucker, Johanna. 2013. Performative materiality and theoretical approaches to interface. *Digital Humanities Quarterly* 7(1). http://www.digitalhumanities.org/dhq/vol/7/1/000143/000143.html.
Duncan, Susan, Justine Cassell & Elena Levy. 2007. *Gesture and the Dynamic Dimension of Language*. Amsterdam: John Benjamins.
Dunmire, Patrica L. 2012. Political Discourse Analysis: Exploring the Language of Politics and the Politics of Language. *Linguistics and Language Compass* 6(11). 735–751.
Dunne, Daniel. 2014. Multimodality or Ludo-Narrative Dissonance: Duality of Presentation in Fringe Media. In *Proceedings of the Conference on Interactive Entertainment (IE2014)*, 29: 1–4. Newcastle, NSW, Australia: Association for Computing Machinery.
Dunst, Alexander & Rita Hartel. 2018. The Quantitative Analysis of Comics: Towards a Visual Stylometry of Graphic Narrative. In Alexander Dunst, Jochen Laubrock & Janina Wildfeuer (Hrsg.), *Empirical Comics Research. Digital, Multimodal, and Cognitive Methods*, 43–61. London & New York: Routledge.
Dürscheid, Christa. 2005. Medien, Kommunikationsformen, kommunikative Gattungen. *Linguistik Online* 22. https://doi.org/10.13092/lo.22.752.
Eco, Umberto. 1981. Der Einfluß Roman Jakobsons auf die Entwicklung der Semiotik. In Martin Krampen, Klaus Oehler, Roland Posner & Thure von Uexküll (Hrsg.), *Die Welt als Zeichen: Klassiker der modernen Semiotik*, 173–204. Berlin: Wolf Jobst Siedler Verlag.
Eco, Umberto. 2002. Semiotik der Theateraufführung. In Uwe Wirth (Hrsg.), *Performanz. Zwischen Sprachphilosophie und Kulturwissenschaften*, 262–276. Frankfurt am Main: Suhrkamp.
Ehlich, Konrad (Hrsg.). 2007. *Sprache und sprachliches Handeln*. Berlin: de Gruyter.
Ehlich, Konrad & Jochen Rehbein. 1982. *Augenkommunikation: Methodenreflexion und Beispielanalyse*. Amsterdam: John Benjamins.
Ehlich, Konrad & Jochen Rehbein. 1986. *Muster und Institution. Untersuchungen zur schulischen Kommunikation*. Tübingen: Gunter Narr.
Eisenstein, Sergei. 1943. *The film sense*. Übersetzung: J. Leyda. London: Faber.
Elkins, James. 1999. *The domain of images*. Ithaca, NY: Cornell University Press.
Elkins, James. 2003. *Visual studies: a skeptical introduction*. London: Routledge.
Elleström, Lars. 2010. The modalities of media: a model for understanding intermedial relations. In Lars Elleström (Hrsg.), *Media Borders, Multimodality and Intermediality*, 11–50. Basingstoke: Palgrave Macmillan.
Elleström, Lars. 2014. *Media transformation: the transfer of media characteristics among media*. Basingstoke: Palgrave Macmillan.
Elsner, Daniela, Lutz Küster & Britta Viebrock (Hrsg.). 2007. *Fremdsprachenkompetenzen für ein wachsendes Europa. Das Leitziel ‚Multiliteralität'*. Frankfurt am Main: Peter Lang.
Elverdam, Christian & Espen Aarseth. 2007. Game classification and game design: construction through critical analysis. *Games and Culture* 2(1). 3–22.
Escalera, Sergio, Vassilis Athitsos & Isabelle Guyon. 2016. Challenges in multimodal gesture recognition. *Journal of Machine Learning Research* 17. 1–54.
Fann, K. T. 1970. *Peirce's Theory of Abduction*. The Hague: Nijhoff.
Faulstich, Werner. 2013. *Grundkurs Filmanalyse*. 3. Aufl. (UTB). München: W. Fink Verlag.
Felder, Ekkehard & Anna Mattfeldt. 2015. Linguistik als hermeneutische Wissenschaft: Das schwierige Verhältnis von Text und Bild im Diskurs. In Reiner Keller, Werner Schneider & Willy Viehöver

(Hrsg.), *Diskurs – Interpretation – Hermeneutik. 1. Beiheft der Zeitschrift für Diskursforschung*, 108–144. Weinheim: Beltz.

Fernandes, Carla (Hrsg.). 2016. *Multimodality and Performance*. Newcastle upon Tyne: Cambridge Scholars Publishing.

Fiehler, Reinhard. 2015. Syntaktische Phänomene in der gesprochenen Sprache. In Christa Dürscheid & Jan Georg Schneider (Hrsg.), *Handbuch Satz, Äußerung, Schema*, 370–395. Berlin & Boston: de Gruyter.

Field, Andy. 2016. *An Adventure in Statistics: the Reality Enigma*. Illustrated by James Iles. London: Sage.

Fischer-Lichte, Erika. 1992. *The semiotics of theatre*. Bloomington, IN: Indiana University Press.

Fischer-Lichte, Erika. 1998. *Semiotik des Theaters. Eine Einführung. 4. Auflage*. Tübingen: Narr.

Fischer-Lichte, Erika. 2002. Grenzgänge und Tauschhandel. Auf dem Wege zu einer performativen Kultur. In Uwe Wirth (Hrsg.), *Performanz. Zwischen Sprachphilosophie und Kulturwissenschaften*, 277–300. Frankfurt am Main: Suhrkamp.

Fix, Ulla. 2008. Nichtsprachliches als Textfaktor: Medialität, Materialität, Lokalität. *Zeitschrift für Germanistische Linguistik* 36(3). 343–354.

Fix, Ulla. 2014. Aktuelle Tendenzen des Textsortenwandels — Thesen. In Stefan Hauser, Ulla Kleinberger & Kersten Sven Roth (Hrsg.), *Musterwandel — Sortenwandel. Aktuelle Tendenzen der diachronen Text(sorten)linguistik*, 15–48. Bern: Peter Lang.

Flewitt, Rosie, Regine Hampel, Mirjam Hauck & Lesley Lancaster. 2014. What are multimodal data collection and transcription? In Carey Jewitt (Hrsg.), *The Routledge Handbook of multimodal analysis*, 2. Aufl., 44–59. London: Routledge.

Flowerdew, John & John Richardson (Hrsg.). 2017. *Routledge Handbook of Critical Discourse Studies*. London: Routledge.

Flückiger, Barbara. 2001. *Sound Design. Die virtuelle Klangwelt des Films*. Marburg: Schüren.

Forsey, Jane. 2013. *The aesthetics of design*. Oxford & New York: Oxford University Press.

Foucault, Michel. 1969. *The Archaeology of Knowledge*. London: Routledge.

Foucault, Michel. 1986. *Die Archäologie des Wissens*. Frankfurt am Main: Suhrkamp.

Fricke, Ellen. 2007. *Origo, Geste und Raum: Lokaldeixis im Deutschen*. Berlin: de Gruyter.

Fricke, Ellen. 2012. *Grammatik multimodal: Wie Wörter und Gesten zusammenwirken*. Berlin & New York: de Gruyter Mouton.

Fricke, Ellen. 2013. Towards a unified grammar of gesture and speech: A multimodal approach. In Cornelia Müller, Alan Cienki, Ellen Fricke, Silva Ladewig, David McNeill & Sedinha Tessendorf (Hrsg.), *Body – Language – Communication / Körper – Sprache – Kommunikation* (Handbücher zur Sprach- und Kommunikationswissenschaft / Handbooks of Linguistics and Communication Science (HSK) 38/1), 733–754. Berlin & New York: de Gruyter Mouton.

Fricke, Ellen, Jana Bressem & Cornelia Müller. 2014. Gesture families. In Cornelia Müller, Alan Cienki, Ellen Fricke, Silva H. Ladewig, David McNeill & Jana Bressem (Hrsg.), *Body–Language–Communication. An International Handbook on Multmodality in Human Interaction* (Handbücher zur Sprach- und Kommunikationswissenschaft / Handbooks of Linguistics and Communication Science (HSK) 38/2), 1630–1640. Berlin & New York: de Gruyter Mouton.

Frow, John. 2006. *Genre*. London: Routledge.

Früh, Werner. 2017. *Inhaltsanalyse. 9. Auflage*. Konstanz: UTB.

Garfinkel, H. 1972 [1967]. Studies in the routine grounds of everyday activities. In D. Sudnow (Hrsg.), *Studies in Social Interaction*, 1–30. New York: The Free Press.

Gee, James Paul. 2015. *Unified Discourse Analysis: Language, Reality, Virtual Worlds, and Video Games*. London & New York: Routledge.

Geise, Stephanie & Katharina Lobinger (Hrsg.). 2013. *Visual Framing: Perspektiven und Herausforderungen der Visuellen Kommunikationsforschung*. Köln: Herbert von Halem Verlag.

Gendolla, Peter & Jörgen Schäfer (Hrsg.). 2007. *The Aesthetic of Net Literature: Writing, Reading and Playing in Programmable Media*. Bielefeld: transcript.

Gibbons, Alison. 2011. *Multimodality, Cognition, and Experimental Literature* (Routledge Studies in Multimodality). London: Routledge.

Gibson, James J. 1977. The theory of affordances. In Robert Shaw & John Bransford (Hrsg.), *Perceiving, Acting, and Knowing: Toward and Ecological Psychology*, 62–82. Hillsdale, NJ: Erlbaum.

Giddens, Anthony. 1984. *The constitution of society: outline of the theory of structuration*. Cambridge: Polity Press.

Goguen, Joseph. 1999. An introduction to algebraic semiotics, with applications to user interface design. In Chrystopher Nehaniv (Hrsg.), *Computation for metaphors, analogy and agents* (LNAI 1562), 242–291. Berlin: Springer.

Gombrich, E.H. 1982a. The image and the eye: further studies in the psychology of pictorial representation. In, Kap. Image and code: scope and limits of conventionalism in pictoral representation, 278–297. Oxford: Phaidon.

Gombrich, Ernst H. 1982b. *The image and the eye: further studies in the psychology of pictorial representation*. Oxford: Phaidon.

Gombrich, Ernst H. 2002. *Kunst und Illusion. Zur Psychologie der bildlichen Darstellung. Sechste deutsche Ausgabe*. Berlin: Phaidon.

Goodling, Lauri Bohanan. 2014. The Multimodal Turn in Higher Education: On Teaching, Assessing, Valuing Multiliteracies. *Pedagogy* 14(3). 561–568.

Goodwin, Charles. 2000. Action and embodiment within situated human interaction. *Journal of Pragmatics* 32. 1489–1522.

Goodwin, Charles. 2001. Practices of seeing visual analysis: an ethnomethodological approach. In Theo van Leeuwen & Carey Jewitt (Hrsg.), *Handbook of visual analysis*, Kap. 8, 157–182. London: Sage.

Gordon, I., M. Jancovich & M.P. McAllister (Hrsg.). 2010. *Film and Comic Books*. Jackson: University Press of Mississippi.

Graaf, Anneke de, José Sanders & J.A.L. Hoeken. 2016. Characteristics of narrative interventions and health effects: A review of the content, form, and context of narratives in health-related narrative persuasion research. *Review of Communication Research* 4. 88–131.

Granström, Björn, David House & Inger Karlsson (Hrsg.). 2002. *Mutlimodality in language and speech systems*. Dordrecht: Kluwer Academic Publishers.

Grant, August E. & Jeffrey S. Wilkinson (Hrsg.). 2009. *Understanding media convergence: the state of the field*. New York & Oxford: Oxford University Press.

Grau, Oliver. 2003. *Virtual Art: From Illusion to Immersion*. Cambridge, MA: MIT Press.

Green, Jennifer D. 2014. *Drawn from the Ground: Sound, Sign and Inscription in Central Australian Sand Stories*. Cambridge, MA: Cambridge University Press.

Gries, Stefan Th. 2016. *Quantitative Corpus Linguistics with R*. 2. Aufl. London & New York: Routledge.

Gruber, Helmut. 2012. Funktionale Pragmatik und Systemisch-Funktionale Linguistik — Ein Vergleich. In Franz Januschek, Angelika Redder & Martin Reisigl (Hrsg.), *Kritische Diskursanalyse und Funktionale Pragmatik. Osnabrücker Beiträge zur Sprachtheorie 82*, 19–47. Osnabrück: Universitätsverlag Rhein-Ruhr.

Gülich, Elisabeth & Lorenza Mondada. 2008. *Konversationsanalyse. Eine Einführung am Beispiels des Französischen*. Tübingen: Niemeyer.

Gumbrecht, Hans Ulrich & K. Ludwig Pfeiffer (Hrsg.). 1988. *Materialität der Kommunikation*. Frankfurt am Main: Suhrkamp.

Günthner, Susanne. 2000. *Vorwurfsaktivitäten in der Alltagsinteraktion. Grammatische, prosodische, rhetorisch-stilistische und interaktive Verfahren bei der Konstitution kommunikativer Muster und Gattungen*. Tübingen: Niemeyer.

Haahr, Mads. 2015. Everting the Holodeck. Games and Storytelling in Physical Space. In Hartmut Koenitz, Gabriele Ferri, Mads Haahr, Diğdem Sezen & Tonguç İbrahim Sezen (Hrsg.), *Interactive Digital Narrative. History, Theory and Practice*, 211–226. New York & London: Routledge.

Habermas, Jürgen. 1981. *Theorie des kommunikativen Handelns*. Frankfurt am Main: Suhrkamp.

Hall, Edward T. 1968. Proxemics. *Current Anthropology* 9(2/3). 83–108.

Hallenberger, Gerd. 2002. Das Konzept ‚Genre': Zur Orientierung von Medienhandeln. In Peter Gendolla, Peter Ludes & Volker Roloff (Hrsg.), *Bildschirm – Medien – Theorien*, 83–110. München: Wilhelm Fink Verlag.

Halliday, Michael A. K. 1978. *Language as social semiotic*. London: Edward Arnold.

Harrigan, Jinni A. 2008. Proxemics, kinesics and gaze. In Jinni A. Harrigan, Robert Rosenthal & Klaus R. Scherer (Hrsg.), *The New Handbook of Methods in Nonverbal Behavioral Research*, 137–198. Oxford: Oxford University Press.

Hassler-Forest, Dan & Pascal Nicklas (Hrsg.). 2015. *The Politics of Adaptation: Media Convergence and Ideology*. Basingstoke: Palgrave Macmillan.

Hausendorf, Heiko & Marcus Müller. 2016. *Handbuch Sprache in der Kunstkommunikation*. Berlin: de Gruyter.

Hausendorf, Heiko, Reinhold Schmitt & Wolfgang Kesselheim (Hrsg.). 2016. *Interaktionsarchitektur, Sozialtopographie und Interaktionsraum*. Tübingen: Narr.

Haverkamp, Anselm & Renate Lachmann (Hrsg.). 1993. *Memoria. Vergessen und Erinnern*. München: Fink.

Hawreliak, Jason. 2019. *Multimodal Semiotics and Rhetoric in Videogames*. New York & London: Routledge.

Heath, Christian. 1986. *Body movement and speech in medical interaction*. Cambridge, MA: Cambridge University Press.

Heath, Christian, Hubert Knoblauch & Paul Luff. 2000. Technology and social interaction: the emergence of 'workplace studies'. *The British Journal of Sociology* 51(2). 299–320.

Heekeren, Simone. 2018. Popularisieren – Visualisieren – Transkribieren. Überlegungen zu intra- und intertextuallen Verfahren der Wissenschaftsverittlung in populärwissenschaftlichen Zeitschriftenartikeln. In Steffen Pappert & Sascha Michel (Hrsg.), *Multimodale Kommunikation in öffentlichen Räumen*, 83–109. Stuttgart: ibidem.

Heftberger, Adelheid. 2012. Do Computers Dream of Cinema? Film Data for Computer Analysis and Visualisation. In David M. Berry (Hrsg.), *Understanding digital humanities*, 210–223. Basingstoke: Palgrave Macmillan.

Heftberger, Adelheid. 2015. „Die Verschmelzung von Wissenschaft und Filmchronik" – Das Potential der reduktionslosen Visualisierung von *Das elfte Jahr* und *Der Mann mit der Kamera* von Dziga Vertov. *Chronos, Geschichte und Informatik – Histoire et Informatique* 18/19. 229–263. http://dx.doi.org/10.17613/M6F22M.

Heftberger, Adelheit. 2018. *Digital Humanities and Film Studies: Visualising Dziga Vertov's Work*. Switzerland: Springer Nature.

Helbo, André. 1987. *Theory of Performing Arts*. Amsterdam & Philadelphia: John Benjamins.

Helbo, André. 2016. Semiotics and Performing Arts: Contemporary Issues. *Social Semiotics* 26(4). 341–350.

Held, Gudrun & Silvia Bendel (Hrsg.). 2008. *Werbung – grenzenlos: Multimdale Werbetexte im interkulturellen Vergleich*. Frankfurt am Main: Peter Lang.

Hepburn, Alexa & Galina B. Bolden. 2013. The Conversation Analytic Approach to Transcription. In Jack Sidnell & Tanya Stivers (Hrsg.), *THe Handbook of Conversation Analysis*, 57–76. Malden, MA: Blackwell.

Hepp, Andreas. 2012. Mediatization and the 'molding force' of the media. *Communications* 37. 1–28. https://doi.org/10.1515/commun-2012-0001.

Heritage, John & M. Atkinson (Hrsg.). 1984. *Structures of Social Action: Studies in Conversation Analysis*. Cambridge, MA: Cambridge University Press.

Herman, David. 2004. Toward a transmedial narratology. In Marie-Laure Ryan (Hrsg.), *Narrative across Media: The Languages of Storytelling*, 47–75. Lincoln: University of Nebraska Press.

Herring, Susan C., Dieter Stein & Tuija Virtanen (Hrsg.). 2013. *Pragmatics of Computer-Mediated Communication*. Berlin: de Gruyter Mouton.

Hickethier, Knut. 2007. *Film und Fernsehanalyse*. 4. Aufl. Stuttgart & Weimar: J.B. Metzler.

Hiippala, Tuomo. 2012. Reading paths and visual perception in multimodal research, psychology and brain sciences. *Journal of Pragmatics* 44(3). 315–327. https://doi.org/10.1016/j.pragma.2011.12.008.

Hiippala, Tuomo. 2015a. Combining computer vision and multimodal analysis: a case study of layout symmetry in bilingual in-flight magazines. In Janina Wildfeuer (Hrsg.), *Building Bridges for Multimodal Research: International Perspectives on Theories and Practices of Multimodal Analysis*, 289–307. Bern & New York: Peter Lang.

Hiippala, Tuomo. 2015b. *The Structure of Multimodal Documents: An Empirical Approach*. Bd. 13 (Routledge Studies in Multimodality). London: Routledge.

Hiippala, Tuomo. 2016. Semi-automated annotation of page-based documents within the Genre and Multimodality framework. In *Proceedings of the 10th SIGHUM Workshop on Language Technology for Cultural Heritage, Social Sciences, and Humanities*, 84–89. Berlin, Germany.

Hiippala, Tuomo, Malihe Alikhani, Jonas Haverinen, Timo Kalliokoski, Evanfiya Logacheva, Serafina Orekhova, Aino Tuomainen, Matthew Stone & John A. Bateman. 2019. AI2D-RST: A multimodal corpus of 1000 primary school science diagrams. *CoRR* abs/1912.03879. https://arxiv.org/abs/1912.03879.

Hill, S. 1983. *The Woman in Black*. London: Vintage Books.

Hjelmslev, Louis. 1961 [1943]. *Prolegomena to a theory of language*. Originally published 1943; Übersetzung: F.J.Whitfield. Madison, WI: University of Wisconsin Press.

Hockett, Charles F. 1958. *A course in modern linguistics*. New York: Macmillan.

Holler, Judith & Kobin H Kendrick. 2015. Unaddressed participants' gaze in multi-person interaction: optimizing recipiency. *Frontiers in Psychology* 6(98). https://doi.org/10.3389/fpsyg.2015.00098.

Holly, Werner. 2009. Der Wort-Bild-Reißverschluss. Über die performative Dynamik der audiovisuellen Transkriptivität. In Helmuth Feilke & Angelika Linke (Hrsg.), *Oberfläche und Performanz*, 93–110. Tübingen: Niemeyer.

Holly, Werner. 2011a. Bildüberschreibungen. Wie Sprechtexte Nachrichtenfilme lesbar machen. In Hans-Joachim Diekmannshenke, Michael Klemm & Hartmut Stöckl (Hrsg.), *Bildlinguistik. Theorien – Methoden – Fallbeispiele*, 235–256. Berlin: Erich Schmidt.

Holly, Werner. 2011b. Medien, Kommunikationsformen, Textsortenfamilien. In Stephan Habscheid (Hrsg.), *Textsorten, Handlungsmuster, Oberflächen: Linguistische Typologien der Kommunikation*, 144–163. Berlin: de Gruyter.

Holly, Werner. 2016. Nachrichtenfilme als multimodale audiovisuelle Texte. In Nina-Maria Klug & Hartmut Stöckl (Hrsg.), *Handbuch Sprache im multimodalen Kontext* (Handbooks of Linguistics and Communication Science (HSK) 7), 392–409. Berlin: de Gruyter Mouton.

Holmqvist, Kenneth, Marcus Nyström, Richard Andersson, Richard Dewhurst, Halszka Jarodzka & Joost van de Weijer. 2011. *Eye Tracking: A Comprehensive Guide to Methods and Measures*. Oxford: Oxford University Press.

Holsanova, Jana. 2008. *Discourse, Vision, and Cognition* (Human Cognitive Processes 23). Amsterdam: Benjamins.

Holsanova, Jana. 2012. New methods for studying visual communication and multimodal integration. *Visual Communication* 11(3). 251–257. https://doi.org/10.1177/1470412912446558.

Holsanova, Jana. 2014a. In the eye of the beholder: Visual communication from a recipient perspective. In David Machin (Hrsg.), *Visual Communication*, 331–355. Berlin: de Gruyter Mouton.

Holsanova, Jana. 2014b. Reception of multimodality: applying eyetracking methodology in multimodality research. In Carey Jewitt (Hrsg.), *The Routledge Handbook of multimodal analysis*, 2. Aufl., 287–298. London: Routledge.

Holsanova, Jana, Nils Holmberg & Kenneth Holmqvist. 2008. Reading information graphics: the role of spatial contiguity and dual attentional guidance. *Applied Cognitive Psychology* 23(9). 1215–1226.

Holsanova, Jana & Andreas Nord. 2010. Multimedia design: media structures, media principles and users' meaning-making in newspapers and net papers. In Hans-Jürgen Bucher, Thomas Gloning & Katrin Lehnen (Hrsg.), *Neue Medien – neue Formate. Ausdifferenzierung und Konvergenz in der Medienkommunikation* (Interaktiva. Schriftenreihe des Zentrums für Medien und Interaktivität (ZMI), Gießen 10), 81–103. Frankfurt & New York: Campus Verlag.

Holsanova, Jana, Henrik Rahm & Kenneth Holmqvist. 2006. Entry points and reading paths on newspaper spreads: comparing a semiotic analysis with eye-tracking measurements. *Visual Communication* 5(1). 65–93.

Hutcheon, Michael & Linda Hutcheon. 2010. Opera. Forever and Always Multimodal. In Ruth Page (Hrsg.), *New Perspectives on Narrative and Multimodality*, 65–77. New York & London: Routledge.

Iedema, Rick. 2001. Resemiotization. *Semiotica* 37(1/4). 23–40.

Iedema, Rick. 2003. Multimodality, resemiotization: extending the analysis of discourse as multisemiotic practice. *Visual Communication* 2(1). 29–58.

Iedema, Rick, S. Feez & P. White. 1995. *Media literacy*. Bd. II (Write It Right publications: Industry Research Monograph). NSW Department of School Education. Sydney: Metropolitan East Disadvantaged Schools Program.

Ivarsson, Jonas, Jonas Linderoth & Roger Säljö. 2009. Representations in Practices. A Socio-Cultural Approach to Multimodality in Reasoning. In Carey Jewitt (Hrsg.), *The Routledge Handbook of Multimodality*, 201–212. London, New York: Routledge.

Iversen, Margaret. 1986. Saussure v. Peirce: Models for a semiotics of visual art. In A.L. Rees & Frances Borzello (Hrsg.), *The new art history*, 82–94. London: Camden Press.

Jackendoff, Ray. 1987. On beyond Zebra: the relation of linguistic and visual information. *Cognition* 26(2). 89–114.

Jackendoff, Ray. 1991. Musical parsing and musical affect. *Music Perception* 9(2). 199–230.

Jackendoff, Ray. 2007. A parallel architecture perspective on language processing. *Brain Research* 1146. 2–22.

Jackendoff, Ray & Fred Lerdahl. 2006. The capacity for music: what is it, and what's special about it? *Cognition* 100. 33–72.

Jacobs, Dale. 2013. *Graphic encounters: Comics and the sponsorship of multimodal literacy*. London & New York: Bloomsbury Academic.

Jacobs, Mark & Lynette Spillman. 2005. Cultural sociology at the crossroads of the discipline. *Poetics* 33(1). 1–14.

Jaeger, T. Florian. 2008. Categorical Data Analysis: Away from ANOVAs (transformation or not) and towards Logit Mixed Models. *Journal of Memory and Language* 59(4). 434–446. https://doi.org/10.1016/j.jml.2007.11.007.

Jäger, Ludwig. 2002. Transkriptivität. Zur medialen Logik der kulturellen Semantik. In Ludwig Jäger & Georg Stanitzek (Hrsg.), *Transkribieren. Medien/Lektüre*, 19–41. München: Fink.

Jäger, Ludwig. 2004. Die Verfahren der Medien: Transkribieren – Adressieren – Lokalisieren. In Jürgen Forhmann & Erhard Schüttpelz (Hrsg.), *Die Kommunikation der Medien*, 69–79. Tübingen: Niemeyer.

Jäger, Ludwig. 2010. Intermedialität – Intramedialität – Transkriptivität. Überlegungen zu einigen Prinzipien der kulturellen Semiosis. In Arnulf Deppermann & Angelika Linke (Hrsg.), *Sprache intermedial. Stimme und Schrift, Bild und Ton*, 301–323. Berlin & New York: de Gruyter.

Jäger, Ludwig. 2015. Medialität. In Ekkehard Felder & Andreas Gardt (Hrsg.), *Handbuch Sprache und Wissen* (Handbooks of Linguistics and Communication Science (HSK) 1), 106–122. Berlin: de Gruyter Mouton.

Jäger, Ludwig. 2019. Transkription. In Ludwig Jäger, Erika Linz, Marcus Krause & Christina Bartz (Hrsg.), *Handbuch der Mediologie*, 307–315. Leiden: Wilhem Fink. https://doi.org/10.30965/9783846753859_041.

Jäger, Siegfried. 2015. *Kritische Diskursanalyse. Eine Einführung. 7. Auflage*. Münster: Unrast Verlag.

Jakobson, Roman. 1971. Language in relation to other communicative systems. In *Roman Jakobson: Selected Writings*, Bd. II: Word and Language, 570–579. The Hague: Mouton.

Jameson, Frederic. 1998. *The Cultural Turn: Selected Writings on the Postmodern, 1983–1998*. Brooklyn: Verso.

Jannidis, Fotis. 2007. Computerphilologie. In Thomas Anz (Hrsg.), *Handbuch Literaturwissenschaft*, 27–40. Stuttgart & Weimar: Metzler.

Jappy, Tony. 2013. *Introduction to Peircean visual semiotics* (Bloomsbury Advances in Semiotics). London & New York: Bloomsbury.

Jenkins, Henry. 2008. *Convergence Culture: Where Old and New Media Collide*. New York: NYU Press.

Jewitt, Carey (Hrsg.). 2009. *The Routledge Handbook of multimodal analysis*. London: Routledge.

Jewitt, Carey. 2014a. An introduction to multimodality. In Carey Jewitt (Hrsg.), *The Routledge Handbook of multimodal analysis*, 15–30. London: Routledge.

Jewitt, Carey (Hrsg.). 2014b. *The Routledge Handbook of multimodal analysis*. 2. Aufl. London: Routledge.

Jewitt, Carey, Jeff Bezemer & Kay O'Halloran. 2016. *Introducing multimodality*. London: Routledge.

Jewitt, Carey & Gunther Kress. 2003. *Multimodal literacy* (New literacies and digital epistemologies 4). Frankfurt am Main & New York: Peter Lang.

Johnson, Justin, Andrej Karpathy & Fei-Fei Li. 2016. DenseCap: Fully Convolutional Localization Networks for Dense Captioning. In *Proceedings of the IEEE Conference on Computer Vision and Pattern Recognition (CVPR)*.

Jørgensen, Kristine. 2013. *Gameworld interfaces*. Cambridge, MA: MIT Press.

Kadrić, Mira & Klaus Kaindl. 2016. *Berufsziel Übersetzen und Dolmetschen. Grundlagen, Ausbildung, Arbeitsfelder*. Tübingen: A. Francke Verlag.

Kapchan, Deborah A. 1995. Performance. *The Journal of American Folklore* 108(430). 479–508.

Kappelhoff, Hermann & Cornelia Müller. 2011. Embodied meaning construction. Multimodal metaphor and expressive movement in speech, gesture, and in feature film. *Metaphor and the Social World* 1(2). 121–153.

Kapuścińska, Anna. 2017. *Grenzphänomene zwischen Text und Bild am Beispiel multimedialer Nachrichtensendungen*. Berlin: Erich Schmidt Verlag.

Karpathy, Andrej & Fei-Fei Li. 2015. Deep Visual-Semantic Alignments for Generating Image Descriptions. In *Proceedings of the IEEE Conference on Computer Vision and Pattern Recognition (CVPR)*.

Kay, Alan & Adele Goldberg. 1977. Personal Dynamic Media. *Computer* 10(3). 31–41. https://doi.org/10.1109/C-M.1977.217672.

Kendon, Adam. 1972. Some Relationships between Body Motion and Speech: An Analysis of an Example. In Arne Wolf Siegman & Benjamin Pope (Hrsg.), *Studies in Dyadic Communication*, 177–210. New York: Elsevier.

Kendon, Adam. 1980. Gesture and speech: two aspects of the process of utterance. In Mary R. Key (Hrsg.), *Nonverbal Communication and Language*, 207–227. The Hague: Mouton.

Kendon, Adam. 2004. *Gesture: visible action as utterance*. Cambridge: Cambridge University Press.

Kepser, Matthis (Hrsg.). 2010. *Fächer der schulischen Filmbildung. Mit zahlreichen Vorschlägen für einen handlungs- und produktionsorientierten Unterricht*. München: kopaed.

Kipp, M., M. Neff & I. Albrecht. 2007. An Annotation Scheme for Conversational Gestures: How to economically capture timing and form. *Journal on Language Resources and Evaluation* 41(2–3). Special Issue on Multimodal Corpora for Modeling Human Multimodal Behaviour, 325–339.

Kipp, Michael. 2012. Multimedia annotation, querying and analysis in ANVIL. In Mark T. Maybury (Hrsg.), *Multimedia information extraction*, Kap. 21, 351–368. IEEE Computer Society. Hoboken, NJ: John Wiley & Sons.

Kipp, Michael, Jean-Claude Martin, Patrizia Paggio & Dirk Heylen. 2009. *Multimodal corpora. From models of natural interaction to systems and applications*. Berlin & Heidelberg: Springer-Verlag.

Kjeldsen, Jens. E. 2017. The Rhetorical and Argumentative Potentials of Press Photography. In Assimakis Tseronis & Charles Forceville (Hrsg.), *Multimodal Argumentation and Rhetoric in Media Genres*, 51–80. Amsterdam: John Benjamins.

Klemm, Michael. 2011. Bilder der Macht. Wie sich Spitzenpolitiker visuell inszenieren (lassen) – Eine bildpragmatische Analyse. In Hajo Diekmannshenke, Michael Klemm & Hartmut Stöckl (Hrsg.), *Bildlinguistik*, 187–209. Berlin: Erich-Schmidt-Verlag.

Klug, Nina-Maria. 2018. Wenn Schlüsseltexte Bilder sind. Aspekte von Intertextualität in Presse und öffentlichem Raum. In Steffen Pappert & Sascha Michel (Hrsg.), *Multimodale Kommunikation in öffentlichen Räumen. Texte und Textsorten zwischen Tradition und Innovation*, 109–131. Köln: ibidem.

Klug, Nina-Maria & Hartmut Stöckl (Hrsg.). 2016. *Handbuch Sprache im multimodalen Kontext*. Berlin: de Gruyter.

Kluss, Thorsten, John Bateman, Heinz-Peter Preußer & Kerstin Schill. 2016. Exploring the role of narrative contextualization in film interpretation: issues and challenges for eye-tracking methodology. In CarrieLynn D. Reinhard & Christopher J. Olson (Hrsg.), *Making Sense of Cinema: empirical studies into film spectators and spectatorship*, 257–284. New York & London: Bloomsbury Academic.

Knieper, Thomas & Marion G. Müller (Hrsg.). 2001. *Kommunikation visuell. Das Bild als Forschungsgegenstand — Grundlagen und Perspektiven*. Köln: Herbert von Halem Verlag.

Knoblauch, Hubert. 2013. Grundbegriffe und Aufgaben des kommunikativen Konstruktivismus. In Reiner Keller, Hubert Knoblauch & Jo Reichertz (Hrsg.), *Kommunikativer Konstruktivismus. Theoretische und empirische Arbeiten zu einem neuen wissenssoziologischen Ansatz*, 9–21. Wiesbaden: Springer.

Knoblauch, Hubert. 2017. *Die kommunikative Konstruktion der Wirklichkeit*. Wiesbaden: Springer.

Knox, John S. 2007. Visual-verbal communication on online newspaper home pages. *Visual Communication* 6(1). 19–53.

Koenitz, Hartmut, Gabriele Ferri, Mads Haahr, Diğdem Sezen & Tonguç İbrahim Sezen (Hrsg.). 2015. *Interactive Digital Narrative. History, Theory and Practice*. New York & London: Routledge.

Koffka, K. 1935. *Principles of Gestalt Psychology*. New York: Harcourt-Brace.

Köhler, W. 1947. *Gestalt psychology*. Liverpool: Liveright.

König, Katharina & Florence Oloff. 2018. Die Multimodalität alltagspraktischen Erzählens. *Zeitschrift für Literaturwissenschaft und Linguistik* 48(2). 277–307.

Kopp, Stefan & Ipke Wachsmuth (Hrsg.). 2009. *Gesture in Embodied Communication and Human-Computer Interaction*. Berin: Springer.

Kornhaber, David. 2015. Every Text is a Performance: A Pre-History of Performance Philosophy. *Performance Philosophy* 1. 24–35.

Kostelnick, Charles & Michael Hassett. 2003. *Shaping Information: The Rhetoric of Visual Conventions*. Carbondale, IL: Southern Illinois University Press.

Krämer, Sybille. 1998. Das Medium als Spur und Apparat. In Sybille Krämer (Hrsg.), *Medien Coputer Realität. Wirklichkeitsvorstellungen und neue Medien*. Frankfurt am Main: Suhrkamp.

Krämer, Sybille. 2003. Erfüllen Medien eine Konstitutionsleistung? Thesen über die Rolle medientheoretischer Erwägungen beim Philosophieren. In Stefan Münker, Alexander Roesler & Mike Sandbothe (Hrsg.), *Medienphilosophie: Beiträge zur Klärung eines Begriffs*, 78–90. Frankfurt am Main: Fischer.

Krämer, Sybille. 2008. *Medium, Bote, Übertragung. Kleine Metaphysik der Medialität*. Frankfurt am Main: Suhrkamp.

Kranstedt, Alfred, Stefan Kopp & Ipke Wachsmuth. 2002. *MURML: A Multimodal Utterance Representation Markup Language for Conversational Agents*. Techn. Ber. 2002/05. Bielefeld, Germany: SFB 360 Situated Artificial Communicators, Universität Bielefeld. http://www.sfb360.uni-bielefeld.de/reports/2002/2002-5.html.

Krause, Arne. 2017. Approaching Multimodality from the Functional-Pragmatic Perspective. In Ognyan Seizov & Janina Wildfeuer (Hrsg.), *New Studies in Multimodality. Conceptual and Methodological Elaborations*, 92–124. London: Bloomsbury.

Krause, Arne. 2019. *Supportive Medien in der wissensvermittelnden Hochschulkommunikation. Analysen des Handlungszwecks von Kreidetafel, OHP, PPT und Interactive Whiteboard*. Berlin: Peter Lang.

Krejcie, Robert V. & Daryle W. Morgan. 1970. Determining sample size for research activities. *Educational and Psychological Measurement* 30. 607–610.

Kress, Gunther. 2003. *Literacy in the New Media Age*. London: Routledge.

Kress, Gunther. 2010. *Multimodality: a social semiotic approach to contemporary communication*. London: Routledge.

Kress, Gunther. 2014. What is mode? In Carey Jewitt (Hrsg.), *The Routledge Handbook of multimodal analysis*, 2. Aufl., 60–75. London: Routledge.

Kress, Gunther & Theo van Leeuwen. 1998. Front pages: the (critical) analysis of newspaper layout. In Allan Bell & Peter Garrett (Hrsg.), *Approaches to Media Discourse*, 186–219. Oxford: Blackwell.

Kress, Gunther & Theo van Leeuwen. 2001. *Multimodal discourse: the modes and media of contemporary communication*. London: Arnold.

Kress, Gunther & Theo van Leeuwen. 2002. Colour as a semiotic mode: notes for a grammar of colour. *Visual Communication* 1(3). 343–368.

Kress, Gunther & Theo van Leeuwen. 2006. *Reading Images: the grammar of visual design*. 2. Aufl. London & New York: Routledge.

Kress, Gunther & Theo van Leeuwen. 2006 [1996]. *Reading Images: the grammar of visual design*. London & New York: Routledge.

Kress, Gunther, Carey Jewitt, Jon Ogborn & Charalampos Tsatsarelis. 2000. *Multimodal teaching and learning*. London: Continuum.

Krippendorff, Klaus. 2004. *Content analysis: an introduction to its methodology*. 2. Aufl. London & Thousand Oaks, CA: Sage.

Krishna, Ranjay, Yuke Zhu, Oliver Groth, Justin Johnson, Kenji Hata, Joshua Kravitz, Stephanie Chen, Yannis Kalantidis, Li-Jia Li, David A. Shamma, Michael S. Bernstein & Fei-Fei Li. 2016. Visual Genome: Connecting Language and Vision Using Crowdsourced Dense Image Annotations. *CoRR*. http://arxiv.org/abs/1602.07332.

Krois, John M. 2011. Image Science and Embodiment or: Peirce as Image Scientist. In Horst Bredekamp & Marion Lauschke (Hrsg.), *John M. Krois: Bildkörper und Körperschema. Schriften zur Verkörperungstheorie ikonischer Formen*, 195–209. Berlin: Akademie Verlag.

Krotz, Friedrich. 2009. Mediatization. A concept with which to grasp media and societal change. In K. Lundby (Hrsg.), *Mediatization: Concept, changes, consequences*, 19–38. New York: Peter Lang.

Krotz, Friedrich. 2012. Von der Entdeckung der Zentralperspektive zur Augmented Reality. In F. Krotz & Andreas Hepp (Hrsg.), *Mediatisierte Welten*, 27–58. Wiesbaden: Springer VS.

Krotz, Friedrich & Andreas Hepp (Hrsg.). 2012. *Mediatisierte Welten*. Wiesbaden: Springer VS.

Krug, Maximilian. 2018a. Anforderungen mobiler Interaktionssettings in der multimodal-ethnographischen Feldforschung. In C. Moritz & M. Corsten (Hrsg.), *Handbuch Qualitative Videoanalyse*. Wiesbaden: Springer VS. https://doi.org/10.1007/978-3-658-15894-1_21.

Krug, Maximilian. 2018b. *Collecting Audio-Visual Data of Theatre Rehearsals. (Non-)Intrusive Practices of Preparing Mobile Eye-Tracking Glasses during Ongoing Workplace Interactions*. 5th International Conference of Conversation Analysis (ICCA18). https://doi.org/10.13140/RG.2.2.21186.89281.

Kuchenbuch, Thomas. 2005. *Filmanalyse: Theorien. Methoden. Kritik*. 2. Aufl. (UTB 2648). Wien and Köln and Weimar: Böhlau Verlag.

Kuckartz, Udo, Stefan Rädiker, Thomas Ebert & Julia Schehl. 2013. *Statistik. Eine verständliche Einführung. 2. Auflage*. Wiesbaden: Springer VS.

Kuhn, Markus. 2011. *Filmnarratologie. Ein erzähltheoretisches Analysemodell* (Narratologia / Contributions to Narrative Theory 26). Berlin & New York: de Gruyter.

Küster, Lutz. 2014. Multiliteralität. *Fremdsprachen Lehren und Lernen* 43(2). 3–11. https://periodicals.narr.de/index.php/flul/article/viewFile/2149/2050.

Kutz, Oliver, John A. Bateman, Fabian Neuhaus, Till Mossakowski & Mehul Bhatt. 2015. E pluribus unum: Formalisation, Use-Cases, and Computational Support for Conceptual Blending. In Tarek R. Besold, Marco Schorlemmer & Alan Smaill (Hrsg.), *Computational Creativity Research: Towards Creative Machines* (Atlantis Thinking Machines 7), 167–196. Springer. http://link.springer.com/chapter/10.2991/978-94-6239-085-0_9.

Labov, William. 1994. *Principles of linguistic change, Volume 1: internal factors*. Oxford: Blackwell.

Labov, William. 2001. *Principles of linguistic change, Volume 2: social factors*. Oxford: Blackwell.

Lacassin, Francis. 1972. The comic strip and film language. *Film Quarterly* 26(1). original articles translated by David Kunzle, 11–23.

Laihonen, Petteri & Tamás Péter Szabó. 2017. Investigating visual practices in educational settings: schoolscapes, language ideologies and organizational cultures. In Marilyn Martin-Jones & Deirdre Martin (Hrsg.), *Researching Multilingualism: Critical and Ethnographic Approaches*, 121–138. New York & London: Routledge.

Lamnek, Siegfried & Claudia Krell. 2016. *Qualitative Sozialforschung*. 6. Aufl. Weinheim & Basel: Beltz.

Landesinstitut für Schule Bremen. 2012. *Medienbildung. Bildungsplan für Primarstufe, Sekundarstufe I, Sekundarstufe II. Entwurfsfassung 2012.* German. online. Freie Hansestadt Bremen. http://www.lis.bremen.de/sixcms/media.php/13/2012_bpmedien_aktuell.36056.pdf.

Landow, George P. (Hrsg.). 1994. *Hyper / Text / Theory.* Baltimore & London: John Hopkins University Press.

Landry, Rodrigue & Richard Y. Bourhis. 1997. Linguistic Landscape and Ethnolinguistic Vitality An Empirical Study. *Journal of Language and Social Psychology* 16(1). 23–49.

Lapsley, Robert & Michael Westlake. 2006. *Film theory: an introduction.* 2. Aufl. Manchester & New York: Manchester University Press.

Lascarides, Alex & Nicholas Asher. 1993. Temporal Interpretation, Discourse Relations, and Common Sense Entailment. *Linguistics and Philosophy* 16(5). 437–495.

Latour, Bruno. 2005. *Reassembling the Social: An introduction to Actor-Network-Theory.* Oxford: Oxford University Press.

Leckner, Sara. 2012. Presentation factors affecting reading behaviour in readers of newspaper media: an eye-tracking perspective. *Visual Communication* 11(2). 163–184.

LeCun, Yann, Yoshua Bengio & Geoffrey Hinton. 2015. Deep learning. *Nature* 521. 436–444. https://doi.org/10.1038/nature14539.

Lee, Jennifer C. & Santosh Khadka (Hrsg.). 2018. *Designing and Implementing Multimodal Curricula and Programs.* London & New York: Routledge.

Lemke, Jay L. 1998. Multiplying meaning: visual and verbal semiotics in scientific text. In J.R. Martin & Robert Veel (Hrsg.), *Reading science: critical and functional perspectives on discourses of science*, 87–113. London: Routledge.

Lemke, Jay L. 1999. Typology, topology, topography: genre semantics. MS University of Michigan. http://academic.brooklyn.cuny.edu/education/jlemke/papers/Genre-topology-revised.htm.

Lewis, David. 1969. *Convention.* Cambridge, MA: Harvard University Press.

Lewis, David K. 2001. *Reading contemporary picturebooks: picturing text.* London: Routledge.

Lewis, J. P., Morgan McGuire & Pamela Fox. 2007. Mapping the mental space of game genres. In *Proceedings of the 2007 ACM SIGGRAPH symposium on Video games* (Sandbox '07), 103–108. San Diego, California: ACM. https://doi.org/10.1145/1274940.1274962.

Liu, Guoyi. 2010. *Die Macht der Filmmusik. Zum Verhältnis von musikalischem Ausdruck und Emotionsvermittlung im Film.* München: Tectum Verlag.

Liu, Yu & Kay L. O'Halloran. 2009. Intersemiotic Texture: analyzing cohesive devices between language and images. *Social Semiotics* 19(4). 367–388.

Lobin, Henning. 2007. Textsorte Wissenschaftliche Präsentation – Textlinguistische Bemerkungen zu einer komplexen Kommunikationsform. In Bernt Schnettler & Hubert Knoblauch (Hrsg.), *Powerpoint-Präsentationen. Neue Formen der gesellschaftlichen Kommunikation von Wissen*, 67–82. Konstanz: UVK.

Lobinger, Katharina. 2012. *Visuelle Kommunikationsforschung.* Wiesbaden: Springer Fachmedien.

Loftus, Elisabeth F. 1975. Leading questions and the eyewitness report. *Cognitive Psychology* 7. 550–572.

Loschky, Lester C., Adam M. Larson, Joseph P. Magliano & Tim J. Smith. 2015. What Would Jaws Do? The Tyranny of Film and the Relationship between Gaze and Higher-Level Narrative Film Comprehension. *PLoS One* 10(11). e142474.

Lotman, Juri M. 1990. *Universe of the mind: A semiotic theory of culture.* London: I.B. Taurus.

Lowie, Wander & Bregtje Seton. 2013. *Essential statistics for applied linguistics.* Basingstoke: Palgrave Macmillan.

Lowry, Richard. 1998–2015. *Concepts and Applications of Inferential Statistics.* http://vassarstats.net/textbook/.

Ludwig, Logan. 2015. *Moving panels: translating comics to film* (Edwardsville, Illinois). Sequart Organization.

Luginbühl, Martin. 2011. Vom kommentierten Realfilm zum multimodalen Komplex – Sprache-Bild-Beziehungen in Fernsehnachrichten im diachronen und internationalen Vergleich. In Hans-Joachim Diekmannshenke, Michael Klemm & Hartmut Stöckl (Hrsg.), *Bildlinguistik. Theorien – Methoden – Fallbeispiele*, 257–276. Berlin: Erich Schmidt.

Lynott, Dermot & Kenny Coventry. 2014. On the ups and downs of emotion: testing between conceptual-metaphor and polarity accounts of emotional valence-spatial location interactions. *Psychon Bull Rev* 21. 218–226. https://doi.org/10.3758/s13423-013-0481-5.

Machin, David. 2007. *Introduction to Multimodal Analysis*. London: Hodder Arnold.

Machin, David (Hrsg.). 2014. *Visual Communication*. Berlin: de Gruyter Mouton.

Machin, David & Andrea Mayr. 2012. *How To Do Critical Discourse Analysis: A Multimodal Introduction*. London & Thousand Oaks, CA: Sage Publications.

Machin, David & Theo van Leeuwen. 2007. *Global Media Discourse: A critical introduction*. London: Routledge.

Magnani, Lorenzo. 2001. *Abduction, Reason, and Science. Processes of Discovery and Explanation*. New York: Kluwer Academic/Plenum Publishers.

Maiorani, Arianna. 2017. Making Meaning through Movement: A Functional Grammar of Dance Movement. In Maria Grazia Sindoni, Janina Wildfeuer & Kay L. O'Halloran (Hrsg.), *Mapping Multimodal Performance Studies*. London & New York: Routledge.

Mallatratt, S. 1989. *The Woman in Black: A Ghost Play*. London: French.

Manghani, Sunil. 2013. *Image Studies: theory and practice*. London: Routledge.

Manovich, Lev. 2001. *The language of the new media*. Cambridge, MA: MIT Press.

Manovich, Lev. 2012. How to compare one million images. In David M. Berry (Hrsg.), *Understanding digital humanities*, 249–278. Basingstoke: Palgrave Macmillan.

Margolis, Eric & Luc Pauwels (Hrsg.). 2011. *The SAGE Handbook of Visual Research Methods*. London: Sage.

Marks, Laura U. 2000. *The skin of the film: intercultural cinema, embodiment, and the senses*. Durham & London: Duke University Press.

Martin, James R. 1992. *English text: systems and structure*. Amsterdam: Benjamins.

Martin, James R. & David Rose. 2008. *Genre relations: mapping culture*. London & New York: Equinox.

Martinec, Radan. 2004. Gestures which co-occur with speech as a systematic resource: the realization of experiential meanings in indexes. *Social Semiotics* 14(2). 193–213.

Martinet, André. 1960. *Elements of general linguistics*. London: Faber & Faber.

Martinez, Matias & Michael Scheffel. 2016. *Einführung in die Erzähltheorie*. 10. Aufl. München: Beck.

Marx, Georg, Konstanze und Weidacher. 2014. *Internetlinguistik. Ein Lehr- und Arbeitsbuch*. Tübingen: Narr Francke.

Marx, Konstanze, Henning Lobin & Axel Schmidt (Hrsg.). 2020. *Deutsch in Sozialen Medien. Interaktiv, multimodal, vielfältig. Jahrbuch des Instituts für Deutsche Sprache 2019*. Berlin & Boston: de Gruyter.

Marx, Konstanze & Axel Schmidt (Hrsg.). 2019a. *Interaktion und Medien. Interaktionsanalytische Zugänge zu medienvermittelter Kommunikation*. Heidelberg: Universitätsverlag Winter.

Marx, Konstanze & Axel Schmidt. 2019b. Making Let's Plays watchable: Praktiken des stellvertretenden Erlebbar-Machens von Interaktivität in vorgeführten Videospielen. In Konstanze Marx & Axel Schmidt (Hrsg.), *Interaktion und Medien. Interaktionsanalytische Zugänge zu medienvermittelter Kommunikation*, 319–352. Heidelberg: Universitätsverlag Winter.

Mayer, Richard E. (Hrsg.). 2009. *The Cambridge Handbook of Multimedia Learning*. 2. Aufl. Cambridge, MA: Cambridge University Press.

McAuley, G. 2007. State of the Art: Performance Studies. *SemiotiX* 10.

McAuley, Gay. 2010. Interdisciplinary Field or Emerging Discipline?: Performance Studies at the University of Sydney. In Jon McKenzie, Heike Roms & C.J.W.-L. Wee (Hrsg.), *Contesting Performance: Global Sites of Research*, 37–50. Basingstoke: Palgrave Macmillan.

McGurk, Harry & John MacDonald. 1976. Hearing lips and seeing voices. *Nature* 264(5588). 746–748. https://doi.org/10.1038/264746a0.

McLuhan, Marshall. 1968. *Die Magischen Kanäle*. Wien: Econ.

McLuhan, Marshall. 2002 [1964]. The medium is the message. In *Understanding Media: the extensions of man* (Routledge Classics), Kap. 1, 7–23. London: Routledge.

McNeill, David. 1992. *Hand and Mind: What gestures reveal about thought*. Chicago, IL: University of Chicago Press.

McNeill, David. 2006. Gesture and Communication. In Keith Brown (Hrsg.), *Encyclopedia of Language and Linguistics. Second Edition*, 58–66. Amsterdam: Elsevier. https://doi.org/10.1016/B0-08-044854-2/00798-7.

Meckel, Miriam. 2001. Visualität und Virtualität. Zur medienkulturellen und medienpraktischen Bedeutung des Bildes. In Thomas Knieper & Marion Müller (Hrsg.), *Kommunikation visuell. Das Bild als Forschungsgegenstand — Grundlagen und Perspektiven*, 25–36. Köln: Herbert von Halem Verlag.

Mehr, Dorothee. 2018. Osmotische Werbung im Web 2.0: Die Bewerbung jugendlicher Körper am Beispiel der multimodalen Textsorte Stylingtutorial. In Steffen Pappert & Sascha Michel (Hrsg.), *Multimodale Kommunikation in öffentlichen Räumen. Texte und Textsorten zwischen Tradition und Innovation*, 201–230. Köln: ibidem.

Meier, Stefan. 2014. *Visuelle Stile. Zur Sozialsemiotik visueller Medienkultur und konvergenter Design-Praxis*. Bielefeld: transcript.

Meindl, Claudia. 2011. *Methodik für Linguisten. Eine Einführung in Statistik und Versuchsplanung* (narr Studienbücher). Tübingen: Narr Francke Attempto Verlag.

Merz, Joachim. 2014. *Statistik für alle. Skriptum zur Vorlesung und Übung. 5. Auflage*. Lüneburg: Leuphana Universität Lüneburg.

Messaris, Paul. 1998. Visual aspects of media literacy. *Journal of Communication* 48(1). 70–80. doi:10.1111/j.1460-2466.1998.tb02738.x.

Metz, Christian. 1972. *Semiologie des Films*. Übersetzt von Renate Koch. München: Wilhelm Fink Verlag.

Michel, Sascha. 2015. „herr niebel hat hochwasserhosen...". Aneignungsprozesse multimodaler Aspekte von Polit-Talkshows im Social TV am Beispiel von Twitter. In Heiko Girnth & Sascha Michel (Hrsg.), *Polit-Talkshow. Interdisziplinäre Perspektiven auf ein multimodales Format*, 285–316. München: ibidem.

Millington, Barry. 2001. Wagner, Wilhelm Richard. In Stanley Sadie (Hrsg.), *New Grove Dictionary of Music and Musicians*, 2. Aufl., Bd. 26, 931–971. New York & London: Macmillan.

Mitchell, W.J.T. 1986. *Iconology: Images, Text, Ideology*. Chicago, IL: Chicago University Press.

Mitchell, W.J.T. 1992. The pictorial turn. *Artforum*. March.

Mitchell, W.J.T. 1994. *Picture Theory: Essays on verbal and visual representation*. Chicago: University of Chicago Press.

Mitchell, W.J.T. 2005. There are no visual media. *Journal of visual culture* 4(2). 257–266. https://doi.org/10.1177/1470412905054673.

Mittelberg, Irene. 2017. Multimodal existential constructions in German: Manual actions of giving as experiential substrate for grammatical and gestural patterns. *Linguistic Vanguard. A Mul-*

timodal Journal for the Language Sciences. Special issue: *Towards a multimodal construction grammar*, 20160047. https://doi.org/10.1515/lingvan-2016-0047.
Mittelberg, Irene & L.R. Waugh. 2014. Gestures and metonymy. In Cornelia Müller, Alan Cienki, Ellen Fricke, Silva H. Ladewig, David McNeil & Jana Bressem (Hrsg.), *Body – Language – Communication. An International Handbook on Multimodality in Human Interaction*, Bd. 2, 1747–1766. Berlin & Boston: de Gruyter Mouton.
Mittell, Jason. 2015. *Complex TV: The Poetics of Contemporary Television Storytelling*. New York & London: New York University Press.
Monaco, James. 2009. *Film verstehen: Kunst, Technik, Sprache, Geschichte und Theorie des Films und der Neuen Medien*. 2. Aufl. Deutsche Fassung herausgegeben von Hans-Michael Bock. Reinbek bei Hamburg: Rohwohlt Tachenbuch Verlag.
Mondada, Lorenza. 2007. Multimodal resources for turn-taking: Pointing and the emergence of possible next speakers. *Discourse Studies* 9(2). 195–226.
Mondada, Lorenza. 2008. Using Video for a Sequential and Multimodal Analysis of Social Interactioni: Videotaping Institutional Telephone Calls [88 paragraphs]. *Forum Qualitative Sozialforschung / Forum Qualitative Social Research* 9(3). Art. 39.
Mondada, Lorenza. 2014. The local constitution of multimodal resources for social interaction. *Journal of Pragmatics* 65. 137–156.
Mondada, Lorenza. 2016a. Multimodal resources and the organization of social interaction. In Andrea Rocci & Louis de Saussure (Hrsg.), *Verbal Communication*, 329–350. de Gruyter Mouton.
Mondada, Lorenza. 2016b. Zwischen Text und Bild: Multimodale Transkription. In Heike Hausendorf, Reinhold Schmitt & Wolfgang Kesselheim (Hrsg.), *Interaktionsarchitektur. Sozialtopographie und Interaktionsraum*, 111–160. Tübingen: Narr.
Mondada, Lorenza & Reinhold Schmitt. 2010. Zur Multimodalität von Situationseröffnungen. In Lorenza Mondada & Reinhold Schmitt (Hrsg.), *Situationseröffnungen. Zur multimodalen Herstellen fokussierter Interaktion*, 7–52. Tübingen: Narr.
Moriarty, Sandra E. 1996. Abduction: a theory of visual interpretation. *Communication Theory* 6(2). 167–187.
Moritz, Christine & Michael Corsten (Hrsg.). 2018. *Handbuch Qualitative Videoanalyse*. Wiesbaden: Springer.
Moxey, Keith. 2008. Visual Studies and the Iconic Turn. *Journal of Visual Culture* 7. 131–146.
Mukherjee, Sankha S. & Neil M. Robertson. 2015. Deep Head Pose: Gaze-Direction Estimation in Multimodal Video. *IEEE Transactions on Multimedia* 17(11). 2094–2107.
van Mulken, Margot, Rob le Pair & Charles Forceville. 2010. The impact of perceived complexity, deviation and comprehension on the appreciation of visual metaphor in advertising across three European countries. *Journal of Pragmatics* 42. 3418–3430.
Müller, C. 2004. Forms and uses of the Palm Up Open Hand: A case study of a gesture family? In C. Müller & R. Posner (Hrsg.), *The Semantics and Pragmatics of Everyday Gestures: The Berlin Conference*, 233–256. Berlin: Weidler Buchverlag.
Müller, C. & Alan Cienki. 2009. Words, gestures, and beyond: Forms of multimodal metaphor in the use of spoken language. In Charles J. Forceville & Eduardo Urios-Aparisi (Hrsg.), *Multimodal Metaphor*, 297–328. Berlin & New York: de Gruyter Mouton.
Müller, Cornelia. 1998. *Redebegleitende Gesten: Kulturgeschichte – Theorie – Sprachvergleich*. Berlin: Arno Spitz.
Müller, Cornelia. 2008. *Metaphors dead and alive, sleeping and waking: a dynamic view*. Chicago, IL: Chicago University Press.
Müller, Marcus. 2016. Erzählen im kunstwissenschaftlichen Diskurs. In Heiko Hausendorf & Marcus Müller (Hrsg.), *Handbuch Sprache in der Kunstkommunikation*, 497–516. Berlin: de Gruyter.

Müller, Marion G. 2001. Politische Liturgie. Zum symbolischen Moment politischen Handelns in westlichen Demokratien. In Werner Kremp & Berthold Meyer (Hrsg.), *Religion und Zivilreligion im Atlantischen Bündnis*, 58–90. Trier: WVT Wissenschaftlicher Verlag.

Müller, Marion G., Arvid Kappas & Bettina Olk. 2012. Perceiving press photography: a new integrative model, combining iconology with psychophysiological and eye-tracking methods. *Visual Communication* 11(3). 307–328.

Mulvey, Laura. 1975. Visual pleasure and narrative cinema. *Screen* 16(3). 6–18.

Münker, Stefan & Alexander Roesler (Hrsg.). 2008. *Was ist ein Medium?* Frankfurt am Main: Suhrkamp.

Murray, Janet H. 1997. *Hamlet on the Holodeck: The Future of Narrative in Cyberspace*. Cambridge, MA: MIT Press.

Murray, Janet H. 2012. *Inventing the Medium. Principles of Interaction Design as a Cultural Practice*. Cambridge, MA: MIT Press.

Newall, Michael. 2003. A restriction for pictures and some consequences for a theory of depiction. *The Journal of Aesthetics and Art Criticism* 61(4). 381–394.

Nichols, Bill. 2010. *Introduction to Documentary*. 2. Aufl. Bloomington: Indiana University Press.

Nielsen, Jakob. 2006. F-Shaped Pattern For Reading Web Content. *Jakob Nielsen's Alertbox*. http://www.useit.com/alertbox/reading_pattern.html.

Norris, Sigrid. 2002. The implication of visual research for discourse analysis: transcription beyond language. *Visual Communication* 1(1). 97–121.

Norris, Sigrid. 2004a. *Analyzing Multimodal Interaction: a Methodological Framework*. London & New York: Routledge.

Norris, Sigrid. 2004b. Multimodal discourse analysis: a conceptual framework. In Philip LeVine & Ron Scollon (Hrsg.), *Discourse and technology: multimodal discourse analysis*, 101–115. Washington, D.C.: Georgetown University Press.

Norris, Sigrid. 2011. *Identity in (inter)action. Introducing multimodal (inter)action analysis*. Berlin: de Gruyter Mouton.

Norris, Sigrid. 2016a. Concepts in multimodal discourse analysis with examples from video conferencing. *Yearbook of the Poznań Linguistic Meeting* 2. 141–165. https://doi.org/10.1515/yplm-2016-0007.

Norris, Sigrid. 2016b. Multimodal Interaction – Language and Modal Configurations. In Nina-Maria Klug & Hartmut Stöckl (Hrsg.), *Handbuch Sprache im multimodalen Kontext* (Handbooks of Linguistics and Communication Science (HSK) 7), 121–144. Berlin: de Gruyter Mouton.

Nöth, Winfried. 1997. Can pictures lie? In Winfried Nöth (Hrsg.), *Semiotics of the Media. State of the Art, Projects, and Perspectives* (Approaches to Semiotics 127), 133–146. Berlin & New York: Mouton de Gruyter.

Nöth, Winfried. 2000. *Handbuch der Semiotik*. 2. vollständig neu bearbeitete und erweiterte Auflage. Stuttgart & Weimar: Verlag J.B. Metzler.

Ochs, Elinor. 1979. Transcription as Theory. In Elinor Ochs & Bambi B. Schieffelin (Hrsg.), *Developmental Pragmatics*, 43–72. New York: Academic Press.

O'Halloran, Kay L. 1999. Interdependence, Interaction and Metaphor in Multisemiotic Texts. *Social Semiotics* 9(3). 317–354.

O'Halloran, Kay L. 2015. Multimodal Digital Humanities. In Peter P. Trifonas (Hrsg.), *International Handbook of Semiotics*, 389–416. Dordrecht: Springer.

O'Halloran, Kay L., Marissa K. L. E & Sabine Tan. 2014. Multimodal Analytics: Software and Visualization Techniques for Analyzing and Interpreting Multimodal Data. In Carey Jewitt (Hrsg.), *The Routledge Handbook of multimodal analysis*, 2. Aufl., 386–396. London: Routledge.

O'Halloran, Kay L., Sabine Tan, Duc-Son Pham, John A. Bateman & Andrew Vande Moere. 2016. A Digital Mixed Methods Research Design: Integrating Multimodal Analysis with Data Mining and Information Visualization for Big Data Analytics. *Journal of Mixed Methods Research* 12(1). 11–30. https://doi.org/10.1177/1558689816651015.

Oloff, Florence. 2019. Das Smartphone als soziales Objekt: Eine multimodale Analyse von initialen Zeigesequenzen in Alltagsgesprächen. In Konstanze Marx & Axel Schmidt (Hrsg.), *Interaktion und Medien. Interaktionsanalytische Zugänge zu medienvermittelter Kommunikation*, 191–218. Heidelberg: Universitätsverlag Winter.

O'Toole, Michael. 1989. Semiotic systems in painting and poetry. In C. Poke, R. Russell & M. Falchikov (Hrsg.), *A Festschrift for Dennis Ward*. Nottingham: Astra Press.

O'Toole, Michael. 2011 [1994]. *The language of displayed art*. Abingdon & Oxon: Routledge.

Oviatt, Sharon & Philip R. Cohen. 2015. *The paradigm shift to multimodality in contemporary computer interfaces*. San Rafael, CA: Morgan & Claypool.

Packard, Stephan, Andreas Rauscher, Veronique Sina, Jan-Noel Thon, Lukas Wilde & Janina Wildfeuer. 2019. *Comicanalyse. Eine Einführung*. Berlin: Metzler.

Paivio, Allan. 1986. *Mental Representations: A Dual Coding Approach*. London & New York: Oxford University Press.

Panofsky, Erwin. 1967 [1939]. *Studies in Iconology: Humanistic Themes in the Art of the Renaissance*. 2. Aufl. Originally published by the Oxford University Press. New York: Harper & Row.

Panofsky, Erwin. 2004 [1934]. Style and medium in the motion pictures. In Leo Braudy & Marshall Cohen (Hrsg.), *Film Theory and Criticism*, sixth. Originally published 1934, revised in *Critique*, 1(3): 5–28 (1947). Oxford: Oxford University Press.

Pappert, Steffen. 2017. Zur kommunikativen Funktion von Emojis in der WhatsApp-Kommunikation. In Michael Beißwenger (Hrsg.), *Empirische Erforschung internetbasierter Kommunikation*, 175–212. Berlin & Boston: de Gruyter.

Pappert, Steffen & Sascha Michel (Hrsg.). 2018. *Multimodale Kommunikation in öffentlichen Räumen*. Stuttgart: ibidem.

Patel-Grosz, Pritty, Patrick Georg Grosz, Tejaswinee Kelkar & Alexander Refsum Jensenius. 2019. Coreference and disjoint reference in the semantics of narrative dance. In Uli Sauerland & Stephanie Solt (Hrsg.), *Proceedings of Sinn und Bedeutung 22*, Bd. 2 (ZASPiL 61), 199–216. Berlin: ZAS.

Pauwels, Luc. 2011. An Integrated Conceptual Framework for Visual Social Research. In Eric Margolis & Luc Pauwels (Hrsg.), *The SAGE Handbook of Visual Research Methods*, 3–23. London: Sage.

Pederson, Kaitlin & Neil Cohn. 2016. The changing pages of comics: Page layouts across eight decades of American superhero comics. *Studies in Comics* 7(1). 7–28.

Peirce, Charles Sanders. 1998 [1893–1913]. *The Essential Peirce – Volume 2. Selected Philosophical Writings (1893–1913)*. Bloomington: Indiana University Press.

Perrin, Daniel. 2011. *Medienlinguistik. 2. Auflage*. Konstanz & München: UVK.

Pethő, Ágnes. 2011. *Cinema and intermediality: the passion for the in-between*. Newcastle upon Tyne: Cambridge Scholars Publishing.

Pettersson, Rune. 2017. Gestalt principles: opportunities for designers. In Alison Black, Paul Luna, Ole Lund & Sue Walker (Hrsg.), *Information Design: Research and Practice*, 425–434. London: Routledge.

Petzold, Sara. 2018. *Pokémon GO: Top-Umsätze und Spielerzahlen führen zu Allzeit-Hoch*. https://www.buffed.de/Pokemon-GO-Spiel-56108/News/spielerzahlen-allzeit-hoch-1259684/.

Pike, K. L. 1967. *Language in relation to a unified theory of the structure of human behaviour*. 2. Aufl. The Hague: Mouton.

Pirini, Jesse. 2016. Intersubjectivity and Materiality: A Multimodal Perspective. *Multimodal Communication* 5(1). 1–14.

Pitsch, Karola. 2015. Ko-Konstruktion in der Mensch-Roboter-Interaktion: Kontingenz, Erwartungen und Routinen in der Eröffnung. In Ulrich Dausendschön-Gay, Elisabeth Gülich & Ulrich Krafft

(Hrsg.), *Ko-Konstruktionen in der Interaktion: Die gemeinsame Arbeit an Äußerungen und anderen sozialen Ereignissen*, 229–258. Bielefeld: transcript. https://doi.org/10.14361/9783839432952-013.

Pitsch, Karola, Raphaela Gehle, Timo Dankert & Sebastian Wrede. 2017. Interactional Dynamics in User Groups: Answering a Robot's Question in Adult-Child Constellations. In *Proceedings of the 5th International Conference on Human Agent Interaction* (HAI '17), 393–397. Bielefeld: ACM. https://doi.org/10.1145/3125739.3132604.

Podlasov, Alexey & Kay L. O'Halloran. 2013. Japanese Street Fashion for Young People: A Multimodal Digital Humanities Approach for Identifying Sociocultural Patterns and Trends. In Emilia Djonov & Sumin Zhao (Hrsg.), *Critical Multimodal Studies of Popular Discourse*, 71–90. New York & London: Routledge.

Poncin, Kristina & Hannes Rieser. 2006. Multi-speaker utterances and co-ordination in task-oriented dialogue. *Journal of Pragmatics* 38. 718–744.

Posner, Roland. 1986. Zur Systematik der Beschreibung verbaler und nonverbaler Kommunikation: Semiotik als Propädeutik der Medienanalyse. In Hans-Georg Bosshardt (Hrsg.), *Perspektiven auf Sprache: Interdisziplinäre Beiträge zum Gedenken an Hans Hörmann*, 267–313. Berlin & New York: W. de Gruyter.

Pratt, Henry John. 2012. Making Comics into Film. In A. Meskin & R. T. Cook (Hrsg.), *The Art of Comics. A Philosphical Approach*, 147–164. Sussex: Wiley-Blackwell.

Prince, Stephen. 2007. *Movies and meaning: An introduction to film*. 4. Aufl. Boston, MA: Pearson Allyn & Bacon.

Pudovkin, Vladimir I. 1926. *Film technique and film acting: the cinema writings of V. I. Pudovkin*. Übersetzung: Ivor Montagu, Sims Press 2007. New York: Bonanza Books.

R Core Team. 2016. *R: A Language and Environment for Statistical Computing*. R Foundation for Statistical Computing. Vienna, Austria. https://www.R-project.org/.

Ramachandran, V. S. & E. M. Hubbard. 2001. Psychophysical investigations into the neural basis of synaesthesia. *Proceedings of the Royal Society B: Biological Sciences* 268. 979–983.

Rayner, Keith. 1998. Eye Movements in Reading and Information Processing: 20 Years of Research. *Psychological Bulletin* 124(3). 372–422.

Redeker, Gisela. 1996. Coherence and Structure in Text and Discourse. In W. Black & H. Bunt (Hrsg.), *Computational Pragmatics: abduction, belief and context*. London: University College Press.

Rider, E.A., S. Kurtz, D. Slade, H.E. Longmaid, M.-.J. Ho, J.K.-.H. Pun, S. Eggins & W.T. Branch. 2014. The International Charter for Human Values in Healthcare: An interprofessional global collaboration to enhance values and communication in healthcare. *Patient Education and Counselling* 96(3). 273–280.

Rieser, Martin. 2015. Artistic Explorations. Mobile, Locative and Hybrid Narrtives. In Hartmut Koenitz, Gabriele Ferri, Mads Haahr, Diğdem Sezen & Tonguç İbrahim Sezen (Hrsg.), *Interactive Digital Narrative. History, Theory and Practice*, 241–257. New York & London: Routledge.

Robin, Harry. 1993. *The scientific image: from cave to computer*. New York: W.H. Freeman.

Rorty, Richard. 1979. *Philosophy and the Mirror of Nature*. Princeton: Princeton University Press.

Rose, Gillian. 2012a. *Visual methodologies. An introduction to researching with visual materials*. 3. Aufl. London, Thousand Oaks & New Delhi: Sage.

Rose, Gillian. 2012b. Visual methodologies. An introduction to researching with visual materials. In, 3. Aufl., Kap. 5. Content analysis. Counting what (you think) you see, 81–103. London, Thousand Oaks & New Delhi: Sage.

Rossano, Frederico. 2012. *Gaze behaviour in face-to-face interaction. PhD dissertation*. Max Planck Institute for Psycholinguistics Series Diss.

Rossi, Fabio & Maria Grazia Sindoni. 2017. The Phantoms of the Opera: Towards a Multi-Dimensional Interpretative Framework of Analysis. In Maria Grazia Sindoni, Janina Wildfeuer & Kay L. O'Halloran (Hrsg.), *Mapping Multimodal Performance Studies*. London & New York: Routledge.

Rossman, Gretchen B. & Sharon F. Rallis. 2012. *Learning in the field: an introduction to qualitative research*. 3. Aufl. London & Thousand Oaks, CA: Sage.

Rumsey, Deborah. 2015. *Statistik für Dummies. 3., aktualisierte Auflage*. Übersetzt von Reinhard Engel und Ulrike Walter-Lipow. Weinheim: Wiley.

Ryan, Marie-Laure. 2004. Introduction. In Marie-Laure Ryan (Hrsg.), *Narrative across Media: The Languages of Storytelling*, 1–40. Lincoln: University of Nebraska Press.

Ryan, Marie-Laure. 2005. On the Theoretical Foundations of Transmedial Narratology. In Jan Christoph Meister, Tom Kindt, Wilhelm Schermus & Malte Stein (Hrsg.), *Narrative Beyond Literary Criticism*, 1–23. Berlin: De Gruyter.

Sachs-Hombach, Klaus (Hrsg.). 2001. *Bildhandeln: interdisziplinäre Forschungen zur Pragmatik bildhafter Darstellungsformen* (Reihe Bildwissenschaft 3). Magdeburg: Scriptum-Verlag.

Sachs-Hombach, Klaus. 2003. *Das Bild als kommunikatives Medium: Elemente einer allgemeinen Bildwissenschaft* (Univ., Habil.-Schr.–Magdeburg). Köln: Halem.

Sachs-Hombach, Klaus & Jörg R.J. Schirra. 2009. Medientheorie, visuelle Kultur und Bildanthropologie. In Klaus Sachs-Hombach (Hrsg.), *Bildtheorien. Anthropologische und kulturelle Grundlagen des Visualistic Turn*, 393–426. Frankfurt am Main: Suhrkamp.

Sachs-Hombach, Klaus, John Bateman, Robin Curtis, Beate Ochsner & Sebastian Thies. 2018. Medienwissenschaftliche Multimodalitätsforschung. *MEDIENwissenschaft* 1. 8–26. https://doi.org/10.17192/ep2018.1.226.

Sacks, Harvey. 1963. Sociological description. *Berkeley Journal of Sociology* 8. 1–16.

Sacks, Harvey, Emanuel A. Schegloff & Gail Jefferson. 1974. A simplest systematics for the organisation of turn-taking for conversation. *Language* 50. 696–735.

Sagan, Carl, Linda Salzman Sagan & Frank Drake. 1972. A message from Earth. *Science* 175(4024). 881–884. https://doi.org/10.1126/science.175.4024.881.

Saltz, David Z. 2015. From Semiotics to Philosophy: Daring to Ask the Obvious. *Performance Philosophy* 1. 95–105.

Sandbothe, Mike & Ludwig Nagl (Hrsg.). 2005. *Systematische Medienphilosophie*. Berlin: Akademie Verlag.

Saussure, Ferdinand de. 1967. *Grundfragen der allgemeinen Sprachwissenschaft*. Herausgegeben von Albert Riedlinger, Charles Bally, Albert Sechehaye. Berlin: de Gruyter.

Schechner, Richard. 1988. Performance Studies: The Broad Spectrum Approach. *The Drama Review* 32(3). 4–6.

Schechner, Richard. 2013. *Performance Studies. An Introduction. Third Edition*. London & New York: Routledge.

Schemer-Reinhard, Timo. 2016. Let's Play without Controller. Zu den Effekten des Verschwindens der Steuerung im remediatisierten Game. In Judith Ackermann (Hrsg.), *Phänomen Let's Play-Video*, 55–69. Wiesbaden: Springer VS.

Scherer, Thomas, Sarah Greifenstein & Hermann Kappelhoff. 2014. Expressive movements in audiovisual media: Modulating affective experience. In Cornelia Müller, Alan Cienki, Ellen Fricke, Silva H. Ladewig, David McNeill & Jana Bressem (Hrsg.), *Body – Language – Communication. An international handbook on multimodality in human interaction*, Bd. 2, 2081–2092. New York: de Gruyter Mouton.

Schirra, Jörg R.J. & Klaus Sachs-Hombach. 2007. To show and to say: comparing the uses of pictures and language. *Studies in Communication Sciences* 7(2). 35–62.

Schlenker, Phillippe. 2017. Outline of Music Semantics. *Music Perception* 35. 3–37.

Schmid, Wolf. 2010. *Narratology. An Introduction*. Berlin & New York: de Gruyter.

Schmidt, Axel & Konstanze Marx. 2019. Multimodality as a Challenge: YouTube Data in Linguistic Corpora. In Janina Wildfeuer, Jana Pflaeging, John A. Bateman, Ognyan Seizov & Chiao-I Tseng (Hrsg.), *Multimodality: Disciplinary Thoughts and the Challenge of Diversity*, 115–144. Berlin: de Gruyter.

Schmitt, Christina & Sarah Greifenstein. 2014. Cinematic communication and embodiment. In Cornelia Müller, Alan Cienki, Ellen Fricke, Silva H. Ladewig, David McNeil & Jana Bressem (Hrsg.), *Body – Language – Communication. An International Handbook on Multimodality in Human Interaction*, Bd. 2, 2061–2070. Berlin & Boston: Mouton.

Schmitt, Reinhold. 2005. Zur multimodalen Struktur von Turn-Taking. *Gesprächsforschung – Online-Zeitschrift zur verbalen Interaktion* 6. 17–61.

Schmitt, Reinhold. 2015. Positionspapier: Multimodale Interaktionsanalyse. In Ulrich Dausendschön-Gay, Elisabeth Gülich & Ulrich Krafft (Hrsg.), *Ko-Konstruktionen in der Interaktion. Die gemeinsame Arbeit an Äußerungen und anderen sozialen Ereignissen*, 43–51. Bielefeld: transcript.

Schmitz, Ulrich. 2004. *Sprache in modernen Medien. Einführung in Tatsachen und Theorien, Themen und Thesen*. Berlin: Erich Schmidt Verlag.

Schmitz, Ulrich. 2016. Multimodale Texttypologie. In Nina-Maria Klug & Hartmut Stöckl (Hrsg.), *Handbuch Sprache im multimodalen Kontext* (Handbooks of Linguistics and Communication Science (HSK) 7), 327–347. Berlin: de Gruyter Mouton.

Schneider, Irmela & Christian W. Thomsen. 1997. *Hybridkultur. Medien, Netze, Künste*. Köln: Wienand Verlag.

Schneider, J.G. & Hartmut Stöckl (Hrsg.). 2011. *Medientheorie und Multimodalität: ein TV-Werbespot – Sieben methodische Beschreibungsansätze*. Köln: Harlem.

Schneiderman, Ben. 1996. The eyes have it: a task by data type taxonomy for information visualization. In *Proceedings IEEE Symposium on Visual Languages*, 336–343. IEEE CS Press.

Schnettler, Bernt & Hubert Knoblauch (Hrsg.). 2007. *PowerPoint-Präsentationen. Neue Formen der gesellschaftlichen Kommunikations von Wissen*. Konstanz: UVK.

Schnettler, Bernt, Hubert Knoblauch & Frederik S. Pötzsch. 2007. Die Powerpoint-Präsentation. Zur Performanz technisierter mündlicher Gattungen in der Wissensgesellschaft. In Bernt Schnettler & Hubert Knoblauch (Hrsg.), *Powerpoint-Präsentationen. Neue Formen der gesellschaftlichen Kommunikation von Wissen*, 9–34. Konstanz: UVK.

Schreier, Margrit. 2012. *Qualitative content analysis in practice*. London: Sage.

Schutz, Alfred. 1962. *Collected Papers I: The problem of social reality*. (Edited by M. Nantanson). The Hague: Nijhoff.

Scollon, Ron. 2001. *Mediated discourse: the nexus of practice*. London: Routledge.

Scollon, Ron & Suzie Scollon. 2003. *Discourses in Place: Language in the Material World: Reading and Writing in One Community*. London: Routledge.

Searle, John R. 1995. *The construction of social reality*. New York: The Free Press.

Seidl, Monika (Hrsg.). 2007. *Visual Literacy: Bilder verstehen. Unterricht Englisch Nr. 87/2007*. Seelze: Friedrich.

Seier, Andrea. 2007. *Remediatisierung. Die performative Konstitution von Gender und Medien*. Berlin: LIT Verlag.

Selting, Margret, Peter Auer, Dagmar Barth-Weingarten, Jörg Bergmann, Pia Bergmann, Karin Birkner, Elizabeth Couper-Kuhlen, Arnulf Deppermann, Peter Gilles, Susanne Günthner, Martin Hartung, Friederike Kern, Christine Mertzlufft, Christian Meyer, Miriam Morek, Frank Oberzaucher, Jörg Peters, Uta Quasthoff, Wilfried Schütte, Anja Stukenbrock & Susanne Uhmann. 2009. Gesprächsanalytisches Transkriptionssystem 2 (GAT 2). *Gesprächsforschung – Online-Zeitschrift zu verbalen Interaktion* 10. 353–402.

Senator für Bildung und Wissenschaft. 2007. *Deutsch. Bildungsplan für das Gymnasium. Jahrgangsstufe 5–10*. German. online. Freie Hansestadt Bremen. http://www.lis.bremen.de/sixcms/media.php/13/07-04-26_deutsch_gy.pdf.

Serafini, Frank. 2011. Expanding perspectives for comprehending visual images in multimodal texts. *Journal of Adolescent and Adult Literacy* 54(5). 342–350.

Shepherd, M. & C. Watters. 1998. The evolution of cybergenres. In *Proceedings of the 31st Annual Hawaii International Conference on System Sciences*, Bd. 2, 97–109. Los Alamitos, CA: IEEE Computer Society Press. http://csdl.computer.org/comp/proceedings/hicss/1998/8236/02/82360097.pdf.

Short, Thomas L. 2007. *Peirce's Theory of Signs*. Cambridge, MA: Cambridge University Press.

Siegel, Majorie. 2006. Rereading the signs: multimodal transformations in the field of literacy education. *Language Arts* 84(1). 65–77.

Siever, Christina Margrit. 2015. *Mutimodale Kommunikation im Social Web. Forschungsansätze und Analysen zu Text-Bild-Relationen*. Frankfurt am Main: Peter Lang.

Simanowski, Roberto, Jörgen Schäfer & Peter Gendolla (Hrsg.). 2010. *Reading Moving Letters. Digital Literature in Research and Teaching: A Handbook*. Bielefeld: transcript.

Simola, Jaana, Jukka Hyönä & Jarmo Kuisma. 2014. Perception of visual advertising in different media: from attention to distraction, persuasion, preference and memory. *Frontiers in Psychology* 5. 1208. https://doi.org/10.3389/fpsyg.2014.01208.

Sina, Veronique. 2014. Die Korrelation von Comic und Film. Ein Einblick in die reziproke Entwicklungsgeschichte zweier Medien. *Closure. Kieler e-Journal für Comicforschung* 1. 99–21.

Sindoni, Maria Grazia, Kay O'Halloran & Janina Wildfeuer. 2016. The Expanding Galaxy of Performing Arts: Extending Theories and Questioning Practices. *Social Semiotics* 26(4). 325–240. https://doi.org/10.1080/10350330.2016.1189733.

Sindoni, Maria Grazia, Janina Wildfeuer & Kay L. O'Halloran (Hrsg.). 2017. *Mapping Multimodal Performance Studies*. London & New York: Routledge.

Skerlavaj, Tanja. 2018. Text und kulturelle Institution. Einige Überlegungen zum Textsortennetz Theater. In Steffen Pappert & Michael Klemm (Hrsg.), *Multimodale Kommuniaktion im öffentlichen Raum. Texte und Textsorten zwischen Tradition und Innovation*, 63–82. Stuttgart: ibidem.

Slade, D., H. Scheeres, M. Manidis, R. Iedema, R. Dunston, J. Stein-Parbury, C.M.I.M. Matthiessen, M. Herke & J. McGregor. 2008. Emergency communication: the discursive challenges facing emergency clinicians and patients in hospital emergency departments. *Discourse and Communication* 2. 271–298.

Sloman, Aaron. 1985. Why we need many knowledge representation formalisms. In M.Bramer (Hrsg.), *Research and Development in Expert Systems*, 163–183. Cambridge & New York: Cambridge University Press.

Smith, Tim J. 2012. The Attentional Theory of Cinematic Continuity. *Projections: The Journal for Movies and the Mind* 6(1). 1–27.

Smith, Tim J., Dan T. Levin & James E. Cutting. 2012. A Window on Reality: Perceiving Edited Moving Images. *Current Directions in Psychological Science* 21(2). 107–113. https://doi.org/10.1177/0963721412437407.

Sowa, Timo & Ipke Wachsmuth. 2009. A Computational Model for the Representation and Processing of Shape in Coverbal Iconic Gestures. In Kenny Coventry, Thora Tenbrink & John Bateman (Hrsg.), *Spatial Language and Dialogue*, Kap. 10, 132–146. Oxford University Press.

Spitzmüller, Jürgen. 2018. Multimodalität und Materialität im Diskurs. In Ingo Warnke (Hrsg.), *Handbuch Diskurs* (Handbücher Sprachwissen (HSW) 6), 521–540. Berlin & Boston: de Gruyter Mouton.

Steen, Francis & Mark B. Turner. 2013. Multimodal Construction Grammar. In Michael Borkent, Barbara Dancygier & Jennifer Hinnell (Hrsg.), *Language and the Creative Mind*, 255–274. Stanford, CA: CSLI Publications. https://doi.org/10.2139/ssrn.2168035.

Stenglin, Maree. 2017. The Eyes Have It: 'In the Gaze ... Everything Happened. In Maria Grazia Sindoni, Janina Wildfeuer & Kay L. O'Halloran (Hrsg.), *Mapping Multimodal Performance Studies*. London & New York: Routledge.

Stenning, Keith & Jon Oberlander. 1995. A cognitive theory of graphical and linguistic reasoning: logic and implementation. *Cognitive Science* 19. 97–140.

Stenros, Jaakko. 2015. *Playfulness, Play, and Games: A Constructionist Ludology Approach*. University of Tampere Diss.

Stertkamp, Wolf. 2017. *Sprache und Kommunikation in Online-Computerspielen. Untersuchungen zu multimodaler Kommunikation am Beispiel von World of Warcraft*. Gießen: Gießener Elektronische Bibliothek.

Stetter, Christian. 2005. *System und Performanz. Symboltheoretische Grundlagen von Medientheorie und Sprachwissenschaft*. Weilerswist: Velbrück Wissenschaft.

Stivers, Tanya & Jack Sidnell. 2005. Introduction: Multimodal Interaction. *Semiotica* 156(1–4). 1–20.

Stöckl, Hartmut. 2004. In between modes: language and image in printed media. In Eija Ventola, Cassily Charles & Martin Kaltenbacher (Hrsg.), *Perspectives on Multimodality*, 9–30. Amsterdam: John Benjamins.

Stöckl, Hartmut. 2011. Sprache-Bild-Texte lesen. Bausteine zur Methodik einer Grundkompetenz. In Hans-Joachim Diekmannshenke, Michael Klemm & Hartmut Stöckl (Hrsg.), *Bildlinguistik. Theorien – Methoden – Fallbeispiele*, 43–70. Berlin: Erich Schmidt.

Stöckl, Hartmut. 2014. Semiotic paradigms and multimodality. In Carey Jewitt (Hrsg.), *The Routledge Handbook of multimodal analysis*, 2. Aufl., 274–286. London: Routledge.

Stöckl, Hartmut. 2016. Multimodalität – Semiotische und textlinguistische Grundlagen. In Nina-Maria Klug & Hartmut Stöckl (Hrsg.), *Handbuch Sprache im multimodalen Kontext* (Handbooks of Linguistics and Communication Science (HSK) 7), 3–35. Berlin: de Gruyter Mouton.

Storrer, Angelika. 2018. Interaktionsorientiertes Schreiben im Internet. In Arnulf Deppermann & Silke Reineke (Hrsg.), *Sprache im kommunikativen, interaktiven und kulturellen Kontext*, 219–244. Berlin & Boston: de Gruyter. https://doi.org/10.1515/9783110538601-010.

Streeck, Jürgen. 1983. Konversationsanalyse. Ein Reparaturversuch. *Zeitschrift für Sprachwissenschaft* 2(1). 72–104. https://doi.org/10.1515/ZFSW.1983.2.1.72.

Streeck, Jürgen. 2001. Praxeologie. In Helmut Gruber & Florian Menz (Hrsg.), *Interdisziplinarität in der Angewandten Sprachwissenschaft. Methodenmenü oder Methodensalat?*, 33–56. Frankfurt am Main: Peter Lang.

Stukenbrock, Anja. 2009. Herausforderungen der multimodalen Transkription: Methodische und theoretische Überlegungen aus der wissenschaftlichen Praxis. In Karin Birkner & Anja Stukenbrock (Hrsg.), *Die Arbeit mit Transkripten in Fortbildung, Lehre und Forschung*, 144–169. Mannheim: Verlag für Gesprächsforschung.

Stukenbrock, Anja. 2015. *Deixis in der face-to-face-Interaktion*. Berlin & New York: de Gruyter.

Swales, John M. 1990. *Genre Analysis: English in academic and research settings*. Cambridge, MA: Cambridge University Press.

Tan, Sabine, Peter Wignell & Kay L. O'Halloran. 2017. Multimodal Semiotics of Theatrical Performances. In Maria Grazia Sindoni, Janina Wildfeuer & Kay L. O'Halloran (Hrsg.), *Mapping Multimodal Performance Studies*, 14–38. London & New York: Routledge.

Tan, Sabine, Kay L. O'Halloran, Peter Wignell, Kevin Chai & Rebecca Lange. 2018. A multimodal mixed methods approach for examining recontextualisation patterns of violent extremist images in online media. *Discourse, Context & Media* 21. 18–35. https://doi.org/10.1016/j.dcm.2017.11.004.

Teddlie, Charles & Abbas Tashakkori. 2011. Mixed Methods Research: Contemporary Issues in an Emerging Field. In Norman K. Denzin & Yvonne S. Lincoln (Hrsg.), *The Sage handbook of qualitative research*, 4. Aufl., 285–299. Los Angeles: Sage.

Theunert, Helga. 2002. *Medienkonvergenz: Angebot und Nutzung: eine Fachdiskussion*. München: Fischer.

Thiel, Felicitas. 2016. *Interaktion im Unterricht. Ordnungsmechanismen und Störungsdynamiken*. Opladen & Toronto: Verlag Barbara Budrich.

Thomas, Martin. 2014. Evidence and circularity in multimodal discourse analysis. *Visual Communication* 13(2). 163–189. https://doi.org/10.1177/1470357213516725.

Thomas, Martin, Judy Delin & Robert H. W. Waller. 2010. A framework for corpus-based analysis of the graphic signalling of discourse structure. In *Proceedings of Multidisciplinary Approaches to Discourse (MAD 2010)*. Moissac, France.

Thon, Jan-Noël. 2016. *Transmedial Narratology and Contemporary Media Culture*. Lincoln: Nebraska Press.

Toh, Weimin. 2018. *A Multimodal Approach to Video Games and the Player Experience*. London & Abingdon: Routledge.

Tomasello, Michael. 1999. *The Cultural Origins of Human Cognition*. Cambridge, MA: Harvard University Press.

Tomasello, Michael. 2005. *Constructing a language: a usage-based theory of language acquisition*. Cambridge, MA: Harvard University Press.

Trahndorff, Karl F.E. 1827. *Ästhetik oder Lehre von Weltanschauung und Kunst*. Berlin: In der Maurerschen Buchhandlung.

Tseng, Chiao-I. 2013. *Cohesion in Film: Tracking Film Elements*. Basingstoke: Palgrave Macmillan.

Tufte, Edward R. 1983. *The visual display of quantitative information*. Cheshire, Connecticut: Graphics Press.

Twyman, Michael. 1979. A schema for the study of graphic language. In Paul A. Kolers, M. E. Wrolstad & H. Bouma (Hrsg.), *Processing of Visible Language*, Bd. 1, 117–150. New York & London: Plenum.

Twyman, Michael. 1987. A schema for the study of graphic language. In O. Boyd-Barrett & Braham P. (Hrsg.), *Media, Knowledge and Power*, 201–225. Reprinted version of Twyman (1979). London: Croom Helm.

van Leeuwen, Theo. 1991. Conjunctive structure in documentary film and television. *Continuum: journal of media and cultural studies* 5(1). 76–114.

van Leeuwen, Theo. 1999. *Speech, Music, Sound*. London: MacMillan.

van Leeuwen, Theo. 2005a. *Introducing social semiotics*. London: Routledge.

van Leeuwen, Theo. 2005b. Multimodality, genre and design. In Sigrid Norris & Rodney Jones (Hrsg.), *Discourse in Action – Introducing Mediated Discourse Analysis*, 73–94. London: Routledge.

van Leeuwen, Theo. 2008. *Discourse and Practice: New Tools for Critical Discourse Analysis*. Oxford: Oxford University Press.

van Leeuwen, Theo. 2009. Parametric systems: the case of voice quality. In Carey Jewitt (Hrsg.), *The Routledge Handbook of multimodal analysis*, 68–77. London: Routledge.

van Leeuwen, Theo & Morten Boeriis. 2017. Towards a semiotics of film lighting. In Janina Wildfeuer & John A. Bateman (Hrsg.), *Film Text Analysis. New Perspectives on the Analysis of Filmic Meaning*, 24–45. New York & Abingdon: Routledge.

van Leeuwen, Theo & Carey Jewitt (Hrsg.). 2001. *Handbook of visual analysis*. London: Sage.

Voorhees, Gerald A. 2009. I Play Therefore I Am: Sid Meier's Civilization, Turn-Based Strategy Games and the *cogito*. *Games and Culture* 4(3). 254–275.

Wahlster, Wolfgang (Hrsg.). 2006. *SmartKom: Foundations of Multimodal Dialogue Systems* (Cognitive Technologies). Heidelberg & Berlin: Springer.

Waller, Robert. 1987. *The typographical contribution to language: towards a model of typographic genres and their underlying structures*. Reading, U.K.: Department of Typography & Graphic Communication, University of Reading Diss. http://www.robwaller.org/RobWaller_thesis87.pdf.

Waller, Robert. 2012. Graphic literacies for a digital age: the survival of layout. *The Information Society: An international journal* 28(4). 236–252.

Wandtke, Terrence R. (Hrsg.). 2007. *The amazing transforming superhero! Essays on the revision of characters in comic books, film and television*. Jefferson, NC & London: McFarlane & Co.

Ward, Mark S. 2015. Art in Noise: An Embodied Simulation Account of Cinematic Sound Design. In Maarten Coëgnarts & Peter Kravanja (Hrsg.), *Embodied Cognition and Cinema*, 155–186. Leuven: Leuven University Press.

Wardrip-Fruin, Noah & Pat Harrigan (Hrsg.). 2004. *FirstPerson: New Media as Story, Performance, and Game*. Cambridge, MA: MIT Press.

Warnke, Ingo H. 2011. Die Stadt als Kommunikationsraum und Linguistische Landschaft. In W. Hofmann (Hrsg.), *Die Stadt als Erfahrungsraum der Politik*, 343–363. Münster: Lit.

Weber, Thomas. 2008. *Medialität als Grenzerfahrung. Futurische Medien im Kino der 80er und 90er Jahre*. Bielefeld: transcript.

Wildfeuer, Janina. 2012. Intersemiosis in Film: Towards a New Organisation of Semiotic Resources in Multimodal Filmic Text. *Multimodal Communication* 1(3). 233–304.

Wildfeuer, Janina. 2013. Trompeten, Fanfaren und orangefarbene Tage. Zur Intersemiose in *Die fabelhafte Welt der Amélie*. In Lars C. Grabbe, Patrick Rupert-Kruse & Norbert M. Schmitz (Hrsg.), *Multimodale Bilder. Zur synkretistischen Struktur des Filmischen*, 81–101. Darmstadt: Büchner-Verlag.

Wildfeuer, Janina. 2014. *Film Discourse Interpretation. Towards a New Paradigm for Multimodal Film Analysis* (Routledge Studies in Multimodality). London & New York: Routledge.

Wildfeuer, Janina. 2017. Diskurssemiotik = Diskurssemantik + multimodaler Text. In Ernest Hess-Lüttich, Ingo H. Warnke, M. Reisigl & Heidrun Kämper (Hrsg.), *Diskurs – semiotisch. Aspekte multimodaler Diskursforschung*, 189–209. Berlin & New York: de Gruyter.

Wildfeuer, Janina. 2019. Diskurslinguistik und Text. In Ingo H. Warnke (Hrsg.), *Handbuch Diskurs*, 134–151. Berlin & New York: de Gruyter.

Wildfeuer, Janina & John A. Bateman. 2018. Theoretische und methodologische Perspektiven des Multimodalitätskonzepts aus linguistischer Sicht. *IMAGE – Zeitschrift für interdisziplinäre Bildwissenschaft* 28. 5–46.

Wildfeuer, Janina & Chiara Pollaroli. 2018. When Context Changes: The Need for a Dynamic Notion of Context in Multimodal Argumentation. *International Review of Pragmatics* 10. 179–197. https://doi.org/10.1163/18773109-01002003.

Wildfeuer, Janina & Dušan Stamenković. 2020. Multimodale Forschungsperspektiven auf Computerspiele. In Markus Engelns & Patrick Voßkamp (Hrsg.), *Computerspielphilologie in Schule und Hochschule* (Osnabrücker Beiträge zur Sprachtheorie), 7–28. Osnabrück: Gilles & Francke Verlag.

Wildfeuer, Janina, Jana Pflaeging, John A. Bateman, Ognyan Seizov & Chiao-I Tseng. 2019. Multimodality – Disciplinary Thoughts and the Challenge of Diversity. Introduction. In Janina Wildfeuer, Jana Pflaeging, John A. Bateman, Ognyan Seizov & Chiao-I Tseng (Hrsg.), *Multimodality. Disciplinary Thoughts and the Challenge of Diversity*, 3–38. Berlin & New York: de Gruyter.

Williamson, Jack H. 1986. The grid: History, use, and meaning. *Design Issues* 3(2). 15–30.

Winkler, Hartmut. 2008. Zeichenmaschinen: oder warum die semiotische Dimension für eine Definition der Medien unerlässlich ist. In Stefan Münker & Alexander Roesler (Hrsg.), *Was ist ein Medium?*, 211–222. Frankfurt am Main: Suhrkamp Verlag.

Winter, Bodo. 2020. *Statistics for Linguists. An Introduction Using R*. New York & London: Routledge.

Wirth, Uwe. 1995. Abduktion und ihre Anwendungen. *Zeitschrift für Semiotik* 17. 405–424.

Wirth, Uwe. 2005. Abductive reasoning in Peirce's and Davidson's account of interpretation. *Semiotica* 153(1). 199–208.

Wittenburg, Peter, Hennie Brugman, Albert Russel, Alex Klassmann & Han Sloetjes. 2006. ELAN: a professional framework for multimodality research. In *Proceedings of LREC 2006, Fifth International Conference on Language Resources and Evaluation*, 1556–1559. http://www.lat-mpi.eu/papers/papers-2006/elan-paper-final.pdf.

Wodak, Ruth & Michael Meyer (Hrsg.). 2015. *Methods of Critical Discourse Analysis*. 3. Aufl. London: SAGE Publishers.

Wolf, Mark J. P. (Hrsg.). 2001. *The Medium of the Video Game*. Austin, TX: University of Texas Press.

Wolf, Werner. 2002. Das Problem der Narrativität in Literatur, bildender Kunst und Musik: Ein Beitrag zu einer intermedialen Erzähltheorie. In *Erzähltheorie transgenerisch, intermedial, interdisziplinär*, 23–104. Trier: WVT.

Wolf, Werner & Walter Bernhart (Hrsg.). 2007. *Description in Literature and Other Media* (Studies in Intermediality 2). Amsterdam & New York: Rodopi.

Woodrow, Lindy. 2014. *Writing about quantitative research in applied linguistics*. Basingstoke: Palgrave Macmillan.

Worth, Sol. 1982. Pictures can't say ain't. In Sari Thomas (Hrsg.), *Film / Culture: Explorations of cinema in its social context*, 97–109. Metuchen, NJ: The Scarecrow Press.

Wulff, Hans J. 1999. *Darstellen und Mitteilen: Elemente der Pragmasemiotik des Films*. Tübingen: Narr.

Zeppelzauer, Matthias, Dalibor Mitrović & Christian Breiteneder. 2011. Cross-Modal Analysis of Audio-Visual Film Montage. In *Proceedings of 20th International Conference on Computer Communications and Networks (ICCCN)*, 1–6. Maui, HI, USA: IEEE. https://doi.org/10.1109/ICCCN.2011.6005782.

Zima, Elisabeth. 2017. Multimodale Mittel der Rederechtsaushandlung im gemeinsamen Erzählen in der Face-to-Face-Interaktion. *Gesprächsforschung – Online-Zeitschrift zur verbalen Interaktion* 18. 241–273.

Stichwortverzeichnis

Aarseth, Espen 119, 126
Abduktion 75, 76
Adaption 359
Ähnlichkeit 40, 58, 147, 322
Ästhetik 40, 54, 322
Affordanz 53, **108**, 121, 143, 144, 146, 150, 292, 308, 367
Analyse 27, **272**, 275–277, 283, 365, 375
– Gesprächsanalyse 177, 289
– Konversationsanalyse 177, 289, 291
– Poweranalyse 230
ANCOVA 226
Annotation **180**, 192, 204, 241, 245
ANOVA 247–253
Arbitrarität 67
Architektur 17, 36, 54, 59, 112

Baldry, Anthony 20, 25, 321
Barthes, Roland 38, 359
Bateman, John A. 189, 269, 321, 322, 331, 340
Bedeutung 1, 8, 18, 19, 29, 32
– Bedeutungskonstruktion 9, 10, 12, 19, 20, **29**, 41
Bedeutungskonstruktion 260, 278
Bezemer, Jeff 8, 309
Bordwell, David 335
Bucher, Hans-Jürgen 19, 129, 145, 148, 191, 197, 198, 362

Canvas 103, 107, 111, 115, 117, **121, 122**, 122–131, 138, 153, 258–267, 337
CGI 339
Chi-Quadrat-Test 235–237, 239, 249
Chomsky, Noam 68
Code 136, 137, 290
Codierung 179–186
Cohn, Neil 62
Comics 29, 43, 91, 128, 227, 228, 285
Computer Vision 203, 204
Computerspiel 7
Computerspiele 7, 54, 116, 285, 293, 365–374
Cybertext 119, 126

deep learning 202
Deppermann, Arnulf 25, 26, 48, 62, 290, 292, 293, 296, 369, 376
Design 17, 108, 268, 270
Diagramme 7, 12, 58, 126, 144, 269, 285, 324, 326
Digital Humanities 52, 137
Diskurs 134, 141, 161–166
– Diskursanalyse 58, 62, 82, 294, 368
– Diskursinterpretation 75, 76, 268
– Diskursrelationen 148, 327, 329, 331
Diskurssemantik 41, 141, **141–149**, 157, 165, 167, 327, 331, 345

Einstellung 339
Eisenstein, Sergei 34
Ekphrasis 53
ELAN 192, 193, 299, 301
Emojis 7, 62, 238, 239
Empirie 27, 146, 174, 199, 200, 206, **208–254**, 272, 303
ergodisch 126, 128, 129, 370, 372
experiential meaning 147
Experimente 186
Eyetracking 127, 129, 174, **196–199**, 301, 318, 361, 370

Film 8, 9, 33, 34, 38, 47, 54, 118, 177, 181, 194, 285, **335–344**
Filme
– *Der Mann mit der Kamera (1929)* 361
– *Lola rennt (1998)* 349
– *Oldboy (2003)* 359
– *Persepolis (2007)* 359
Fricke, Ellen 25, 61, 136, 302

Gemeinschaft 101, 105, 106, 110, 140, 177
Genre 158–161, 167, 258, 323, 373
Gesamtkunstwerk 33
Gesellschaft 29, 67, 78–82, 101, 106
Gestalt 39, 46, 322
Gestik 7, 9, 11, 51, 61, 91, 115, 149, 190, 285, 295, **296**, 299, 301–303, 309, 366
Gombrich, Ernst 38, 39, 41, 99
Grammatik 61, 139, 140, 302
– visuelle Grammatik 1, 60
Graphikdesign 8, 9, 285, 322–324

Häufigkeit 209, 216, 228
Habermas, Jürgen 79
Halliday, Michael A.K. 59

Hiippala, Tuomo 203, 329, 331
Hjelmslev, Louis 38, 136, 142
Holly, Werner 149
Holsanova, Jana 196, 197
Hypertext 54

Ikon (Peirce) 72, 73, 75
Ikonographie 38, 42
Immersion 340
Index (Peirce) 72, 73, 96
Infographiken 285
Inhaltsanalyse 174, 182
Integration 335
Interaktion 11, 12, 177, 268, 291, 294, 308, 312
– Face-to-Face-Interaktion 11, 12, 25, **48–49**, 89, 118, 184, 189, 284, 289–304
– Mensch-Maschine-Interaktion 49–52, 105
Interdisziplinarität 8, 10, 23, 28, 254
Interface 366, 371
Intersemiose 181

Jäger, Ludwig 20, 149, 181
Jakobson, Roman 136
Jewitt, Carey 8, 25

Körperhaltung 11, 51
Künstliche Intelligenz 201, 202
Kappelhoff, Hermann 361
Kendon, Adam 295, 298, 302
Kombination 1, 9, 17, 23, 36, 90, 157, 304, 377
Kommunikation
– computervermittelte Kommunikation 51
– Face-to-Face-Kommunikation 113
– non-verbale Kommunikation 115
– visuelle Kommunikation 17, 137
Kommunikationsform 8, 9, 25, 112, 155
kommunikativ 94–100, 123
– kommunikative Situation 7, 8, 90, 92–120, 263
Kompetenz 68
Komplexität 1, 8, 94
Kompositionalität 38, 39, 45
Konstruktionsgrammatik 61, 302
Kontext 20, 41, 44, 59, 105, 165, 267
Konvention 41, 45, 74, 136, 137
Korpus 158, 174, 188–189, 204, 241, 302
Korrelationen 224, 227–229
Kress, Gunther **59**, 60, 77, 85, 101, 117, 135, 140, 143, 209, 245
Krippendorff, Klaus 176, 177, 242
Kunst 17

Layout 13, 321–331
Lemke, Jay 18, 159
Lessing, Gotthold E. 53
Linguistic Landscapes 97, 260
Linguistik 8, 9, 57–63
– Internetlinguistik 51
– Kognitive Linguistik 62
– Medienlinguistik 51, 62
– multimodale Linguistik 63
– systemisch-funktionale Linguistik 59
– Textlinguistik 47, 58, 63, 312
Literacy 55–57, 143
– Media Literacy 56
– Multimedia Literacy 56
– Visual Literacy 56
Literaturwissenschaft 47, 52–55

Müller, Cornelia 302, 361
Müller, Marion G. 19, 35
Machin, David 25, 35, 89, 140, 376
Malerei 59
Manovich, Lev 43, 156
maschinelles Lernen 201, 202, 204
Material 28, 35, 60, 105, 109, 136, **138**, 146, 153, 162
Materialität 9, 28, 30–45, 77, 104, 106–110, 123, 136, **138**, 142, 165, 321
materielle Regelmäßigkeiten 98–102, 104, 111
McGurk-Effekt 139
medial variants 153
Mediatisierung 80
Medien 15, 78–82, 89, 122–131, **151–158**, 167, 258–267
– darstellende Medien 152, 154, 156, 157, 271, 372
– eingebettete Medien 156
– neue Medien 17, 23, 80, 90, 110
– soziale Medien 51, 62, 285, 289
Medienkompetenz 16
Medienkonvergenz 15, 81, 89, 270–272
Medium 89, 122–131, 137, 151, 152, 258
Metafunktionen 59
Metapher 18
Methoden 12, 26, 35, 91, 92, 132, **171–207**, 211
– ethnographische Methoden 82, 177–179, 205, 313
– Mixed Methods 44, 172

– qualitative Methoden 172
– quantitative Methoden 172, 174
Metz, Christian 338
Mise-en-Scène 315
Mitchell, W.J.T. 36, 163
Mittelberg, Irene 62
Modalitätenfamilie 149–151
Mondada, Lorenza 293, 369
Multimedialität 15, 137
Multiplikation 18, 19
Musik 32–35, 54, 285, 309

Narrativ 42, 119, 299
Narratologie 54, 336
Neue Wege des Lernens 336
New London Group 55
nicht-parametrische Tests 234
Norris, Sigrid 25, 184, 293
Notation 33, 34, 271, 272
Nullhypothese **222**, 222, 223, 225, 231, 236, 248

O'Halloran, Kay 8, 20
O'Toole, Michael 59
Oper 33, 307, 309, 310, 317
Operationalisierung 187, 216, 219
Orchestrierung 20, 337, 356

Pädagogik 12, 14
parametrische Tests 234
Peirce, Charles Sanders 65, 69–146
Performance 307–318
– Performance Studies 307, 310, 312, 313
Performanz 47, 68, 115, 285, 308
performative Wende 377
Perzeption 30, 33, 39
perzeptuelle 339
Photographie 7, 269
Point-of-View (POV) 351
Poster 13, 285
PowerPoint 199
Präzision 9, 230
Pragmatismus 71
Proxemik 48, 290

Quadratsumme 212

Reaktionszeit 213
Reliabilität 172, 187, 242, 244, 246, 247
– Interrater-Reliabilität 241–247
Rezeptionsstudien 173, 179, 199, 205
Rose, Gillian 35, 43

Sachs-Hombach, Klaus 35, 41, 73
Sampling 174–177, 230
Saussure, Ferdinand de 58, 64, 66–69, 136
Seitenfluss 329
Seitenlayout 7, 190, 227, 228, 269, 285, 321–331
semiotic modes 134
semiotic reach 145
Semiotik 29, 42, 54, **63–78**, 91, 93, 106, 121, 136, 137, 141, 166, 308, 311
– Soziosemiotik 25, 27, 57, 60, 88, 142
semiotische Ressourcen 140, 264, 265, 312
Skalenniveau 235
Smartphone 7, 12, 13, 18, 84, 262, 293
Sprache 29, 45–52, 141, 149
– geschriebene Sprache 7, 149
– gesprochene Sprache 7, 11, **47**, 145, 149, 192, 289, 294, 303
Statistik 208–254
Stichprobe 175, 211, 214
Super Linguistics 62
Symbol (Peirce) 72, 74
Syntax 61, 300, 302

t-Statistik 225
Tanz 309
Text 17, 58, 65, 110, 134, 158, **161–166**, 167, 312
Textfluss 329
Textualität 164, 165, 312
Theater 8, 9, 47, 285, 307–310, 313–317
Thibault, Paul 20, 25, 321
Transcodierung 34, 183, 184, 189
Transdisziplinarität 380
Transienz 113, 114, 120, 125
Transkription 20, 48, **179–186**, 189, 205, 297, 299, 300
Transkriptivität 181
Transmedialität 54, 81, 166, 312, 359
Triangulation 87, 89, **173**, 267, 279, 329, 362, 377
Turn 290, 377
– multimodaler Turn 10–17, 377
TV 7, 199, 285
Typographie 13, 58

van Leeuwen, Theo 25, 35, **59**, 60, 77, 85, 101, 117, 140, 147, 209, 245

verteilungsfreie Tests *siehe* nicht-parametrische Tests
Visualisierung 34, 43, 204, 285
Visualität 29, 35–45

Waller, Robert 322, 323
Webseiten 9, 13, 216, 217, 285
Werkzeug 1, 13, 27, 188, 191–196, 200, **205**, 379
WhatsApp 7
Wildfeuer, Janina 165, 172, 181, 365, 375
Wulff, H.J. (James) 348

YouTube 13

Zeichen 93, 95–97, 102, 106, 115, 136, 140, 141, 146, 314
– Zeichenvehikel 71, 98
Zeichenmodalität 13, 18, 20–22, 32, 41, 43, 60, 75, 89, 134, **135–151**, 165, 166, 269, 326, 367, 379